8월의 포성

— The Guns of August —

The Guns of August

8월의 포성

The Guns of August

바바라 터크먼 지음

이원근 옮김

평민사

차 례

전투 (BATTLE)

서 문

『8월의 포성』은 1962년 정월의 마지막 주에 출판되었으며, 발간되자마자 대성공을 거두었다. 비평가들은 흥분했으며 입소문이 나자 순식간에 수만 명이 이 책을 읽었다. 케네디 대통령은 영국의 맥밀란 수상에게 이 책을 증정하면서 오늘날의 정치인들은 어떻게 해서든 1914년 8월과 같은 함정은 피해야 한다고 말했다. 미국역사에 관한 책이 아니면 역사부문 수상작으로 선정할 수 없도록 되어있는 퓰리처위원회는 터크먼 여사를 일반 비창작 부문 수상자로 선정함으로써 이 문제를 해결했다. 이 책은 저자를 유명하게 만들었으며, 그 이후에 발표된 작품들도 매력적이고 품위 있었지만 대부분의 독자들은 새로 나온 책도 "바바라 터크먼이 썼다"는 것만 알면 이미 충분할 정도였다.

　이 책은 무엇에 관한 것인가 ─ 본질적으로 제1차 세계대전 개전 초기 1개월간의 전사인데 ─ 그 특징은 무엇이며 어떻게 그처럼 전대미문의 명성을 얻게 되었는가? 네 가지 특징이 눈에 띈다. 첫째는 거의 직접 눈으로 보는 것처럼 독자들을 빠져들게 하는 실감나면서도 구체적인 사건들이 풍부하다는 점이고, 둘째는 아주 분명하고, 지적이고, 절제되어 있으면서도 재치가 번뜩이는 문장, 그리고 셋째는 도덕적인 판단을 냉정하게 초월했다는 점인데, 설교나 비난이 아닐 뿐만 아니라 견유주의(cynicism, 인간은 언제나 이기적으로 행동한다는 생각: 역주)가 아닌 회의론의 입장을 견지함으로써 여사는 독자들이 인간의 악행에 대해 지나치게 격노하지도, 인간들의 어리석음에 대해 기뻐하거나 슬퍼하지 않도록 했다. 이들 세 가지 특징은 바바라 터크먼의 모든 작품에 공통적인 것이지만, 이 책에는 일단 책을 집어 들면 거의 손에서 놓을 수 없게 만드는 네 번째 특징이 있다. 놀랍게도 그녀는 독자로 하여금 앞으로 무슨 일이 일어날 것인가에 대해 이미 알고 있는 지식을 일시적으로 잊게 만들었다. 그녀가 이야기를 시작하자 벨기에를 가로질러 파리를 향하는 3개 군, 16개 군단, 37개 사단, 700,000명으로 구성된 거대한 독일군이 움직이기 시작한다. 이렇게 밀려오는 파도와 같은 병사, 군마, 야포 그리고 마차들은 도시를 점령하고, 카이저의 장군은 작전 계획대로 6주만에 서부전선에서 승리를 거둔다는 목표를 향해 무자비하게, 도저히 저항할 수 없는 기세로 먼지가 뽀얀 프랑스 북부의 도로를 휩쓸며 쇄도하고 있다. 독일군의 진격을 보고 있는 독자는 아마 그들이 계획된 목적지에 도착하지 못하고, 폰 클룩이 옆으로 비켜가면서, 마른 전투가 벌어진 후 양쪽의 수백만 병사들이 비틀거리며 참호로 들어가 이후 4년간이나 계속되는 살육전을 시작할 것임을 이미 알고 있을 것이다. 그런데 여사의 솜씨가 워낙 뛰어나다 보니 독자는 자기가 이미 알고 있던 사실을 까맣게 잊어버리고 만다. 천둥치는 포성과 불꽃튀는 총검 속에서 독자들은 거의 직접 전투에 참가하고 있는 듯한 기분에 빠진다. 탈진한 독일군들이 멈추지 않고 전진할 것인가? 절망적인 프랑스군과 영국군이 위치를 사수할 수 있을까? 파리는 함락되는가? 여사의 업적은 1914년 8월에 일어났던 사건들을 그 당시 사람들이 느꼈던 것처럼 실감나게 묘사했다는 것이다.

이 책이 나왔을 때, 언론은 바바라 터크먼을 50세의 가정주부, 세 딸의 어머니, 그리고 뉴욕에 사는 저명한 의사의 배우자로 소개했지만 그녀의 이력은 이보다 더 복잡하고 흥미롭다. 그녀는 뉴욕의 명망 있는 유태계 관료 집안과 사업가 집안의 후손이다. 외할아버지인 헨리 모겐소 시니어는 제1차 세계대전 중 터키 주재 미국 대사였다. 외삼촌인 헨리 모겐소 주니어는 12년 넘게 프랭클린 루즈벨트의 재무장관을 지낸 바 있다. 여사의 부친인 모리스 와타임은 투자금융회사를 설립했다. 그녀가 어릴 때 살았던 집은 맨해튼 동부(Upper East Side)에 있는 5층짜리 대저택이었는데, 이곳에서 프랑스인 가정교사가 라씬느와 코르네이유의 작품을 읽어주곤 했으며, 코네티컷에는 마구간이 있는 시골 별장이 있었다. 아버지는 저녁식사 도중 프랭클린 루즈벨트 얘기를 못하도록 금지했었다. 언젠가 과년한 딸이 이 규칙을 어기자 자리에서 일어나라는 말을 들었다. 꼿꼿이 앉은 채 바바라는 "식탁에서 쫓겨날 나이는 지났다"고 말했다. 아버지가 놀라서 바라보았지만 그녀는 일어서지 않았다.

래드클리프(Radcliffe)를 졸업할 때 그녀는 졸업식도 불참하고 런던에서 개최된 세계 통화 및 경제회의(World Monetary and Economic Conference)에 미국 대표로 참석하는 할아버지를 따라갔다. 그녀는 1년간 동경에서 태평양협력기구(Institute of Pacific Relations)의 보조연구원으로 일했으며, 이후 『네이션(the Nation)』 잡지사의 풋내기 기자가 되었는데, 그녀의 부친은 파산 지경이었던 이 회사를 인수하여 소유하고 있었다. 24살 때는 마드리드에서 스페인 내전을 취재했다.

1940년 6월 히틀러가 파리에 입성하던 날 그녀는 뉴욕에서 레스터 터크먼 박사와 결혼했다. 곧바로 참전해야 하는 터크먼 박사는 이런 세상에서 아이들을 키울 수는 없다고 생각했다. 여사는 "만약 세상이 나아지기를 기다린다면, 어쩌면 영원히 기다려야 할지도 모르는데, 어쨌든 아이를 원한다면 히틀러와 상관없이 지금 아이를 가져야 한다"고 말했다. 그로부터 9개월 후 첫딸이 태어났다. 40년대와 50년대 여사는 아이들을 키우고 첫 번째 책을 쓰는 일에 전념했다. 이스라엘 건국의 역사를 다룬『성경과 칼』이 1954년 출판되었으며, 1958년『짐머만의 전보』가 뒤를 이었다. 후자는 1917년 텍사스, 뉴 멕시코, 애리조나, 그리고 캘리포니아를 돌려준다는 약속으로 멕시코를 유인하여 미국과 전쟁을 일으키려는 독일 외무장관 짐머만의 음모를 세련되고도 재미있는 문체로 파헤친 작품으로 향후에 발표될 책들의 예고편 같은 작품이었다.

　이후 수 년에 걸쳐『8월의 포성』에 이어『자만의 탑』,『스틸웰과 미국의 중국경험』,『희미한 거울』,『어리석은 행진』, 그리고『최초의 경례』를 발표하면서 바바라 터크먼은 거의 국보적인 존재가 되었다. 사람들은 어떻게 그녀가 그 같은 일을 해낼 수 있었는지 의아해 했다. 수많은 연설과 수필(이것들을 모아『실천하는 역사』라는 책으로 발간함)을 통해 그녀는 사람들에게 얘기했다. 그녀가 언급한 첫 번째 없어서는 안될 자질은 "주제를 사랑해야 한다"는 것이다. 그녀는 마그나 카르타(Magna Carta)에 심취했던 하버드 교수를 예로 들었는데, "그가 강의를 할 때 그 푸른 눈이 어떻게 반짝였는지 그리고 나 자신도 그 강의에 얼마나 몰두했었는지" 회고했다. 그녀는 또 몇 년 뒤 흥미도 없으면서 학과에서 정해 주었으니까 어쩔 수 없이 그 주제로 졸업논문을 썼던 어느 불행한 졸업반 학생에 대해 실망했던 얘기를 털어놓았다. 자기 자신도 재미없는데 어떻게 다른 이의 흥미를 끌 수 있겠느냐고 그녀는 반문했다. 여사의 책들은 한결같이 자기가 호기심을 가졌던 인물과 사건에 관한 것들이다. 무엇인가 자신의 눈을 사로잡으면, 그것을 연구했으며, 그 주제가 낯선 것이든 잘 아는 것이든 관계없이 만일 호기심이 커지면, 연구를 계속했고, 마침내 각고의 노력으로 각각의 주제마다 새로운 사실, 새로운 관점, 새로운 삶, 그리고 새로운 의미를 부여했다. 여사는 아주 특별했던 1914년 8월 "그것을 감지한 사람들로 하여금 인류를 위해 전율하게 했던 아주 독특한 기운이 있음"을 발견했다. 일단 그녀가 자신이 매료되었던 것과 교신을 하게 되면, 그녀의 열정과 기교에 사로잡힌 독자들은 이야기의 마수로부터 절대로 도망가지 못한다.

그녀는 언제나 연구 즉, 자료수집부터 시작했다. 평생 동안 여러 분야의 책을 폭 넓게 읽었지만, 일단 연구를 시작하게 되면 이제 그녀의 목적은 그 시대 그 사건들 속으로 들어가는 것 즉, 자기가 묘사하고 있는 시대를 살았던 사람에게 가까이 다가가는 것이다. 갖가지 편지, 전보, 일기, 비망록, 내각의 문서, 전투명령서, 암호문 그리고 연애편지(billet doux)들을 읽었다. 그녀는 뉴욕 공립도서관, 상원의회 도서관, 정부기록보관소, 영국 도서관 및 공문서 보관소, 국립도서관(Biblioteque Nationale), 예일의 스털링 도서관, 그리고 하버드의 와이드너 도서관 같은 곳에서 거의 살다시피 했다. (하버드에서 공부할 때 와이드너의 서가들은 "나에게 아르키메데스의 욕조이자 페니실린을 놓아두던 접시였으며… 나는 싱싱한 클로버가 가득한 들에서 풀을 뜯는 소처럼 언제나 행복했기 때문에 밤새도록 그곳에 갇혀 있어도 전혀 무섭지 않았을 것"이라고 그녀는 회고했다) 이 책을 쓰기 전 어느 여름, 그녀는 르노 자동차(Renault)를 타고 벨기에와 프랑스의 전적지를 돌아다녔다. "나는 예전에 기병대가 짓밟고 지나갔을 들판이 풍성한 곡식으로 가득 찬 것을 보았고, 리에쥬에서 거대한 뫼즈의 강폭을 쟀으며, 보쥬의 정상에서 내려다보던 프랑스군 병사들의 눈에 알자스의 빼앗긴 국토가 어떻게 비쳤을까 둘러보았다." 도서관에서, 전적지에서, 책상에서 그녀가 찾던 것은 독자들의 마음에 역사적인 인물과 사건의 본질적인 특성을 각인시켜 줄 생생하고도 구체적인 사실들이었다. 몇 가지 예를 들어보자.

카이저 : 유럽의 그 누구보다도 하고 싶은 말을 마음대로 할 수 있었던
인물

프란츠 페르디난드 대공 : 큰 키에 뚱뚱한 체구를 코르셋으로 조인 채 녹색 깃털이 나부끼는 헬멧을 쓴, 다가올 비극의 주인공

폰 슐리펜 : 독일군의 전쟁 시나리오를 기획함. 프러시아 장교의 두 가지 유형, 즉 목이 굵은 형과 허리가 가는 형 중에서 후자에 속함

죠프르 프랑스군 총사령관 : 헐렁한 군복 차림의 큰 덩치, 불룩한 배……. 산타클로즈처럼 생겨 자비롭고 천진한 인상을 주었지만 실제 그의 성격은 그렇지 않음.

수콤리노프 러시아 국방장관 : 통통하게 살찐, 교활하고, 게으른 호사……. 거의 고양이처럼 교활한 매너를 가진 그는 시골 주지사의 스물세 살 된 아내에게 반한 나머지 음모를 획책하여 날조된 증거로 남편을 이혼시켜 쫓아내고 이 아름다운 이혼녀를 자신의 네 번째 부인으로 맞음.

바바라 터크먼의 보다 큰 연구목적은 일단 실제로 있었던 일들을 찾아낸 다음, 최선을 다해 당시의 사람들이 그것들을 어떻게 느꼈는지 밝히는 것이다. 그녀는 역사에 대해 학설이나 연구기법을 거의 사용하지 않았으며,『타임』문예란에 "자신의 학설을 적용하는 역사가는 그 학설에 들어맞는 사실만을 선호하는 오류로부터 벗어나기 힘들다"고 한 어느 익명의 평론을 인용하며 만족스러워 했다. 여사는 역사적인 사실들이 스스로 길을 찾도록 그냥 놔두라고 충고했다. "시작단계에서는 너무 성급하게 '왜'라는 질문에 매달리지 말고 역사에서 무슨 일이 있었는지 알아내는 것으로 충분하다. 나는 사실들을 수집하는 것뿐만 아니라 그것들을 차례대로 배열할 때까지, 보다 정확히 말하면, 문장으로, 문단으로, 장으로 구성할 때까지 그냥 놔두는 것이 보다 안전하다고 생각한다. 수집된 인물, 날짜, 대포의 구경, 편지, 연설들을 이야기로 바꾸는 바로

그 과정에서 결국 '왜'라는 물음에 대한 답이 드러나게 된다."

연구를 하다 보면 어디에서 멈춰야 하는지 결정하기가 쉽지 않다. 그녀는 "끝내기 전에 멈춰야 하며 그렇지 않으면 절대로 멈출 수도 끝낼 수도 없다"고 충고했다. "연구는 끝없이 유혹적인 작업인 반면 집필은 힘든 일"이라고 설명했다. 그러나 마침내 그녀는 필요한 것들을 골라내고, 다듬고, 사실들 사이에 일관성을 부여하고, 양식을 만들어 이야기를 전개하기 시작하는데 다시 말해 집필을 시작한 것이다. 여사는 집필과정이 "어렵고, 시간이 걸리고, 종종 고통스러우며, 때로는 폭발할 것 같은 작업"이라고 말했다. "재배치, 개작, 추가, 삭제, 재집필 과정이 필요하다. 하지만 그것은 거의 황홀할 정도로 흥분을 느끼게 하며, 올림푸스 정상에 선 순간을 맛보게 해 준다." 놀랍게도 그녀의 유명한 문체가 완성되기까지는 오랜 세월이 걸렸다. 래드클리프에서 제출했던 논문은 "평범한 문장"이라는 평가를 받았다. 처녀작인 『성경과 칼』은 출판될 때까지 30번이나 거절당했다. 그녀는 포기하지 않았으며 마침내 쓸 만한 방법을 터득했는데, 그것은 "열심히 일하고, 남의 말을 경청하며, 연습을 게을리 하지 않는 것"이었다.

여사는 그 무엇보다도 "우리가 마음대로 쓸 수 있는 훌륭한 도구인 영어"의 힘을 믿었다. 실제로 그녀는 책의 주제와 그것을 표현하는 도구에 똑같이 혼신의 노력을 기울였다. "나는 작가이며 역사를 소재로 한다"고 말하면서 "역사를 연구하는 기법 못지않게 글을 쓰는 기법에도 흥미를 가졌으며… 단어의 발음 그리고 그 발음과 의미 사이의 상호작용에 끝없이 매료되었다." 때때로 그녀가 특별하게 공을 들인 구절 또는 문장이나 문단이 완성되면 즉각 편집인에게 전화를 걸어 그 부분을 큰소리로 읽어 주곤 하였다. 정교하게 통제된 우아한 언어는 역사의 입에서 말이 나오도록 해 주는 도구라고 생각했다. 그녀가 추구했던 최상의 목표는 "독자들로 하여금 책장을 넘기게 만드는 것"이었다.

획일적인 대중문화 시대에 그녀는 엘리트주의자였다. 작품의 질에 대한 그녀의 핵심적인 판단기준은 "철저한 노력과 목적의 정직함이었다. 차이는 예술적인 기교뿐만 아니라 의도에서도 비롯된다. 두 가지를 다 잘하지 못하면 반쪽짜리가 된다"고 말했다.

여사는 학계, 평론계, 언론계와 긴장관계를 유지했다. 그녀는 박사학위가 없었는데, "그래서 오히려 좋았다"고 말했다. 그녀는 학자의 길을 걷게 되면 상상력이 떨어지고, 열정이 억제되며 문장의 활기를 잃게 된다고 믿었다. "역사학자는 처음에는 논문지도 교수 앞에서, 나중에는 강의실에서 원하지 않는 청중을 상대하느라 애를 먹는다"고 말했다. "독자들이 계속해서 책장을 넘기게 하는 것은 학자의 주된 관심사가 아니다." 누군가가 그녀에게 가르치는 것을 좋아할 것 같다고 말했다. "내가 누굴 가르친다고요?" 그녀는 펄쩍 뛰었다. "나는 작가입니다! 누굴 가르치고 싶은 생각은 없어요! 설사 내가 가르치려 해도 잘 할 자신이 없군요!" 그녀가 보기에 작가가 있어야 할 곳은 도서관 또는 현장답사가 필요한 유적지 아니면 글을 쓰는 책상이었다. 그녀는 헤로도투스, 투키디데스, 기번, 맥콜리, 그리고 파크맨 같은 이들이 모두 박사학위가 없음을 지적했다.

평론가들, 그 중에도 특히 학계의 평론가들이 그녀의 작품은 일반 독자들에게는 인기가 있지만 자신들의 엄격한 기준에는 벗어난다는 의미에서 "대중 역사(Popular History)"라고 콧방귀를 뀌자 여사는 발끈했다. 대부분의 작가들은 부정적인 평론과 맞서다 보면 평론가들을 자극하여 더 큰 화를 자초할까 봐 가만히 있게 마련이지만 그녀는 결코 그런 방법을 택하지 않았다. 즉각 응사했던 것이다. 『뉴욕 타임즈』에 기고한 글에서 그녀는 "저자가 이런저런 것들을 빠뜨렸다고 불평하고 싶어 조급해하는 평론가들은 대개 문제의 책을 제대로 읽지도 않았다"고 반박했다.

그리고 "논픽션 작가들은 평론가들이 자신들의 박학다식함을 보여주기 위해서라도 잘못된 곳을 찾아내야만 한다는 것을 이해하며 우리는 그것이 무엇인지 기다리고 있다"고 했다. 결국 대부분의 학자들은 손을 들었거나 최소한 뒤로 물러서고 말았다. 수 년 동안 그녀는 국내의 수많은 유명 대학에서 강연을 하고, 학위를 받고, 퓰리처 상을 두 차례나 수상했으며, 80년 역사를 자랑하는 미국학술원(American Academy and Institute of Arts and Letters)의 초대 여성회장으로 선출되었다.

전문적인 비판에 대해 공격적으로 대응하려다 보니 바바라 터크먼의 글에는 빈틈이 거의 없다. 그녀는 허영심이 많고, 거드름 피우고, 탐욕스럽고, 어리석고, 비겁한 것이 인간이라고 묘사했다. 그러나 확실치 않은 부분은 가급적 상대에게 유리하게 해석하였다. 이러한 좋은 예가 원래는 호전적인 지휘관이었던 영국 해외원정군(BEF: British Expeditionary Force) 사령관 존 프렌치 경이 왜 전투에 미온적이 되었는가에 대한 그녀의 분석이다. "그 원인이 군을 온전한 형태로 보존할 것을 강조하며 '손실과 낭비'를 무릅쓰지 말라고 경고한 키치너(국방부장관)의 지시 때문인지, 혹은 BEF 뒤에는 그 역할을 대신할 전국 규모의 훈련된 예비군 조직이 없다는 사실이 불현듯 존 프렌치 경의 의식에 스며들었기 때문인지, 혹은 불과 수 마일 거리에 무시무시한 적이 있는 대륙에 상륙하자마자 틀림없이 그들과 교전하게 될 것이라는 무거운 책임감에 짓눌렸기 때문인지, 혹은 처음부터 그의 대담한 말과 태도 이면에서 이미 용감한 본성이 눈에 보이지 않게 사라져버렸기 때문인지…… 그와 같은 입장에서 보지 않은 사람은 누구도 판단할 수가 없다."

바바라 터크먼은 인간의 투쟁, 업적, 좌절, 그리고 패배를 얘기하기 위해 역사를 쓴 것이지 어떤 도덕적 결론을 얻으려고 하지는 않았다. 그럼에도 불구하고 이 책은 교훈을 준다. 어리석은 군주들, 외교관들, 그리고 장군들이 잘못하여 아무도 원치 않았던 전쟁을 일으켰는데, 자칫하면 무시무시한 그리스의 비극처럼 절대로 되돌릴 수 없는 지구의 종말로 이어질 수도 있었다. 그녀는 "1914년 8월에는 우리 모두에게 다가오는 피할 수 없는 범세계적인 무엇이 있었다. 그것은 바로 완벽한 계획이라는 것과 불완전한 인간들 사이에 존재하는 무서운 심연이었으며, '신의 은총만이 우리를 구하신다'는 자각으로 인류는 전율했던 것"이라고 적었다. 그녀의 소망은 자신의 책을 읽는 사람들이 경각심을 가지고, 이런 실수를 피해, 조금 더 잘했으면 하는 것이었다. 대통령과 수상 그리고 수백만의 평범한 독자들을 매료시키는 것은 바로 이러한 노력과 교훈이다.

여사는 평생 가정과 일밖에 몰랐다. 그녀는 책상에 앉아 글 쓸 때가 가장 행복했다. 다른 것에는 관심이 없었다. 언젠가 그녀가 유명해지고 난 뒤 딸 알마로부터 제인 폰다와 바바라 스트라이샌드가 자신에게 영화대본을 부탁하고 싶어 한다는 얘기를 들었다. 그녀는 고개를 저었다. "하지만 엄마, 제인 폰다를 한번 만나고 싶지도 않나요?"라고 알마가 말했다. "아니, 싫어. 시간이 없어. 지금 작업 중이야."라고 여사는 말했다. 그녀는 초고를 황색 괘선지 철에 일반 필체로 썼는데 "삭제 표시와 끼워넣기 표시로 엉망이었다." 그런 다음 다시 세 칸씩 띄우며 타자를 쳤는데, 처음부터 가위로 잘라 테이프로 이어 붙이는 식으로 문장의 배열을 바꿀 작정이었던 것이다. 보통 여사는 일단 시작하면 쉬지 않고 4시간 내지 5시간씩 작업을 했다. 딸 제시카는 "이 책을 마무리하던 여름"을 기억했다. "어머니는 늦어진 일정을 맞추느라 필사적이었어요. … 걸려오는 전화를 피하기 위해 어머니는 마구간 옆에 있던 오래된 낙농실로 책상과 의자를 옮겨 놓았는데, 그곳은 여름에도 추웠어요. 대개 아침 7시 30분이면 일을 시작했습니다. 12시 30분이 되면 샌드위치, V-8 쥬스, 과일 몇 조각으로 된 점심을 나르는 것이 내 일이었는데, 마구간 주위를 뒤덮고 있던 소나무 잎을 밟으며 소리없이 다가가다 보면 일에 몰두하여 똑같은 자세로 일하고 있는 어머니를 볼 수 있었지요. 보통 오후 5시 정도에 일을 끝냈습니다."

그해 여름 어떤 문단 하나를 마무리하는 데 8시간이 걸렸는데, 이 부분이 가장 유명한 구절이 되었다. 그것은 바로 "1910년 5월 아침, 영국 왕 에드워드 7세의 장례식에 참석한 아홉 명의 국왕들로 구성된 기마행렬이 그 모습을 드러냈다. 엄숙하게 기다리고 있던 군중들은 너무나도 화려한 이 광경에 놀라…"로 시작하는 『8월의 포성』 첫 문장이다. 이제 페이지를 넘기면 아직 이 책을 읽지 못했던 행운의 독자는 여사의 멋진 작품을 즐기게 될 것이다.

로버트 메시

저자 서문

이 책의 기원은 이전에 내가 썼던 두 권의 책인데, 이들은 모두 제1차 세계대전을 소재로 한 작품들이다. 첫째는 『성경과 칼』이라는 작품으로 중동에서 터키와 싸우던 영국군이 예루살렘 입성을 앞두고 있을 때 공표된 벨포아 선언의 유래에 관한 책이다. 유대-기독교와 회교의 중심 발원지인 (비록 당시에는 이것이 그토록 주요한 관심사는 아니었겠지만) 성스러운 도시를 무력으로 점령한다는 것은 이에 어울리는 예우를 갖추면서도, 도덕적 당위성을 제시해야 할 정도로 엄중한 사건이었을 것이다. 팔레스타인을 애초에 그랬듯이 유대인의 나라로 인정한다는 공식성명이 앞에서 언급한 도덕적 근거를 충족시켜준다고 생각한 것은 그 내용이 친유대적이었기 때문이 아니라, 다른 두 가지 이유에서였다. 그 하나는 성경, 특히 구약이 영국문화에 미친 영향력이고 다른 하나는 『맨체스터 가디언』이 언급한 대로 올해 "수에즈 운하 양안의 군사적인 상황에 대한 분명한 논리"가 가지는 영향력, 이 둘을 줄여서 말하면 '성경과 칼'이었다.

이 책의 기원이 되었던 두 번째는 『짐머만의 전보』라는 책인데, 당시 독일의 외무장관이던 아르트르 짐머만이 멕시코가 빼앗긴 아리조나, 뉴멕시코, 그리고 텍사스를 되찾게 해 주겠다는 약속을 미끼로 일본과 멕시코를 부추겨 독일의 우방국으로서 미국을 상대로 전쟁을 일으키도록 유인했던 사건을 다룬 작품이다. 짐머만의 영악한 생각의 핵심은 북미 대륙에서 미국을 바쁘게 만들어 유럽의 전쟁에는 끼어들지 못하게 하겠다는 것이었다. 그러나 무전으로 멕시코 대통령에게 발송된 전문이 영국정보부에 의해 해독된 후 미국정부에 전달되어 그 내용이 공개되자 정반대의 결과를 초래하게 되었다. 짐머만의 제안은 여론을 분노로 들끓게 만들었으며 결국 미국의 참전을 촉발하는 계기가 되고 말았다.

그동안 나는 내 역사 지식을 통해 1914년은 역사의 자명종이 울렸던 시간, 그러니까 19세기가 끝나고 처칠이 말한 "끔찍한 20세기", 우리들의 시대가 시작된 전환점이라고 항상 생각했다. 책의 주제를 찾고 있던 나는 1914년이 그 답이라고 느꼈다. 그러나 어디서부터 시작해야 할지 혹은 전체적인 구도를 어떻게 설정해야 할지 정할 수가 없었다. 올바른 방향을 찾으려고 애쓰고 있던 바로 그때, 작은 기적과도 같은 일이 있었다. 나의 대리인으로부터 "1914년에 관한 책을 써 주면 좋겠다는 발행인이 있는데 만나 보겠냐"는 전화가 걸려왔던 것이다. 그 말을 듣고 상당한 충격을 받았지만 대답을 못할 정도는 아니었으므로 "좋다"고 했다. 속으로 괜찮은 사람이기를 바라면서도 누군가 다른 사람이 내 아이디어를 가지고 있다는 것에 대해 불안한 느낌마저 들었다.

유감스럽게도 지금은 이미 작고하였지만 그는 맥밀란 출판사의 세실 스콧이란 영국인이었다. 직접 만나보니 그는 몽 전투에서 실제로 벌어진 사실을 소재로 한 책을 원하고 있었다. 1914년 영국 원정군(BEF)이 대륙에서 치른 최초의 교전이었던 이 전투는 무언가 초자연적인 힘이 작용하였다는 전설이 생길 정도로 상식을 초월하는 전과를 올리며 독일 군에게 일대 타격을 가한 사건이었다. 스콧 씨를 만난 그 주말 나는 버몬트로 스키여행을 떠나면서 여행가방 속에 책들을 잔뜩 싸 가지고 갔다.

나는 지중해에서 영국 순양함들의 추격을 벗어나 콘스탄티노플까지 밀고 들어간 다음 터키와 함께 오토만 제국 전체를 전쟁에 끌어들임으로써 그 후 오늘에 이르기까지 역사의 흐름을 결정한 바 있는 독일전함 궤벤의 탈출을 소재로 한 책을 만들자는 구상을 가지고 돌아왔다. 내가 궤벤을 선택한 것은 극히 자연스러운 일이다. 왜냐하면 당시 두 살이던 나를 포함하여 우리 가족이 그 전함을 직접 목격했던 사건이 가족사로 남아 있기 때문이었다. 우리 가족이 당시 터키 주재 대사였던 외할아버지를 만나러 콘스탄티노플로 가기 위해 지중해를 건너고 있을 때 그 사건이 벌어졌다. 우리가 타고 있던 배에서 겪었던 일들 즉, 추격하던 영국 순양함들이 어떻게 함포를 발사했는지, 궤벤이 어떻게 속도를 높여 달아났는지, 그리고 콘스탄티노플에 도착하자마자 어떻게 해서 우리가 그 수도에 있던 관리들과 외교관들에게 바다에서 목격한 드라마에 대한 소식을 처음으로 전하게 되었는지에 대해 우리는 가족모임이 있을 때마다 서로 얘기하곤 했다. 그 배에서 내리기도 전에, 심지어 외할아버지에게 제대로 인사도 건네기 전부터 질문을 퍼부어대던 독일 대사에 대한 어머니의 이야기는 독일인의 태도에 대한 나의 첫인상으로 직접 겪다시피 한 것이다.

거의 30년이 지난 후 버몬트의 스키여행에서 돌아와 스콧 씨에게 내가 쓰고 싶은 1914년 얘기는 이 사건이라고 말하자 그는 자기가 원하는 것이 아니라며 거절했다. 그는 여전히 몽을 고집했다. BEF가 어떻게 독일군을 물리쳤는가? 실제로 그들은 전쟁터에서 천사의 모습을 보았는가? 그리고 후일 서부전선에서 그토록 유명해진 몽의 천사에 관한 전설의 근거는 무엇인가? 솔직히 나는 몽의 천사보다는 궤벤에 더 흥미가 있었지만, 1914년에 관한 책을 출판하는 일에 관심이 있는 출판사가 있다는 사실이 다른 무엇보다도 중요했다.

전쟁 전체는 너무 방대하여 내 능력으로 감당키 어려운 주제라고 판단했다. 그러나 스콧 씨는 계속해서 내가 할 수 있다고 말했는데, 결국 내가 퀘벡과 몽의 전투와 함께 모든 핵심사항을 포함하여 전쟁의 처음 한 달을 소재로 하는 계획을 제시하자, 우리 둘은 모두 만족했으며 이 사업은 가능해 보이기 시작했다.

로마숫자로 표기된 그 많은 군단들, 그리고 좌익과 우익 사이에서 헤매다 보니, 얼마 못 가서 나는 능력의 한계를 실감하게 되었고, 이런 종류의 책을 쓰기에 앞서 10년 정도 참모학교나 지휘관학교를 다녔어야 한다는 생각이 들 정도였으며, 특히 어떻게 하여 방어에 급급하던 프랑스군이 개전 초에 알자스를 되찾을 수 있었는지 설명하는 대목에 이르자, 나는 전혀 이해를 못했다. 하지만 그럭저럭 문제를 헤쳐나갈 수는 있었다. 역사를 쓰다 보면 자연스럽게 배우게 되는 이 요령은 다름이 아니라 모든 것을 이해할 수 없을 때는 사실을 약간 덮어 버리는 수법인데, 기번(1737-94 영국의 역사가이며 『로마제국 쇠망사』의 저자 : 역주)의 그 당당하고도 균형 잡힌 문장도 종종 세밀하게 분석해 보면 별다른 의미가 없는 것으로 미루어 그도 이러한 수법을 사용했음을 알 수 있지만, 독자들은 마술과도 같은 그 구조에 매료되어 그러한 사실을 잊어버리는 것이다. 나는 기번이 아니었지만, 근거 자료, 등장인물 그리고 그 배경까지 이미 알고 있는 익숙한 분야로 돌아가는 대신 익숙하지 않은 것에 과감하게 도전하는 일의 가치를 깨닫고 있었다. 자기가 잘 아는 일을 하면 확실히 일은 쉽게 할 수 있지만, 새로운 발견이나 신선한 충격을 기대하기는 어려운데, 이것이야말로 내가 새로운 소재를 택하는 이유인 것이다. 그렇게 하면 평론가들은 괴롭겠지만, 나는 행복하다. 이 책이 출판될 때만 해도 나는 평론계에 거의 알려지지 않았고, 그런 나를 공격해봐야 그들에게 별로 득이 될 일도 없었기 때문인지 이 책은 오히려 상당한 호평을 받았다. 클리프톤 패디맨은 『이달의 책 클럽 회보(Book-of-the-

Month Club bulletin)』에 글을 실었다. "누구나 큰소리를 칠 때는 조심해야 한다. 그래도 나는 『8월의 포성』이 역사적인 명저가 될 것이라고 장담하는 바이다. 지성, 간결함, 중후함, 그리고 세속을 초월하는 그 가치는 거의 투키디데스(BC 460~400 그리스 아테네의 역사가로『펠로폰네소스 전쟁사』라는 명저를 남김: 역주) 수준이다. 제1차 세계대전의 발발 전후 시기를 다룬 이 책의 주제는 투키디데스와 마찬가지로 제한된 범위나 단순한 이야기를 뛰어넘고 있다. 왜냐하면 어렵고도 정교한 문장 속에서 이 책은 분명하게 우리들 세대로 이어지는 특정시기에 초점을 맞추고 있기 때문이다. 이 책은 두렵기 짝이 없는 오늘날을 장기적인 관점에서 조망하며, 만일 머지않아 세상의 남자, 여자 그리고 아이들 대부분이 핵폭발로 재가 된다면, 그 재난은 1914년에 불을 뿜었던 대포의 포구로부터 시작된 것이라고 주장한다. 이것은 아마도 지나친 비약이겠지만, 그녀가 죽은 듯이 조용하게 주장하는 명제를 표현한 것이다. 개전 첫 달의 실패로 인해 굳어진 교착상태는 전쟁의 향후 진로와, 결과적으로 강화조약의 조건, 양 대전 사이의 사회상, 그리고 다음 대전의 조건들을 결정지었다는 것이 그녀의 확신이다."

그런 다음 그는 "탁월한 역사가의 특징 가운데 하나는 역사적인 사건만이 아니라 관련 인물들을 투시하는 능력"이라고 말하면서, 이 책에 등장하는 주요 인물들에 관해 언급했는데, 내가 의도했던 것과 꼭 같이 여러 인물들 중에서 눈에 띄는 인물로 카이저, 알버트 국왕, 죠프르와 포쉬 장군을 지목함으로써 작품에 대한 내 의도가 아주 성공적이라는 느낌을 갖게 해 주었다. 나는 투키디데스와 비교되어서가 아니라, 내 책에 대한 패디맨의 이해가 너무도 감격스러워 눈물을 흘리고 말았는데 그 이후에는 이런 반응을 겪어 보지 못했다. 다른 이로부터 완벽한 이해를 얻는 일이란 아마도 단 한번 기대할 수 있는 일인 것 같다.

개정판 서문에서 언급해야 할 중요한 점은 아마 처음에 주어졌던 중요한 의미가 역사적 사실에 맞게 잘 유지되고 있는지 여부가 아닐까 한다. 나는 그렇다고 생각한다. 고치고 싶은 구절은 한 군데도 없다.

가장 널리 알려진 부분은 제일 앞에 나오는 에드워드 7세의 장례식 장면이지만, 제일 뒤에 나오는 후기의 마지막 문장은 이 책의 주제를 압축하여 제1차 세계대전의 역사적인 의미를 표현하고 있다. 내 입으로 말하기는 쑥스럽지만, 이 부분이야말로 제1차 세계대전에 관해 내가 알고 있는 그 어떤 정의보다 잘 표현된 문장이라고 생각한다.

패디맨의 논평 머리부분에 출판업계의 성경이라고 할 수 있는 『주간출판』의 믿기 어려운 전망이 나와 있다. "『8월의 포성』은 올 겨울 독서시장의 비창작 부문에서 사상 유례없는 판매실적을 올릴 것"이라고 이 잡지는 단언했다. 스스로의 극찬에 흥분한 『주간출판』은 다소 이상한 문장으로 이어지는데, 이 책은 "미국의 독서계를 사로잡아 이제껏 간과되어 왔던 충격적인 특정시기에 대한 열광적인 감동을 주게 될 것이다…" 나라면 세계대전에 대해 "열광적인 감동"이라는 단어를 선택하거나, 누군가가 "충격적인 특정시기"에 대해 "열광적인 감동"을 받을 수 있거나 혹은 뉴욕 공립도서관에 가장 긴 목록을 차지하고 있는 제1차 세계대전을 역사에서 "간과되어 왔던 부분"이라고 단정지을 수 있다고 생각하지 않지만, 그럼에도 불구하고 『주간출판』의 찬사는 나를 매우 기쁘게 해 주었다. 이 책을 집필하던 중 언젠가 의기소침했을 때, 스콧 씨에게 "누가 이 책을 읽을까요?"라고 물었더니, 그가 "여사와 나, 두 사람은 읽을 것"이라고 대답한 적이 있다. 그것은 참으로 실망스러운 반응이었는데, 그래서 더욱 『주간출판』의 서평이 나를 놀라게 했었다. 나중에 밝혀진 바와 같이 그 서평은 정확했다. 이 책의 인기는 질주하는 말처럼 치솟았으며, 인세와 해외 판권을 받게 된 내 아이들은 지금까지 계속해서 얼마 안되는 금액이지만 괜찮은 수입을 얻고 있다. 그나마도 이를 셋으로 나누다 보니 금액은 작지만 26년이 지난 지금까지도 이 책을 찾는 새로운 독자들이 있다는 사실이 가슴 뿌듯하다.

이번에 개정판을 내면서 이 책이 이제는 신세대들에게도 소개되고 있다는 사실이 너무 행복하며, 부디 중년이 되어서도 그 매력 혹은 보다 정직하게 말해 흥미를 잃지 말았으면 하고 기대해 본다.

— 바바라 터크먼

작가의 노트

집필기간 내내 주제에 대한 관심과 더불어 충고와 격려를 아끼지 않았던 맥밀란 출판사의 세실 스콧 씨가 없었다면 이 책은 완성되기 어려웠을 것이다. 외국어 번역과 표기에 관한 제반 문제를 해결하여 이 책의 수준을 한 단계 높여준 데닝 밀러 씨와 같이 작업할 수 있었던 것은 커다란 행운이었다. 그의 도움에 진심으로 감사를 드린다.

뉴욕 공립도서관이 소장하고 있는 무궁무진한 자료에 대해 고마움을 표하는 한편 어떻게 해서든 언젠가는 내 고향 마을에서도 소중한 문헌들을 학자들이 접할 수 있도록 이 도서관의 시설을 이용할 수 있는 길이 열렸으면 하는 희망을 피력하고 싶다. 내가 필요할 때면 언제든지 서가와 글쓰기 좋은 장소를 이용할 수 있도록 배려해 준 뉴욕 사회 도서관, 번거로운 여러 질문에 대해 성의 있게 답변해 준 스탠포드 후버 도서관의 아그네스 피터슨 부인, 갖가지 사진자료를 구해 준 런던 소재 제국 전쟁 박물관의 미스 쿰, 문헌 자료를 제공해 준 파리 국립 도서관의 관계자들, 그리고 나의 서툰 독일어를 보충해 주고 기술적 자문을 아끼지 않았던 미국 병기 협회의 헨리 삭스 씨에게 깊은 감사를 드린다.

나는 독자들에게 오스트리아-헝가리, 세르비아, 그리고 러시아-오스트리아 전선 및 세르비아-오스트리아 전선을 생략한 것이 전적으로 자의적인 것이 아니었다는 것을 밝히는 바이다. 발칸이 안고 있는 실타래처럼 얽힌 문제들은 자연스럽게 이 지역을 전쟁의 다른 부분과 구분 짓게 하였으며, 내가 보기에 그 부분을 제외하면 장황하게 설명해야 할 번거로운 문제들이 배제 되면서도 나름대로의 일관성을 가질 수 있을 것 같았다.

군사 관련 자료들에 대한 집중적인 검토가 끝난 다음, 나는 군단 표시를 반드시 로마숫자로 하지 않아도 상관 없지 않을까 하고 생각해 본 적이 있었는데 아무리 의도가 좋더라도 관습을 무시하기는 어려웠다. 나는 군단에 붙이는 로마숫자에 대해서는 어쩔 수 없었지만 독자들에게 좌우에 관한 한 가지 규칙을 제안하면 도움을 줄 수 있을 것 같다. 강물은 항상 하류를 향해 흐르며 군대도 항상, 심지어 방향을 틀거나 물러설 때조차 자신들이 처음 출발할 때 지향했던 방향을 향하고 있게 마련이다. 다시 말해 군대의 좌우는 그들이 진격하고 있는 한 바뀌지 않는 법이다.

일화나 모든 인용문의 근거는 책 말미에 첨부한 주석에 명기되어 있다. 나는 역사적인 기술에 대한 즉흥적인 해석이나 "단정적인 문체", 예를 들면 "프랑스 해안이 멀리 사라져 가는 것을 보며 나폴레옹은 지난 일들을 회고했음이 분명하다…"라는 식의 표현을 피하려고 노력하였다. 본문에 나오는 날씨, 생각 또는 기분, 그리고 공적이든 사적이든 심리적인 상태에 대한 모든 기술은 이를 뒷받침 하는 근거 자료가 있다. 필요하다고 생각되는 경우는 구체적인 근거를 주석에 제시하였다.

죠프레 장군과 카스텔노 장군, 포 장군 〈Brown Brothers 소장〉

헨리 윌슨 경이 포쉬 장군, 위게 대령과 얘기를 나누고 있다.
〈Hulton Deutch Colletion 소장〉

수콤리노프 장군과 참모진들 〈The Imperial War Museum 소장〉

짜르와 니콜라스 대공 〈The Imperial War Museum 소장〉

카이저와 몰트케 〈Hulton Deutch Collecton 소장〉

알버트 국왕(벨) 〈The Imperial War Museum 소장〉

▲궤벤(독일전함) 〈The Imperial War Museum 소장〉
▶수혼제독 〈German Information Center 소장〉

존 프렌치 경
〈The Imperial War
Museum 소장〉

막스 호프만 중령 〈The Imperial War Museum 소장〉

브뤼셀에 있던 독일 기병대 〈Brown Brothers 소장〉

폰 클룩 장군 〈The Imperial War Museum 소장〉

루프레흐트 왕자와 카이저 〈The Imperial War Museum 소장〉

폰 프랑수와 장군 〈Brown Brothers 소장〉

갈리에니 장군
⟨The Imperial War Museum 소장⟩

죠프레, 프앙카레, 죠지5세, 포쉬, 헤이그 〈The Imperial War Museum 소장〉

8월의 포성

(The Guns of August)

NORTH SEA

ENGLAND

STRAITS OF DOVER

OSTENDE

GHENT

BRUSSELS

8월 22일

BELGIU

CALAIS

BOULOGNE

LILLE

VALENCIENNES

MAUBEUG

Sam

BEF → BRITISH

Somme

8월 31일

AMIENS

BT. QUENTIN

HIRSON

GUISE

NOYON

Aisne

LE HAVRE

ROUEN

COMPIÈGNE

Marne

Seine

PARIS

FRANCE

VITRY

MELUN

Seine

서부전선 WESTERN FRONT

SENS

- - - - 슐리펜의 작전계획

⇒ 플렌 17

독일군

프랑스군

영국군

벨기에군

각군의 집결, 8월 4~14일

0   MILES   50

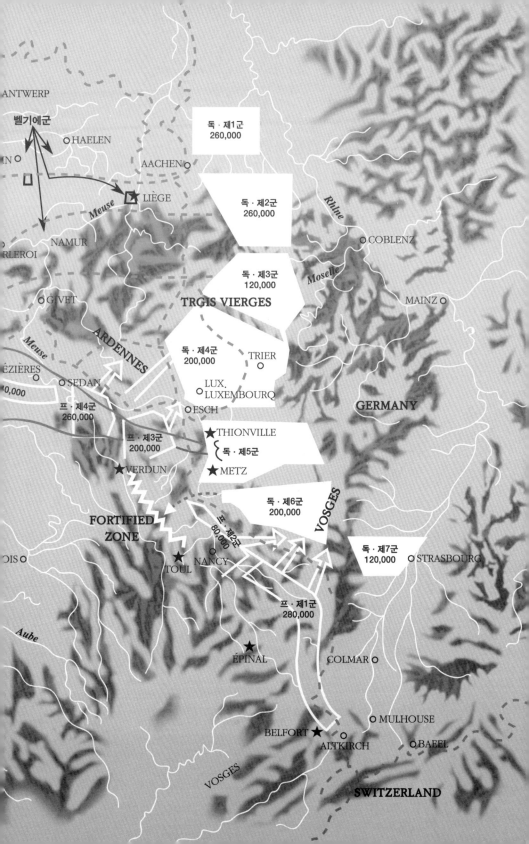

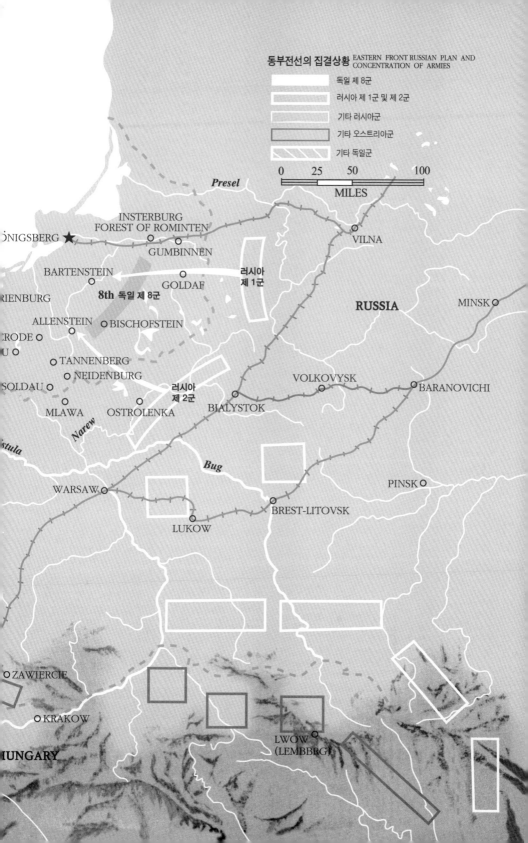

동부전선의 집결상황 EASTERN FRONT RUSSIAN PLAN AND CONCENTRATION OF ARMIES

독일 제8군
러시아 제1군 및 제2군
기타 러시아군
기타 오스트리아군
기타 독일군

0   25   50   100
MILES

Presel

INSTERBURG
FOREST OF ROMINTEN
ÖNIGSBERG ★
GUMBINNEN
VILNA

BARTENSTEIN
GOLDAF
러시아
제1군
RUSSIA
MINSK

RIENBURG
8th 독일 제8군
MINSK

ALLENSTEIN
BISCHOFSTEIN
RODE O
U

TANNENBERG
NEIDENBURG
러시아
제2군
VOLKOVYSK
BARANOVICHI

SOLDAU O
MLAWA
OSTROLENKA
BIALYSTOK

Narew

stula

Bug
PINSK

WARSAW
BREST-LITOVSK

LUKOW

O ZAWIERCIE

O KRAKOW

LWOW
(LEMBBRG)

IUNGARY

1. 장례식

          1910년 5월 아침, 영국왕 에드워드 7세의
          장례식에 참석한 아홉 명의 국왕들로 구성
된 가마행렬이 그 모습을 드러냈다. 엄숙하게 기다리고 있던 군중들은
너무나도 화려한 이 광경에 놀라 탄성을 억제할 수 없었다. 군주들은 깃
털로 장식된 헬멧, 금줄, 진홍색 복띠 그리고 보석이 박힌 훈장을 햇빛에
번쩍이며 주홍색, 청색, 녹색, 자주색의 화려한 복장으로 세 명씩 세 줄
을 지어 왕궁 정문을 지나갔다. 뒤를 이어 다섯 명의 유족들, 사십 명이
넘는 왕족, 네 명의 태비와 세 명의 왕비들, 그리고 왕정 체제가 아닌 나
라에서 온 특명 대사들의 무리가 뒤따랐다. 이들을 모두 합하면 칠십 개
국을 대표하는 조문 사절로서 한 장소에 모인 이러한 종류의 집회로는
그 권위와 규모 면에서 사상 최대이자 최후의 사건이었다. 운구 행렬이
왕궁을 출발할 때 빅벤은 그 둔중한 종소리로 아침 아홉 시를 알렸으나
역사의 시계로 본다면 그때는 이미 황혼이었으며 바야흐로 구세계의 태
양이 다시는 볼 수 없을 광영의 마지막 불꽃 속으로 가라앉고 있었다.
    가장 앞줄 중앙에는 새 국왕 죠지 5세가 말을 타고 나아갔고, 그 왼쪽

에는 선왕의 형제 중 유일한 생존자인 코노트 공작이, 그리고 오른쪽에는 『타임즈』가 언급한 대로 "외국의 조문 사절 중 최고위층이며 양국관계가 극도의 긴장상태에 빠지는 경우라 할지라도 결코 인기가 사그라든 적이 없었던" 독일 황제 빌헬름 2세가 뒤따르고 있었다. 회색 말을 타고, 영국 육군원수의 자주색 제복 차림으로, 그에 걸맞는 지휘봉을 든 카이저는 그 유명한 카이저 수염 밑으로 "지나칠 정도로 엄숙한" 표정을 짓고 있었다. 이 당시 그가 보낸 편지에서 감수성이 예민한 그의 가슴에 교차하던 여러 감정들을 엿볼 수 있다. 자신의 외가이기도 한 윈저 궁에서 하룻밤을 보낸 빌헬름 2세는 집으로 보낸 편지에서 "이곳을 나의 고향이라고 부르고 내가 이들 왕족의 일원이라는 것이 자랑스럽다"고 썼다. 그가 영국 친척들과 함께 한 이 슬픈 모임에서 느낀 감상과 향수는, 이곳에 모인 군주들 가운데 자기가 최고라는 자부심과 이제 외삼촌이 유럽의 정치 무대에서 사라졌다는 생각에서 오는 격렬한 흥분상태와 복잡하게 상충하고 있었다. 빌헬름은 자기가 경멸할 수도 존경할 수도 없는, 어머니의 남동생이며, 독일에 대한 포위망으로 밖엔 생각할 수 없는 음모를 주도하면서, 그 육중한 몸으로 독일과 태양 사이를 가로막아 어두운 그림자를 드리우던, 재앙 같은 에드워드를 묻으러 이곳에 온 것이다. "그는 사탄입니다. 그가 얼마나 사악한지 여러분들은 상상조차 못할 것입니다!"

1907년 3백 명의 내빈이 참석한 베를린의 한 만찬장에서 공표된 카이저의 이러한 비난은 포위망 구축이라는 분명히 사악한 의도에서 이루어졌던 에드워드의 대륙여행에서 야기된 것이었다. 에드워드는 파리에서 일주일간의 도발적인 일정을 끝낸 다음, 자신의 조카와 갓 결혼한 스페인 왕을 방문했는데, 그 동기 역시 결코 바람직하진 않았다. 그의 마무리 일정은 독일, 오스트리아와의 삼국동맹으로부터 이태리를 꼬여내기 위한 의도로 이태리 국왕을 방문하는 것이었다. 유럽의 그 누구보다도 하고 싶은 말을 마음대로 할 수 있었던 카이저는 지난 20년의 재위기간 동안 주기적으로 외교관들의 신경을 곤두세우게 했던 일련의 도발적인 발언의 대미를 이처럼 광기에 가까운 독설로 마무리했던 것이다.

다행히도 포위망을 만들었던 사람은 이제 죽었고, 장례식 며칠 전에 카이저가 테어도어 루스벨트에게 "아주 착한 소년"이라고 말했던 죠지 (마흔 다섯 살로 카이저보다 여섯 살 아래)가 그 뒤를 이었다. "죠지는 철저한 영국인으로 모든 외국인을 미워하지만 그가 다른 외국인보다 독일인을 특별히 더 미워하지 않는 한 나는 개의치 않겠다"고 카이저는 말했다. 이제 빌헬름은 자신이 명예 연대장이기도 한 제1왕실 기병대의 연대기에 경례를 하며 죠지와 나란히 보무도 당당하게 행진하고 있는 것이다. 언젠가 그는 제복을 입은 모습의 자기 사진에 서명하고, 그 위에 "나의 때를 기다린다"라는 델피 신전의 비명을 새겨 배포한 적이 있었다. 오늘 드디어 카이저의 때가 왔으며 그는 유럽 제일의 권력자였다.

그의 뒤로는 미망인인 알렉산드라 왕비의 두 형제, 즉 덴마크의 프레데릭 국왕과 헬레네스의 죠지 국왕, 그녀의 조카인 노르웨이의 하콘 국왕, 그리고 왕위를 잃게 될 운명의 세 왕 스페인의 알폰조, 포르투갈의 마뉴엘 그리고 비단 터번을 쓰고 있는 불가리아의 페르디난드 국왕이 뒤따랐다. 스스로를 짜르라고 부르며 언젠가 자신의 왕홀 아래 비잔틴 제국을 재건하는 날에 대비하던 페르디난드는 극장의 의상 담당자가 만든 비잔틴 황제의 문양을 가슴에 달고 다님으로써 주위에 있던 여러 국왕들을 난처하게 만들었다.

『타임즈』의 표현대로 "너무도 훌륭하게 치장한 이 왕자들"을 보고 눈이 부셔서 그만 아홉 번째 국왕에게 주목하는 사람은 별로 없었는데, 이 국왕은 훗날 이들 가운데 유일하게 사나이다운 위대한 업적을 남기게 된다. 왕실 행사의 화려함 따위가 싫었던 벨기에 알버트 국왕은 큰 키와 완벽한 승마 자세에도 불구하고 그 일행 사이에서 어색하면서도 무관심한 모습을 드러내고 있었다. 이 당시 서른 다섯 살이었던 그는 왕위에 오른 지 겨우 1년밖에 안된 상태였다. 나중에 그의 얼굴이 영웅주의와 비극의 상징으로 전 세계에 알려졌을 때도 그 표정은 여전히 무언가 다른 곳에 마음을 두고 있는 듯한 무심한 모습이었다.

프란츠 조세프 황제의 상속자이며 다가올 비극의 주인공인 오스트리아의 프란츠 페르디난드 황태자는 큰 키에 뚱뚱한 체구를 코르셋으로 조인 채 녹색 깃털이 나부끼는 헬멧을 쓴 모습으로 알버트의 오른쪽에서 나아갔다. 그리고 알버트의 왼쪽에는 터키 술탄의 상속자이지만 끝내 왕위에 오르지 못한 어린 귀공자 유수프 왕자가 나란히 행진했다. 이 국왕들의 뒤를 이어 여러 왕족들, 일본 천황의 동생 후시미 왕자, 러시아 짜르의 동생 미카엘 대공, 이태리 국왕의 동생으로 푸른 깃털 장식의 하늘색 차림을 한 아오스타 공작, 스웨덴 국왕 동생 칼 왕자, 홀랜드 여왕의 부군 헨리 왕자, 세르비아, 루마니아 그리고 몬테네그로의 왕자들이 뒤따랐다. 마지막으로 언급할 "붙임성 있고 세련된 매너의 매우 잘생긴 청년"인 다닐로 왕자는 그 이름 뿐만이 아니라 실제로도 『행복한 과부(Merry Widow)』의 애인과 매우 비슷한 인물이었다. 이번에도 그는 바로 전날 밤 "아주 매혹적인 젊은 숙녀"와 함께 도착해서, 그녀를 쇼핑차 런던에 온 자기 아내의 시녀라고 소개함으로써 영국 관리들을 놀라게 했던 것이다.

다음으로는 일단의 독일 황족들 즉, 멕클렌부르그-슈베린, 멕클렌부르그-스트렐리츠, 슐레스빅-홀스타인, 발데크-피르몬트, 코부르그, 삭세-코부르그, 삭세-코부르그 고타, 삭소니, 헤세, 뷔르템베르그, 바덴, 그리고 바바리아의 대공들이 뒤따랐는데 이 중 마지막인 루프레흐트 왕세자는 머지않아 실제 전투에서 독일군을 지휘하게 된다. 그 밖에도 샴 왕국의 왕자, 페르시아 왕자, 프랑스 오를레앙 왕실의 나섯 왕자늘, 금색 술로 장식한 페즈모를 쓴 이집트 케다이브 왕의 동생, 연한 청색 자수로 장식한 가운을 입은 청나라의 치아 타오 왕자(그의 왕국은 2년 뒤에 멸망함), 그리고 카이저의 동생이며 해군 총사령관으로 독일해군을 대표하는 프러시아의 헨리 왕자가 있었다. 이 장엄함의 한가운데 민간복 차림의 세 신사 즉, 스위스의 가스통-카클랭, 프랑스의 피숑 외무장관 그리고 미국의 특별 조문 사절인 테어도어 루스벨트 전직 대통령이 있었다.

전례가 없는 이 엄청난 행사의 목적인 에드워드는 종종 유럽의 아저씨로 불렸는데, 유럽의 지배계층만 가지고 하는 얘기라면 이 별명은 문자 그대로 정확한 표현이라 할 수 있다. 그는 카이저뿐만 아니라 자신의 처제이며 미망인인 러시아 황태비 마리에를 통해 짜르인 니콜라스 2세에게도 아저씨가 된다. 그의 질녀인 앨릭스는 짜리나이고, 딸 모드는 노르웨이의 왕비이며, 다른 질녀 에나는 스페인의 왕비이고, 셋째 질녀 마리에는 후에 루마니아의 왕비가 된다. 그의 처가인 덴마크 왕실은 덴마크의 왕위를 차지하는 것 외에도 러시아 짜르의 외가가 되며 그리스와 노르웨이의 여러 왕들과도 연결되어 있었다. 다른 친척들 즉, 빅토리아 여왕이 낳은 아홉 명의 아들과 딸들의 다양한 후손들은 유럽의 여러 궁정에 광범위하게 흩어져 있었다.

단순히 가족을 잃은 슬픔이나, 갑작스러운 사망 또는 그에 따른 충격만으로는(일반에게 알려지기로 그는 병석에 누운 지 하루 만에 사망했음) 에드워드의 죽음에 대한 이런 예상 밖의 엄청난 애도의 물결을 설명할 수 없었다. 사실 그것은 조국에 대해 이루 말할 수 없는 공헌을 한 친근한 왕의 위대한 업적에 대한 보답이었다. 9년이라는 그의 짧은 재위기간 중, 영국의 화려한 고립주의는 시대의 압박 속에서 과거 적대국인 프랑스와 러시아, 그리고 신흥 강국인 일본과 동맹관계는 아닐지라도(왜냐하면 영국은 제약 받는 것을 싫어했기 때문에) 일련의 "이해" 또는 밀착관계로 변하게 된다. 그로 인해 전 세계에 걸쳐 힘의 균형에 변화가 오게 되었고 또한 모든 국가들 간의 관계가 영향을 받게 되었다. 비록 에드워드는 국가 정책을 주도한 적도, 영향력을 행사한 적도 없지만 그 개인의 외교적인 역량은 이런 변화를 가능케 하는 데 일조 하였다.

어려서 프랑스를 방문하였을 때 에드워드는 나폴레옹 3세에게 "폐하께서는 멋진 나라를 가지고 계시군요. 폐하의 아들이 되고 싶습니다"라고 말한 적이 있었다. 자기 어머니가 독일 취향인 것과 대조되는, 혹은 거의 적대적이랄 수 있는 그의 이러한 프랑스 취향은 커서도 계속되었고, 어머니 사망 후에는 밖으로 드러나게 되었다. 1900년 해군 프로그램 속에 숨어있는 독일의 도전으로 신경이 날카로워진 영국이 프랑스와의 오래된 싸움을 마무리하기로 결정하였을 때 에드워드는 마법왕의 재능을 발휘하여 양국 간의 관계를 원만하게 풀어 나가는 데 큰 기여를 했다. 1903년 공식적인 국빈 방문에 대한 프랑스의 반응은 냉담할 것이라는 조언을 무시한 채 그는 파리를 방문했다. 그가 도착했을 때 군중들의 반응은 조용하고 시큰둥했으며 "보어 사람 만세!", "파쇼다 만세!"라는 조롱 섞인 몇 마디 외침이 있었지만 그는 못 들은 척하고 넘겼다. "프랑스인들은 우리를 좋아하지 않는다"고 중얼거리며 걱정하는 시종장에게 에드워드는 "그럴 리가 있나?"라며 자신의 마차에서 미소를 띄운 채 계속해서 군중들에게 인사를 보냈다.

4일간 그는 여러 곳에 모습을 드러냈다. 뱅센느에서 군대를 사열했고, 롱샹의 경마, 오페라좌의 축제, 엘리제 궁의 연회, 프랑스 외무부의 오찬에 참석했으며, 극장에서는 막간에 청중들과 어울리다가 로비에서 마주친 유명한 여배우에게 프랑스어로 우아하게 인사를 건넴으로써 썰렁한 분위기를 미소로 바꾸어 놓았다. 그는 여러 "즐거운 추억들이 가득하다"고 털어 놓은 "아름다운 도시"에서 가는 곳마다 프랑스인에 대한 자신의 우정과 경탄, 그들의 "영예로운 전통", 이번 방문 중 얻은 "진정한 즐거움, 기쁘게도 사라져 버린" 양국 간의 지난 오해, 상호 의존적이어야 할 영불 공동 번영에 관한 자기 "신념", 그리고 그들의 우정에 대한 자신의 한결같은 믿음에 대해 품위 있으면서도 재치 있는 연설을 하였다. 그가 떠날 때 군중들은 "우리 국왕 만세!(Vive notre roi)"라고 환호했다. "이 나라가 이렇게 완전히 태도가 바뀐 것은 전례가 없는 일이다. 그는 모든 프랑스인의 마음을 사로잡았다"고 벨기에 외교관은 보고했다. 독일 대사는 에드워드 왕의 방문을 "가장 이상한 사건"으로 생각했으며 영불 양국 간의 화해는 "독일에 대한 일반적인 반감"의 결과라고 생각했다. 이후 1년 만에 장관들의 노력으로 이런 저런 이견들이 해소되고 드디어 1904년 4월 양국의 화해는 영불 협약으로 발전하게 되었다.

영국의 의도를 의심했던 지도자들이 1899년과 1901년 두 번에 걸쳐 영국 식민장관 조셉 챔버린의 제안을 거절하지 않았다면 독일은 독자적으로 영국과 협약을 맺을 수도 있었다. 독일 외교를 막후에서 지휘하던 음침한 홀스타인이나 고상하고 박식한 수상 뷜로브 왕자, 또는 카이저 자신도 영국에 대해 무엇을 의심하는지는 확실치 않았지만 뭔가 불성실하다는 것은 분명히 느끼고 있었다. 카이저는 자신이 원한다는 속내를 감출 수만 있다면 언제든지 영국과 조약을 맺으려 했다. 실제로 빅토리아 여왕의 장례식에서 영국인들이 베푼 배려에 아주 감상적인 기분이 되었던 카이저는 자신의 소망을 에드워드에게 고백한 적이 있다. "유럽에서는 우리의 허락이 없는 한 쥐새끼 한 마리도 마음대로 돌아다닐 수 없다"는 식으로 영독 동맹에 대한 그의 구상을 밝혔다. 그러나 영국이 이에 대해 긍정적인 반응을 보이자마자 그와 각료들은 어떤 트릭을 의

심하며 태도를 바꾸었던 것이다. 협상 테이블에서 궁지에 몰리는 것을 두려워한 나머지 그들은 일단 물러서서 영국을 위협하여 원하는 합의에 이르도록 하기 위해 계속해서 증강 중인 자신들의 해군력에 의지하기로 하였다.

비스마르크는 독일에게 지상군으로 만족해야 한다고 경고한 바 있지만 그의 후계자들은 개별적으로도 그렇고 집단적으로도 비스마르크가 아니었다. 그는 분명하게 보이는 목표를 확고하게 추구했지만, 그의 후계자들은 무엇을 원하는지 분명한 아이디어도 없이 보다 넓은 지평선을 헤매고 다녔다. 홀스타인은 모든 사람을 일단 의심해 보아야 한다는 단 한 가지 원칙에 의해 움직이는 정책 없는 마키아벨리였다. 뷜로브도 원칙이 없었는데, 그의 동료인 티르피츠 제독은 뷜로브가 너무나 뺀질거려서 그 사람과 비교하면 뱀장어도 거머리라고 할 정도라며 탄식했다. 항상 변덕스럽게 번쩍이는 새로운 영감을 떠올리는 카이저는 매 시간마다 새 목표를 세우고 끊임없이 반복 동작을 연습하듯이 외교를 하는 사람이었다.

그들 중 누구도 영국이 프랑스와 협약을 맺으리라 믿지 않았으며 그에 관한 모든 경고, 심지어는 런던에 있는 독일 공사 엑카르트스타인 남작이 보낸 너무나도 명백한 경고마저 홀스타인은 그저 "순진한" 생각으로 치부했다. 1902년 말보로 하우스 만찬에서 엑카르트스타인은 프랑스 대사인 폴 캉봉이 죠셉 챔벌린과 당구실로 사라지는 것을 보았다. 거기서 그들은 28분 동안 "생기에 넘친 대화"를 나누었으며 이 가운데 그가 엿들을 수 있었던 유일한 단어는 "이집트"와 "모로코"였다. (남작의 비망록에는 그때 문이 열려 있었는지 아니면 그가 열쇠 구멍으로 엿들었는지 언급이 없음) 나중에 그는 왕의 서재로 불려갔는데 거기서 에드워드는 그에게 1888년 산 업만 시거를 권하며 영국은 곧 논란이 되고 있는 모든 식민지 문제에 대해 프랑스와 합의에 이를 것이라고 말하였다.

이 협약이 실현되었을 때 빌헬름의 분노는 엄청난 것이었다. 그 이면에 그를 더욱 화나게 했던 것은 파리에서 거둔 에드워드의 승리였다. 라이제 카이저(Reise-Kaiser, 그의 빈번한 외국여행으로 인해 붙여진 별명)는 방문국 수도에서 거행되는 환영행사를 유난히도 좋아했는데 그 어느 곳보다도 그가 가고 싶었던 그러나 갈 수 없었던 곳이 바로 파리였다. 그는 웬만한 곳은 모두 가 보았다. 심지어 예루살렘에서는 그가 말을 탄 채로 지나갈 수 있도록 자파 게이트를 깎아낸 적도 있었을 정도였으나, 베를린에는 없는 모든 아름답고 바람직한 것들의 중심인 파리만큼은 그에게 굳게 닫혀 있었다. 그는 파리 시민들의 환호를 받으며 프랑스 최고훈장을 받고 싶었고 두 번이나 이러한 황실의 의사를 프랑스 측에 알렸다. 그러나 초청장은 한 번도 오지 않았다. 그는 알자스에 가서 1870년의 빛나는 승리에 대한 연설을 할 수도 있었고, 로렌의 메츠를 지나는 개선 행렬을 이끌 수도 있었지만, 카이저가 82세까지 살면서도 결국 파리를 보지 못하고 죽은 것은 제왕들의 운명 중에 가장 슬픈 이야기일 것이다.

유구한 역사를 가진 국가에 대한 부러움이 카이저를 괴롭혔다. 그는 테어도어 루스벨트에게 영국의 귀족들이 대륙을 여행할 때면 항상 파리는 방문하지만 베를린은 절대로 들르지 않는다고 불평하며 이를 매우 괘씸하게 생각했다. 그는 이태리 왕에게 "본인의 오랜 통치기간 동안 유럽의 군주들은 같은 군주로서 내가 하는 말에 관심을 갖지 않았습니다. 곧 우리의 위대한 해군이 내 말을 뒷받침하게 되면 그들은 더욱 공손해질 것입니다"라고 말했다. 이와 같은 정서는 온 나라에 만연해 있었으며 국민들도 자기들의 황제처럼 제대로 인정 받고 싶은 간절한 욕망으로 고통 받고 있었다. 니체와 트라이츠케에 의해 교화되었고 자신의 힘을 의식하며 넘치는 에너지와 야망이 요동치는 이들은 자기들이야말로 세상을 지배할 자격이 있으나 그것을 인정하지 않는 세상으로부터 기만당하고 있다고 생각했다. 군국주의 주창자인 프리드리히 폰 베른하르디는 "우리는 전 세계가 반드시 독일 민족과 독일 정신을 존경하도록 해야 하며… 또한 이후로도 이를 유지해야만 한다"고 적었다. 그는 이러한 목표를 달성할 수 있는 방법은 오직 한 가지 뿐이라고 솔직하게 인정했다. 위로는 카이저로부터 그 아래로 모든 군국주의자들에 이르기까지 그들 모두는 자신들의 힘을 과시하고 위협을 가해 자신들이 열망해 마지 않던 세계의 존경을 확보하려고 했다. 또한 "무력" 시위를 통해 "태양 아래 자신들의 위치"를 요구했으며 "철혈" 재상과 "빛나는 갑옷"의 황제를 찬양하면서 자신들의 군사적인 힘을 자랑했다. 이웃과 잘 지내야 한다는 루스벨트의 교훈도 독일에서는 "큰 소리로 외치며 대포를 휘두르라"는 식으로 변질되었다. 그들이 그렇게 대포를 휘두르고, 카이저가 청나라의 의화단 사건을 진압하러 출병하는 독일 군대를 아틸라의 훈족이라고 부르며(훈족이 독일의 원형이라는 것은 그의 발상이었음), 몇 배로 커진 범독일 협회와 해군 연맹이 의회에 모여 다른 나라들은 자신들의 합법적인 목표인 팽창을 인정해야 한다고 주장했을 때, 다른 나라들은 동맹으로 대응했다. 이 동맹이 완성되자 독일은 포위(Einkreisung)라고 비명을 질렀다. 독일에 대한 포위 압박(Deutschland ganzlich einzukreisen)은 10년간이나 계속되었다.

에드워드의 외유는 로마, 비엔나, 리스본, 마드리드로 이어졌지만 항상 왕실만 방문한 것은 아니었다. 매년 그는 마리엥바에서 요양을 했는데, 그곳에서 자신의 재위 중 4년간 수상을 역임했으며 같은 해에 태어난 프랑스의 호랑이 클레망소와 빈번한 의견 교환이 있었을 것이다. 평생 격식에 맞는 복장과 격의 없는 친구라는 두 가지를 열정적으로 좋아했던 에드워드는 전자의 취향에도 개의치 않고 클레망소를 존경했다.

이 호랑이는 프러시아란 "대포알에서 부화되었다"는 나폴레옹의 의견에 동감히며, 자신을 향해 날아오는 포탄을 예견하고 있었다. 그는 "권력을 향한 독일의 욕망은… 프랑스의 멸망을 그들의 정책목표로 삼고 있다"는 한 가지 지배적인 생각에 의거하여 일하고, 계획하며 행동했다. 그는 에드워드에게 프랑스가 도움이 필요할 때 영국의 해군력만으로는 충분치 못할 것이라고 말하면서 나폴레옹은 트라팔가가 아닌 워털루에서 패했음을 상기시켰다.

1908년 에드워드는 러시아를 혐오하는 국민정서에도 불구하고 왕실 요트를 타고 레발로 짜르를 공식 방문하였다. 영국의 제국주의자들은 러시아를 크림전쟁의 구적이며 보다 최근에는 인도에 대한 잠재적인 위협으로 간주하는 반면, 자유당원(Liberals)과 노동당원(Laborites)에게 러시아란 무서운 형구, 학살, 1905년 대량 학살된 혁명주의자, 그리고 램제이 맥도날드가 "평범한 살인자"라 부르는 짜르의 땅이었다. 이러한 혐오감은 러시아도 마찬가지였다. 러시아는 영국과 일본의 동맹을 싫어했으며, 콘스탄티노플과 해협에 대한 러시아의 역사적 열망이 적대세력인 영국에 의해 좌절된 것에 분개하고 있었다. 니콜라스 2세는 언젠가 널리 알려진 두 가지 편견을 "영국인은 유태인"이라는 짧은 문장으로 표현한 바 있다.

그러나 이렇게 오래된 적대감도 새로운 위협보다는 강하지 않았으며, 자신의 두 동맹국을 손잡게 하려는 프랑스의 독촉에 의해 1907년 영러 약정이 맺어지게 된다. 불신의 잔재를 없애기 위해서는 왕실 간의 인간적인 접촉이 필요했고, 에드워드는 레발을 향해 출항했다. 그는 러시아의 외무장관인 이스볼스키와 장시간 회담하고 나서, 짜리나와 메리 위도우 왈츠를 추며 그녀를 웃게 만드는 개가를 올렸다. 에드워드는 이 불행한 여인이 로마노프의 왕관을 쓰게 된 이후 이러한 위업을 달성한 최초의 사나이였다. 이 사건은 겉으로 보이는 그런 사소한 업적 이상의 것이었는데 왜냐하면 짜르가 실질적으로 러시아를 통치한다고 말하기는 어렵다고 할지라도 독재자로 군림하고 있었고 그는 다시, 지혜는 다소 부족할지 몰라도 의지가 강한 자신의 아내에 의해 지배되고 있었기 때문이다. 아름답고 신경질적이며 병적으로 의심이 많은 짜리나는 자신의 직계가족과 절망적인 영혼을 위로해 준다는 한 무리의 광적이고 병적인 야바위꾼들 외에는 모두를 증오했다. 타고난 정신적 기질도 불안한 데다가 썩 좋은 교육을 받지도 못한 짜르는 카이저의 견해에 따르면 "시골에 살면서 무나 기르면 어울릴 사람"이었다.

카이저는 짜르를 자신의 영향력 안에 있다고 여겼으며, 자신의 과오로 맺게 된 불러 동맹관계로부터 그를 떼어 놓기 위한 묘책을 쓰려 했다. "러시아와 우호관계를 유지하라"는 비스마르크의 좌우명과 이를 이행하기 위한 재보장 조약을 비스마르크와 함께 놓쳐 버린 것이 빌헬름이 재위 중에 저지른 최초이자 최대의 실수였다. 그 당시의 엄숙한 짜르였던 큰 키의 알렉산더 3세는 1892년 돌연 태도를 바꿔 차렷 자세로 서서 "프랑스 국가(Marseillaise)"를 경청하는 곤욕을 치루면서까지 공화국 프랑스와 동맹관계를 맺었던 것이다. 게다가 그는 자신이 "버릇없는 꼬마"라고 생각하던 빌헬름을 무시하여 어깨 너머로 말을 걸 정도였다. 니콜라스가 왕위를 계승한 이후 빌헬름은 "가장 친애하는 니키"로 시작되어 조언과 가십과 정치적인 열변들을 잔뜩 늘어놓은 다음 "폐하의 친애하는 친구 윌리"로 마무리되는 (영어로 씌어진) 장문의 편지를 젊은 짜르에게 보냄으로써 자신의 실수를 만회하기 위해 지속적으로 노력하였다. 군주의 피로 얼룩지고 신을 믿지 않는 공화국은 짜르에게 어울리는 친구가 아니라고 그는 말했다. "니키, 제 말을 잘 들으세요. 그 국민들에게 영원한 신의 저주가 내릴 것입니다." 윌리는 니키에게 짜르의 진정한 이익은 3황동맹(Drei-Kaiser Bund) 즉, 러시아, 오스트리아 그리고 독일의 세 황제간의 연합에 있다고 말했다. 여전히 옛 짜르가 자기를 무시했었 다는 것을 기억하면서도 윌리는 짜르의 아들을 후원하지 않을 수 없었 다. 그는 니콜라스의 어깨를 톡톡 치며 "폐하에 대한 제 충고는 단순한 말 이상의 것, 퍼레이드 이상의 것"이라고 말하면서 실제로 니콜라스를 폭도와 같은 백성들로부터 보호하기 위하여 독일군대를 보내겠다고 제 의했었는데, 이 제의는 빌헬름을 만날수록 더욱더 그를 증오하게 된 짜 리나를 격분하게 만들었다.

이러한 연유로 러시아를 프랑스로부터 떼어내는 데 실패하자 카이저 는 러시아와 독일이 제3국을 공격할 때에는 상호 지원하기로 한다는 아 주 교묘한 조약을 이끌어냈는데, 짜르는 이 조약에 서명한 다음 바로 프 랑스에 이를 알려주고 프랑스도 이 조약에 가담하도록 권유하려고 했 다. 러시아가 일본에 패하고 (카이저는 러시아의 참전을 강력히 촉구한 바 있음) 이어서 혁명이 발발하여 러시아의 왕정이 최대의 침체기에 빠져 있을 때, 카이저는 배석자도 없는 비밀 단독 회담을 위해 짜르를 핀란드 만의 비외르꼬로 초청하였다. 빌헬름은 러시아가 프랑스와의 신의를 깨 지 않고는 이 조약에 절대 응할 수 없음을 충분히 알고 있었지만 어려움 을 제거하는 데 필요한 것은 다름 아닌 군주의 서명이라고 생각했다. 니 콜라스는 서명했다.

빌헬름은 너무 좋아 넋을 잃을 정도였다. 그는 치명적인 실수를 만회 하여 독일의 뒷문을 안전하게 만들면서 독일에 대한 포위망을 깨뜨렸던 것이다. 빌헬름은 뷜로브에게 보낸 편지에 "내 눈에는 기쁨의 눈물이 맺 혔다"고 썼으며 할아버지(빌헬름 1세, 이 사람은 양면전쟁에 대해 걱정하면 서 숨을 거두었음)께서 자기를 내려다 보고 계실 것이라고 확신했다. 그 는 이 조약이야말로 독일 외교 사상 최대의 역작이라고 느꼈는데, 만약 제목이 갖는 결함만 아니었다면 실제로 그러했고 혹은 충분히 그럴 수 있었을 것이다. 짜르가 그 조약을 본국으로 가져 갔을 때 이를 훑어 본 각료들은 경악하고 말았다. 그들은 앞으로 있을지도 모를 전쟁에서 독일과 손을 잡는 것은 프랑스와 맺은 동맹을 저버리게 된다는 것을 지적했는데, "의심의 여지없이 황제 폐하께서 빌헬름 황제의 유창한 언변" 때문에 이러한 구체적인 문제는 "간과하신 것이다." 이리하여 비외르꼬 조약은 겨우 하루의 짧은 생애를 마치고 곧바로 폐기되었다.

이제 에드워드는 레발에서 짜르와 화기애애하게 환담하게 되었다. 이 모임에 참석했던 독일 대사가 보낸 보고서에서 에드워드가 진정으로 평화를 원하고 있는 것 같다는 내용을 읽은 카이저는 화가 나서 그 여백에다 "거짓말. 에드워드는 전쟁을 원한다. 하지만 내가 먼저 전쟁을 시작해야 하기 때문에 그는 악평을 듣지 않을 것"이라고 휘갈겨 썼다.

그 해는 카이저의 재위 중 가장 폭발적인 실수로 마감되었는데, 그는 『데일리 텔레그라프』와 가진 회견에서 개전일자와 누가 누구를 상대로 싸워야 하는가에 대한 자신의 견해를 밝혔고 이는 이웃 국가들 뿐만 아니라 독일 국민들까지도 불안에 떨게 만들었다. 이에 대한 반대여론이 너무도 비등하여 카이저는 3주일간이나 몸져 누워 앓았고 그 후로도 한동안 거의 말없이 지냈을 정도였다.

그 이후로 특별히 흥미 있는 사건은 터지지 않았다. 유럽이 풍요로운 오후의 즐거움을 누린 10년 기간 중 마지막 2년은 그 어느 때보다도 조용한 시기였다. 1910년은 평화로웠고 번성했으며 제2차 모로코 위기와 발칸전쟁은 아직 일어나지 않았다. 노만 앙겔의 신작 『위대한 환상』이 막 발표되었는데 그는 이 책에서 전쟁이 불가능함을 증명하였다. 인상적인 사례와 반박할 수 없는 논거를 통해 앙겔은 오늘날 밀접해진 국가 간 재정적, 경제적 상호 의존 관계에서는 승자도 패자와 똑같이 고통을 받게 될 것이므로 전쟁은 이미 채산성을 잃게 되었으며, 따라서 어떤 국가도 어리석게 전쟁을 일으킬 수 없게 되었음을 보여주었다. 11개 국어로 번역된 『위대한 환상』은 신흥종교가 되었다. 맨체스터, 글라스고우, 그 외에도 산업화된 여러 도시의 많은 대학에서 이를 신봉하는 40개 이상의 연구 그룹이 만들어져 이 교리를 전파하는 데에 헌신하였다. 앙겔의 가장 성실한 제자는 군사 정책에 지대한 영향력을 가지는 국왕의 친구이자 조언자이며 보어전쟁의 충격으로부터 영국 육군을 재편하는 임무를 맡은 전쟁위원회의 의장 에셔 자작이었다. 에셔 경은 케임브리지와 소르본느에서 『위대한 환상』에 관한 강의를 했는데, 여기서 그는 "공격적인 전쟁이 얼마나 어리석은 짓인가 새로운 경제적 변수들을 통하여 분명하게 증명할 수 있다"는 것을 보여주었다. 20세기의 전쟁은 그로 인한 "상업적인 재난, 재정 파탄 그리고 개인적인 고통"이 너무 커서 전쟁을 생각할 수 없게 만드는 "억지력을 내포하는" 규모가 될 것이라고 그는 말했다. 참모총장인 존 프렌치 경이 임석한 장교 클럽의 강연에서도 그는 운집한 장교들에게 국가 간의 상관관계 때문에 전쟁은 "하루가 다르게 점점 더 일어나기가 어려워지고 있다"고 했다.

에셔 경은 독일도 영국만큼이나 "노만 앙겔의 교리를 수용할 것"으로 확신했다. 그가 『위대한 환상』을 전달하도록 부탁했던 카이저와 황태자가 이를 어떻게 수용하였는지에 대해서는 알려진 바가 없다. 또한 그가 폰 베른하르디 장군에게도 이 책을 주었는지 불분명한데 1910년, 베른하르디 장군은 그 이듬해 출판될 『독일과 다음 전쟁』이라는 책을 집필 중에 있었으며 이 책은 앙겔의 책만큼이나 영향력을 미치게 되지만, 그 관점은 정반대였다. 책 속에 등장하는 "전쟁을 할 권리", "전쟁을 할 의무" 그리고 "초강대국 아니면 멸망"이라는 세 개 장의 제목이 책의 주제를 요약하고 있다.

1870년 스물한 살의 기병 장교였던 베른하르디는 독일군이 파리로 입성할 때 제일 선두에서 개선문을 지나 행진한 바 있다. 그 이후로 그는 깃발과 영광보다는 자기 저서의 또 다른 장인 "독일의 역사적인 과업"에 적용될 전쟁 이론, 전쟁 철학 그리고 전쟁 과학에 더 큰 흥미를 가지게 된다. 그는 총참모부의 역사분야 책임자로 근무했고, 공부벌레이자 일벌레인 지적 엘리트 집단의 일원이었다. 기병에 대한 고전을 저술하였으며 평생을 클라우제비츠, 트라이츠케, 다윈에 대한 연구에 몰두한 결과 후일 그의 이름을 '전쟁의 신' 마르스에 견주게 만든 명저를 낳게 된 것이다.

그는 전쟁이란 "생물학적 필연"이라고 언급하였는데, 전쟁은 "모든 자연계의 기반이 되는 생존경쟁이라는 자연법칙"이 인간 사회에서 운용되는 방식이라는 것이다. 그는 국가란 진보하거나 도태되어야만 하고, "현상 유지란 있을 수 없으며" 독일은 "세계의 초강국 또는 몰락" 중 하나를 선택해야 한다고 주장했다. 여러 국가들 중에서 독일은 "사회·정치적인 면에서 모든 문화적 진보의 가장 선두"에 있으면서도 "좁고 부자연스러운 제약을 강요당하고 있다"는 것이다. 독일은 정치권력의 증대와 영향권의 확장, 그리고 새로운 영토 없이는 국가의 "위대한 도덕적 목표"를 이룰 수 없다. "우리의 중요함에 어울리는" 그리고 "우리가 마땅히 주장해야 하는" 이러한 권력의 증대는 "정치적 필연"이며 "국가의 최고이자 최우선 과제"인 것이다. 베른하르디는 직접 이탤릭체로 "이제 우리가 갖기를 원하는 것은 반드시 *투쟁을 통해 쟁취해야* 한다"고 선언하고, "따라서 정복이란 이제 필연적인 법칙"이라는 결론으로 치닫고 있다.

"필연성"(독일군사 전략가들이 가장 좋아하는 말)을 입증하자 베른하르디는 방법론으로 넘어갔다. 일단 전쟁을 해야 할 의무가 인식되었다면 두 번째 의무 즉, 그것을 성공적으로 수행해야 할 의무가 뒤따르게 된다.

성공적이기 위해서 국가는 독자적으로 선택한 "가장 유리한 시점"에 전쟁을 시작해야 하는데, 국가는 "이러한 선제공격에 대한 명예로운 특권을 행사할 수 있는 … 당연한 권리"를 가지고 있다. 공격적 전쟁이란 이처럼 또 하나의 "필연"이 되며 이로부터 두 번째 결론이 불가피해지는데, "공세적으로 행동하며 먼저 타격을 가하는 것은 … 우리에게 주어진 의무인 것이다." 베른하르디는 침략자에게 씌워질 "악평"에 대한 카이저의 우려에는 공감하지 않았다. 또한 그는 이러한 타격이 어디에 가해져야 하는가를 언급하는 데에도 주저하지 않았다. 그는 독일과 프랑스가 양국간의 문제를 협상으로 해결할 수 있다는 것은 "생각할 수조차 없는" 일이라고 적었다. "프랑스를 철저하게 분쇄하여 다시는 우리의 길을 가로막지 못하게 해야 한다." 이번만큼은 프랑스를 "철저하게 궤멸시켜 강대국에서 축출하여야 한다."

에드워드 국왕은 베른하르디의 책을 읽지 못했다. 1910년 1월 그는 마리엥바와 비아리츠로 떠나기에 앞서 카이저에게 생일 축하 인사와 더불어 지팡이를 선물로 보냈다. 그리고 몇 달 뒤 그는 사망했다.

이 사망 소식이 전해지자 이스볼스키는 "우리는 우리 외교의 중심 축을 잃었다"고 말했다. 이것은 과장된 표현이었는데, 에드워드는 새로운 질서를 구축한 게 아니라 단지 기여했을 뿐이기 때문이다. 『르 피가로』에 따르면 프랑스에서 그의 죽음은 "크나큰 슬픔"과 "충격"을 가져왔다. 파리는 "위대한 친구"를 잃은 것에 대해 런던만큼이나 깊은 슬픔을 느꼈다고 보도했다. 평화의 거리(Rue de la Paix)의 가로등과 상가 창문에는 피카딜리와 같이 검은 장막이 드리워졌고, 마부들은 자신들의 채찍 위에 크레이프 매듭을 맸으며, 위대한 프랑스 시민이 사망했을 때처럼 지방의 작은 마을에도 검은 휘장이 달린 선왕의 초상화가 내걸렸다. 동경에서는 영일 동맹을 기려 집집마다 영국과 일본의 조기를 교차시켜 게양했다. 독일에서도 감정이야 어찌됐건 정확한 절차가 목격되었다. 육군과 해군의 모든 장교들은 8일간 상장을 착용하도록 했으며 내해의 해군은 예포를 쏘고 마스트에 조기를 게양토록 했다. 독일 의회는 모두 일어서서 의장이 낭독하는 조사를 경청했으며 카이저는 개인적으로 영국 대사를 방문하여 한 시간 반이나 조문했다.

그 다음 주 런던에서는 왕실 가족들이 빅토리아 역에 도착하는 귀빈들을 영접하느라 분주했다. 카이저는 영국 구축함 네 척의 호위를 받으며 자신의 요트인 호헨졸렌을 타고 해협을 건너왔다. 템즈 강 어귀에 정박한 그는 다른 귀빈들처럼 나머지 여정은 열차를 이용하여 런던 빅토리아 역에 도착했다. 플랫폼에는 자주색 융단이 깔리고 그의 마차가 멈출 지점에는 자주색 계단이 놓였다. 정오를 알리는 타종 소리와 더불어 기차가 들어오고 눈에 익은 독일 황제의 모습이 나타나자 사촌인 죠지 국왕이 양쪽 볼에 입맞추며 그를 영접했다. 점심 식사 후 두 사람은 함께 정장 차림의 에드워드 시신이 안치되어 있는 웨스트민스터 홀로 갔다. 간밤의 천둥 번개나 오전 내내 쏟아진 폭우도 빈소가 마련된 홀로 들어가기 위해 조용히 인내심을 가지고 기다리는 에드워드의 백성들을 막지는 못했다. 5월 19일 목요일인 이날의 조문 행렬은 그 길이가 5마일이나 되었다. 마침 이날은 지구가 헬리 혜성의 꼬리에 들어가게 되었는데, 이 혜성의 출현은 예로부터 재난의 전조였음을 떠올리게 하였으며(이전에도 노르만족의 정복을 예고하지 않았던가?) 문학에 조예가 깊은 언론사 편집자들은 쥴리우스 시저의 대사를 인용하였다.

거지가 죽을 때는 혜성이 나타나지 않지만;
왕자들의 죽음에는 하늘도 스스로 빛을 발한다.

광대한 홀 안의 어두운 위엄 속에 관이 놓여있고, 그 위에는 왕관과 보주 그리고 왕홀이 얹혀 있었으며 제국의 여러 연대에서 차출된 4명의 장교가 고개를 숙인 채 흰 장갑을 낀 양손으로 칼 손잡이를 잡는 전통적인 애도의 자세로 서서, 관의 네 귀퉁이를 호위하고 있었다. 카이저는 전문가적인 호기심으로 제국의 장례식 관습을 주의 깊게 주시했다. 그는 아주 깊은 감명을 받았고, 몇 년이 지난 뒤에도 "놀라운 중세 장식"의 세세한 부분까지 기억할 수 있을 정도였다. 카이저는 태양 광선이 좁은 고딕 창을 지나 왕관의 보석 위에서 반짝거리는 것을 눈여겨 보았고, 관을 지키는 호위병들의 교대 모습 또한 주목했는데 네 명의 새 호위병들이 칼을 받쳐 들고 입장하여 각자 위치로 가 서서 칼끝을 아래로 향하는 동안 전임 호위병들은 느린 동작으로 어둠 속의 보이지 않는 출구를 지나 미끄러지듯 사라졌다. 붉은꽃과 흰꽃으로 만든 화환을 관 위에 올려 놓은 카이저는 죠지 왕과 함께 무릎을 꿇고 조용히 기도했으며 일어선 뒤 그는 사촌의 손을 잡고 당당하면서도 애정어린 악수를 나누었다. 이러한 제스츄어는 매우 우호적인 반응을 얻은 것으로 널리 보도되었다.

대중 앞에서 그의 행동은 완벽했지만, 타고난 성격상 그는 새로운 음모의 기회를 놓칠 수가 없었다. 그날 저녁 70명의 왕실 조문객과 특명 대사들을 위해 영국 국왕이 버킹검 궁에서 베푼 만찬에서 카이저는 프랑스의 피숑 장관을 붙들고 늘어져 독일이 어쩔 수 없이 영국과 대립하게 되는 일이 생기면 프랑스는 독일 편에 서야 된다고 제안했다. 당시의 때와 장소를 감안하면 황제의 이 새로운 발상은 영국 외무장관 에드워드 그레이 경의 입장을 난처하게 하여 즉각 "다른 군주들은 저토록 조용하신데"라고 조심스럽게 한마디 할 정도의 소요를 일으켰다. 후일 카이저는 그런 말을 한 적이 없다고 부인했으며, 자신은 단지 모로코 문제와 "다른 몇 가지 정치적인 문제들"을 논의했을 뿐이라고 했다. 피숑은 카이저의 말이 "사교적이고 평화적"이었다고 사려 깊게 얘기할 수밖에 없었다.

다음날 아침 아무 말도 할 수 없는 장례 행렬에서 빌헬름의 행동은 매우 모범적이었다. 그는 말 고삐를 조정하여 죠지 왕보다 머리 하나 정도 뒤에서 행진했는데 이 행사를 취재한 특파원 코난 도일이 보기에 그는 "너무도 고상하여 만일 그를 자기 편으로 받아들이지 않는다면 영국은 오늘 신사의 나라라는 오랜 전통에 손상을 입을지도 모를" 정도였다. 행렬이 웨스트민스터 홀에 이르고, 이때 알렉산드라 왕비의 마차가 들어오자 그는 제일 먼저 말에서 내려 "왕실 시종보다도 먼저 민첩하게 마차 문에 다가갔으나 마침 왕비는 다른 쪽으로 내리려는 참이었다." 빌헬름은 역시 시종보다 먼저 잽싸게 마차를 돌아 문에 다가가서 미망인에게 손을 내밀고 상을 당한 조카로서 추모의 정을 담은 키스를 보냈다. 이 순간 죠지 왕이 다가와 자기 어머니를 구출하여 직접 모신 것은 다행이었는데 왜냐하면 그녀는 개인적으로도 그렇고 슐레스빅-홀스타인을 위해서도 카이저를 아주 지긋지긋하게 싫어했던 것이다. 독일이 덴마크로부터 이 영지를 빼앗았을 때 카이저는 겨우 여덟 살이었지만 그녀는 한 번도 그와 그의 나라를 용서한 적이 없었다. 자신의 아들이 1890년 베를린을 방문하여 프러시아 연대의 명예 연대장이 되었을 때, 알렉산드라 왕비는 아들에게 보낸 편지에 다음과 같이 썼다. "그리고 내 아들 죠지가 이제 더러운 푸른색 코트와 뾰족한 군모의 독일 병정이 되다니! 글쎄 내가 살아서 이런 꼴을 볼 줄은 미처 생각 못했다! 그러나 개의치 말아라, … 그것은 너의 불운이지 잘못은 아니란다."

국왕 깃발(Royal Standard)에 싸인 관이 밀짚모자를 쓴 20명의 수병들에 의해 홀에서 실려 나오자 드럼과 백 파이프의 구슬픈 연주가 시작됐다. 기병대가 차렷 자세를 취하는 순간 그들이 차고 있던 군도가 햇빛에 번쩍였다. 네 번의 날카로운 호각소리를 신호로 수병들이 관을 들어 자주색, 적색 그리고 백색 천으로 넓인 운구 마차 위로 올렸다. 쥐 죽은 듯 고요한 군중들로 이루어진 검은 인파의 가장자리를 둘러싼 붉은 벽과 같은 의장대 사이로 행렬이 지나갔다. 런던에서 그렇게 많은 인파가 그렇게 조용히 운집한 적은 일찍이 없었다. 왕실 기마 포병대가 끄는 운구 마차의 옆과 뒤에는 선왕을 모셨던 63명의 시종 무관들이 걸어갔는데 모두 육군이나 해군의 대령이며 귀족인 이들 중에는 5명의 공작, 4명의 후작, 13명의 백작이 포함되어 있었다. 3명의 영국 육군원수, 키치너 경, 로버츠 경, 그리고 에벌린 우드 경이 같이 행진했다. 이어서 6명의 해군 제독이 뒤따랐고 그 뒤를 혼자 걸어가는 사람이 있었는데, 그는 에드워드의 절친한 친구이자 사납고 괴팍스러운 전직 해군장관이며 영국인답지 않은 기묘한 얼굴을 한 존 피셔 경이었다. 모든 유명 연대에서 차출된 분견대들, 콜드스트림, 고든 하이랜더, 왕실 근위 기병대, 정규 기병대, 영국 근위 기병대, 창 기병대, 왕실 소총대, 찬란한 경기병대 그리고 에드워드가 명예 연대장인 독일, 러시아, 오스트리아 그 외의 외국 기병대, 독일해군의 제독들이 뒤를 이었는데, 조금 못마땅한 참관자에게는 이 의식이 "평화를 이룬 사람"의 장례식치고는 지나치게 군사적으로 비춰질 정도였다.

등자에 왕의 장화를 거꾸로 놓은 채 빈 안장을 얹은 선왕의 말을 마부 둘이 이끌었고 그 뒤를 종종걸음으로 따르는 털이 빳빳한 테리어 견 시저는 보는 이의 슬픔을 더해 주었다. 뒤이은 행렬도 영국적 화려함의 극치였다. 화려한 문양의 타바드 외투 차림의 중세 기사 퍼쉬반트(Poursui-vants, 중세 영국에서 가톨릭 사제를 색출하는 정부 관리였음: 역주), 왕실 근위기병대의 지휘관, 왕실의 시종 무관들, 스코틀랜드의 궁사들, 가발과 검정 겉옷 차림의 법관들, 진홍색 복장의 수석 재판관, 주홍색 성의를 입은 주교들, 검정 벨벳 모자와 주름 잡힌 엘리자베스 깃으로 치장한 기마 의용병, 트럼펫 연주자들, 그리고 왕들의 행진이 이어지고 그 뒤를 미망인 왕비와 그 자매들, 러시아의 황태비를 태운 유리 마차, 그 외에 왕비들, 숙녀들 그리고 동방의 귀빈들을 태운 12대의 마차가 지나갔다.

화이트 홀, 몰, 피카딜리 그리고 공원을 지나 운구가 종착지인 윈저로 가는 기차로 갈아타게 될 패딩턴역까지 긴 행렬이 움직여 갔다. 왕실 기마 근위대의 군악대가 "장송곡"을 연주했다. 군중들은 행진이 느려지고 장엄한 음악이 연주되는 것을 통해 장례식이 끝나감을 알 수 있었다. 장례식 후에 에셔 경은 자신의 일기에 이렇게 썼다. "이러한 붕괴는 전례가 없다. 우리 삶의 행로를 표시해 주던 오랜 부표들이 한꺼번에 모두 쓸려가 버린 듯하다."

작전 계획

(PLANS)

2. 최우측 병사의 소매가 해협을 스치도록 하라

1891년부터 1906년까지 독일군 참모총장

이었던 알프레드 폰 슐리펜 백작은 다른 모

든 독일 장교들과 마찬가지로 "프랑스의 심장은 브뤼셀과 파리 사이에

놓여 있다"는 클라우제비츠의 가르침을 이어 받았다. 그러나 이것은 이

룰 수 없는 교훈이었는데, 왜냐하면 그것이 제시하는 진로는 다른 유럽

의 4개 열강과 더불어 독일이 이미 영구적으로 보장한 벨기에의 중립

에 의해 가로막혀 있었기 때문이다. 전쟁은 불가피할 뿐더러 이를 성공

적으로 수행하기 위한 가장 확실한 방법은 그곳으로 진입하는 것이라고

믿었던 슐리펜은 독일이 나아가는 길을 가로막고 있는 이 벨기에라는

장애물을 용납하지 않기로 결정했다. 그는 프러시아 장교의 두 가지 유

형, 즉 목이 굵은 형과 허리가 가는 형 중에서 후자에 속한다. 외알 안경

에 호리호리한 외모, 차가울 정도로 냉정한 태도를 가진 그는 어찌나 자

기의 일에만 외곬으로 몰두했던지, 언젠가 동프러시아에서 야간 정찰을

마쳤을 때, 자신의 부관이 아침 햇빛에 빛나는 프레겔 강의 아름다운 경

치를 가리키자 엄한 눈초리로 흘긋 보고는 "하찮은 장애물"이라고 대답

했을 정도였다. 그는 벨기에 중립 문제도 그런 식으로 결정했던 것이다.

영세 중립국 벨기에는 영국의 작품, 정확히 말해서 영국의 가장 유능한 외무장관이었던 파머스톤 경의 작품이다. 벨기에 해안은 영국의 최전방이며, 웰링턴은 스페인의 무적함대(Armada) 이후 영국이 직면했던 가장 큰 위협을 벨기에 평원에서 물리친 적이 있다. 그 후로 영국은 사방으로 열려 있어 침범당하기 쉬운 이 지역을 중립지대로 만들기로 하고, 비엔나 의회의 포스트 나폴레옹 협약에 따라 이 땅을 네덜란드 왕국에 귀속시키기로 다른 열강들과 합의했다. 개신교 세력과 합쳐진 것에 분개하고, 19세기의 국가주의 열정으로 불타오른 벨기에인들은 1830년 반란을 일으켜 국제 분쟁을 촉발시켰다. 네덜란드는 자신들의 영토를 유지하기 위해 싸웠고, 프랑스는 한때 자신들이 지배했던 곳을 다시 흡수하려는 열망으로 개입하였으며, 유럽을 비엔나 협약이 정한 대로 그냥 묶어두기를 원했던 독재 국가들인 러시아, 프러시아 그리고 오스트리아는 어디든 반란의 조짐만 있으면 방아쇠를 당길 준비가 되어 있었다.

파머스톤 경의 수완은 그들을 모두 압도했다. 그는 문제의 이 지역이 주변국들에게는 영원한 유혹이 될 것이며, 따라서 주권을 유지하려는 확고한 의지를 가진 독립 국가만이 이곳을 일종의 안전 지역으로 보존할 수 있다는 것을 알고 있었다. 때로는 유연하게 또 때로는 팽팽한 긴장 속에서, 필요할 때는 영국함대를 동원하면서까지 목표에 대한 집착을 가지고 9년간 노력한 끝에 마침내 그는 모든 도전을 물리치고 벨기에를 "독립적인 영세 중립국"으로 보장하는 국제조약을 확정하였다. 1839년 영국, 프랑스, 러시아, 프러시아 그리고 오스트리아가 이 조약에 서명하였다.

1892년 프랑스와 러시아가 군사동맹을 맺은 다음부터 벨기에 조약에 서명한 다섯 국가 중 넷은 슐리펜이 계획하는 전쟁에 2대 2로 자동 개입할 수밖에 없게 되었다. 유럽은 잭스트로(조각들을 쌓아 놓고 다른 조각들을 움직이지 않게 한 개씩 뽑아내는 놀이: 역주)처럼 섬세하게 포개진 칼 더미였는데, 어느 누구도 다른 사람 것을 건드리지 않고는 자기 칼을 뺄 수 없었다. 독오동맹에 의해 독일은 오스트리아와 러시아 사이에 분쟁이 생기면 오스트리아를 지원해야만 했다. 프랑스와 러시아 간의 동맹에 따라 둘 중 하나가 독일과 "방어적 전쟁"을 할 경우 나머지는 반드시 독일을 공격해야만 했다. 국가 간의 이러한 조약들 때문에 독일은 어떤 경우에도 러시아와 프랑스를 동시에 상대하는 양면전쟁을 피할 수 없었다.

영국이 어떻게 할지는 불확실했다. 어쩌면 중립을 지킬 수도 있고, 이유가 주어진다면 독일을 상대로 싸울 수도 있었다. 벨기에가 바로 그 이유가 될 수 있음은 결코 비밀이 아니었다. 독일이 아직 열강으로 성장하고 있던 1870년 보불전쟁 당시, 비스마르크는 영국의 암시를 받자 벨기에에 대한 불가침을 선뜻 재확인해 줄 정도로 충분한 여유가 있었다. 글래드스톤은 어느 쪽이든 벨기에를 침범하면, 영국은 비록 전면적인 군사 작전을 벌이지는 않겠지만, 벨기에를 방어할 수 있을 정도로 다른 쪽을 돕겠다고 공언함으로써 두 교전국들로부터 조약을 안전하게 지켜낼 수 있었다. 비록 글래드스톤 방식의 단서에는 다소 비현실적인 부분이 있었지만, 독일은 그 저변에 깔려있던 동기가 1870년에 비해 1914년에 더 약해질 것이라고 가정할 아무런 근거도 갖고 있지 않았다. 그럼에도 불구하고 슐리펜은 전쟁이 시작되면 벨기에를 지나 프랑스를 공격하기로 결정하였다.

슐리펜의 이유는 "군사적 필연"이었다. 양면전쟁에서 "독일은 가장 강하고 위협적인 적에게 총력을 경주해야 하는데, 오로지 프랑스만이 이러한 적이 될 수 있다"고 그는 적었다. 슐리펜이 은퇴하던 해인 1906년에 완성된 그의 계획에 따르면 독일 군사력의 8분의 7을 동원하며 6

주 만에 프랑스를 분쇄하는 동안 나머지 8분의 1의 군사력으로 두 번째 적인 러시아와 대치할 주력군이 되돌아 올 수 있을 때까지 동부전선을 지키도록 되어 있었다. 그는 프랑스를 첫 번째 적으로 택했는데 왜냐하면 러시아는 그냥 단순히 그 광대한 영토 안으로 물러서기만 해도, 나폴레옹이 당했던 것처럼 독일을 끝없는 전쟁으로 끌어들여 독일의 신속한 승리를 좌절시킬 수 있기 때문이었다. 프랑스는 더 가까울 뿐만 아니라 더 빨리 군대를 동원할 수 있었다. 독일군과 프랑스군이 동원을 완료하기까지는 각각 2주일이 걸리기 때문에 본격적인 공격은 15일째면 가능했다. 독일군의 수학적 분석에 의하면 러시아는 방대한 거리, 엄청난 인원 그리고 부실한 철도로 인해 본격적인 공세에 돌입하기까지는 6주가 걸릴 것이며 그 시간이면 프랑스는 이미 제압된 뒤가 되는 것이다.

융커돔과 호헨졸렌의 심장인 동프러시아를 겨우 9개 사단이 지키도록 방치하는 위험을 감수하기는 쉽지 않았지만 프레데릭 대제는 "승리를 원한다면 이에 필요한 병력을 나누는 것보다 영토를 조금 잃는 것이 더 낫다"고 말한 바 있다. 이미 사망한 군사 영웅의 격언만큼 군국주의적 사고방식에 확신을 주는 것은 없을 것이다. 오직 최대한의 병력을 서쪽으로 투입하는 것만이 프랑스를 단시간 내에 제압할 수 있는 길이었다. 슐리펜의 생각에 의하면 오직 벨기에를 통로로 이용하는 포위 전략만이 독일군이 프랑스를 성공적으로 공격할 수 있는 방법이었다. 순전히 군사적인 관점에서라면 그의 논거에는 결함이 없어 보였다.

프랑스 공격에 동원될 150만의 독일군은 1870년에 비해 6배에 달하는 규모였으며, 이를 움직이기 위해서는 공간이 필요했다. 1870년 이후 알자스와 로렌의 국경을 따라 구축된 프랑스군의 요새는 국경선을 넘는 독일군의 정면공격을 가로막고 있었다. 프랑스군의 후방이 열려 있는 한, 시간을 끄는 공성전으로는 상대를 전멸시키기 위한 전투에서 신속하게 적을 포위할 수 있는 기회가 없을 것이다. 오직 포위만이 프랑스군을 후미에서 제압하여 전멸시킬 수 있었다. 하지만 프랑스군 방어선의 양끝에는 중립지대인 스위스와 벨기에가 놓여 있었다. 거대한 독일군대가 중립지대를 지나지 않으면서 프랑스군을 우회하기에는 공간이 충분하지 않았다. 독일군은 양쪽 군대의 규모가 작았던 1870년에는 그렇게 했지만 이번에는 수백만의 군대가 수백만의 군대를 우회하여 포위하는 문제였다. 공간, 도로 그리고 철도가 필수적이었다. 플랑드르의 평원은 그것들을 가지고 있었다. 벨기에는 슐리펜의 승리 공식인 포위기동에 필요한 공간이 있었을 뿐만 아니라, 그의 파멸 공식인 정면공격을 회피할 수 있는 길도 있었다.

독일 군사학의 신 클라우제비츠는 공격적 전쟁의 최우선 과제는 "결정적 전투"에 의한 신속한 승리라고 규정한 바 있다. 적의 영토를 점령하고 그 자원에 대한 통제력을 확보하는 것은 2차 과제다. 어떻게 빨리 결정짓느냐가 핵심이었다. 그 무엇보다도 시간이 관건이었다. 전쟁을 지연시키는 그 어떤 것도 클라우제비츠는 비난했다. 그는 적군을 "서서히 분쇄시키는 전쟁"이나 소모전을 마치 지옥으로 떨어지는 구덩이처럼 두려워했다. 그는 워털루에 대한 10권의 책을 썼으며 그 후 이 저술은 전략에 대한 성경으로 통했다.

결정적 승리를 얻기 위해 슐리펜은 한니발의 칸네 전투에서 유래된 전략을 택했다. 슐리펜을 매료시킨 한니발 장군이 칸네에서 로마군에 대해 고전적인 이중 포위작전을 벌인 지 벌써 2천 년이 흘렀다. 활과 화살 그리고 투석기가 소총과 기관총으로 바뀌었지만 "전략의 원칙은 바뀌지 않았다. 적의 정면은 목표가 아니다. 핵심은 적의 양 날개를 꺾고… 그 배후를 공격함으로써 적을 완전히 괴멸시키는 것"이라고 슐리펜은 적었다. 슐리펜이 이끄는 독일군 총참모부에게 포위는 숭배의 대상인 반면 정면공격은 저주였다.

벨기에 침범을 포함하는 슐리펜 계획의 초안은 1899년에 성안되었다. 그것은 뫼즈의 동쪽에서 벨기에의 모퉁이를 지나도록 되어 있었다. 이후 매년 확대를 거듭한 결과, 1905년에는 독일군이 남쪽으로 선회하여 프랑스로 진군하기 앞서 플랑드르의 광활한 평야지대의 이점을 얻을 수 있도록 리에쥬에서 브뤼셀까지 벨기에를 가로지르며 에워 쌀 정도로 거대한 우익의 형태로 확장되었다. 모든 것은 프랑스를 상대로 얼마나 빨리 결판을 내느냐에 달려 있었으며 플랑드르를 멀리 우회하는 것이 독불 국경선을 가로지르는 요새 방어선에 대해 공성전을 펼치는 것보다 오히려 더 빠를 것으로 예상되었다.

슐리펜은 칸네를 본떠 프랑스를 이중으로 포위할 만한 충분한 사단을 갖지 못했다. 그래서 그는 한쪽으로 심하게 편중된 우익으로 대체했는데, 이 우익은 날개를 펼치듯이 뫼즈의 양안을 따라 벨기에 전체로 전개된 다음, 거대한 낫처럼 온 나라를 휩쓸면서 일시에 프랑스-벨기에 국경을 넘어 우아즈 계곡을 따라 파리로 쇄도할 것이다. 독일군 주력은 수도와 프랑스군 사이로 진입하게 되는데, 이러한 위협을 만나 후퇴하게 될 프랑스군은 자신들의 요새 지역으로부터 멀리 떨어진 곳에서 자신들을 궤멸시킬 결정적 전투에 휘말리게 될 것이다. 이 작전의 핵심은 프랑스군을 메츠와 보쥬 사이의 자루로 돌진해 오도록 유인하기 위해 의도적으로 약하게 만든, 알자스-로렌 전선의 독일군 좌익이었다. 프랑스군은 빼앗긴 영토를 해방시키기 위해 이 지점을 공격할 것으로 예상되었으며 그렇게 되면 독일군이 작전을 성공시키기에는 더 유리할 것으로 판단되었다. 왜냐하면 전쟁의 진정한 승리가 프랑스군의 배후에서 성취되는 동안 그들은 독일군 좌익에 의해 자루 속에 갇힌 꼴이 될 것이기 때문이었다. 슐리펜의 마음 한가운데는 실제 전투가 벌어졌을 때 좌익에 의한 반격으로 명실상부한 이중포위를 실현한다는 기대가 늘 도사리고 있었다. 이것은 그가 꿈꾸는 서대한 칸네였다. 철저하게 최대 전력을 우익에 배치한 그는 자신의 작전계획 속에서 솟구치는 이 야망에 굴복하지 않았다. 그러나 좌익에 대한 미련은 계속 남아서 그의 후계자들을 유혹하게 된다.

독일군은 이렇게 벨기에로 오게 되었다. 결정적 전투는 포위를 명령했으며, 포위는 벨기에 영토의 사용을 명했다. 독일군 총참모부는 이 계획을 군사적 필연이라고 선언했으며 카이저와 수상은 이를 그저 덤덤하게 받아들였다. 그것이 바람직한지 혹은 세계 여론, 특히 중립적인 여론에 미칠 영향이란 측면에서 과연 득이 될 수 있는지에 대해서는 관심이 없었다. 그것이 독일군의 승리에 필요할 것 같다는 것이 유일한 기준이었다. 1870년부터 독일인들은 군대와 전쟁만이 독일의 위대함을 뒷받침하는 유일한 원천이라는 사상에 세뇌되어 있었다. 육군원수인 폰 데어 골츠는 독일 국민들에게 자신의 저서 『무장국가』에서 "우리는 정신의 날카로움이 아니라 칼의 날카로움을 통해 우리의 지위를 쟁취했다"고 가르쳤다. 벨기에의 중립을 침범한다는 결정은 별 어려움 없이 받아들여졌다.

그리스인들은 성격을 운명이라고 믿었다. 때를 기다리고 있는 자멸의 씨가 내포된 이 결정을 내리는 데 백년 역사의 독일 철학이 영향을 미쳤다. 목소리는 슐리펜의 것이었지만 손은 그의 것이 아니었다. 그것은 독일 국민은 우주의 역사에서 최고의 자리를 차지하도록 신에 의해 선택받았다고 한 피히테, 독일인은 세상을 영광스러운 필수 문명의 세계로 인도할 존재라고 인식한 헤겔, 독일인들에게 초인은 일반적인 통제를 초월한다고 설파한 니체, 권력의 확대를 국가 최고의 도덕적 의무라고 규정한 트라이츠케, 그리고 그 당시 자신들의 지도자를 "절대자"라고 불렀던 모든 독일 국민의 손이었다. 슐리펜 계획을 만든 것은 칸네의 전투나 클라우제비츠가 아니라, 독일 국민들을 키워내고 "절대의지라는 지독한 망상"에 사로잡힌 국가를 만들어 낸 축적된 집단 이기주의였다.

그들의 목표인 결정적 전투는 1866년과 1870년 오스트리아와 프랑스에 대한 승리의 산물이었다. 지나간 전투의 승리는 그 승리를 위해 몸 바쳤던 장군들처럼 모든 문제를 힘으로 해결하려는 군국주의적 사고에 집착하게 만들었고, 독일 국민들도 다른 국민들과 마찬가지로 모든 전쟁에 종지부를 찍게 될 것이라는 기대 속에 마지막 전쟁을 준비하고 있었던 것이다. 그들은 한니발의 환상 속에서 모든 것을 결정적 전투에 걸었다. 그러나 한니발의 유령이 있었다면 슐리펜에게 카르타고가 비록 칸네에서는 이겼지만, 전쟁은 결국 로마의 승리였다는 것을 일깨워 주었을지도 모른다.

1890년 전 육군원수 몰트케는 이 다음 전쟁은 아마도 7년 혹은 30년간 지속될지도 모른다고 예언하면서 그 이유는 현대 국가는 자원이 너무도 방대해서 단 한 번의 군사적 패배로는 자신들이 패했는지조차 모를 것이며 따라서 항복하지 않을 것이기 때문이라고 했다. 삼촌과 이름이 같았던 조카 몰트케가 슐리펜에 이어 참모총장이 되었고, 그도 그러한 진실을 분명하게 깨달은 적이 있었다. 1906년 그는 클라우제비츠의 가르침과 달리 카이저에게 "앞으로 국가 간의 전면전은 한 번의 결정적인 전투로 끝나는 것이 아니라 모든 군사력이 괴멸될 때까지 저항하는 국가를 상대하는 장기간의 소모전이 될 것이며, 우리가 이기는 경우라도 국민의 상당수가 희생되는 전쟁이 될 것"이라고 말한 적이 있다. 그러나 자신이 예언한 이러한 논리에 따르는 것은 그의 성향에도, 그리고 총참모부의 기질에도 맞지 않는 것이었다. 특정한 형태나 한계가 없는 장기전이라는 개념은 표준화되고 예측 가능하며 단순한 해법을 구할 수 있는 단기전이나 결정적 전투와는 달리 과학적으로 계획될 수가 없었다. 이러한 예언을 했을 때 조카 몰트케는 이미 참모총장이었지만 그 자신이나 참모들, 혹은 다른 어느 나라의 참모들도 장기전에 대한 계획을 세우려고 노력해본 적이 없었다. 한 사람은 죽었고 또 한 사람은 목표에 대한 결단력이 부족했던 두 명의 몰트케 외에도 다른 나라의 군사 전략가들 몇몇이 지구전에 대한 가능성을 조심스럽게 언급했지만, 은행가나 기업가들과 더불어 그들 모두는 유럽에서 전면전이 터지면 경제적인 혼란 때문에 3개월 내지 4개월을 넘지 못할 것이라는 주장을 선호했다. 여느 시대와 마찬가지로 1914년에도 계층에 관계없이 모든 사람들은 여러 가능성 중 힘든 경우에 대해서는 대비하지 않으려 했고 진실이라는 확신이 없으면 그대로 행동하지 않으려는 경향이 있었다.

"결정적 전투"라는 단기전 전략을 채택한 슐리펜은 독일의 운명을 그것에 고정시키고 말았다. 그는 독일이 벨기에 국경에 병력을 배치함으로써 그 전략이 알려지면, 즉시 프랑스가 벨기에를 침범할 것이라고 예상했으며, 따라서 그는 독일이 보다 먼저 신속하게 벨기에를 침공하도록 계획을 세웠다. "벨기에의 중립은 한쪽 혹은 다른 쪽에 의해 깨질 수밖에 없다"고 슐리펜의 논문에 적혀 있다. "누구든 먼저 그곳에 가서 브뤼셀을 점령하고 수십억 프랑의 전쟁 배상금을 부과하는 쪽이 이기는 것이다."

국가가 자기 비용이 아니라 적의 비용으로 전쟁을 치를 수 있게 해 주는 전쟁 배상금은 클라우제비츠가 설정한 전쟁의 두 번째 목표였다. 세 번째는 "여러 번의 위대한 승리를 쟁취하면서 적의 수도를 점령함으로써" 여론의 지지를 얻는 것이며, 이는 적의 저항을 말살시키는 데 도움을 준다. 그는 물질적인 성공으로 어떻게 여론을 얻을 수 있는가는 알았지만, 도덕적인 실패로 어떻게 그것을 잃을 수 있는가는 잊고 있었는데, 여론은 또한 전쟁의 위험요소가 될 수도 있다.

프랑스군은 바로 그 위험요소를 한 번도 간과한 적이 없었기 때문에 슐리펜이 기대했던 것과는 정반대의 결론에 이르게 되었다. 벨기에는 프랑스군에게도 마찬가지로 플랑드르 혹은 아르덴느를 통과하는 공격 루트였지만 그들의 작전계획은 독일군이 벨기에를 먼저 침범할 때까지 이쪽을 이용하지 못하도록 금지하고 있었다. 그들에게 이 문제의 논리는 분명했다. 벨기에는 양쪽으로 열려있는 통로였으며, 독일이나 프랑스 중 누가 이를 이용할 것인지는 누가 더 전쟁을 원하는가에 달려 있었다. 어느 프랑스 장군의 말처럼 "다른 한쪽보다 더 전쟁을 원하는 쪽이 벨기에의 중립을 침범하지 않을 수가 없을 것이다."

슐리펜과 그의 참모들은 벨기에가 항전을 택하여 자신들의 6개 사단을 프랑스군에 가세시킬 것으로 생각하지 않았다. 1904년 수상인 뷜로브가 슐리펜과 이 문제를 의논하면서 그에게 독일에 대항하는 세력에 또 다른 적을 가세시키는 것은 "평범한 상식"에 반한다는 비스마르크의 경고를 상기시키자, 슐리펜은 평소 버릇대로 외알 안경을 몇 차례 만지작거리고 나서 "물론입니다. 우리는 그때보다 더 어리석어지지 않았습니다"라고 대답했다. 그러나 벨기에는 군대를 이용하여 저항하지 않을 것이며, 항의하는 것으로 만족할 것이라고 그는 덧붙였다.

독일군이 확신을 가지고 벨기에를 이렇게 평가했던 이유는 슐리펜 시절 벨기에 국왕이었던 레오폴드 2세의 그 악명 높은 탐욕을 지나치게 의식했기 때문이었다. 큰 키에 검은 스페이드 형 턱수염이 인상적이며, 콩고 만행, 돈, 정부, 그 외에도 여러 스캔들로 얼룩진 사악함의 화신인 레오폴드는 오스트리아의 프란츠 조세프 황제에 의하면 그야말로 "철저하게 나쁜 놈"이었다. 이렇게 표현할 수 있는 사람이란 거의 없겠지만 벨기에 왕은 바로 그런 사람이라고 황제는 말했다. 무엇보다도 레오폴드는 탐욕스러웠기 때문에 카이저는 탐욕이 상식을 지배할 것이라고 생각하였으며 그에게 프랑스 영토를 제시함으로써 레오폴드를 동맹으로 유인하려는 영악한 계획을 세웠다. 카이저는 새로운 계획이 마음에 들면 곧바로 이를 시행했는데, 자기 뜻대로 되지 않으면 보통 매우 놀라며 분통을 터뜨리곤 하였다. 1904년 그는 레오폴드를 베를린으로 초청하여 "세상에서 가장 친절한 태도"로 레오폴드의 자랑스러운 조상인 버건디 공 가문에 대해 얘기하고 나서 아르투와, 플랑드르 그리고 프랑스의 아르덴느를 묶어 옛날의 버건디 공국을 재건하자고 제안하였다. 레오폴드는 "입을 벌린 채" 그를 쳐다보다가, 어색함을 모면하려 웃으면서 카이저에게 15세기와는 많은 것이 달라졌음을 상기시켰다. 레오폴드는 자신의 각료들과 의회가 어떤 경우라도 그러한 제안은 절대 고려하지 않을 것이라고 말했다.

이 말은 해서는 안될 소리였는데 왜냐하면 카이저가 격노하여, 국왕이라는 사람이 신의 지침(빌헬름은 종종 신과 자신을 혼동하곤 하였다)보다는 국회나 각료 따위들을 더 존경한다며 그를 나무랐기 때문이다. "나는 레오폴드에게 나를 가지고 놀 수 없으며 유럽에 전쟁이 일어나면 나와 같이 하지 않는 자는 누구라도 나의 적이 될 것임을 일러두었다"고 빌헬름은 수상인 폰 빌로브에게 전했다. 그는 자신이 적에게 선제공격을 가하면서 전쟁을 시작하는 나폴레옹과 프레데릭 대제의 가르침을 따르는 군인이고 "따라서 나도 그렇게 해야 하며, 만일 벨기에가 내 편에 서지 않는다면 나는 오로지 전략적인 고려에 의해서만 움직이게 될 것"이라고 공언하였다.

조약을 파기하겠다는 협박이 최초로 드러났고, 이런 의사표명은 벨기에의 레오폴드 국왕을 아연실색케 하였다. 레오폴드는 모자를 거꾸로 쓴 채 역으로 떠났는데, 수행했던 부관이 보기에 "그는 엄청난 충격을 받은" 것 같았다.

비록 카이저의 시도는 실패했지만, 레오폴드는 여전히 벨기에 중립을

2백만 파운드에 흥정하기를 기대했다. 전쟁 후에 독일 장교로부터 그 내용을 전해 들은 프랑스 정보장교는 그 엄청난 금액에 놀랐지만, "프랑스군은 그 돈을 낼 수밖에 없었을 것"이라고 생각했다. 1909년 레오폴드와는 완전히 다른 그의 조카 알버트가 왕위를 계승했지만 그 후에도 여전히 벨기에의 저항은 형식적일 것으로 슐리펜의 후계자들은 생각했다. 일례로 1911년 독일의 어느 외교관은 벨기에의 저항은 "독일군이 점령할 길을 따라 그들의 군대를 줄 세우는 정도일 것"으로 예상했다.

슐리펜은 만일 독일군의 예상과 달리 벨기에가 저항을 선택한다면, 가는 길에 벨기에군 6개 사단을 처리하면서 벨기에를 통과하는 도로를 점령하기 위해 34개 사단을 배치했다. 독일군은 벨기에군의 저항을 몹시 걱정하였는데 왜냐하면 그들의 저항은 바로 철도와 교량의 파괴를 뜻하고, 그렇게 되면 독일군 총참모부가 그토록 집착하고 있는 제반 일정에 어쩔 수 없는 차질이 빚어질 것이기 때문이었다. 반대로 벨기에가 협조한다면 벨기에군의 요새를 공격하기 위해 병력을 묶어둘 필요도 없고 독일의 침공에 대한 비난 여론을 무마시키는 데에도 도움이 될 수 있었다. 벨기에가 쓸데없는 저항을 하지 않도록 설득하기 위하여 슐리펜은 침공에 앞서 벨기에에게 "모든 요새, 철도와 군대"를 포기할 것을 요구하고 그렇지 않으면 요새 도시들에 대한 무차별 포격을 감수해야 할 것임을 알리는 최후통첩을 보낼 생각이었다. 그리고 필요한 경우 포격의 위협을 현실로 바꿀 수 있도록 대포를 준비했다. 1912년 슐리펜은 어쨌든 대포는 전쟁 중에 계속해서 필요할 것이라며 "예를 들어 거대한 산업도시인 릴은 아주 훌륭한 포격 대상"이라고 적었다.

슐리펜은 프랑스군을 완벽하게 포위하기 위하여 자신의 우익이 최대한 멀리 서쪽으로 릴까지 진군하기를 원했다. "프랑스로 진군할 때, 최우측 병사의 소매가 해협을 스치도록 하라"고 그는 말했다. 더욱이 영국의 참전을 고려하고 있던 그는 프랑스군과 더불어 영국의 해외원정군(BEF)을 갈퀴로 긁어 모으듯 우익이 휩쓸어 주기를 원했다. 그는 영국의 지상군보다는 그들 해군에 의한 해상봉쇄라는 잠재적 위험에 더 큰 비중을 두었기 때문에, 프랑스와 영국의 지상군에 대해 신속한 승리를 쟁취하고, 영국의 적대적인 경제적 압박이 실효를 거두기 전에 전쟁을 조기 마감하기로 결정하였다. 이러한 목적을 위해 모든 것은 우익에 모아져야 했다. 슐리펜은 수적으로도 우위를 확보해야 했는데, 이는 마일당 병력의 밀도가 점령할 수 있는 영토의 범위를 결정하기 때문이었다.

현역군만 가지고는 동부전선에서 러시아군의 돌파를 막으면서 동시에 속도전으로 승리를 거둬야 하는 프랑스군에 맞서기 위한 수적 우위를 확보하기는 역부족이었다. 이에 대한 슐리펜의 해법은 혁신적이지만 간단했다. 그는 예비군을 전선에 투입하기로 결정했다. 일반적인 군사교리에 의하면, 엄격한 병영 생활과 혹독한 훈련을 통해 단련된 젊고 기운찬 병사들만이 전투에 적합하며, 의무적인 군복무를 마치고 민간인으로 복귀한 예비군들은 나약하다는 인식 때문에 전방에서는 이들을 원하지 않았다. 현역군에 통합된 26세 이하의 장정들을 제외한 예비군들은 자기들끼리 예비사단으로 편성되어 점령군이나 기타 후방 임무를 수행하는 역할을 했다. 슐리펜은 이러한 것을 모두 바꾸었다. 그는 대략 20개 예비사단을 (이 숫자는 계획년도에 따라 바뀜) 진격 일선에 있는 50개 이상의 정규사단에 추가시켰다. 이를 통한 수적 증가로 그가 염원하던 포위가 가능하게 된 것이다.

1906년 은퇴한 이후에도 슐리펜은 칸네에 대한 글을 쓰고 자신의 계획을 발전시켜 후계자들에게 지침이 될 비망록을 작성하는 데 여생을 바쳤다. 1913년 80세로 죽으면서 그는 "반드시 싸우게 된다. 오로지 우익을 강하게 만들라"는 유언을 남겼다.

그의 후계자인 침울한 성격의 폰 몰트케 장군은 모든 군사력을 단 한 번의 기동에 집중시키는 슐리펜의 단호함을 갖지 못한 일종의 비관론자였다. 슐리펜의 기치가 "대담하라, 대담하라"였다면 몰트케의 그것은 "하지만 너무 대담하지는 말라"였다. 몰트케는 프랑스군과 대치하는 좌익의 약점뿐만 아니라 러시아군과 맞서는 동프러시아 방어 병력의 취약점도 걱정했다. 그는 심지어 프랑스에 대한 방어전의 타당성을 놓고 참모들과 토론을 벌인 적도 있었는데, 이 생각은 "적의 영토에서 적과 싸울" 모든 가능성을 배제한다는 이유로 배척되었다. 벨기에 침공은 "독일의 방어와 존립"을 위한 것이므로 "전적으로 정당하며 꼭 필요하다"는 데에 모든 참모들이 동의했다. 슐리펜의 작전계획은 그대로 유지되었으며, 몰트케는 1913년에 자신이 말한 대로, "우리는 침략자의 책임에 대한 모든 진부한 얘기 따위에 개의치 말아야 한다. … 승리만이 전쟁을 정당화한다"는 생각을 위안으로 삼았다. 그러나 모든 곳을 안전하게 만들기 위하여 그는 슐리펜의 유언을 매년 잠식하면서 우익의 병력을 빼내 좌익을 조금씩 보강하였다.

몰트케는 독일군 좌익에 320,000명 8개 군단을 배치하여 메츠 남쪽의 알자스와 로렌 전선을 담당하도록 했다. 독일군 중앙의 400,000명 11개 군단은 룩셈부르크와 아르덴느를 지나 프랑스를 침공할 예정이었다. 700,000명 16개 군단의 독일군 우익은 벨기에를 지나 공격하는데, 뫼즈를 끼고 있는 리에쥬와 나무르의 유명한 관문 요새를 격파하고 강을 건너 우측 멀리 평야지대와 직선 도로에 도달할 때까지 밀고 나갈 예정이었다. 하루 단위로 진군일정이 미리 확정되었다. 벨기에군은 대항하지 않겠지만, 만일 대항하더라도 독일 침공군의 위력 앞에 금방 항복할 것으로 예상됐다. 이 일정에 의하면 리에쥬를 지나는 도로는 동원 후 12일째 되는 M-12에 확보되어야 하며, M-19에 브뤼셀을 접수하고, M-22

에 프랑스 국경을 넘어, M-31에는 티옹빌-쌩 컹탱 전선까지 진격하고, M-39에는 파리를 점령하여 결정적인 승리를 쟁취하게 될 것이다.

작전계획은 전함의 설계도처럼 확실하고 완벽했다. 돌발상황에 대한 대책이 없는 군사계획은 재앙을 초래할 수 있다는 클라우제비츠의 격언을 명심하고 있는 독일군들은 끈임없는 주의를 기울이며 모든 우발적인 상황에 대비하려고 하였다. 기동훈련이나 군사학교 교육을 통해 어떤 상황이 주어지더라도 이것에 맞는 정확한 대안을 마련하도록 훈련 받은 참모장교들은 돌발상황에도 잘 대처할 수 있을 것으로 기대되었다. 교묘하고 기만적이며 위험하기 짝이 없는 수많은 상황에 대처하기 위해 오직 한 가지, 유연성을 제외한 모든 예방 조치가 취해졌다.

프랑스에 모든 노력을 집중한다는 이 계획이 굳어지는 동안, 독일군 총참모부가 러시아 철도망에 대한 면밀한 계산을 근거로 1916년까지 러시아는 참전할 준비를 갖추기 어렵겠다는 연구 결과를 얻게 됨에 따라 러시아에 대한 몰트케의 두려움은 점차 감소되었다. 러시아 측에서는 "1916년에 무엇인가 시작될 것"이라는 의견이 분분하다는 첩자들의 보고로 독일군은 이를 더욱 확신하게 되었다.

1914년에 일어난 두 가지 사건은 독일의 전쟁준비를 더욱 촉진시켰다. 4월, 영국은 러시아와 해군 회담을 시작하였고, 6월에는 독일이 킬 운하 확장을 마무리함으로써 독일해군의 신형 드레드노트급 전함이 북해에서 발틱해로 바로 출입할 수 있게 되었다. 영러 해군회담 사실을 알게 된 몰트케는 5월 자신의 오스트리아 측 상대인 프란츠 콘라드 폰 훼첸도르프를 방문한 자리에서 이제부터는 "어떠한 이유에서든 계획이 연기된다면 그만큼 우리의 성공 기회가 줄어드는 효과밖에 없을 것"이라고 말했다. 2주일 후인 6월 1일 몰트케는 엑카르트스타인 남작에게 "우리는 준비가 끝났으며, 빠르면 빠를수록 유리하다"고 말했다.

3. 스탕의 그림자

1913년 어느 날 프랑스 육군 참모차장인 드 카스텔노 장군의 사무실로 릴의 군정장관인 르바 장군이 찾아왔다. 방문 목적은 릴을 요새 도시 대상에서 제외시키려는 총참모부의 결정에 항의하기 위해서였다. 벨기에 국경에서 10마일, 해협으로부터 40마일 떨어진 릴은 적침략군이 플랑드르를 거쳐 쳐들어올 경우 예상되는 진격로에 가까이 위치해 있었다. 르바 장군의 방어 요청에 답하기 위해 드 카스텔노 장군은 지도를 펼쳐 놓고 독일 국경으로부터 벨기에를 경유하여 릴까지 오는 거리를 자로 재었다. 드 카스텔노는 위협적인 공격에 필요한 병력 밀도는 미터당 통상 5내지 6명임을 그에게 상기시켰다. 그는 만일 독일군이 서쪽에서 릴까지 병력을 전개한다면 그 병력 밀도는 미터당 2명이 된다는 점을 지적했다.

"우리는 그들을 두 동강 낼 것"이라고 드 카스텔노는 단언했다. 독일 정규군은 25개 군단 약 백만 명을 서부전선에 배치할 수 있다고 설명한 그는 르바에게 자를 건네주며 "직접 확인해 보라"고 말했다. "만일 그들이 릴까지 그렇게 멀리 온다면, 그만큼 우리에게 유리하다"고 그는 다소 냉소적인 미소를 띠우며 되풀이했다.

프랑스군의 전략이 독일군 우익에 의한 포위 위협을 무시한 적은 없었다. 오히려 프랑스군 총참모부는 독일군이 우익을 강화하면 할수록, 프랑스군이 돌파하려는 독일군의 중앙과 좌익은 그만큼 더 약해질 것으로 판단했다. 프랑스군의 전략은 벨기에 국경을 등진 채 라인을 마주하는 것이었다. 독일군이 프랑스군의 측면을 치기 위하여 멀리 우회하는 동안, 프랑스군은 메츠의 독일군 요새 지역 양쪽으로 독일군 중앙과 좌익을 돌파하여 그곳에서 승리를 쟁취함으로써 독일군 우익의 뿌리를 잘라 이를 무력화 시킨다는 이중 송곳 형태의 작전계획을 수립했다. 이는 스당의 치욕으로부터 프랑스를 구하려는 오랜 염원에서 비롯된 대담한 계획이었다.

1871년 독일의 강요에 의한 베르사이유 평화조약에 따라 프랑스는 국토의 일부를 빼앗기고, 전쟁 배상금을 물었으며 점령까지 당하는 고통을 겪었다. 심지어 샹젤리제 거리에서 벌어진 독일군의 개선행진도 조약에 포함되어 있었다. 이 행사는 검은 장막이 드리워진 텅 빈 거리에서 조용히 진행되었다. 보르도에서 프랑스 국회가 이 평화조약을 비준하자 알자스-로렌 대표는 "우리는 알자스-로렌 주민들이 앞으로도 영원히 프랑스 국민으로 존속할 권리를 선언한다. 우리는 침략자들의 면전에서 우리 주민들, 우리 자식들 그리고 그들의 자손들이 언제나 모든 수단을 다하여 이 권리를 주장할 것임을 스스로 맹세한다"는 항변을 남긴 채 눈물을 머금고 의사당으로부터 걸어 나왔다.

이러한 합병은 새로운 독일제국의 아킬레스건이 될 수 있다고 경고한 비스마르크의 반대에도 불구하고 구(舊) 몰트케와 그 참모들은 이를 감행하였다. 그들은 프랑스를 영구히 지리적으로 수세에 놓이게 하기 위해서는 메츠, 스트라스부르 그리고 보쥬 산맥과 마주한 국경 지역을 분할해야 한다고 주장하여 황제를 설득시켰다. 그들은 한 세대 동안 프랑스를 꼼짝 못하게 하려는 의도로 50억 프랑이라는 엄청난 전쟁 배상금을 부과하고 그 지불이 완료될 때까지 점령군을 주둔시키기로 하였다. 단 한 차례의 대대적인 노력으로 프랑스는 3년 만에 그 돈을 마련하여 지불하고 새롭게 시작했다.

스당의 추억은 프랑스인들의 의식 속에 드리워진 검은 그림자였다. "절대 그것을 말하지 말라, 항상 그것을 기억하라(N'en parlez jamais; pensez-y toujours)"고 감베타는 가르쳤다. 40년 이상 "다시 한번"이라는 생각은 프랑스 정책에 있어 다른 무엇과도 비교할 수 없는 가장 근본적인 요소였다. 1870년 이후 초기에는 군사적으로 취약했기 때문에 요새에 의존하는 방어전략을 택할 수밖에 없었다. 프랑스는 요새와 요새 사이를 참호로 연결한 방어벽을 구축했다. 두 개의 방어선 즉, 벨포르-에피날 그리고 툴-베르덩 요새선이 동쪽 국경을 방어하고, 모뵈즈-발렌씨엔느-릴 방어선은 벨기에 국경의 서쪽 절반을 방어하면서 침략군을 이들 두 방어선 사이로 유인하여 협공할 작정이었다.

그 방어벽 뒤에서, 빅토르 위고가 부르짖듯이 "프랑스는 오직 한 가지 생각만 가질 것이다. 군대를 재건하고, 국력을 모으고, 신성한 분노를 북돋우고, 젊은 세대를 키워 전 국민의 군대를 조직하고, 쉬지 않고 일하고, 적들의 방법과 기술을 연구하여 위대한 프랑스, 1792년의 프랑스, 칼로 무장된 사상을 가진 프랑스로 다시 태어날 것이다. 그러면 언젠가 프랑스는 무적의 강국이 될 것이다. 그러면 프랑스는 알자스-로렌을 되찾게 될 것이다."

번영하는 제국으로 회귀하면서, 귀족주의, 블랑지즘(Boulangism, 블랑제 장군이 주도했던 군국주의로 독일에 복수하자는 그의 주장은 군주제를 지지하거나 공화정에 불만을 가진 군소정당들의 지지를 받았음: 역주), 성직자의 횡포, 파업 그리고 파괴의 극치를 이루는 드레퓌스 사건과 같은 계속되는 사회적 갈등을 거치면서도 신성한 분노는 여전히 타올랐는데 특히 군대에서 그러하였다. 보수파든 공화주의자든, 예수회든 프리메이슨이든 군대의 모든 이질적인 요소들을 하나로 묶어 주던 것은 바로 알자스의 신비한 힘(mystique d'Alsace)이었다. 모든 이의 눈이 보쥬 산맥의 푸른 능선을 바라보고 있었다. 1912년 한 보병 대위는 자신의 중대원으로 구성된 두세 개의 비밀 정찰조를 이끌고 울창한 소나무 숲을 지나 콜마르를 내려다 볼 수 있는 산 정상까지 가곤 했었다고 고백했다. "그런 비밀스러운 정찰을 마치고 돌아올 때면 대원들은 끓어오르는 감정에 귀가 멍멍하고 숨이 막혀 대열이 흐트러지곤 하였다."

원래 독일도 프랑스도 아닌 알자스는 번갈아 가며 두 나라의 지배를 받다가 루이 14세 치하인 1648년 웨스트팔리아 조약에 의해 프랑스로 확정되었다. 1870년 독일이 알자스와 로렌 일부를 합병한 다음 비스마르크는 그 주민들에게 가능한 많은 자치권을 부여하고 그들의 특수성을 부추기도록 조언했는데 왜냐하면 그들이 스스로를 알자스인으로 인식하면 할수록 프랑스인이라는 인식이 적어질 것이라는 이유 때문이었다. 그의 후계자들은 이러한 배려가 필요 없다고 생각했다. 그들은 이들 새로운 백성들의 바람을 전혀 고려하지 않았으며, 자기 편으로 끌어들이기 위한 아무런 노력도 하지 않은 채 사실상 독일의 아프리카 식민지와 조금도 다를 바 없이 독일 관리들의 지배 하에 이 지역을 라이히스란트 또는 "제국령"으로 다스림으로써 계속해서 이들을 격분시켰다. 마침내 1911년이 되어서야 이방인으로 취급하던 그들을 헌법상 독일 국민으로 인정하게 된다. 그러나 이미 때는 너무 늦었다. 이러한 독일의 지배는 결국 1913년 주민들과 경비병 사이에 욕설이 오간 뒤 독일군 장교가 절름발이 신기료 장수를 군도로 내리치면서 시작된 쟈벤 사건으로 폭발하고 말았다. 이 사건은 라이히스란트에 대한 독일의 정책을 적나라하게 공개적으로 보여주었으며, 전 세계에 반 독일 분위기를 고조시켰고, 동시에 쟈벤의 장교가 영웅이 되어 황태자로부터 축하를 받음으로써 베를린에서 군국주의가 승리하는 결과를 초래했다.

독일에게 1870년은 모든 것이 이루어진 해는 아니었다. 독일인들이 베르사이유의 거울 방(Hall of Mirror)에서 독일제국을 선포할 때 이미 시작되었다고 생각했던 독일에 의한 유럽 제패의 날은 여전히 오지 않고 있었다. 프랑스는 무너지지 않았고, 프랑스제국은 실제로 아프리카와 인도차이나에서 확장되고 있었으며, 예술과 미와 스타일의 세계는 여전히 파리를 숭배했다. 독일인들은 아직도 자신들이 정복한 나라에 대한 부러움으로 괴로워하고 있었다. 독일인들 사이에는 "프랑스에서 하느님처럼 잘 산다"는 말이 있을 정도였다. 동시에 그들은 프랑스가 문화적으로 타락하고 민주주의에 의해 약화되었다고 생각했다. "43년간 42명의 국방장관을 교체하는 나라가 전쟁을 효과적으로 수행할 수는 없다"고 독일 최고 권위의 역사가인 한스 델브뤽 교수는 단언했다. 그들 자신이 정신적으로, 힘으로, 에너지로, 산업적으로, 그리고 국민 도덕적으로 우월하다고 믿고 있던 독일인들은 유럽을 지배할 자격이 있다고 느꼈다. 스당의 과업은 완수되어야만 했다.

이 미완의 사업이 드리운 그림자 속에서 살던 프랑스는 차츰 자신감과 국력을 회복하면서, 지도자들로부터 계속해서 국가를 방어하라는 훈계를 들으며 언제까지나 경계만 하고 있는 것에 대해 점차 싫증을 냈다. 세기가 바뀌면서 프랑스인들은 힘의 열세에 대한 암묵적인 수긍과 더불어 방어로 일관했던 지난 30년에 대해 반발하기 시작했다. 프랑스는 독일에 비해 물리적으로 약하다는 것을 스스로 알고 있었다. 독일에 비해 인구도 적고, 출생률도 낮았다. 프랑스가 자신의 생존에 대한 자신감을 갖기 위해서는 독일이 갖지 못한 무기가 필요했다. "칼로 무장된 사상"이 이러한 필요를 충족시켰다. 베르그송의 표현에 의하면 그것은 생의 약진(élan vital) 즉, 절대적인 정복 의지였다. 그것이 가진 힘에 대한 믿음으로부터 프랑스는 인간의 정신이란 쇼펜하우어와 헤겔이 거역할수 없다고 선언했던 진화의 숙명적인 힘에 반드시 굴복할 필요가 없다는 확신을 갖게 되었다. 프랑스의 정신은 이에 맞서는 무기가 될 것이며, 승리를 향한 프랑스의 의지와 활력은 적을 물리치고 말 것이다. 프랑스의 진수는 그 정신 즉, 영광(la gloire)의 정신, 1792년의 정신, 어느 것과도 비교할 수 없는 "마르세예즈" 정신, 그리고 스당의 전장에서 전투를 바라보던 빌헬름 1세조차도 "아, 저 용감한 사람들!(Oh, les braves gens!)"이라고 탄성을 금할 수 없었던, 마르게리트 장군의 그 영웅적인 기병대 돌격 정신 속에 있었다.

프랑스의 열정(furor Gallicae)에 대한 믿음은 1870년 이후 세대에게 프랑스에 대한 자신감을 회복시켜 주었다. "재기"의 날(the day of Again)이 왔을 때 프랑스의 군기를 펼치고, 진군 나팔을 불며 병사들을 무장시켜 프랑스를 승리로 이끌게 될 것은 이러한 열정이었다.

베르그송의 생의 약진(élan vital)을 군사 용어로 바꾸면 공격 지상주의가 된다. 방어에서 공격으로 전략이 바뀌는 것에 비례하여, 벨기에 국경에 모아졌던 관심은 점차 라인으로 쳐들어가기 위한 프랑스군의 공격시작점이 있는 동쪽으로 그 중심이 조금씩 바뀌게 되었다. 독일군에게 플랑드르를 지나는 우회도로는 파리로 향하지만, 프랑스군에게 그 길은 적진 어느 곳으로도 향하지 않았다. 그들은 지름길을 지나야만 곧바로 베를린으로 갈 수 있었다. 프랑스군 총참모부의 생각이 공격으로 치우칠수록, 보다 많은 병력이 공격지점에 집중되고 그만큼 줄어든 병력이 남아 벨기에 국경을 막게 되었다.

공격 지상주의는 군부의 지적 엘리트들이 모두 모이는 육군대학(the Ecole Supérieure de la Guerre)에서 시작되었는데, 이곳의 교장인 페르디난드 포쉬 장군은 그 당시 프랑스의 군사이론을 정립한 인물이었다. 포쉬의 사고에는 심장과 같이 두 개의 밸브가 있었는데, 하나는 전략에 정신을 넣어 주는 일을 하고, 다른 하나는 상식을 순환시키는 일을 했다. 한편으로 포쉬는 의지의 신비한 힘에 대한 설교를 했는데, 그는 "정복의지는 승리의 첫째 조건이며", 또는 보다 간결하게, "승리 그것은 의지이며(Victoire c'est la volonté)", "승리한 전투란 당사자가 졌다고 인정하지 않는 전투"라는 유명한 격언을 남겼다.

실제로 그는 마른 전투에서 후퇴해야 할 상황이 되었을 때 그 유명한 공격명령을 내림으로써 실전에서 이러한 사상을 보여주게 된다. 이 시절 포쉬에게 교육받은 장교들은 그가 마치 전기 배터리에 의해 충전된 기계처럼 짧은 거리를 재빨리 돌격하는 동안 노도와 같이 팔을 휘저으며 "돌격! 돌격!"이라고 큰 소리로 외치던 모습을 기억하고 있다. 나중에 포쉬는 마른 전투에서 사실상 패배했음에도 불구하고 돌진한 이유에 대해 질문을 받은 적이 있다. "왜냐구요? 모르겠습니다. 내 부하들 때문에, 또한 내게 의지가 있었기 때문이었겠지요. 그리고 그때 그곳에 주님이 계셨습니다."

클라우제비츠에 정통했던 포쉬였지만, 클라우제비츠의 독일 후계자들과는 달리 사전에 준비된 완벽한 작전계획을 믿기 보다는 오히려 주어진 상황에 대한 부단한 적응력과 임기응변의 필요성을 가르쳤다. 아마도 그는 "규정이란 훈련 시에는 매우 좋지만 위험한 순간에는 아무 소용이 없다 … 여러분들은 생각하는 것을 배워야 한다"고 가르쳤을 것이다. 생각한다는 것은 기선 제압의 자유, 물질을 지배하는 정신적인 힘, 주위에 자신의 힘을 입증하려는 의지를 가진다는 의미였다.

그러나 오로지 의욕만 가지고 이길 수 있다는 것은 "어린아이 같은 생각"이라고 포쉬는 경고했다. 그는 형이상학적인 논의가 끝나는 즉시 형이하학적인 세계로 내려와 자신의 강의나 『전쟁 원리(Les Principes de la Guerre)』, 『전술 지휘(La Conduite de la Guerre)』와 같은 전쟁 전의 저서를 통해 척후병의 배치, 경계(sureté) 혹은 엄호의 필요성, 화력 요소, 복종과 훈련 같은 실질적인 전술의 문제를 다루었을 것이다. 그의 가르침 중 이러한 실질적인 부분은 전쟁기간 중 그가 수시로 언급했던 "문제의 본질은 무엇인가?(De quoi s'agit-il?)"라는 또 다른 설교에 함축되어 있었다.

전술에도 매우 능했지만, 추종자들의 마음을 사로잡은 것은 포쉬가 설파한 '의지의 신비한 힘'이었다. 클레망소가 포쉬를 당시 교수에서 육군대학교장 후보로 고려하고 있던 1908년 어느 날, 그의 강의를 들어보라고 보냈던 비서가 당황한 채 돌아와서, "이 장교는 형이상학을 너무나 난해하게 가르쳐서 학생들을 바보처럼 만든다"고 보고했다. 이러한 보고에도 불구하고 클레망소는 포쉬를 임명했지만, 이 보고에도 일면 일리가 있었다. 포쉬의 이론은 너무 난해해서가 아니라 너무 매력적이라서 프랑스에 덫을 놓는 꼴이 되었다. 이 이론들은 제3국(Troisième Bureau) 즉, 군사작전국 과장이자 "열정적이며 우수한 장교"였던 그랑메종 대령에 의해 열광적으로 계승되었는데, 대령은 1911년 육군대학에서 결정적인 영향을 끼친 두 번의 강의를 하였다.

그랑메종 대령은 포쉬 이론의 다리부분이 아닌 오직 머리부분만 이해했다. 그는 경계(Sureté)가 빠진 약진(élan)만 설명하며 청중들을 전율케 하는 군사 철학을 강의했다. 청중들의 놀란 눈앞에서 그는 프랑스가 어떻게 이길 수 있는지를 보여주는 "칼로 무장된 사상(idea with a sword)"을 펼쳐 보였다. 그것의 본질은 극한까지 밀어붙이는 공격

(offensive à outrance)이었다. 오직 이것만이 "끝장을 내야 하는 전쟁의 본질적인 행태"이며, "일단 시작하면 주저없이 인간 인내의 한계점까지 밀어붙여" 클라우제비츠가 말한 결정적인 승리를 얻을 수 있는 길이었다. 기선제압이 필수적이다. 적이 무엇을 할 것인가에 대한 독단적인 판단을 선입견으로 대비하는 것은 너무 성급한 것이다. 행동의 자유는 적에게 아군의 의지를 강요함으로써만 얻어진다. "지휘관의 모든 판단은 기선을 제압하고 이를 유지하려는 의지에 의해 결정되어야만 한다." 방어는 잊혀지고, 포기되고, 폐기되었으며 방어가 정당화될 수 있는 유일한 경우란 나중에 공격에 동원하기 위해 일정 시점에서 일시적으로 병력을 아낄 때뿐이다.

이러한 사상은 총참모부에 지대한 영향을 끼쳤으며 그 후 2년 동안 전시를 대비해 만든 새로운 야전교범과 1913년 5월, '플랜17(Plan 17)'이라는 이름으로 채택된 새로운 작전계획에 깊숙이 스며들었다. 그랑메종의 강의가 있은 지 몇 개월도 안돼 공화국 대통령인 파이예는 "오직 공격만이 프랑스군의 체질에 맞으며 … 우리는 적을 향해 주저없이 전진하기로 결정한다"고 선언했다.

프랑스군의 훈련과 행동의 기본 지침서로서 1913년 10월 정부에 의해 제정된 새 야전교범은 트럼펫의 화려한 취주처럼 "프랑스군은 예전의 전통을 회복하여 앞으로는 공격 외에 어떤 법도 인정하지 않는다"는 문장으로 시작한다. 뒤를 이어 경쾌한 종소리처럼 "결정적 전투", "주저없는 공격", "맹렬함과 끈기", "적의 의지를 분쇄함", "무자비하고도 지칠 줄 모르는 추격"과 같은 8개항의 계율이 뒤따랐다. 교범은 이교를 배척하는 정교의 뜨거운 열정으로 방어의 개념을 짓밟아 뭉개버렸다. "오직 공격만이 긍정적인 결과를 가져온다"고 교범은 선언했다. 저자가 직접 이탤릭체로 기술한 일곱 번째 계율은 *"전투란 바로 사기의 다툼이다. 정*

*복의 희망을 잃는 순간 패배는 불가피해진다. 성공은 고통을 가장 적게 받는 사에게 오는 것이 아니라 의지가 가장 굳세고 사기가 가장 드높은 자에게 주어진다"*고 규정되어 있다.

여덟 가지 계율의 그 어느 곳에도 군비나 화력 또는 포쉬가 말한 경계(sureté)에 대한 언급은 없었다. 교범의 가르침은 프랑스군 장교들이 즐겨 쓰는 단어인 담력(le cran), 용기(nerve) 혹은 다소 속된 표현으로 배짱(gut)이라는 말로 압축되었다. "보다 높이"라고 쓴 깃발을 들고 산 정상을 향하여 떠나는 젊은이처럼, 1914년 프랑스군은 "담력(Cran)"이라는 깃발을 들고 전쟁터로 나갔던 것이다.

수년에 걸쳐 프랑스의 군사적 사상은 바뀌었지만, 프랑스의 지형은 바뀌지 않았다. 국경선의 지리적 요인들은 1870년 독일이 정한 그대로 남아 있었다. 영토에 대한 독일의 요구는 이에 반대하는 외제니 황후에게 빌헬름 1세가 설명한 것처럼, "프랑스군이 훗날 우리를 공격할 때 그 시작점을 뒤로 미루는 것 외에 다른 목적은 없었다." 하지만 이러한 요구는 독일의 입장에서 보면 프랑스를 공격할 수 있는 시작점을 앞으로 전진시키는 것이었다. 세기가 바뀌면서 프랑스군의 사상과 발전은 그들의 마음을 공격에 집착하게 했지만, 그 지형은 여전히 방어전략을 요구하고 있었다.

그랑메종 대령의 강의가 있었던 해인 1911년, 프랑스를 방어전략 하에 두려는 마지막 노력이 다름 아닌 총사령관 지명자 미셸 장군에 의해 최고 국방위원회(Supreme War Council)에서 시도되었다. 이 위원회의 부의장으로서 전시에는 총사령관 직책을 맡게 될 미셸 장군은 당시 프랑스 육군의 뛰어난 장교였다. 슐리펜의 생각을 정확히 반영한 보고서에서 그는 독일군의 예상 공격로와 이에 맞서기 위한 대안을 제시하였다. 독일과 마주한 국경선을 따라 구축된 프랑스군 요새와 지형적인 급

경사로 인해 독일군은 로렌에서 단기간 내에 결정적인 승리를 기대할 수 없을 것이라고 그는 주장했다. 또한 룩셈부르크와 뫼즈 동쪽의 벨기에 구석 일부를 이용하는 통로는 독일이 선호하는 포위전략에 필요한 충분한 공간을 제공하지 못할 것으로 판단되었다. 오직 "벨기에 전체"의 이점을 취할 경우에만 독일군은 프랑스를 향해 그들의 동맹군이 개입하기 전에 "즉각적이고 무자비하며 결정적인" 공격을 성공시킬 수 있을 것이라고 그는 말했다. 미셸 장군은 독일군이 오래 전부터 벨기에의 거대한 앤트워프 항구를 갈망해 왔음을 지적하며, 이 점이 플랑드르를 경유하는 공격의 부수적인 이유라고 말했다. 그는 베르덩-나무르-앤트워프 방어선을 따라 슐리펜의 우익처럼, 좌익의 소매 끝이 해협에 닿도록 백만 명의 프랑스군을 배치하여 독일군과 맞설 것을 제안했다.

미셸 장군의 계획은 그 성격이 방어적일 뿐만 아니라, 다른 장교들이 저주라고 생각할 정도로 싫어하는 제안을 전제로 하고 있었다. 미셸 장군은 독일군이 벨기에를 통해 투입할 것으로 예상되는 병력에 맞서기 위하여, 예비군 연대를 모든 정규군 연대에 배속시켜 최전방의 프랑스군 유효병력을 두 배로 늘릴 것을 제안했던 것이다. 만일 그가 미스탱케트(Mistinguette, 1875년에 출생하여 20세기 초에 유명했던 프랑스 여배우: 역주)를 아카데미 프랑세즈의 회원으로 받아들이자고 제안했더라도, 이보다 더 심한 불평과 혐오를 야기할 수는 없었을 것이다.

"예비군은 무용지물!(Les réserves, c'est zéro!)"이라는 것이 프랑스군 장교 집단의 오래된 정설이었다. 국민개병제에서 의무적인 군복무를 마친 23세에서 34세 사이의 남자들은 예비군으로 분류되었다. 동원령이 발령되면 가장 젊은 층은 정규군에 배속되어 전시전력을 확보하게 되고, 나머지는 지역별로 각각 예비 연대, 여단 및 사단으로 편성된다. 이들은 오직 후방임무 또는 요새 주둔군에 적합하며, 훈련된 장교와 하사관의 부족으로 전투연대에 배속시키기는 어렵다는 것이 일반적인 인식이었다. 예비군에 대한 정규군의 이러한 무시는 우익성낭들과 연계되면서 "무장국가" 원칙에 대한 반대와 맞물려 더욱 증폭되었다. 예비군을 정규사단에 통합시키는 것은 군대가 돌진할 때 뒤를 잡아끄는 꼴이 될 것이다. 국가방위는 오직 정규군에게만 맡길 수 있다고 그들은 믿었다.

반대로 불랑제 장군(1887년 파리에서 쿠데타를 시도했으나 실패함: 역주)을 기억하고 있는 좌익정당들은 군을 쿠데타와 관련지어 생각하였으며 공화국을 지키는 유일한 방법으로 "무장국가" 원칙을 신봉했다. 그들은 수 개월간 훈련만 받으면 어느 시민이라도 전쟁에 나가 싸울 수 있다고 주장하며, 군 복무기간을 3년으로 늘리는 것에 격렬히 반대했다. 1913년 군부는 독일군의 증강에 맞서기 위해서만이 아니라 언제라도 병영 내에 복무 중인 병사가 많으면 많을수록 예비군에 대한 의존도가 그만큼 낮아진다는 이유로 이러한 군 개혁을 요구했다. 국론 분열의 부작용이 생길 정도로 격렬한 논쟁 끝에 3년 군복무 법은 1913년 8월에 제정되었다.

오로지 정규군만이 적절히 소화할 수 있을 것으로 기대되는 새로운 공격 지상주의를 군사교리로 채택하면서 예비군에 대한 업신여김은 더욱 커졌다. 백병전으로 상징되는 무자비한 돌격(attaque brusquée)을 감행하는 데 필요한 가장 중요한 자질은 약진(élan)인데, 이 약진을 가족 부양의 의무를 가진 일상의 민간인 남자들에게 기대할 수는 없었다. 정규군과 예비군을 혼합하면 정복 의지를 가질 수 없는 "타락한 군대"가 될 것 같았다.

라인 건너편에서도 비슷한 정서를 가지고 있는 것으로 알려졌다. 카이저는 "가족을 가진 아버지는 전방으로 보내지 말라"는 칙령을 내려 광범위한 지지를 얻었다. 프랑스군 총참모부는 독일군이 당연히 예비군과 정규군을 섞지 않을 것으로 확신하고 있었으며, 이 때문에 독일군이 전방에서 동시에 두 가지를 할 수 있을 만큼 충분한 병력을 가질 수는 없을 것이라는 믿음을 가지게 되었다. 그 하나는 뫼즈 서쪽에서 벨기에를 휩쓸고 지나갈만큼 강력한 우익을 보내는 것이고, 다른 하나는 중앙과 좌익에서 라인으로 향하는 프랑스군의 돌파를 저지할 정도로 충분한 병력을 유지하는 것이었다.

미셸 장군이 자신의 계획을 발표했을 때, 국방장관이었던 메시미는 그 것을 "미친 짓(comme une insanité)"으로 취급했다. 최고 국방위원회의 의장으로서 메시미는 이 계획을 묵살하려 했을 뿐만 아니라 곧바로 미셸을 해임하는 문제에 대해 위원회의 다른 위원들의 조언을 구하였다.

굵은 목, 둥근 머리, 안경을 쓴 반짝이는 순박한 눈, 큰 목소리에 털이 많고 활기가 넘쳐 거의 폭력배 같은 용모의 메시미는 전직 직업장교였다. 1899년 서른 살의 경기병 대위였던 그는 드레퓌스 사건(19세기 말, 프랑스 포병대위 A. 드레퓌스의 간첩 혐의를 두고 군부에서 진범을 밝히지 않고 은폐한 사건을 둘러싸고 정치적으로 큰 물의를 빚은 사건: 역주)에 대한 군의 재심 거부에 항의하여 스스로 군복을 벗었다. 그 뜨거웠던 시절 장교들은 집단적으로 유죄판결 후 드레퓌스의 결백 가능성을 인정하게 되면 군의 명예와 완벽함을 훼손할 것이라고 주장했다. 정의를 저버린 채더 이상 군대에 충성할 수 없게 되자 메시미는 "군대와 국가를 화해시킨다"는 목표를 내걸고 직업 정치가의 길을 택했다. 그는 개혁의 열정을 가지고 국방부로 쳐들어갔다. 많은 장군들이 "자기 군대를 통솔하기는 커녕 그 뒤를 쫓아가지도 못하는 것"을 확인한 메시미는 모든 장군들에게 말을 타고 기동훈련을 지휘하라고 명령한 테어도어 루스벨트의 임기응변을 원용했다. 그렇게 하면 그저 그런 늙은이들이 군에서 강제로 밀려나는 결과를 가져올 수도 있다는 반대에 부딪히자 메시미는 그것이야말로 자신의 실질적인 목표라고 대답했다. 그는 1911년 6월 30일, 지난 4개월 동안 네 명의 장관이 잇달아 교체된 후 국방장관에 임명되었으며 바로 그 다음날 2차 모로코 위기를 촉발시킨 독일 포함 판더의 갑작스런 아가디르 출현이라는 비상사태를 맞았다. 언제 동원령이 내려질지 모르는 상황에서 메시미는 총사령관 내정자인 미셸 장군이 "우유부단하고 하시라도 자신에게 부과될지 모르는 임무의 중압감에 짓눌려 있음"을 알게 되었다. 메시미는 미셸 장군이 현재의 위치에 있다는 것 자체가 "국가적 위험"이라고 생각했다. 미셸의 "미친" 제안은 그를 제거할 빌미를 제공했다.

그러나 미셸은 먼저 위원회에서 자신의 계획을 발표하기 전에는 그만둘 수 없다고 거절했는데 이 위원회는 프랑스 최고의 장군들 즉, 위대한 식민지 주둔군 지휘관인 갈리에니, 외팔의 1870년 참전용사인 포, 공병 출신의 조용한 죠프르, 전형적인 용장으로 제2 제국의 "우아한 멋(chic exquis)"을 지닌 케피모를 한쪽 눈 위로 비켜 쓴 듀바이가 포함되어 있었다. 이들은 모두 1914년 주요 지휘관으로 활약하게 되며 이 중 두 명은 후일 프랑스군의 원수가 된다. 아무도 미셸의 계획을 지지하지 않았다. 회의에 참석했던 국방부의 한 장교는 "그것은 논의할 필요도 없었다. 미셸 장군은 머리가 돈 것 같다"고 말했다.

이 증언이 모든 참석자들의 의견을 대변하는지 여부와 상관없이 (나중에 미셸은 듀바이 장군 같은 사람은 원래 자신의 의견에 동의했다고 주장했음) 그에 대한 적개심을 감추지 않았던 메시미는 위원회를 자기 뜻대로 이끌었다. 운명의 장난은 메시미에게 강압적인 성격을 주었지만, 미셸에게는 그렇게 하지 않았다. 책임 있는 자리에 있는 사람은 비록 그 판단이 옳았더라도 이를 관철하지 못했다면 용서 받기 어려운 법이며, 미셸은 자신의 통찰력에 대한 응분의 대가를 치른 것이다. 그는 직위 해제되어 파리의 군정장관에 임명되었는데 다가올 시련의 중요한 시기에 실제로 "우유부단"함을 드러내게 된다.

미셸의 이단적인 방어 전략을 몰아내는 데 열정적이었던 메시미는 국방장관으로서 성공적인 공격을 할 수 있도록 군비를 갖추는 데 최선을 다 했지만 그가 가장 중요시했던 프랑스군의 군복을 바꾸는 사업에서는 그 또한 좌절을 겪게 된다. 영국군은 보어전쟁 후에 이미 카키색 군복을 도입했고, 독일군도 곧 프러시아군의 푸른색 군복을 회록색으로 바꾸려는 참이었다. 그러나 1912년까지도 프랑스군은 소총의 유효 사거리가 겨우 200보 정도로, 이처럼 가까운 거리에서 싸우는 군대를 은폐할 필요가 없었던 1830년과 똑같은 푸른 외투, 붉은 케피모자, 붉은 바지를 그대로 입고 있었다. 1912년 발칸 전선을 방문했던 메시미는 어두운 색의 군복을 입은 불가리아 병사들이 이점을 갖는 것을 보고 프랑스군 병사들을 눈에 잘 띄지 않게 하기로 결심 했다. 그러나 회청색 또는 회록색으로 군복을 바꾸려던 그의 계획은 커다란 반발을 야기했다. 군의 자존심은 중화기를 채택하는 것만큼 붉은색 바지를 포기하는 것도 용납할 수 없었다. 군의 위신이 또 다시 위기에 처했다고 느꼈던 것이다. 프랑스군인에게 흙색의 수치스러운 색을 입히려는 것은 드레퓌스파(Dreyfusards)와 프리메이슨이 그 무엇보다도 원하던 바를 실현시켜 주는 것이라고 군 지도부는 반발했다. "색상이 화려해서 병사들에게 위용을 주는 바로 그 특색을 없애는 것은 프랑스군의 취향뿐만 아니라 군사적 기능에도 반하는 것"이라고 『에코 드 파리』는 썼다. 메시미는 이 두 가지가 더 이상 동의어가 아니라고 지적했으나 그의 반대자들은 들은 척도 하지 않았다. 의회 청문회에서 전직 국방장관인 에티엔느는 프랑스를 대변하였다.

"붉은 군복 바지를 없애자고요?" 그는 외쳤다.

"절대로 안 됩니다. 붉은 판탈롱은 바로 프랑스입니다!(Never! Le pantalon rouge c'est la France!)"

메시미는 나중에 "눈에 가장 잘 띄는 색에 대한 맹목적이고도 어리석은 집착은 비참한 결과를 초래할 것"이라고 기록했다.

한편 아가디르 위기가 계속되고 있는 와중에서 그는 미셸의 자리에 새로 명망 있는 육군원수를 지명해야 했다. 메시미는 그 자리를 참모총장의 역할도 겸임토록 하는 동시에 현재 듀바이 장군이 맡고 있는 국방부의 참모장 자리를 폐지함으로써 그 자리의 권한을 강화시켜 줄 계획이었다. 미셸의 후임자는 모든 권력을 한 손에 쥐게 될 것이다.

메시미의 첫 번째 선택은 코 안경 차림의 엄하고 명석한 장군 갈리에니였는데, 그는 미셸의 해임이 계기가 되어 그 자리를 차지하는 것이 내키지 않는다며 거절했다. 더욱이 그는 정년인 예순 넷까지 겨우 2년밖에 남지 않았으며, "식민지" 출신을 임명하면 본국 군대가 분개할 것으로 생각했다. 그는 자신의 기장을 두드리며 "장식용 단추의 문제!(une question de bouton)"라고 말했다. 그 다음 서열이던 포 장군은 고위 지휘관들을 자신이 직접 선임해야 한다는 조건을 제시했는데, 이 조건은 잘 알려진 그의 반동적인 성향을 감안할 때, 겨우 진정시켜 놓았던 공화주의자들과 군부내 우파들 사이의 불화를 다시 불러일으킬 우려가 있었다. 포 장군의 정직성을 존중했던 정부였지만 그의 조건을 거절했다. 메시미는 갈리에니와 의논했고 그는 마다가스카르에서 자신의 부하였던, "명석하고 빈틈없는 성격의 냉정하고 꼼꼼한 일꾼"을 추천했다. 이렇게 해서 기회는 전직 공병대 사령관이었고 현재 후방지원 사령관(Chief of the Services of the Rear)인 59세의 죠셉 쟈끄 세제르 죠프르에게 주어지게 되었다.

헐렁한 군복 차림의 큰 덩치, 불룩한 배, 푸르고 차분한 눈과 솔직하고 평온한 눈길, 여기에 어울리는 굵은 눈썹, 거의 하얗게 센 커다란 콧수염과 살찐 얼굴, 그리고 깨끗하고 젊은 피부를 가진 죠프르는 산타클로스처럼 생겨 자비롭고 천진한 인상을 주었지만 그의 실제 성격은 그렇지 않았다. 그는 좋은 집안 출신이 아니었고, 쌩시르(St. Cyr)를 졸업하지도 않았으며 (보다 과학적일지는 모르지만 덜 귀족적인 에꼴 폴리테크닉을 졸업했음), 군사학교의 고급과정을 밟지도 않았다. 진지 구축, 철도부설과 같은 낭만적이지 못한 일을 하는 공병대의 장교로서 그는 주로 고위 지휘관이 크게 관여하지 않는 지원업무를 수행했다. 그는 프랑스령 피레네에서 포도주통 제조업을 하는 소시민 가정의 11명의 아이들 중 장남으로 태어났다. 그의 군 경력 상 두드러진 점은 조용한 업무처리와 자신이 맡았던 여러 가지 직책의 효율적 수행인데, 대만과 인도차이나에서는 공병 중대장으로, 수단과 팀북투에서는 소령으로, 국방부 철도계의 참모장교로, 포병학교 교관으로, 1900년부터 1905년까지 마다가스카르에서 갈리에니 휘하의 요새축성 담당관으로, 1905년에 사단장, 1908년 군단장, 1910년부터는 후방지원 사령관이자 최고국방위원회 위원으로 근무하고 있었다.

죠프르는 성직자나 군주제 지지자 또는 그 밖에 특별히 문제가 될 만한 부류의 인물들과는 관련이 없었고, 드레퓌스 사건 중에는 국외에 있었으며, 선량한 공화주의자라는 그의 명성은 자신의 잘 다듬어진 손처럼 별다른 흠이 없었다. 그는 단호하며 아주 냉정했다. 죠프르의 두드러진 특징은 습관처럼 돼버린 침묵이었는데, 다른 사람이었다면 이것이 자기비하로 비춰질 수도 있었겠지만 그의 확신에 찬 우람하고 조용한 외모는 오히려 범상치 않은 기운을 감돌게 해 주었다. 죠프르는 은퇴하기까지 아직 5년이나 남아 있었다.

죠프르는 한 가지 부족한 것을 의식하고 있었는데, 참모 역할이라는 난해한 분야에 대해 훈련 받은 바가 없었던 것이다. 쌩 도미니크 거리에 있는 국방부 건물의 사무실마다 문을 열어 놓고 있던 7월의 어느 더운 날 문 밖을 흘끔거리던 장교들은 죠프르의 군복 기장을 붙들고 있는 포 장군을 보았다. "그 제안을 받으세요. 친구, 카스텔노를 붙여 드리지요. 그는 참모 일에 아주 능통하니까 모든 것이 다 잘 될 겁니다"라고 포 장군은 말했다.

쌩시르와 군사학교를 모두 졸업한 카스텔노는 달타냥과 같은 가스코니 출신인데, 그 지방은 뜨거운 피와 차가운 머리를 가진 남자들을 많이 배출하는 곳으로 알려져 있다. 카스텔노는 어떤 후작과 맺어진 가족관계, 예수회와 연관된 점, 그리고 전쟁 중에는 군화 신은 수도승(la capucin botté)이라는 별명을 얻을 정도로 열렬했던 자신의 가톨릭 신앙으로 인해 손해를 보고 있었다. 그러나 그는 총참모부에서 오랜 경험을 쌓았다. 죠프르는 포쉬를 선호했겠지만 메시미가 그에 대해 뭔가 못마땅한 선입관을 가지고 있음을 알고 있었다. 죠프르는 평소 습관대로 아무 말 없이 포의 충고를 듣고 있다가 곧바로 그 제안을 받아들였다.

"에이!" 죠프르가 참모차장으로 카스텔노를 요구하자 메시미는 불평했다. "장군은 좌익 정당들로부터 커다란 반발을 불러 일으키고 많은 적을 갖게 될 겁니다." 그러나 대통령과 수상이 "싫은 표정을 지으면서도" 그 조건을 승인함으로써 이들 둘에 대한 지명은 함께 통과되었다. 비공식적인 음모에 정통한 동료 장군 한 명이 죠프르에게 카스텔노가 그를 밀어낼지도 모른다고 경고했다. 죠프르는 "나를 쫓아내시오! 카스텔노는 놔두고. 나는 6개월 동안 그가 필요합니다. 그 뒤에 그에게 군단 지휘를 맡길 것"이라고 주저없이 대답했다. 나중에 그의 능력이 입증되자, 그는 카스텔노가 정말 귀중한 인재라는 것을 알게 되었고 전쟁이 발발하자 그에게 군단이 아닌 군의 지휘권을 주었다.

죠프르는 다음 해 부관인 알렉상드르 대령이 전쟁이 곧 일어날 것으로 생각하냐고 물었을 때 스스로에 대한 극도의 자신감을 나타냈다.

"분명히 그럴 것으로 생각한다"고 죠프르는 대답했다. "나는 언제나 그렇게 생각해 왔네. 전쟁은 일어날 거야. 나는 싸워야 하고 또 이겨야 하네. 나는 수단에서처럼 무엇을 하든 항상 성공하곤 했지. 앞으로도 그럴 거야."

"그것은 장군께서 원수의 지휘봉을 가지게 된다는 의미"라고 죠프르의 견해에 경탄하며 부관이 말했다.

"그렇지." 죠프르는 침착하고 간결하게 그 전망을 인정했다.

이처럼 흔들리지 않는 인물의 후원 하에 총참모부는 1911년 이후 계속해서 야전교범의 개편, 군대에 대한 새로운 정신교육, 그리고 이미 진부해진 플랜16(Plan 16)을 대체할 새로운 작전계획의 수립에 매진하였다. 참모들의 정신적 지주였던 포쉬는 육군대학을 떠나 야전부대로 승진 전근하여 마침내 낭시로 갔는데 이곳은 자신의 말처럼 1870년의 국경이 "칼로 벤 상처와 같이 조국의 가슴을 가로지르고 있는 곳"이었다. 그곳에서 포쉬는 국경을 경계하며 조만간 자신이 유명하게 만들 제20군단을 지휘하고 있었다. 그러나 포쉬는 죠프르의 측근인 자기 제자들로 구성된 "교회(프랑스 군부 내의 파벌을 일컫는 말)"와 멀어지게 되었을 뿐 아니라 플랜17의 골격을 이루게 되는 전략계획과도 멀어졌다. 그것은 1913년 4월에 완성되어 별도의 토론이나 검토 없이 새로운 야전교범과 더불어 그 해 5월에 최고 국방위원회에 의해 채택되었다. 그 때부터 그 계획에 맞춰 군을 재편하고 이들의 동원, 수송, 군수품 조달, 배치와 집결에 필요한 장소 및 일정을 위한 모든 지침과 명령을 준비하는 데 8개월이 소요되었다. 1914년 2월까지 이 계획은 프랑스군을 구성하는 5개 군의 사령관들에게 나뉘어 전달될 수 있도록 준비되었으며, 개별적으로 관련된 부분만 통보되었다.

그것의 동기가 되는 아이디어는 포쉬가 표현한 대로 "우리는 마인쯔를 지나 베를린으로 가야 한다"는 것인데, 이 말은 낭시의 북동쪽 130마일에 있는 마인쯔에서 라인을 건넌다는 뜻이었다. 그러나 이 목표는 그저 아이디어일 뿐이었다. 슐리펜 계획과는 달리, 플랜17은 명백히 규정된 종합적인 목표도 명시된 작전일정도 없었다. 그것은 작전계획이 아니라 정해진 목표도 없이 환경에 따라 유동적인 각 군의 몇 가지 공격로에 대한 지침을 포함한 군의 배치계획이었다. 그것은 본질적으로 프랑스군이 사전에 그 진로를 확신할 수 없었던 독일군의 공격에 대응하여 이를 되받아치기 위한 계획이었기 때문에 죠프르의 말처럼 어쩔 수 없이 "시간적으로 뒤에 정해지며 기회주의적"일 수밖에 없었다. 계획의 의도는 바로 공격이었으며 이는 절대 불변이었지만 반대로 그 준비는 가변적이었다.

비밀로 분류된, 다섯 문장의 간략한 일반 지침은 계획을 실행할 장군들에게 공통적으로 해당되는 것으로, 이것에 대한 논의는 허용되지 않았다. 사실 논의할 부분도 거의 없었다. 야전교범과 마찬가지로 이 지침도 화려한 문장으로 시작한다. "주변 여건에 관계없이, 모든 병력이 하나가 되어 독일군의 공격에 맞서 진격하는 것이 총사령관의 뜻이다." 일반 지침의 나머지 부분은 프랑스군의 행동이 두 곳의 주공격으로 이루어질 것이며, 하나는 메츠-티옹빌의 독일군 요새 지역 왼쪽을, 또 하나는 그 오른쪽을 공격한다고만 언급하고 있다. 메츠의 우측 또는 남쪽 지역에 대한 공격은 로렌의 옛 국경을 넘어 바로 동쪽으로 향하게 되며, 이와 동시에 알자스에서는 프랑스군 우익을 라인에 고정시키기 위한 두 번째 작전이 준비되어 있었다. 메츠의 좌측 또는 북쪽 지역에 대한 공격은 북쪽을 향하거나, 만일 적이 중립지대를 침범할 경우에는 룩셈부르크와 벨기에의 아르덴느를 지나 북동쪽을 향하게 되는데, 단 후자인 경우는 "반드시 총사령관의 명령이 있어야만" 실행에 옮기도록 했다. 비록 어느 곳에서도 언급하고 있지 않지만, 총체적인 목표는 밀려오는 독일군 우익을 고립시켜 후방과 차단하면서 동시에 라인으로 밀고 들어가는 것이었다.

이 목표를 위해 플랜17은 5개의 프랑스군을 알자스의 벨포르로부터 멀리 프랑스-벨기에 국경의 약 3분의 1에 해당하는 이르송까지 국경을 따라 배치하였다. 나머지 벨기에 국경의 3분의 2, 즉 이르송에서 바다까지는 무방비 상태였다. 미셸 장군이 프랑스를 방어하기 위해 계획했던 곳이 바로 이 지역이었다. 죠프르가 미셸의 후임으로 부임했을 때 사무실 금고에서 그 계획을 발견했다. 그것은 프랑스 군사력의 무게 중심을 죠프르가 비워 놓은 방어선의 제일 좌측에 집중시키고 있었다. 그것은 순전히 방어를 위한 계획으로 기선을 잡을 기회가 전혀 없었으며 죠프르는 신중한 검토 끝에 그것은 "바보 같은 짓"이라고 결론지었다.

프랑스군 총참모부는 강력한 독일군 우익에 의한 포위 가능성을 지적하고 있는 여러 첩보를 제2국(Deuxième Bureau) 즉, 군정보국이 수집하였음에도 불구하고, 증거가 분명한 독일군의 그러한 기동을 믿지 않는 쪽이었다. 실제로 1904년 독일군 총참모부의 한 장교가 조국을 배신하고 슐리펜 계획의 초기 안을 넘겨주는 극적인 방법으로 그 계획을 알려주었음에도 불구하고 프랑스군 총참모부는 플랑드르를 경유하는 공격 가능성에 큰 비중을 두지 않았다. 브뤼셀, 파리 그리고 니스에서 프랑스군 정보장교와 연이어 세 차례 만나면서 이 독일인은 얼굴을 붕대로 감고 오직 회색 수염과 찌르는 듯한 두 눈만 드러낸 모습으로 나타났다. 그가 넘겨준 적지 않은 분량의 서류에는 독일군이 리에쥬, 나무르, 샤를루와를 거치면서 벨기에를 지난 다음 귀즈, 누와이용, 콩피엔을 경유하여 우아즈 계곡을 따라 프랑스를 침공한다는 계획이 들어 있었다. 이 경로는 1914년 실제상황과 일치하였는데 왜냐하면 그 서류가 진짜였기 때문이다. 그 당시 프랑스군 참모총장이었던 빵데작 장군은 이 정보가 "광범위한 포위의 중요성을 강조하는 독일군 전략의 최근 경향과 정확히 일치한다"고 믿었으나 주위의 많은 이들은 이를 의심했다. 그들은 독일군이 그런 대규모 기동에 필요한 병력을 동원할 수 있으리라고 믿지 않았으며 그 정보가 실제 공격이 이루어질 지점으로부터 프랑스군을 끌어내기 위한 위장일지도 모른다고 의심했다. 프랑스군의 작전계획 수립은 불확실한 여러 변수로 인해 방해를 받았는데 그 중에서도 가장 중요한 것이 벨기에였다. 프랑스군의 논리적인 생각에는 독일군이 만일 벨기에를 침공하고 앤트워프를 공격한다면 그들은 영국을 적으로 만들 것이 분명했다. 과연 독일군이 의도적으로 이렇게 해로운 짓을 할 것인가? 오히려, "전혀" 그럴 것 같지 않고, 벨기에는 그냥 놔둔 채, 더디게 진행되는 러시아군의 병력 동원이 끝나기 전에 러시아를 공격한다는 구 몰트케의 계획으로 돌아갈 것 같았다.

독일군 전략에 대한 몇 가지 가설 중 하나에 플랜17을 맞춰 보려던 죠프르와 카스텔노는 적의 주 공격이 로렌 고원을 가로질러 가해질 가능성이 가장 높을 것으로 생각했다. 그들은 그러한 공격이 뫼즈 동쪽에서 벨기에 영토의 모서리 부분을 침범하기를 기대했다. 그들은 서부전선에 배치될 독일군 병력을, 예비군이 전방에 배치되지 않는다는 전제하에, 26개 군단으로 추산했다. 이 숫자로 멀리 뫼즈의 건너편까지 강력한 공격부대를 배치한다는 것은 "불가능하다"고 카스텔노는 결론지었다. "나도 같은 의견"이라고 죠프르는 동의했다.

위대한 사회주의 지도자인 쟝 죠레는 생각이 달랐다. 3년 복무법에 대한 반대 투쟁을 주도하면서, 그는 수 차례의 연설과 자신의 저서인

『새로운 군대(*L'Armée nouvelle*)』를 통해 미래의 전쟁은 전국민이 동원되는 거대한 군대 간의 전쟁이 될 것이라는 것, 독일군은 지금 이러한 전쟁을 준비하고 있다는 것, 가장 원기가 왕성한 25세에서 33세 사이의 예비군은 책임감이 없는 나이 어린 병사보다 더 믿을 만하다는 것, 그리고 프랑스가 모든 예비군을 전방에 투입하지 않으면 프랑스는 비참하게 "몰락"할 수도 있다는 것을 주장했다.

플랜17을 주도한 군 지도부 밖에서는 여전히 방어를 강력히 주장하는 군사 비평가들이 있었다. 그루아르 대령은 1913년 발간된 자신의 저서 『돌발전쟁(*La Guerre eventuelle*)』에서 이렇게 주장했다. "무엇보다도 우리가 관심을 가져야 할 것은 벨기에를 경유하는 독일군의 공격이다. 우리는 개전 방식에 따른 논리적인 결과를 예견할 수 있는데, 만일 개전과 더불어 공세를 취한다면 우리는 지게 될 것이라고 주저없이 말할 수 있다." 그러나 만일 프랑스가 독일군 우익에 대한 즉각적인 반격을 준비한다면, "모든 기회는 우리에게 있을 것이다."

1913년 프랑스 군정보국은 독일군이 예비군을 공격부대로 활용하려 한다는 정보를 상당량 수집하였는데, 그 수준은 프랑스군 총참모부가 이 결정적인 요소를 무시할 수 없을 정도였다. 예비군을 그렇게 활용할 것임을 보여주는 1913년의 독일군 기동훈련에 대한 몰트케의 평론을 프랑스군이 입수하였다. 베를린에 근무하는 벨기에 무관인 멜로트 소령은 독일군이 1913년 심상치 않은 규모로 예비군을 소집하는 것을 보고 이들을 모든 정규군단에 대한 예비군단으로 편성하려는 것으로 결론을 내리고 이를 보고했다. 그러나 플랜17의 저자들은 이를 인정하려 들지 않았다. 그들은 훈련과 전략 못지않게 자신들의 마음과 희망을 모두 공격에 집중하고 있었기 때문에 방어에 치중하는 전략이 유리하다는 주장을 뒷받침하는 증거들을 거부했다. 그들은 독일군이 예비군 부대를 병참선과 "방어가 목적인 전선"을 지키는 임무에만 투입하며 점령군으로 활용할 의도일 것이라고 자의적으로 결론지었다. 그들은 만일 독일군이 그 우익을 플랑드르까지 확장한다면, 그 중앙부는 너무 얇아져 카스텔노의 말처럼 프랑스군은 그들을 "두 동강 낼" 수 있다고 주장함으로써 스스로 벨기에 국경에 대한 방어를 거부할 수 있는 논거를 만들었다. 강력한 독일군 우익은 독일군 중앙과 좌측에서 프랑스군에게 수적 우위의 이점을 줄 것이다. 이것이 카스텔노가 "많을수록 좋다"고 품위있게 표현한 말의 의미였다.

르바 장군은 방문을 마치고 쌩 도미니크 거리를 떠나면서 자기와 동행했던 릴의 하원의원에게 "내 소매에는 별이 두 개이고 카스텔노는 세 개입니다. 내가 어떻게 대들겠습니까?"라며 탄식했다.

4. "단 한 명의
영국 병사…"

영국과 프랑스의 합동군사계획은 러시아가
극동에서 군사적 무기력을 드러내며 일본
군에 패함으로써 유럽의 세력 균형을 뒤집어 놓은 1905년에 수립되었
다. 유럽의 모든 국가들은 갑자기 그리고 동시에 자기들 중 누구라도 이
순간을 이용하여 전쟁을 일으킨다면 프랑스는 우방국이 없는 상태에서
전쟁을 할 수밖에 없을 것이라는 것을 깨닫게 되었다. 독일정부는 이때
를 놓치지 않고 즉각 모험을 시도했다. 1905년 봉천에서 러시아가 패한
지 3주 만인 3월 31일, 카이저는 돌발적으로 탄지르에 나타나는 형태로
프랑스에 대한 도전을 감행했다.('탄지르 위기' 또는 '제1차 모로코 위기'라
고도 하는 이 정치적인 소요는 1905년 3월 31일 카이저의 탄지르 방문으로
야기되었다. 그는 모로코 독립을 지지하는 발언을 하여 프랑스의 모로코 지배
에 도전한다. 이 위기는 1908년 5월 3일 13개국 대표들이 참석한 협의회에서
협정서가 채택되면서 마무리 되었으며 프랑스는 알제리아의 내정에 관한 일부
변화를 수용하는 대신 주요 지역에 대한 지배를 유지하게 된다: 역주) 프랑스
인들에게 그것은 독일이 "또 한번"의 기회를 엿보고 있으며 당장은 아

니라도 머지않아 그 기회를 찾게 될 것임을 의미하는 사건이었다. "다른 사람들처럼 나도 그날 아침 9시 파리로 왔다"고 샤를르 페귀는 적었다. 시인, 편집자이자 신비론자였던 그는 자신의 정당에 반대할 수 있는 사회주의자며, 자신의 교회에 반대할 수 있는 가톨릭 신자로서 프랑스의 양심을 누구보다도 잘 대변하는 사람이었다. "다른 사람들처럼 나 또한 열한 시 반이 되자 지난 두 시간 사이에 나의 인생, 이 나라의 역사, 그리고 세계사에서 새로운 시대가 시작되었음을 알게 되었다."

페귀는 평생 허튼 소리를 한 적이 없다. 그는 1914년 8월, 41세의 나이로 군에 자원 입대하여 9월 7일 마른 전투에서 전사했다.

영국도 역시 탄지르의 도전에 대응했다. 그 당시 영국의 군사 조직은 에셔 경의 위원회에 의해 철저하게 재편되는 중이었다. 이 위원회에는 에셔 경 본인 외에 일련의 혁신적인 개혁을 통해 해군을 개조하고 있던 거친 성격의 해군본부위원회 제1군사위원(First Sea lord, 영국해군의 직제로 해군 참모총장에 해당함: 역주)인 죤 피셔 경과 제국 전략에 대한 현대적인 사상으로 잘 알려진 육군 장성 죠지 클라크 경이 포함되어 있었다. "에셔 삼인조"는 전쟁에 관한 정책을 조정하기 위해 에셔를 종신위원으로 하고 클라크를 간사로 하는 제국 방어위원회(Committee of Imperial Deferce)를 창설했으며 이전의 총참모부는 육군이 관장하도록 하였다. 지나칠 정도로 생기 넘치는 백마를 탄 카이저가 신경을 곤두세운 채 탄지르의 거리를 지나가던 바로 그 시간 총참모부는 독일군이 벨기에를 통과하여 뫼즈의 북쪽과 서쪽으로 대규모 포위기동을 한다는 가정 하에 이론적인 전쟁 게임에 몰두하고 있었다. 군 작전 과장인 그리어슨 장군과 그의 보좌역인 로버트슨 장군은 이 도상 연습을 통해 영국군이 "충분한 병력으로 신속하게 현장에 도착"하지 않는 한 독일군을 저지할 가망이 거의 없다는 것을 확인할 수 있었다.

그 당시 영국은 벨기에서 독자적인 작전을 벌이는 방안을 생각하고 있었다. 곧바로 보수당 수상인 벨포아는 독일군이 침공할 경우 4개 사단 규모의 병력을 동원하여 얼마나 빨리 벨기에에 도착할 수 있는지 보고서를 제출하도록 지시했다. 위기의 와중에서, 그리어슨과 로버트슨이 프랑스-벨기에 전선을 따라 지형을 조사하기 위해 대륙으로 건너간 사이, 벨포아 정권은 실각했다.

그해 여름 독일이 러시아의 재앙을 이용하여 전쟁을 도발할지도 모른다는 우려에 모두들 신경이 곤두서 있었다. 영-불 합동군사 행동을 위한 어떠한 계획도 마련되어 있지 않았다. 영국은 총선의 와중에 있었고 각료들이 선거 유세를 위해 전국에 흩어진 상황에서 프랑스 측은 비공식적인 접촉을 할 수밖에 없었다. 런던주재 프랑스 무관인 위게 소령은 타임즈 군사부문 논객이며 활동적이고 적극적인 중재자인 레핑턴 대령과 접촉했으며, 대령은 에셔와 클라크의 승인 하에 협상을 개시하였다. 프랑스 정부에 제출된 비망록에 의하면, "독일의 선제 도발에 의해 불가피한 경우가 아닌 한 프랑스는 벨기에 영토를 침범하지 않을 것임을 원칙으로 받아들여도 좋겠느냐"라고 레핑턴 대령이 물었다.

"분명히 그렇다"고 프랑스 측은 대답했다.

예상과 더불어 경고를 전달하려는 의도에서 대령은 "어떠한 침입이든 벨기에 중립을 깨게 되면 조약 준수 의무에 따라 우리의 자동적인 개입을 초래하게 된다는 것을 프랑스 측은 분명하게 알고 있느냐?"고 물었다. 역사상 그 어느 영국정부도 어떤 사태에 대해 "자동적"으로 대응한다고 약속한 적이 없었는데 대령은 공공연히 너무 앞서 나가고 있던 것이다.

위게는 다소 얼떨떨하여 "프랑스는 항상 그렇게 생각하고 있었지만, 한번도 공식적인 보장을 받은 적은 없다"고 대답했다.

대령은 보다 구체적인 질문들을 통해 프랑스는 영국군이 벨기에서 독지적으로 행동하는 깃을 호의적으로 생각하고 있지 않으며 육지에서는 프랑스 그리고 바다에서는 영국이 주도하는 단일한 지휘체계가 "반드시 필요"하다고 믿고 있음을 확인했다.

그러는 사이 자유당이 정권을 잡게 되었다. 전통적으로 전쟁이나 해외에서 일어나는 모험을 반대해 온 그들은 의도가 좋다면 평화를 유지할 수 있다고 확신했다. 신임 외무장관은 에드워드 그레이 경이었으며, 그는 취임 한달 만에 아내와 사별하는 불운을 겪었다. 신임 국방장관은 독일 철학을 좋아하는 변호사 출신의 리차드 할데인이었는데, 협의회에서 군인들이 어떤 군대를 마음에 두고 있느냐고 묻자 그는 "헤겔의 철학을 가진 군대"라고 대답했다. "그러자 대화는 중단되었다"고 할데인은 적었다.

그레이는 자신을 찾아와 걱정하는 프랑스 측에게 자신의 전임자들이 프랑스에게 약속한 어떠한 보장도 "철회"할 의도가 없음을 알려 주었다. 취임한 바로 그 주에 중대한 위기를 맞게 된 그레이는 할데인에게 비상시 영국군이 프랑스군과 함께 싸우기 위한 사전계획이 있느냐고 물었다. 할데인은 서류더미를 살펴보았는데 아무것도 발견하지 못했다. 그 질문을 계기로 4개 사단을 대륙으로 출병시키는 데 2개월 정도가 걸린다는 것을 알게 되었다.

그레이는 지금이라도 당장 대영제국을 구속하지 않는 범위에서 "군사적 예방책"으로써 총참모부 간의 협의가 있어야 하지 않을까 하고 생각했다. 할데인은 수상인 헨리 캠벨-배너맨 경과 의논했다. 소속 정당의 유래에도 불구하고 캠벨-배너맨은 개인적으로 열렬한 프랑스 취향이라 종종 칼레에서 점심을 먹기 위해 증기선을 타고 해협을 건너갔다가 그날로 돌아오곤 하였다. 양국간의 "공동대책"임을 강조하는 것에 대해서는 다소 걱정을 하면서도 그는 총참모부 간의 협상을 허락하였다. 캠벨-배너맨은 그들이 실제로 "명예로운 이해에 아주 가까이 접근하게" 되자 잘못하면 협정(Entente)의 달콤한 느슨함마저 무너뜨리는 것은 아닐까 걱정했다. 그러한 부작용을 미연에 방지하기 위하여 할데인은 협상이 대영제국을 구속하지 않는다고 언급한 공문을 작성하여 그리어슨 장군과 위게 소령이 서명하도록 하였다. 이 공식을 안전하게 보장 받은 다음 할데인은 협상을 시작하도록 승인하였다. 이리하여 할데인과 그레이 그리고 수상은 나머지 내각에게 알리지도 않은 채 이후의 협상을 "국방부의 업무"로 취급하여 군부의 손에 맡기게 된 것이다.

여기서부터 총참모부가 이어 받았다. 보어전쟁에서 용맹을 떨친 기병 출신의 존 프렌치 경을 포함한 영국군 장교들이 그해 여름 프랑스군의 하계 기동 훈련에 참석했다. 그리어슨과 로버트슨은 위게 소령과 함께 전선을 재시찰하였다. 그들은 프랑스군 총참모부와 협의를 거쳐 상륙기지를 정하고, 벨기에를 지나는 독일군의 침공을 예상하여 샤를루와에서부터 나무르를 지나 아르덴느에 이르는 전선을 따라가며 작전 지역들을 선정했다.

그러나 "에셔 삼인조"는 근본적으로 영국군을 단순히 프랑스군에 배속시키는 형태의 병력배치는 승인하지 않았으며 모로코 위기의 긴장이 해소되자 1905년의 합동군사계획은 더 이상 진전되지 않았다. 그리어슨 장군은 교체되었다. 에셔 경이 표방한 영국측의 지배적인 의견은, 앤트워프 및 인근 해안의 방어가 영국의 이해와 직결되는 벨기에에서 프랑스군과는 별개로 독자적으로 행동을 하고 싶다는 것이었다. 영국군의 활동은 절대적으로 해군이 주도해야 한다는 것이 존 피셔 경의 열정적인 의견이었다. 그는 프랑스군의 능력을 신뢰하지 않았고, 지상에서 독일군에게 패배할 것으로 예상했으며 이러한 패전에 포함시키기 위해 영국군을 수송해야할 아무런 이유도 찾을 수 없었다. 피셔 경이 지지했던 유일한 시상 작선은 독일의 배후로 내담하게 뛰어드는 것이었으며, 그는 이를 위한 최적의 지점으로 동프러시아의 발틱 해안을 따라 펼쳐진 "10마일의 단단한 모래 사장"을 지목했다. 베를린에서 겨우 90마일 떨어진 그곳은 바다를 통해 독일의 심장부로 가장 가깝게 접근할 수 있는 지점으로 영국군이 상륙하여 작전기지를 확보하고 참호화 하면 "백만 명의 독일군을 바쁘게 만들" 수 있는 곳이었다. 이 작전을 제외하면 육군은 "해안에 대한 불시 검문, 헬리고랜드(Heligoland, 독일 북서쪽 북해에 있는 섬으로 1714년 덴마크에 정복된 후 1814년 영국으로 넘어갔다가 1890년 아프리카에 대한 권리를 차지하는 대가로 독일에게 양도됨: 역주)의 탈환, 그리고 앤트워프 방어로 … 그 역할이 엄격하게 제한"되어야만 했다. 피셔의 의견에 의하면 프랑스에서 싸우기 위한 계획은 "멍청한 자살 행위"이며, 국방부(War Office, 예전의 육군성으로 1964년 국방부에 통합됨. 혼란을 피하기 위해 본서에서는 국방부로 통일함: 역주)의 전쟁에 대한 무지함은 널리 알려져 있기에, 육군은 "해군에 배속된 부대"처럼 통제되어야 했다. 1910년 초 69세인 피셔는 귀족 반열에 오름과 동시에 제독의 지위에서 은퇴했지만, 그의 유능함은 그 이후에도 오랫동안 빛을 발했다.

1905-1906년의 위기가 지나가자 프랑스군과 추진하던 합동군사계획은 이후 수년간 별 진전이 없었다. 그 기간 중 해협을 가로지르는 두 사람의 우정이 쌓였는데 이는 후일 양국을 잇는 교량의 초석이 되었다.

그 당시 영국군 참모학교는 큰 키에 마르고 원기 왕성하며 얼굴이 말상인 영국계 아일랜드인 헨리 윌슨 준장이 교장직을 맡고 있었다. 영리하고 성미가 급한 윌슨은 언제나 아이디어, 유머, 열정, 상상력 그리고 무엇보다도 에너지가 넘치는 인물이었다. 런던의 국방부 근무 시절 그는 아침 식사 전에 하이드 공원을 달리곤 했는데 속도를 늦춰 걸을 때 읽으려고 조간 신문을 지니고 갈 정도였다. 어려서 프랑스 여자 가정교사들에 의해 양육된 윌슨 준장은 불어를 유창하게 구사했다. 그는 독일에 대해서는 별 관심이 없었다. 1909년 1월 슐리펜은 후계자인 몰트케가 자신의 계획을 바꾼 것에 대해 항의하는 익명의 글을 『독일 평론(Deutche Revue)』에 게재하였다. 비록 자세한 내용은 없었지만 프랑스군과 영국군을 포위하기 위한 "고전적 칸네"의 윤곽이 드러나 있었고 저자의 신원에 대한 추측이 실려 있었다. 캠벌리의 한 학생이 이 기사를 교장에게 보고하자 윌슨은 "매우 흥미있음"이라는 통상적인 코멘트를 달아 되돌려 보냈다.

1909년 12월 윌슨 장군은 자신의 상대역인 프랑스 육군대학(Ecole Supérieure de la Guerre) 교장 포쉬 장군을 방문하기로 하였다. 윌슨 장군은 네 차례 강의를 듣고 세미나에도 한번 참석했다. 포쉬 장군은 비록 이 귀한 손님의 말 참견이 성가셨지만 영국 측 상대역의 방문을 무척이나 고맙게 생각했고 정중한 차 대접을 제의했다. 자기가 보고 들은 것에 경탄한 윌슨 장군은 무려 세 시간이나 환담했다. 이윽고 문까지 방문객을 배웅한 포쉬가 마지막이라 생각하며 작별 인사를 건네자, 윌슨은 대화를 계속하고 교과과정을 더 보기 위해 내일 다시 오겠다고 즐겁게 화답했다. 포쉬는 이 영국인의 담력에 경탄할 수밖에 없었고 그의 관심에 기분이 좋았다. 두 번째 만남에서 이들은 서로 마음을 열었다. 한달 뒤 윌슨은 새 학기를 참관하기 위해 다시 파리를 찾았다. 포쉬는 봄에 런던을 방문해 달라는 그의 초청을 받아들였고, 윌슨은 여름에 프랑스군 참모부를 둘러보기 위해 다시 오기로 하였다.

포쉬가 런던에 왔을 때, 윌슨은 국방부에서 할데인과 다른 이들에게 그를 소개하였다. 자기 동료의 방으로 뛰어들며 그는 "내가 프랑스 장군을 밖에 모시고 왔네. 바로 포쉬 장군이야. 내 말 명심하게, 이 분이 앞으로 큰 전쟁이 일어나면 연합군을 지휘할 것"이라고 말했다. 이때 이미 윌슨은 단일 지휘권의 원칙을 받아들였으며 이에 맞는 인물도 정했지만, 일련의 사건으로 포쉬가 적임자임이 입증되기까지는 4년간의 전쟁과 패전 직전까지 가는 위기를 거치게 된다.

1909년 이후 반복된 방문을 통해 두 지휘관은 급속히 가까워졌고, 심지어 윌슨은 프랑스 가족 모임의 일원이 되어 포쉬의 딸 결혼식에 초대받을 정도가 되었다. 포쉬는 친구 "앙리(헨리)"와 같이 딴 사람 눈에는 "끝없는 잡담"으로 보이는 대화를 몇 시간씩이나 하곤 하였다. 한 명은 장신이고 다른 한 명은 단신인 그들은 종종 모자를 바꿔 쓰고 토론과 농담을 주고받으면서 길을 따라 오르락내리락 하였다. 윌슨은 프랑스 육군대학에서 가르치는 돌격과 쇄도 전술에 특히 깊은 감명을 받았다. 교관들은 계속해서 "빨리, 빨리!(Vite, vite!)", "돌격, 돌격!(Allez, allez!)"이라고 외치며 피교육자인 장교들을 독려하였다. 캠벌리의 참모학교에 소개된 이 전술은 곧바로 윌슨의 "알레(allez) 작전"이라는 이름으로 불리게 된다.

1910년 1월 자신의 두 번째 방문 때 윌슨은 포쉬에게 건넨 질문을 통해 프랑스 측이 기대하고 있던 영불동맹의 문제점을 한 문장으로 압축한 답을 들었다.

"귀측에 실질적인 도움이 될 수 있는 최소한의 영국군 규모는 얼마냐"고 윌슨이 물었다.

"단 한 명의 영국 병사만 있으면 되고, 우리는 그가 전사하도록 놔둘 것"이라는 것이 포쉬의 전광석화 같은 대답이었다.

윌슨 역시 영국의 확약을 받고 싶었다. 독일과의 전쟁이 임박했으며 불가피하다는 것을 확신했던 윌슨은 이 위급함을 동료들과 학생들에게 주입하기 위해 애썼으며 그 자신도 이 생각에 완전히 몰입되어 버렸다. 1910년 8월 기회가 왔다. 윌슨이 군 작전 과장에 임명되었는데 이 보직은 바로 그리어슨 장군이 프랑스와 총참모부 협상을 시작했던 자리였다. 곧바로 위게 소령이 새 작전과장을 방문하여 영불 군사 협력이 중요한 사안임에도 1906년 이래 이렇다 할 진전이 없음을 개탄하자 윌슨은 "중요하고도 필수적인 문제입니다! 이보다 더 급한 것은 없습니다"라고 대답하였다.

　합동군사계획은 즉각 새로운 추진력을 얻었다. 윌슨은 프랑스와 벨기에 외에는 볼 곳도 갈 곳도 없었다. 1909년 1차 방문 시 그는 열흘 동안 기차와 자전거를 이용하여 발렌씨엔느에서 벨포르에 이르는 프랑스-벨기에, 프랑스-독일 국경을 시찰하였다. 윌슨은 "독일군이 벨기에를 경유하여 침공한다는 포쉬의 판단은 내 생각과 정확히 일치하며 주요 진격로가 베르덩과 나무르 사이", 다시 말해 뫼즈의 동쪽이 될 것임을 깨닫게 되었다. 이후 4년간 매년 서너 차례 윌슨의 방문은 계속되었고, 매번 자전거 또는 차량을 이용하여 1870년의 옛 전장과 앞으로 전투가 벌어질 것으로 예상되는 로렌과 아르덴느를 현지 답사했다. 방문 때마다 윌슨은 포쉬와 협의했고, 포쉬가 떠난 뒤에는 죠프르, 카스텔노, 듀바이 그리고 프랑스군 총참모부의 다른 이들과 협의를 계속했다.

　국방부에 있는 윌슨의 사무실 한쪽 벽은 독일군이 침공할 것으로 예상되는 모든 길을 검정색으로 진하게 표시해 놓은 거대한 벨기에 지도로 덮여 있었다. 국방부로 돌아 온 윌슨은 정규군이 "장군들에 둘러싸인 쇼펜하우어"로 불리던 할데인의 새 명령에 따라 동원령이 발령되는 날 곧바로 전시 전력을 확보하도록 하는 모든 준비와 더불어 필요 시 언제라도 해외 원정군으로 편성될 수 있도록 철저하게 훈련, 준비, 조직되었음을 확인했다. 그러나 해협을 건너 이들을 수송하고 탄약과 식량을 보급하여 프랑스 내의 집결지까지 이동시킨 다음 프랑스군과 연계하여 전열을 정비하는 것에 대한 계획은 전혀 없었다.

이 문제에 대한 총참모부의 무기력함으로 인해 윌슨은 수시로 분노를 터뜨리곤 하였다. 그는 일기에 "…매우 실망스럽다…철도계획이 없다…군마 조달계획이 없다…일하는 꼴이 창피스럽다…항구까지 가는 철도계획도, 참모들의 이동계획도, 해군의 사전준비도 없다…어떠한 의료지원 방안도 없다…군마의 어려움은 전혀 해결되지 않았다…아무것도 준비되지 않았고 너무나 창피하다…부끄러운 준비 소홀…한심한 군마 문제!"라고 기록했다. 1911년 3월 모든 준비 부족과 군마 문제에도 불구하고 그는 "보병 6개 사단은 모두 제4일에, 기병대는 제7일에, 포병대는 제9일에 출항"한다는 동원 일정을 제출했다.

그것은 대단히 시기 적절하였다. 1911년 7월 1일 판더가 아가디르에 나타났다(독일의 포함 판더가 모로코 서남쪽 대서양 연안의 항구도시인 아가디르에 나타나 모로코에 보호령을 만들려던 프랑스에 맞서 독일의 이익을 주장함으로써 전쟁의 위기가 고조된 사건. 결국 콩고의 프랑스 식민지 일부를 독일에게 넘겨주는 대신 모로코에 대한 독일의 주장을 포기하는 것으로 마무리됨: 역주). 유럽의 모든 공관에서 '전쟁'이라는 단어가 난무하기 시작했다. 프랑스 최고 국방위원회가 미셸 장군을 방출하면서 방어전략에 대해 완전히 등을 돌려버린 바로 그 달 윌슨은 서둘러 파리를 방문했다. 듀바이 장군과 그는 영국군이 개입할 경우 6개 정규사단과 1개 기병 사단 규모의 해외 원정군을 보낸다는 내용의 메모를 작성했다. 윌슨과 듀바이가 서명한 이 메모는 총 150,000명의 병력과 67,000필의 군마가 동원되어 제4일과 제12일 사이에 아브르, 불로뉴 그리고 르왕의 상류지점에 상륙한 다음 기차로 모뵈즈 지역의 집결지로 이동, M-13일에는 전투 준비를 마치는 것으로 규정하고 있다.

사실상 듀바이-윌슨 합의는 전쟁이 발발하여 영국이 참전할 경우 영국군을 프랑스군 방어선의 연장선 상에 배치시켜 적의 포위 기도로부터 프랑스군 측면을 방어하도록 함으로써 영국군을 프랑스군에 배속시키는 것이었다. 이것은 위게 소령이 기쁜 마음으로 기록한 것처럼 프랑스 측이 윌슨과 영국군 총참모부로 하여금 "제2의 작전 무대"를 버리고 "주 무대 즉, 프랑스"에서 공동 작전을 하도록 설득했음을 의미하는 것이었다. 이러한 결과에 대해서는 사실 프랑스 측 못지않게 영국해군에도 책임이 있는데 왜냐하면 해군이 도버-칼레 라인보다 위쪽에 위치한 항구에 상륙하는 것은 안전을 보장할 수 없다고 함으로써 벨기에에 가까운 지점 또는 그 영토 내로 상륙할 가능성을 배제시켜 버렸기 때문이다.

윌슨은 자기가 런던으로 귀환했을 때 당면한 문제는 과연 독일이 "프랑스와 우리를 상대로" 전쟁을 할 것인지 여부였다고 일기에 적었다. 점심을 먹으면서 그레이와 할데인의 자문 요청을 받자 윌슨은 세 가지 단호한 프로그램을 제시했다. "첫째 우리는 반드시 프랑스군과 연합해야 한다. 둘째 우리는 반드시 프랑스군과 같은 날 전시 동원을 해야 한다. 셋째 우리는 반드시 6개 사단 전부를 파병해야 한다."

윌슨은 두 민간인의 상황 인식에 대해 "매우 불만스러웠지만", 곧바로 전쟁의 실체에 대해 정부에 설명할 또 다른 기회를 가지게 되었다. 8월 23일 아스퀴스 수상(1908년 이래 캠벨-배너맨의 후임자)은 전시 영국군의 전략을 명확히 하기 위해 제국 방어위원회의 특별 비밀회의를 소집하였다. 그 회의는 하루 종일 계속되었는데, 오전에는 윌슨 장군이 육군의 입장을 설명하였고, 오후에는 피셔의 후임인 해군제독 아서 윌슨 경이 해군의 입장을 개진했다. 아스퀴스, 그레이, 할데인 외에 3명의 각료가 더 참석했는데 재무 장관인 로이드 죠지, 해군장관인 맥캔나, 그리고 내무장관이었다. 그는 37살의 만만치 않은 젊은이로 내무장관이라는 어울리지 않는 자리에 있으면서도 위기가 계속되는 동안 해군과 육군의 전략에 대해 아주 현명한 아이디어를 수상에게 봇물처럼 쏟아냈으며, 앞으로 있을 전쟁의 전개 양상을 놀랍도록 정확히 예측했고, 무엇이 필요한지에 대해 확신에 차 있었다. 이 내무장관이 바로 윈스턴 처칠이었다.

윌슨은 스스로 "무지한 신사들"이라고 표현한 사람들 앞에서, 자신과 가까운 장교이자 나중에 총사령관이 되지만 "이날 주제에 대해서는 아무것도 모르는" 존 프렌치 경을 대동한 채 커다란 벨기에 지도를 벽에 걸고 두 시간 동안 강의를 하였다. 그는 러시아의 굼뜬 동원 체제를 염두에 두고 있는 독일이 어떤 식으로 대규모 병력을 프랑스 전선에 투입하여 수적 우위를 확보할 것인가를 설명하면서 여러 가지 비현실적인 환상들을 날려버렸다. 윌슨은 우익의 포위기동에 의존하는 독일군의 공격 계획을 정확하게 예측했지만, 프랑스군의 이론을 좇아 뫼즈 서쪽으로 진출할 병력의 규모는 4개 사단이 넘지 않을 것으로 추산하였다. 그는 만일 6개 사단 전부를 개전과 동시에 신속히 이동시켜 프랑스군 방어선 좌측 끝에 배치한다면 독일군을 저지할 수 있는 기회를 잡기가 용이할 것이라고 설명하였다.

오후에 제독의 차례가 되자 안 그래도 어리둥절한 민간인들은 해군의 작전계획이 육군의 계획과 전혀 공통되는 부분이 없음을 알고 경악했다. 그는 해외 원정군을 프랑스가 아닌 프러시아 북쪽 해안의 "10마일에 걸친 단단한 모래 사장"에 상륙시킬 것을 제안하며 그곳에서는 "전방으로부터 더 많은 독일군을 끌어 낼 수 있을 것"이라고 했다. 제독의 주장에 대해 장군들은 격렬하게 비판했다. 피셔 경의 부재로 불안해진 아스퀴스는 그 안을 거부했으며, 육군이 승리하였다. 그날 이후 피셔의 혐오에 찬 불평이 주기적으로 폭발했다. 몇 달 후 친구에게 보낸 편지에서 그는 "영국 해군의 압도적인 우위야말로… 독일군으로부터 파리를 지킬 수 있는 유일한 대안"이라고 적었다. "우리 군인들이 가지고 있는 전쟁에 대한 불합리한 생각은 참으로 기괴하지만 다행히도 그들은 무능해. 우리가 지켜야 할 곳은 앤트워프이며 바보 같이 보쥬 국경으로 가면 안돼." 앤트워프 아이디어에 내재된 피할 수 없는 확고한 논리가 1914년 최후의 순간까지 그리고 그 후에도 계속해서 영국군의 작전계획을 좌우하게 된다.

1911년 8월에 열렸던 이 회의는 불과 몇 주 전에 미셸 장군을 해임시킨 프랑스 최고 국방위원회처럼 영국군 전략에 결정적이었으며 또한 결정적인 부산물을 낳았다. 해군의 정책을 좌우하는 고위직에 대한 인사쇄신안이 공포되어 열성적인 내무장관은 다행히 해군장관으로 전보되었는데 1914년 그는 이 자리에 없어서는 안될 인물이었음을 입증하게 된다.

제국 방어위원회의 비밀 회동 사실이 알려지자 이 자리에 참석치 못한 극단적인 비둘기파 각료들은 격분했다. 헨리 윌슨은 자신이 모든 일을 꾸민 악당으로 취급되고 그들이 "나의 목을 자르라고" 요구하고 있다는 얘기를 들었다. 그때부터 이미 마지막 결정의 순간에 너무나도 심각하게 표출된 내각의 분열이 시작되었다. 정부는 할데인의 표현대로 군사적인 "대화"는 "프랑스와의 절친한 우의에서 비롯된 자연스럽고도 비공식적인 결과"라는 표리부동한 입장을 고수했다. 그것은 자연스러운 결과일지는 모르겠지만, 비공식적인 것은 아니었다. 에셔 경이 보다 현실적인 관점에서 수상에게 말했듯이, 총참모부 간에 합동군사계획을 수립함으로써 이미 "내각이 원하든 원하지 않든 관계없이 우리가 싸울 것임을 확실하게 약속한 것입니다."

아스퀴스가 뭐라고 대답했는지 또는 누구도 알 수 없는 마음속 깊은 곳에서 이 중대한 문제를 그가 어떻게 생각했는지에 대한 기록은 없다.

이듬해인 1912년 영국은 프랑스와 해군 협정을 맺었는데, 이는 프랑스가 아닌 베를린을 방문했던 특별 사절단의 협의 결과였다. 함대를 증강하기 위한 독일의 새로운 해군 관련법 제정을 저지하기 위한 노력의 일환으로 카이저, 베트만-홀베그, 티르피츠 제독 및 기타 독일의 지도자들과 회담하기 위해 할데인이 파견되었다. 그것은 영독 간 상호 이해의 장을 만들려는 마지막 시도였고 결국 실패했다. 자신들의 함대를 영국에 이어 2위 수준으로 유지하는 것에 대한 반대급부로, 독일 측은 독불전쟁 발발 시 영국군의 중립을 요구하였다. 영국 측은 이를 거부하였다. 할데인은 유럽 제패를 향한 독일의 도전은 금명간 저지되어야만 한다는 확신을 가지고 귀국했다. "독일군 총참모부에 대한 연구를 통해 나는 독일의 주전론자들이 일단 행동을 개시한다면 그 전쟁은 단지 프랑스와 러시아를 타도하기 위한 것이 아니고 세계 제패를 위한 것이 될 것이라고 생각한다." 할데인이 내린 이 결론은 자유당의 생각과 정책 입안에 심대한 영향을 미쳤다. 그 첫 번째 결과가 프랑스와 맺은 해군 조약인데 이에 따라 영국군은 전쟁의 위험이 있을 경우 적의 공격으로부터 해협과 프랑스 해안의 방어를 맡기로 했고, 프랑스 함대는 아무 걱정없이 지중해에 집결할 수 있게 되었다. 결국 프랑스 함대는 협정이 없었다면 가기 어려운 곳으로 배치된 반면 영국은 상당히 어려운 부담을 지게 되었다.

협정의 세부적인 조항은 전체 내각에 알려지지 않았지만, 뭔가 너무 앞서 갔다는 불편한 생각이 퍼졌다. "공약 없음" 원칙에 만족하지 못한 반전그룹은 그것을 서면으로 작성할 것을 요구했다. 에드워드 그레이 경은 프랑스 캉봉 대사에게 공문을 보낼 수밖에 없었다. 내각에 의해 작성되고 승인된 이 공문은 생략 화법의 극치였다. 공문에는 양국간 군사 협의는 이후 언제라도 "상호 간에 전투 병력을 동원하여 지원할지 말지"에 대한 양측의 결정권을 제약하지 않는다고 언급되어 있다. 해군 협정은 "전시에 협력한다는 약속에 근거한 것이 아니다." 전쟁의 위협이 있을 때 양국은 독자적으로 총참모부의 계획을 "참조하여 각자 자신들에게 무슨 효력이 있는가를 결정할 것이다."

이 이상한 문서는 그런대로 모든 이를 만족시켰다. 왜냐하면 프랑스 측에서 볼 때는 영국 내각 모두가 이제는 합동군사계획의 존재를 공식적으로 인정한 셈이었고, 반전그룹은 그것으로 영국이 어떠한 "공약"도 안 했음을 확인했으며 그레이는 합동군사계획을 유지하면서도 반대파를 잠재울 수 있는 공식을 고안했기 때문이었다. 그레이는 자신이 수 개월간 역설했던 대로 양국간 군사협의를 공식적인 영불동맹으로 대체했다면 "내각은 해산되었을 것"이라고 말했다.

아가디르 이후 매 여름마다 위기가 조성되었고 다가오는 폭풍과 함께 대기가 점차 무거워지면서 총참모부 간의 합동작업도 점점 더 강도를 높여갔다. 헨리 윌슨 경의 해외 출장도 더욱 빈번해졌다. 그는 새로운 프랑스군 총사령관 죠프르 장군이 "강하고 단호한 성격을 가진 멋지고 남자답고 침착한 군인이며", 카스텔노는 "매우 영리하고 지적"이라고 생각했다. 윌슨은 벨기에 국경에 대한 조사를 계속하며 자전거로 여러 도로를 수 차례 오갔지만, 귀로에는 항상 메츠 근방 마르스-라-투르에 있는 1870년의 유명한 격전지를 찾았는데 그곳에서 매번 그는 당시의 전투를 기념하는 "프랑스" 조각상을 보며 격렬한 고통을 느끼곤 하였다. 언젠가 그곳을 방문했을 때 그는 "프랑스 내 영국군 집결지가 표시된, 내가 지니고 다니던 지도의 작은 조각을 조각상 발치에 놓았다"고 기록했다.

1912년 윌슨은 독일의 새로운 철도 건설상황을 점검했는데 모두 아헨과 벨기에 국경으로 향하고 있었다. 그해 2월 죠프르가 최고 국방위원회에 6개 보병 사단, 1개 기병 사단, 그리고 2개 기마 여단으로 구성된 총 145,000명의 영국군을 기대한다고 보고할 정도로 영불 합동군사계획은 진전되었다. 윌슨의 공로를 기리는 의미에서 프랑스 측이 붙인 두 블러베 군단(L'Armée "W")은 불로뉴, 아브르, 르왕에 상륙한 다음 이르송-모뵈즈 지역에 집결하여 동원 후 제15일이면 전투 준비를 끝낼 예정이었다. 1912년 말 윌슨은 죠프르, 카스텔노 그리고 러시아의 니콜라스 대공과 추계 기동훈련에 참석하였으며 이어 러시아 총참모부와 협의를 갖기 위해 러시아를 방문했다. 1913년 그는 프랑스군 총참모부 간부들과 협의를 하고 국경을 수비하는 포쉬의 제20군단의 기동훈련을 참관하기 위해 2개월마다 파리를 방문했다.

윌슨이 프랑스 측과 사전 준비에 완벽을 기하기 위해 박차를 가하고 있는 동안 영국의 신임 제국 참모총장인 존 프렌치 경은 벨기에에서 독자적으로 군사작전을 벌인다는 1912년 아이디어를 되살리려 시도한 적이 있었다. 그러나 브뤼셀에 주재하는 영국 무관이 조심스럽게 이와 관련된 문의를 하는 과정에서 이 노력은 종지부를 찍고 말았다. 벨기에인들은 자신들의 중립을 지키는 데 더할 수 없이 확고하다는 것을 보여주었다. 영국 무관이 독일군의 선제공격을 전제로 영국군의 벨기에 상륙에 대비한 사전 공동준비의 가능성을 묻자, 영국군은 군사지원 요청이 있을 때까지 기다려야만 할 것이라는 내용을 통보 받았다. 자신이 직접 같은 내용을 물어본 영국 공사는 만일 독일군의 침공이나 벨기에의 공식적인 요청이 없는 상태에서 영국군이 상륙한다면 벨기에군은 발포할 것이라는 답을 들었다.

벨기에의 단호한 순수함은 영국 측이 지겨울 정도로 몇 번씩이나 프랑스 측에게 되풀이했던 것, 즉 모든 것은 독일군이 먼저 벨기에 중립을 침범하는 것에 달려 있음을 확인시켜 주었다. 에셔 경은 1911년 위게 소령에게 "핑계가 무엇이든지 절대로 프랑스군 지휘관들이 먼저 벨기에 국경을 넘게 해서는 안된다!"라고 경고하였다. 만일 그런 일이 일어나면, 영국은 절대로 프랑스 편에 설 수 없으며, 만일 독일군이 그런 짓을 한다면, 그들은 영국을 적으로 만들게 될 것이다. 런던 주재 프랑스 대사 캉봉은 이 조건을 다른 식 즉, 오로지 독일이 벨기에를 침공하여 파병의 빌미를 주는 경우에만 프랑스는 확실하게 영국의 지원을 받을 수 있다고 표현했다.

1914년 봄이 되자 영국군과 프랑스군 총참모부의 공동작업은 모든 대대의 야영계획, 심지어 그들이 커피를 마실 위치까지 정해질 정도로 구체적으로 마무리되었다. 할당될 프랑스의 객차 수, 통역관 배치, 암호와 해독서 준비, 군마용 마초까지 다 준비되었거나, 7월 이전까지는 완료될 예정이었다. 윌슨과 그 참모들이 프랑스군과 협의를 계속하고 있다는 사실은 감춰져야만 했다. 양쪽 총참모부가 '플랜 W'라고 함께 이름 붙인 해외 원정군의 파병계획에 관한 모든 작업은 극도의 보안 속에서 5, 6명의 장교들에 의해 이루어졌는데 이들은 서류를 작성하기 위해 직접 타자도 치고 경리작업도 했다. 군부가 전투에 대한 사전계획을 만드는 동안 영국의 정치가들은 "공약 없음"이라는 담요를 뒤집어쓰고 이러한 일들을 애써 외면하고 있었다.

5. 러시아 증기 롤러

    거대한 러시아군은 유럽에 대해 마력을 미치는 존재였다. 군사 기획의 체스 판에서 러시아는 그 크기와 수에서 단연 최대의 기물이었다. 러일전쟁에서 보여준 형편없는 실적에도 불구하고 러시아 "증기 롤러"라는 생각은 프랑스와 영국에게 안도감과 격려를 주었으며, 등 뒤에 도사린 슬라브족에 대한 공포는 독일군을 끊임없이 괴롭혔다.

    비록 러시아 군대의 결함을 모르는 사람이 없었고, 러시아 군대가 아니라 러시아의 겨울이 나폴레옹을 모스크바에서 물러나게 하였고, 자국 영토인 크리미아에서 프랑스군과 영국군에게 패하였고, 러시아의 엄청난 수적 우위 때문에 결국 졌지만 1877년 플레브나 공방전에서 터키가 선전했으며, 일본군이 만주에서 그들을 물리치긴 했지만, 무적의 러시아군이라는 신화는 사라지지 않았다. 우뢰와 같은 코삭(Cossack) 병사들의 저돌적인 기병 돌격은 유럽인들의 마음에 너무도 생생하게 각인되어 있었기 때문에 1914년 8월 신문 삽화를 그리는 화가들은 코삭 병사들이 아직 러시아 국경에서 1000마일이나 떨어진 곳에 있었는데도 그 역동적인 모습을 아주 상세하게 그릴 수 있었다. 코삭과 더불어 죽음을 두려워하지 않는 수백만의 지칠 줄 모르는 강인한 무직(Mujiks)은 러시아 군대의 상시전력을 이루고 있었다. 그 숫자는 두려움을 자아내기에 충분했는데, 평상시 전력이 1,423,000이었고, 동원령이 내려지면 추가로 3,115,000이 소집되며 지방에 예비 병력이 2,000,000이 있어 다 합치면 6,500,000의 병력을 징집할 수 있었다.

그들은 처음에는 무기력하게 보이지만 일단 분기하게 되면 얼마가 죽든 개의치 않고 쓰러진 전우의 자리를 메우면서 끝없이 밀려드는 파도처럼 굽힐 줄 모르고 앞으로 쇄도하는 거대한 집단으로 각인되어 있었다. 러일전쟁 이후 무능력과 부패를 추방하기 위한 러시아군의 노력은 성과가 있었던 것으로 알려졌다. 1914년 4월 러시아 측과 해군조약을 협의하기 위해 파리에 체류하고 있던 에드워드 그레이 경은 프랑스 정계의 "모든 이가 러시아의 국력 신장과 무한한 자원 그리고 잠재적인 힘과 부에 깊은 인상을 받고 있음"을 주목했다. 그레이 경도 이러한 인상에 공감했다. 그는 "러시아의 자원은 너무나 엄청나서 장기적으로는 러시아에 대한 우리의 지원이 없어도 독일은 괴멸할 것"이라고 프앙카레 대통령에게 말했다.

프랑스의 입장에서 말하자면 라인을 향한 멈출 수 없는 진군을 뜻하는 플랜17의 성공은 자신들의 국력을 과시함과 동시에 유럽의 역사에 있어서 획기적인 사건이 되는 것이었다. 독일군의 중앙을 확실히 돌파하기 위해, 프랑스군은 러시아군이 자신들과 맞서는 독일군의 일부를 끌어내줄 것을 기대하고 있었다. 문제는 프랑스와 독일이 서부전선에서 공세에 돌입하는 것과 동시에 즉, 동원 15일째와 가급적 가까운 시기에 러시아가 독일의 배후에 대한 공격을 개시하도록 만드는 것이었다. 누구나 마찬가지였지만, 프랑스군도 러시아가 15일째에 병력 동원과 집결을 완료한다는 것은 물리적으로 불가능함을 잘 알고 있었지만, 준비야 어떻든 간에 M-15일에는 그들이 전투를 개시해 주길 원했다. 프랑스군은 자신들에 대한 독일군의 수적 우위를 줄이기 위해서 처음부터 독일이 양면전쟁을 할 수밖에 없도록 만들어야 한다는 단호한 입장이었다.

1911년, 당시 국방부 참모장이던 듀바이 장군은 기선 제압의 필요성을 역설하기 위해 러시아군 총참모부를 방문하였다. 유럽에서 전쟁이 터지면 러시아군의 절반은 오스트리아 전선에 집결하고 독일을 상대하게 될 나머지 반은 M-15일에 준비가 될 예정이었지만, 페쩨스부르크의 분위기는 단호하고 적극적이었다. 녹슬어 버린 무기에 영광을 되찾아 주려는 열망이 크다보니 러시아군은 스스로를 돌보는 데 필요한 구체적인 계획도 마련하지 않은 채 분별보다는 용기를 앞세우며 프랑스와 동시에 공격을 개시하는 것에 동의하였다. 듀바이는 러시아 측으로부터 자신들의 전방 병력이 배치되자마자 집결이 완료될 때까지 기다리지 않고 곧바로 M-16일에 동프러시아 국경을 넘어 공격을 개시하겠다는 약속을 받아냈다. "우리가 타격을 가해야 할 곳은 독일의 심장부"라고 짜르는 자신이 서명한 합의서에서 공언하였다. "우리 양국의 목표는 베를린이어야 합니다."

러시아군의 조기공격을 보장하는 조약은 불-러 동맹에 의한 연례 참모 회담에서 굳어지고 구체화되었다. 1912년 러시아군 참모총장인 질린스키 장군이 파리를 방문했고, 1913년에는 죠프르 장군이 러시아를 방문했다. 이때쯤 러시아군은 약진(élan)의 마력에 완전히 홀려 버렸다. 만주에서 참패를 당한 이후 그들도 패배의 굴욕과 군사적 결함에 대한 열등감을 극복해야만 했다. 러시아어로 번역된 그랑메종 대령의 강의는 폭넓은 지지를 얻었다. 극한까지 밀어붙이는 공격(offensive à outrance)이라는 빛나는 교리에 고무된 러시아군 총참모부는 자신들의 약속을 지키기 어려운 쪽으로 확대하였다. 1912년 질린스키 장군은 러시아의 철도 사정이 임무를 완수하기에 턱없이 부족함에도 불구하고 M-15일까지 독일전선에 투입될 800,000의 병력을 준비시키겠다는 약속을 했다. 질린스키는 1913년 러시아 군수 공장의 생산능력이 포탄 수요 추정량의 3분의 2, 탄창 수요의 절반에도 못미쳤지만, 공격 예정일을 이틀이나 앞당겼다.

영국의 군사 참관단의 일원으로 일본에 파견된 이안 해밀턴이 만주에서 러시아군의 결점들을 냉정하게 보고했음에도 불구하고 동맹국들은 이를 그리 심각하게 고려하지 않았다. 그들의 결점이란 정보가 빈약하고, 엄호, 보안 및 신속성을 무시하며, 돌격 능력과 선제공격 그리고 장군들의 지휘능력이 부족하다는 것이었다. 『타임즈』에 매주 러일전쟁에 관한 의견을 발표했던 레핑턴 대령은 나중에 기고문들을 모아 놓고보니 그 내용이 이를 책으로 엮어 일본 천황에게 헌정하면 좋겠다고 생각할 정도였다. 그럼에도 불구하고 각국의 총참모부는 그 능력에 관계없이 거대한 러시아군을 그저 움직이게만 하면 충분할 것이라 믿었다. 이것만으로도 충분히 어려운 일이었다. 동원기간 중 러시아군 병사는 평균 700마일을 이동해야 했는데 이는 독일군 병사에 비해 4배나 먼 거리였으며, 러시아의 평방 킬로미터 당 이용 가능한 철도는 독일의 10분의 1 수준이었다. 이 철도는 침공에 대비하여 의도적으로 독일 것에 비해 광폭(廣幅)으로 만들어졌다. 철도 건설을 위한 프랑스의 방대한 재정 지원은 아직 그 목표를 달성하지 못한 상태였다. 동일한 속도의 군사동원은 전혀 불가능했지만, 만일 독일 국경에 투입하기로 한 병력 800,000의 절반이라도 동프러시아 침공을 위해 15일째에 공격 지점에 배치될 수만 있다면 군사 조직상의 결함이야 어떻든 러시아군의 독일 영토 침공 효과는 엄청날 것으로 기대되었다.

현대전에서, 그것도 철도 폭이 달라 불리한 상태에서 적지로 군대를 보낸다는 것은 천재적인 조직 편성 능력이 필요한 늑히 복삽하고 위험한 임무다. 세부적인 부분에 대한 체계적인 배려는 러시아 군대가 잘 할 수 있는 일이 아니었다.

장교 집단은 늙은 장군들이 과도하게 많아 역삼각형 구조를 이루고 있었는데 이들의 가장 활발한 지적 활동이라야 고작 카드놀이였으며, 이들은 고위장성의 특권과 위신을 유지하기 위해 실제 하는 일과는 관계없이 현역 명단에 들어 있었다. 장교들은 주로 사회적 또는 금전적 후견인을 통해 임명되거나 승진했으며 물론 그들 중에는 용감하고 유능한 군인들이 많이 있었지만, 그 시스템에서는 언제나 가장 유능한 자가 발탁되는 것은 아니었다. 그들의 "나태함과 야외 스포츠에 대한 무관심"은 아프간 국경 부근의 요새를 방문했던 영국 무관이 "단 하나의 테니스 코트도 없는 것"을 보고 깜짝 놀라 실망했을 정도였다. 러일 전쟁 이후 숙군(肅軍)과정에서 그들 중 많은 수가 사임하였거나 상부의 적체를 줄이기 위해 강제로 퇴역당했다. 한해 동안 거의 프랑스군 전체의 장군 수와 비슷한 341명의 장군과 400명의 대령들이 부적격자로 전역 조치되었다. 급여와 승진제도의 개선에도 불구하고 여전히 1913년에만 3,000명의 장교가 부족하였다. 러일전쟁 이후 군의 부패를 일소하기 위한 많은 조치가 이루어졌으나, 여전히 러시아의 정권은 바뀌지 않고 있었다.

1903년부터 1906년까지 수상을 지냈으며 가장 유능한 정권의 수호자였던 위트 백작은 "이 미친 정권"을 가리켜 "비겁함, 몽매함, 교활함 그리고 어리석음의 뒤범벅"이라고 불렀다. 그 정권은 아버지가 자신에게 물려준 절대 군주제를 그대로 보존해야 한다는 한 가지 생각밖에 없는 군주에 의해 지배되고 있었으며 자기 직책에 필요한 지능, 에너지 그리고 훈련이 부족했던 그는 개인적인 호사에만 탐닉했고, 변덕이 심하고 고집이 센, 머리가 텅 빈 독재자의 전형이었다. 아들이 서른 살이 되도록 일부러 정치에 관한 교육을 받지 못하게 하려던 그의 아버지 알렉산더 3세는 불행하게도 자신의 수명에 대한 예측을 잘못하여 니콜라스가 스물여섯 되던 해에 죽고 말았다. 새로 등극한 짜르는 어느덧 마흔여섯이 되었지만 그동안 아무것도 배운 것이 없었으며 그의 침착한 인상은 사실 냉담함이었는데, 속이 깊지 못해 무관심이 있는 그대로 얼굴에 드러났던 것일 뿐이었다. 러시아함대가 쓰시마 해협에서 전멸당했음을 알리는 전보가 왔을 때, 그는 그것을 읽어보고, 호주머니에 넣은 채 테니스를 치러 갔다. 수상인 코코브쵸브가 1913년 베를린에서 돌아와 독일의 전쟁 준비에 대해 짜르에게 직접 보고하자, 니콜라스는 평소와 다름없이 흔들리지 않는 눈초리로 "내 눈을 똑바로 응시하며" 그의 얘기를 들었다. 수상의 보고가 끝나자 오랜 침묵 후에 마치 "백일몽에서 깨어나는 것처럼 그는 침울하게 '주님의 뜻대로 되겠지'"라고 말했다. 사실 그는 그저 지루했던 것이라고 코코브쵸브는 결론지었다.

정권의 하부에는 개미떼 같은 비밀경찰들이 손을 뻗치고 있었다. 위트 백작이 회고록에 쓰려고 보관 중이던 각종 노트와 기록들을 안전하게 보관하기 위해 프랑스의 은행 금고에 맡겨야 할 정도로 그들은 모든 정부 부처, 관료조직 및 지방조직에까지 속속들이 침투해 있었다. 1911년 또 다른 수상인 스톨리핀이 암살당했을 때, 범인들은 혁명주의자들의 평판을 떨어뜨리는 앞잡이 노릇을 하던 비밀경찰로 밝혀졌다.

짜르와 비밀경찰 사이에서 정부 사업을 실제 주관하던 귀족 출신의 관료와 고위 공무원 집단인 치노브니키가 정권의 대들보였다. 그들은 어떠한 헌법기구에 대해서도 책임이 없었지만 짜르의 자의적인 소환에는 속수무책이었는데, 정치적인 음모나 아내의 의심에 따라 이리저리 흔들리던 짜르는 이 권한을 수시로 행사했다. 이러한 환경에서는 유능한 사람이 자리를 오래 지킬 수가 없었다. 당시의 상황은 후일 누군가 "건강상의 문제"로 사임하자 옆 자리의 동료가 옛시절을 회고하며 "그 당시는 모두들 건강이 안 좋았다"고 언급할 정도였다.

고질화된 불만이 들끓던 니콜라스 2세 치하의 러시아는 재난, 대량학살, 군사적 패배, 그리고 1905년의 혁명으로 절정을 이루게 되는 폭동으로 고통받고 있었다. 그 시절 위트 백작으로부터 국민들이 요구하는 헌법을 허용하든가 아니면 군사 독재로 질서를 회복하든가 둘 중 하나를 선택해야 한다는 조언을 들었을 때, 짜르는 숙부이며 쌍 페쩨스부르크 방면군 사령관인 니콜라스 대공이 후자에 따르는 책임을 못 지겠다고 하는 바람에 아주 못마땅해 하면서도 전자를 택할 수밖에 없었다. 이일로 인해 대공은 하이퍼 부르봉(hyper-Bourbons), 친독일계 혈통의 발틱 귀족들, "우익 무정부주의자"인 블랙 헌드레즈(Black Hundreds), 그리고 독재 권력의 수호자임을 자처하는 여타의 반동 그룹들로부터 결코 용서 받지 못했다. 그들은 많은 독일인들(때로는 카이저까지 포함하여)처럼 과거 3황 동맹으로 맺어졌던 독재 국가들 간의 공통이익이라는 점에서, 서방의 민주주의 국가들보다는 독일을 보다 자연스러운 동맹국으로 느꼈다. 러시아 내의 자유주의자들을 최대의 적으로 간주하던 러시아 반동주의자들은 마치 나중에 프랑스 우익이 레옹 블룸(Leon Blum, 좌파 정당들을 규합하여 히틀러의 나치즘에 맞섰던 프랑스의 사회주의 정치가로써 유태인으로는 최초로 프랑스 수상이 됨: 역주)보다 오히려 히틀러를 선호했던 것처럼 제정 러시아의 국회보다 카이저를 더 선호했다. 다만 전쟁이 발발하기까지 최근 20년간 점증했던 독일의 위협 때문에 제정 러시아는 어쩔 수 없이 본래의 성향과 반대로 공화제인 프랑스와 동맹을 맺었던 것이다. 결국 이 위협으로 말미암아 러시아는 심지어 영국과도 손을 잡게 되었는데, 이 영국이야말로 한 세기 동안이나 러시아의 콘스탄티노플 진출을 막았던 나라로서, 1898년 짜르의 숙부 중 하나인 블라디미르 알렉산드로비치 대공은 "영국의 숨이 끊어지는 소리를 듣는 날까지 오래 살았으면 하는 것이 내 소원이다. 이것이 매일같이 주님께 드리는 나의 열렬한 기도"라고 말했을 정도였다.

블라디미르의 지지자들이 궁정을 독점하여 네로 시대처럼 살고 있었으며, 그 안에서 귀부인들은 지저분한 라스푸틴과 오후 회합의 스릴을 즐기고 있었다. 그러나 러시아에도 제정의회의 민주주의자와 자유주의자들, 허무주의자 바쿠닌(Mikhail Bakunin, 1814~76, 러시아의 대표적인 무정부주의자: 역주), 무정부주의자가 된 크로포트킨(Kropotkin, 1842~1921, 러시아의 지리학자 겸 무정부주의자, Mutual Aid라는 저서가 있음; 역주) 왕자, 짜르가 "내가 이 단어를 얼마나 싫어하는지! 러시아어 사전에서 이 단어를 없애도록 아카데미에 명령을 내릴 수 있으면 좋겠다"고 한 "인텔리겐챠", 러시아의 영혼과 사회주의 그리고 조국에 대해 끊임없이 고뇌하는 레빈, 아무 희망이 없는 반야 아저씨가 있었으며, 그 밖에 영국 외교관이 "러시아의 모든 사람들은 약간 돌았다"고 단정한 아주 독특한 기질이 있었는데, 슬라브 마력(le charme slav)이라 불리는 이 기질은 세상 사람들이 쌍 페쩨스부르크로만 알고 있었지 그곳이 벚꽃동산(the Cherry Orchard, 제정 러시아의 몰락을 배경으로 한 안톤 체홉의 희곡: 역주)이었다는 것은 몰랐던 네바강의 도시 위를 엷은 안개처럼 뒤덮고 있던 무관심과 무능력이 뒤섞인 일종의 세기말(fin de siècle)적인 무기력이었다.

전쟁준비에 관한 한 이 정권은 국방장관인 수콤리노프 장군으로 상징되는데 그는 60대의 살찐, 작은 체구의 교활하고 게으른 호사가로 그의 동료였던 외무장관 사조노프는 그를 가리켜 "그가 일을 하도록 하는 것도 매우 어렵지만 그에게 진실을 말하게 하는 것은 거의 불가능하다"고 말한 바 있다. 1877년 터키전쟁 참전시 용감한 젊은 기병장교로 성 죠지 십자훈장을 받은 수콤리노프는 그 전투에서 얻은 군사 지식을 영원한 진리로 믿고 있었다. 국방장관으로서 그는 전투의 여러 요소들 중 칼, 창, 그리고 총검 돌격 대신 화력과 같은 "기술혁신"에 흥미를 가진 참모대학(Staff College) 교관들의 모임을 꾸짖었다. 그는 "현대전"이라는 표현을 들으면 거북한 느낌이 든다고 했다. "전쟁은 예전과 달라진 것이 없다… 이 모든 것들은 단지 사악한 기술혁신일 뿐이다. 일례로 나를 보라, 나는 최근 25년간 군사 교본을 한 번도 본 적이 없다." 1913년 수콤리노프는 화력 전술이라는 이단적 교리를 가르치겠다고 고집하는 교관 다섯 명을 참모대학에서 파면시켰다.

수콤리노프의 타고난 지능은 때로는 교활함으로 때로는 영리함으로 변덕을 부리는 바람에 품위가 없었다. 하얀 구렛나루에 수염을 기른 고양이 같은 얼굴의 그는 작고, 부드러웠으며, 짜르처럼 자신이 즐겁게 해주겠다고 마음 먹은 사람들을 현혹시키는, 거의 음흉할 정도로 남의 비위를 잘 맞추는 재주가 있었다. 프랑스의 팔레오르그 대사를 포함한 그 밖의 사람들에게 그는 "첫눈에 미덥지 못하다"는 인상을 주었다. 임명도 파면도 짜르의 변덕에 따라 좌우되는 장관 자리를 차지한 수콤리노프는 아부와 재치, 재미있는 얘기와 익살스러운 행동과 더불어 심각하고 불쾌한 문제들을 피하고, 조심스럽게 라스푸틴과 "우의"를 다짐으로써 주변과 좋은 관계를 유지하였다. 그 결과 그는 부패와 무능에 대한 비난, 세상을 놀라게 한 이혼사건 그리고 심지어 그보다 더욱 시끄러웠던 스파이사건 속에서도 건재함을 과시할 수 있었다.

1906년 시골 주지사의 스물세 살 된 아내에게 반한 수콤리노프는 음모를 획책하여 날조된 증거로 남편을 이혼시켜 쫓아내고 이 아름다운 이혼녀를 자신의 네 번째 부인으로 맞았다. 천성이 게으른 그는 이제 자기가 할 일을 점점 더 부하들의 손에 맡기는 대신 프랑스 대사의 표현을 빌리면 "자신의 모든 기운을 서른두 살이나 어린 아내와의 신혼 재미에 쏟았다." 수콤리노프 부인은 파리에서 의상을 구입하고, 고급 식당에서 식사를 하며 대규모 파티를 즐겼다. 그녀의 사치를 뒷바라지하다 보니 수콤리노프는 얼마 지나지 않아 훌륭한 회계 전문가가 되었다. 부대 검열을 위해 실제로는 기차로 출장을 다니면서도 그는 마차로 하루에 24 베르스타(verst, 러시아의 거리 단위로 1베르스타는 1.067km임: 역주)를 이동하는 것으로 계산하여 출장비를 청구했다. 주식 시장의 내부 정보를 이용하여 증식하는 수법으로 많은 수익을 얻은 수콤리노프는 6년 동안 은행에 702,737루블을 예금할 수 있었는데 이 기간 중 그의 봉급 총액은 270,000루블이었다. 이러한 짓을 하면서 그는 군용 출입증, 기동 훈련 참관, 그 외 여러 가지 정보를 얻는 대가로 돈을 빌려 준 주위 사람들로부터 많은 도움을 받았다. 그런 사람들 중 하나가 알트쉴러라는 오스트리아인으로 그는 수콤리노프 부인의 이혼 빌미가 된 증거를 제공했으며, 서류들이 그대로 방치된 장관의 사무실과 집을 수시로 드나들 수 있었다. 1914년 1월 그가 떠난 뒤 그는 러시아에서 암약한 오스트리아의 거물 간첩이었음이 드러났다. 또 다른 예가 더욱 악명 높은 미아소에데프 대령인데, 수콤리노프 부인의 정부로 알려진 그는 국경 부근의 일개 철도 경찰서장이었음에도 다섯 번이나 독일 훈장을 받았으며 카이저로부터 국경 너머 황실 사냥막이 있는 로민텐으로 점심 초대를 받는 영예를 누리기도 하였다. 놀랄 것도 없이 미아소에데프 대령은 스파이 혐의를 받았다. 그는 1912년 체포되어 재판을 받았지만 수콤리노프의 개입으로 무죄 방면되었으며 전쟁발발 후 1년이 지날 때까지도 자신의 본래 임무를 계속할 수 있었다. 1915년 러시아 혁명이 터져 자신의 보호자가 실각하자 미아소에데프는 스파이 혐의로 다시 체포되어 유죄판결을 받고 교수형에 처해졌다.

1914년 이후에도 수콤리노프의 행운은 계속되었다. 그는 미아소에디프 대령과 같은 시기에 기소될 뻔한 것을 짜르와 짜리나의 도움으로 가까스로 피할 수 있었으나, 1917년 8월 짜르가 양위를 하고 임시정부가 무너지기 시작하자 그도 결국 재판에 회부되고 말았다. 그 시절의 폐허와 소란 속에서 수콤리노프는 반역죄라는 명목상의 혐의 뿐만이 아니라 구 정권의 모든 죄악에 대해 심판을 받았다. 검사의 사건 요지 속에 그러한 죄는 하나로 요약되어 있었다. 즉, 대포나 탄약도 없이 싸우도록 강요받았던 러시아 국민들이 정부에 대한 신뢰를 잃었으며 이러한 불신이 전염병처럼 퍼지면서 결국 "끔찍한 결과"를 초래했던 것이다. 그의 사치와 방탕을 위한 횡령의 상세한 내역이 모두 드러난 한 달간의 떠들썩한 심리가 끝난 후 수콤리노프는 반역죄에 대해서는 무죄였으나 "권력 남용과 직무 유기"에 대해서는 유죄 판결을 받았다. 종신 노역형을 선고받은 그는 몇 달 뒤 볼셰비키에 의해 풀려난 다음 베를린으로 이주하여, 그곳에서 1926년 죽을 때까지 살았으며 1924년에는 폐위된 카이저에게 헌정한 자신의 회고록을 출판하였다. 그 서문에서 수콤리노프는 전쟁 중에 서로 적으로 싸워 패망하게 된 러시아와 독일 두 군주국가가 서로 화해만 한다면 다시 자신들의 권력을 되찾을 수 있다고 설명했다. 이러한 생각은 호헨졸렌(Hohenzollern, 1871-1918년 독일을 지배했던 왕가: 역주)의 망명자를 너무나 감동시켜 자신의 회고록에 수콤리노프에게 바치는 헌정사를 썼지만 말할 것도 없이 출판본에는 그것을 실을 수가 없었다.

바로 이런 사람이 1908년부터 1914년까지 러시아의 국방장관을 맡고 있었다. 그는 반동주의자들의 지원 하에 그들의 의견을 반영하여 국방부의 가장 중요한 임무였던 대 독일전쟁을 준비하였지만 그나마 성심을 다하지도 않았다. 수콤리노프는 러일전쟁의 치욕 이후 진행되던 군의 개혁운동을 즉각 중지시켰다. 현대 군사과학에 대한 보다 깊은 연구를 위해 독립되었던 총참모부는 1908년부터 다시 국방장관에게 종속되었으며, 장관만이 유일하게 짜르를 만날 수 있었다. 이렇게 주도권과 권한을 모두 잃어버린 총참모부는 유능한 지도자는 고사하고 심지어 정해진 시안을 일관되게 실천하는 인물조차도 찾아볼 수 없었다. 1914년까지 6년간 참모장이 여섯 명이나 바뀌었으며 이로 인해 전쟁계획은 좀처럼 체계화될 수 없었다.

수콤리노프는 다른 사람에게 일을 맡길 때 새로운 아이디어를 허락하지 않았다. 낡은 이론과 과거의 영광에 고집스럽게 집착했던 그는 과거 러시아의 패배는 훈련, 준비 또는 보급의 불완전 때문이 아니라 지휘관의 실수 때문이었다고 주장했다. 총알보다 창검이 우월하다는 고집을 꺾지 않았던 그는 포탄, 소총, 탄창을 증산하기 위해 공장을 짓는 데 노력을 기울이지 않았다. 나중에 군사 비평가들이 한결같이 지적한 바와 같이 그 당시 어느 나라도 군수물자를 제대로 준비하지 못했다. 영국의 포탄 부족은 국가적인 스캔들이 되었고, 중화기에서 군화에 이르기까지 프랑스군의 전반적인 군수물자 부족은 전쟁이 시작되기도 전에 이미 스캔들이었으며, 러시아에서는 수콤리노프가 심지어 군수물자를 위해 정부가 배정한 기금마저도 제대로 집행하지 않았던 것이다. 1912년 수콤리노프 자신이 대포 1문당 1,500발의 포탄을 확보하기로 동의하였음에도 불구하고, 서방군대가 포 1문당 2,000내지 3,000발의 예비 포탄을 확보한 데 비해 러시아는 포 1문당 850발의 포탄으로 전쟁을 시작했다. 러시아의 보병 사단은 7개 야포 중대를 가졌던 데 비해 독일군 사단은 14개 중대였다. 전체 러시아군이 60개의 중포 부대를 가진 데 비해 독일군은 381개였다. 전쟁은 화력의 대결이 될 것이라는 경고를 수콤리노프는 무시했던 것이다.

수콤리노프에게 "화력 진술"에 대한 증오보다 디 컸던 것이 니콜리스 대공에 대한 증오였는데 그보다 8살 연하인 대공은 군 내부의 개혁 성향을 대표하는 인물이었다. 195cm의 늘씬하고 큰 키에, 잘생긴 머리, 뾰족한 수염 그리고 말 옆구리만큼이나 긴 장화를 신는 대공은 용감하고 당당한 인물이었다. 러일전쟁 이후에 그는 국가방위위원회 의장으로서 군을 재정비하는 임무를 맡고 있었다. 이 위원회의 목적은 보어전쟁 후 창설된 영국의 에서 위원회와 동일하였으나 영국의 경우와는 달리 얼마 못 가 무기력과 늑장 행정에 굴복하고 말았다. 헌법제정에 동참한 대공에 대해 분개하고, 그의 인기를 두려워하던 반동주의자들은 1908년 이 위원회를 해체시키는 데 성공하였다. 러일전쟁에서 기병대 감찰감으로 근무했던 직업장교로서, 또 장교들의 보직 신고를 받아야 하는 쌍 페쩨스부르크 방면군 사령관으로서 전 장교단의 대부분을 개인적으로 잘 알고 있던 대공은 군 내부에서 가장 신망 받는 인물이었다. 이것은 어떤 특별한 업적 때문이 아니라 그의 당당한 체격과 외모 그리고 태도에서 비롯된 것이었다. 그의 이러한 면은 병사들에게는 믿음과 경외심을, 그의 동료들에게는 헌신 혹은 질시를 야기시켰다.

장교나 병사에게 똑같이 무뚝뚝하고 심지어 거칠게 대하는 니콜라스 대공을 궁정 밖에서는 왕실 안의 유일한 "남자"로 여기고 있었다. 그를 한 번도 본 적이 없는 농부 출신의 병사들은 그가 "독일 도당"이나 궁정의 부패에 맞서 싸우는 거룩한 러시아의 전설적인 영웅으로 등장하는 갖가지 얘기들을 서로 나누었다. 이러한 정서는 궁중에서 그의 인기에는 별 도움이 되지 못했으며 특히, 그가 라스푸틴을 멸시했기 때문에 이미 "니콜라샤"를 증오하고 있던 짜리나에게 더 하였다. "나는 절대로 N을 신뢰하지 못한다"고 그녀는 남편에게 편지를 썼다. "난 그가 결코 똑똑하지도 않고, 주의 사도에게 대항하고 있으며, 그가 하는 일은 축복 받을 수 없을 뿐더러 그의 충고는 도움이 안된다는 것을 압니다." 짜리나는 계속해서 니콜라스 대공이 짜르를 강제로 양위케 하려고 음모를 꾸미고 있으며 군대에 대한 자신의 인기에 의지해서 스스로가 왕위에 오르려 한다고 주장했다.

왕실의 의심 때문에 니콜라스 대공은 러일전쟁 중에 총사령관이 되지 못했지만 그 결과에 따른 비난으로부터 자유로울 수 있었다. 그 이후로 그가 없이 전쟁을 수행하기는 거의 불가능하였다. 전쟁발발 이전에 수립된 작전계획에서 그는 대독 전선을 지휘하도록 내정되어 있었으며, 짜르는 작전을 지휘할 참모총장의 보좌를 받으면 자신이 직접 총사령관의 역할을 수행할 예정이었다. 대공은 기동훈련 참관 차 수차례 프랑스를 방문한 바 있으며 포쉬를 만나 그의 낙관론에 심취했다. 그곳에서 그는 러시아군의 위력을 과시하는 믿음직한 상징과도 같은 당당한 풍모에 못지않게 널리 알려진 독일에 대한 그의 혐오감으로 인해 대단한 환대를 받았다. 프랑스인들은 열광적으로 대공의 부관인 코체부 왕자의 발언을 되뇌었다. 그의 말에 따르면 대공은 독일이 완전히 궤멸되어 각자의 작은 궁전으로 만족했던 옛 소국으로 분할되어야만 세계는 평화롭게 살 수 있을 것으로 믿는다는 것이었다. 대공의 부인 아나스타시아와 대공의 동생 피터와 결혼한 그녀의 자매 밀리차가 프랑스에 우호적이었던 것도 그들이 열광하는 또 하나의 이유였다. 몬테니그로(Montenegro, 유고연방의 하나: 역주) 니키타 왕의 공주들로서 프랑스에 대한 그들의 호감은 곧바로 오스트리아에 대한 증오로 이어졌다. 1914년 7월이 끝날 무렵 왕실 소풍에서, "몬테니그로의 나이팅게일들"(팔레오로그는 두 공주를 이렇게 불렀음)은 팔레오로그 옆에 모여 전쟁위기에 대해 얘기했다. "전쟁이 일어나겠죠… 오스트리아에는 아무것도 남지 않겠죠… 대사께서는 알자스-로렌을 되찾을 테고… 우리 양국의 군대는 베를린에서 만나겠지요." 한 공주가 대사에게 로렌에서 가져온 흙을 담은 보석상자를 보여주는 동안 다른 공주는 로렌의 엉겅퀴를 어떻게 자신의 정원에 심었는지 설명했다.

전쟁에 대비하여 러시아군 총참모부는 두 가지 작전계획을 준비했는데, 그 최종적인 선택은 독일이 어떻게 하느냐에 달려 있었다. 만일 독일이 그 주력을 프랑스로 보낸다면, 러시아는 그 주력을 오스트리아로 보내게 된다. 이 경우 4개 군이 오스트리아와 맞서고 2개 군은 독일을 상대할 것이다.

대독 전선의 작전계획은 러시아 1군과 2군이 동프러시아를 협공하는 것이었는데, 제1군은 천연 장애물인 마수리안 호수의 북쪽으로, 제2군은 그 남쪽으로 침공할 예정이었다. 집결지의 이름을 딴 빌나군(Vilna Army), 즉 제1군은 직통 철도가 있기 때문에 먼저 출발할 예정이었다. 그들은 "적군의 최대 전력과 맞서는 것을 목표로" 바르샤바군(Warsaw Army), 즉 제2군보다 이틀 먼저 출진하여 독일군을 향해 이동하게 된다. 그동안 제2군은 호수 장애물을 남쪽으로 우회, 독일군의 배후로 이동함으로써 그들이 비스툴라 강으로 퇴각하는 것을 차단할 것이다. 이 협공 작전의 성패는 공격 타이밍을 어떻게 잘 조정하여 독일군이 러시아군의 양익을 하나씩 따로 상대하지 못하도록 하는가에 달려 있었다. 적군은 "언제 어디서 부딪히든지 강력하고도 결정적인 공격을 받게 될 것이다." 일단 독일군이 포위 섬멸되면, 비스툴라로부터 150마일 떨어진 베를린을 향한 진군이 뒤따를 것이다.

독일군은 작전계획을 세우면서 동프러시아를 포기할 생각이 없었다. 그곳은 홀스타인 가축들이 방목되고, 돼지와 닭들이 돌담으로 둘러쌓인 농장 마당에서 종종걸음으로 도망 다니며, 유명한 트라케넨 종마를 사육하여 독일군대에 군마로 공급하는 부유한 농장과 넓은 초원이 있는 땅이었다. 이곳의 광활한 대지는 융커들이 소유하고 있었는데 그들은 말을 타고 제대로 여우 사냥을 하는 대신 그냥 총으로 쏴 버림으로써 그곳에서 일하던 영국인 여자 가정교사를 놀라게 하였다(영국의 여우 사냥은 반드시 말을 타고 사냥개를 이용하는 등 여러 가지 엄격한 규칙이 있음: 역주). 동쪽 멀리 러시아 접경 지역은 "고요한 호수와 검은 숲"으로 이루어진 곳으로, 넓게 펼쳐진 호수에 꼴풀이 뒤덮이고, 소나무 숲, 자작나무 숲과 함께 습지와 개울이 많은 땅이었다. 그곳에서 가장 유명한 지역은 로민텐 숲으로 90,000에이커의 호헨졸렌 사냥터가 러시아와 맞닿아 있어 매년 카이저는 니커보커스 바지와 깃털 달린 모자 차림으로 수퇘지와 사슴 그리고 가끔 아무 생각 없이 국경을 넘었다가 스스로를 황제의 총에 제물로 바친 러시아 큰 사슴을 사냥하곤 했다. 비록 원주민은 튜튼족이 아닌 슬라브족이었지만, 그 지역은 1225년 튜튼 기사단이 정착한 이래 7백년 동안 잠깐씩 폴란드가 지배한 것을 빼고는 계속해서 독일의 지배 하에 있었다. 1410년 탄넨베르그라 불리는 고장에서 벌어진 큰 전투에서 폴란드와 리투아니아에게 패배했음에도 불구하고, 기사단은 계속 그곳에 남아 융커로 성장하거나 혹은 몰락했다. 이 지역의 중심 도시인 쾨니히스베르크에서 1701년 최초의 호헨졸렌 군주가 프러시아 왕위에 등극한 바 있다.

동프러시아는 그 해변이 발트 해에 맞닿아 있고, 대대로 프러시아 군주들이 왕위에 올랐던 "왕의 도시"가 있는 곳으로, 독일군이 가볍게 포기할 땅이 아니었다. 인스터부르크 협곡을 지나는 앙게랍 강을 따라 방어거점들이 세심하게 준비되었는데, 늪이 많은 동부 지역에는 적군을 그 위에 가두기 위한 의도로 폭이 좁은 둑방에 도로가 건설되었다. 그 외에 방어군이 기동력의 이점을 확보하여 적의 양익 중 어느 쪽이 진격하든 이에 맞서기 위해 한 전선에서 다른 전선으로 신속하게 이동할 수 있도록 동프러시아 전 지역에 열십자형의 철도망이 구축되었다.

슐리펜 계획이 최초로 채택되었을 때에는 동프러시아에 대한 우려가 크지 않았는데 왜냐하면 러시아는 당연히 일본에 맞서 대규모의 병력을 극동에 유지할 수밖에 없을 것으로 생각했기 때문이었다. 독일 외교는 서툴기로 정평이 나 있었지만 자신들이 보기에도 불합리한 동맹관계인 영일협정을 극복하고 일본이 중립을 유지하게 함으로써 계속해서 러시아의 배후를 위협할 것으로 기대했다.

독일군 총참모부의 러시아 담당 전문가는 막스 호프만 중령이었는데, 그의 임무는 대독 전쟁에서 러시아가 택할 수 있는 작전계획을 미리 만들어 보는 것이었다. 40대 초반인 호프만은 큰 키에 육중한 체구로 크고 둥근 머리를 프러시아 식으로 거의 머리 꼭대기까지 삭발하는 바람에 대머리처럼 보였다. 그의 표현은 유머가 있었지만 타협의 여지는 없었다. 호프만은 검은 테 안경을 썼고 검은 눈썹 양 끝이 위로 올라가도록 조심스럽게 다듬었다. 그는 항상 조심스러웠고 자신의 작고 섬세한 손과 완벽한 바지 주름을 자랑했다. 호프만은 승마와 검술에 서툴렀고 대식가이자 폭음가로 게을렀지만 지략이 풍부했으며, 두뇌회전이 빠르고 결단력이 있었다. 상냥하고, 운이 좋고, 기민했던 그는 아무도 존경하지 않았다. 전쟁 전, 연대 근무가 끝나면 호프만은 장교 클럽에서 밤새도록 소시지와 포도주를 마셨고, 아침 7시에 중대 사열을 마치고 돌아와서는 아침 식사 전까지 또 소시지를 안주로 2쿼트의 모젤 포도주를 마시곤 했다.

1898년 참모대학교(Staff College) 졸업 후 호프만은 통역장교로 6개월간 러시아 출장을 다녀왔으며, 독일 군사 참관단으로 러일전쟁에 파견되기 전까지 5년간 슐리펜 휘하의 총참모부 러시아과에 근무했다. 일본군 장군이 가까운 언덕에서 전투를 참관하겠다는 그의 요청을 거절했을 때, 호프만은 예의를 지키지 못하고 종종 다른 이가 참기 어려운 표현을 내뱉고 마는 독일인의 본성을 그대로 드러내고 말았다. "당신은 황인종이다. 만일 나를 저 언덕에 못 가게 한다면 당신은 야만인!"이라고 호프만은 기자를 포함한 외국 참관인들이 있는 자리에서 그 장군에게 소리쳤다. 자존심에 관한 한 독일인에 비해 조금도 뒤질 것이 없는 이 일본인 장군은 "우리 일본군은 이 군사정보의 대가로 피를 흘리고 있는데 우리는 누구에게도 이 대가를 나눠내자고 제안하지 않겠다!"고 되받아쳤다. 외교적 의례는 엉망이 되고 말았다.

몰트케 휘하의 총참모부로 복귀한 호프만은 러시아군의 작전계획에 대한 일을 다시 시작했다. 1902년 러시아군 총참모부의 대령 하나가 자신들의 계획 초안을 비싼 값에 팔았는데, 항상 진지하지만은 않은 호프만의 회고록에 의하면 그때 이후로 그러한 정보의 가격은 군사 정보비로 독일군에게 배정된 얼마 안되는 예산을 초과할 정도로 비싸졌다. 그러나 동프러시아의 지형적 특성으로 인해 러시아군 공격의 윤곽을 파악하기란 어렵지 않았다. 그것은 마수리안 호수를 양쪽으로 우회하는 협공일 수밖에 없었다. 러시아군과 그들의 동원 및 수송을 좌우하는 요소에 대한 호프만의 연구를 통해 독일군은 그 공격 타이밍을 판단할 수 있었다. 수적으로 열세인 독일군은 양쪽으로 나뉘어 진격해 오는 우세한 적과 맞서기 위해 두 가지 방법 중 하나를 선택할 수 있었다. 이 두 가지란 후퇴하거나 아니면 어느 쪽이든 보다 유리한 쪽을 택하여 한쪽을 먼저 공격하는 것이었다. 슐리펜이 세운 단호한 공식은 "모든 병력을 총동원하여 먼저 접근한 러시아군을 타격하는 것이었다."

전쟁 발발-
(OUTBREAK)

비스마르크는 "발칸에서 벌어질 저주받은 바보 짓"으로 다음 전쟁이 촉발될 것이라고 예언한 바 있다. 1914년 6월 28일 세르비아 민족주의자에 의한 오스트리아 황태자 프란츠 페르디난트 대공 암살은 이 조건을 충족시켰다. 오스트리아-헝가리는 오래된 제국의 호전적 경솔함을 드러내며 1909년 보스니아와 헤르체고비나를 흡수했던 것처럼 이 사건을 이용하여 세르비아를 흡수하기로 결정했다. 독일은 러일전쟁으로 약화된 러시아에게 최후통첩을 보내 이 사건에 대해 침묵할 것을 강요했으며 뒤이어 카이저는 "번쩍거리는 갑옷"을 입고 나타나 우방인 오스트리아를 거들었다. 이러한 모욕에 분노한 러시아는 슬라브족의 중심 세력으로서 자신의 명예를 위해 이제 그 스스로가 번쩍거리는 갑옷을 입을 준비를 하게 되었다. 7월 5일 독일은 오스트리아가 세르비아에게 어떠한 형태의 응징을 가하든, 만일 이것으로 인해 러시아와 충돌이 생긴다면 오스트리아는 독일의 "믿음직한 지원"을 받게 될 것이라고 공언했다. 이것이 걷잡을 수 없는 일련의 사태를 촉발하는 계기가 되었다. 7월 23일 오스트리아는 세르비아에 최후통첩을 보냈고, 7월 26일(이제 침착성을 잃은 카이저조차 이 답신으로 "전쟁의 모든 이유는 사라졌다"고 인정했음에도 불구하고) 세르비아의 답신을 거절한 다음, 7월 28일 세르비아에 선전포고를 했으며, 7월 29일 베오그라드를 포격하였다. 바로 그날 러시아는 오스트리아 국경선을 따라 동원령을 내렸고, 7월 30일에는 오스트리아와 러시아 모두 총동원령을 내리게 된다. 7월 31일 독일은 러시아에게 12시간 내에 동원령을 해제하고 "우리에게 그 결과에 대한 별도의 성명을 발표하라"는 최후통첩을 보냈다.

모든 국경선에 전쟁의 압박이 가해졌다. 갑자기 당황한 각국 정부는 그것을 막으려고 난리를 쳤다. 그러나 소용 없었다. 국경의 밀정들은 모든 기병 순찰을 상대방의 동원을 제압하기 위한 병력 전개라고 보고했다. 무자비한 일정표에 자극된 총참모부는 한 시간이라도 적이 먼저 출동하는 일이 없도록 빨리 움직이라며 테이블을 두드렸다. 국가의 운명에 궁극적인 책임을 지는 각국의 정상들은 이 일촉즉발의 순간에 간담이 서늘해져서, 뒤로 물러서려 하였으나, 군사적 일정의 촉박함은 그들을 앞으로 내밀었다.

6. 8월 1일: 베를린

8월 1일 토요일 정오, 러시아에 대한 독일의 최후통첩은 러시아로부터 아무런 응답도 받지 못한 채 종료되었다. 한 시간 뒤 쌍 페쩨스부르크 주재 독일 대사에게 그날 오후 5시를 기해 러시아에 선전포고 하라고 지시하는 전보가 발송되었다. 5시에 카이저는 총동원령을 선포했는데, 그 전날 발령된 전쟁경계령(Kriegesgefahr)에 의해 몇몇 사전 조치는 이미 취해지기 시작한 상태였다. 5시 30분 베트만-홀베그 수상은 손에 들고 있는 서류에서 눈을 떼지 못한 채 자그마한 체구의 외무 장관 야고브를 대동하고 외무부 계단을 서둘러 내려갔다. 그들은 지나가는 택시를 큰 소리로 불러 타고, 황급히 궁전으로 향했다. 잠시 후 참모총장 폰 몰트케 장군이 카이저가 서명한 총동원령을 주머니에 넣고 자기 사무실로 돌아가던 중에 갑자기 멈춰 서게 되었다. 다른 차를 타고 쫓아 온 전령이 황제의 긴급 호출이라며 그를 붙잡았던 것이다. 몰트케는 돌아가서 마지막 순간 카이저로부터 필사적인 제안을 들었는데, 눈물을 흘릴 정도로 그를 낙담케 했던 이 제안은 20세기의 역사를 바꿀 수도 있었다.

이제 결전의 순간이 왔고, 러시아군이 동원을 완료하기까지는 6주가 걸린다는 참모들의 장담에도 불구하고 카이저는 동프러시아에 대한 피할 수 없는 위험부담 때문에 괴로웠다. "나는 슬라브족을 증오한다"고 카이저는 어느 오스트리아 장교에게 털어놓았다. "그렇게 하는 것이 죄라는 것을 알아. 우리는 누구도 미워해서는 안되지. 그러나 나는 그들을 증오하지 않을 수가 없어." 그러나 카이저는 1905년을 생각나게 하는 뉴스들 즉, 쌍 페쩨스부르크에서 파업과 폭동이 일어났고, 폭도들은 유리창을 박살냈으며, "혁명주의자들과 경찰 사이에 격렬한 거리 충돌"이 벌어졌다는 소식을 듣고 마음을 놓았던 것이다. 러시아에서 7년간 근무한 노령의 독일 대사 포우탈레스 백작은 러시아가 혁명에 대한 두려움으로 인해 참전하지 않을 것이라고 결론짓고 이를 수차례 반복하면서 본국 정부를 안심시켰다. 독일 무관인 폰 에겔링 대위는 주문을 외우듯 1916년 설을 되풀이했고, 그럼에도 불구하고 만일 러시아군이 동원된다면, 그들은 "완강한 공격이 아니라 1812년처럼 완만한 후퇴"를 시도할 것이라고 보고했다. 독일 외교관들은 실수 잘하기로 유명하지만 그 가운데서도 이러한 판단들은 신기록감이었다. 그런 것들이 카이저의 용기를 북돋아 주었으며, 7월 31일까지도 그는 독일 외교관들의 보고를 근거로 자기 입으로 러시아 궁정과 군대에 만연되어 있다고 언급한 "병든 수고양이 분위기"를 즐기며 참모들에게 내릴 "지침"을 공문으로 작성했던 것이다.

8월 1일 베를린에서 길거리로 몰려나와 궁전 앞에 모인 수천 명의 군중들은 두려움으로 무겁게 긴장하고 있었다. 베를린 노동자들 대부분이 신봉하던 사회주의는 그들이 갖는 본능적인 두려움과 슬라브족에 대한 증오심만큼 깊숙이 영향을 끼치지는 못했다. 그들은 비록 전날 저녁 전쟁경계령을 선포하는 카이저의 발코니 연설을 통해 "우리는 칼을 들도록 강요 받고 있다"는 말을 들었지만, 여전히 마지막 실낱 같은 기대를 가지고 러시아의 회답을 기다리고 있었다. 최후통첩의 시한이 지나갔다. 군중 속의 기자는 "소문에 감전되는 듯한" 분위기를 느꼈다. "사람들은 러시아가 시한 연장을 요청했다고 수군거렸다. 증권거래소는 공황으로 요동쳤다. 그날 오후는 거의 견딜 수 없는 두려움 속에 지나갔다." 베트만-홀베그는 "만일 전쟁의 주사위가 구르게 된다면, 신은 우리를 도울 것"이라고 끝맺는 연설을 했다. 5시에 경찰관이 궁전 정문에 나타나 군중들에게 동원령을 선포하자, 군중들은 차분하게 "이제 모두 우리 주께 감사하자"는 국가를 부르기 시작했다. 손수건을 흔들며 "출동!"이라고 외치는 장교들을 태운 자동차들이 운테르 덴 린덴(Unter den Linden) 거리를 질주했다. 순식간에 마르크스(Marx)에서 마르스(Mars, 軍神: 역주)로 돌변한 군중들은 사납게 소리지르며 러시아 간첩으로 의심 받고 있는 사람들에게 자신들의 분노를 터뜨리기 위해 몰려갔는데, 그들 중 몇 명은 그 이후 며칠 사이에 얻어 맞고 짓밟혀 살해되었다.

일단 동원령의 단추를 누르자, 이백만 명을 소집하여 무장시키고 수송하는 거대한 기계 전체가 자동적으로 돌아가기 시작했다. 예비군들은 소집 장소로 가서 군복, 장비 및 무기를 지급 받아 중대로 편성되고, 중대는 다시 대대로 편성된 후 다시 기병대, 사이클 부대, 포병대, 의무대, 취사차량, 정비차량, 심지어 우편차량까지 합쳐져 미리 정해진 기차 시간표에 따라 국경 부근의 집결지로 이동했다. 여기서 그들은 다시 사단으로, 사단은 군단으로, 군단은 곧바로 진격하여 전투에 돌입할 수 있는 군으로 편성될 것이다. 독일군 전체 40개 군단 중 육군군단 하나를 수송하는 데만 장교용으로 170개, 보병용으로 965개, 기병대용으로 2,960개, 포병대와 군수 마차용으로 1,915개, 총 6,010개의 객차가 필요했고 이는 140대의 열차로 편성되었으며 그들의 군수품을 보내기 위해 같은 수의 열차가 추가로 필요했다. 명령이 내려진 순간부터, 주어진 시간 내에 정해진 다리를 건너야 할 열차의 차축 번호까지 정밀하게 계산된 일정에 따라 모든 것이 정해진 시간에 맞춰 움직여야 했다.

자신의 웅장한 시스템을 확신했던 참모차장 발데제 장군은 위기가 시작됐을 때도 베를린으로 돌아가지 않은 채, 야고브에게 "나는 뛰어나갈 준비를 하고 이곳에서 대기하겠습니다. 총참모부에서 우리는 모든 준비를 마쳤습니다. 당장은 우리가 할 일이 아무것도 없습니다"라고 편지를 보냈다. 그것은 1870년 동원령이 내려지던 날 소파에 누워 『오드리 부인의 비밀』을 읽고 있었던 예전의 "위대한" 몰트케로부터 물려받은 자랑스러운 전통이었다.

오늘 궁전에선 모두가 부러워하던 카이저의 침착함이 보이지 않았다. 더 이상 두려운 망상이 아닌 현실로서 양면전쟁을 목전에 두게 된 카이저는 자신이 상상하던 러시아인 못지 않게 그 자신도, 거의 "병든 수고양이" 기분이었다. 전형적인 프로이센 사람보다는 더 세계주의적이었고 더 심약했던 카이저는 한번도 진정으로 전면전을 원했던 적은 없었다. 그는 더 큰 힘, 더 큰 명예, 그리고 무엇보다도 국제 무대에서 독일을 위한 보다 큰 권위를 원했지만 다른 나라들과 실제로 싸우기보다는 위협을 통해 이를 얻으려 했다. 카이저는 싸우지 않고 검투사의 영예를 얻으려 하였으며 알제시라스와 아가디르에서처럼 실제로 전투가 임박하게 되면 언제나 그는 위축되었다.

마지막 위기의 순간이 고조되면서 전보의 여백에 쓰여진 카이저의 주석은 점점 더 격렬해졌다. "아하! 뻔한 속임수", "엉터리!", "그가 거짓말을 하고 있어!", "그레이는 엉터리 개다", "헛소리!", "그 나쁜 놈은 미쳤거나 바보다!" 러시아가 동원령을 내리자 카이저는 슬라브 배신자들이 아니라 잊을 수 없는 사악한 삼촌을 향해 불길한 예감을 담은 격렬한 비난을 쏟아냈다. "세상은 가장 무서운 전쟁의 소용돌이에 통째로 휘말릴 것이며 이 전쟁의 궁극적인 목표는 독일의 멸망이다. 영국, 프랑스 그리고 러시아는 우리를 전멸시키려는 음모를 꾸몄고… 이것이야말로 에드워드 7세가 서서히 그러나 확실하게 만들어 놓은 상황의 감춰진 본질이며… 독일에 대한 포위는 마침내 실제로 완성되었다. 우리는 이미 궁지에 빠지고 말았으며… 죽은 에드워드가 살아 있는 나보다 강하다!"

죽은 에드워드의 그림자를 의식하고 있던 카이저는 무슨 수를 써서라도 러시아와 프랑스 양쪽을 상대하면서 프랑스 너머로 어렴풋이 아직 입장 표명을 하지 않고 있는 영국과도 싸워야만 하는 굴레에서 벗어나고 싶었을 것이다.

마지막 순간에 한 가지 방안이 제시되었다. 베트만의 동료 중 하나가 양면전쟁으로부터 독일을 구할 수 있는 일이라면 뭐든지 하겠다며 그를 찾아와 한 가지 방법을 제시했다. 수 년 동안 알자스 문제에 대한 한 가지 해결책으로서 독일 제국 내의 연방정부로 인정하여 자치권을 부여하는 방안에 관한 논의가 계속되고 있었다. 만일 이러한 제안이 알자스인들에 의해 채택된다면 프랑스는 실지회복이라는 명분을 잃게 될 것이다. 얼마전인 7월 16일 프랑스의 사회주의 의회는 이에 대한 지지입장을 밝힌 바 있다. 그러나 독일 군부는 변함없이 각 지방마다 수비대를 주둔시켜야 하며 그들의 정치적 권리는 "군사적 필요"에 종속되어야 한다고 주장했다. 1911년까지 단 한 번도 헌법이나 자치가 허용된 적이 없었다. 베트만의 동료는 지금 당장 알자스의 자치를 위한 즉각적이고, 공개적이며 공식적인 회담을 제의하라고 그를 독촉했다. 이것은 아무런 결과 없이 시간만 끌 수도 있겠지만, 최소한 그것을 검토하는 동안만이라도 프랑스에게 공격을 못하도록 압력을 가하는 도덕적 효과는 기대할 수 있을 것이다. 독일은 서부전선에서 움직이지 않음으로써 영국의 참전을 배제시킨 채 자신의 병력을 러시아로 돌릴 수 있는 시간을 얻게 될 것이다.

이 제안의 작성자는 익명으로 남아 있으며 출처도 의심스럽지만 그것은 문제가 되지 않는다. 거기에 기회가 있었으며 수상 본인이 그것을 생각해 냈을 수도 있다. 그러나 그러한 기회를 잡으려면 대담해야 하는데, 큰 키와 어두운 눈 그리고 잘 다듬어진 황제 수염의 인상적인 외모(façade)와는 달리 베트만은 테어도어 루스벨트가 태프트를 일컬어 말한 대로, "매우 나약한" 남자였다. 결국 독일정부는 러시아에게 최후통첩을 보낸 같은 시간 프랑스에게도 중립을 지키도록 유도하는 제안 대신 최후통첩을 보냈다. 독일은 프랑스에게 18시간 내에 러독전쟁에서 중립을 지킬 것인지 여부를 알려달라고 하면서 만일 중립을 지키겠다면 "중립에 대한 보장으로, 우리가 점령했다가 전쟁이 끝나면 돌려주기로 하고 툴과 베르덩의 요새를 우리에게 양도할 것을", 다시 말해 프랑스로 들어가는 대문의 열쇠를 넘겨줄 것이라고 덧붙였다.

파리 주재 독일 대사였던 폰 쇼엔 남작은 자신이 보기에 독일정부가 벌을 가하기는커녕 보상을 제시해도 모자랄 정도로 프랑스의 중립이 독일에게 엄청난 이점을 주는 시점에서 이러한 "무자비한" 요구를 있는 그대로 전달할 수는 없었다. 쇼엔은 요새에 대한 요구는 빼고 중립에 대한 입장표명을 요구했으나 이미 전문을 가로채어 해독까지 끝낸 프랑스 측은 어쨌든 그 내용을 알고 있었다. 8월 1일 오전 11시 쇼엔은 프랑스의 답변을 요구했으며 프랑스는 "국익에 따라 행동할 것"이라는 대답을 들었다.

베를린에서는 5시가 막 지날 무렵 외무부 사무실의 전화벨이 울렸다. 그 전화를 받은 짐머만 차관은 옆 책상에 앉아 있던 『일간 베를린(Berliner Tageblatt)』의 편집장을 향해 "몰트케가 일을 시작할 수 있는지 알고 싶어한다"고 물었다. 바로 그때 방금 해독된 런던 발 전보가 끼어들며 예정된 절차를 가로막았다. 그것은 만일 프랑스에 대한 움직임을 즉각 중단할 수만 있다면, 독일은 마침내 한쪽만을 상대로 보다 안전하게 싸울 수 있을지도 모른다는 희망을 담고 있었다. 그것을 가지고 베트만과 야고브는 택시를 타고 궁전으로 달려갔던 것이다.

런던 주재 독일 대사인 리크노브스키 왕자는 이 전보를 보내면서 자기가 이해한 대로 영국 정부는 "우리가 프랑스를 공격하지 않는다면, 영국은 중립을 지킬 것이며 프랑스의 중립도 보장할 것"을 제안했다고 보고했다.

리크노브스키 대사는 영어로 말하며, 영국인의 매너, 스포츠 그리고 복장까지 영국 신사의 그것과 똑같이 되기 위해 부단히 노력하는 그런 부류에 속하는 독일인이었다. 그와 가까운 귀족들인 플레스 왕자, 블뤼처 왕자, 뮌스터 왕자는 모두 영국 여성과 결혼했다. 1911년 베를린에서 베풀어진 만찬에 주빈으로 초대 받은 한 영국군 장군은 베트만-홀베그와 티르피츠 제독을 포함한 40명의 독일 손님 모두가 영어를 유창하게 구사하는 것을 보고 깜짝 놀랐다. 리크노브스키는 매너에서뿐만 아니라 마음으로도 영국을 진정으로 좋아한다는 점에서 그런 부류와도 달랐다. 그는 런던에 부임하며 자신과 자신의 나라가 호감을 사도록 만들겠다고 결심했다. 그는 주말이면 영국 사교계의 상류층 인사들과 빈번하게 어울렸다. 대사에게 자기가 태어난 나라와 자기가 사랑하는 나라 사이의 전쟁보다 더 큰 비극은 없었으며 그것을 막을 수 있다면 그는 무슨 일이든지 하려고 했다.

외무장관인 에드워드 그레이 경이 그날 아침 각료회의 도중 막간을 이용하여 리크노브스키에게 전화를 걸었을 때, 근심에 빠져 있던 그는 그레이가 자신에게 했던 얘기를, 만일 독일이 프랑스를 치지 않겠다고 약속한다면 러독전쟁에서 영국은 중립을 지키고 프랑스도 중립을 지키도록 하겠다고 제안하는 것으로 해석했다.

실제로 그레이는 그렇게 얘기했던 것이 아니다. 생략 화법을 통해 그가 실제로 제안한 것은 만일 독일이 프랑스와 러시아에 대해 중립을 지킨다면, 바꿔 말해 세르비아 사태 해결을 위한 노력의 결과가 있을 때까지 이들 둘을 상대로 전쟁을 하지 않기로 약속한다면, 프랑스가 중립을 지키도록 약속하겠다는 것이었다. 뷜로브가 고질적인 "보스니아(Bosnias)"라고 표현했던 시기에 8년간 외무장관을 지내면서 그레이는 가능한 한 적은 의미를 전달하도록 하는 화법을 완벽하게 습득하였다. 한 동료는 그레이가 직설법을 피하는 실력은 가히 경지에 도달한 정도였다고 말했다. 다가올 비극에 정신이 없었던 리크노브스키로서는 전화상으로 그레이를 오해하기 좋은 상태였다.

카이저는 한쪽만 상대하는 단면전쟁으로 갈 수 있는 리크노브스키의 여권에 매달렸다. 카운트다운이 시작되었다. 이미 프랑스 국경을 향한 돌이킬 수 없는 총동원령이 진행되고 있었다. 독일을 포함한 5개 열강이 그 중립을 보장했던 룩셈부르크의 철도 연결 지점을 점령하는 최초의 적대적인 행동이 1시간 내에 감행될 예정이었다. 그것은 즉각 중단되어야만 한다. 하지만 어떻게? 몰트케는 어디에 있는가? 몰트케는 이미 궁전을 떠났다. 그를 찾기 위해 사이렌 소리와 함께 부관이 급파됐다. 몰트케는 궁전으로 되돌아왔다.

카이저는 이제 번뜩이는 새로운 아이디어로 기획하고, 제안하며 추진하는 최고 통치자이자 군 통수권자인 원래의 자기 모습으로 다시 돌아왔다. 그는 몰트케에게 전보를 읽어 주고 나서 의기양양하게 "이제 우리는 러시아만을 상대로 싸울 수 있게 되었군요. 간단하게 우리는 군대를 전부 동쪽으로 보내면 됩니다!"라고 말했다.

자신의 흠 잡을 곳 없는 동원 장치가 거꾸로 뒤틀린다는 생각에 대경실색한 몰트케는 단도직입적으로 거절했다. 지난 10년간 처음에는 슐리펜의 보좌관으로, 나중에는 그의 후계자로서 몰드케의 역할은 독일의 모든 에너지를 동원하여 최종적으로 유럽을 제패하기 위한 진군이 시작되는 바로 이날(Der Tag)을 준비하는 것이었다. 그것은 숨 막힐 듯한, 거의 감당할 수 없는 책임감으로 몰트케를 짓누르고 있었다.

큰 키에 육중하고 머리가 벗겨진 66세의 몰트케는 평소에도 늘 매우 걱정스러운 표정을 짓곤 했는데 이 때문에 카이저는 그를 슬픈 쥴리우스(der traurige Julius)라고 불렀다(이 별명을 영어로 번역하면 "우울한 거스"(Gloomy Gus)가 되는데, 실제 그의 이름은 헬무트였음). 매년 칼스바드에서 요양할 정도로 좋지 않던 건강과 위대한 삼촌의 그늘이 아마도 그 우울함의 원인이었을 것이다. 몰트케는 자기가 기거하던 쾨니히프라츠에 있는 붉은 담장의 총참모부 건물 창을 통해 독일 제국을 건설한 비스마르크와 더불어 자신과 이름이 같은 1870년 영웅의 승마상을 매일같이 내다 보았다. 이 조카는 참모들 가운데서도 늘 뒤로 처질 정도로 승마에 서툴렀으며 더욱이 인지학과 그 밖의 분야에 관심이 많은 크리스천 사이언스(Christian Science, Mary Baker Eddy가 창시한 종교로서 예수의 신성한 치료를 신봉함: 역주) 신봉자였다. 프러시아 장교로서는 어울리지 않는 이 약점으로 인해 그는 "나약한" 인물로 인식되었으며 한 술 더 떠, 그는 그림을 그리고, 첼로를 연주하고, 괴테의 『파우스트』를 주머니에 넣고 다녔으며, 매테를렝크의 『펠레아쓰와 멜리장드』(Pelléas et Mélisande, 벨기에 극작가 Maeterlinck의 1892년 작품: 역주)의 번역을 시도한 적도 있었다.

천성이 내성적이고 의심이 많았던 그는 1906년 자신을 임명하는 자리에서 카이저에게 "실제 전투가 벌어졌을 때 제가 잘 해낼 수 있을지 모르겠습니다. 전 제 자신에 대해 매우 비판적입니다"라고 말했다. 그러나 그는 인간적으로나 정치적으로 결코 겁쟁이는 아니었다. 1911년 독일이 아가디르 위기에서 물러나는 것에 격분하여 그는 콘라드 폰 훼첸도르프에게 만일 사태가 더욱 악화되면 자기는 사임할 것이며, 군대를 해산하고, "우리들 자신은 일본의 보호를 받자고 제안할 것인데, 그렇게 되면 우리는 가만히 앉아서 돈을 벌 수 있으며 모두 천치 바보가 될 것"이라고 쓴 편지를 보냈다. 그는 카이저에게 대답하는 데 주저하지 않았을 뿐만 아니라 1900년에 카이저가 도모했던 북경 원정은 "미친 모험"이었다고 "매우 거칠게" 말했다. 또한 참모총장 자리를 제안 받았을 때 그는 카이저에게 "똑같은 복권으로 두 번 당첨되기"를 기대하느냐고 물었는데, 실제로 빌헬름이 어떤 선택을 할 때 이런 식의 사고가 영향을 주었음이 분명하다. 그는 카이저가 모든 전쟁 게임을 항상 이기는 것으로 전제함으로써 기동 훈련을 비현실적으로 만들어 버리는 습관을 버리지 않는 한 참모총장직을 거절하겠다고 했다. 놀랍게도 카이저는 순순히 동의했다.

8월 1일 밤 이 절정의 순간에 몰트케는 심각한 군사적 문제 또는 이미 정해진 계획에 대한 카이저의 어떠한 간섭도 더 이상 받아들일 기분이 아니었다. 출발하려는 바로 그 시점에 백만 명의 병력배치를 서쪽에서 동쪽으로 바꾸는 것은 몰트케가 감당할 수 있었던 것보다 훨씬 강한 정신력을 필요로 하는 일이었을 것이다. 그는 병력배치가 혼란에 빠져 보급품은 여기에, 병사들은 저기에, 도중에 잃어버린 탄약, 장교가 없는 중대들, 참모가 없는 사단들로 산산조각 나면서, 10분 간격으로 미리 정해진 시각에, 미리 정해진 궤도로 발진하도록 정교하게 짜여진 일정에 따라 움직여야 할 11,000대의 열차가 동원되는, 역사상 유례가 없는 거의 완벽하게 계획된 병력 이동이 뒤죽박죽 되어 거대한 파멸로 빠지는 환영을 보았다.

이쯤에서 몰트케는 "폐하, 그것은 불가능합니다. 수백만 병력의 배치를 즉흥적으로 할 수는 없습니다. 만일 폐하가 진 군을 동쪽으로 배치할 것을 고집하신다면, 그것은 전투준비가 끝난 군대가 아니라 아무런 보급계획도 없이 총만 든 오합지졸에 불과할 것입니다. 이러한 준비가 완성되기까지는 꼬박 일년간의 복잡한 작업이 소요되었습니다"라고 말한 다음 "그리고 일단 정해지면, 그것은 바뀔 수 없습니다"라는 매우 경직된 표현으로 말을 끝맺었다. 이 마지막 문장은 독일군이 범한 모든 중대한 실수의 근간이자, 벨기에 침공과 미국을 상대로 잠수함 전을 촉발시킨 표현이었으며, 군사계획이 정책을 강제할 때마다 어김없이 이용되는 표현이었다.

사실 그것은 바뀔 수 있었다. 독일군 총참모부는 1905년부터 줄곧 프랑스를 우선 공격하는 계획을 확정하고 있었지만, 1913년까지 매년 수정보완된 작전 파일에는 모든 열차를 동쪽으로 투입하여 러시아를 공격하는 대안도 들어 있었다.

철도지도 위에서 전략을 펼치고, 철도가 전쟁의 관건이라는 교훈을 남긴 구 몰트케는 "더 이상 요새는 짓지 말라, 철도를 건설하라"고 명령한 바 있다. 독일의 철도 시스템은 군의 통제 하에 있었으며 각 노선별로 지정된 담당 참모장교가 있어 총참모부의 허가 없이는 어떤 노선도 추가되거나 변경될 수 없었다. 매년 실시된 전시 동원훈련을 통해 철도 공무원들은 지속적인 훈련을 받았으며 통신망이 절단되고 교량이 폭파되었음을 알리는 전문을 이용해 즉흥적으로 수송로를 변경하는 긴급대처 능력을 점검받았다. 그 당시 사람들은 국방대학 출신의 최고 두뇌들은 철도로 갔다가 결국은 정신병원에서 끝난다고 말할 정도였다.

전후 몰트케가 자신의 회고록에서 "그것은 불가능하다"고 말했다는 내용이 알려지자, 철도 국장이었던 폰 스타브 장군은 이 말이 자신의 조직에 대한 비난이라는 생각에 너무나도 격분하여 그것이 가능했었음을 입증한 책을 썼다. 여러 장의 도표와 그래프를 이용하여 그는 만약 8월 1일에 지시를 받았다면 어떻게 7개 군 가운데 3개 군은 서부전선을 방어하도록 남겨 놓고 나머지 4개 군을 8월 15일까지 동부전선으로 배치할 수 있었는지를 보여 주었다. 독일 제국의 하원의원(Reichstag)이며 가톨릭 중도당의 지도자였던 마티아스 에르쯔베르거는 또 다른 증언을 남겼다. 그는 몰트케 자신이 전란이 터지고 6개월이 지나자 자신에게 초기에 프랑스를 공격한 것은 실수였으며 그 대신 "서쪽에서는 우리 국경에 대한 적의 공격을 격퇴하는 것으로 작전을 제한하면서 아군의 주력을 먼저 동쪽으로 보내 러시아 증기 롤러를 분쇄했어야 했음"을 인정했다고 말했다.

8월 1일 밤, 확정된 계획에 집착했던 몰트케는 충분한 여유를 갖지 못했다. "장군의 삼촌은 나에게 다른 대답을 했을 것"이라고 카이저는 그에게 씁쓸하게 말했다. 후일 몰트케는 그 비난이 "나에게 깊은 상처를 남겼다"면서 "나는 한 번도 옛 원수와 대등한 척 한 적이 없다"고 적었다. 그럼에도 불구하고 몰트케는 계속 거절했다. "일단 양국이 전시 동원된 상황에서 프랑스와 독일 간에 평화를 유지하는 것은 불가능하다는 나의 항변은 아무 효과도 없었다. 모두들 점점 더 흥분했고 나 혼자만 내 의견을 고집했다."

마침내 몰트케가 병력 동원계획은 바꿀 수 없다고 카이저를 납득시키자, 베트만과 야고브 일행은 프랑스 국경을 향한 독일군의 진격을 "변경할 수 없어" 유감이나, 8월 3일 오후 7시 이전에는 국경을 넘지 않겠다는 것을 보장하는 내용으로 영국에 보내는 전문 초안을 만들었는데, 원래 이 시간 이전에는 국경을 넘지 않도록 계획되어 있었기 때문에, 그것으로 인해 독일이 부담해야 할 것은 아무것도 없었다. 야고브는 "당분간 제발 프랑스가 조용히 있도록" 해 주면 도움이 되겠다는 내용의 급전을 파리 주재 대사에게 발송했는데, 그곳은 이미 4시를 기해 동원령이 선포된 상태였다. 카이저는 별도로 죠지 왕에게 "기술적인 이유"로 인해 이 늦은 시각에 동원령을 철회할 수는 없겠지만, "만일 프랑스가 본인에게 영국함대와 육군이 보장하는 중립을 제안한다면, 물론 나는 프랑스를 공격하지 않겠으며 우리 군대를 다른 곳으로 재배치할 것입니다. 프랑스가 너무 민감하게 반응하지 않기를 바랍니다"라는 내용의 개인적인 전보를 보냈다.

제16사단이 룩셈부르크로 이동하도록 예정되어 있는 7시까지는 이제 불과 몇 분 밖에 남지 않았다. 베트만은 흥분하여 영국의 회신을 기다리는 동안만큼은 어떠한 경우에도 룩셈부르크를 침범하면 안된다고 주장했다. 카이저는 몰트케에게 묻지도 않고 즉각 자신의 시종 무관에게 전화와 전보로 트리에 있는 제16사단 사령부에 이동을 취소하라는 명령을 내리도록 하였다. 몰트케는 또 한 번 절망했다. 벨기에를 지나 프랑스를 공격하는 데에 룩셈부르크의 철도는 필수적이었다. "그 순간 나의 심장이 터지는 느낌이었다"고 몰트케는 자신의 회고록에 적었다.

그의 온갖 간청에도 불구하고 카이저는 생각을 바꾸지 않았다. 그 대신 그는 죠지 왕에게 보내는 전문에 "현재 전화와 전보를 이용하여 국경에 있는 부대들이 프랑스를 침범하지 않도록 이동을 멈추게 하는 조치가 진행 중에 있다"는 마지막 문장을 추가하며 비록 약간이긴 해도 진실을 결정적으로 왜곡했는데 왜냐하면 카이저는 영국에게 자신이 의도했고 또 현재 제지하려는 것이 중립국 침범이라고 알려줄 수는 없었기 때문이었다. 중립국 침범이라고 사실대로 말하게 되면 벨기에를 침범하려는 그의 의도를 암시하게 될 것이고, 이는 영국의 참전 이유가 될 수도 있었는데 영국의 입장은 아직 정해지지 않았던 것이다.

몰트케 스스로가 말하듯 자신의 생애에서 절정이 되었어야 할 날 그는 "짓뭉개진 채" 총참모부로 돌아와 "절망의 비통한 울음을 터뜨렸다." 부관이 룩셈부르크 진입을 취소하는 명령서에 사인을 받으러 왔을 때, "나는 펜을 책상 밑으로 집어 던지며 서명을 거부했다." 병력 동원 후 최초로 한 일이라는 것이 고작 그동안 공들인 모든 준비를 헛되게 할 수도 있는 명령에 서명하는 것이라면 이는 "망설임과 우유부단"의 증거로 받아들여질 것임을 그는 알고 있었다. 그는 부관에게 "이 전보로 하고 싶은 대로 하게, 나는 서명하지 않을 것"이라고 말했다.

11시에 궁전으로부터 또 다시 호출을 받을 때까지도 그는 속앓이를 하고 있었다. 몰트케는 카이저가 그 상황에 어울리게 잠옷 위에 군복 외투를 입은 차림으로 침실에 있는 것을 보았다. 그레이와 보다 구체적인 대화를 하면서 자신의 실수를 알아챈 리크노브스키로부터 전보가 와 있었는데 "전체적으로 볼 때 영국의 긍정적인 제안을 기대하기 어렵다"는 내용이었다.

"이제 장군 좋은 대로 하라"고 말하고 카이저는 잠자리에 들었다. 이제 독일의 운명을 결정지을 전쟁을 지휘해야 할 총사령관 몰트케는 회복하기 어려울 정도로 기가 꺾이고 말았다. 후일 몰트케는 "그것이 전쟁에 대한 나의 첫 경험"이라고 술회했다. "나는 이 사건의 충격으로부터 다시는 회복하지 못했다. 내 안의 무엇인가가 부서졌고 그 이후로 나는 다시는 예전의 내가 아니었다."

세상도 역시 그랬다고 그가 덧붙였는지도 모르겠다. 카이저가 트리에로 보낸 전화 명령은 제시간에 도착하지 못했다. 7시에 예정대로 개전 이후 첫 국경을 돌파하는 영예는 펠트만 중위가 이끄는 제69연대 휘하의 보병중대에게 돌아갔다. 룩셈부르크 국경 바로 너머, 벨기에의 바스톤느로부터 12마일 가량 떨어진 아르덴느의 경사지에, 독일인들에게는 울플린겐으로 알려진 작은 마을이 있었다. 그 주변 언덕 위의 목장에는 소가 방목되고 있었고, 자갈로 덮인 경사진 길에는 대공국의 도시 청결을 규제하는 법에 따라 8월의 추수기임에도 작은 건초더미 하나도 놓아 둘 수 없었다. 도시의 아랫부분에는 독일과 벨기에로 연결되는 통신선이 지나는 전신국과 기차역이 있었다. 이곳이 자동차로 도착한 펠트만 중위의 중대가 제시간에 접수해야 할 독일군의 목표였다.

재치라고는 찾아볼 수 없는 무지막지한 기질의 독일군들은 옛날부터 공식 지명이 트루와 비에르즈(Trois Vierges, 세 명의 동정녀라는 뜻: 역주)인 지점을 통해 룩셈부르크를 침범하기로 결정했다. 사실 세 명의 처녀는 믿음, 희망 그리고 자비를 의미하지만, 자신만의 절묘한 필체를 가진 역사는 사람들의 마음에 그들이 룩셈부르크, 벨기에, 그리고 프랑스를 상징하도록 이 사건을 준비했던 것이다.

7시 30분에 (아마도 카이저가 보낸 전문을 받은) 두 번째 분견대가 차량편으로 도착하여, "실수가 있었다"며 선발 부대의 철수를 명령했다. 그 사이에 룩셈부르크의 국무장관인 아이셴은 이미 런던, 파리 그리고 브뤼셀에 이 소식을 전보로 알렸고, 베를린에는 항의서를 타전했다. 세 명의 처녀는 자신들의 목적을 달성했다. 한밤중에 몰트케는 혼란을 수습했으며 독일군 계획상 M-1이자 다음날인 8월 2일 저녁 무렵에는 대공국 전체가 점령되었다.

언제든지 역사적 사실에는 질문이 따라다니게 마련인데, 만일 1914년 독일이 프랑스 쪽은 방어만 한 채 동쪽으로 갔다면 어떻게 되었을까? 폰 스타브 장군은 러시아로 병력을 돌리는 것이 기술적으로 가능하다는 것을 보여주었다. 그러나 과연 그날(Der Tag)이 왔는데도 독일군이 프랑스에 대한 공격을 자제하는 것이 체질적으로 가능했을까 하는 것은 별개의 문제다.

독일군이 룩셈부르크를 침범하던 7시, 쌍 페쩨스부르크에서는 물기 어린 푸른 눈이 충혈되고 하얀 염소수염이 떨리는 모습의 포우탈레스 독일 대사가 떨리는 손으로 독일의 선전포고문을 러시아 외무장관인 사조노프에게 전달했다.

"여러 나라가 귀국을 저주할 것이오!" 사조노프가 소리쳤다.

"우리는 스스로의 명예를 지키려는 겁니다"라고 독일 대사가 응수했다.

"귀국의 명예는 관련 없습니다. 천벌이 내릴 것이오."

"그렇습니다." 그리고 "천벌, 천벌"이라고 중얼거리던 포우탈레스는 비틀거리며 창문으로 다가가 그곳에 기대어 울음을 터뜨렸다. 다소 진정이 되자 그는 "자 이것으로 나의 임무는 끝이군요"라고 말했다. 사조노프가 그의 어깨를 토닥거리며 포옹했고, 포우탈레스는 넘어질 듯 문까지 갔지만 손이 떨려 어렵게 문을 열고 밖으로 나가며 "안녕히, 안녕히"라고 속삭였다.

이 감동적인 장면은 사조노프로부터 얘기를 전해들은 것으로 추측되는 프랑스 대사 팔레오로그의 예술적인 부연설명과 사조노프가 남긴 기록을 토대로 재연한 것이다. 포우탈레스는 최후통첩에 대한 회답을 세 번 요구했으며, 사조노프가 부정적으로 세 번 대답하는 것을 들은 뒤, "나는 지시 받은 대로 문서를 건네 주었다"고만 보고했다.

어쨌든 왜 그것을 전달해야만 했을까? 해군장관인 폰 티르피츠 제독은 전날 밤 선전포고문이 작성되고 있을 때 답답한 마음으로 질문을 던졌다. "논리적으로 따질 것도 없이 직관적으로" 말해, 만일 독일이 러시아를 침략할 계획이 없다면 무엇 때문에 선전포고를 해서 침략자로서의 비난을 떠 안아야 할 필요가 있느냐고 물었다. 그의 질문은 매우 적절했는데 왜냐하면 독일 국민들에게 조국을 지키기 위해 싸우는 것임을 확신시키고, 특히 이태리를 삼국 동맹에서 규정한 약속에 묶어 두기 위하여 전쟁의 책임을 리시아에게 떠넘기는 것이 독일의 목적이었기 때문이다.

이태리는 방어전인 경우에만 동맹에 가담할 의무가 있었으며, 이미 동맹 약속을 지킬 의지가 크게 흔들린 상태여서, 빠져 나갈 구멍만 있으면 동맹체제로부터 이탈할 것으로 대부분 예상하고 있었다. 베트만은 이 문제로 고민했다. 만일 오스트리아가 계속해서 세르비아 양보 안의 일부 또는 전부를 거부한다면, "유럽의 대 재앙을 러시아의 탓으로 돌리기가 거의 불가능해지며" 또한 "우리는 우리 국민들로부터도 지지 받을 수 없는 입장에 처하게 될 것"이라고 그는 경고하였지만, 그의 경고를 듣는 이는 거의 없었다. 동원령을 선포하는 날 독일의 외교 절차상 전쟁은 적절하게 선포될 필요가 있었다. 티르피츠에 의하면, 외무부의 법률가들은 그렇게 하는 것이 법적으로 옳은 일이라고 주장했으나 "독일 밖에서는 누구도 그런 생각을 좋게 평가하지 않는다"고 그는 탄식했다.

프랑스의 평가는 그가 우려했던 것보다 훨씬 더 격렬했다.

7. 8월 1일: 파리와 런던

    프랑스의 정책을 좌우하는 최우선 목표는
영국을 동맹국으로 삼아 함께 전쟁에 임한
다는 것이었다. 이를 확실히 하고 영국 친구들이 국민여론 혹은 내각 내
에 존재하는 타성과 저항을 극복할 수 있도록 하기 위하여 프랑스는 누
가 공격자이고 누가 공격 당하는 자인지 분명하게 해줄 필요가 있었다.
침략이라는 물리적 행동과 그에 따른 도덕적 비난은 두말 할 필요도 없
이 독일의 몫이어야만 했다. 독일은 그 역할을 할 것으로 기대되었지만
너무 흥분한 프랑스군 순찰대나 전방 부대가 국경을 넘는 일이 없도록
하기 위하여, 프랑스 정부는 과감한 특단의 조치를 취했다. 7월 30일 정
부는 스위스로부터 룩셈부르크에 이르기까지 독일과 마주한 모든 전선
에서 10킬로미터를 후퇴하도록 명령했던 것이다.

    달변의 사회주의자이며, 이전에는 주로 복지와 노동에 관심이 많았던
르네 비비아니 수상이 이 후퇴를 제안했다. 그는 프랑스 정계의 특이한
인물로 이전에는 한 번도 수상을 역임한 바가 없었지만 현재는 외무장
관까지 겸임하고 있었다. 그는 수상에 취임한 지 불과 6주 밖에 안됐으

며 하루 전인 7월 29일 프앙카레 대통령과 같이 러시아 공식방문을 끝내고 막 귀국하던 길이었다. 오스트리아는 비비아니와 프앙카레가 출항할 때까지 세르비아에 대한 최후통첩을 미루었다. 이 소식을 접하자마자 프랑스 대통령과 수상은 코펜하겐 방문 일정을 취소하고 서둘러 귀국했던 것이다.

파리로 돌아온 그들은 독일군 엄호부대가 이미 국경에서 수백 미터 떨어진 지점에 배치되었다는 얘기를 들었다. 그들은 아직 러시아와 오스트리아의 군사 동원에 대해 아무것도 모르고 있었다. 여전히 협상에 의한 타결에 거는 기대가 컸다. 비비아니는 "수풀 속에서 두 순찰병이 조우하여 서로 위협적인 몸짓을 하다가…, 검은 그림자에 놀라 거친 말과 함께 총을 쏘는 식으로 느닷없이 전쟁이 터질지도 모른다는 걱정으로 괴로웠다." 아직은 싸우지 않고도 위기를 해결할 최소한의 기회가 남아 있었으며, 또 만일 전쟁이 터져도 누가 침략자인지를 분명히 하려는 의도에서 내각은 10킬로미터 후퇴안에 동의하였다. 군단장들에게 타전된 이 명령에는 "우리 우방인 영국의 협력을 확실히 하기 위한 것"이라고 기재되어 있었다. 이 조치를 영국에게 알리는 전문도 동시에 발송되었다. 침략의 목전에서 이루어진 이 후퇴는 정치적인 효과를 위해 계산된 군사적 위험을 의도적으로 떠안는 모험이었다. 그것은 "역사상 유례가 없는" 시도라고 비비아니는 말했는데, 어쩌면 그도 시라노(Cyrano de Bergerac, 1619-55 프랑스의 소설가로 로스탕드는 그의 비정상적으로 큰 코를 소재로 한 동명의 희곡을 씀: 역주)처럼 "아, 그러나 이 무슨 짓인가!"라고 탄식했는지도 모르겠다.

후퇴란 오로지 공격만을 강조하는 공격 지상주의를 채택한 프랑스군 총사령관에게 요구하기에는 너무나도 쓰라린 조치였다. 그것은 전쟁에 대한 몰트케의 첫 경험이 그를 박살낸 것처럼 죠프르 장군을 박살낼 수도 있었겠지만 그의 심장은 터지지 않았다.

대통령과 수상이 귀국한 순간부터 죠프르는 동원령을, 만약 그것이 어려우면 최소한 엄호 부대의 국경 배치라든지, 추수철을 맞아 휴가를 떠난 많은 병사들을 귀대시키는 것과 같은 사전조치라도 취할 수 있는 명령을 얻어내기 위해 행정부를 물고 늘어졌다. 그는 관료들에게 독일이 이미 취한 사전 동원조치에 관한 정보 보고를 봇물처럼 쏟아부었다. 그는 겨우 3일만에 물러난 전임 내각의 뒤를 이어 지난 5년간 무려 열 번째로 들어선 신생 내각 앞에 권위를 가진 거대한 모습으로 불쑥 나타났다. 현재의 내각은 프랑스의 강경파들이 대부분 빠져 있다는 점이 특징이었다. 브리앙, 클레망소, 카이오 같은 전임 수상들은 모두가 야당이었다. 비비아니는 옆에서 보기에도 "두려운 긴장 상태"에 있음이 분명했는데, 다시 국방장관이 된 메시미에 의하면 그의 이러한 긴장 상태는 "8월 내내 바뀌지 않았다." 정치적인 스캔들로 전임자가 쫓겨나자 해군 지휘부를 떠맡게 된 고티에르 해양장관은 원래 의학박사 출신이었는데, 이 사태에 너무도 압도되어 해군 함대를 해협에 배치하라고 명령하는 것을 "잊어버리는" 바람에 그 즉시 공보장관에 의해 교체될 수밖에 없었다.

비록 대통령에게 헌법이 부여한 권한은 없었지만 지능, 경험, 그리고 강한 의지가 있었다. 프앙카레는 변호사이자 경제학자였고 아카데미 회원이었으며 1912년에 수상과 외무장관을 역임한 바 있는 전직 재무장관으로 1913년 1월 프랑스의 대통령으로 선출되었다. 성격은 힘을 낳는 법이고 특히 위기의 순간에는 더욱 그러한데, 경험이 없던 내각은 기꺼이 헌법적으로는 아무 권한도 없는 이 사람의 능력과 강한 의지에 기대었다. 로렌에서 출생한 프앙카레는 10살짜리 소년이었을 때 끝이 뾰족한 헬멧을 쓴 독일군의 긴 행렬이 자신의 고향 마을인 바르뒤크를 지나 행진하던 광경을 기억하고 있었다. 독일인들에게 프앙카레는 가장 호전적인 인물로 인식되었다. 그 이유 중 하나는 아가디르 사태 때 수상으로서 그가 단호한 입장을 견지했기 때문이고 또 다른 하나는 대통령으로서 폭력적인 사회주의자들의 반대에 맞서 1913년 3년 군복무법을 통과시키는 데 자신의 영향력을 행사했기 때문이었다. 이런 행적과 더불어 차가운 태도나 소박하고 확고한 성격은 국내에서 그의 인기에는 별 도움이 되지 못했다. 선거는 정부에 불리하게 진행되고 있었고, 3년 복무법은 폐기될 지경이었으며 노동쟁의와 농민 항의가 끊이질 않았다. 무더운 7월이 여름 천둥과 폭풍에 숨막힐 듯 했으며, 『피가로』 편집장을 살해한 카이오 부인은 살인죄로 재판을 받고 있었다. 매일같이 재판에서 정부, 법원, 언론, 재정부문의 새롭고도 불쾌한 불법 사실들이 드러났다.

어느 날 아침, 잠자리에서 일어난 프랑스 국민들은 카이오 부인에 관한 기사가 신문 2면으로 밀리고 대신 프랑스가 전쟁에 직면했다는 갑작스럽고도 무서운 기사를 보게 되었다. 그 어떤 나라보다도 정치적 갈등과 분란이 심한 곳에서 불현듯 한 가지 강렬한 감정이 끓어오르기 시작했다. 러시아로부터 돌아오던 프앙카레와 비비아니는 파리로 들어서는 자동차 안에서 "프랑스 만세!(Vive la France!)"라는 함성이 끝없이 반복되는 것을 들을 수 있었다.

죠프르는 행정부에게 만일 5개 군단과 기병대로 엄호부대를 편성하여 국경으로 출동시키라는 명령을 내리지 않는다면 독일군은 "총 한 방 쏘지 않고 프랑스로 들어올 것"이라고 말했다. 그는 제 위치에 있던 군대를 10킬로미터 후퇴시키는 방안을 문민 통제에 복종했기 때문이라기보다는 (죠프르는 이러한 복종에 관한 한 천성적으로 쥴리우스 시저와 별반 다르지 않았음) 자신의 주장을 엄호 부대라는 한 가지 문제에 집중시키려는 의도에서 순순히 받아들였던 것이다. 통신선을 타고 난무하는 외교적 제의와 이에 대한 역 제의가 사태를 해결할 지도 모르는 상태에서 여전히 미온적인 행정부는 "축소된" 형태로 즉, 예비군을 동원하지 않는 선에서 그의 요구에 동의하였다.

다음날인 7월 31일 4시 30분 암스테르담 은행에 근무하는 친구가 메시미에게 전화를 걸어 베를린보다 한 시간 늦게 공식적으로 확인된 독일의 전쟁 경계령 선포 소식을 알려 주었다. 화가 난 메시미는 내각에게 그것은 "위장된 동원령(une forme hypocrite de la mobilization)"이라고 말했다. 암스테르담에 있던 그 친구는 전쟁은 피할 수 없으며, 독일은 "위로는 황제에서 밑으로는 말단 병사에 이르기까지" 전쟁 준비를 이미 끝냈다고 말했다. 이 소식에 이어 곧바로 런던 주재 프랑스 대사 캉봉으로부터 영국은 "미온적"이라는 내용의 전보가 도착했다. 캉봉은 위기가 닥쳤을 때 영국의 적극적인 지원을 확보한다는 한 가지 목적을 위해 지난 16년간 한결같이 노력해 왔지만, 그는 지금 영국정부가 뭔가 새로운 사태의 전개를 기다리는 것 같다는 내용을 타전할 수밖에 없었던 것이다. 지금까지의 분쟁은 "대영제국의 이해와 아무 관련이 없다"는 것이다.

죠프르는 동원령을 요구하기 위해 독일군 동태에 대한 새로운 메모를 들고 왔다. 그는 원안대로 예비군까지 동원하는 "엄호명령"을 하달하도록 허락 받았지만 그 이상은 아니었는데 왜냐하면 카이저에 대한 짜르의 마지막 청원 소식이 있었기 때문이었다. 내각은 장관들이 한 사람씩 차례대로 얘기해야 하는 "그린 베이즈 방식"으로 회의를 계속하는 바람에 메시미는 애가 타서 죽을 지경이었다.

지난 7일 동안 무려 열 차례나 프랑스 외무부를 방문했던 폰 쇼엔 남작이 저녁 7시에 다시 찾아와 프랑스는 어떻게 할 것인지를 알려 달라는 독일의 요구를 전하면서, 다음날 1시에 대답을 들으러 오겠다고 했다. 여전히 내각은 자리에 앉아 재정문제, 의회 소집, 그리고 모든 파리 시민들이 불안 속에 기다리고 있는 계엄 선포에 대한 논의를 계속하고 있었다. 한 미친 젊은이가 감정이 폭발하여 카페 유리창을 향해 권총을 쏴 쟝 죠레를 사살했는데, 극단적인 애국주의자의 눈에는 국제 사회주의 운동과 3년 군복무법 반대 투쟁에서 보여준 죠레의 지도력이 그를 반전론의 상징으로 보이게 했던 것이다.

9시에 안색이 하얗게 된 보좌관이 뛰어들어와 이 소식을 내각에 전했다. 죠레가 살해되었다! 시민 폭동으로 번질 수도 있는 이 사건에 내각은 깜짝 놀랐다. 거리의 바리케이드, 소요, 심지어 폭동의 환영이 전쟁이 코앞에 닥친 지금 눈앞에 어른거렸다. 장관들은 이미 파악된 선동가, 무정부주의자, 반전주의자, 그리고 동원령이 선포되는 날 자동적으로 체포하게 되어 있는 간첩 혐의자들의 명단인 까르네 베(Carnet B, B로 불리는 서류철: 역주)를 집행할 것인지에 대해 격렬한 논쟁을 재개했다. 경찰국장과 전임 수상인 클레망소는 까르네 베를 강제집행하라고 이미 내무장관 말비에게 조언한 상태였다. 비비아니와 다른 각료들은 국가적 단결을 유지하려는 희망에서 이를 반대했지만 그들은 물러서지 않았다. 결국 프랑스인들은 모두 빠진 채 간첩으로 의심되는 몇몇 외국인들만 체포되었다. 소요가 생기면 군부대에 야간경계령이 내려졌지만 다음날 아침에는 깊은 비탄과 침묵만이 남았다. 까르네 베에 올라있던 2,501명 가운데 80퍼센트는 결국 군복무를 자원하게 된다.

그날 밤 2시 프앙카레 대통령은 이렇게 위급한 상황에서 가만히 있을 수가 없었던 러시아 대사 이스볼스키의 방문을 받고 자리에서 일어났다. 매우 활동적인 전임 외무장관이었던 그는 "깊은 걱정으로 심란했으며, 프랑스가 어쩌려는 것인지" 알고 싶어했다.

이스볼스키는 프앙카레의 태도에 대해서는 아무 의심도 없었지만, 그를 포함한 다른 러시아 정치가들은, 위기가 닥쳤을 때 러시아와 맺은 군사동맹의 세부 조항에 대해 전혀 들은 바가 없는 프랑스 의회가 그것을 비준하는 데 실패할지도 모른다는 걱정에 항상 고민하고 있었다. 그 조항에는 "만일 러시아가 독일이나 독일의 지원을 받는 오스트리아에 의해 공격을 받게 되면 프랑스는 독일을 공격하기 위해 동원 가능한 모든 군사력을 사용할 것"이라고 아주 구체적으로 명시되어 있었다. 독일이나 오스트리아가 군사 동원을 하면 "프랑스와 러시아는 별도의 사전 협약 없이, 곧바로 동시에 자신들의 전 병력을 동원하고 가능한 한 전선 가까이로 수송할 것이며 … 이들 병력은 최대한 빨리 완벽하게 행동을 개시함으로써 독일은 동부와 서부에서 동시에 싸울 수밖에 없도록 할 것이다."

이들 조항은 명료해 보였다. 그러나 1912년 이스볼스키가 걱정스럽게 프앙카레에게 물었던 것처럼, 과연 프랑스 의회가 이 의무를 승인할 것인가? 러시아에서는 짜르의 권한이 절대적이기 때문에 "우리를 믿어도 좋지만, 프랑스는 행정부가 의회 없이는 아무것도 할 수가 없습니다. 의회는 1892년의 협정 내용을 모르고 있는데… 귀국 의회가 행정부의 지도를 따를 것이라는 것을 무엇으로 보장하시겠습니까?"

그 당시 프앙카레는 "만일 독일이 공격한다면" 의회는 "의심의 여지 없이" 행정부를 따를 것이라고 대답했었다.

이제, 한밤중에 다시 이스볼스키를 마주한 프앙카레는 대답을 주기 위해 수 시간 내에 내각이 소집될 것이라고 그를 안심시켰다. 같은 시간 러시아 무관은 외교관 정장 차림으로 같은 질문을 던지기 위해 메시미의 침실에 나타났다. 메시미는 그날 저녁의 일로 기진맥진한 상태였지만 아직 잠자리에 들지 않고 있던 비비아니 수상에게 전화를 걸었다. 그는 "맙소사! 이들 러시아인들은 술꾼이라기보다 더 지독한 불면증 환자"라고 소리친 다음 흥분한 상태로 "침착하게, 침착하게, 또다시 침착하게!(Du calme, du calme et encore du calme!)"라고 충고했다.

동원령을 내리자는 죠프르와 입장을 밝히라는 러시아로부터 압력을 받으면서도 오로지 자위를 위해 어쩔 수 없이 행동한다는 것을 영국에게 입증하기 위해 가만히 있어야만 하는 프랑스 정부는 조용히 있는 것이 얼마나 힘든 일인지 새삼 깨달았다. 다음날인 8월 1일 아침 8시 죠프르는 행정부로부터 억지로라도 동원령을 얻어내기 위해 자신의 "전형적인 침묵과는 어울리지 않는 애처로운 목소리"로 메시미에게 부탁하기 위하여 쎙 도미니크 거리에 있는 국방부를 찾았다. 그는 그날 밤 자정에 동원을 시작하기 위해 프랑스 전역으로 전문을 발송하려면 동원령은 늦어도 오후 4시까지 중앙 전신국에 도착해야 한다고 말했다. 오전 9시에 죠프르는 메시미와 함께 내각으로 가서 그 자신의 최후통첩을 제시했는데, 그 내용은 총동원령이 24시간 이상 지연된다는 것은 15내지 20킬로미터의 국토 상실을 의미할 것이며, 그렇게 된다면 자신은 총사령관의 책임을 거부할 것이라고 했다. 그는 떠났고 내각은 문제에 부딪쳤다. 프앙카레는 행동을 개시하자는 입장이었고, 반전주의 전통을 대표하는 비비아니는 여전히 시간이 해결해 주길 기대하고 있었다. 11시에 비비아니는 폰 쇼엔을 만나기 위해 외무부로 불려갔는데, 기다리기가 답답했던 폰 쇼엔은 전날 독일이 던진 질문, 즉 러독전쟁에서 프랑스는 중립을 지킬 것인가에 대한 답을 듣기 위하여 예정보다 두 시간이나 일찍 찾아왔던 것이다. "제 질문은 다소 순진한데 왜냐하면 우리는 귀국이 군사동맹을 맺고 있다는 것을 알기 때문"이라고 이 불행한 대사는 말했다.

"물론(Evidemment)"이라고 말한 비비아니는 자신과 프앙카레가 사전에 협의한 답변을 주었다. "프랑스는 국익에 따라 행동할 것입니다." 쇼엔이 떠나자 이스볼스키가 러시아에 대한 독일의 최후통첩 소식을 가지고 허겁지겁 들어왔다. 비비아니는 내각으로 돌아왔고 내각은 마침내 동원령에 동의하였다. 명령서가 서명 날인 되어 메시미에게 전달 되었지만 얼마 남지 않은 시간 동안에도 위기를 구할 수 있는 어떤 묘안이 나타날 것에 대한 희망을 버리지 않던 비비아니는 메시미에게 그 명령서를 3시 30분까지는 주머니 속에 보관하고 있을 것을 요구했다. 동시에 10킬로미터 후퇴를 다시 한번 확인했다. 메시미는 그날 저녁 각 군단장에게 그 내용을 직접 전화로 통보했다. "공화국 대통령의 명령에 따라 각 군의 어떤 부대도, 순찰병이나 정찰대 혹은 척후병을 막론하고 어떤 경우라도 현재의 방어선에서 동쪽으로 가면 안된다. 이를 어긴 자는 누구라도 군법회의에 회부될 것이다." 포쉬 장군이 지휘하는 제20군단을 위한 특별 주의사항이 첨부되었는데, 이 군단 소속 기병 대대가 울란(Uhlans) 기병 대대와 "얼굴을 맞대고" 있는 것이 목격되었다는 믿을 만한 보고가 있었다.

3시 30분 예정대로 죠프르의 참모인 에베네 장군이 두 명의 장교와 같이 동원명령서를 수령하기 위해 국방부로 왔다. 메시미는 목이 타는 침묵 속에 그것을 넘겨 주었다. "이 작은 종이조각으로부터 파급될 엄청나면서도 끝이 보이지 않는 결과를 의식한 우리 네 사람은 심장이 조여드는 느낌이었다." 메시미는 3명의 장교들과 악수를 하였고, 그들은 경례를 한 다음 명령서를 전신국으로 전달하기 위해 떠났다.

4시에 첫 번째 포스터가 파리 시내(콩코드 광장과 루와이얄 거리의 모퉁이였는데, 이중 하나는 유리로 덮여 현재까지 남아 있음)에 나붙기 시작했다. 아르메농빌에 있는 불로뉴 숲(파리 서쪽에 있는 공원: 역주)에서 열린 상류층(haut-monde) 모임에서는 지배인이 걸어 나와 오케스트라를 제지하자 모두들 갑자기 춤을 멈추었다. 그는 "동원령이 발표되었습니다. 동원은 오늘 밤에 시작됩니다. '마르세예즈'를 연주하세요"라고 말했다. 국방부에서 차량을 징발해가는 바람에 시내 거리는 이미 한산했다. 짐 꾸러미와 전송 꽃다발을 든 예비군들이 무리 지어 동부역(Gare de l'Est)으로 행진하였고 시민들은 손을 흔들며 환호하였다. 이중 한 무리가 콩코드 광장에 있는 검은 휘장이 덮힌 스트라스부르 동상 앞에 멈춰서 그 발치에 꽃을 놓았다. 군중들은 감격에 겨워 "알자스 만세!(Vive l'Alsace!)"라고 외치며 1870년 이후 동상에 씌워져 있던 상복을 찢었다. 식당마다 오케스트라들이 프랑스, 러시아, 그리고 영국 국가를 연주했다. "이것들을 모두 헝가리 사람들이 연주하고 있다니…" 누군가가 말했다. 마치 희망을 표현하는 것처럼 영국의 국가가 연주되는 것을 들으며 군중 속의 영국인들은 불편해 했는데 그 중에도 회색 프록 코트, 회색 모자, 녹색 양산을 쓰고 프랑스 외무성으로 들어서는 것이 목격된 혈색 좋은 살찐 얼굴의 영국 대사 프란시스 버티 경은 더욱 그랬다. 프란시스 경은 "가슴이 아프고 부끄러웠다." 그는 자신의 대사관 문을 잠그라고 지시했는데, 왜냐하면 그가 일기에 쓴 것처럼 "비록 오늘은 '영국 만세'(Vive l'Angeleterre)지만 내일은 아마 '배신자 알비용'(Albion, 알비용은 영국의 옛 이름: 역주)이 될지도 모르기" 때문이었다.

런던에서는 수염이 하얗게 센 자그마한 캉봉이 에드워드 그레이 경과 마주하고 있는 방에 그같은 생각이 무겁게 드리워져 있었다. 그레이가 캉봉에게 러시아, 오스트리아 그리고 독일 간의 분쟁은 대영제국의 국익과 "아무런 관계도 없기" 때문에 어떤 "새로운 진전"을 기다려야만 한다고 말했을 때, 캉봉은 자신의 완벽한 감각과 세련된 위엄에 분노의 섬광이 스치는 것을 억제할 수 없었다. 그는 "영국은 프랑스의 국토가 유린되어야만 전쟁에 개입하려는 것입니까?"라고 물은 다음 만일 그렇다면 영국의 도움은 "한참 때늦은 것"이 될지도 모른다고 말했다.

매부리 코에 입술을 굳게 다문 그레이도 내심 같은 것을 고민하고 있었다. 그는 영국의 이익을 위해서는 프랑스를 도와야 한다는 것을 확신하고 있었으며 사실 영국이 움직이지 않으면 사임할 준비를 하고 있었고, 앞으로 일어날 일들이 결국 원하는 결과를 초래할 것이라고 믿고 있었지만, 아직은 캉봉에게 공식적으로 아무것도 말할 수 없었다. 또한 그레이는 비공식적으로도 자신의 속마음을 나타낼 기교가 없었다. 그레이의 매너는 영국 국민들에게 과묵하고 강인한 사나이라는 이미지로 비춰져 그들을 안심시켰지만 그의 외국인 동료들에게는 "차가운" 것으로 받아들여졌다. 그는 모두들 "벨기에의 중립이야말로 결정적인 요건이 될 수 있을 것"으로 생각하고 있음을 겨우 살짝 내비쳤을 뿐이다. 그것이 바로 다른 이들과 함께 그레이가 기다리고 있는 새로운 진전이었다.

영국의 고민은 정당 간에, 그리고 내각 안에 분명히 존재하는 분열된 성격에서 기인한 것이었다. 내각은 보어전쟁에서 유래한 분열 속에서 아스퀴스, 그레이, 할데인 그리고 처칠로 대표되는 자유 제국주의자들과 그 나머지 모두로 대표되는 "작은 영국인들(Little Englanders)"로 나뉘어져 있었다(1868-1880 기간 중 Disraeli는 적극적인 외교를 통한 팽창주의를 주도한 반면 Gladstone은 이에 반대하는 입장이었음: 역주). 글래드스톤의 후예인 그들은 자신들의 과거 지도자처럼 대외적인 문제에 말려드는 것에 대해 뿌리 깊은 의심을 갖고 있었고 억압 받는 민족을 돕는 것만이 유일하게 타당한 외교적 사안이라고 생각했으며, 그 이외의 것은 무엇이든 개혁, 자유 무역, 아일랜드 자치(Home Rule), 군주의 거부권에 대한 성가신 간섭으로 치부했다. 그들은 프랑스를 나태하고 경솔한 베짱이로 생각하는 경향이 있었던 반면, 카이저와 범독일 군국주의자들의 위협과 선동이 나쁜 영향을 미치지만 않았다면 독일을 근면하고 존경할 만한 개미로 인식하려 했을 것이다. 비록 "작은" 나라인 벨기에가 개입되어 영국에게 보호를 요청하게 되면 문제가 바뀔지는 몰라도, 그들은 절대로 프랑스를 위하여 전쟁을 지원하지는 않았을 것이다.

반대로 내각 내의 그레이 그룹은 영국의 국익은 프랑스의 보존과 밀접하게 연결되어 있다는 토리당의 기본 전제에 동조하였다. 그 논거는 놀랍도록 평범한 그레이 자신의 말 속에 가장 잘 표현되어 있는데, "만일 독일이 대륙을 석권한다면 다른 나라들 못지않게 우리도 그것에 동의할 수가 없다. 왜냐하면 우리는 고립될 수밖에 없기 때문"이라는 것이다. 이 서사시 같은 문장 속에 영국 정책의 모든 것이 있으며, 그러한 논거로부터 만일 어떤 도전을 받게 되면, 영국은 "동의할 수 없는" 결과를 막기 위하여 싸워야만 한다는 결론에 이르게 된다. 그러나 그레이는 전쟁이 시작되기도 전에 그 어떤 전쟁 노력에도 치명적일 수 있는 국가와 내각의 분열을 피하면서 그렇게 이야기할 수 있는 방법이 없었다.

유럽에서는 영국만 징병제가 아니었다. 전쟁이 나면 영국은 지원병에 의존하게 될 것이다. 전쟁에 관한 문제를 놓고 정부가 분열되어 반전 그룹이 이탈하게 되면 신병 모집에 치명적인 영향을 줄 뿐만 아니라 이탈자들에 의해 주도되는 반전 정당이 결성될 수도 있다. 만일 영국을 동맹국으로 삼아 함께 전쟁에 돌입하는 것이 프랑스의 최우선 목표라면, 영국 정부가 의견 일치된 상태에서 전쟁에 돌입하는 것이 최우선 조건이었다.

이것이 문제의 시금석이었다. 내각회의에서는 개입에 반대하는 쪽이 우세한 것으로 드러났다. 그들의 지도자며 글래드스톤의 오랜 친구이자 그의 전기작가이기도 한 몰리 경은 각료들 가운데 "여덟 내지 아홉"은 "악마와 같은 에너지"를 가진 처칠과 "너무나도 단순한" 그레이에 의해 공개적으로 추진 중인 대안에 반대하여 "우리에게 동조할 것"으로 판단했다. 내각의 논의 결과 몰리가 보기에는 벨기에의 중립이 "프랑스와 독일 간의 싸움에서 우리의 중립 문제 다음으로 주요한 문제"라는 것이 분명했다. 오로지 벨기에 중립에 대한 침범만이 평화론자들에게 독일의 위협과 국익을 위한 참전의 필요성을 확신시킬 것이라는 점은 그레이에게도 똑같이 분명해 보였다.

8월 1일 내각과 의회에서 균열이 드러났으며 점차 확대되고 있었다. 그날 18명의 내각 구성원 중 12명이 전쟁 발발시 프랑스에게 영국의 지원을 확약하는 것에 반대한다고 선언했다. 그날 오후 하원 로비에서 열린 자유당 의원의 임시 간부회의는 19대 4로 (비록 상당수가 불참했지만) 영국은 "벨기에를 포함하여 어디에서 무슨 일이 있더라도" 중립을 유지해야 한다는 제안을 지지했다. 그 주에 『펀치(Punch)』는 "평범한 영국 애국자의 견해를 나타내는 시"를 실었다.

> 왜 내가 너의 전선에 따라가야 하는가
> 나하고는 아무 상관없는 문제를 위해? …
>
> 나는 모든 싸움에 초청을 받게 될 거야
> 유럽의 지도 위 어느 곳이든,
> 다른 이의 전쟁에 끌려들어가겠지
> 그것이 이중으로 맺은 협약의 목적이니까.

평범한 애국자는 그 당시 진행 중이던 아일랜드 위기에 자신의 열정과 분노를 쏟을 만큼 이미 다 쏟아버렸다. "큐렉(Curragh) 반란"은(1912년 제3차 아일랜드 자치법안이 하원을 통과하자 개신교를 믿는 아일랜드 북부 얼스터 지방에서 로마 가톨릭의 전횡을 우려하여 거센 항의가 일어나고 북부의 얼스터 반군과 남부의 아일랜드 반군 간에 내전의 위기가 고조되자 이를 진압하기 위한 영국군이 아일랜드의 큐렉 평원에 진주하게 됨. 결국 1914년 상원에서 얼스터를 자치 대상에서 제외하도록 법안을 수정함: 역주) 영국의 카이오 부인이었다. 자치법안이 통과되자 얼스터는 아일랜드 자치에 맞서 무장봉기를 하겠다고 위협하였으며, 큐렉에 주둔한 영국군은 얼스터의 애국자들에 맞서 무기를 들 것을 거부했다. 큐렉 주둔군 사령관이었던 고어 장군은 부하 장교 전원과 더불어 사임했고, 그로 인해 참모총장인 존 프렌치 경이 사임했으며, 그 결과로 할데인의 후임 국방장관인 존 실리(John Seely, 1868-1947 영국의 정치가로 남아프리카전쟁에 참전한 후 1900년 국회에 들어와 1912년 아스퀴스 내각의 국방장관을 지냄: 역주) 대령도 사임했다. 군대는 끓어올랐고, 분노와 분열이 온 나라를 뒤덮었으며 국왕과 정당 지도자들의 어전회의도 아무 성과가 없었다. 로이드 죠지는 "스튜어트 왕 이래 가장 중대한 문제가 이 나라에 일어났다"고 불길하게 말하면서, "내전"과 "반란"이라는 단어를 거론했다. 독일의 한 무기 회사는 기대에 부풀어 40,000정의 소총과 백만 개의 탄창을 실은 화물선을 얼스터로 보냈다. 한동안 국방장관이 없어 수상인 아스퀴스가 겸직했는데, 그는 그 자리를 위한 시간도 거의 없었고 관심도 별로 없었다.

하지만 아스퀴스에게는 유난히 활동적인 해군장관(First Lord of the Admiralty)이 있었다. 멀리서 전쟁의 냄새를 맡았을 때 윈스턴 처칠은 용기에 나오는 군마와 흡사했는데 이 말은 "앞발로 땅을 힘있게 차고 나팔 소리가 날 때마다 콧소리를 내면서" 칼과 맞서도 피하지 않았다(욥기 39장 19절부터 25절 참조: 역주). 그는 영국이 무엇을 해야 하는지에 대해 완전하고도 분명한 확신을 가지고 있었으며 지체 없이 이를 행동에 옮길 수 있는 유일한 영국 장관이었다. 오스트리아가 세르비아의 답신을 거부한 날이자 영국정부가 결심을 굳히기 열흘 전인 7월 26일, 처칠은 결정적인 명령을 내렸다.

7월 26일 영국함대는 위기와는 상관없이 전 대원이 참여하여 전시전력을 확보한 상태로 동원 및 기동 훈련을 마무리하고 있었다. 다음날 아침 7시 개별 전대들은 해산할 예정이었는데, 일부는 공해로 나가 여러 가지 훈련을 하고, 일부는 항구로 귀환하여 해산한 다음 일부 대원은 훈련소로 복귀하고, 일부는 수리를 위해 선거(Dock)로 갈 예정이었다. 해군장관은 후일 일요일이었던 7월 26일은 "아주 아름다웠다"고 회고했다. 오스트리아의 소식을 들었을 때, 그는 "외교적인 상황이 해군의 대응보다 앞서 나가지 않도록 하고, 독일이 우리의 참전 여부를 알 수 있기 전, *그러니까 가능하다면 우리 스스로가 결정을 내리기 전에* 대 함대(the Grand Fleet)를 전쟁 기지(War Station)에" 확실하게 "대기 시켜야겠다"고 결심하였다. 이탤릭체 부분은 그가 직접 쓴 것이다. 그는 해군본부위원회 제1군사위원인 바텐버그의 루이스 왕자와 의논한 후에 함대에게 해산하지 말도록 명령했다.

그런 다음 처칠은 자신이 취한 조치를 그레이에게 알리고 그의 동의를 얻어 이 소식이 베를린과 비엔나를 "정신차리게 해 주기를" 기대하며 해군성의 명령을 신문에 공표했다.

함대를 그냥 모아 놓는 것으로는 충분치 못하며, 처칠이 대문자로 표현한 것처럼 함대는 "전쟁 기지"에 도착해 있어야만 했다. 함대의 가장 중요한 임무는, 해전의 클라우제비츠인 마한 제독이 정의한 바와 같이, "온전한 함대"로 유지되는 것이다. 전쟁이 발발하면 섬나라의 생존 여부를 떠맡고 있는 영국함대는 해상 수송로를 확보하여 이를 유지하고, 영국의 섬들을 적의 침공으로부터 막아내고, 프랑스와의 조약에 따라 해협과 프랑스 해안을 방어하고, 만일 독일함대가 도전해 올 때는 어떠한 경우에도 승리할 수 있도록 충분한 전력을 유지하며, 무엇보다도 그 파괴력을 알 수 없는 새롭고 위협적인 무기인 어뢰로부터 스스로를 지켜야 했다. 사전 예고도 없는 갑작스런 어뢰공격에 대한 두려움이 해군성을 괴롭혔다.

7월 28일 처칠은 함대에게 스카파 플로(Scapa Flow)에 있는 전쟁 기지로 이동하도록 명령했는데, 그곳은 북쪽 멀리 북해의 안개에 싸인 오크니 섬 끝에 있었다. 함대는 29일 포틀랜드를 출발하여 해 질 녘에는 이미 18마일에 이르는 전함들의 행렬이 북쪽을 향해 도버 해협을 통과했는데, 그것은 승리의 영광을 향한 출진이라기보다는 보다 안전한 기지를 향한 신중한 이동이었다. 해군장관은 "다행스럽게도 어뢰의 기습 공격은 사라져 버린 하룻밤의 악몽이었다"고 기록했다.

함대의 출동준비를 마친 처칠은 자신의 넘치는 에너지와 위기의식을 국가를 준비시키는 데 쏟아 부었다. 7월 29일 그는 경고전보(Warning Telegram)를 발령하도록 아스퀴스를 설득했다. 국방부와 해군성이 이를 발령하면 경계단계(Precautionary Period)에 돌입하도록 되어 있었다. 경계단계란 독일의 전쟁 경계령이나, 계엄법을 발효시키는 프랑스의 계엄령에는 못 미치지만 "오직 시간만이 문제가 될 때… 내각에 회부하지 않고 국방장관이 독단으로 필요한 조치를 취할 수 있게 해 주는… 천재가 발명한" 절묘한 제도였다.

불안한 처칠은 시간의 압박을 받았다. 자유당 정부가 오래 가지 못할 것으로 예상한 그는 자신의 과거 정당인 토리당에 대한 사전 포석에 나섰다. 연립 정권이란 자신의 정부를 분열시키지 않고 그대로 유지하려는 수상의 구미에는 전혀 맞지 않는 것이었다. 그 누구도 76세의 몰리경이 전쟁이 터졌을 때 정부에 남을 것이라고 기대하지 않았다. 몰리보다 훨씬 원기 왕성한 재무장관 로이드 죠지가 검증된 능력이나 유권자들에 대한 영향력 면에서 정부로서는 포기할 수 없는 핵심 인물이었다. 재치 있고, 야심적이며, 사람을 끌어들이는 마력을 가진 웨일즈 출신의 달변가인 로이드 죠지는 평화 그룹에 기울고 있었지만 어느 쪽으로도 갈 수 있는 인물이었다. 그는 최근의 지지도 하락을 걱정하고 있었으며, 몰리 경이 "해군성의 훌륭한 용병 대장"이라고 부르는 인물이 새로운 당권 경쟁 상대로 급부상하는 것을 주목하고 있었는데, 그래서 그는 어쩌면 몇몇 동료들이 생각했던 것처럼 처칠에 맞서 "평화 카드를 쓰는 것"이 정치적으로 유리하다고 판단했던 것일 수도 있었다. 그는 전체적으로 불분명했으며 위험한 존재였다.

분열된 조국을 전쟁으로 이끌고 싶은 생각이 추호도 없었던 아스퀴스는 필사적인 인내로 평화 그룹을 돌아서게 할 사태를 계속해서 기다리고 있었다. 7월 31일 그는 일기에 당시의 문제는 "들어가느냐 혹은 비켜서느냐였으며 물론 모든 사람들은 비켜서기를 원한다"고 냉정하게 기록했다. 보다 덜 수동적이었던 그레이는 7월 31일 내각회의에서 거의 노골적인 수준까지 갔었다. 그는 독일의 정책이 "나폴레옹(이 이름은 영국에게 오로지 한 가지 의미만을 가짐)만큼이나 고약한 유럽 침략자"의 것이라고 말하며 내각에게 조약을 준수할 것인지 아니면 중립을 지킬 것인지에 대한 결정을 더 이상 미룰 수 없게 되었다고 했다. 그레이는 내각이 중립을 택한다면 자신은 그런 정책을 집행할 사람이 아니라고 말했다. 사임에 대한 그의 묵시적 위협은 마치 이를 공개적으로 말해버린 것과 같은 반향을 일으켰다.

"내각은 한숨만 쉬는 꼴이었고" 몇 번인가 "숨이 멎은듯한 침묵"으로 빠져들었다고 그들 중 한 사람이 기록했다. 내각 구성원들은 서로를 쳐다보다가 문득 그들이 계속해서 하나의 정부로 존재하는 것이 여의치 않다는 것을 깨닫게 되었다. 그들은 결정을 내리지 못한 채 회의를 마쳤다.

8월의 은행 휴일(Bank Holiday, 영국은 법으로 매년 8월 첫째 월요일을 은행의 휴일로 정하고 있음: 역주) 주말 전야였던 그 금요일, 주식시장은 오스트리아가 세르비아에 선전포고를 하면서 뉴욕에서 시작된 금융 공황의 파도에 휩쓸려 오전 10시에 폐장되었으며 전 유럽의 주식시장들도 잇따라 문을 닫고 있었다. 런던시티(the City, 시장 및 시의회가 관할하는 약 1평방마일의 구 시내로 영국 금융, 상업의 중심지: 역주)는 외환시장의 붕괴와 파멸을 예언하며 몸서리쳤다. 로이드 죠지에 의하면, 은행가와 사업가들은 "런던을 중심으로 구축된 전체 신용 시스템을 파괴할" 수도 있는 전쟁이라는 생각에 "경악"했다. 영국은행 총재는 토요일에 로이드 죠지를 방문하여 런던시티는 "우리의 전쟁 개입에 절대로 반대한다"는 것을 알려 주었다.

바로 그 금요일, 토리당의 지도자들은 위기상황을 논의하기 위하여 각자의 지역구로부터 소환되어 런던으로 모이는 중이었다. 이들을 한 사람씩 붙잡고 만일 우유부단한 자유당이 지금처럼 망설일 경우 초래될 영국의 수치에 대해 간청하고, 타이르고, 설명하는 사람은 영불 군사 "대화"의 심장, 영혼, 정신, 중추이자 그 기반인 헨리 윌슨이었다. 총참모부 간의 합동군사계획에 대해 서로 합의한 완곡한 표현이 바로 "대화"였다. 할데인이 처음 만들었고, 캠벨 배너맨에게 불안을 야기시켰고, 에셔 경은 이를 거부했으며, 그레이가 1912년 캉봉에게 보낸 편지에 포함시켰던 "공약 없음"이란 공식은, 비록 사리에 맞지 않는 것이었지만, 여전히 공식적 입장을 대변하고 있었다.

그것은 거의 아무 의미도 없었다. 클라우제비츠가 정확하게 표현한 것처럼, 만일 전쟁이 국가 정책의 연장이라면, 전쟁계획 역시 마찬가지다. 9년에 걸쳐 상세하게 수립된 영불 전쟁계획은 게임이 아니며, 환상 속의 연습도 아니고, 군대가 딴 마음 먹지 못하게 하려는 서류 작업도 아니었다. 그것은 정책의 연장이거나 아니면 아무것도 아니었다. 영국이 행동하도록 "구속"하지 않는다는 마지막 법률적인 허구만 제외한다면 그것은 프랑스와 러시아 또는 독일과 오스트리아 간의 협정과 하등 다를 것이 없었다. 그 정책을 좋아하지 않았던 정부나 의회의 구성원들은 그저 눈을 감고 그러한 허구를 믿도록 스스로에게 최면을 걸고 있었던 것뿐이다.

그레이와 고통스러운 면담을 마치고 야당 지도자들을 방문한 캉봉은 이제 외교적인 기교 따위는 모두 던져 버렸다. "우리의 모든 계획은 공동으로 준비된 것입니다. 우리 총참모부는 협의를 계속했습니다. 귀측은 우리의 모든 계획과 준비 내용을 이미 보았습니다. 우리 함대를 보십시오! 우리 전 함대는 귀측과 사전에 합의한 대로 지중해에 있으며 우리의 해안은 적에게 그대로 노출되었습니다. 귀측이 우리를 이렇게 무방비 상태로 만든 겁니다!" 캉봉은 그들에게 만일 영국이 오지 않으면 프랑스는 영국을 절대로 용서하지 않을 것이라며, "그리고 명예? 영국은 명예가 어떤 것인지 이해합니까?(Et l'honneur? Est-ce que l'Angleterre comprend ce que c'est l'honneur?)"라는 비참한 절규로 끝을 맺었다.

명예는 보는 이의 눈에 따라 다른 외투를 입는데, 그레이는 평화 그룹이 그것을 보려면 벨기에라는 코트를 입어야만 한다는 것을 알고 있다. 같은 날 오후, 그는 프랑스와 독일 정부에게 "다른 열강이 침범하지 않는 한" 그들도 벨기에의 중립을 존중할 것인지를 공식적으로 확인하기 위해 두 통의 전보를 발송했다. 전보를 받고 한 시간 만인 7월 31일 저녁 늦게 프랑스는 이를 존중하겠다고 회신했다. 독일로부터는 아무 회신도 없었다.

다음날인 8월 1일, 그 문제는 내각 앞에 놓이게 되었다. 로이드 죠지는 지도상에서 파리로 가는 최단 직선로를 따라 벨기에의 모퉁이를 지나가는 독일군의 예상 진격로를 손가락으로 가리키며, 이것은 "아주 약간의 침범"이 될 것이라고 말했다. 처칠이 함대 동원권, 즉 모든 해군 예비군을 소집할 권한을 요구하자 내각은 "신랄한 논쟁" 끝에 이를 거절했다. 그레이가 프랑스 해군과 맺은 약속을 이행할 권한을 요구하자, 몰리 경, 존 번즈, 존 사이먼 경, 그리고 루이스 하코트는 사임하겠다고 했다. 내각 밖에서는 카이서와 싸르 간의 마지막 힘겨루기와 독일의 최후통첩에 관한 소문이 소용돌이 치고 있었다. 그레이가 리크노브스키와 전화 통화를 하기 위해 방을 나갔는데 리크노브스키가 이때 나눈 대화를 오해하는 바람에 몰트케 장군의 가슴이 터졌던 것이다. 또한 그레이는 캉봉을 만나 "프랑스는 지금 우리가 줄 수 있는 입장이 아닌 우리의 지원을 고려하지 말고 이 순간 스스로 결정을 해야만 한다"고 말했다. 캉봉이 창백한 상태로 떨면서 오랜 친구이자 사무 부차관인 아더 니콜슨 경 사무실에 있는 의자에 주저앉는 사이 그레이는 내각으로 돌아갔다. "그들이 우리를 버리려 하고 있다(Ils vont nous lâcher)"고 캉봉은 말했다. 그에게 무엇을 할 거냐고 묻는 『타임즈』 편집자에게 그는 "영어 사전에서 '명예'라는 단어가 지워지는지 지켜볼 것"이라고 대답했다.

내각에서는 아무도 배수의 진을 치려 하지 않았다. 내각 사퇴는 말만 있을 뿐 아직 정식으로 제안되지는 않았다. 전문이 오가고 복잡한 격정이 소용돌이 치던 그날이 저물어 가도록 아스퀴스는 계속해서 꼼짝 않고 앉아, 거의 말도 없이, 새로운 사태의 진전을 기다렸다. 그날 저녁 몰트케는 동진을 거부했고, 펠트만 중위의 부대는 룩셈부르크의 트루와 비에르즈를 점령했고, 메시미는 전화로 10킬로미터 후퇴를 재확인했으며, 해군성에서는 해군장관이 야당의 친구들과 어울리고 있었는데 이 중에는 후에 상원의원이 되는 비버브룩과 버켄헤드도 있었다. 기다리는 동안 긴장을 풀어 보려고 저녁 식사 후 그들은 브리지 게임을 했다. 게임 도중에 전령이 붉은색 전보 상자를 가지고 왔다. 공교롭게도 그것은 치수가 가장 큰 상자였다. 처칠은 호주머니에서 열쇠를 꺼내 상자를 열고 그 안에 있는 한 장의 서류를 꺼내 그 위에 써 있는 한 줄의 문장을 읽었다. 그것은 "독일이 러시아에 선전포고 했다"는 내용이었다. 그는 친구들에게 그 내용을 알려주고, 만찬용 재킷을 갈아 입은 다음 "아주 익숙한 일을 하러 달려가는 사람처럼 곧바로 나갔다."

처칠은 걸어서 기마행렬을 가로질러 다우닝가에 도착하자 정원 문을 열고 들어갔는데, 위층에서 그레이, 지금은 대법관인 할데인, 그리고 인도성 장관인 크루 경과 같이 있는 수상을 발견했다. 그는 그들에게 "내각의 결정과 관계없이 즉각 함대를 동원할" 생각이라고 말했다. 아스퀴스는 아무 말이 없었지만 처칠이 생각하기에 "상당히 만족스러워" 보였다. 처칠과 같이 밖으로 나오던 그레이는 그에게 "나는 지금 막 아주 중요한 일을 했어요. 나는 캉봉에게 독일함대가 해협 안으로 들어오지 못하게 할 것이라고 말했습니다"라고 일러주었다. 어쩌면 이것은 그레이와 위험한 구두 대화를 하면서 처칠이 그가 한 말을 이런 식으로 이해한 것일지도 모른다. 그것은 이제 함대는 약속을 이행한다는 의미였다. 그레이가 이미 그런 약속을 했다고 말했는지, 또는 후일 학자들이 결론 낸 것처럼, 그가 다음날 그것을 약속할 것이라고 말했는지는 크게 상관이 없는데 왜냐하면 어느 쪽이든 처칠이 이미 내린 결정을 단지 확실히 해준 것 뿐이기 때문이다. 처칠은 해군성으로 돌아와 "즉시 동원령을 발령하였다."

프랑스와 맺은 해군 조약을 이행하겠다는 그레이의 약속이나 처칠의 명령은 모두 내각 주류의 분위기와는 상치되는 것이었다. 다음날 내각은 이러한 조치를 승인하든가 아니면 해산할 수밖에 없는데 그때까지면 벨기에로부터 어떤 "진전"이 있을 것으로 그레이는 기대했다. 프랑스 측과 마찬가지로 그도 독일이 그러한 기대에 부응해 줄 것이라고 믿고 있었다.

8. 브뤼셀에 대한 최후통첩

브뤼셀 주재 독일 공사인 폰 벨로브 살레스케의 금고 안에는 "이곳으로부터 별도의 지시를 받기 전까지는 열어 보지 말라"는 지시와 함께 7월 29일 특별 전령 편에 베를린으로부터 배달된 밀봉된 봉투가 들어 있었다. 8월 2일 일요일, 벨로브는 즉시 봉투를 열고 그 안에 있는 통첩을 그날 저녁 8시까지 전달하되, 벨기에 정부를 상대로 "공사는 이 문제에 관한 모든 지시를 오늘 처음 받았다는 인상"을 풍기도록 유의하라는 전문을 받았다. 그의 임무는 벨기에 측에게 12시간 내에 회신하도록 요구하고, 그 내용을 "가능한 빨리" 베를린으로 전송하며 또한 "즉시 자동차 편으로 그 내용을 아헨의 유니온 호텔에 있는 폰 엠미히 장군에게 전달"하는 것이었다. 아헨 또는 엑스-라-샤펠은 벨기에로 들어가는 동쪽 관문인 리에쥬에서 가장 가까운 독일 도시였다.

검은 수염을 뾰족하게 기르고, 항상 옥으로 된 담배 파이프를 입에 물고 있던 큰 키의 꼿꼿한 독신인 폰 벨로브는 1914년 초 벨기에 공사로 부임했다. 독일 공사관 방문객들이 그의 책상 위에 놓인 총알 구멍이 난은 재떨이에 대해 물으면 그는 웃으면서 이렇게 대답했을 것이다. "나는 불길한 징조를 가지고 다니는 흉조입니다. 내가 터키에 있을 때, 그곳에서 혁명이 일어났어요. 내가 중국에 있을 때, 북청사변이 있었지요. 그때 유탄 하나가 유리창을 깨고 날아와 이 구멍을 낸 겁니다." 그는 아마도 크고 우아한 몸짓으로 담배를 들어 자신의 입으로 가져가며, "그러나 나는 지금 휴식 중입니다. 브뤼셀에서는 아무 일도 일어나지 않았습니다" 라고 덧붙였을 것이다.

밀봉된 봉투가 온 뒤로 그는 더 이상 휴식 중이 아니었다. 8월 1일 정오 벨기에 외무차관인 드 바솜피에르 남작이 그를 방문했는데, 남작은 그에게 벨기에 석간신문들이, 프랑스는 그레이에게 보내는 회신에서 벨기에 중립을 존중하기로 약속했다는 기사를 게재할 것이라는 얘기를 했다. 바솜피에르는 이에 상응하는 독일 측 답변이 없는 것에 대해 폰 벨로브는 뭔가 할 말이 있지 않겠느냐고 떠 보았다. 벨로브는 베를린으로부터 그러한 권한을 위임받지 못했다. 그는 외교적인 기교로 이 곤경을 벗어나려고 의자에 등을 대고 앉아 천장을 응시한 채 담배 연기 사이로 마치 레코드를 튼 것처럼 방금 바솜피에르가 자기에게 한 말 전부를 한마디씩 그대로 반복했다. 벨로브는 일어서면서 방문자에게 "벨기에는 독일에 대해 아무것도 두려워할 것이 없다"고 단언하며 면담을 끝냈다.

다음날 아침 그는 외무장관 다비뇽에게도 이 같은 장담을 되풀이했다. 독일군의 룩셈부르크 침공 소식에 놀라 아침 6시에 일어난 다비뇽이 이에 대한 설명을 요구했던 것이다. 공사관으로 돌아온 벨로브는 이러한 경우에 어울리는 "이웃집 지붕에 불이 났어도 당신 집은 안전할 것" 이라는 속담을 인용하며 아우성치는 기자들을 무마시켰다.

관리들을 포함한 다수의 벨기에인들은 그를 믿고 싶어했는데, 일부는 친 독일적 성향에서, 일부는 그렇게 되기를 바라는 마음에서, 그리고 일부는 벨기에 중립을 보장한 세계 열강들의 성실한 약속에 대한 단순한 믿음에서 그랬던 것이다. 열강들에 의해 독립이 보장되었던 지난 75년간은 그들의 역사상 가장 오랫동안 평화가 지속된 기간이었다. 벨기에 영토는 시저가 벨제(Belgae, 시저는 기원전 58년 갈리아전쟁을 통해 골족의 세 부족을 정복했는데 이중 하나가 현대 벨기에의 조상인 벨지카였음: 역주)와 싸운 이래 전사들의 통로였다. 벨기에에서 버건디의 용맹한 챨스와 프랑스의 루이 11세는 길고도 참혹한 주도권 다툼을 벌였고, 스페인이 베네룩스 3국을 휩쓸었고, 말보로가 프랑스와 말프라케의 "처참한 살육전"(Malplaquet, 1709년 스페인 계승전쟁의 승패를 결정한 전투로 말보로 공이 이끄는 영국과 신성로마제국 연합군이 이만 명의 사상자를 내며 프랑스군을 물리침: 역주)을 벌였고, 워털루에서 나폴레옹은 웰링턴을 만났으며, 그곳 주민들은 1830년 마지막으로 오렌지 가에 대해 반란을 일으키기까지 모든 통치자들 즉, 버건디, 프랑스, 스페인, 합스부르크 또는 네덜란드에게 끊임없이 항거해왔다. 그 후 그들은 빅토리아 여왕의 외삼촌인 삭스-코부르의 레오폴드를 왕으로 옹립하여 나라를 세우고 번영시켰으며, 자신들의 에너지를 왈룬과 플레밍(벨기에 남부는 프랑스어를 사용하는 Walloon이 주로 공업에 종사하고, 북부는 네덜란드어를 사용하는 Fleming이 주로 농업에 종사하며 이들 간의 긴장은 오래된 사회 문제임: 역주), 가톨릭과 프로테스탄트 간의 집안 싸움, 사회주의와 프랑스 및 프레미쉬 2개 국어 공용화에 관한 갈등, 그리고 이웃 국가들이 자신들을 방해하지 말았으면 하는 간절한 희망에 쏟았다.

국왕과 수상 그리고 참모장은 더 이상 이러한 일반적인 믿음에 공감할 수 없었지만 중립의 의무와 중립에 대한 자신들의 믿음 때문에 침략을 격퇴할 계획을 만들 수 없었다. 마지막 순간까지도 그들은 중립을 보장했던 열강 중 하나가 실제로 침략할 것임을 믿을 수 없었다. 7월 31일 독일의 전쟁 경계령 선포 소식을 접한 그들은 이날 밤을 기하여 벨기에 군 동원령을 내렸다. 이날 밤부터 다음날까지 경찰관들이 집집을 방문하여 초인종을 누르고 명령서를 전달하였으며 남자들은 자리에서 일어나거나, 하던 일을 멈추고, 짐 꾸러미를 챙겨, 작별인사를 한 다음, 연대 집결지로 향했다. 중립을 엄격히 유지하고 있던 벨기에는 이때까지 어떠한 전투계획도 수립하지 않았기 때문에 군사 동원은 어떤 특정한 적국이나 특정한 방향을 향한 것이 아니었다. 그것은 병력배치가 없는 그냥 소집이었다. 벨기에는 중립을 보장했던 열강들과 마찬가지로 그 스스로도 엄정하게 중립을 지켜야만 했으며 누군가가 적대 행위를 하기 전에는 노골적인 행동을 할 수 없었다.

8월 1일 저녁까지 24시간 동안 그레이의 질문에 대한 독일의 침묵이 계속되자 알버트 국왕은 사적으로 카이저에게 마지막 청원을 하기로 결심했다. 그는 바바리아 공작의 딸로 독일 태생인 자신의 엘리자베스 왕비와 의논해 가며 편지를 작성했는데, 왕비는 왕과 함께 단어를 골라 그 미묘한 의미를 고려해 가며 문장 하나 하나를 독일어로 번역하였다. 그 편지에서 국왕은 "정치적인 난점"들로 인해 공개적인 언급이 어려울 수도 있음을 인정하면서 그러나 카이저가 "혈연 관계와 우정을 고려하여" 비공식적으로 자신에게 벨기에의 중립을 존중하겠다는 개인적인 언질을 주었으면 한다고 언급했다. 그러나 알버트 국왕의 왕후인 호헨졸렌-지그마링겐의 공주 마리에가 프러시아 왕실의 가톨릭계 후손의 먼 친척이라는 왕실 간의 혈연 관계는 카이저가 회답을 하도록 움직이는 데 별 도움이 되지 못했다.

그 대신 최근 4일간 폰 벨로브의 금고 속에 보관되어 있던 최후통첩이 왔다. 그것은 8월 2일 저녁 7시에 전달되었는데, 이때 외무부의 안내원이 차관실 문으로 고개를 들이밀고 "지금 막 독일 공사가 다비뇽을 만나러 들어갔다"고 들뜬 목소리로 조용히 보고했다. 15분 뒤에 한 손에 모사를 들고, 앞 이마에 구슬 땀이 맺힌 벨로브가 시체 인형 같은 몸짓으로 연방 담배를 피우면서 루아 거리로 되돌아가는 것이 보였다. 그의 "오만한 그림자"가 외무부를 떠나는 순간, 두 명의 차관이 장관실로 달려갔는데, 거기서 그들은 여태까지 늘 평온하고 낙관적이던 다비뇽이 새파랗게 질려있는 모습을 보았다. 그는 방금 전달 받은 독일의 최후통첩을 그들에게 건네며, "나쁜 소식이에요, 나쁜 소식"이라고 말했다. 정무비서관인 드 게피어 남작이 그것을 천천히 번역하면서 소리 내어 읽어 내려가는 동안 바솜피에르가 장관의 책상에 앉아 정확한 번역을 위해 의미가 애매한 부분을 확인하며 받아 적었다. 그들이 작업하는 동안, 다비뇽과 사무 차관인 반 데어 엘스트 남작은 화로 양 옆에 놓인 의자에 앉아 이를 듣고 있었다. 어떠한 문제에 대해서든 다비뇽은 항상 "나는 그것이 잘 될 것으로 확신한다"는 말로 마무리를 짓곤 했으며, 독일에 우호적이던 반 데어 엘스트는 이제껏 정부에 대해 독일의 군비 증강은 오로지 동쪽에 대한 압박(Drang nach Osten)을 위한 것일 뿐 벨기에에 대해서는 아무 염려도 없다고 장담했었다.

작업이 막 끝났을 때 수상이면서 국방장관을 겸하고 있는 우아한 차림의 키가 큰, 흑발의 신사 드 브로케빌 남작이 방에 들어왔다. 그의 단호한 태도는 정력적인 검은 콧수염과 인상적인 검은 눈으로 인해 더욱 돋보였다. 그에게 최후통첩을 읽어줄 때 방 안에 있던 사람들은 단어 하나 하나를 들으면서 이 문서의 작성자들이 가졌던 똑같은 격렬함을 느꼈다. 그것은 금세기의 가장 결정적인 자료들 가운데 하나가 되리라고 짐작했던 작성자들이 세심하게 배려하여 만든 문서였다.

몰트케 장군은 7월 26일 즉, 오스트리아가 세르비아에 선전포고하기 이틀 전, 오스트리아와 러시아가 동원령을 내리기 4일 전, 그리고 독일과 오스트리아가 에드워드 그레이 경이 제의한 5개 열강 회담을 거부했던 바로 그날 자신의 손으로 직접 그 초안을 작성했다. 몰트케는 자신의 초안을 외무성으로 보냈고, 그곳에서 짐머만 차관과 정무 장관인 스툼에 의해 개서(改書) 되었으며, 29일 최종안이 밀봉되어 브뤼셀로 보내지기 전에 야고브 외무장관과 베트만-홀베그 수상에 의해 또 한 번 수정 보완 되었다. 독일 측이 느꼈던 극심한 고통은 그들이 이 서류에 부여한 중요성에 배어 있었다.

독일은 이 통첩 서두에서 지베-나무르 통로를 따라 프랑스군이 진격할 것임을 알려주는 "믿을 만한 정보"를 입수하였으며, "벨기에를 지나 독일을 공격하려는 프랑스의 의도는 의심의 여지가 없다"고 주장했다. (벨기에 측은 나무르를 향한 프랑스군의 움직임에 대한 아무런 증거도 본 적이 없었고, 실제로도 그런 것이 없었기 때문에 이 비난은 그들에게 아무런 인상도 주지 못했다.) 계속해서 통첩은 벨기에군이 프랑스군의 진격을 저지할 것으로 기대할 수 없기 때문에 독일은 "스스로의 생존권을 보장하기 위하여 이 적대적인 공격에 대해 선수를 칠" 수밖에 없다고 언급했다. 만일 벨기에가 독일의 벨기에 영토 진입을 "자국에 대한 적대 행위"로 간주한다면 독일은 이를 "이루 말할 수 없는 깊은 유감"으로 받아들일 것이다. 만일 반대로 벨기에가 "우호적인 중립"을 유지한다면, 독일은 "평화가 이루어지는 즉시 그 영토에서 철수하고", 독일군대에 의한 어떠한 손해도 보상하며, "평화가 확인되면 왕국의 주권과 독립을 보장한다고 약속할 것이다." 원문에는 앞의 문장에 이어 "벨기에가 제기하는 어떠한 보상 요구도 프랑스의 비용으로 지불할 것임을 기꺼이 동의한다"고 적혀 있다. 마지막 순간에 벨로브는 이 뇌물부분을 삭제하라는 지시를 받았다.

통첩은 만일 벨기에가 자국 영토를 지나는 독일의 진로를 방해한다면, 벨기에는 적으로 간주될 것이고 이후의 관계는 "무력에 의한 결정"

에 맡겨질 것이라고 결론을 내렸다. 12시간 내에 "분명한 답변"을 보내라고 요구했다.

다 읽고 나자, 방 안의 사람들은 각자 조국이 직면한 선택에 대해 생각하느라 "수분 간의 길고도 슬픈 침묵"이 이어졌다고 바솜피에르는 회고했다. 규모가 작고 독립한 지 얼마 되지 않은 벨기에는 그렇기 때문에 더욱 독립에 필사적으로 집착했다. 하지만 방 안의 그 누구도 독립을 지키기 위해 내린 결정의 결과가 무엇일지에 대해 따로 언급할 필요가 없었다. 10배나 큰 군대에 의해 그들의 나라는 공격을 받아 집들은 파괴되고, 국민들은 강탈 당할 수밖에 없었으며, 전쟁의 궁극적인 결과가 무엇이든 간에 독일군의 진격로에 위치한 그들에게 초래될 결과는 의심의 여지가 없었다. 만일 반대로 그들이 독일의 요구에 굴복한다면, 그들 자신이 벨기에를 프랑스에 대한 공격의 방조자로 만들 뿐만 아니라 벨기에의 중립을 스스로 파괴하는 꼴이 될 것이며, 더욱이 독일이 승리할 경우 철수하겠다는 약속을 지킬 가능성이 거의 없는 상태에서 자진해서 독일의 점령 하에 들어가는 결과가 될 것이다. 어떤 경우가 되었든 그들은 점령당할 것이며, 항복하면 명예마저 잃게 되는 것이었다.

바솜피에르는 그 당시 자신들의 정서를 담아 "만일 우리가 궤멸되어야 한다면, 영광스럽게 패배하자"고 적었다. 1914년에는 '영광'이란 어색하지 않게 입에 올리던 단어였으며, '명예'란 사람들이 믿음을 가지는 친숙한 개념이었다.

반 데어 엘스트가 방 안의 침묵을 깼다. "자, 각하. 이제 준비가 되었지요?" 그가 수상에게 물었다.

"네, 준비가 되었습니다"라고 드 브로케빌은 대답했다. "그래"라고 그는 스스로를 확신시키듯 반복하며, "한 가지만 빼고 말입니다. 우리는 아직 중포가 없어요"라고 덧붙였다. 겨우 작년에야 행정부는 중립에 익숙해져 주저하는 국회로부터 증액된 군사비를 얻어냈다. 크룹이라는 독일 회사에 중포를 주문했는데, 당연히 그 회사는 납품을 지연시키고 있었다.

열두 시간 중에 이미 한 시간이 지나갔다. 다른 동료들이 9시에 열릴 국무회의에 모이도록 장관들에게 연락을 시작하자, 바솜피에르와 게피어는 회신 초안을 작성하는 작업에 들어갔다. 그들은 그것을 어떻게 써야 할지 서로 물어 볼 필요가 없었다. 그들에게 작업을 맡긴 채 드 브로케빌 수상은 국왕에게 보고하러 궁전으로 갔다.

통치자로서 의무감을 느끼고 있던 알버트 국왕은 외부의 압력을 아주 예리하게 감지했다. 그는 처음부터 통치자로 태어난 것은 아니었다. 레오폴드 국왕 동생의 작은 아들이었던 그는 궁전의 한 구석에서 형편없는 스위스 교사에 의해 양육되도록 방치되어 있었다. 코브르 가의 삶은 축복받은 것이 아니었다. 레오폴드의 아들은 이미 죽었으며, 1891년 그의 조카이자 알버트의 형인 보두엥도 16살의 알버트를 왕위 계승자로 남긴 채 죽고 말았다. 자기 아들이 죽은 다음, 그 대신 부정을 쏟았던 보두엥마저 잃고 슬퍼하던 선왕은 처음에는 평소 "밀봉된 봉투"라고 부르던 알버트에게서 많은 것을 발견하지 못했었다.

그 봉투 안에는 동시대의 뛰어난 두 인물이었던 테어도어 루스벨트와 윈스턴 처칠을 돋보이게 했던 엄청난 육체적 그리고 지적 에너지가 있었지만, 알버트는 그것말고는 그들과 전혀 닮지 않았다. 그들은 외향적이었던 것에 반해 그는 내성적이었다. 그래도 알버트는 루스벨트와 기질은 아닐지라도 취향은 비슷했는데 야외활동과 운동, 승마, 등산을 좋아했고, 자연과학과 환경보존에 관심이 컸으며, 대단한 독서광이었다. 루스벨트처럼 알버트는 문학, 군사과학, 식민주의, 의학, 유태교, 그리고 항공에 이르기까지 종류를 가리지 않고 하루에 두 권씩 책을 읽었다. 그는 오토바이를 타고 비행기도 몰았다. 알버트가 가장 심취했던 것은 등반이었는데, 그는 신분을 드러내지 않고 유럽의 모든 산을 섭렵했다. 왕위 계승자로서 알버트는 식민지 문제를 자신이 직접 연구하기 위해 아프리카를 여행했으며, 왕이 되어서도 같은 방식으로 군대 또는 보리나즈의 석탄 광산 혹은 왈룬의 "붉은 지방"을 연구했다. "말을 할 때면 왕은 항상 스스로 뭔가를 이루고 싶어하는 것처럼 보였다"고 한 장관이 말했다.

1900년 알버트는 비텔스바흐의 엘리자베스와 결혼했는데, 공작이던 왕비의 아버지는 뮤니히 병원에서 안과의사로 일했다. 옛 왕실의 보기 흉한 모습과는 대조적으로, 서로에 대한 그들의 분명한 애정, 3명의 자녀, 모범적인 가정 생활은 1909년 온 국민의 안도와 환희 속에 레오폴드 2세의 뒤를 이어 왕위에 오른 알버트가 여론의 지지를 받으며 순조로운 출발을 하는 데 큰 도움이 되었다. 새로 등극한 왕과 왕비는 계속해서 허식을 무시하면서, 자신들이 좋아하는 사람들과 어울렸고, 원하는 곳에서 호기심과 모험을 즐겼으며, 에티켓이나 위험 그리고 비판 따위에 무관심하였다. 그들은 세속적이지 않았으며 오히려 집시처럼 자유분방한 왕족이었다.

사관학교에서 알버트는 나중에 참모장이 된 에밀 갈레와 같이 후보생 시절을 보냈다. 제화공의 아들인 갈레는 고향 마을의 장학금으로 사관학교에 들어갔다. 나중에 그는 국방대학 교관이 되었으며, 벨기에군 참모부가 현실적인 여건을 무시한 채 프랑스군으로부터 전수 받은 공격 지상주의 이론에 더 이상 동조할 수 없게 되자 사임했다. 또한 갈레는 가톨릭 교회를 떠나 엄격한 복음주의자가 되었다. 비관적이고 극도로 비판적이며 헌신적이었던 그는 다른 모든 것에 대해서처럼 자신의 직업에 대해 매우 진지했었는데, 사람들은 갈레가 매일 성경을 읽었으며 절대로 웃는 법이 없었다고 했다. 국왕은 그의 강의를 들었고, 기동훈련에서도 그를 만났으며, 그의 교육 내용에 감동했는데, 그 요점은 어떤 환경에서든 공격을 위한 공격은 위험하고, 군대는 "오직 의미있는 성공의 전망이 있는" 경우에만 전투를 해야 하며, "공격을 하려면 모든 수단에서 우세해야 한다"는 것이었다. 아직 대위에 불과하고, 기능공의 아들이었으며, 가톨릭 국가에서 개신교로 개종했지만 그는 알버트 국왕에 의해 개인적인 군사고문으로 발탁되었다. 이 자리는 그를 위해 특별히 만든 것이었다.

벨기에 헌법에 의하면 알버트 국왕은 전쟁이 터진 후에야 비로소 총사령관이 되기 때문에 그와 갈레는 그 이전에 총참모부의 전략에 대해 자신들의 우려나 생각을 반영시킬 수 없었다. 총참모부는 프러시아군대나 프랑스군대 그 어느 쪽도 벨기에 국경을 한 발짝도 넘어오지 않았던 1870년의 사례에 집착하고 있었으며, 그때 만일 프랑스군이 벨기에 영토로 들어왔다고 해도 그들은 후퇴하기에 충분한 공간이 있었을 것이다. 그러나 알버트 국왕과 갈레는 그때 이후 각국의 군대들이 거대한 규모로 커졌기 때문에 해가 거듭될수록 만일 열강들이 다시 행군을 시작한다면 그들은 옛날 진격로로 쏟아져 들어와 옛 전장에서 다시 만날 것이 점점 더 확실해지고 있다고 믿었다.

카이저는 1904년 레오폴드 2세를 그토록 놀라게 했던 인터뷰에서 이 점을 너무도 분명히 했었다. 돌아온 후, 레오폴드의 충격은 점차 가라앉았다. 왜냐하면 그 당시 국왕으로부터 인터뷰 내용을 전해 들었던 반 데어 엘스트도 지적했던 것처럼 빌헬름은 소문난 변덕쟁이인데 누가 그것을 확신할 수 있겠는가? 1910년 브뤼셀을 답방한 카이저가 다시 한 번 이를 가장 확실하게 입증하였다. 그는 반 데어 엘스트에게 벨기에는 독일에 대해 아무것도 두려워할 것이 없다고 말했다. "여러분은 앞으로도 독일에 대해 불평할 이유가 없을 것이고… 본인은 귀국의 입장을 완벽하게 이해하고 있으며… 귀국을 잘못된 처지에 빠뜨리는 일을 하지 않을 것입니다."

대체로 벨기에인들은 그를 믿었고, 중립에 대한 열강들의 보장을 진지하게 받아들였다. 벨기에는 군대, 국경수비, 요새, 그밖의 보호조약에 대한 믿음이 부족한 것으로 해석될 수 있는 것은 무엇이든 소홀히 했다. 사회주의가 심각한 현안이었다. 국외에서 벌어지는 일에 대한 여론의 무관심과 경제에 짓눌린 의회는 군대가 터키군과 비슷한 상태로 타락하도록 방치했다. 훈련이 엉망이었던 군대는 태만했고, 단정치 못했고, 경례도 하지 않았고, 정렬상태도 불량했으며, 발맞춰 걷는 것도 싫어했다.

장교 집단도 더 나을 것이 없었다. 군대란 없어도 그만일 뿐더러 약간은 불합리한 존재라고 인식되었기 때문에, 군대는 최고 수준의 인물이나 유능하고 야심적인 젊은이들을 끌어들이지 못했다. 직업 군인으로서 프랑스 육군대학(Ecole de Guerre) 과정을 이수한 이들은 프랑스군의 전투교리인 약진(élan)과 극한까지 밀어붙이는 공격(offensive à outrance)에 감염되었다. 그들은 이것을 "무시당하지 않으려면 우리는 반드시 공격을 해야 한다"는 희한한 규범으로 발전시켰다.

기상이 아무리 웅장하더라도, 이 규범은 벨기에가 처한 현실과는 맞지 않으며, 공격 지상주의는 중립의 의무를 지고 방어 일변도의 계획에 전념해야 하는 군 참모들에게는 어울리지 않는 것이었다. 중립 의무 때문에 그들은 다른 나라와 합동군사계획을 세우는 것이 금지되어 있었으며, 영국군이든, 프랑스군이든, 또는 독일군이든 자신들의 영토에 제일 먼저 발을 들여 놓는 나라를 적대시할 수밖에 없었다. 이러한 환경에서 일관성 있는 전투계획을 세우는 일은 쉽지 않았다.

벨기에군은 6개 보병사단과 1개 기병사단으로 구성되어 있었다. 이 병력이 벨기에를 가로질러 진격할 독일군 34개 사단을 상대해야만 했다. 장비와 훈련이 불충분했으며 군 예산도 부족하여 탄약 보급은 병사일인당 일주일에 겨우 두 발 이상 사격훈련을 실시하기 어려운 수준이다 보니 사격술도 형편 없었다. 1913년에 도입된 징병제는 이전보다 군대에 대한 인기를 더욱 떨어뜨렸을 뿐이다. 나라 밖에서 불길한 천둥소리가 나던 그 해에 의회는 마지못해 연간 충당금을 13,000에서 33,000으로 인상했으나 그나마도 앤트워프의 방어시설을 현대화하기 위한 기금지출은 징집병의 복무기간을 줄임으로써 남는 비용으로 충당한다는 조건으로 승인하였다. 1910년 새 국왕이 신설을 주장할 때까지 총참모부는 존재하지도 않았다.

총참모부는 구성원들 간의 극단적인 의견대립으로 제 역할을 다하지 못하고 있었다. 한 부류는 전쟁의 위협이 있는 국경에 군대를 집결시키는 공격작전을 주장했고, 다른 한 부류는 군대를 중앙에 집결토록 하는 방어 작전을 선호했다. 알버트 국왕과 갈레 대위가 거의 전부인 세 번째 그룹은 위협이 있는 국경에 가능한 가깝게 접근하되 앤트워프 기지와 연결되는 병참선이 위협 받지 않는 지점에서 방어하는 방안을 선호했다.

유럽의 하늘에 전운이 감돌 때, 벨기에의 참모장교들은 논쟁만 계속하며 병력 집결 계획을 마무리하지 못했다. 그들의 어려움은 누가 적이 될지 스스로 확정할 수 없다는 점 때문에 더욱 가중되었다. 절충된 합의안이 도출되었지만 그것은 철도시간표나 군수품의 집결 장소 또는 숙소에 대한 세부 계획도 없는 개략적인 윤곽일 뿐이었다.

1913년 11월 국왕 알버트는 자신의 백부가 9년 전에 그랬던 것처럼 베를린으로 초대되었다. 카이저는 자주색 식탁보가 덮인 테이블에서 55명이 초대된 왕실 만찬을 베풀었는데 그 중에는 국방장관인 팔켄하인 장군, 제국 해군장관인 티르피츠 제독, 참모총장인 몰트케 장군, 그리고 수상인 베트만-홀베그도 있었다. 이 자리에 참석했던 벨기에 대사 베이엥 남작은 만찬 내내 국왕이 보통 때와 다르게 심각한 모습으로 앉아 있는 것을 주목했다. 만찬 후 베이엥은 그가 몰트케와 대화하는 것을 주시했는데, 얘기를 늘으면서 알버트의 얼굴이 짐점 더 어두워지고 우울해지는 것을 보았다. 만찬장을 떠나면서 알버트는 베이엥에게 "내일 아침 9시까지 오시오. 대사에게 꼭 할 얘기가 있습니다"라고 말했다.

다음날 아침 그는 베이엥과 같이 걸어서 브란덴부르그 문을 통과하여 웅장한 자세로 늘어선 호헨졸렌 군주들의 흰색 대리석 조각상을 지나, 때마침 뒤덮인 아침 안개 덕에 "누구의 방해도 받지 않고" 얘기할 수 있는 티에르가르텐으로 갔다. 알버트는 방문 초에 열렸던 궁중 무도회에서 카이저가 자신에게 "파리를 향한 진군을 이끌" 사람이라며 한 장군을 (그는 폰 클룩이었음) 가리켰을 때 첫 번째 충격을 받았다고 말했다. 그리고 어제 저녁 만찬에 앞서, 비공식적인 대화를 위해 그를 따로 불러낸 카이저는 프랑스에 대해 신경질적인 장광설을 퍼부었다. 그는 프랑스가 끊임없이 자신에게 도발한다고 말했다. 그러한 태도로 인해 프랑스와의 전쟁은 불가피할 뿐만 아니라, 가까이 임박해 있다고 했다. 프랑스 언론은 악의를 가지고 독일을 다루고 있고, 3년 군복무법은 고의로 입안된 적대적인 법률이며, 프랑스 전체는 보복을 위한 억제할 수 없는 욕망에 따라 움직이고 있다는 것이었다. 계속되는 비난을 저지하기 위해 알버트는 자신이 프랑스인들을 더 잘 안다고 말하면서, 자신은 매년 프랑스를 방문했는데, 그들은 결코 도전적이지 않으며 오히려 진심으로 평화를 원하고 있음을 카이저에게 보장할 수 있다고 했다. 그러나 아무런 소용이 없었으며, 카이저는 계속해서 전쟁은 불가피하다고 주장했다.

만찬 후에는 몰트케가 이어 받았다. 프랑스와의 전쟁이 다가오고 있었다. "이번에 우리는 끝장을 내야 합니다. 폐하께서는 결전의 날 독일에 가득 찰 거역할 수 없는 열정을 상상도 못하실 겁니다." 독일군대는 무적이고, 그 무엇도 게르만 민족의 열정(furor Teutonicus)을 막을 수 없고, 무서운 파괴가 그들의 행로를 나타낼 것이며, 그들의 승리는 의심의 여지가 있을 수 없었다.

그 내용뿐만 아니라 무엇이 이토록 놀라운 자신감을 고취시켰는지 고심하던 알버트는 그들이 벨기에가 말을 듣도록 의도적으로 겁을 준다는 결론에 이를 수밖에 없었다. 분명히 독일은 결심을 했으며, 알버트는 프랑스에게 이를 알려야겠다고 생각했다. 그는 베이엥에게 베를린 주재 프랑스 대사 쥴 캉봉에게 모든 내용을 알려주고 이 문제를 가장 강경한 어조로 푸앙카레 대통령에게 보고하도록 요구하라고 지시했다.

나중에 그들은 벨기에 무관인 멜로트 소령이 같은 만찬석상에서 몰트케 장군에 의해 더욱 난폭한 취급을 당했다는 것을 알게 되었다. 그도 또한 프랑스와의 전쟁이 "불가피하며 귀하가 생각하는 것보다 더 가까이 임박했다"는 말을 들었다. 평소에는 외국 공관원들과 만나면 아주 내성적이던 몰트케가 이번 경우에는 "거침이 없었다." 몰트케는 독일은 전쟁을 원치 않지만 총참모부는 "모든 준비가 끝났다"고 말했다. "프랑스는 우리를 괴롭히고 자극하는 짓을 당장 멈춰야 하며 그렇지 않으면 우리가 가서 응징할 수밖에 없습니다. 빠를수록 좋습니다. 우리는 이미 계속해서 이러한 경고를 할 만큼 했습니다." 프랑스 측 도발의 구체적인 사례로 몰트케는 "큰 사건"과는 거리가 먼 일들 즉, 파리에서 독일 비행사를 냉대한 일과 독일 무관인 빈터펠트 소령을 파리 사교계가 거부한 것을 언급했다. 소령의 어머니인 달벤스레벤 백작 부인이 속이 상해 불평한 적이 있었다. 영국에 대해서도 말하자면, 독일해군은 항구에 숨어 있으려고 만든 것이 아니다. 그들은 공격을 할 것이고 아마도 질 것이다. 독일은 군함들을 잃게 되겠지만 영국도 제해권을 잃게 될 것이고, 그것은 아마 미국으로 넘어갈 텐데 미국이야말로 유럽의 전쟁으로부터 유일하게 재미 보는 나라가 될 것이다. 영국은 이를 알고 있으므로 십중팔구 중립을 유지할 것이라고 장군은 자신의 논리를 비약시켜 말했다.

그의 말이 끝나려면 아직 먼 상태였다. 그는 만일 외국의 대 병력이 영토를 침범한다면 벨기에는 어떻게 할 것이냐고 멜로트 소령에게 물었다. 멜로트는 벨기에는 중립을 지킬 것이라고 대답했다. 독일군이 믿고 있듯이 벨기에가 그저 항의하는 정도로 만족할 것인지 아니면 정말 싸울 것인지를 알아 내기 위해 몰트케는 보다 구체적으로 그를 압박했다. 멜로트가 "어떤 열강이든 우리 국경을 침범하면 우리는 모든 군사력을 동원하여 맞설 것"이라고 대답하자, 몰트케는 좋은 의도만으로는 충분하지 않다고 부드럽게 지적했다. "귀국은 중립이 부과하는 의무를 이행할 능력 있는 군대를 아울러 확보해야만 합니다."

브뤼셀로 돌아온 알버트 국왕은 즉시 동원계획의 진전에 대해 보고하도록 지시했다. 그는 아무 진전도 없었음을 알게 되었다. 베를린에서 들은 내용을 근거로 하여, 알버트는 독일군이 침공한다는 가정하에 전투계획을 수립하자고 드 브로케빌과 합의했다. 그는 자신과 갈레가 추천한, 드 릭켈이라는 원기 왕성한 대령에게 4월까지 작업을 완성하도록 지시했지만 4월까지도 준비는 끝나지 않았다. 한편 드 브로케빌은 또 다른 장교인 드 셀리에르 드 모랑빌 장군을 드 릭켈 위에 참모장으로 임명했다. 7월에도 여전히 서로 다른 네 가지의 병력집결방안에 대한 검토가 진행 중이었다.

실망스러웠지만 국왕은 마음을 바꾸지 않았다. 그의 정책은 베를린 방문 직후 갈레 대위가 작성한 비망록에 구체적으로 적혀 있다. "우리는 우리의 영토를 고의로 침범하는 어떤 열강에 대해서든 즉각 전쟁을 선포하고, 우리가 가진 모든 에너지와 군사적 자원을 동원하여, 어디에서든, 필요하다면 심지어 국경 넘어서라도 전쟁을 수행할 것이며, 침략자들이 퇴각한 이후라도 완전한 평화가 이루어질 때까지 전쟁을 계속해서 수행할 것임을 굳게 결심하는 바이다."

8월 2일 저녁 9시 궁전에서 소집된 국무회의를 주재한 알버트 국왕은 다음과 같은 이야기로 위원회를 시작했다. "우리의 대답은 그 결과가 무엇이든 간에 '아니오(No)'여야만 합니다. 우리의 임무는 우리 국토를 보전하는 것입니다. 이것을 실패해서는 안됩니다." 그러나 그는 이곳에 있는 그 누구도 환상을 가지면 안된다고 주장했는데, 결과는 슬프고도 두려운 것이 될 것이며, 적들은 무자비할 것이라고 했다. 드 브로케빌 수상은 동요하는 사람들에게 전쟁이 끝나면 벨기에의 영토를 회복시켜 주겠다는 독일의 약속을 믿지 말라고 경고했다. 그는 "만일 독일이 승리한다면, 우리의 태도와는 무관하게 벨기에는 독일 제국에 흡수될 것"이라고 말했다.

최근에 카이저의 처남인 슐레스빅-홀스타인 공작을 집으로 초대하여 환대했던 어떤 노 장관은 공작의 우정이라는 가증스러운 표현에 대한 분노를 참을 수가 없어 행사에 동원된 합창단처럼 계속해서 중얼중얼 화를 내고 있었다. 참모장인 드 셀리에르 장군이 일어나서 앞으로 적용할 방어전략을 설명하자 주위 사람들 말에 의하면, 그와의 관계가 "매끄럽지 못한" 참모차장 드 릭켈 대령은 "우리는 상처를 줄 수 있는 곳을 쳐야 한다(Il faut piquer dedans, il faut piquer dedans)"고 작은 소리로 계속해서 으르렁거렸다. 발언권을 얻은 드 릭켈은 침략자들이 벨기에 국경을 넘기 전에 적지에서 공격함으로써 침략자들에게 선수를 치자는 제안을 하여 듣는 이들을 놀라게 했다.

한밤중에 회의는 끝났고, 수상, 외무장관, 그리고 법무장관으로 구성된 소위원회는 답변을 준비하기 위하여 외무부로 돌아갔다. 그들이 작업을 하고 있을 때, 모터카 한 대가 한 줄로 불이 켜진 창문 아래 어두운 마당으로 들어왔다. 독일 공사가 왔다는 말에 장관들은 놀랐다. 그때가 새벽 1시 30분이었다. 이 시간에 그가 뭣 하러 왔는가?

폰 벨로브가 야밤에 이렇게 부산을 떠는 것이야말로 이미 문서로 통보되어 취소할 수도 없고 벨기에의 국가적 자존심에 돌이킬 수 없는 상처를 주고 있는 최후통첩의 효과에 대한 독일정부의 우려가 점점 커지고 있음을 보여주는 것이었다. 독일인들은 수년 동안 벨기에는 싸우지 않을 것이라고 서로 얘기했었지만, 이제 막상 그 순간이 다가오자, 비록 때늦은 감은 있지만 견딜 수 없는 불안에 괴로워하기 시작했다. 벨기에의 용감하고도 당당한 "아니오!"라는 대답은 온 세상에 울려 퍼지며 독일에 대해 별로 우호적이지 않은 중립적인 입장을 가진 나라들에 대해 부정적인 효과를 미치게 될 것이 분명했다. 하지만 독일은 중립적인 국가들의 태도보다는 무장한 벨기에군의 저항이 자신들의 일정을 지연시킬 것에 대해 더 걱정하고 있었다. "길을 따라 늘어서기"가 아닌 항전을 선택한 벨기에군 때문에 파리를 향한 진군에 동원되어야 할 사단들을 뒤에 남겨두게 될지도 몰랐다. 철도와 교량을 파괴함으로써 그들은 독일군의 진군 대열과 보급품의 수송을 방해하고 끝없는 성가심을 유발할 수 있었다.

이 두 번째의 생각에 사로잡힌 독일 정부는 프랑스에 대해 보다 강력한 비난을 퍼부음으로써 벨기에의 답변에 영향을 미치기 위해 한밤중에 폰 벨로브를 그곳으로 보냈던 것이다. 벨로브는 자신을 맞은 반 데어 엘스트에게 프랑스군 비행선들이 폭격을 했으며 프랑스군 순찰대가 국경을 넘었다고 알려주었다.

"어디서 그런 일들이 일어났습니까?" 반 데어 엘스트가 물었다.

"독일에서"라고 대답했다.

"그렇다면 우리하고는 아무 상관이 없는 정보로군요."

독일 공사는 프랑스군이 국제법을 존중하지 않고 있으며 따라서 벨기에 중립을 침범할 것으로 예상할 수 있다는 설명을 제시했다. 이런 영악한 논리도 그의 의도를 관철시키기에는 어딘지 부족했다. 반 데어 엘스트는 손을 들어 방문자에게 나가는 문을 가리켰다.

새벽 2시 30분, 궁전에서 장관들이 제출한 답변서를 승인하기 위한 국무회의가 다시 소집되었다. 답변서는 만일 독일의 제안을 수락한다면 벨기에 정부는 "국가의 명예를 희생시키고 유럽에 대한 자신의 의무를 배반하는 것이 될 것"이라고 천명했다. 그것은 "권한이 미치는 한 모든 수단을 동원하여 주권에 대한 모든 공격을 격퇴할 것임을 확고히 결정한다"고 선언했다.

아무런 수정 없이 답변서를 승인한 다음 국무회의는 독일군이 실제로 벨기에로 들어오기 전까지는 중립을 보장한 열강들에게 도움을 요청하지 말아야 한다는 국왕의 주장에 대한 논쟁을 벌였다. 격렬한 반대에도 불구하고 국왕은 자기의 주장을 관철시켰다. 새벽 4시에 국무회의는 끝났다. 마지막으로 방을 나가던 장관이 돌아서서 알버트 국왕을 보았는데, 그는 등을 돌린 채 답변서 사본을 손에 들고 이제 막 새벽 하늘이 밝아 오는 창문을 내다보고 있었다.

베를린에서도 8월 2일 밤늦은 시간에 회의가 열리고 있었다. 수상 관저에서 베트만-홀베그, 폰 몰트케 장군, 그리고 티르피츠 제독이 그 전날 밤 러시아에 대해 그랬던 것처럼 프랑스에 대한 선전포고 문제를 의논하고 있었다. 티르피츠는 이러한 선전포고들이 왜 필요한지 이해할 수 없다고 "여러 번 되풀이하여" 불평했다. 그러한 것들은 언제나 "침략적인 느낌"을 주게 마련이며, 군대는 "그런 것" 없이도 진군할 수 있었다. 베트만은 독일이 벨기에를 지나 진군하기를 원하기 때문에 프랑스에 대한 선전 포고가 필요한 것이라고 지적했다. 티르피츠는 벨기에 침공은 영국을 끌어들일 것이라는 리크노브스키 대사의 런던 발 경고를 반복하며, 벨기에로 들어가는 것을 늦추면 어떻겠느냐는 제안을 하였다. 자신이 세운 일정에 대한 또 다른 위협에 놀란 몰트케는 그 즉시 그것은 "불가능하다"고 단언하며, 그 무엇도 "일사불란한 수송 체계"를 방해해서는 안된다고 했다.

몰트케는 그 자신도 선전 포고에 많은 의미를 두지는 않는다고 말했다. 요 며칠 사이 프랑스군의 적대적 행동은 이미 전쟁을 기정 사실화했다. 그는 누렘베르그(Nuremberg) 지역을 프랑스군이 폭격했다는 의심스러운 보고를 인용했는데, 독일 언론은 호외를 통해 이 내용을 얼마나 요란하게 떠들었던지 베를린 시민들이 불안하게 하늘을 쳐다보며 다닐 정도였다. 그러나 실제로 어떠한 폭격도 일어난 적이 없었다. 이제 독일 측의 논리에 따르면 상상 속의 폭격 때문에 선전 포고가 필요하게 되어버린 것이다.

티르피츠는 여전히 유감스러웠다. 그는 "적어도 지적으로는" 프랑스군이 "침략자"라는 것을 세상이 다 알고 있음에도 불구하고 이를 세상에 분명하게 알리지 못한 독일 정치인들의 부주의로 인해 그야말로 "어쩔 수 없는 비상 수단"일 뿐인 벨기에 침공은 "폭력의 잔인한 행동이 치명적으로 부각"되면서 매우 부당한 행동으로 보이게 될 것이라고 말했다.

브뤼셀에서는, 새벽 4시에 국무회의가 끝난 다음, 8월 3일 아침에 다비뇽이 외무부로 돌아와 정무비서관인 드 게피어 남작에게 벨기에의 답변서를 독일 공사에게 전달하라고 지시했다. 정확히 12시간의 마지막 시점인 오전 7시에 게피어는 독일 공사관의 초인종을 누르고 폰 벨로브에게 답변서를 전달했다. 집으로 가는 도중 그는 신문팔이 소년들이 월요일

조간에 최후통첩의 내용과 벨기에의 답변이 나왔다고 소리치는 것을 들었다. 사람들이 신문을 읽고 흥분하여 여러 명이 모여서 웅성거렸으며 여기저기서 날카로운 탄성이 들렸다. 벨기에의 대담한 "아니오!"는 국민들을 고무시켰다. 많은 사람들이 이제 독일군은 국제적인 비난을 감수하기보다는 자신들의 영토를 비켜갈 것이라는 믿음을 나타냈다. "독일군들은 위험하지만 미친 사람들은 아니라고" 사람들은 서로를 안심시켰다.

심지어 궁전과 각 부처 내에서도 일말의 희망이 남아 있었는데, 독일군이 일부러 스스로를 불리한 위치에 놓으면서 전쟁을 시작할 것으로 믿기는 어렵다는 것이었다. 이러한 마지막 희망은 이틀 전 알버트 국왕이 보냈던 비공식적인 탄원에 대한 카이저의 때 늦은 답신이 8월 3일 저녁에 도착하면서 사라졌다. 그것은 벨기에군이 싸움을 포기하고 조용히 따르도록 유도하기 위한 또 한번의 시도였다. "오로지 벨기에를 향한 최고의 우호적인 의도에서" 자신이 엄숙한 요구를 했던 것이라고 카이저는 타전했다. "주어진 조건들이 분명한 것처럼, 과거와 현재의 우리 관계를 유지할 가능성은 여전히 폐하의 손에 달려 있습니다."

알버트 국왕은 위기가 시작된 이후 처음으로 거침없이 자신의 분노를 드러내며 "그는 나에게서 무엇을 빼앗으려는 것인가?"라고 소리쳤다. 최고사령관의 임무를 맡게 된 그는 즉시 리에쥬 인근의 뫼즈 교량들과 철도, 터널, 그리고 룩셈부르크 국경에 있는 다리들을 폭파하라는 명령을 내렸다. 그는 여전히 영국과 프랑스에게 군사 원조 및 군사 동맹 요청을 뒤로 미루고 있었다. 벨기에 중립은 그동안 거의 성공적이었던 유럽 열강들의 집단적인 안보체제였다. 알버트 국왕은 명백한 침략 행위가 실제로 일어나기도 전에 자기 손으로 그것의 사망확인서에 서명할 수는 없었다.

9. 낙엽이 지기 전에 집으로

8월 2일 일요일 오후 브뤼셀에서 독일의 최후 통첩이 전달되기 몇 시간 전 그레이는 영국 내각에게 해협의 프랑스 해안을 방어한다는 해군협약을 이행할 권한을 요구했다. 영국 정부에게 어렵고도 구체적인 결정을 신속하게 내리라고 요구하는 것보다 더 곤혹스러운 것은 없을 것이다. 긴 오후 내내 최종적인 공약을 이행할 준비도 되어 있지 않고 하기도 싫은 내각은 불편한 상태에서 머뭇거리고 있었다.

프랑스에서는 전쟁이 다가오자 국민들 일부가 아무리 마음속 깊이 그것을 피하고 싶어 했을지라도 전쟁을 일종의 운명으로 받아들였다. 외국 특파원들은 그동안 걸핏하면 무정부주의가 애국심을 훼손시켜 실제로 전쟁이 터지면 치명적인 해를 줄 것이라던 그 국민들이 "전혀 동요되지 않은 상태로 국가에 대한 헌신"에 매진하는 것을 거의 두려운 마음으로 보도했다. 역사상 보기 드문 영웅이 출현한 벨기에는 국왕의 단호한 양심에 한껏 고무되어 있었으며 항복이냐 저항이냐는 선택의 기로에 서자 그 선택이 치명적일 수 있음을 알면서도 결정을 내리는 데 불과 3시간도 걸리지 않았다.

영국에는 알버트도 없었고 알자스도 없었다. 무기는 준비되어 있었지만 의지는 아직 그렇지 못했다. 지난 10년 넘게 영국은 지금 목전에 임박한 전쟁을 연구하고 준비했으며 1905년부터는 영국의 고질적인 관행인 우왕좌왕의 여지를 없애기 위해 "전쟁교본(War Book)"이라고 부르는 시스템을 개발하였다. 전쟁이 터질 경우 내려져야 할 모든 명령이 준비를 끝낸 채 서명만 기다리고 있었고, 우편 봉투에는 주소까지 적혀 있었고, 안내문과 포고문은 이미 인쇄되어 있거나 타이핑 대기상태였으며, 국왕은 런던을 떠날 때에도 즉각적인 서명이 필요한 것들을 늘 지참하고 다녔다. 실행 방법은 분명했으나, 영국인들은 마음속으로 우왕좌왕하고 있었다.

만일 독일함대가 해협에 나타난다면 이는 오래 전 스페인의 무적함대(Armada)에 못지않게 영국에 대한 직접적인 도전이 될 것이므로 일요일의 내각은 마지못해 그레이의 요구를 수용했다. 그날 오후 캉봉에게 전달된 서면에는 "만일 독일함대가 프랑스의 해안 또는 해상 운송에 대한 적대적인 작전을 수행하기 위해 해협으로 들어오거나 북해를 지난다면, 영국함대는 전력을 다하여 모든 보호를 제공할 것"이라고 적혀 있었다. 그러나 그레이는 이 약속이 "독일함대가 앞서 언급한 행동을 하지 않는데도 영국이 독일과 전쟁하도록 구속하는 것은 아니"라고 덧붙였다. 그는 내각의 현실적인 우려를 토로하면서 영국은 그 자신의 해안 방어가 불확실하기 때문에 "우리 군대를 안전하게 나라 밖으로 파견하는 것은 불가능하다"고 말했다.

캉봉은 이 말의 의미가 영국은 절대로 그렇게 하지 않겠다는 뜻이냐고 물었다. 자신의 말은 "지금 당장의 상황에만 국한된다"고 그레이는 대답했다. 캉봉은 "도덕적 효과"를 위해 2개 사단만 보내는 방안을 제시했다. 그레이는 그렇게 적은 병력을 보내는 것은, 심지어 4개 사단을 보낸다 해도 "그들에게 최대한의 위험부담을 주면서도 최소한의 효과만 낼 것"이라고 말했다. 그는 해군의 지원 약속은 다음날 의회에 통보될 때까지 언론에 알려지면 안 된다고 덧붙였다.

절반은 절망한 상태에서도 여전히 희망을 간직한 채, 캉봉은 그날 밤 8시 30분 파리에 도착한 "극비" 전문 편에 이 약속을 본국 정부에 알렸다. 비록 그것은 프랑스의 기대에 훨씬 못 미치는 반쪽짜리 약속이었지만, 그는 이것이 결국 전면전으로 확대될 것으로 믿었는데 왜냐하면, 그가 나중에 언급한 것처럼 "절반만" 전쟁하는 나라는 없기 때문이다.

그러나 해군의 지원 약속은 아스퀴스가 그토록 막으려고 애썼던 내각 분열을 대가로 치르면서 억지로 얻어낸 결과였다. 몰리 경과 존 번즈, 두 명의 장관은 사임했고, 영향력이 만만치 않은 로이드 죠지는 여전히 "불확실했다." 몰리는 "그날 오후 내각은 분명히" 해체될 것이라고 믿었다. 아스퀴스는 "우리는 분열되기 직전이었다"고 고백할 수밖에 없었다.

언제나 주요 사태에 미리 대비하고 있던 처칠은 자신의 예전 정당인 토리당을 연정에 참여시키기 위한 밀사의 역할을 자임했다. 내각회의가 끝나자마자 그는 서둘러 벨포아를 만나러 갔는데, 토리당의 전임 수상인 그는 자기 당의 다른 지도자들과 마찬가지로 영국은 영불협정 정책을 비록 고난이 있더라도 그 목표를 이룰 때까지 일관되게 추진해야 한다는 신념을 가지고 있었다. 처칠은 그에게 만일 전쟁이 선포되면 자유당 내각의 절반은 사퇴할 것으로 예상한다고 말했다. 벨포아는 만일 그가 예견한 대로 상황이 전개되면, 탈퇴한 자유당원들이 주도하는 반전운동에 의해 나라가 분열되는 한이 있더라도 자신의 당은 연정에 참여할 것이라고 대답했다.

이때까지는 벨기에에 대한 독일의 최후 통첩이 알려지지 않았다. 처칠, 벨포아, 할데인, 그레이 같은 이들의 생각 속에 깔려 있는 문제의 핵심은 프랑스가 궤멸될 경우 위협적인 독일이 가지게 될 유럽에 대한 주도권이었다. 그러나 프랑스에 대한 지원 정책은 밀폐된 방에서 준비되어 한번도 범국가적인 동의를 얻은 적이 없었다. 자유당 정부의 다수는 이를 받아들이지 않았다. 이 문제에 관한 한 정부도 국가도 의견을 통일하여 전쟁에 임할 수는 없었을 것이다. 대부분은 아닐지라도 많은 영국인들에게 이 위기는 독일과 프랑스 간 해묵은 다툼의 또 다른 국면일 뿐이며 영국과 관련된 일은 아니었다. 여론의 관점에서 그것을 영국의 문제로 만들려면 영국이 주도한 정책의 산물인 벨기에에 대한 침범이 필요한데, 왜냐하면 그곳을 짓밟는 침략자들의 발자국은 곧바로 영국이 만들고 서명한 협정을 짓밟는 것이기 때문이었다. 그레이는 다음날 아침 내각에게 그러한 침범을 공식적인 개전 사유로 간주할 것을 요구하기로 결심했다.

그날 저녁 그가 할데인과 저녁을 먹고 있을 때, 외무부 전령이 비상 전보함을 가져왔는데 할데인의 말에 의하면 그 안에는 "독일이 곧 벨기에를 침략하려 한다"고 경고하는 전문이 들어 있었다. 이 전문이 무엇이며 누가 보낸 것인지는 불분명하지만 그레이가 그것을 믿었던 것은 확실하다. 그레이는 그것을 할데인에게 건네며, 무엇을 생각하느냐고 물었다. "즉각적인 동원"이라고 할데인은 대답했다.

그들은 즉시 자리에서 일어나 다우닝가로 갔으며 그곳에서 몇몇 손님들과 같이 있는 수상을 찾아냈다. 그들은 그를 내실로 불러내 그 전문을 보여주며 군사 동원에 대한 권한을 요구했다. 아스퀴스는 동의했다. 할데인은 비상조치를 위해 자신을 임시 국방장관에 재임명할 것을 제안했다. 수상은 다음날 국방장관의 임무를 수행하기에는 너무나 바쁠 것이다. 아스퀴스는 육군원수인 하르툼의 키치너 경이 거대한 독재자의 모습으로 떠오르며 마음이 불편해지자 또다시 선뜻 동의했는데 수상은 이미 키치너를 그 자리에 임명하라는 독촉을 받은 바 있다.

은행 휴일이던 다음날 월요일 아침은 맑고 아름다운 여름 날씨였다. 런던은 위기로 인해 바닷가 대신 수도로 모여든 휴일 인파로 북적거렸다. 정오가 되자 화이트 홀에 인파가 너무 밀집하여 자동차가 지나갈 수도 없었으며 군중들의 웅성거림을 내각 회의실에서도 들을 수 있을 정도였는데, 그곳에서는 거의 매일 계속되는 회의에 다시 모인 장관들이 벨기에 문제로 싸울 것인가를 놓고 자신들의 마음을 정하기 위해 애쓰고 있었다.

저 너머 국방부 사무실에서 할데인 경은 이미 예비군과 지방수비대를 소집하는 동원명령을 타전하고 있었다. 11시에 내각은 벨기에가 자신들의 6개 사단으로 독일 제국에 대항하여 싸우기로 결정했다는 소식을 들었다. 1시간 30분 뒤 그들은 보수당 지도자들의 성명서를 받았는데, 벨기에에 대한 최후 통첩이 알려지기 전에 작성된 이 성명서에서 그들은 프랑스와 러시아에 대한 지원을 망설이는 것은 "영국의 안보와 명예에 치명적"이 될 것이라고 선언했다. 대부분의 자유당 장관들은 지금도 러시아를 동맹국이라고 말하기가 어려웠다. 그들 중 존 사이먼 경과 뷰챔프 경, 두 명이 추가로 사임했지만 벨기에 사태는 핵심 인물인 로이드 죠지를 정부에 남아 있게 해 주었다.

8월 3일 오후 3시 그레이는 의회에 출석하여 전쟁위기에 대해 최초로 정부의 공식적인 성명을 공개적으로 발표할 예정이었다. 영국뿐만 아니라 전 유럽이 여기에 매달려 있었다. 그레이의 임무는 국론을 통일하여 조국을 전쟁으로 이끄는 것이었다. 그는 전통적으로 평화주의를 추구하는 자신의 정당을 이끌고 가야만 했다. 그는 세상에서 가장 오래되고 가장 노련한 의회를 상대로 어떻게 하여 영국이 공약은 안 했지만 프랑스를 지원하기로 약속하게 되었는지를 설명해야 했다. 그는 프랑스가 근본 원인임을 감추지 않으면서 벨기에를 원인으로 제시해야 했고, 영국의 국익이 결정적인 요소임을 분명히 하면서도 영국의 명예에 호소해야만 했고, 해외 문제에 대한 토론의 전통이 삼백 년 동안이나 만개했던 곳에 서 있어야 했으며, 버크의 명민함이나 피트의 힘, 캐닝의 숙련됨이나 파머스톤의 쾌활함, 그리고 글래드스톤의 수사나 디즈레일리의 재치도 없이 전쟁을 막을 수 없는 상황에서 자신이 책임지고 있는 영국의 외교정책 방향을 정당화 시켜야만 하였다. 그는 현재를 확신시키고, 과거에 부합되어야 하며, 후세를 얘기해야만 했다.

그는 연설 원고를 준비할 시간이 없었다. 그가 연설 원고를 준비하려는 마지막 순간 독일 대사가 찾아왔다. 리크노브스키는 불안한 모습으로 들어와서 내각이 무엇을 결정했느냐고 물었다. 그레이가 하원에서 무슨 말을 할 것인가? 선전포고를 할 것인가? 그레이가 그것은 선전포고가 아니라 "조건에 대한 언급"이 될 것이라고 대답했다. 벨기에 중립이 그 조건들 중 하나인가? 리크노브스키가 물었다. 그는 그레이에게 그것을 조건으로 거론하지 말아 달라고 간청했다. 그는 독일군 총참모부의 계획에 대해 아는 것이 없었으며 비록 독일 군대가 벨기에의 귀퉁이 일부를 지나갈지도 모르겠지만 그 계획에 "심각한" 침범이 포함되어 있으리라고는 상상할 수 없었다. "만일 그렇다면" 리크노브스키는 사람들이 어떤 사태에 굴복할 때 늘 그렇듯이 "이제 그것을 바꿀 수는 없다"고 말했다.

그들은 각자 급한 상황에 쫓기며 문 앞에 서서 얘기했는데, 그레이는 의회 연설 준비를 위해 개인적인 시간을 가지려 했고 리크노브스키는 도전이 명백하게 드러나는 순간을 가급적 늦추려고 애썼다. 그들은 헤어졌고 공식적으로는 두 번 다시 만나지 않았다.

하원은 글래드스톤이 1893년 아일랜드 자치법안(Home Rule Bill)을 제안했을 때 이후 처음으로 의원 전원이 참석하였다. 의원들을 모두 수용하기 위해 통로까지 여분의 의자를 놓았다. 외교관 방청석은 독일과 오스트리아 대사의 불참을 알리는 두 개의 빈자리를 빼고는 모두 채워졌다. 상원의 방문객들은 외부인 방청석을 채웠는데, 그들 중에는 그토록 오랫동안 징병제를 주장했건만 뜻을 이루지 못한 육군원수 로버츠 경도 있었다. 아무도 떠들거나, 쪽지를 돌리지 않았고, 벤치에 기대어 소곤거리며 잡담하는 사람도 없이 긴장된 침묵이 흐르는 가운데 갑자기 의장으로부터 뒤로 물러서던 목사가 통로에 놓아 둔 의자에 걸려 넘어지면서 덜커덕거리는 소리를 냈다. 모든 눈이 정부 측 좌석을 주시했는데 그곳에는 가벼운 여름 정장 차림의 그레이가 무표정한 얼굴의 아스퀴스와 흐트러진 머리와 검버섯이 핀 볼 때문에 나이보다 더 늙어 보이는 로이드 죠지 사이에 앉아 있었다.

"창백하고, 수척하고, 지쳐" 보이는 그레이가 일어섰다. 그는 지난 29년간 하원 의원이었으며 최근 8년간 정부 측 좌석에 있었지만, 하원의원 대부분은 그가 외교정책을 어떻게 수행하는지 거의 몰랐으며, 국민들은 더 더욱 아는 것이 없었다. 외무장관인 그레이는 대부분의 질문에 대해 분명하거나 확정적인 대답을 교묘하게 회피했는데, 보다 대담한 정치인이었다면 추궁을 당했을 법도 한 그의 이러한 태도는 특별히 어떤 의심을 사지는 않았다. 너무도 비 국제적이고, 영국적이며, 내성적인 그레이를 누구도 국제 분쟁을 잘 다루는 수완가로 간주하지 않았다. 그는 국제 문제를 좋아하거나 자기가 맡은 일을 즐기지 않았으며 단지 필요한 의무로써 마지못해 그 일을 하는 것뿐이었다. 그는 주말에도 대륙으로 가지 않고 시골로 사라지곤 하였다. 그는 학생 수준의 프랑스어 외에는 외국어를 할 줄 몰랐다. 52세의 홀아비로 자식도 없고 비 사교적이던 그는 일에 대한 것만큼이나 통상적인 감정에도 무덤덤해 보였다. 폐쇄적인 성격인 그를 그나마 감상적으로 만드는 것이라야 겨우 송어가 있는 강과 새들의 지저귐 정도였다.

천천히 그러나 아주 열정적으로 연설을 하며 그레이는 하원에게 이 위기상황을 "영국의 국익, 영국의 명예, 그리고 영국의 의무"라는 관점에서 접근해 줄 것을 주문했다. 그는 프랑스와 가졌던 군사적 "대화"의 경위를 설명했다. 그는 스스로의 진로를 결정하는 영국의 자유를 제한하거나 하원을 구속하는 어떠한 "비밀 약속"도 없다고 말했다. 프랑스는 러시아에 대한 "명예로운 의무" 때문에 전쟁에 참여하지만, "우리는 불러동맹의 당사자가 아니며, 심지어 그 동맹의 협정내용도 모른다"고 그는 말했다. 이때까지 그는 영국이 아무것도 약속한 것이 없음을 보여주며 뒤로 물러서는 모습이었는데 이로 인해 걱정스러웠던 토리당의 더비경은 자기 옆 사람에게 "맙소사, 저들은 벨기에를 버리려 한다!"고 성난 목소리로 수근거렸다.

바로 그때 그레이는 프랑스에 대한 해군의 조치 내용을 밝혔다. 그는 하원에게 프랑스함대는 영국과 맺은 합의에 따라 프랑스의 북부와 서부 해안을 "완전 무방비 상태"로 비운 채 지중해에 집결되어 있다고 말했다. 그는 자기 "느낌"에 "만일 독일함대가 해협으로 내려와 무방비 상태인 프랑스 해안을 포격으로 유린한다면, 우리는 팔짱을 끼고, 무관심하게 아무것도 하지 않은 채, 옆으로 물러서서 실제로 우리의 눈앞에서 벌어지는 이 광경을 바라만 보고 있을 수는 없을 것"이라고 말했다. 야당 쪽에서는 환호가 터진 반면, 자유당 측은 "근심스러운 침묵" 속에 그저 듣고만 있었다.

영국이 프랑스 해안을 방어하겠다고 자기가 이미 약속했음을 설명하기 위해 그레이는 이 결정이 내포하고 있는 "영국의 국익"과 지중해의 영국 수송로에 관한 복잡한 논의에 들어갔다. 그것은 뒤엉킨 실타래 같은 내용이었으며 그는 "더욱 심각한 사안이면서 매 시간 점점 더 심각해지고 있는" 벨기에 중립 문제로 서둘러 넘어 갔다.

이날의 주제를 확실하게 부각시키기 위해 그레이는 현명하게도 그 자신의 웅변에 의지하는 대신 1870년에 행한 글래드스톤의 열변을 인용하여 "이 나라는 역사의 페이지를 얼룩지게 한 가장 참혹한 범죄를 그저 방관함으로써 그 죄의 공범자가 될 수 있겠습니까?"라고 물었다. 그는 근본적인 문제를 설명하기 위해 다시 한번 글래드스톤의 표현을 빌려 영국은 "누가 되었든 어느 한 열강의 끝없는 팽창에 맞서야 한다"고 주장했다.

그는 계속해서 자신의 표현으로 "저는 하원에게 국익의 관점에서 문제를 검토해 달라고 요청하는 바입니다. 만일 프랑스가 무릎을 꿇고… 벨기에, 그리고 홀랜드와 덴마크가 똑같은 압도적인 영향권에 함락되고… 만약 이러한 위기 속에서 우리가 벨기에 협정에 관한 명예와 국익의 의무로부터 도망친다면… 저는 단 한순간이라도 이 전쟁이 끝날 무렵, 혹시 우리가 비켜서 있었더라도, 우리는 전쟁의 와중에서 이미 일어난 것들을 되돌려 놓을 수 있을 뿐만 아니라, 우리와 마주한 서유럽 전체가 하나의 열강의 지배 하에 들어가는 것도 막을 수 있을 것이라고 믿어 본 적이 없었으며… 우리는 세계 앞에 우리의 존경과 호평 그리고 명성을 잃게 될 것이며 가장 심각하고도 참담한 경제적 파국을 피할 수 없다고 생각합니다"라고 말했다.

그는 그들 앞에 "문제와 대안"을 제시했다. 1시간 15분 동안 "힘든 침묵" 속에서 경청한 하원은 우레와 같은 박수 갈채로 대답했다. 개인이

한 국가를 움직일 정도로 완벽한 영향력을 발휘한 사건은 잊혀지지 않는 법이며, 그레이의 이날 연설은 너무나도 감동적이라 훗날 사람들이 그 날짜를 기억하게 될 정도로 역사적인 명연설이었음이 입증되었다. 일부의 반대는 여전했는데 왜냐하면 대륙의 의회와 달리 영국의 하원은 어떤 권고나 설득에도 결코 만장일치가 되지는 않기 때문이었다. 노동자들을 대변하는 램제이 맥도날드(영국의 정치가로 1894년 새로 결성된 독립노동당에 합류하여 1911-14년 기간 중 하원의 노동당 지도자로 활약함: 역주)는 영국은 중립을 지켜야만 한다고 했고, 케어 하디(영국의 노동운동가이자 사회주의자로 1893년 독립노동당을 설립함: 역주)는 노동자 계급을 규합하여 전쟁에 반대할 것이라고 했으며, 나중에 로비에서는 확신이 서지 않은 몇몇 자유당원들이 그레이는 참전 결정을 이끌어 내는 데 실패했다는 결의안을 채택했다. 그러나 아스퀴스는 "비록 우리의 극단적인 평화주의자들은 곧 다시 자기들 주장을 얘기하게 되겠지만 전체적으로 일단은 침묵했음"을 확신했다. 아침에 사임했던 두 명의 장관들이 저녁이 되자 잔류하기로 설득되었으며 대체적으로 그레이가 국론 통일을 이루는 데 성공했다고 느끼는 분위기였다.

"이제 뭘 하지요?" 그레이와 같이 하원을 떠나며 처칠이 물었다. 그레이는 "이제, 저들에게 24시간 내에 벨기에에 대한 침략을 멈추라는 최후 통첩을 보낼 것"이라고 대답했다. 몇 시간 뒤 그는 캉봉에게 "만일 그들이 거절하면 전쟁이 일어날 것"이라고 말했다. 비록 그는 최후 통첩을 보내기 전에 한 번 더 거의 24시간을 기다리게 되지만, 벨기에에서 그 조건이 충족됨으로써 리크노브스키의 우려는 이미 현실이 되고 말았다.

독일군은 벨기에를 침범하고 말았다. 왜냐하면 그들은 단기전을 예상했을 뿐만 아니라 마지막 순간에 영국군이 어떻게 할 것인가에 대한 민간 지도자들의 비탄과 걱정에도 불구하고 독일군 총참모부는 이미 영국군의 참전을 고려하고 있었으며 그들이 4개월 정도 걸릴 것으로 믿었던 전쟁에서 그 역할은 미미하거나 의미가 없을 것으로 낮게 평가했기 때문이었다.

이미 고인이 된 프러시아의 클라우제비츠와 내용이 잘못되긴 했지만 살아 있는 노만 앙겔 교수가 합쳐져 유럽인들의 마음에 단기전이라는 개념을 단단히 고정시켰다. 신속하고도 결정적인 승리는 독일의 정설이었으며, 장기전의 경제적 불가능함은 모든 이의 정설이었다.

"여러분들은 낙엽이 지기 전에 집으로 돌아갈 것"이라고 카이저는 8월 첫째 주에 출정하는 군대에게 연설했다. 8월 9일 독일 왕실 사관은 오페르스도르프 백작이 오후에 방문하여 이 일이 10주 이상 계속될 수는 없다고 말했고, 호흐베르그 백작은 8주로 예상했으며 이 사태가 끝나면 "우리는 영국에서 다시 만날 것"이라고 말한 것으로 기록했다.

서부전선으로 떠나는 독일군 장교는 스당 기념일(9월 2일)에 파리의 카페 드 라 뻬(Café de la Paix)에서 아침을 먹을 것으로 예상한다고 말했다. 러시아군 장교들은 비슷한 시간에 베를린에 있을 것으로 예상했는데, 6주 정도가 일반적인 견해였다. 황실 근위대의 한 장교는 베를린 입성 시에 입을 정장 일체를 지금 꾸려야 할지 아니면 다음 번에 전선으로 올 전령 편에 보내도록 해야 할지에 대해 짜르 주치의의 조언을 구했다. 브뤼셀에서 무관으로 근무한 적이 있으며 주변 정세에 정통한 것으로 알려진 한 영국 장교는 자기 연대에 배속되면서 전쟁 예상기간에 대한 질문을 받았다. 그는 모르겠다고 하면서 그러나 "열강들이 장기간 계속할 수 없는 재정적인 이유"가 있는 것으로 안다고 대답했다. 그는 수상으로부터 그러한 내용을 들었는데, "수상은 할데인 경이 그렇게 말했다"고 했다.

쌍 페쩨스부르크에서는 러시아군이 이길 것인가는 문제가 아니고 그것에 걸리는 시간이 2개월이냐 3개월이냐가 문제였으며, 6개월을 제시한 비관론자들은 패배주의자로 간주되었다. 러시아의 법무장관은 "바실리 페도로비치(프레데릭의 아들 빌헬름 즉, 카이저)는 실수를 한 거야, 그는 버티지 못할 것"이라고 진지하게 예언했다. 그가 크게 틀린 것도 아니었다. 독일은 오래 버틸 것을 전제로 계획을 세우지 않았으며 전쟁을 시작할 당시 화약제조에 필요한 질산염 재고는 겨우 6개월분 밖에 없었다. 나중에 공기 중에서 질산을 응고하는 방법을 찾아냈기 때문에 가까스로 전쟁을 계속 수행할 수 있었다. 단기전에 도박을 건 프랑스군은 로렌의 철광석 산지를 방어하는 어려운 임무를 군대에 부담시키는 대신 어차피 나중에 승리하면 되찾을 것이라는 생각에서 독일군이 점령하도록 내버려두었다. 그 결과 그들은 전쟁기간 중 자신들 철광석의 80%를 잃었고 거의 전쟁에 질 뻔했다. 영국군은 언제, 어디서 또는 어떻게 할 것인지 구체적인 검토도 없이 자신들의 부정확한 방식으로 막연히 수 개월 내에 승리할 것으로 예상했다.

직관으로 그랬는지 또는 고도의 지적능력으로 그랬는지는 알 수 없지만, 모두 군인인 세 사람만은 수 개월이 아닌 수 년간 길게 뻗은 검은 그림자를 보았다. "길고, 소모적인 투쟁"을 예언한 몰트케가 그 중 하나였다. 죠프르가 두 번째였는데 그는 1912년 장관들의 질문에 대해 만일 프랑스가 전쟁에서 먼저 승리를 거두게 되면, 독일의 국가적인 저항이 시작될 것이며 그 반대의 경우도 마찬가지일 것이라고 대답했다. 양쪽 모두 다른 나라들을 끌어들일 것이며 그 결과는 "끝이 보이지 않는 전쟁"이 될 것 같았다. 그러나 각각 1911년과 1906년부터 자국의 총사령관이었던 죠프르나 몰트케, 그 누구도 계획을 세우면서 자신들이 예견한 형태의 전쟁에 대한 어떠한 배려도 하지 않았다.

세 번째이자 자신의 전망대로 행동했던 유일한 인물은 키치너 경인데, 그는 최초의 계획에는 참여하지 않았었다. 8월 4일 이집트로 향하는 증기선에 승선하려는 순간 급하게 소환되어 국방장관에 임명된 그는 자신의 내면 깊숙한 곳에 있는 어떤 수수께끼 같은 신통력에 의해 이 전쟁은 3년간 지속될 것이라는 전망을 내놓았다. 이를 믿지 않는 다른 각료들에게 그는 어쩌면 더 걸릴지도 모르지만 "최소한 3년은 각오해야 합니다. 독일 같은 나라는 사실상 결말이 난 후에도 완전히 궤멸되어야만 굴복할 것입니다. 그 과정은 매우 오래 걸릴 것 같군요. 지금 살아 있는 사람은 누구도 그것이 얼마나 걸릴 지 알 수가 없습니다"라고 말했다.

취임 첫날부터 수 년간 지속될 전쟁을 위해 수백만의 군대를 준비해야 한다고 주장한 키치너 외에 아무도 3개월 또는 6개월을 넘어가는 계획을 세우지 않았다. 독일군의 경우 단기전이라는 고정관념 때문에 단기전에서 영국의 참전은 문제가 되지 않는다는 것을 당연한 귀결로 받아들였다.

카이저는 전쟁이 터진 다음날 사령부에서 점심을 먹다가 "누군가 한 사람이라도 사전에 영국이 우리와 싸울 것이라고 말해 주었다면!"이라고 탄식했다. 누군가가 작은 목소리로 "메테르니히"라고 용기를 내어 말했는데, 런던 주재 독일 대사였던 그는 해군을 증강하면 1915년 이전에 영국과 전쟁을 하게 될 것이라고 수시로 성가시게 얘기하는 바람에 결국 1912년 해임되고 말았다. 1912년 할데인은 카이저에게 영국은 절대로 독일이 영불 해협의 프랑스 항구를 차지하도록 그냥 놔두지 않을 것이라고 말하며, 벨기에에 대한 조약 준수 의무를 상기시켰던 적이 있다. 1912년 프러시아의 헨리 왕자는 자기의 사촌인 죠지 왕에게 "독일과 오스트리아가 러시아와 프랑스를 상대로 전쟁을 하게 되면 영국은 뒤의 두 나라를 도울 것이냐"고 직접적으로 물은 적이 있다. 죠지 왕은 "특정한 상황에서는 의심의 여지 없이 그렇다"라고 대답했다.

이러한 경고에도 불구하고 카이저는 자신이 알고 있는 것을 믿으려고 하지 않았다. 측근의 증언에 의하면, 그는 7월 5일 오스트리아에게 마음대로 하라는 언질을 주고 자신의 요트로 돌아왔을 때도 여전히 영국은 중립을 지킬 것으로 "확신하고" 있었다. 본(Bonn)의 학창 시절부터 같은 형제회(Corpsbrüder) 회원이며 자신들의 직책에 합당한 자격이 있다기보다는 같은 클럽의 흑백 리본을 달고 서로 너(du)라고 부르는 형제들에 대한 카이저의 감상적인 나약함에 의존하여 각자 자리를 유지하고 있던 베트만과 야고브는 묵주를 만지작거리는 독실한 가톨릭 신자처럼 이따금 영국의 중립에 대한 확신을 주고받으며 서로 상대방을 안심시켰다.

몰트케와 총참모부는 그레이든 누구든 영국이 무엇을 할 것인지 설명해 줄 사람이 필요 없었는데 왜냐하면 그들은 영국의 개입을 의심의 여지 없는 사실로 받아들이고 있었기 때문이었다. "영국군이 많으면 많을수록 좋다"고 몰트케는 티르피츠 제독에게 말했는데 이는 대륙에 상륙하는 수가 많을수록 결정적인 패배에 걸려들 영국군의 숫자도 커질 것이라는 뜻이었다. 몰트케의 비관적인 천성은 자신이 원하는 대로 보여주는 환상을 허용하지 않았다. 1913년에 작성한 비망록에서 그는 많은 영국인들이 할 수 있었던 것보다 더 정확하게 사태를 예견했다. 그는 만일 독일이 벨기에의 양해 없이 벨기에로 진군하면 "영국은" 1870년 그러한 의도를 선언했던 때보다 더 확실하게 "우리의 적이 될 것"이라고 기록했다. 그는 영국의 그 누구도 프랑스를 패배시킨 후 벨기에에서 철수하겠다는 독일의 약속을 믿을 것으로 생각하지 않았으며, 독일과 프랑스 간의 전쟁에서 독일이 벨기에를 지나든 그렇지 않든 간에 영국은 싸울 것이라고 확신했다. "왜냐하면 영국은 독일이 제패하는 것을 두려워하며 열강 사이의 세력 균형을 유지하려는 정책에 따라 독일의 세력이 팽창하는 것을 저지하기 위하여 자기들이 할 수 있는 모든 것을 다 할 것이기 때문이다."

"전쟁이 터지기 전 수 년간 우리는 어찌 되었건 영국 원정군(BEF, British Expeditionary Force)이 프랑스 해안에 곧바로 상륙할 것임을 의심한 적이 없었다"고 총참모부의 최고위급 장교인 폰 쿨 장군이 증언했다. 총참모부는 BEF가 전쟁 10일째 동원되어, 11일째 출발 항구에 집결하고, 12일째 탑승을 시작하여 14일째면 프랑스로 이동을 끝낼 것으로 계산했다. 후일 이 계산은 너무나도 정확한 것으로 판명되었다.

독일해군 참모부 또한 어떤 환상도 가지고 있지 않았다. 이미 7월 11일에 해군본부는 "전쟁이 터지면 영국은 필시 적대적일 것"이라고 태평양에 있는 샤른호르스트에 승선하고 있던 폰 스페 제독에게 타전했다.

그레이가 하원에서 연설을 끝낸 두 시간 뒤, 1870년 이래 라인강 양쪽에 살고 있던 모든 이들의 마음속 깊이 잠재되어 있었으며 1905년부터는 대부분의 사람들이 기정 사실로 받아들이고 있던 일이 일어났다. 독일이 프랑스에 대해 선전포고를 한 것이다. 독일 국민들에게 그것은 점증하는 긴장과 포위의 악몽을 끝내기 위한 "군사적 해결책"이었다고 황태자는 말했다. 그날 자 독일신문은 "무기의 은총"이라는 표제의 특별호에서 "살아있다는 것은 기쁨"이라며 자축했다. 독일 국민은 "행복으로 들떠 있다… 우리는 이 순간을 너무도 기다렸다… 우리 손에 쥐어진 칼은 우리의 목적을 달성하고 우리의 영토가 필요한 만큼 넓어지기 전에는 칼집에 들어가지 않을 것"이라고 그 신문은 말했다. 모든 이가 기뻐 날뛴 것은 아니었다. 제국의회에 소집된 좌파 의원들은 모두들 "침체"되고 "불안"해 보였다. 전비조달을 위한 모든 국채에 투표할 준비가 되었다고 고백한 한 의원은 "우리는 그들이 독일 제국을 파괴하도록 놔둘 수는 없다"고 중얼거렸다. 또 다른 이는 계속해서 "이 무능한 외교, 이 무능한 외교"라고 투덜거렸다.

프랑스에서는 6시 15분 비비아니 수상의 전화벨 소리와 함께 신호가 왔는데 전화를 건 미국 대사 마이런 헤릭은 슬픔에 잠긴 목소리로 방금 독일 대사관을 인수하고 미국 국기를 게양해 달라는 요청을 받았다고 말했다. 헤릭은 자신이 그 요구를 수락했지만 국기는 달지 않았다고 했다.

이것이 무슨 뜻인지 정확히 아는 비비아니는 독일 대사의 임박한 도착을 기다렸고 잠시 후 그가 도착했다. 부인이 벨기에 사람인 폰 쇼엔은 얼핏 보기에도 아주 난처한 모습으로 들어섰다. 그는 오는 길에 어떤 부인이 자신의 마차 창문으로 머리를 들이밀고 "나와 본국의 황제"에 대해 욕을 했다는 불평으로 말문을 열었다. 최근 며칠간의 고통으로 신경이 곤두서 있던 비비아니는 그 불평을 하러 왔느냐고 물었다. 쇼엔은 또 다른 의무가 있음을 인정하면서 가지고 온 서류를 펴서 읽었는데, 프앙카레에 의하면 그는 "명예를 아는 사람"이었으므로 그 내용은 그를 부끄럽게 만들었다. 그 서류에는 프랑스의 "조직적인 적대행위", 누렘베르그와 칼스루에에 대한 공중 폭격 그리고 벨기에 영공을 비행한 프랑스 조종사들에 의한 벨기에 중립 침범으로 인해 "독일 제국은 스스로가 프랑스와 교전상태에 들어간 것으로 생각한다"고 적혀 있었다.

비비아니는 그런 일들이 일어나지 않았음을 누구보다도 잘 알고 있을 프랑스 정부를 비난하기 위해서가 아니라 독일 국민들에게 자신들은 프랑스 침략의 희생자라는 인상을 주기 위해 포함된 주장들을 공식적으로 부인했다. 그는 쇼엔을 문까지 안내한 다음 마치 마지막 이별을 주저하는 듯 건물 밖으로 나와 계단을 내려서서 그를 기다리고 있는 마차까지 같이 걸으며 배웅했다. "대대로 적대관계인 양국"을 대표하는 두 사람은 불편한 마음으로 잠시 서 있다가 말없이 서로 인사하고 폰 쇼엔은 땅거미 속으로 멀어져 갔다.

그날 저녁 화이트 홀에서 친구와 같이 창가에 서서 가로등이 켜지는 것을 바라보던 에드워드 그레이 경은 다음과 같은 말로 이때 이후의 시기를 함축적으로 표현했다. "모든 유럽의 등불이 꺼지고 있군. 우리가 살아 있는 동안 그 등불이 다시 켜지는 것을 못 보겠지."

8월 4일 아침 6시 폰 벨로브는 브뤼셀에서 외무부를 마지막으로 방문했다. 그는 독일 정부의 "매우 우호적인 제안"을 거절했기 때문에 독일은 스스로를 지키기 위하여 "만일 필요하다면 무력에 의한 조치"들을 이행할 수밖에 없을 것이라고 언급한 통첩을 전달했다. "만일 필요하다면"이라는 단서는 여전히 벨기에가 마음을 바꿀 수 있는 기회를 열어 놓기 위한 배려였다.

독일 공사관을 인수해 달라는 요청을 받은 바 있는 브랜드 휘트록 미국 공사는 그날 오후 폰 벨로브와 1등 서기관인 폰 스툼이 짐을 꾸릴 생각도 않은 채 "거의 불안한" 모습으로 각자 의자에 파묻혀 있는 모습을 보았다. 촛불, 봉합 왁스 그리고 종이 끈을 든 나이든 직원 두 명이 공문서가 담긴 잣나무 상자를 밀봉하면서 천천히 조심스럽게 방 주위를 지나다니는 동안 벨로브는 한 손으로 담배를 피우고 다른 손으로는 눈썹을 문지르는 일 외에 꼼짝도 않고 앉아 있었다. 폰 스툼은 마치 자기 자신을 자책하는 것처럼 계속해서 "오 불쌍한 바보들!"이라는 소리를 반복했다. "왜 그들은 증기 롤러가 가는 길에서 비키지 않는가? 우리는 그들을 다치게 하고 싶지 않지만 만일 우리 앞을 가로막는다면 그들은 산산조각날 텐데. 오 불쌍한 바보들!"

나중에서야 독일측 사람들은 한결같이 그날 누가 바보였는지 스스로에게 물었다. 오스트리아의 외무장관인 체르닌 백작은 나중에 그날이 "우리의 가장 큰 재난"의 날이었음을 알게 되었으며, 황태자조차도 한참 뒤에야 그날은 "우리들 독일인들이 세계가 보는 앞에서 첫 번째 큰 전투에서 진 날이었다"는 사실을 깨닫고 비통해 했다.

그날 아침 8시 2분 회색 군복의 독일군 제 일 파가 리에쥬로부터 30마일 떨어진 겜메리히(Gemmerich)에서 벨기에 국경을 돌파했다. 감시 초소에 있던 벨기에 헌병들이 사격을 가했다. 폰 엠미히 장군의 지휘 하에 리에쥬를 강습하기 위해 독일군 본대로부터 파견된 분견대는 각각 대포 및 그 밖의 무기로 무장한 보병 6개 여단과 기병 3개 사단으로 구성되어 있었다. 해 질 녘에 그들은 뫼즈 강 연안의 비제(Visé)에 도착했는데 이 도시는 앞으로 폐허로 변할 일련의 도시들 가운데 첫 번째가 될 운명이었다.

침략의 순간까지도 많은 이들은 여전히 스스로의 이익 때문에라도 독일군은 벨기에 국경을 우회할 것으로 믿었었다. 왜 그들은 일부러 자신들의 전장에 적군 둘을 추가로 불러들이겠는가? 아무도 독일군이 바보라고 생각하지 않았기 때문에 프랑스군의 생각에 떠오르는 대답은 벨기에에 대한 독일의 최후 통첩은 속임수라는 것이었다. 그것은 실제로 침략하려는 의도를 가진 것이 아니라 메시미가 "순찰대나 심지어 단 한 명의 기병일지라도" 프랑스군대가 국경을 넘는 것을 금지하는 명령서에서 말한 대로 "우리들이 먼저 벨기에로 들어 가도록 유인하기" 위한 계책이라고 생각했다.

이 이유 때문이었는지 혹은 또 다른 이유가 있었는지 모르겠지만 그레이는 아직 영국의 최후 통첩을 보내지 않고 있었다. 알버트 국왕도 아직 중립을 보장한 열강들에게 군사 원조를 요청하지 않고 있었다. 그 또한 최후 통첩이 "거대한 위장"일 수도 있다는 것을 두려워했다. 만일 그가 프랑스군이나 영국군을 너무 일찍 불러들이면 그들의 존재 자체가 벨기에의 의지와 무관하게 벨기에를 전쟁으로 끌고 들어갈 것이며, 그의 마음속에는 이웃들이 일단 벨기에에 자리 잡으면 서둘러 떠나려 하지 않을지도 모른다는 걱정이 자리잡고 있었다. 리에쥬를 향해 진군하는 독일군 선봉대의 발자국이 모든 의심에 종지부를 찍음으로써 선택의 여지를 없앤 다음인 8월 4일 정오가 되어서야 비로소 알버트 국왕은 중립 보장국들에게 "합의된 공동" 군사행동을 요청하였다.

베를린에서 몰트케는 여전히 명예를 지키기 위한 첫 번째 사격이 끝나면 벨기에군을 "알아 듣도록" 설득할 수 있을지도 모른다는 희망을 버리지 않고 있었다. 그러한 이유에서 독일의 마지막 통첩에서는 선전 포고라는 표현을 일단 보류하고 단순히 "무력에 의해"라고 썼던 것이다. 침략이 벌어지던 날 아침 벨기에 대사인 베이엥 남작이 자신의 여권을 찾으러 왔을 때 야고브가 먼저 마치 어떤 제안을 기대하는 것처럼 "자, 무슨 말을 하려는 것이냐"고 서둘러 물었다. 그는 다시 한번 만약 벨기에가 철도, 교량, 그리고 터널의 파괴를 멈추고 리에쥬에 대한 방어를 포기하여 독일군대가 자유롭게 지나가게 해 준다면 벨기에의 독립을 존중하며 모든 손해를 보상하겠다는 독일의 제안을 되풀이했다. 베이엥이 돌아가려고 하자 미련을 버리지 못한 야고브는 그를 따라가며 "우리에게는 아직 해야 할 얘기가 좀더 남아 있는 것 같다"고 말했다.

침략이 시작되고 한 시간이 지날 무렵 브뤼셀에서는 알버트 국왕이 간소한 군복 차림으로 말을 타고 국회로 가고 있었다. 작은 행렬이 경쾌한 속보로 루와이얄 거리를 내려갔는데 맨 앞에 왕비와 세 자녀가 탄 무개마차가 가고 그 뒤를 따르는 두 대의 마차에 이어 맨 끝에 국왕 혼자서 말을 타고 지나갔다. 연도의 집들은 깃발과 꽃으로 장식했고, 의기양양한 시민들이 길을 메웠다. 누군가 기억하기를 이때 모든 사람들은 "사랑과 미움의 공감대에 의하여 모두 하나가 된" 기분으로 웃고, 소리치며, 낯선 사람끼리도 악수를 나누었다. 끝없이 이어지는 환호성이 국왕에까지 이르렀는데 이는 마치 하나의 보편적인 감정에 휩싸인 군중들이 국왕은 조국과 조국의 독립을 유지하려는 의지의 상징이라고 외치고 있는 것 같았다. 어찌된 영문인지 자리를 뜨지 않고 다른 외교관들과 같이 의사당 창문으로 행렬을 바라보던 오스트리아 공사조차 흐르는 눈물을 억제할 수 없었다.

의사당 안에서는 모든 의원과 방문객 그리고 왕비와 왕실 사람들이 자리에 앉은 다음 국왕이 혼자 들어와 사무적인 몸짓으로 모자와 장갑을 연설대에 벗어 놓고 약간 불안정한 목소리로 연설을 시작했다. 독립국 벨기에를 탄생시켰던 1830년 의회를 떠올리며 그가 "의원 여러분, 여러분은 흔들리지 않고 우리들의 선조가 물려준 신성한 선물을 본래 모습으로 유지하기로 결심하였습니까?"라고 말하자, 스스로를 억제할 수 없었던 의원들은 일제히 자리에서 일어나 "예! 예! 예! (Oui! Oui! Oui!)"라고 소리쳤다.

당시 이 광경을 목격했던 미국 공사는 일기를 통해 선원 복장을 입고 있던 국왕의 12살 된 왕세자가 아버지를 몰입된 표정으로 응시한 채 경청하는 모습을 자신이 어떻게 관찰했는지, 그리고 "저 소년은 마음속으로 무슨 생각을 할까?"라고 어떻게 궁금해 했는지 증언하고 있다. 마치 미래를 미리 훔쳐볼 수 있었던 것처럼 휘트록은 "나중에 이 광경이 저 소년에게 기억날까? 그리고 어떻게? 언제? 어떤 상황에서?"라고 스스로에게 물었다. 선원 복장 차림의 소년은 레오폴드 3세로 1940년 또 다른 독일군의 침공에 항복하게 된다.

연설이 끝난 후 거리의 열광은 거의 광란상태가 되었다. 이제껏 멸시받던 군대는 영웅이 되었으며 군중들은 "독일군을 쳐부셔라! 살인자들에게 죽음을! 벨기에 독립 만세!(Vive la Belgique indépendante!)"라고 소리쳤다. 국왕이 떠나자, 군중들은 통상 누가 되든지 관계없이 그 직책의 성격상 정부 내에서 가장 인기 없던 국방장관을 향해 외쳤다. 드 브로케빌이 발코니에 나타났을 때, 세상에 둘도 없이 침착한 그 사람조차도 그날 브뤼셀에 있던 모든 사람들이 같이 느꼈던 격렬한 감정에 압도되어 울음을 터뜨렸다.

같은 날 파리에서는 빨간 바지와, 폭이 넓은 암청색 코트 차림의 프랑스군 병사들이 "오(Oh)"라는 승리의 외침으로 끝나는 군가를 부르며 시내를 행진했다.

  알자스와 로렌이라오. (C'est l'Alsace et la Lorraine)
  우리에게 필요한 것은 알자스라오. (C'est l'Alsace qu'il nous faut)
  오, 오, 오, 오! (Oh, Oh, Oh, OH!)

잃어버린 한쪽 팔로 더욱 유명한 포 장군이 초록색과 검정색으로 된 1870년 참전 군인 약장을 단 채 말을 타고 지나갔다. 번쩍이는 흉갑과 헬멧 아래로 늘어진 길고 검은 말총차림의 모습이 다소 시대에 뒤쳐진 듯한 프랑스 기병연대도 위풍당당하게 행진했다. 그들 뒤로 비행기를 실은 거대한 수송 차량과 프랑스가 자랑하는 회색의 길고 폭이 좁은 75밀리 야포(soixante-quinzes)를 실은 바퀴 달린 포대가 따라왔다. 하루 종일 군인, 말, 무기, 군 장비의 물결이 북부역(Gare du Nord)과 동부역(Gare de l'Est)의 거대한 아치형 관문을 연이어 지나갔다.

차량이 끊긴 넓은 가로수 길 아래로 갖가지 구호를 적은 깃발과 현수막을 든 한 무리의 시위 군중들이 행진했다. "룩셈부르크는 독일이 될 수 없다!", "루마니아는 라틴 민족의 성모를 구하러 온다", "프랑스의 피를 대가로 자유를 얻은 이태리", "프랑스의 사랑스러운 누이 스페인", "프랑스를 위한 영국 지원병들", "프랑스를 사랑하는 그리스", "파리의 스칸디나비아인", "프랑스 편에 선 슬라브 민족", "라틴 아메리카는 라틴 아메리카 문화의 종주국을 위해 헌신한다", "집으로 돌아오는 알자스 동포들"이라고 쓴 현수막이 나타나자 함성과 갈채가 일었다.

마치 심신이 아픈 사람처럼 창백한 모습의 비비아니는 상하원 합동의회에서 그날 행해진 다른 모든 연설과 마찬가지로 그 열기와 유창함에 있어 자신의 능력을 뛰어넘은 생애 최고의 연설을 했다. 그는 서류 가방에 불러 협정서를 넣어 가지고 왔지만 이것에 대한 질문은 없었다. "라틴 지성의 명확한 통찰력으로" 이태리가 중립을 선언했다는 그의 발표는 환희의 갈채를 받았다. 기대했던 대로 3국동맹의 세 번째 참가자는 결단의 시간이 다가오자 세르비아에 대한 오스트리아의 공격은 조약에 대한 이태리의 의무를 면제시켜 주는 침략행위라는 이유로 옆으로 비켜 선 것이다. 프랑스로 하여금 남쪽 국경을 수비할 필요가 없게 해 준 이태리의 중립은 4개 사단 혹은 80,000명의 가치가 있는 것이었다.

비비아니의 연설이 끝나자, 청중 모두가 기립한 상태에서 직책상 몸소 의회에 나오지 못하게 되어 있는 프앙카레 대통령의 연설이 대독 되었다. 전통적인 프랑스 삼위일체를 변형시켜 프랑스는 자유, 정의 그리고 합리를 위한 세계 앞에 서 있다고 말한 것은 그다운 발상이었다. 그가 의도적으로 "문명" 세계라고 지칭한 모든 곳으로부터 동정과 선의의 메시지가 프랑스를 향해 봇물처럼 쏟아지고 있었다. 연설문이 낭독되는 동안 "전혀 동요됨이 없이 자신감에 차 있던" 죠프르 장군은 전선으로 떠나기에 앞서 출전 신고를 하기 위해 대통령을 찾아갔다.

제국의회 의원들이 카이저의 칙어를 들으려고 모였을 때 베를린에서는 비가 퍼붓고 있었다. 그들이 수상과 사전 모임을 갖기 위해 방문한 의회의 창문 아래로 빗물이 반짝이는 도로를 기병대가 줄지어 지나가면서 말발굽 소리가 끝없이 이어졌다. 각 정당 지도자들은 빌헬름 1세 카이저가 프랑스 국기를 자랑스럽게 짓밟고 있는 기분 좋은 광경을 그린 대형 그림으로 장식된 방에서 베트만을 만났다. 카이저는 비스마르크, 육군 원수인 구 몰트케와 같이 스당의 전쟁터를 말을 타고 껑충 뛰어 도약하는 모습으로 그려져 있었으며 그림의 전경에는 한 독일군 병사가 황제가 타고 있는 군마의 발굽 아래로 프랑스 국기를 펼치고 있었다. 베트만은 의회의 단결을 걱정하며 의원들에게 "만장일치"로 의결해 주도록 간곡히 부탁했다. "각하, 저희들은 모두 찬성할 것입니다"라고 자유당 대변인이 고분고분 대답했다. 군사위원회 보고자이며 수상의 측근으로 모르는 것이 없는 에르쯔베르거는 앞으로 일어날 일을 알고 있다는 듯 동료의원들을 상대로 세르비아는 "다음 월요일 이 시간이면" 항복할 것이며 모든 것은 잘 되어가고 있다고 설득시키느라 분주했다.

성당에서 예배를 마친 의원들은 다 같이 왕궁으로 이동했는데, 밧줄이 쳐진 입구에는 경비가 있었으며 국민의 대표들이 접견실(Weisser Saal)에 앉기까지는 네 단계의 신분증 검사를 거쳐야 했다. 몇 명의 장군들을 대동하고 조용하게 입장한 카이저가 옥좌에 앉았다. 용기병 근위대 제복차림의 베트만이 황제의 서류가방에서 연설문을 꺼내어 카이저에게 건넸으며, 자리에서 일어나 수상 옆에 서자 작아 보이는 카이저가 머리에는 헬멧을 쓰고 한 손은 칼자루에 얹은 자세로 연설문을 읽었다.

벨기에에 대해서는 아무 언급도 없이 그는 "우리는 떳떳한 마음과 결백한 손으로 칼을 뽑았다"고 선언했다. 전쟁은 러시아의 후원을 받은 세르비아에 의해 일어났다. 러시아의 사악함에 대한 언급은 "수치!"라는 야유와 외침을 자아내게 하였다. 준비된 연설이 끝나자 카이저는 목소리를 높여 "오늘 이후로 나는 독일 이외에는 어떠한 정당도 인정하지 않겠다"고 선언하면서 각 정당 지도자들에게 만일 그들이 이 뜻에 동의한다면 앞으로 나와 자신의 손을 잡으라고 했다. 그들은 모두 "격한 흥분" 속에서 그렇게 했으며 나머지 의원들은 뜨거운 환희의 외침과 갈채를 터뜨렸다.

3시에 의원들은 수상의 연설을 듣고 먼저 전비 조달을 위한 국채에 대한 투표를 한 다음 휴회로 이어지는 나머지 의사 일정을 진행하기 위하여 의회에 다시 모였다. 사회민주당은 만장일치로 투표하기로 하고 의원으로서 남은 임기의 마지막 시간을 카이저를 위한 "만세!(Hoch!)"에 합류할 것인가에 대한 조심스러운 논의에 할애했는데 그들은 이 문제를 "카이저, 국민 그리고 국가"를 위한 만세로 고침으로써 만족스럽게 해결했다.

베트만이 일어나서 연설을 시작하자 모든 의원들은 그가 벨기에에 대해 뭐라고 말할지 초조하게 기다렸다. 일 년 전 외무장관 야고브는 제국의회 운영위원회의 비밀회의에서 독일은 절대로 벨기에를 침략하지 않을 것이라고 다짐했으며 그 당시 국방장관이었던 폰 헤링겐 장군은 전쟁이 터질 경우 독일의 적들이 그렇게 하는 한 최고 사령부도 벨기에의 중립을 존중할 것이라고 약속한 바 있다. 8월 4일 의원들은 그날 아침 독일 군대가 벨기에를 침략한 사실을 아직 모르고 있었다. 그들은 최후통첩에 관해 알고 있었지만 벨기에의 회신 내용은 전혀 몰랐는데 왜냐하면 벨기에는 이미 침략을 묵인했으며 따라서 그들의 무력 저항은 불법이라는 인상을 주기 원했던 독일정부가 그 내용을 공표하지 않았기 때문이었다.

베트만은 긴장하고 있는 청중들에게 "우리 군대는 룩셈부르크를 점령했으며 아마(이 아마는 이미 8시간이나 지난 얘기였음) 벌써 벨기에에 있을 것"이라고 알려주었다(엄청난 소란이 일었다). 프랑스가 벨기에에게 중립을 존중하겠다는 언질을 준 것은 사실이지만 "우리는 프랑스가 벨기에를 침략할 준비를 갖추고 대기하고 있다는 것을 알고 있었으며 기다릴 수가 없었다." 그는 그것이 군사적으로 필연적인 경우였으며 "필연은 법을 초월한다"고 말할 수밖에 없었다.

여기까지는 그를 경멸하는 우익과 불신하는 좌익 모두에게 별 무리가 없었지만 다음 문장은 물의를 일으켰다. "우리가 벨기에를 침략한 것은 국제법에 반하지만, 공개적으로 말하건대, 우리는 군사적인 목적을 이루자마자 우리가 저지르는 잘못을 곧 바로잡을 것입니다." 티르피츠 제독은 이것이야말로 독일 정치인의 발언 중 가장 큰 실수였다고 생각했으나, 자유당 지도자인 콘라드 하우스만은 그날 연설의 백미라고 생각했다. 공개적으로 자신의 잘못을 고백한 행동을 통해 하우스만과 그의 친애하는 좌파 의원들은 죄책감을 덜었으며 수상을 향해 "옳소!(Sehr richtig!)"라는 함성으로 화답했다. 기억할 만한 격언을 남긴 그는 그날 연설의 마지막 대목에서 사람들이 영원히 기억할 만한 말을 하나 더 추가하게 되는데 즉, 베트만은 누구라도 독일인들처럼 지독한 위협을 받게 되면 어떻게 "스스로의 활로를 뚫을 것인가"만을 생각할 수밖에 없을 것이라고 말했던 것이다.

50억 마르크의 전비 조달을 위한 국채를 만장일치로 가결시키고 나서 제국의회는 4개월간 휴회하기로 결정했는데 이 기간은 일반적으로 예상하던 전쟁 지속 기간이었다. 베트만은 확신에 찬 어조로 마치 고대

로마의 검투사들처럼 "우리의 운세가 어떻든 간에 1914년 8월 4일은 독일의 가장 위대한 날 가운데 하루로 모두에게 영원히 기억될 것!"이라 며 의사진행을 마무리하였다.

그날 저녁 7시에 그렇게 많은 사람이 그 같은 불안 속에서 그토록 오 래 기다리던 영국의 답변이 마침내 결정되었다. 그날 아침 마침내 영국 정부는 최후 통첩을 보낼 수 있는 발판을 만드는 데에 가까스로 합의했 었다. 그러나 최후 통첩을 보내기까지는 아직 두 단계를 더 거쳐야 했다. 첫 단계로, 그레이는 벨기에에 대한 독일의 요구가 "계속되지" 않을 것 에 대한 보장과 함께 "즉각적인 대답"을 요구했지만 답변 시한과 대답 이 없을 경우에 대한 보복 수단을 언급하지 않았기 때문에 이 메시지는 기술적으로 최후 통첩이 아니었다. 그는 독일군의 벨기에 침략 사실을 들은 후에야 두 번째 경고를 보내면서 영국은 "벨기에의 중립을 보존하 며 독일을 포함한 열강들이 합의한 조약을 준수해야 할" 의무를 느낀다 고 언급했다. 자정까지 "만족할 만한 회신"을 보낼 것을 요구하였으며, 회신이 없으면 영국 대사가 자신의 여권을 요구할 예정이었다.

그레이의 연설을 하원이 분명하게 수락한 직후였던 전날 밤에 왜 최 후 통첩을 보내지 않았는지는 정부의 우유부단함 말고는 달리 설명할 방법이 없다. 독일군이 그날 아침 고의로 넘어와 이제는 돌아갈 수 없는 국경을 넘어 다시 순순히 돌아가는 것 말고, 어떤 종류의 "만족할 만한 대답"을 기대했으며, 왜 영국은 자정까지 그토록 현실성이 없는 상황을 기다리기로 했는지, 어쨌든 거의 설명할 수가 없다. 지중해에서는 그날 밤 자정까지 놓쳐버린 몇 시간이 치명적인 결과를 낳게 된다.

베를린에서 영국 대사인 에드워드 고센 경이 수상과 역사적인 면담 을 하는 자리에서 최후 통첩을 제시했다. 그는 베트만이 "매우 흥분한" 것을 보았다. 베트만 자신의 말에 의하면 "영국의 참전과는 아무 관계도 없는 벨기에에 대해 위선적으로 반복되는 궤변에 내 피가 끓었다." 분노는 베트만의 장광설을 촉발했다. 그는 영국이 "형제국"에 대한 전쟁이라는 "생각할 수 없는" 짓을 저지르고 있는데 "그것은 목숨을 걸고 두 명의 적과 싸우고 있는 사람을 뒤에서 치는 짓"이며, 영국은 "이 마지막 경악할 조치"로 인해 이후에 벌어질 모든 무서운 사태와 "겨우 한 마디 단어, 종이조각에 지나지 않는… '중립'에 대한" 모든 책임을 져야 할 것이라고 말했다.

온 세상에 널리 알려지게 될 표현이라고는 거의 생각하지 못한 채 고센은 자신의 대답을 면담보고서에 포함시켰다. 독일에게는 전략적인 이유에서 벨기에를 가로질러 진격하는 것이 생사의 문제라면 영국에게는 자신의 엄숙한 협약을 준수하는 것이 생사의 문제라고 그는 대답했다. "각하께서 너무 흥분하셨고, 우리의 대응에 관한 소식에 압도되신 것이 분명하며 그 이유를 들을 마음이 거의 없어" 그는 더 이상의 논의를 중단하였다.

고센이 떠날 때, 『일간 베를린(Berliner Tageblatt)』의 보도차량에 탄 두 사람이 다소 성급하게 (왜냐하면 최후 통첩은 자정까지는 만료되지 않았기 때문에) 영국의 선전포고를 알리는 전단을 뿌리며 거리를 지나갔다. 이태리의 이탈에 이은 이 마지막 "배신" 행위, 이 마지막 유기, 또 하나의 적이 추가된 이 행위는 독일인들을 격노하게 만들었으며, 많은 이들이 즉각 성난 군중으로 돌변하여 영국 대사관으로 몰려가 돌을 던지는 바람에 그곳의 유리창이 전부 깨져버렸다. 하룻밤 사이에 영국은 가장 증오하는 적으로 바뀌었고 증오를 나타낼 때 자주 사용되는 선전문구인 "종족 배신!(Rassen-verrat)"의 대상이 되고 말았다. 카이저는 전쟁에 관한 언급 가운데 가장 소박한 어투로 "죠지와 닉키가 나를 속였다고 생각해 보라! 만약 우리 할머니께서 살아계셨다면 절대로 그냥 놔두지 않았을 것이다"라고 탄식했다.

독일은 이 배신행위를 묵과할 수 없었다. 여성 참정론자들이 수상을 조롱하고 경찰을 무시할 지경에 이를 정도로 타락한 영국이 전쟁을 한다는 것은 믿을 수 없는 일이었다. 여전히 위세가 당당하고 강력하긴 해도 영국은 점차 노쇠해지고 있었으며 말기의 로마 제국에 대해 서고트족이 그랬던 것처럼 그들은 영국에 대해 신생국가의 열등감과 함께 경멸감을 가지고 있었다. 영국인들은 우리를 "마치 포르투갈처럼 다룰 수 있다"고 생각한다고 티르피츠 제독은 불평했다.

영국의 배반은 그들이 가진 고립무원의 감정을 더욱 뼈저리게 했다. 그들은 독일이 누구도 좋아하지 않는 국가임을 자각하고 있었다. 어떻게 했길래 1860년 프랑스에 합병된 니스는 평온하게 정착되어 몇 년도 지나지 않아 그곳이 이전에 이태리였다는 사실조차 까맣게 잊어버린 반면, 50만의 알자스인들은 독일 치하에서 사느니 차라리 고향을 등진단 말인가? "우리 나라는 어디에서든 별로 사랑 받지 못하며 오히려 종종 미움을 받고 있다"고 황태자는 기행문에 적었다.

군중들이 빌헬름 거리에서 복수의 비명을 지르고 있는 동안 실의에 빠진 좌파 의원들이 카페에 모여 탄식하고 있었다. "온 세상이 우리와 맞서고 있다"고 한 사람이 말했다. "독일주의는 이 세상에 라틴족, 슬라브족, 그리고 앵글로색슨족의 세 가지 적이 있는데 이제 그들이 한데 뭉쳐 우리와 맞서고 있어요."

"우리 외교는 우리들에게 오스트리아 외에는 단 하나의 우방도 남겨놓지 않았으며 오스트리아는 바로 우리가 도와주어야만 하는 존재"라고 또 다른 이가 말했다.

"최소한 한 가지 좋은 것은 그것이 오래갈 수 없다는 것"이라며 세 번째 사람이 그들을 위로했다. "우리는 4개월이면 평화를 되찾을 것입니다. 경제적으로나 재정적으로 우리는 그 이상 버틸 수 없어요."

누군가가 "터키와 일본에 대한 한 가닥 희망"을 들먹였다.

실제로 전날 저녁 식사 중이던 사람들이 거리 먼 곳에서 나는 만세 소리를 들었을 때 이상한 소문이 카페에 퍼졌다. 누군가의 일기에 적힌 것을 보면, "그들이 점점 다가왔다. 사람들이 그 소리를 듣고 벌떡 일어났다. 만세소리가 점점 커지다가 마침내 포츠다머 플라츠(Potsdamer Platz) 너머까지 퍼지면서 폭풍처럼 다가왔다. 손님들은 먹던 음식을 남겨 둔 채 식당 밖으로 뛰어나갔다. 나도 인파를 따라갔다. 무슨 일이 벌어졌는가? '일본이 러시아에게 선전포고를 했다!'고 그들이 소리쳤다. 만세! 만세! 떠들썩한 환희. 사람들은 서로 얼싸 안았다. '일본이여 영원하라! 만세! 만세!' 끝없는 기쁨. 그때 누군가 '일본 대사관으로 가자!'고 외쳤다. 그리고 사람들은 모두 함께 달려가서 대사관을 에워쌌다. 사람들은 일본 대사가 나타나 이 예기치 못한 그러나 그럴 만한 이유가 없어 보이는 이같은 존경의 표현에 대해 당황하여 머뭇거리면서 사의를 표할 때까지 '일본이여 영원하라! 일본이여 영원하라!'고 격렬하게 소리쳤다." 비록 다음날 이 소문은 사실이 아니었음이 밝혀졌지만, 그 존경의 표현이 얼마나 어처구니 없었는가는 이후로도 2주일간은 알 수 없었을 것이다.

리크노브스키 대사와 그 수행원들이 영국을 떠날 때, 이들을 전송하러 나온 한 친구는 빅토리아 정거장에 모인 그들 일행의 "슬픔과 비탄"을 보고 충격을 받았다. 그들은 오스트리아 외에 동맹국도 하나 없이 자신들을 전쟁에 끌어들인 본국 관료들을 비난했다.

"사방에서 공격 받는 우리에게 무슨 기회가 있겠어요? 독일에게 우호적인 나라는 아무도 없지 않습니까?"라고 한 관리가 비통하게 물었다.

"샴은 우호적이라고 하더군요." 일행 중 한 사람이 대답했다.

영국이 최후 통첩을 공표하기가 무섭게 내각에서는 프랑스에 원정군을 보낼 것인가에 대한 새로운 논쟁이 시작되었다. 개입하기로 선언한 그들은 이제 어디까지 개입할 것인가에 대한 논쟁을 시작했다. 프랑스군과 합의한 합동군사계획에는 6개 사단의 원정군이 M-4에서 M-12 사이에 프랑스에 도착하여 M-15일에는 프랑스군 전선 좌측 끝에서 행동에 들어갈 준비를 끝내는 것으로 예정되어 있었다. 그러나 이미 이 일정은 무너졌다. 왜냐하면 원래 영국군의 M-1(8월 5일)은 프랑스군보다 이틀 늦을 것으로 예상했던 것인데, 이미 사흘이나 늦어졌으며 그 이상 지연될 수도 있었기 때문이다.

아스퀴스 내각은 본토 침략에 대한 두려움으로 마비되어 있었다. 1909년 제국방어위원회는 이 문제에 대한 특별 연구 끝에 독일 침략군의 규모가 해군을 피하기 어려운 수준이 될 정도로 국내 병력을 유지하는 한 대규모의 침략은 "실행 불가능"하다고 선언한 바 있다. 본토의 방위는 해군에 의해 충분히 보장된다는 이러한 확인에도 불구하고 8월 4일 영국의 지도자들은 정규군을 전부 나라 밖으로 내보낼 용기를 낼 수가 없었다. 6개 사단보다 적은 규모를 보내는 방안, 당장이 아닌 나중에 보내는 방안, 심지어는 안 보내는 방안에 대한 의견들이 개진되었다. 젤리코 제독은 해협을 건너는 원정군을 위해 계획되었던 엄호작전이 "당장은" 필요 없을 것이라는 말을 들었다. BEF를 자동적으로 움직이게 하는 국방부의 단추는 영국정부가 그것을 누를 결심을 할 수 없었기 때문에 눌러지지 않은 채로 있었다. 최근 4개월간 장관이 공석 중인 국방부는 우두머리가 없어 혼란스러웠다. 아스퀴스는 키치너를 런던으로 부르기는 했지만 아직도 그를 그 자리에 임명할 용기를 내지 못하고 있었다. 아무 제약도 없이 쓰고 싶은대로 쓴 것을 전후에 출판해서 엄청난 반향을 일으켰던 일기의 저자이며 성질이 급하고 격렬했던 헨리 윌슨 경은 이러한 사태에 대해 반감을 품고 있었다. 불쌍한 캉봉도 마찬가지였는데 그는 프랑스군 좌측에 영국군 6개 사단이 배치되는 것이 얼마나 중요한지를 보여주기 위해 지도로 무장하고 그레이를 찾아갔다. 그레이는 이 문제를 내각에 촉구하겠다고 약속했다.

윌슨 장군은 이러한 지연을 그레이의 "범죄와도 같은" 망설임의 탓으로 돌렸으며 잔뜩 화가 나서 야당에 있는 자기 친구에게 "동원하여 출항한다" 대신 "동원한다"고 쓰여진 동원명령서 사본을 보여주었다. 이것만으로도 일정이 4일은 지연될 것이라고 그는 말했다. 벨포아는 정부에 박차를 가하는 역할을 떠 맡았다. 그는 할데인에게 보낸 편지를 통해 그들에게 영불 협정과 그것에 따른 군사적 준비의 핵심은 프랑스의 보존인데, 왜냐하면 만일 프랑스가 궤멸되면 "유럽의 모든 미래는 우리가 재난으로 간주해야 할 방향으로 바뀔 수 있기" 때문이라고 말했다. 그는 그러한 정책을 채택한 이상 우리가 할 일은 "신속하게 모든 힘을 다해 공격하는 것"이라고 조언했다. 할데인이 자신을 찾아와 내각이 주저하는 본질에 대해 설명했을 때, 벨포아는 그들이 유난히도 "생각이 불분명하고 목표가 모호하다"고 느낄 수밖에 없었다.

그날 8월 4일 오후, 베트만이 제국의회에서, 비비아니가 하원(Chambre des Députés)에서 각각 연설을 하고 있을 무렵 아스퀴스는 하원에서 "국왕이 친필로 서명한 교서"를 공표했다. 동원 포고령이 낭독되는 동안 의장은 기립을 하고 의원들은 모자를 벗어 경의를 표했다. 그 다음에 아스퀴스는 자기 손에서 가늘게 떨리고 있는 타자된 서류를 보며 방금 독일로 타전된 최후 통첩의 조항들을 읽었다. 그가 "자정까지 만족할 만한 회신"이라는 대목에 이르자 의석에서 엄숙한 갈채가 일어났다.

이제 남은 것은 자정(영국 시간으로는 11시)까지 기다리는 것뿐이었다. 9시에 정부는 베를린에서 발신한 평문 전보를 감청하여 독일은 이미 영국 대사가 자신의 여권을 요구한 순간부터 영국과 교전상태에 들어간 것으로 간주하고 있음을 알았다. 서둘러 소집된 내각은 바로 선전포고를 할 것인지 아니면 최후 통첩에서 지정한 시한까지 기다릴 것인지에 대해 논의했다. 기다리기로 결정했다. 침묵 속에서 각자 개인적인 생각에 잠긴 그들은 자신들보다 앞서 다른 운명적인 순간에 이 자리에 앉아 있었던 사람들의 그림자를 의식하면서 조명이 좋지 않은 내각 회의실의 녹색 테이블에 둘러앉아 있었다. 모든 눈이 똑딱거리며 시한을 향해 가고 있는 시계를 주시했다. "붐!" 빅벤이 11시를 알리는 첫 번째 타종을 했으며 그 이후의 타종 소리가 웨일즈 출신인 감상적인 로이드 죠지에게는 "파멸, 파멸, 파멸!(Doom, doom, doom!)"이라고 하는 것처럼 들렸다.

20분 뒤에 전쟁을 의미하는 "전쟁, 독일, 행동"이라는 전문이 발송되었다. 군대가 언제 어디서 행동할지는 여전히 정해지지 않은 채, 이에 대한 결정은 다음날 소집될 전쟁위원회(War Council)로 넘겨졌다. 영국정부는 별로 싸우고 싶지 않았지만 교전상태에서 잠자리에 들었다.

다음날 리에쥬에 대한 강습과 더불어 이번 전쟁의 첫 번째 전투가 시작되었다. 그날 몰트케는 콘라드 폰 훼첸도르프에게 보낸 편지에서 유럽은 "향후 100년 동안 역사의 향배를 결정할 투쟁"에 돌입한다고 적었다.

전투
(BATTLE)

10. "달아나버린 적함…
궤벤"

지상전이 벌어지기 전인 8월 4일 아직 동이 트지도 않은 이른 시간 독일 해군 지중해 전대장 빌헬름 수숀 제독에게 보내는 독일 해군사령부의 무선 메시지가 대기 중에 명멸하고 있었다. 그 내용은 "터키와의 동맹이 8월 3일 결정되었음. 즉시 콘스탄티노플로 항진하라"는 것이었다. 비록 그것은 성급한 기대였음이 드러나 곧바로 취소되었지만, 수숀 제독은 지시 받은 대로 항진하기로 결심했다. 그의 전대는 두 척의 신형 쾌속함으로 구성되어 있었는데, 하나는 전투순양함인 궤벤(Goeben)이었고 또 하나는 경순양함인 브레슬라우(Breslau)였다. 전쟁에서 단 한 번에 이루어진 위업들 가운데 이후 7일간에 걸쳐 이들의 전대장이 완수한 항해만큼 전 세계에 그렇게 긴 그림자를 드리운 예는 없었다.

사라예보 사태가 터졌을 때 터키는 적은 많았지만 우방은 없었다. 그 누구도 터키가 동맹을 맺을 만한 가치가 있다고 생각하지 않았기 때문이다. 유럽의 "병자"로 불리던 오토만(Ottoman) 제국은 시체에 덤벼들기를 기다리며 하늘에 떠 있던 유럽의 열강들에 의해 100년 동안 죽어가는 존재로 인식되고 있었다. 그러나 해가 거듭되어도 이 의심스러운 병자는 여전히 그 노쇠한 손으로 막대한 유산이 들어있는 창고 열쇠를 움켜쥔 채 죽기를 거부했다. 실제로 1908년 터키 청년당 혁명(Young Turk Revolution)이 일어나 늙은 술탄, "저주 받은 압둘"이 축출되고, "단결과 진보위원회"에 의해 보다 고분고분한 그의 동생을 수반으로 하는 정부가 수립된 이래 최근 6년 동안 터키는 다시 원기를 회복하기 시작했던 것이다.

그들의 "작은 나폴레옹"인 엔버 베이가 이끄는 "위원회", 즉 터키 청년당은 제국의 무너져 내리는 근간을 떠받치고, 기다리는 독수리가 가까이 오지 못하게 하면서, 오토만 제국이 전성기에 누렸던 범이슬람 지배력을 회복하는 데 필요한 국력을 키워 나라를 재건하기로 결정하였다. 이 지역에 대해 경쟁적인 야심을 가지고 있던 러시아, 프랑스, 영국은 이러한 과정을 조금도 즐겁지 않은 기분으로 예의 주시하고 있었다. 제국 열강의 무대에 뒤늦게 등장한 독일은 베를린에서 바그다드까지라는 나름대로의 야심을 품고 터키 청년당의 후원자가 되기로 결정했다. 1913년 터키군의 개혁을 위해 파견된 독일 군사고문단은 너무나도 격렬한 러시아의 분노를 일으키는 바람에 여러 열강들이 나서 서로 체면을 살릴 명분을 제공하도록 노력한 결과 가까스로 사라예보보다 일 년 앞서 이 문제가 "발칸에서 벌어질 저주 받은 바보짓"이 되는 것을 막았을 정도였다.

그 이후로 터키는 자신들이 어느 쪽인가를 선택해야만 하는 그 날의 그림자가 소리 없이 다가오고 있음을 느꼈다. 그러나 러시아를 두려워하고, 영국에 분개하며 독일을 믿지 못하는 터키는 결정할 수가 없었다.

붉은 뺨에 카이저처럼 위로 뻗친 검은 콧수염을 기른, 젊고 잘생긴 "혁명의 영웅" 엔버만이 유일하게 성심을 다해 적극적으로 독일과의 동맹을 주창했다. 근세의 몇몇 사상가들처럼 그도 독일을 미래의 물결로 믿고 있었다. "위원회"의 정치적인 "우두머리"이자 실질적인 지배자며 앉은 자리에서 상어 알 1파운드를 안주 삼아 브랜디 두 잔과 샴페인 두 병을 마실 수 있는 뚱뚱한 레반트(Levant, 이집트에서 터키에 이르기까지 지중해 동부 연안에 위치한 국가들을 집합적으로 일컫는 말: 역주) 모험가인 탈랏 베이는 그렇게까지 확신하지는 않았다. 그는 터키가 연합국들보다는 독일로부터 더 좋은 조건을 얻어낼 수 있을 것으로 믿었으며, 열강들의 전쟁에서 터키가 중립국으로서 살아남을 수 있는 기회가 있다고 생각하지 않았다. 만일 연합국이 승리하면 오토만 제국의 유산은 그들의 압박에 의해 산산조각날 것이며, 만일 주축국이 승리하면 터키는 독일의 속국이 될 것 같았다. 터키정부 내 다른 그룹들은 터키의 오랜 적인 러시아를 매수하려는 기대에서 할 수만 있다면 연합국 편에 서는 것을 선호했을 것이다. 10세기 동안 러시아는 콘스탄티노플을 열망했으며, 흑해로 나가는 출구에 위치한 그 도시를 러시아인들은 짜르그라드(Czargrad)라고 불렀다. 다다넬스(Dardanelles) 해협이라 불리는, 길이 50마일에 어디든 그 폭이 3마일을 넘지 않는 좁고 긴 유명한 해상 수송로는 러시아가 일 년 내내 언제든지 바깥 세상으로 나갈 수 있는 유일한 출구였다.

터키는 가치를 추정할 수 없는 자산을 하나 가지고 있었는데, 그것은 바로 터키가 지리적으로 제국의 여러 통로가 만나는 접점에 자리잡고 있다는 사실이었다. 이 때문에 영국은 100년 동안 터키의 전통적인 보호자였으나, 이제 영국이 더 이상 터키를 진지하게 책임지려 하지 않는다는 것은 분명한 사실이었다. 영국은 인도로 가는 길목에 힘없고 쇠약한, 그래서 순종적인 독재자가 앉아 있기를 바랬기 때문에 한 세기 동안 모든 침입자로부터 술탄을 막아주었으나, 이제 영국은 윈스턴 처칠이 "수치스럽고, 노쇠하여 무너져 내리는, 돈 없는 터키"라고 우호적으로 지칭한 나라에 자신을 얽어맨 족쇄에 대해 마침내 싫증을 내기 시작했다. 실정과 부패 그리고 잔인함에 대한 터키의 악명은 오랫동안 유럽의 콧구멍에 풍기는 악취였다. 1906년 이래 영국을 통치하고 있는 자유당은 "하나의 거대한 반 인륜적 표본"이며 차마 입에 담기도 싫은 터키 종족을 유럽에서 추방하자는 글래드스톤의 유명한 주장을 물려 받았다. 그들의 정책은 한쪽은 병든 사람, 다른 한쪽은 끔찍한 터키인이라는 이미지에 의해 구체화되었다. 크림전쟁(Crimean War) 후 샐리스버리 경이 "우리는 형편 없는 경주마에 걸었다"고 표현한 은유는 일종의 예언으로 받아들여지고 있었다. 터키 왕조의 가치가 측정할 수 없을 만큼 크다는 것이 드러날 수도 있는 바로 그 시점에 그들에 대한 영국의 영향력은 퇴보하고 있었다.

대영제국과 항구적인 동맹을 맺자는 터키의 요청은, 1909년 콘스탄티노플을 직접 방문하여 엔버 및 다른 청년 터키당 각료들과, 자신이 생각하기에 "우호적인 관계"를 확고히 했던 윈스턴 처칠에 의하여 1911년에 거절되었다. 그는 동방 국가들에 대한 연설에서 볼 수 있는 거만한 자세로, 비록 영국은 어떠한 동맹도 수락할 수 없지만 터키가 "구 정권의 억압적인 방법으로 되돌아가거나 영국의 현재 상태를 훼손하려" 함으로써 영국의 우의를 소원하게 하는 일이 없도록 하면 별일 없을 것이라고 조언했다. 해군장관으로서 넓은 안목으로 세상을 바라보던 그는 터키에게 "여러 유럽 국가들 가운데 영국만이 단독으로… 제해권을 유지하는" 한 영국의 우의는 가치가 있을 것임을 상기시켰다. 터키의 우의나 또는 그저 중립조차도 영국에게 동등한 가치가 있을 수 있음을 처칠이나 그 밖의 어느 각료도 결코 진지하게 고려한 적이 없었다.

1914년 7월 양면전쟁이 어렴풋이 눈앞에 다가서자 독일은 불현듯 흑해의 출구를 봉쇄하여 연합국들과 그들의 군수지원으로부터 러시아를 고립시킬 수 있는 다른 동맹국을 확보하는 일로 마음이 조급해졌다. 이전에 터키가 제안했으나 아직 계류 중인 동맹 제의가 갑자기 바람직해 보였다. 놀란 카이저는 "지금 해야 할 일은 발칸에서 슬라브족을 향해 발사할 수 있도록 준비된 모든 포를 모으는 것"이라고 역설했다. 터키가 세부 조항에 대해 토를 달기 시작하면서 연합국 쪽으로 기우는 척하자 걱정이 커진 카이저는 현지 대사에게 터키의 제안에 대해 "실수 없이 그대로 받아들이겠다고 회신하고 … 어떠한 경우라도 결코 그들이 떠나도록 놔두지 말 것"을 지시했다.

7월 28일 오스트리아가 세르비아에 대해 선전포고를 하자, 터키는 독일에게 어느 한쪽이 러시아와 전쟁을 하게 될 경우 발효될 비밀 공수동맹을 정식으로 요청했다. 그날로 이 제안은 베를린에 접수, 수락되었고 수상이 서명한 조약 초안이 전보로 회신 되었다. 마지막 순간 터키는 자신들의 운명을 독일에 붙들어 맬 매듭을 묶는 데 어려움을 겪고 있었다. 혹시 독일이 승리할 것을 확신할 수 있다면 몰라도….

그들이 주저하고 있는 동안 영국이 자국 조선소에서 건조 중이던 두 척의 터키 전함을 압류함으로써 때마침 터키가 결정을 내리는 데 도움을 주었다. 그것들은 최고 수준의 영국 전함과 맞먹는 1급 주력함으로 그 중 하나는 13.5인치 포를 장착하고 있었다. 7월 28일 용감한 해군장관이, 자신의 표현에 의하면, 터키 군함들을 "징발"하였다. 이 중 하나인 '술탄 오스만'은 이미 5월에 준공되었으며 선금도 지급되었지만 터키인들이 그것을 본국으로 가져 가려 하자 영국은 그리스 잠수함이 이 배를 공격하려는 음모가 있다는 불길한 암시를 주면서 그 배의 자매 함인 레샤디에(Reshadieh)가 완성되어 같이 갈 수 있게 될 때까지 영국에 그대로 두도록 그들을 설득했다. 그러나 7월 초에 레샤디가 완성되자 출발을 지연시키는 또 다른 구실을 댔다. 아무런 설명도 없이 시운전이 연기되었다. 타인(Tyne) 강의 수송선에서 500명의 터키 수병과 함께 기다리던 터키 함장은 처칠의 명령을 알게 되자 자신의 군함에 승선하여 터키국기를 게양하겠다고 위협했다. 해군성은 기다렸다는 듯이 "필요하다면 무력을 써서라도" 그러한 기도를 저지하라는 명령을 내렸다.

터키는 이 전함들을 위해 그 당시로는 엄청난 액수였던 삼천만 달러의 비용을 부담했다. 이 돈은 발칸전쟁에서 패배한 다음 군 전력 쇄신의 필요성을 자각한 터키 국민들의 범국민적 모금을 통해 마련되었다. 모든 터키 농부들이 한 푼씩 돈을 냈다. 아직 일반에게는 알려지지 않았지만, 해군장관 제말 파샤가 적절하게 언급했듯이, 이 억류 소식은 터키정부를 "정신적으로 고통스럽게" 만들었다.

영국은 그들을 달래기 위해 조금도 애쓰지 않았다. 타인 강에서 저질러진 이 영락없는 해적행위를 터키정부에 공식적으로 통보할 때 그레이는 영국이 "이 위기상황에서 자신들의 필요" 때문에 이 전함들을 징발할 수밖에 없었음을 터키가 이해해 줄 것이라고 확신했다. 터키에 대한 재정적 손실 및 여타의 손실 즉, 폐하의 정부에 대해 "심히 유감스러운" 이 문제는 "그에 상응한 배려"가 있을 것이라고 그레이는 담담하게 말했다. 그는 보상에 대해서는 언급하지 않았다. "병든 사람"과 "형편 없는 경주마"라는 개념이 누적된 탓에 영국은 오토만 제국 전체를 두 척의 예비 전함만도 못하게 간주하는 지경에 이르렀던 것이다. 8월 3일 유감을 표하는 그레이의 전문이 발송되었다. 같은 날 터키는 독일과 동맹조약에 서명했다.

그러나 터키는 약속한 대로 러시아에 대해 선전포고를 하거나, 흑해를 봉쇄하거나, 또는 엄정한 중립을 손상시키는 어떠한 행동도 공개적으로 취하지 않았다. 자신에게 좋은 조건으로 열강과 동맹을 맺은 터키는 새 동맹국을 돕는 데 전혀 서두르지 않고 있음을 드러냈다. 확신이 서지 않는 장관들은 최초 전투의 향방이 어디로 갈지를 지켜보려고 하였다. 러시아와 영국의 위협은 가까이에 상존하는 위협이었던 반면 독일은 멀리 있었다. 이제 영국의 참전이 분명해지자 다음 단계의 심각한 문제가 제기되었다. 바로 그러한 사태의 진전을 두려워한 독일정부는 주 터키 대사인 반겐하임 남작에게 "가능하면 오늘" 당장 러시아에 대한 터키의 선전포고를 얻어내도록 지시했는데 왜냐하면 "터키정부가 영국의 행동에 영향을 받아 우리에게서 도망가지 못하게 막는 것이 가장 중요하기" 때문이었다. 하지만 터키정부는 이에 응하지 않았다. 엔버를 제외한 나머지는 전쟁이 좀더 진행되어 그 결과를 예측할 수 있는 어떤 신호가 나타날 때까지 러시아와 맞서는 공개적인 행동을 미루려고 하였다.

지중해에서는 다가오는 전투를 위해 회색 물체들이 기동하고 있었다. 긴장하여 이어폰을 들고 있던 무전병들이 멀리 떨어진 해군본부에서 보내는 작전명령을 받아 적었다. 영국과 프랑스함대의 당면한 최우선 과제는 북아프리카로부터 프랑스로 이동하는 프랑스군 식민군단의 해상 수송로를 엄호하는 것이었는데, 통상 1개 군단은 2개 사단으로 구성되나 이 군단은 3개 사단과 그 지원부대로 구성되어 그 수가 80,000명 이상이었다. 전선의 계획된 지점에 예정된 군단이 있느냐 없느냐는 프랑스군의 작전계획에 결정적일 수가 있었으며 전쟁은 독일과 최초 충돌 시 프랑스의 운세에 의해 결판날 것으로 양쪽은 믿고 있었다.

프랑스와 영국의 해군 수뇌부는 둘 다 프랑스군 수송작전에 대한 최대 위협으로 궤벤과 브레슬라우를 주목하고 있었다. 프랑스 해군은 수송로 엄호에 투입할 수 있는 전함 16척, 순양함 6척, 구축함 24척으로 구성된 최대 규모의 함대를 지중해에 가지고 있었다. 말타(Malta)에 기지를 두고 있는 영국의 지중해 함대는 드레드노트급 전함은 없었지만 3척의 전투순양함 즉, 인플렉서블(Inflexible), 인도미터블(Indomitable), 인디패티저블(Indefatigable)이 주도하고 있었는데, 이들은 각각 18,000톤 급으로 8문의 12인치 포로 무장하고 27내지 28노트의 속도를 낼 수 있었다. 이들은 드레드노트급 전함을 제외하고 물에 떠 있는 것은 어떤 것이든 추격하여 침몰시킬 수 있도록 설계되었다. 그 외에 영국함대는 14,000톤 급 장갑순양함 4척, 5,000톤 급 이하의 경순양함 4척, 그리고 구축함 14척을 보유하고 있었다. 이태리함대는 중립이었다. 아드리아해 꼭대기 폴라(Pola)에 기지를 둔 오스트리아함대는 12인치 포를 갖춘 신형 드레드노트급 전함 2척을 포함하여 활동 중인 주력함 8척과 이에 걸맞은 수의 기타 전함들을 가지고 있었지만 그것은 준비가 되지 않아 움직일 수 없는 종이 호랑이었다.

세계 2위의 대 함대를 가지고 있던 독일이었지만 지중해에는 겨우 두 척의 전함만 있었다. 한 척은 23,000톤의 전투순양함인 궤벤으로 거의 드레드노트급 전함만큼 컸고, 최고 속도는 27.8노트로 영국의 인플렉서블과 같았으며 화력도 거의 맞먹는 수준이었다. 또 한 척은 4,500톤의 브레슬라우로 영국의 경순양함과 같은 급이었다. 영국 해군장관이 묘사한 무서운 예상에 의하면 궤벤은 프랑스의 어떤 전함이나 순양함보다도 속도가 빨랐기 때문에 "손쉽게 프랑스 전투 전대를 피한 다음 순양함들을 따돌리거나 앞지르면서, 수송 선단으로 뚫고 들어가 병사들로 가득 찬 수송선을 하나씩 차례로 격침시킬 수도 있었다." 전쟁 전 영국해군의 생각을 특징짓는 한 가지를 꼽는다면, 독일 해군이 영국 해군보다 더, 또는 실제상황에서 그들이 보여주었던 모습보다 훨씬 더 대담하게 불리함을 무릅쓰고 기꺼이 위험을 감수할 것이라고 평가하는 경향이었다.

실제로 프랑스군 수송 선단을 공격할 준비를 갖추는 것이 궤벤과 그 동료 전함이 1912년 진수 후에 지중해를 순항하도록 파견된 한 가지 이유였다. 마지막 순간 독일은 그들이 해야 할 보다 중요한 역할을 발견했다. 8월 3일 독일군이 머뭇거리는 터키에 대해 선전포고를 하도록 가능한 모든 압력을 가할 필요를 느꼈을 때, 티르피츠 제독은 수숀 제독에게 콘스탄티노플로 가라는 명령을 내렸던 것이다.

검고 야무지면서도 예리한 50세의 뱃사람 수숀은 1913년 궤벤에 승선하여 자신의 깃발을 올렸다. 그때부터 그는 자신의 새로운 관할 구역인 내해와 해협을 항해하고, 그 해안과 곶을 순회하고, 섬들을 일주하며, 그 지역의 항구들을 방문하여 전쟁이 발발하면 자신과 마주치게 될지도 모를 장소와 인물들을 숙지하려고 했다. 그는 콘스탄티노플을 방문하여 터키인들을 만났고, 이태리인, 그리스인, 오스트리아인, 그리고 프랑스인들을 예방했지만, 영국 해군은 만나지 못했다. 독일 군함과 같은 시간, 같은 장소에 정박하는 것을 그들은 엄격히 거부한다고 수숀은 카이저에게 보고했다. 그들은 독일 해군이 남겼을지도 모를 모든 인상을 지우기 위해, 또는 카이저가 고상하게 표현한 것처럼 "수프에 침을 뱉기 위해" 언제나 독일 군함이 떠난 직후에 나타나는 버릇이 있었다.

하이파(Haifa, 이스라엘 북부의 항구: 역주)에서 사라예보 소식을 들었을 때, 수숀은 즉각 전쟁을 예감함과 동시에 보일러에 대한 걱정이 앞섰다. 보일러는 때때로 증기가 새고 있었으며 궤벤은 실제로 10월에 몰트케와 교대한 다음 수리를 위해 킬(Kiel)로 돌아갈 예정이었다. 즉각 최악의 상황에 대비하기로 결정한 수숀은 해군본부에 새로운 보일러 튜브와 숙련공들을 폴라로 보내 자신과 만나게 해 달라고 타전한 다음 폴라를 향해 출발했다. 7월 내내 있는 힘을 다해 보수 작업이 진행되었다. 대원

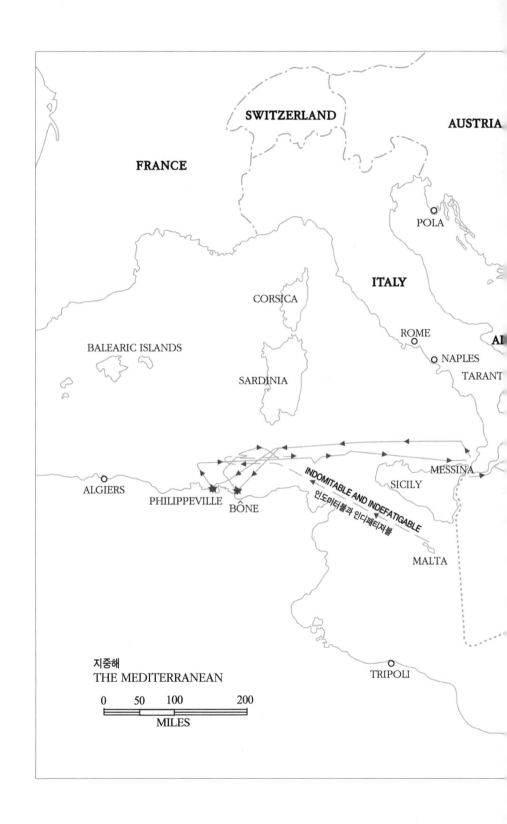

THE MEDITERRANEAN

SWITZERLAND

AUSTRIA

FRANCE

POLA

ITALY

CORSICA

ROME

BALEARIC ISLANDS

NAPLES

SARDINIA

TARANT

MESSINA

ALGIERS

SICILY

PHILIPPEVILLE

BÔNE

INDOMITABLE AND INDEFATIGABLE

인도미터블과 인디페티저블

MALTA

지중해
THE MEDITERRANEAN

0   50   100   200

MILES

TRIPOLI

HUNGARY

ODESSA ○

○ FEODOSIA

SEVASTOPOL ○

ROMANIA

SERBIA

BLACK SEA

BULGARIA

CONSTANTINOPLE ○

SALONIKA ○

DARDENELLES

DISI

GREECE

TURKEY

트루브릿지 전단

○ SMYRNA

괴벤
OEBEN

ZANTE

ESLAU
슬라우

DENUSA ○

글로스터가 브레슬라우와
교전함

CAPE MALEA 말레아 곶

RHODES

CYPRUS

S. S. GENERAL
독일상선 제네랄

CRETE

ALESANDRIA ○

SUEZ CANAL

중에 해머를 휘두를 수 있는 사람은 모두 작업에 동원되었다. 18일 동안 4,000개의 파손된 튜브를 찾아내 수리하였다. 수숀이 경고전문을 받고 아드리아해에 갇히지 않으려고 폴라를 출발할 때까지도 보수 작업은 마무리되지 않았다.

8월 1일 수숀은 이태리 반도의 구두 뒤축에 위치한 브린디시(Brindisi)에 도착했는데, 그곳에서 이태리 측은 파도가 거세 예인선을 띄울 수 없다는 핑계로 석탄 제공을 거부했다. 예견되었던 이태리의 3국동맹 배신은 수숀에게 급탄 시설 제공을 거절할 때 기정사실로 분명하게 드러나고 있었다. 그는 이후의 진로를 정하기 위해 장교들을 집합시켰다. 가는 길에 프랑스군 수송 선단에 가능한한 큰 피해를 입히면서 연합군의 차단막을 뚫고 대서양으로 빠져나갈 수 있는 기회는 자함의 속력에 달려 있었으며, 이것은 다시 보일러에 달려 있었다.

"얼마나 많은 보일러가 새고 있나?" 수숀이 부관에게 물었다.

"지난 4시간 동안 두 대입니다."

"젠장!" 결정적인 순간에 자신의 훌륭한 전함을 절름발이로 만들어버린 운명에 분노하며 그는 소리쳤다. 그는 석탄을 얻을 수 있는 독일 상선들을 만나기 위해 메시나(Messina)를 향해 가기로 결정했다. 전쟁상황에 대비해서 독일은 세계 모든 바다를 몇 개의 구역으로 나누고 개개 구역을 독일군 보급장교가 통제하는 시스템을 구축했다. 담당 장교는 자기 구역 내의 모든 선박에 대해 독일 전함과 만날 수 있는 지점으로 가도록 하고 독일 은행과 기업들로부터 군함에 필요한 자원을 징발할 권한을 가지고 있었다.

이태리 장화를 선회하면서 하루 종일 궤벤의 무전기는 독일 상선들에게 메시나로 오라는 명령을 타전했다. 타란토(Taranto)에서 궤벤은 브레슬라우와 합류했다.

8월 2일 영국 영사는 "긴급. 타란토에 독일 전함 궤벤"이라고 타전했다. 「터났다는 외침(view halloo, 여우 사냥을 할 때 여우를 발견하면 외치는 고함: 역주)은 영국 해군의 첫 번째 사냥감을 잡으려는 해군성의 열렬한 희망을 자극했는데, 해전에서 적의 위치를 안다는 것은 이미 절반의 승리를 얻은 것이나 마찬가지였다. 그러나 영국은 아직 전쟁 상태가 아니었기 때문에, 당장 사냥개를 풀어 줄 수는 없었다. 언제나 준비에 빈틈이 없던 처칠은 이미 7월 31일 지중해 함대 사령관인 해군 제독 버클리 밀네 경에게 그의 첫 번째 임무는 "개개의 독일 고속 군함들, 특히 궤벤을 견제하고 가능하면 전투에 참가함으로써" 프랑스군의 수송 선단 호위를 돕는 것이 될 것이라고 지시한 바 있다. 밀네에게 "제독의 전대는 유리한 시점을 선택할 수 있을 정도로 충분히 빠르다"는 점을 상기시켰다. 그러나 동시에 밀네는 "처음에는 제독의 전력을 아끼고 현 단계에서는 우세한 적과는 전투하지 말라"는 아주 애매한 지시도 같이 받았다. 이 마지막 명령은 이후 7일 동안 벌어진 사건 속에서 끊임없이 부표의 우울한 종소리처럼 울리게 된다.

처칠이 나중에 설명한 바에 의하면, 그가 생각했던 "우세한 적"이란 오스트리아 함대였다. 그 전함들이 영국의 인플렉서블에 대해 가지는 상관 관계는 프랑스 전함들이 궤벤에 대해 가지는 그것과 마찬가지였는데 즉, 그들은 더욱 두껍게 보호되고 중무장했지만 느렸다. 또한 처칠은 후일 자신의 명령이 "상황이 아무리 절실하더라도 영국 전함들이 우세한 적과 교전하는 것을 거부하라"는 의미는 아니었다고 설명했다. 만일 그것이 거부권을 의미하는 것이 아니었다면 그것은 지휘관들이 상황에 맞게 해석하라는 의미일 수밖에 없었는데, 이렇게 되면 결국 실제 전투에서 이 민감한 문제를 개별 지휘관의 기질에 맡기는 꼴이 된다.

실탄이 날아오는 순간, 그간의 모든 전문적인 군사훈련이 지향해 왔던 순간, 그리고 부하들의 생명, 전투의 승패, 심지어는 전쟁의 운명이 자신의 결정에 좌우되는 순간이 다가올 때, 지휘관의 심장과 주요 장기의 내부에서는 어떤 일이 일어날까? 그러한 순간이 오면 혹자는 대담해지고, 혹자는 우유부단하게 되고, 혹자는 신중하게 분별력을 가지며, 혹자는 마비되어 무력화된다.

밀네 제독은 신중하게 대응하는 인물이었다. 59세의 독신으로, 세련된 사교계 인물이며, 에드워드 7세를 모시던 전직 궁내관으로 여전히 왕실에 가깝고, 함대 제독의 아들이며, 다른 제독들의 손자이자 대자이며, 낚시에 능하고, 사슴 사냥꾼이며 명사수였던 아치발드 버클리 밀네 경은 1911년 이제 더 이상 영국 해군에서 최고의 요직은 아닐지라도 가장 매력적인 자리인 지중해 함대사령관에 적합한 후보로 떠올랐다. 그는 신임 해군장관인 처칠에 의해 그 자리에 임명되었다. 이 발령이 알려지자 전임 해군 제1군사위원이자, 드레드노트 함대의 창시자이며, 그 시대에 가장 열정적이면서도 가장 과묵하지 못한 영국인이었던 해군 제독 피셔 경은 비록 사적이긴 했지만 즉각 "해군의 배신"이라는 비난을 퍼부었다. 그가 애지중지하던 계획에는 자신이 1914년 10월에 발발할 것으로 예견한 전쟁에 대비하여 해군의 포술 전문가인 젤리코 제독을 총사령관에 임명하기로 확정되어 있었다.

처칠이 밀네를 지중해에 임명하자, 이것이 젤리코를 위해 자신이 예약하고 싶어했던 총사령관 자리에 그를 앉히려는 포석이라고 판단했던 피셔의 분노는 엄청난 것이었다. 그는 "왕실의 영향력에 굴복한 것"이라고 처칠을 격렬하게 비난하고, 밀네는 "전혀 쓸모없는 지휘관"이며 "함상 근무를 하는 고위 장성이나 이제 바로 장관이 그에게 부여한 해군 원수 직책에는 터무니없는" 인물이라고 활화산 같이 혐오감을 분출하면서 노발대발하였다. 그는 밀네를 "음험한 부랑자", "가장 저급한 뱀" 그리고 "1페니로 중고 타임지를 사는 치사한 인간(본문에는 Sir B. Mean으로 되어 있는데 이는 Berkeley Milne 경의 이름과 비슷한 발음의 단어 Mean을 이용해서 '치사한 인간'으로 비꼰 표현임: 역주)"이라고 다양하게 지칭했다. 언제나 마지막에는 "이것을 태워 버리라!"는 과격한 훈시로 끝맺었던 피셔의 편지는 (다행히 편지를 받은 사람이 이를 무시했지만) 그 내용이 실제보다 열 배나 크게 과장되어 있어 이를 사실과 관련하여 합리적으로 이해하려면 그만큼 줄여서 읽어야 했다. 가장 저급한 뱀도 아니며 그렇다고 넬슨 제독도 아니었던 밀네 제독은 고위 장성 중 그저 그런 평범한 존재였다. 실제로 그가 해군 총사령관으로 고려되고 있지 않다는 것을 알게 되자 피셔는 치사한 인간을 지중해에서 조용히 즐기도록 놔두고 자신의 불 같은 관심을 다른 곳으로 돌려 버렸다.

1914년 6월 밀네도 콘스탄티노플을 방문했는데 거기서 그는 술탄 및 장관들과 만찬을 하고 그들을 자신의 기함으로 초대하여 대접했으나 다른 영국인들과 마찬가지로 지중해 전략에 있어 터키가 취할 수 있는 입지에 대해 특별한 관심을 두지는 않았다.

8월 1일 처칠의 첫 번째 경보를 접수한 후 그는 말타에서 3척의 전투순양함으로 자신의 전대를 편성하면서, 장갑순양함, 경순양함, 그리고 구축함으로 편성한 제2전대는 해군 소장인 어네스트 트루브릿지 경이 지휘하도록 하였다. 8월 2일 일찍, 그는 처칠로부터 "두 척의 전투순양함으로 괴벤의 뒤를 추적할 것" 그리고 오스트리아 함대가 출현할지도 모를 아드리아해를 "감시하라"는 내용의 두 번째 명령을 받았다. 두 척의 전투순양함을 보내 괴벤을 추적하라는 구체적인 명령은 분명히 전투를 염두에 두고 내려진 것이었지만 밀네는 그 명령에 따르지 않았다. 그 대신 그는 인도미터블과 인디패티저블을 보내 트루브릿지 전대와 같이 아드리아해를 감시하도록 하였다. 괴벤이 그날 아침 타란토를 떠나 남서쪽을 향하는 것이 목격되었다는 정보를 입수한 그는 경순양함 채탐 (Chatham)을 보내 궤벤이 있을 것으로 추정되는 메시나 해협을 수색하도록 했는데, 실제로 궤벤은 거기에 있었다. 채탐은 오후 5시에 말타를 출발하여 해협을 따라 다음날 아침 7시까지 수색한 후 궤벤이 그곳에 없다는 보고를 했다. 이 수색은 6시간 차이로 실패했는데 수숀 제독은 이미 떠나고 없었다.

그는 전날 오후 바로 이태리가 중립을 선포하던 바로 그 시간에 메시나에 도착했다. 이태리 측이 또다시 급탄을 거절했으나 그는 독일 해운 회사로부터 2,000톤의 석탄을 받을 수 있었다. 그는 독일 동아프리카 노선의 증기 상선인 제네랄(General) 호의 승객들을 나폴리까지 가는 기차 운임을 주고 하선 시킨 후 그 배를 석탄 보급선으로 징발했다. 해군 본부로부터 아직 아무런 명령도 받지 못했던 수숀은 적대행위가 시작되고 우세한 적이 자신을 가로막기 전에 최대한 빨리 전투를 벌일 수 있는 위치를 확보하기로 결정했다. 8월 3일 새벽 1시 어둠 속에서 그는 메시나를 출발하여 알제리 해안을 목표로 서쪽으로 향했는데 그곳에서 그는 프랑스군의 승선지인 본(Bone)과 필립빌(Philippeville)을 포격할 계획이었다.

같은 시간 처칠은 자신의 세 번째 명령을 밀네에게 보냈다. "아드리아 해 입구에 대한 경계는 유지되어야 하지만 궤벤이 제독의 목표입니다. 그 배를 추적하고 그 배가 어디로 가든 뒤에 따라 붙어 임박한 선전포고에 대비하여 작전 태세를 완비하기 바랍니다." 이 명령을 받았을 때 밀네 제독은 채탐이 궤벤을 놓쳐 버렸기 때문에 그 배가 어디에 있는지 모르고 있었다. 그는 궤벤이 프랑스군 수송 선단을 공격하기 위해 서쪽으로 향하고 있다고 믿었으며 마조르카(Majorca)에서 대기 중인 독일의 석탄 보급선에 대해 보고를 받고 궤벤은 이후 지브롤터(Gibraltar)를 지나 외해로 나갈 것이라고 결론지었다. 이제 그는 궤벤을 사냥하기 위해 인두미터블과 인디패티저블을 아드리아해 감시로부터 분리시켜 서쪽으로 보냈다. 8월 3일 하루 종일 메시나로부터 서쪽으로 항진하던 궤벤은 자신을 잡으려는 사냥꾼들에게 하루 거리로 추격당하고 있었다.

같은 시간 프랑스함대는 툴롱(Toulon)을 떠나 북아프리카로 향하고 있었다. 이 함대는 하루 전에 출발해야 했지만 8월 2일 파리에서 해군장관인 고티에르 박사가 깜박 잊고 어뢰정들을 해협으로 보내지 않은 것이 확인되자 장관이 졸도하는 불행한 일이 발생했다. 이에 따른 소란으로 지중해 함대에 명령을 전달하는 것이 여의치 않았다. 국방장관인 메시미는 식민군단의 도착을 서둘러야 한다는 생각에 사로잡히게 되었다. 창피를 당한 고티에르 박사는 해협에서 저지른 실책을 만회하려는 의도에서 교전상태라는 정반대의 극단으로 비약하면서 선전포고도 하기 전에 궤벤과 브레슬라우를 공격하자고 제안했다. 프앙카레 대통령은 "그의 정신상태가 불안정하다"고 생각했다. 해군장관은 이어서 국방장관에게 결투를 신청했지만 주위 사람들이 이들을 떼어 놓고 진정하도록 애쓴 끝에 고티에르는 눈물을 흘리며 메시미를 포옹했고 건강상의 이유로 사임키로 했다.

아직도 공표되지 않고 있는 영국 해군의 역할에 대해 프랑스가 느끼는 불확실성이 문제를 더욱 어렵게 만들었다. 오후 4시 내각은 그런대로 일관성 있는 전문을 작성하여 가까스로 프랑스 해군 총사령관인 부에 드 라뻬이레르 제독에게 보낼 수 있었는데, 그 내용은 궤벤과 브레슬라우가 브린디시에서 목격되었다는 것, 적대적인 행동의 조짐을 감지하는 즉시 "그들을 제지할 것" 그리고 호위가 아니라 그들을 제지함으로써 수송 선단을 보호해야 한다는 것이었다.

프랑스 해군을 녹슨 무용지물로부터 변화시킬 막중한 책임을 진 강력한 인물인 드 라뻬이레르 제독은 어쨌든 즉시 호위 함대를 편성하기로 결정했다. 왜냐하면 영국의 "의심스러운" 입장을 감안할 때 자신에겐 선택의 여지가 없다고 생각했기 때문이었다. 그는 즉시 함대의 출동 준비에 들어가 수숀이 메시나를 출발한 몇 시간 뒤인 다음날 아침 4시에 출동했다. 이후 24시간 동안 프랑스 함대의 3개 전단은 남쪽으로 오랑 (Oran), 알제이(Algiers), 필립빌을 향해 항진했는데 이때 궤벤과 브레슬라우도 서쪽으로 같은 지점을 향해 다가오고 있었다.

8월 3일 오후 6시 수숀 제독의 무전기가 프랑스에 전쟁이 선포되었다는 소식을 전했다. 그도 프랑스 해군도 모두 전속으로 전진했으나 수숀 제독의 속도가 더 빨랐다. 8월 4일 새벽 2시 수숀은 포격을 개시할 절정의 순간을 향해 목표 지점으로 접근하고 있었으며, 바로 그때 "즉시 콘스탄티노플로 가라"는 티르피츠 제독의 명령을 받았던 것이다. 자신이 기록한 대로 "우리 모두가 그토록 열망하던 포격의 순간을 맛보지" 못한 채 되돌아가기 싫었던 그는 이른 아침의 여명 속에 알제리 해안이 보일 때까지 항해를 계속했다. 거기서부터 수숀은 러시아 국기를 달고 사정거리 안으로 접근하여 포격을 가해 "죽음과 공포의 씨를 뿌렸다." "우리의 계책이 훌륭하게 성공했다"고 후일 이 항해에 대한 책을 펴낸 그의 대원 중 하나가 감격했다. 독일군 총참모부가 간행한『전쟁 교범의 실행지침(Kriegsbrauch)』에 따르면 "기만을 목적으로 적의 군복으로 위장하는 것과 적국이나 중립국의 깃발이나 표지를 사용하는 행위는 공식적으로 허용된다." 이러한 문제를 보는 독일군의 인식에 대한 공식적이고도 구체적인 표현인『전쟁 교범의 실행지침』은 헤이그 조약에 대한 독일의 서명을 사실상 무효화 시킨 것으로, 이 조약 제23조는 위장을 목적으로 적국의 깃발을 사용하지 못하게 금지하고 있다.

궤벤은 필립빌을, 그리고 브레슬라우는 본을 포격한 뒤에 수숀 제독은 자신이 왔던 길을 따라 메시나로 가기 위해 선수를 돌렸다. 그는 1,200마일 떨어진 콘스탄티노플로 가는 항로로 들어서기 전에 그곳에서 독일 상선들로부터 석탄을 보충할 계획이었다.

　포격이 시작된 것과 거의 같은 시간에 무선으로 이 소식을 들은 드 라뻬이레르 제독은 궤벤이 계속해서 서쪽으로 항진하여 대서양으로 빠져나가는 길에 십중팔구 알제이를 공격할 것이라고 추측했다. 그는 수숀이 "스스로 나타나기만 한다면" 적함과 마주치기를 바라면서 속도를 높였다. 그는 궤벤을 찾기 위한 수색선을 파견하지는 않았는데, 왜냐하면 자신이 추론했던 것처럼, 만일 적이 나타나면 싸우게 될 것이고, 나타나지 않는다면 더 이상 시급한 용무가 없을 것이기 때문이었다. 연합국 측의 다른 모든 이와 마찬가지로 드 라뻬이레르 제독도 궤벤을 순전히 해군의 전략적인 관점으로만 생각했다. 그 배가 전쟁에 심대한 영향을 미치고 전쟁을 길게 연장시킬 수도 있는 정치적인 임무를 수행할지도 모른다는 것은 그뿐만 아니라 다른 누구도 전혀 생각지 못했다. 궤벤과 브레슬라우가 또다시 프랑스 함대의 침로상에 나타나지 않자 드 라뻬이레르 제독은 더 이상 그들을 찾지 않았다. 이렇게 해서 8월 4일 아침 첫 번째 기회가 사라졌다. 그러나 곧 또 다른 기회가 찾아왔다.

　그날 아침 9시 30분 밤새도록 서쪽으로 항진한 인도미터블과 인디패티저블이 본의 외해에서 선수를 돌려 메시나로 돌아가는 궤벤과 브레슬라우와 마주쳤다. 만일 그레이가 전날 밤, 의회에서 연설을 끝내고 곧바로 독일에게 최후 통첩을 보냈다면, 영국과 독일은 그때 이미 전쟁상태에 있었을 것이고 순양함들의 함포가 불을 뿜었을 것이다. 하지만 이 당시 양쪽 전함들은 침묵 속에서 사정거리 보다 짧은 8,000야드의 거리를 두고 서로 스쳐 지나면서 관례인 함상 경례를 생략한 채 각자의 함포들을 조준하는 것에 만족해야만 했다.

교전이 벌어지기 전에 자함과 영국 전함 사이의 거리를 가능한 멀리 떼우기로 결심한 수숀 제독은 보일러가 낼 수 있는 최대한의 속도를 내도록 자신의 군함을 쥐어짜며 질주했다. 인도미터블과 인디패티저블은 방향을 바꿔 그를 쫓으며, 전쟁이 선포될 때까지 사정거리를 유지하기로 결정했다. 사냥감의 발견을 알리는 사냥꾼의 나팔처럼 그들의 무전기는 밀네 제독에게 위치를 보고했고 밀네는 즉시 해군성에 "인도미터블과 인디패티저블이 궤벤과 브레슬라우를 추격 중, 북위 37.44, 동경 7:56"이라고 알렸다.

해군성은 좌절의 고통에 몸을 떨었다. 그곳, 트라팔가(Trafalgar, 스페인의 남서쪽 해안에 위치한 이곳에서 1805년 넬슨이 이끄는 영국함대가 프랑스-스페인 연합함대를 맞아 대승을 거둠: 역주) 곶의 파도가 철썩이는 그 바다에서 영국 전함이 사정거리 내에 적을 두고도 쏠 수가 없었던 것이다. "매우 양호. 적함을 놓치지 말것. 전쟁 임박"이라고 타전한 처칠은 만일 궤벤이 프랑스군 수송 선단을 공격한다면 밀네의 순양함에게 "즉시 궤벤과 교전할 수 있는" 권한을 주자는 제안을 하기 위해 "가장 급박한" 순간에 쏜살같이 수상과 그레이에게 달려갔다. 그러나 불행하게도 그들의 위치를 보고할 때 밀네 제독은 궤벤과 브레슬라우가 어느 쪽으로 가고 있는지 말하지 않아 처칠은 그들이 프랑스군에게 또 다른 적대행위를 하기 위해 서쪽으로 갈 것으로 추측했다.

아스퀴스의 표현에 따르면 "얼굴에 칠을 하고 싸움터로 나가는 전사 같은 표정의 윈스턴은 궤벤을 침몰시키기 위한 해전을 간절히 원했다." 아스퀴스는 이를 허락하고 싶어했으나 그가 이 문제를 언급하자 유감스럽게도 내각은 최후 통첩이 만료되는 자정 전에는 전투 행위를 승인할 수 없다고 거부했다. 처칠의 명령은 궤벤이 프랑스군 수송선단을 공격하는 것을 조건으로 하고 있었으며, 궤벤은 더 이상 그것이 목표가 아니었기 때문에 어쨌든 그러한 기회는 주어지지 않았겠지만 이렇게 해서 두 번째 기회도 사라졌다.

이제 고요한 여름 해면을 가로질러 추적자들로부터 거리를 벌리려는 수숀 제독과 자정까지 그를 사정거리 안에 묶어 두려는 영국 함정들 사이에 필사적인 추격전이 시작되었다. 자신의 전함을 최대로 기동시키며 수숀은 속도를 24노트까지 올렸다. 평시에는 열과 석탄 먼지 속에서 한 번에 두 시간 이상 일할 수 없었지만, 급탄병들은 파열된 튜브에서 뿜어 나온 증기에 화상을 입으면서도 더 빠른 속도로 계속해서 삽질을 했다. 속도는 계속 유지되었지만 아침부터 저녁까지 결국 네 명이 사망했다. 서서히 그러나 눈에 띄게 먹이감과 사냥꾼 간의 거리는 벌어졌다. 그들 또한 보일러 고장과 급탄병 부족으로 어려움을 겪고 있던 인도미터블과 인디패티저블은 따라 붙을 수 없었던 것이다. 그날 오후 죤 켈리 대령이 지휘하는 경순양함 더블린(Dublin)이 침묵의 긴 추격전에 합류했다. 시간이 지날수록 간격이 벌어져 5시가 되자 인도미터블과 인디패티저블은 사정권에서 멀어졌다. 오로지 더블린만이 궤벤을 시야에 둔 채 추격을 계속했다. 7시에 안개가 깔렸다. 9시가 되자 시칠리 해안 밖에서 궤벤과 브레슬라우는 사방을 내리 덮는 어둠 속으로 사라졌다.

해군성에서는 그날 하루 종일 처칠과 그 참모들이 "탄탈루스의 형벌 (신들의 노여움을 산 탄탈루스는 연못 위의 과일나무 가지에 묶였는데, 물을 마시려 몸을 구부리면 물이 줄어들고 과일을 먹으려 하면 바람이 불어 이를 방해했다고 함: 역주)로 고통스러웠다." 오후 5시 해군 제1군사위원인 바텐버그의 루이스 왕자는 어두워지기 전에 아직은 궤벤을 격침시킬 시간이 있다는 의견을 개진했지만, 내각 결정에 의해 제약을 받는 처칠은 명령을 내릴 수가 없었다. 영국 해군이 자정이 되기를 기다리는 동안 궤벤은 석탄이 기다리고 있는 메시나에 도착했다.

이제 새벽이 밝자 영국 해군은 전쟁상태가 되어 마음대로 싸울 수 있었지만 궤벤을 찾을 수가 없었다. 궤벤을 놓치기 전 더블린의 마지막 보고를 통해 그들은 적함이 메시나에 있을 것으로 판단했지만 이번에는 새로운 장애물이 나타났다. 해군성은 밀네에게 이태리의 중립 선포를 알리면서 "이를 엄격히 준수할 것과 이태리 해안 6마일 내로 함정이 진입하는 것을 불허하도록" 명령했다. 이태리와 문제를 일으킬 수 있는 "사소한 사건"마저도 미연에 막기 위해 취해진 이 조치는 다소 지나친 경고였다.

6마일 제약으로 메시나 해협에 들어가는 것이 금지된 밀네 제독은 양쪽 출구에 경비함을 배치했다. 그는 궤벤이 다시 서쪽으로 향할 것이라고 확신하고 있었기 때문에 자신은 기함인 인플렉서블에 타고 인디패티저블과 함께 서지중해를 향한 출구를 지킨 반면 더블린 함장의 형인 하워드 켈리 대령이 지휘하는 경순양함 글로스터(Glouceter) 한 척만 동지중해로 향한 출구를 순찰하도록 파견했다.[*] 또한 밀네 제독은 아군 전력을 서쪽에 집중시키길 원했기 때문에 인도미터블을 동쪽에 있는 말타 대신 가까이에 있는 비제르테(Bizerte)에서 석탄을 공급 받도록 보냈다. 이래서 3척의 인플렉서블 중 그 어느 것도 궤벤이 동진할 경우 이를 차단할 수 있는 지점에 있질 않았다.

8월 5일과 6일 이틀 동안 밀네는 궤벤이 서쪽으로 돌파를 시도할 것이라는 확신을 가지고 시칠리 서쪽 바다를 순찰했다. 해군성도 그와 비슷하게 지브롤터를 돌파하거나 폴라로 숨어 드는 것 외에 궤벤이 취할 수 있는 다른 항로를 생각할 수 없었기 때문에 그러한 계획을 반대하지

---

* 원주 : 메시나 해협은 남북으로 향해 있으며 북쪽 출구는 서지중해로 남쪽 출구는 동지중해로 이어진다. 지리적인 혼동을 피하기 위해 이들을 각각 서쪽 및 동쪽 출구라고 부른 것이다.

않았다.

8월 6일 저녁까지, 이틀 동안 수숀 제독은 메시나에서 여러 가지 어려움을 겪으면서 석탄 선적 작업을 하고 있었다. 이태리 측은 그에게 도착후 24시간 내에 떠나도록 되어 있는 중립국 법을 지킬 것을 요구했다. 환적을 하려면 갑판을 찢고 난간을 뜯어내야 하는 독일 상선들로부터 석탄을 옮기는 일은 정상적인 작업에 비해 3배나 오래 걸렸다. 제독이 항구 관리청과 법적인 문제를 놓고 논란을 벌이는 동안 모든 대원은 석탄 삽질에 동원되었다. 맥주 특식과 군악대 연주, 그리고 장교들의 애국적 연설을 통한 격려에도 불구하고 땀에 흠뻑 젖은 채 석탄재로 검게 변한 수병들이 수많은 시체처럼 갑판 위를 뒤덮을 때까지 8월의 폭염 속에서 작업에 지친 대원들은 계속해서 쓰러졌다. 8월 6일 정오가 되어 다다넬스까지 가기에는 모자란 1,500톤의 석탄을 싣고 나자 이미 더 이상 작업할 수 있는 인원이 없었다. "무거운 마음으로" 수숀 제독은 선적을 중단하고, 모두 휴식을 취한 다음 5시 출항에 대비하라고 명령했다.

메시나에 있는 수숀에게 두 개의 전문이 도착했는데, 이로 인해 그의 위험은 증가되었으며 그는 아주 어려운 결정에 직면하게 되었다. 콘스탄티노플로 가려던 티르피츠의 명령은 "정치적인 이유로 지금 콘스탄티노플로 진입하는 것은 바람직하지 못하다"고 언급한 전보에 의해 돌연 취소되었다. 이러한 반전은 터키 지도층의 의견분열 때문에 야기되었다. 엔버는 이미 독일 대사에게 궤벤과 브레슬라우가 다다넬스 해협을 막고 있는 기뢰지대를 통과하는 것을 허락한 바가 있다. 하지만 터키 수상과 다른 장관들은 그들의 통과는 터키가 아직까지 대외적으로 유지하고 있는 중립을 명백히 위반하게 될 것이기 때문에 그러한 허락은 철회되어야 한다고 주장했던 것이다.

티르피츠의 두 번째 전문은 수숀에게 오스트리아 해군은 지중해에서 독일에게 아무런 해상 지원도 할 수가 없음을 알려주면서 이러한 상황에서 어디로 갈 것인가에 대한 결정을 수숀에게 일임한다는 내용이었다.

수숀은 자신의 보일러가 적의 두꺼운 차단막을 뚫고 지브롤터로 돌진하는 데 필요한 속도를 낼 수 없음을 알고 있었다. 그는 폴라로 숨어 들어 오스트리아 해군에 의지하는 방안을 단호히 거부했다. 그는 그 반대로 하라는 명령에도 불구하고 콘스탄티노플로 가기로 결정했다. 자신의 말대로, 그의 목적은 매우 분명했는데, 그것은 바로 "터키인들의 의지에 반하는 한이 있더라도 그들을 압박하여 전쟁을 흑해로 확산시켜 그들의 숙적 러시아와 맞서게 하는 것"이었다.

그는 5시에 출항할 수 있도록 증기압을 높이라고 명령했다. 군함 안에 있는 사람이나 군함 밖 해안에 있는 사람이나 모두 궤벤과 브레슬라우가 막강한 적을 상대로 살아남기 힘든 탈출을 준비하고 있다는 것을 알고 있었다. 흥분한 시칠리 사람들은 하루 종일 "곧 죽게 될 이들"에게 우편 엽서와 마지막 기념품을 파느라고 부두를 가득 메웠고 "죽음의 발톱 안에", "불명예 또는 패배", "죽음 또는 영광을 향한 항해"라는 호외 제목을 외치며 돌아다녔다.

추격당할 것을 예상한 수숀 제독은 마치 아드리아해를 향해 북쪽으로 향하는 것처럼 보이기 위해 고의로 밝을 때를 택해 출발했다. 그는 밤이 되면 남동쪽으로 방향을 바꿔 어둠을 이용하여 추격을 벗어날 계획이었다. 전체 항해에 필요한 석탄이 모자랐기 때문에, 모든 것은 그가 그리스의 남동쪽 모서리에 있는 말레아(Malea) 곶 밖에서 대기하도록 지시한 석탄 보급선과 눈에 띄지 않게 접선할 수 있는가에 달려 있었다.

궤벤과 브레슬라우가 메시나 해협의 동쪽 출구로 나왔을 때 그들은 외곽을 경계 중이던 글로스터에 의해 즉시 발견되어 쫓기게 되었다. 글로스터는 브레슬라우와는 대적할 수 있었지만, 사정거리 18,000야드인 궤벤의 대형 포에 의해 격침될 수도 있었으므로 지원 병력이 올 때까지 적을 감시하는 것 외에는 아무것도 할 수가 없었나. 켈리 함장은 3척의 전투 구축함과 함께 여전히 시칠리의 서쪽을 초계하고 있던 밀네 제독에게 위치와 항로를 무전으로 보고하고 궤벤을 바다 쪽에서 따라 붙었다. 어둠이 내리고 8시 무렵이 되자 켈리는 궤벤을 자신의 우측으로 떠오른 달빛 속에 놓아두기 위하여 항로를 육지 쪽으로 바꾸었다. 이렇게 기동하면서 그는 사정거리 안으로 들어갔지만 궤벤이 발포하도록 자극하지는 않았다. 맑은 밤, 두 개의 검은 형체는 세 번째 검은 형체에 의해 쫓기면서 계속해서 북쪽으로 달렸고, 메시나에서 보급 받은 저질 석탄으로 인한 연기 기둥이 검은 구름이 되어 달빛이 밝은 밤 하늘을 더럽히는 바람에 멀리서도 그들을 볼 수 있었다.

궤벤이 동쪽 출구로 빠져나와 메시나를 출발했다는 보고를 받은 밀네 제독은 자신이 있던 자리에 그대로 있었다. 그는 만약 궤벤이 현재의 항로로 계속 간다면 아드리아해를 감시하고 있는 트루브릿지 제독의 전대에 의해 차단될 것으로 추론했다. 만약 그가 믿고 싶은 대로, 궤벤의 현재 항로는 속임수이고 결국에는 서쪽으로 온다면, 자신의 전투순양함 전대가 궤벤을 차단할 것이다. 그 이외의 가능성은 그에게 떠오르지 않았다. 오직 경순양함 더블린 한 척만이 트루브릿지의 전대에 합류하라는 명령을 받고 동쪽으로 파견되었다.

한편 글로스터를 떨쳐 버릴 수 없었던 수숀은 부족한 석탄으로 에게 해(Aegean)까지 도달하려면 더 이상 거짓 항로로 유인을 계속할 수가 없었다. 추격을 당하든 말든 그는 동쪽으로 선회해야만 했다. 오후 10시 그는 항로를 변경함과 동시에 글로스터가 이를 보고하지 못하도록 통신 방해를 시도했다. 그는 성공하지 못했다. 항로 변경을 알리는 켈리 함장의 무전이 자정 무렵 밀네와 트루브릿지 모두에게 전달되었다. 그러자 밀네는 말타를 향해 출발했는데, 그곳에서 석탄을 보충하고 "추격을 계속할" 생각이었다. 이제 그쪽으로 접근하는 적을 차단하는 일은 트루브릿지의 몫이 되었다.

트루브릿지는 "오스트리아 전함이 나오는 것과 독일 전함이 들어가는 것을 저지하라"는 명령에 따라 아드리아해 입구에 자신의 기지를 두고 있었다. 궤벤의 항로를 보면 아드리아해로부터 멀어지는 것이 분명했지만 만일 즉시 남쪽으로 출발한다면 잘하면 궤벤을 가로막을 수도 있다고 트루브릿지는 생각했다. 그러나 그는 교전이 벌어지면 확실한 승리를 기대할 수 있는가? 그의 전대는 4척의 장갑순양함, 디펜스(Defence), 블랙 프린스(Black Prince), 워리어(Warrior), 그리고 듀크 오브 에딘버러(Duke of Edinburgh)로 구성되었는데 이들은 각각 14,000톤이고, 궤벤의 11인치 포에 비해 사거리가 현저하게 짧은 9.2인치 포로 무장하고 있었다. 밀네 제독이 상관의 분명한 지시사항으로 그에게 회송한 해군성의 최초 명령은 "우세한 적을 상대로" 한 행동을 금지하고 있었다. 밀네로부터 어떠한 명령도 받을 수 없었던 트루브릿지는 만일 이른 아침 동쪽 하늘의 첫 햇살이 자신에게 유리한 시야를 제공하여 사정거리의 불리함을 상쇄할 수 있는 6시 이전에 적을 잡을 수만 있다면 가로막기를 시도해 보기로 결정했다. 그는 자정을 넘자마자 전속력으로 남쪽을 향해 출발했다. 4시간 뒤에 그는 마음을 바꾸었다.

러일전쟁 중 일본 주재 해군 무관으로 근무했던 트루브릿지는 장거리 포의 위력을 직접 확인한 바 있다. 나일(Nile)에서 넬슨과 같이 싸웠던 증조부의 직계 혈통이며 "젊은 시절 해군에서 가장 잘생긴 장교"라는 명성을 누린 것 말고도 그는 "크롬웰의 병사가 성경에 정통했듯이 선박 조종술에 일가견이 있었다." 처칠은 그를 1912년 신설된 해군전쟁 참모부에 임명할 정도로 높이 평가했다. 그러나 뛰어난 선박 조종술과 참모로서의 탁월함도 아주 위험한 전투를 목전에 맞이한 지휘관에게 반드시 도움이 되는 것은 아니있다.

트루브릿지는 새벽 4시까지도 궤벤을 발견하지 못하자 더 이상 유리한 조건에서 적함과 교전할 희망이 없다고 판단했다. 낮이 되면 설사 궤벤을 가로막는다 해도 적함은 자신의 사정거리 밖에 머물면서 아군 순양함 4척을 차례로 격침 시킬 수 있다고 그는 생각했다. 적함이 이러한 포술과 격침의 묘기를 펼치는 동안, 그는 자신의 순양함 4척과 구축함 8척 중 그 어느 것도 포격이나 어뢰공격으로 궤벤을 잡기는 어려울 것이 분명하다고 생각했다. 그는 궤벤을 해군성이 자신에게 교전하지 말도록 명령한 "우세한 적"이라고 판단했다. 그는 추격을 중단하고 이를 무전으로 밀네에게 보고했으며, 오전 10시까지 여전히 밀네의 전투 구축함 중 한 척이 나타나기를 기대하면서 잔테(Zante) 섬 외곽을 순항하다가 결국 아드리아에서 오스트리아 함대에 대한 감시를 재개하기에 앞서 잔테 항으로 입항하고 말았다. 이렇게 하여 3번째 기회가 사라졌고 궤벤은 운명의 거대한 짐을 실은 채 자신의 항해를 계속했다.

오전 5시 30분 이때까지도 여전히 궤벤이 서쪽으로 돌아설 것이라고 생각했던 밀네는 글로스터에게 "나포되지 않도록 서서히 선미 쪽으로 물러나라"는 신호를 보냈다. 밀네뿐만 아니라 해군성조차 아직까지 궤벤이 교전을 하기보다는 그것을 피하는 데 필사적이며 멀리 있는 목적지에 닿기 위해 가지고 있는 모든 기술과 속도를 짜내서 도주하고 있는 군함이라고는 생각하지 않았다. 오히려 필립빌에 대한 습격이 준 인상이나 독일 해군에 대해 수 년 동안 쌓여온 염려로 인해 영국 해군은 궤벤을 언제든지 돌아서서 기습을 하고 상선을 노략질하며 바다를 배회하는 해적선으로 인식했다. 그들은 어떻게든 궤벤을 궁지로 몰아넣으려 했지만 필사적으로 추격하지는 않았다. 왜냐하면 그들은 궤벤이 결국은 돌아설 것으로만 예상했지 동쪽으로, 특히 다다넬스 방향으로 도망가려고 한다는 것은 전혀 생각지 못했기 때문이었다. 이러한 실패는 군사적이라기보다는 정치적인 것이었다. "나는 영국정부가 터키정부만큼 완전하게 알고 있지 못했던 정책의 중차대한 측면을 생각할 수 없었다"고 먼 훗날 처칠은 비통한 마음으로 회고했다. 이러한 실책은 터키에 대한 자유당의 근본적인 혐오에서 기인한 것이었다.

이제 8월 7일 한낮이 되었다. 오직 글로스터만이 밀네의 신호를 무시한 채 브레슬라우와 함께 그리스 해안에 접근하고 있는 궤벤을 계속해서 추적하고 있었다. 적이 보는 앞에서 석탄 보급선과 접선할 수 없었던 수숀 제독은 자신의 그림자를 떨쳐 버리기 위해 필사적이 되었다. 그는 브레슬라우에게 뒤로 처져 글로스터의 전방에 마치 기뢰를 깔고 있는 것처럼 보이도록 앞뒤로 움직이거나 또 다른 방해 전술을 이용해서 적함의 추적을 저지하라고 명령했다.

여전히 증원군이 오기를 기다리던 켈리 함장은 궤벤을 지연시키기 위해 필사적이었다. 브레슬라우가 그를 위협하기 위해 뒤로 처졌을 때, 그는 궤벤이 자기 편을 보호하기 위해 돌아서도록 만들려는 의도에서 그 배가 "우세한 적"이든 아니든 관계없이 브레슬라우를 공격하기로 결심했다. 실제로 그가 대담하게 전속력으로 치고 나오면서(damn-the-torpedo style, 이 표현은 남북전쟁 당시 북군의 훼로 제독이 해상에 부설된 기뢰 때문에 망설이는 부하들을 'Damn the torpedoes! Full speed ahead!'라고 독려했던 사실에서 유래됨: 역주) 포격을 개시하자 브레슬라우도 응사했다. 예상했던 대로 궤벤도 돌아서서 발포했다. 누구도 포에 맞지는 않았다. 베니스에서 콘스탄티노플로 가던 작은 이태리 여객선이 마침 이곳을 지나다가 이 광경을 목격했다. 켈리 함장은 브레슬라우에 대한 공격을 멈추고 뒤로 물러났다. 귀중한 석탄을 추격에 낭비할 여유가 없었던 수숀 제독도 원래 항로로 항해를 재개했다. 켈리 함장도 추적을 다시 시작했다.

켈리는 이후 3시간 동안, 밀네가 그리스 끝부분인 마타판(Matapan) 곶 너머까지 추적하는 것을 금지하는 명령을 내릴 때까지 궤벤을 시야에서 놓치지 않은 채 추격을 계속했다. 오후 4시 30분 궤벤이 곶을 돌아 에게해로 진입하자 마침내 글로스터는 추격을 포기했다. 감시에서 벗어난 수숀 제독은 자신의 석탄 보급선과 접선하기 위해 그리스 연안의 섬들 사이로 사라졌다.

8시간이 지나 자정을 막 넘긴 시각 석탄 보급과 수리를 마친 밀네 제독은 인플렉서블, 인도미터블, 인디패티저블 그리고 경순양함인 웨이머스와 같이 동쪽을 향해 말타를 떠났다. 아마도 이 시점에서 속력을 내는 것은 석탄 낭비라고 생각했기 때문인지 그는 추격을 서두르지 않고 12노트의 속력으로 항진했다. 다음날인 8월 8일 오후 2시 그가 말타와 그리스의 중간 지점을 지날 무렵 오스트리아가 영국에 대해 선전포고를 했다는 해군성의 통보를 받고 즉각 추격을 중지했다. 유감스럽게도 이 통보는 오스트리아의 적대행위에 대비하여 미리 정해 두었던 암호전문을 실수로 발송한 해군성 직원의 착오였다. 그것은 밀네가 추격을 포기하고 오스트리아 함대의 기습에 의해 말타로부터 차단당하지 않을 지점에 자리잡은 다음 트루브릿지의 전대와 글로스터를 그곳으로 불러 자신과 합류하라고 명령할 만한 사건이었다. 또 한번의 기회가 사라졌다.

다음날 정오 망신살이 뻗친 해군성으로부터 오스트리아는 선전포고를 한 적이 없다는 통보를 받은 밀네 제독이 또다시 추격을 재개할 때까지, 그들은 거의 24시간 동안 그곳에 모여 있었다. 이때는 이미 궤벤이 8월 7일 오후 에게해로 사라진 때로부터 40시간 이상 지난 상태였다. 후일 그 자신의 설명에 의하면 궤벤을 찾기 위해 어디로 갈 것인지를 결정하기 위해 고심하던 밀네 제독은 적함이 취할 수 있는 네 가지 항로를 생각했다. 그는 여전히 궤벤이 대서양을 향해 서쪽으로 탈출을 시도하거나, 수에즈(Suez) 운하를 공격하기 위하여 남쪽으로 가거나, 그리스 항구로 피신하거나 혹은 심지어 살로니카(Salonika)를 공격할지도 모른다고 생각했는데 마지막 두 가지는 그리스가 중립이라는 점에서 다소 이상한 추측이었다. 몇 가지 이유로 그는 수숀 제독이 터키의 중립을 침범할 의도를 가지고 있을 것으로는 생각하지 않았으며 본국의 해군성과 마찬가지로 밀네 제독도 적함의 목적지가 다다넬스라는 생각은 한번도 해본 적이 없었다. 밀네가 생각해 낸 전략은 궤벤을 "북쪽으로" 에게해에 가두어 두는 것이었다.

"북쪽"이야말로 정확히 수숀이 가려는 곳이었지만 터키가 해협 입구에 기뢰를 설치하였기 때문에 그들의 허락이 없이는 들어갈 수가 없었다. 그는 석탄을 보충하고 콘스탄티노플과 연락을 취할 때까지는 더 이상 움직일 수가 없었다. 그의 석탄 보급선인 보가디르(Bogadir)는 지시받은 대로 말레아 곶에서 그리스 배로 위장한 채 기다리고 있었다. 발각될 것을 우려한 수숀은 그 배에게 에게해 더 안쪽에 있는 섬인 데누사(Denusa)로 가도록 명령했다. 영국 해군이 추격을 멈춘 사실을 몰랐던 그는 8월 8일 하루 종일 숨어 있다가 9일 아침에야 겨우 데누사의 황량한 해안으로 몰래 잠입했다. 이곳에서 온종일 궤벤과 브레슬라우는 반시간이면 출발할 수 있도록 보일러의 증기압을 유지한 채로 석탄을 보충했다. 영국 해군 전대를 경계하기 위해 언덕 위에 감시탑을 세웠는데, 이때 영국 함정들은 5백마일 떨어진 곳에서 오스트리아 함대를 감시하고 있었다.

수숀 제독은 콘스탄티노플과 교신하기 위해 자함의 무전기를 사용하는 모험을 하지 않았다. 그만한 거리까지 미칠 정도로 강력한 신호라면 자신의 위치를 적에게 알릴 수도 있기 때문이었다. 그는 메시나에서부터 남쪽 항로로 자신을 따라왔던 상선 제네럴에게 스미르나(Smyrna)로 가서 콘스탄티노플에 있는 독일해군 무관에게 메시지를 전달하도록 명령했는데 그 내용은 "불가피한 군사적 필요에 의해 흑해에서 적을 공격해야만 합니다. 무슨 수를 써서든지 지금 즉시, 가능하면 터키정부의 양해 하에, 필요하다면 공식 승인이 없더라도 우리 전대가 해협을 통과할 수 있도록 조치해 주기 바랍니다"라는 것이었다.

9일 하루 종일 수숀은 회신을 기다렸다. 한번은 무전병들이 뒤범벅이 된 전보를 받았으나 그 의미를 해독할 수가 없었다. 아무 회신도 없이 밤이 되었다. 이때쯤 오스트리아에 대한 실수를 알게 된 밀네의 전대가 다시 에게해 쪽으로 항진하고 있었다. 수숀은 만일 아무 회신이 없으면 필요할 경우 다다넬스를 위협하기로 결심했다. 8월 10일 새벽 3시 그는 영국 해군 전대가 에게해로 진입하면서 주고 받는 무전 교신을 들었다. 그는 더 이상 기다릴 수가 없었다. 바로 그때 무전기 이어폰을 통해 일련의 신호음들이 들어오기 시작했다. 마침내 제네럴이 델피의 신탁과도 같은 메시지를 보내온 것인데 그 내용은 "진입. 요새의 항복을 요구. 안내선 나포"라고 되어 있었다.

이것이 터키에게 명분을 주기 위해 그에게 무력 시위를 하라는 의미인지 아니면 그가 무력으로 진로를 헤쳐나가야 한다는 뜻인지 불분명한 상태로 수숀은 새벽에 데누사를 출발했다. 하루 종일 수숀이 북쪽을 향해 18노트의 속력으로 항진하는 동안 밀네 제독은 그가 에게해에서 나오지 못하도록 그 입구를 초계했다. 그날 오후 4시에 수숀은 테네도스(Tenedos)와 트로이(Troy) 평원을 보았으며, 5시에는 거대한 차낙(Chanak) 요새의 대포들이 지키는 난공불락의 역사적인 해협 입구에 도착했다. 대원들을 전투 배치시키고 함내 모든 이의 신경이 곤두선 채로 그는 서서히 접근했다. "안내선을 보내라"는 신호기가 그의 마스트에서 펄럭였다.

그날 아침 콘스탄티노플에는 궤벤과 브레슬라우에 대한 글로스터의 공격 현장을 목격한 작은 이태리 여객선이 도착했다. 승객들 중에는 미국 대사인 헨리 모겐소의 딸과 사위 그리고 세 명의 손주들이 있었다. 그들은 함포 사격, 거대한 흰색 포연 그리고 먼 곳에 있는 함정들이 뒤엉키며 기동하던 광경에 대한 흥미 있는 얘기를 가지고 왔다. 이태리 선장은 그들에게 그 중 두 척이 메시나로부터 이제 막 탈출한 궤벤과 브레슬라우라고 얘기해 주었다. 몇 시간 뒤에 반겐하임 대사와 만난 자리에서 모겐소는 딸로부터 들은 얘기를 했고 이에 대해 반겐하임은 "굉장한 흥미"를 나타냈다. 점심 식사가 끝나기 무섭게 오스트리아 동료를 대동한 반겐하임이 미국 대사관에 나타났는데 그곳에서 이들 두 명의 대사는 미국 숙녀 앞에서 "엄숙하게 의자에 몸을 묻고, 비록 정중하기는 했지만, 그녀를 상대로 세세한 반대심문을 벌였다.… 그들은 그녀가 아주 사소한 것이라도 생략하는 일이 없도록 하면서, 포격이 몇 번이나 있었는지, 독일 군함이 어느 쪽을 향했는지, 갑판 위에 있던 사람들이 무엇이라고 말했는지 등을 알고 싶어했다.… 그들은 대체로 유쾌한 기분으로 대사관을 떠났다."

그들은 궤벤과 브레슬라우가 영국 함대로부터 빠져나온 사실을 알게 되었다. 이제 그들이 다다넬스로 진입하도록 터키의 허락을 얻는 일이 남아 있었다. 국방장관으로서 기뢰지대를 관장하는 엔버 파샤는 이에 기꺼이 응하려 했으나 그는 불안해 하는 다른 각료들을 상대로 복잡한 게임을 해야만 했다. 그날 오후 독일 군사고문단 한 사람이 엔버와 같이 있는데 고문단의 또 다른 단원인 폰 크레스 중령이 갑자기 찾아왔다. 크레스는 차낙 요새 지휘관이 해협 진입 허가를 요구하고 있는 궤벤과 브레슬라우에 대해 보고했으며 이에 대한 즉각적인 지시를 기다리고 있다고 말했다. 엔버는 수상과 협의 없이 자기 혼자 결정할 수는 없다고 대답했다. 요새는 지금 당장 대답이 필요하다고 크레스는 역설했다. 엔버는 수 분간 미동도 하지 않다가 불현듯 "그들의 진입은 허용될 것"이라고 말했다.

무의식 중에 숨을 멈추고 있던 크레스와 또 다른 장교는 자신들이 다시 숨쉬는 것을 깨달았다.

"만약 영국 전함들이 이들을 쫓아 들어온다면 그들은 포격을 받게 됩니까?"라고 크레스는 이어서 물었다. 이번에도 엔버는 내각과 협의해야 한다며 대답을 거부했으나, 크레스는 구체적인 지시도 없이 요새가 방치될 수는 없다고 압박했다.

"영국 군함들은 포격을 받게 됩니까, 아닙니까?"장시간의 침묵이 흘렀다. 마침내 엔버는 "받게 됩니다"라고 대답했다.

150마일 떨어진 해협의 입구에서는 갑판의 모든 이가 극도의 불안 속에 지켜보는 가운데 해안에서 발진한 터키 구축함이 궤벤을 향해 다가갔다. 신호기가 펄럭이고 있었고 그 의미는 "따라오라"는 것으로 확인되었다. 그날 8월 10일 저녁 9시 궤벤과 브레슬라우는 먼 훗날 처칠이 우울하게 시인한 것처럼 "군함 한 척이 움직이며 일으켰던 그 어떤 사건보다도 더 큰 살육과 불행 그리고 파괴"를 동반하고 다다넬스로 진입했다.

즉시 전 세계로 타전된 이 소식은 그날 밤 말타에 도착했다. 여전히 에게해의 섬 주위에서 수색을 하고 있던 밀네 제독은 다음날 정오에 이 소식을 들었다. 그의 상관들은 그에게 "독일 군함들이 빠져나오지 못하게" 다다넬스를 봉쇄하라고 지시할 정도로 궤벤의 임무에 대해 알고 있는 것이 거의 없었다.

이 소식에 대한 아스퀴스 수상의 언급은 "흥미롭다"는 것이었다. 하지만 그는 자신의 일기에, 궤벤의 승무원들을 그 군함을 운전할 수 없는 터키인들로 교체하도록 "우리가 주장할 것이므로, 그것은 별 문제가 안 된다"고 적었다. 아스퀴스에게 필요한 것은 "주장하는 것"이 전부였던 것 같다.

연합국 대사들이 즉각 벌떼같이 들고 일어났다. 협상 당사자로서 여전히 중립을 유지하기 원했던 터키는 마지못해 궤벤과 브레슬라우에게 "일시적으로 그나마도 겉으로만" 무장해제를 하도록 요구하기로 결정했지만 이 제안을 통보받은 반겐하임은 이를 단호히 거절했다. 한동안의 격렬한 논쟁이 거듭된 끝에 한 장관이 갑작스러운 제안을 했다. "독일이 이 전함들을 우리에게 팔 수는 없을까요? 그들의 도착을 계약에 의한 인도로 간주할 수는 없을까요?"

모두들 이 딜레마를 풀 수 있을 뿐만 아니라 두 척의 터키 전함을 압류한 영국의 독선적인 정의에도 대항할 수 있는 이 훌륭한 생각에 기뻐했다. 독일이 합의하자 이 매매는 각국의 외교관들에게 공표되었고 이어서 바로 야우스(Jawus)와 미딜리(Midilli)로 명칭이 바뀐 궤벤과 브레슬라우는 승무원들이 터키식 모자를 쓰고 터키 국기를 게양한 채 군중들의 열광 속에서 술탄의 사열을 받았다. 마치 자신들이 도둑 맞은 두 척의 군함을 대신하여 귀신이 보내 준 것 같은 갑작스러운 독일 전함의 출현은 대중들을 열광의 도가니로 몰아넣었고 독일에 대한 인기를 치솟게 해 주었다.

여전히 터키는 독일이 강력하게 요구하고 있는 선전포고를 미루고 있었다. 그 대신 그들은 연합국들에게 자신들의 중립에 대한 대가를 올려 달라는 요구를 하기 시작하였다. 러시아는 흑해 입구에 나타난 궤벤에 너무 놀라서 기꺼이 그 대가를 지불하려 하였다. 최후의 순간에 평생 동안 지니고 있던 못된 버릇을 단념하는 죄수처럼 러시아는 심지어 콘스탄티노플을 단념할 용의도 있었다. 8월 13일 외무장관 사조노프는 프랑스에게 터키를 상대로 중립을 지킬 경우 영토 보전에 대한 엄숙한 보장과 더불어 "독일의 비용으로 엄청난 재정적 보상"을 약속하자고 제안했다. 그는 실제로 "심지어 우리가 이기더라도" 영토 보장 약속을 지키겠다는 약속을 기꺼이 포함시키려 하였다.

프랑스는 이에 동의했으며 터키가 얌전히 중립을 지키게 만들고 터키 영토에 대한 집단적인 보장에 참여하도록 영국을 설득하기 위하여 프앙카레 대통령의 표현대로 "온갖 수단을 다 썼다." 그러나 영국은 한때 자신들이 보호했던 나라의 중립을 위해 협상하거나 비용을 지불할 수는 없었다. "터키에 대한 반감이 치밀어 극도로 호전적"이 된 처칠은 다다넬스로 어뢰정대를 보내 괴벤과 브레슬라우를 격침시킬 것을 내각에 제안했다. 그것은 망설이는 터키에 영향을 미칠 수 있는 방안 중 하나였으며 결국은 일어나고 만 일을 막을 수 있었던 유일한 대안이었다. 프랑스의 가장 예리하고 대담한 인물 중 한 명이 이미 해협이 침범당하던 날 이것을 제안했었다. "우리는 즉시 그들을 추격해 들어가야 한다"고 갈리에니 장군은 말했으며 "그렇지 않으면 터키는 우리와 맞서게 될 것"이라고 했다. 영국 내각에서 처칠의 제안은 키치너 경에 의해 거부되었는데, 그는 영국이 터키에 공격을 가함으로써 회교국들을 적으로 돌릴 수 있는 여유가 없다고 말했다. 터키가 "선제공격을 하도록" 기다려야만 했다.

거의 삼 개월에 걸쳐 연합국들의 위협과 달래기가 반복되고, 매일같이 콘스탄티노플에 대한 독일의 군사적 영향력이 증가하는 동안 터키정부 내 여러 그룹들은 논쟁을 계속하며 흔들리고 있었다. 10월 말이 되자 독일은 그들의 끝없는 꾸물거림에 종지부를 찍기로 했다. 러시아를 남쪽에서 봉쇄하기 위한 터키의 적극적인 참전은 이미 불가피하게 되어버렸다.

10월 28일 수숀 제독이 지휘하는 예전의 궤벤과 브레슬라우는 수 척의 터키 어뢰정을 대동하고 흑해로 들어가 오데사(Odessa), 세바스토폴(Sevas-topol) 그리고 페오도시아(Feodosia)를 포격하여 민간인 희생자를 내면서 러시아 포함들을 격침시켰다.

자기들 문 앞에서 독일 해군제독이 저지른 기정사실에 대경실색한 대다수의 터키정부 관리들은 이를 부인하려 했지만 꼼짝할 수가 없었다. 그렇게 된 요인은 독일군 장교들이 지휘하고, 독일군 대원들이 움직이며, 누구의 통제도 받지 않은 채 골든 혼(Golden Horn)에 머물렀던 궤벤이라는 존재였다. 탈랏 베이가 지적했듯이 그들의 정부, 궁전, 수도, 그들 자신, 그들의 가정, 그들의 주권과 터키 국왕이 궤벤의 포 아래 놓여 있었다. 그들은 연합국이 터키 중립의 증거로 요구한 독일 육군 및 해군 고문단 추방을 실행할 수가 없었다. 터키의 이름으로 행하여진 전쟁 행위에 대해 11월 4일 러시아에 이어 11월 5일 영국과 프랑스가 터키에게 선전포고를 했다.

그때 이후로 전쟁의 붉은 물결이 세계의 나머지 반을 뒤덮게 된다. 결국 터키의 이웃인 불가리아, 루마니아, 이태리 그리고 그리스가 전란에 휩싸이게 되었다. 그때 이후 지중해로 나가는 출구가 막혀버린 러시아는 일 년의 반이 얼음으로 덮인 아찬겔(Archangel)과 전선으로부터 8,000마일이나 떨어진 블라디보스톡(Vladivostok)에 의존할 수밖에 없었다. 흑해가 막히자 수출은 98퍼센트, 수입은 95퍼센트가 감소했다. 궤벤의 항해에 뒤이어 모든 주요 동맹국으로부터 러시아가 차단되었고, 수 많은 이들이 무의미하게 피를 흘린 갈리폴리(Gallipoli)의 비극(1915년 다다넬스를 제압하여 러시아로 가는 흑해 수송로를 열기 위해 영불 연합군을 중심으로 갈리폴리 반도에 대한 상륙작전을 벌였으나 막대한 피해만 남긴 채 실패함: 여주)이 있었고, 메소포타미아, 수에즈 그리고 팔레스타인의 전투에 연합국 전력이 전용되었으며, 오토만 제국의 붕괴 및 그로 인한 중동의 역사적 사건들이 뒤따라 일어났다.

비록 덜 중요했지만 다른 결과들도 쓰라린 것이었다. 주위로부터 비난을 받게 되자 트루브릿지 제독은 조사위원회를 요구했고 이 위원회는 "달아나버린 적함 궤벤을 추격하는 데 몸을 사렸다"는 혐의에 대한 재판을 1914년 11월 군법회의에 회부하도록 명령했다. 그가 궤벤을 우세한 적으로 간주한 것이 정당했는가 라는 기본적인 혐의에 대해 해군은 스스로를 위해 그에게 무죄 판결을 내렸다. 비록 그는 전쟁 중에 계속 근무했지만 함대 내의 분위기로 인해 다시는 해상 지휘관의 보직을 받지 못했다. 지중해를 프랑스군의 지휘에 맡기기 위해 8월 18일 소환된 밀네 제독은 귀국하여 전역했다. 8월 30일 해군성은 궤벤과 브레슬라우에 대한 밀네의 지휘와 대응에 대한 "상세한 조사"가 이루어졌으며 그 결과 "심판관들은 모든 면에서 그가 취한 조치들을 승인했다"고 공표했다. 콘스탄티노플의 중요성을 인지하지 못했던 심판관들은 굳이 희생양을 찾으려 하지 않았던 것이다.

11. 리에쥬와 알자스

　　각국의 군대가 집결하는 동안 독일군과 프
랑스군 선발대는 마치 회전문을 통해 들어
가듯이 공격을 위해 이동했다. 독일군은 동쪽으로부터 그리고 프랑스군
은 서쪽으로부터 진입했다. 이들 양쪽 군대의 첫 번째 행동은 각자의 위
치에서 볼 때 서로 300마일 떨어진 회전문의 제일 우측 가장자리에서
전개되었다. 독일군은 프랑스군이 무엇을 하든지 상관없이 자기들 우익
에게 벨기에를 가로지르는 길을 열어주기 위해 리에쥬를 강습하여 그
주위를 에워싸고 있는 12개의 요새를 함락시킬 예정이었다. 프랑스군
도 똑같이 적이 무엇을 하든 개의치 않고 독일에 대한 그 지역 주민들의
봉기를 촉진하고 개전과 더불어 범국민적 애국의 열기를 고조시킨다는,
전략적이기보다는 다소 감상적인 의도를 가진 작전계획에 따라 알자스
로 돌격할 예정이었다. 이러한 작전의 전략적인 목적은 프랑스군 우익
을 라인에 단단히 고정시키는 것이었다.

　　리에쥬는 독일로부터 벨기에로 들어오는 길목을 지키는 철책문이었
다. 뫼즈의 왼쪽 제방으로부터 500피트 높이의 가파른 경사면에 세워졌

고, 이 지점에서는 폭이 거의 200야드에 이르는 강이 해자를 이루고 있으며, 30마일에 달하는 그 주변이 요새들로 둘러쌓인 이곳은 유럽에서 가장 함락하기 어려운 전략 요충지로 널리 알려져 있었다. 10년 전, 뤼순 요새(Port Arthur, 러일전쟁 당시 러시아 극동함대 기지: 역주)가 함락될 때까지 포위 공격을 9개월이나 견딘 적이 있었다. 무한정 버티기는 힘들다 할지라도 리에쥬는 확실히 뤼순 요새의 기록에 뒤지지 않을 것으로 세계의 여론은 기대했다.

총 1,500,000명이 넘는 독일의 7개 군은 벨기에와 프랑스 국경을 따라 집결 중이었다. 그들은 리에쥬에 맞서 독일군의 최우측에 포진한 제1군으로부터 알자스의 최좌측에 있는 제7군까지 순서대로 배치되었다. 제6군과 제7군이 16개 사단 규모의 독일군 좌익을 이루고, 제4군과 제5군이 20개 사단 규모의 중앙을, 그리고 제1군, 제2군 및 제3군이 벨기에로 진격할 34개 사단 규모의 우익을 구성하고 있었다. 3개 사단으로 구성된 별도의 기병군단이 우익에 배속되었다. 우익의 3개 군은 각각 폰 클룩, 폰 뷜로브, 그리고 폰 하우센 장군이 지휘하였는데 이들은 모두 68세였으며 이 가운데 앞의 두 사람은 1870년에도 참전했었다. 기병군단장은 폰 마르비츠 장군이었다.

폰 클룩의 제1군이 가장 멀리 행군하게 되므로 그들의 진군이 전 군의 진격 속도를 조정하게 될 것이다. 아헨의 북쪽에 집결 중인 그 부대는 뫼즈를 건너는 리에쥬의 5개 다리와 연결된 도로들을 이용할 것이므로 리에쥬의 점령이 전체 일정을 좌우할 가장 시급하고도 중요한 목표였다. 리에쥬 외곽의 요새에 설치된 대포들은 네덜란드 국경과 숲으로 덮인 아르덴느 구릉지 사이의 공간을 제압하고 있었고, 그곳의 교량들은 대규모 병력이 뫼즈강을 건널 수 있는 유일한 수단이었으며, 독일과 벨기에에서 프랑스 북부로 이어지는 4개 노선을 연결하는 그곳의 철도 접

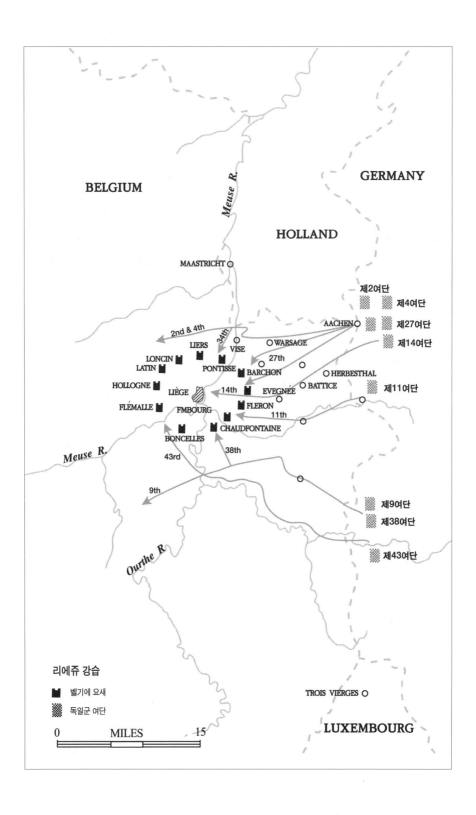

BELGIUM

GERMANY

Meuse R.

HOLLAND

MAASTRICHT ○

제2여단

제4여단

2nd & 4th

34th

LIERS

VISE

AACHEN ○

WARSAGE ○

제27여단

제14여단

LONCIN

27th

LATIN

PONTISSE

BARCHON

HOLLOGNE

LIÈGE

14th

EVEGNÉE

HERBESTHAL ○

BATTICE ○

제11여단

FLÉMALLE

FMBOURG

FLERON

11th

CHAUDFONTAINE

BONCELLES

43rd

38th

Meuse R.

9th

제9여단

제38여단

Ourthe R.

제43여단

리에쥬 강습

벨기에 요새

독일군 여단

0   MILES   15

TROIS VIERGES ○

LUXEMBOURG

속점은 독일군 보급에 필수적이었다. 그곳을 점령하고 요새들을 무력화시키기 전까지 독일군 우익은 움직일 수가 없었다.

폰 엠미히 장군이 지휘하는 6개 여단 규모의 "뫼즈 특별군"이 리에쥬를 지나는 길을 열기 위하여 제2군으로부터 파견되었다. 벨기에군의 심각한 저항이 없다면 이 목표는 주력군이 아직 집결 하는 동안 달성될 것으로 기대되었다. 전쟁 전 여러 차례 경솔하게 행동했던 카이저는 언젠가 기동 훈련 중 한 영국군 장교에게 손으로 허공을 가르며 "나는 이렇게 벨기에를 지날 것!"이라고 말한 적이 있다. 독일군은 벨기에가 공표한 항전 의지는, 한 프러시아 정치인이 언젠가 자신의 국내 정적을 가리키며 했던 얘기 중에 나오는 "꿈꾸는 양의 분노" 이상의 아무것도 아니라고 믿고 있었다. 리에쥬가 함락되고 제1군과 제2군이 그 도시의 양쪽 도로에 나란히 서게 되면, 본격적인 진격이 시작될 예정이었다.

그 시대에 가장 위대한 요새축성 기술자였던 앙리 브리알몽은 1880년대에 레오폴드 2세의 요청에 따라 리에쥬와 나무르의 요새들을 건설하였다. 이들 도시 외곽의 고지대에 환형으로 배치된 이 요새들은 양쪽 방향에서 들어오는 침략자들로부터 뫼즈를 건너는 길을 지키도록 설계되었다. 리에쥬의 요새들은 강의 양쪽 제방에 자리잡고 있었는데 도시까지 평균거리는 4 내지 5마일이고 각 요새 간의 거리는 2 내지 3마일이었다. 여섯 개는 독일과 마주보며 강의 동쪽 제방에, 나머지 여섯 개는 도시의 배후를 에워싸며 서쪽에 있었다. 요새는 땅속에 잠긴 중세의 성처럼 지상에서 보면 포대를 가리기 위한 둥근 지붕이 솟아있는 삼각 언덕 외에는 보이는 것이 없었다. 그 외의 모든 것은 지하에 있었다. 경사진 터널들이 지하의 여러 방으로 이어지고 포대와 탄약고 그리고 사격 통제실을 연결하고 있었다. 여섯 개의 대형 요새와 그들 사이에 위치한 여섯 개의 소형 요새들은 총 400문의 포를 보유하고 있었으며 이 중 가장 큰 것은 8인치(210mm) 곡사포였다. 삼각 언덕의 모서리에는 속사포와 바로 아래 경사면을 방어하기 위한 기관총을 위한 소형 포대가 있었다. 30피트 깊이의 건식 해자가 각 요새를 둘러싸고 있었다. 요새마다 포와 같이 지하로 내릴 수 있는 철제 감시탑에 장착된 조명등이 있었다. 대형 요새의 수비대 병력은 총 400명으로 2개 포병 중대 및 1개 보병 중대로 구성되어 있었다. 이 요새들은 공성에 맞선 최후 저지선이라기보다는 국경을 방어하기 위한 전진 기지로 설계되었으며 각 요새 사이의 공간에 대한 방어는 지상군에 의존하였다.

브리알몽의 위대한 작품을 지나치게 과신했던 벨기에군은 이 요새들을 중대 당 한 명의 장교와 예비군 중에서도 가장 나이든 계층에서 차출된 부실한 수비대에게 맡겨 놓은 채 그것들을 현대식으로 개조하기 위한 노력은 거의 하지 않았다. 독일에게 벨기에의 중립 문제를 피해 갈 수 있는 아주 작은 빌미라도 제공할지 모른다는 우려에서 요새 사이의 공간을 방어하기 위해 참호와 철조망 장애물을 설치하고 포 사격을 방해하는 나무와 집을 철거하라는 명령은 8월 2일까지도 하달되지 않았다. 공격이 다가왔을 때에야 겨우 이 조치들을 취하기 시작했다.

벨기에군이 최후 통첩을 받게 되면 항복하거나 기껏해야 형식적인 저항에 그칠 것이라고 믿었던 독일군 쪽에서는 자신들이 보관 중이던 가공할 무기 즉, 이동식 포로서는 상상할 수 없는 크기와 파괴력을 가진 거대한 공성용 대포를 가져 오지 않았다. 그 중 하나가 오스트리아의 군수업체인 스코다가 제작한 12인치(305mm) 박격포였고, 또 다른 하나는 에센(Essen)의 크룹이 제작한 16.5인치(420mm)의 괴물로서 대포 운반장치를 합치면 길이는 24피트, 무게가 98톤이었고, 전장 1야드, 중량 1,800파운드의 포탄을 사용하며, 사정거리는 9마일로, 이를 운용하는 데 200명의 인원이 필요했다. 그때까지 알려진 제일 큰 포는 영국의

13.5인치 함포였으며 최대의 육상 포는 해안 방어용 11인치 고정식 곡사포였다. 6개월간의 공격에도 뤼순 요새 함락에 실패한 일본은 본국 해안을 비워 놓은 채 이 포를 요새 공격에 투입했지만 러시아군 요새가 항복하기까지는 3개월이 더 소요되었다.

독일군의 일정은 벨기에 요새들을 함락시키기 위해 그처럼 긴 시간을 할애할 여유가 없었다. 몰트케는 콘라드 폰 훼첸도르프(Conrad von Hötzen-dorff, 1차 세계대전 당시 오스트리아 헝가리군 총사령관: 역주)에게 서부전선은 39일째면 결판 날 것으로 예상한다고 말하면서 40일째부터는 오스트리아를 돕기 위해 독일군대를 동쪽으로 보내겠다고 이미 약속한 바 있다. 비록 벨기에군은 맞서 싸우지 않을 것으로 예상했지만, 그럼에도 불구하고 준비가 철저하기로 유명한 독일군은 모든 우발적인 사태에 대한 대비책을 세웠다. 문제는 육상으로 운반할 수 있는 요새 공격용 포를 가능한 크게 설계하는 것이었다. 그것은 박격포이거나 요새 위로 포탄을 날려 보낼 수 있을 정도로 발사각이 크고 포신이 짧은 곡사포로 긴 포신이 없어도 특정한 목표를 맞추기에 충분한 정확도를 가져야만 했다.

극비리에 진행된 크룹의 시제품 개발은 1909년 모델 420의 형태로 완성되었다. 짧은 포신과 부풀어 오른 형태의 거대한 본체로 이루어진 이 포는 비록 발사에는 성공적이었지만 이를 옮기는 일이 지나치게 번잡한 것이 흠이었다. 그것은 두 부분으로 나뉘어 각각 별도의 기관차를 붙여 철도로 수송해야만 했다. 이 포를 옮기려면 별도의 철도 지선을 깔아야 했고 설치 장소는 포의 어마어마한 반동력 때문에 수 야드 깊이로 파고 여기에 다시 콘크리트를 채워 포를 고정시켜야 했으며 포격이 끝난 다음에는 이를 폭파해야만 포를 다시 이동시킬 수 있었다. 포 설치에 6시간이 걸렸다. 이후 4년 동안 크룹은 포를 몇 부분으로 나누어 도로를 이용하여 운반할 수 있는 모델을 개발하였다. 1914년 2월 그런 모델이 완성되어 쿰머스도르프(Kummersdorf) 시험장에서 시사회를 함으로써 그곳에 초대된 카이저를 아주 흡족하게 하였다. 이후 도로상에서 증기와 가솔린 모터, 그리고 심지어 여러 대의 마차를 이용한 운반시험을 실시해 본 결과 보완 개발이 필요할 것으로 판명되었다. 그 목표일은 1914년 10월 1일로 정해졌다.

1910년 완성된 오스트리아제 스코다 305s는 보다 우수한 이동성이 장점이었다. 포, 포대 그리고 이동식 받침대의 세 부분으로 나뉘어지며 엔진 추진방식인 이 포는 낮에는 15내지 20마일을 이동할 수 있었다. 그 당시에는 "무쇠 발"이라는 무시무시한 이름으로 불리던 무한 궤도가 타이어 대신 바퀴를 싸고 있었다. 설치 지점에 도착하면 이동식 철제 받침대를 내려 놓고 여기에 포대를 볼트로 고정시킨 다음, 포를 포대에 설치하는데 이 모든 과정은 40분이 걸렸다. 해체 작업도 마찬가지로 신속하게 이루어질 수 있어 이 포는 적에게 포획당할 염려가 없었다. 이 포는 좌우 60도로 움직일 수 있었고 사거리는 7마일이었다. 420모델과 마찬가지로 이들도 목표물을 파고 들어가서 폭발하도록 지발성(delayed-action) 신관을 갖춘 장갑탄을 사용했다.

8월 전쟁이 터졌을 때 독일에는 독일형 모델이 준비될 때까지 콘라드 폰 훼첸도르프가 빌려 준 오스트리아제 305가 몇 대 있었다. 이 무렵 크룹은 철도형420 5대와 아직 개량이 필요한 도로형420 2대를 가지고 있었다. 8월 2일 이들을 준비하라는 긴급명령이 떨어졌다. 벨기에 침공이 시작되자 크룹은 포, 포대, 모터, 장비, 비상시를 대비한 마차 팀, 기계 장치, 트럭 운전사, 그리고 마무리 훈련을 받아야 하는 포병들을 준비하느라 불철주야 필사적으로 노력했다.

몰트케는 여전히 그것을 쓰지 않고 지나가게 되기를 기대했다. 그러나 만일 벨기에군의 오판으로 싸우게 되더라도, 독일군은 요새들을 기습공격하여 간난히 제압할 수 있을 것으로 기대했다. 공격의 세세한 부분까지도 빈틈이 없었다. 그 계획은 총참모부 안에서 슐리펜에게 가장 헌신적인 제자였던 한 장교의 작품이었다.

에리히 루덴도르프(Erich Ludendorff)는 일에 대한 열정과 강인한 성격으로 "귀족"이 아니라는 약점을 극복하고 1895년 30세 나이에 대위로 진급하여 모두가 선망하는 총참모부의 붉은 줄무늬 제복을 입게 되었다. 비록 비대한 몸집, 아래로 처진 사나워 보이는 입가의 금빛 수염, 둥근 이중 턱, 그리고 에머슨이 야수의 징표라고 부른 목 뒤의 돌출부분이 루덴도르프를 귀족적인 슐리펜과는 전혀 반대의 난폭한 타입으로 보이게 했지만, 그는 슐리펜의 단호하고 비 사교적인 성격을 그대로 본받았다. 의도적으로 친구도 사귀지 않았고 주위 사람들과도 잘 지내지 못했던 이 사람은 바로 2년 뒤 프레데릭 대제 이후 그 누구보다도 독일 국민과 운명에 지대한 영향을 끼치게 되지만, 이때까지는 특별히 알려진 바도 없었고 누구도 그를 별로 좋아하지 않았다. 그에 관해서는 친구 혹은 가족들에 대한 통상적인 얘깃거리나 개인적인 일화 또는 눈에 띄는 언행이 하나도 없었으며, 고위 장교가 될 때까지 이렇다 할 비화도 하나 남기지 않은 그야말로 그림자가 없는 남자였다.

슐리펜을 "현존했던 가장 위대한 군인 중의 하나"라고 생각했던 루덴도르프는 1904년부터 1913년까지 참모부의 일원으로 그리고 나중에는 동원과장(Chief of the Mobilization Section)으로서 존경했던 상관이 만든 계획의 성공을 확실하게 하는 일에 헌신했다. 참모부 내의 모든 이들은 계획의 정당함을 확신했었는데, 왜냐하면 "그 누구도 벨기에 중립의 가치를 믿지 않았기 때문"이라고 그는 말했다. 전쟁이 일어나면 루덴도르프는 군사작전 과장이 될 것으로 예상했으나 1913년 그는 당시 국방장관이던 폰 헤링겐 장군과 마찰을 빚는 바람에 총참모부를 떠나 연대장이 되었다. 1914년 4월 그는 동원령이 내려지면 부참모장*으로서 제2군에 합류하라는 명령과 더불어 장군으로 승진하였다. 8월 2일 그는 부참모장 자격으로 강습 부대와 본대 간 연락장교의 임무를 띠고 리에쥬 공격을 위한 엠미히의 뫼즈 특별군에 배속되었다.

모든 환상이 사라진 8월 3일 알버트 국왕은 벨기에군 총사령관에 취임했다. 그와 갈레가 독일군의 침공을 전제로 입안했던 계획은 이미 좌절되고 말았다. 그들은 리에쥬와 나무르의 전략 요충지 방어를 강화하기 위해 벨기에군 6개 사단을 모두 천연적 장애물인 뫼즈를 따라 배치하려고 했다. 그러나 총참모부와 신임 참모총장인 셀리에르 드 모랑빌 장군은 젊은 왕과 일개 대위에 지나지 않는 갈레가 전략을 좌지우지하도록 놓아 두고 싶지 않았으며 내부적으로도 공격과 방어로 의견이 나뉘어지다 보니 뫼즈를 따라 군대를 전진시킬 아무런 준비도 되어있지 않았다. 엄격하게 중립의 취지에 맞추어 전쟁이 발발하기 전까지 6개 사단은 모든 침략자에 맞서도록 즉, 제1사단은 영국에 맞서 겐트(Ghent), 제2사단은 앤트워프, 제3사단은 독일에 맞서 리에쥬, 제4사단과 제5사단은 프랑스에 맞서 나무르, 샤를루와, 그리고 몽(Mons), 그리고 제6사단과 기병사단은 중앙인 브뤼셀에 배치되어 있었다. 셀리에르 장군의 계획은 일단 적이 누구인지 결정되면, 앤트워프, 리에쥬 그리고 나무르의 수비대들은 현지 요새를 지키도록 놓아둔 채 침략자에 대항하기 위해 모든 군대를 중앙으로 집결시킨다는 것이었다. 기존 계획을 유지하려는 관성은 언제나 그것을 바꾸려는 충동보다 강한 법이다. 카이저는 몰트케의 계획을 바꿀 수 없었고 키치너도 헨리 윌슨의 계획을 그리고,

---

* 원주 : Deputy Chief of Staff, 맡고 있는 보직의 기능을 나타내는 이 명칭은 독일의 Quartiermeister를 의미하는 것으로 영어 독자들에게는 혼동을 준다.

랑허작도 죠프르의 계획을 바꾸지 못했다. 8월 3일 알버트 국왕이 공식적으로 총사령관에 취임하여 셀리에르 장군보다 우위에 서게 되었을 때는 이미 모든 군대를 뫼즈를 따라 배치하기는 너무 늦었다. 새로 채택한 전략은 벨기에군을 새로운 저지선으로 결정한 브뤼셀 동쪽 40마일에 있는 게트(Gette) 강의 루뱅(Louvain) 전면에 집결시키는 것이었다. 지상군을 모두 중앙으로 모으는 대신 제3사단을 리에쥬에, 그리고 제4사단을 나무르에 잔류시켜 국경 수비대를 강화하는 것이 그나마 국왕이 할 수 있었던 최선책이었다.

1914년 1월 국왕은 제3사단장 겸 리에쥬 군정장관에 자신이 추천한 르망 장군을 임명하도록 동의를 얻었는데 당시 63세였던 그는 국방대학 교장이었다. 죠프르처럼 전직 공병장교인 르망은 공병참모로 일했던 6년간을 제외하고는 지난 30년간을 국방대학에서 근무했으며 알버트도 이곳에서 공부할 때 그의 지도를 받은 바 있다. 그는 총참모부의 지원도 없이 리에쥬 요새들의 방어를 재정비하기 위해 7개월 동안 노력했다. 위기가 닥치자 명령 계통의 갈등이 그를 곤혹스럽게 하였다. 8월 1일 셀리에르 장군은 제3사단 휘하의 1개 여단을 철수하도록 명령했는데 이는 사단 전체 병력의 3분의 1에 해당하는 것이었다. 르망의 청원에 따라 국왕은 그 명령을 취소했다. 8월 3일 이번에는 셀리에르 장군이 리에쥬 너머의 교량들을 폭파하라는 국왕의 명령을 벨기에군이 이동할 때 필요하다는 이유로 취소시켰다. 또다시 르망의 청원을 받은 국왕은 총참모부와 맞서 장군을 지원하면서 "장군에게 위임한 방어지점을 끝까지 사수하라"고 격려하는 친서를 르망에게 보냈다.

국가를 지키려는 의지에 비해 그 수단은 턱없이 부족했다. 요새 사이의 공간을 방어하는 데 필요한 대형포는 하나도 없었으며 방어에 필수적인 기관총의 벨기에군 일인당 개수는 독일군에 비해 절반 수준이었다. 1926년까지 70,000명의 예비군과 더불어 지상군 병력을 150,000명으로 증원하고 요새 수비군을 130,000명으로 증원하기 위해 기획된 군 복무 기한 연장조치는 아직 시작도 하지 못한 상태였다. 1914년 8월 별도의 훈련된 예비군을 남기지 않고 117,000명을 지상군으로 소집하였고 나머지 모든 예비병력은 요새에 투입되었다. 실크 모자와 밝은 초록색 제복을 입고 예의 바른 헌병대 역할을 하던 시민 경비대도 현역 복무에 동원되었으며, 그들이 맡았던 여러 임무는 소년단이 떠맡았다. 정규군은 참호전 훈련을 받은 적이 없었으며 참호를 파는 도구도 거의 없었다. 수송 수단뿐만 아니라 텐트와 야전 취사 시설도 부족하였고, 조리 기구는 농가와 마을에서 징발해야 했으며, 전화 설비도 보잘 것이 없었다. 군대는 즉흥 연주와도 같은 혼돈 속에서 진군하였다.

그들은 열광의 도가니 속에서 행진하거나 혹은 안개와 같은 환상에 휩싸여 떠밀려갔다. 갑자기 인기가 치솟은 병사들은 식품이 담긴 선물 보따리, 키스 그리고 맥주에 파묻혔다. 그들은 얼마 안 가 대열을 이탈하여 제복을 뽐내고 친구들과 인사를 나누면서 거리를 배회했다. 부모들은 전쟁이 어떤 것인지를 알고 싶어 아들들과 합류했다. 수송 차량으로 징발된 으리으리한 리무진들이 빵과 고기를 겹겹이 쌓은 채 속도를 내며 지나갔다. 그들 뒤에서 환호성이 일었다. 플랑드르의 우유 마차처럼 개가 끄는 기관총이 다가오자 다시 환호성이 일었다.

햇살이 눈부신 조용하고 맑은 8월 4일 이른 아침, 브뤼셀에서 동쪽으로 70마일 떨어진 지점에서 침략의 선봉인 폰 마르비츠의 기병들이 벨기에 국경을 넘었다. 일사불란하게 속보로 밀려오는 그들은 앞부분이 쇠로 된 12피트 길이의 창을 지니고 있었으며 그밖에도 군도와 권총 그리고 소총으로 무장하고 있었다. 길 옆의 밭에서 수확을 하던 농부들과 창문으로 밖을 내다 보던 마을 사람들은 이들을 보고 "울란(Uhlans)!"이라고 나지막이 속삭였다. 타타르 기병에서 유래된 이국적인 이 이름은 야만적이라는 느낌과 더불어 고대 유럽을 휩쓸었던 이민족의 침략을 떠올리게 했다. 독일인들은 자신들의 문화(Kultur)를 이웃에 전파한다는 역사적인 사명을 수행할 때 카이저가 "훈족(Huns)"이라는 단어를 애용하듯이 무시무시한 모델을 선호하는 경향이 있었다.

침공의 선봉으로서 기병대의 임무는 벨기에군과 프랑스군의 위치를 정찰하고, 영국군의 상륙을 감시하며 적의 유사한 정찰로부터 독일군의 배치를 은폐하는 것이었다. 첫째 날 선발 기병대대의 임무는 자동차로 수송된 보병부대의 지원을 받아 뫼즈의 교량들이 파괴되기 전에 건널목을 장악하고 식량과 마초의 공급원인 농장과 마을들을 점령하는 것이었다. 기병들이 요란한 소리를 내며 벨기에의 포장도로를 지나갈 때 국경 바로 너머에 있는 와사즈(Warsage)에서는 72세의 시장인 플레세가 어깨에 현장을 두른 정장 차림으로 마을 광장에 서 있었다. 말에 탄 기병장교가 공손하게 미소 지으며 그에게 다가와 "어쩔 수 없이" 벨기에로 진입한 것에 대한 독일의 "유감"을 표명하는 내용이 담긴 포고문을 건넸다. 가급적 전투를 피하고 싶지만 "우리는 자유로운 통행로를 확보해야만 한다. 교량, 터널 그리고 철도의 파괴는 적대 행위로 간주될 것이다"라고 포고문은 선언했다. 네덜란드에서 룩셈부르크에 이르는 국경을 따라 모든 마을의 광장에서 울란들은 포고문을 살포하고, 마을 공회당에서 벨기에 국기를 끌어내리고 독일 제국의 검은 독수리를 게양한 다음, 벨기에군은 저항하지 않을 것이라는 지휘관들의 말을 믿고 별 걱정 없이 전진을 계속했다.

그들 뒤로 리에쥬로 가는 길을 가득 메우며 엠미히 강습부대의 보병들이 열을 지어 밀려왔다. 헬멧 앞에 칠해진 붉은 색 연대 번호 외에는 모든 것이 단조로운 회록색 일색이었다. 말이 끄는 야포가 뒤따랐다. 새

가죽 군화와 군장들이 부딪히며 삐걱 거리는 소리를 냈다. 자전거 중대들은 교차로와 농가를 점령하고 전화선을 가설하기 위해 속력을 내며 앞으로 나아갔다. 앞 좌석에는 외알 안경을 쓴 참모장교들과 권총을 뽑아 들고 있는 연락병이 앉고 뒤에는 트렁크를 붙들어 맨 자동차들이 경적을 울리며 지나갔다. 개별 연대마다 불을 피운 화로와 일어서서 요리를 하는 취사병을 태운 채 이동하는 야전용 취사차량을 따로 보유하고 있었는데 이는 카이저가 러시아군 기동 훈련에서 본 것에서 착안했다고 한다. 완벽한 장비와 일사불란한 행군은 마치 침략자들이 군사 퍼레이드를 하는 것으로 착각할 정도였다.

개개 병사들은 65파운드의 군장을 메고 있었는데, 소총과 실탄, 배낭, 수통, 예비 군화, 야전삽, 칼 그리고 외투에 잡아 맨 잡다한 보급품과 도구들을 지니고 있었다. 가방 하나에는 고기 통조림 두 개, 야채 통조림 두 개, 건빵 두 봉지, 분말 커피 한 봉지, 그리고 장교의 허락을 받아야만 개봉할 수 있고 몰래 마셨는지 여부를 매일 검사 받아야 하는 위스키 한 병이 담긴 "철제 휴대 식량 상자"가 있었다. 다른 가방에는 실, 바늘, 반창고와 접착 테이프, 그리고 또 다른 가방에는 성냥, 초콜릿, 담배가 들어 있었다. 장교들의 목에는 망원경과 특정 연대의 예정된 행군 경로가 표시된 가죽으로 겉을 댄 지도가 걸려 있어서 전투는 항상 두 개 지도의 접경에서 벌어진다고 불평하는 영국군 장교들과 같은 곤경에 빠지는 독일군 장교는 없었을 것이다. 독일군은 행군하면서 군가를 불렀다. 그들은 "무적의 독일"(Deutschland über Alles), "라인의 감시"(Die Wacht am Rhein, 구 도이취의 국가: 역주) 그리고 "승리의 꽃다발 속 그대여, 만세!(Heil dir im Siegeskranz, 1918년까지의 프로이센의 국가: 역주)"를 불렀다. 그들은 대기하고 있을 때, 숙박할 때, 그리고 술을 마실 때 군가를 불렀다. 그 이후 끊임없이 이어진 전투와 고통 그리고 공포의 30일간을 살았던 많은 사람들은 침략자들이 저지른 가장 지독한 고문으로 끝없이 반복되던 병사들의 노래소리를 기억하게 된다.

　북쪽, 동쪽 그리고 남쪽에서 리에쥬를 향해 진격하던 폰 엠미히 장군의 여단들은 뫼즈 강에 도착했을 때 이미 도시의 위쪽과 아래쪽의 교량들이 모두 파괴되었음을 발견했다. 그들이 거룻배를 타고 도강을 시도하자 벨기에군 보병들이 사격을 개시했고 독일군은 자신들이 실탄에 맞아 다치거나 죽는 실제 전투를 치르고 있다는 사실을 깨닫고 깜짝 놀랐다. 벨기에군 25,000명에 맞선 독일군은 60,000명이었다. 밤이 되자 그들은 도시 북쪽의 비제에서 도강에 성공했으며, 남쪽에서 공격한 여단들은 저지당했고, 강이 안쪽으로 휘어진 중앙에서 공격한 여단은 강에 도달하기 전에 요새들이 있는 곳까지 진출하였다.

　낮 동안 독일군의 군화와 자동차 바퀴 그리고 말발굽이 마을을 휩쓸고 곡식이 여문 밭을 짓밟게 되자 총격이 빈번해졌다. 이와 더불어 벨기에군을 "초콜릿 병사"로만 알고 있던 독일군은 점점 울화가 치밀었다. 이러한 저항에 놀라고 화가 난 독일군 병사들은 처음 겪는 전투에 신경이 예민해져 "저격병!"이라는 외침에 민감하게 반응하였다. 곧바로 그들은 등 뒤의 모든 집과 관목 숲으로부터 자신들에게 총을 쏘는 성난 민간인들을 상상했다. 그 즉시 그들은 "누군가 쐈다!(Man hat geschossen!)"라고 소리쳤는데 이는 비제로부터 파리의 성문에 이르기까지 민간인에 대한 갖가지 보복의 신호가 되었다. 1870년을 떠올리며 독일군이 거대한 규모라고 상상하게 되는, 무시무시한 프랑스 비정규군이 첫날부터 그 모습을 드러내기 시작했다.

　얼마 지나지 않아 유명한 지하신문인 『자유 벨기에인(Le Libre Belge)』은 저항정신을 고취하게 되지만 첫날 아침 국경 마을의 주민들 사이에서는 거의 이를 찾아볼 수 없었다. 적군의 기질을 잘 알고 있던 벨기에 정부는 민간인들에게 무기를 마을 관청에 보관할 것을 명령하면서 만일 무기를 소지한 채 독일군에 잡힐 경우 처형 당할 수도 있음을 경고하는 내용의 벽보를 이미 모든 마을에 게시하였다. 그 벽보는 국민들에게 "피를 흘리거나 약탈을 당하거나 또는 무고한 양민들에 대한 학살로 이어질 보복의 어떠한 구실도" 주지 않기 위해 적을 공격하거나 비방하지 말고 창문을 닫고 집안에 머무르도록 지시했다. 이처럼 엄중하게 주의를 받고 침략자들의 모습에 질린 주민들이 중무장한 대군을 집에 있는 토끼 사냥총으로 저지한다는 것은 감히 엄두도 낼 수 없는 일이었다.

그럼에도 불구하고 침략을 시작한 바로 그날 독일군은 일반 시민들뿐 아니라 의도적으로 벨기에 사제들에게도 총격을 가하기 시작했다. 8월 6일 전임 수상의 동생이며 리에쥬 공격에 참가한 기병사단장인 칼 울리히 폰 뷜로브 소장*은 동료 장교에게 자신은 "그 전날 저질러진 벨기에 사제에 대한 즉결 처형"을 허락하지 않았다고 말했다. 개전 후 24시간도 채 지나지 않은 시점에 정부의 경고도 무시하고 조직된 비정규군을 지원하는 음모에 벨기에 성직자들이 가담했다는 주장은 독일군 입장에서 조작된 것이었다. 벨기에 주민들 입장에서 보면 이 즉결 처형은 "그들이 우리를 두려워하는 한 우리를 증오하도록 놓아 두라(Oderint dum metuant)"는 칼리굴라(Caligula, AD 12~41, 로마 황제에 등극한 지 얼마 안되어 중병을 앓고 난 후 정신이상이 되었다고 전해지며 무자비하고 잔혹한 독재자로 악명을 떨침: 역주) 황제의 이론에 의한 협박을 실천하는 수단이었다.

또한 개전 첫날 독일군은 본보기로 와사즈에서 잡힌 인질 6명을 사살하고 바티스(Battice)라는 마을을 불질렀다. 그곳은 "속속들이 완전히 타버렸다"고 며칠 뒤에 그곳을 지나간 한 독일 장교가 적었다. "창틀이 부

---

* 원주 : 이 사람은 제2군 지휘관인 칼 폰 뷜로브 장군과는 다른 인물임.

쉬진 창문을 통해 그을린 철제 침대와 가구들의 잔재 밖에 남지 않은 방 안 내부가 들여다보였다. 깨진 주방 기구 잔해가 길가에 흩어져 있었다. 먹이를 찾아 길거리를 배회하는 개와 고양이를 빼고는 생명의 흔적이 모두 불타 버렸다. 장터에는 지붕도 첨탑도 없는 교회가 서 있었다." 그 장교는 3명의 독일군 경기병이 총격을 받은 또 다른 곳에서도 "마을 전체가 불길에 휩싸였고, 가축들은 헛간에서 필사적으로 울부짖었고, 한절반 불에 탄 닭들이 광란상태에서 이리저리 뛰어다녔으며, 농부 차림의 두 사람이 벽에 몸을 기댄 채 죽어 있었다"는 얘기를 들었다고 했다.

몰트케는 8월 5일 콘라드에게 보낸 편지에서 "벨기에에서 우리의 진격은 분명히 무자비했지만 우리는 생존을 위해 싸우는 것이며 누구라도 이를 방해하는 자는 그에 대한 책임을 감수해야 한다"고 적었다. 그는 독일이 져야 할 책임은 생각하지 않았다. 그러나 벨기에를 독일에 대한 분노의 화신으로 만드는 과정은 이미 시작되고 있었다.

8월 5일 엠미히의 여단들은 리에쥬의 요새들 가운데 동쪽 가장자리에 위치한 네 곳에 대해 포격을 가하면서 공격을 시작했으며 뒤이어 보병들의 강습이 이어졌다. 경 포탄은 요새에 대해 별 위협이 되지 못한 반면 벨기에군의 대포는 독일군을 향해 우박과 같은 포격을 가해 선봉부대를 몰살시켰다. 벨기에군 참호가 아직 완성되지 않은 요새 사이의 공간을 향해 중대들이 연이어 쳐들어왔다. 돌파된 몇몇 지점에서 독일군들은 야포가 포격할 수 없는 경사면으로 모여들었지만 요새의 기관총들에 의해 소탕되었다. 전사자들이 쌓여 그 높이가 1야드에 이르렀다. 바콩(Barchon) 요새에서는 독일군 전열이 동요하는 것을 본 벨기에군이 총검 돌격을 감행하여 그들을 격퇴시켰다. 손실을 보충할 예비 전력이 풍부하다는 사실을 알고 있던 독일군은 병사들을 총알처럼 낭비하며 계속해서 강습을 감행하였다. 후일 벨기에군 장교는 "그들은 산개하지도 않은 채 우리가 그들을 쏘아 넘어뜨리자 쓰러진 병사들이 계속 쌓여 전사자와 부상병들로 이루어진 가공할 장애물이 포격을 방해하여 우리를 곤란하게 할 지경이 될 때까지 거의 어깨를 맞댄 상태로 줄지어 다가왔다"고 술회했다. "그 장애물이 너무 높아져 우리는 그 사이로 그냥 쏘아야 할지 아니면 내려가서 우리 손으로 그것들을 직접 치워야 할지 알 수 없을 정도였다 … 그러나 이를 믿을 수 있겠는가? 그 대단한 독일군들은 죽은 자들과 죽어 가는 자들로 이루어진 이 믿기 어려운 벽을 방패삼아 가까이 기어와 실제로 요새의 경사면으로 돌격할 수 있었다. 그들은 우리의 기관총과 소총에 의해 격퇴당했기 때문에 절반 이상 올라오지는 못했다. 물론 우리도 손실이 있었지만 우리가 적에게 가한 대량 살상에 비하면 그것은 경미한 것이었다."

모든 교전국에 의해 저질러지게 되는 대규모의 무모한 인명 살상은 이미 개전 이틀째 리에쥬에서 시작되었으며 점차 상식을 뛰어넘는 수준으로 커져 솜(Somme)에서는 수십만 그리고 베르덩에서는 백만 명 이상이 희생당하게 된다. 첫 교전에서 무시무시한 좌절을 경험한 독일군은 일정대로 목표를 달성하기 위해 얼마가 되든 그 수에 상관없이 요새를 향해 병사들을 무자비하게 투입하였다.

8월 5일 밤 엠미히의 여단들은 자정에 재개될 공격을 위해 각각 서로 떨어진 도로상에서 전열을 재정비하고 있었다. 독일군 전열의 중앙에 배치된 제14여단과 동행하고 있던 루덴도르프 장군은 부대원들이 기가 죽어 "불안"해 하는 것을 보았다. 전방에는 요새의 대포들이 무시무시한 모습을 드러내고 있었다. 상당수 장교들은 보병의 공격만으로 그들을 제압할 수 있을까 의심했다. 그날 일찍 전방을 정찰하기 위해 파견된 자전거 중대가 "전멸"당했다는 소문이 돌았다. 어둠 속에서 길을 잘못 든 부대끼리 마주쳐 뒤엉키는 바람에 전진하지 못하고 우왕좌왕하고 있었다. 이러한 문제의 원인을 알아보기 위해 차를 타고 앞으로 나간 루덴도르프는 제14여단장인 폰 브소브 장군의 당번병이 안장이 텅 빈 장군의 말을 끌고 오는 것을 발견했다. 폰 브소브는 이미 그 길 앞쪽에서 기관총 사격을 받고 전사했다. 루덴도르프는 머뭇거리지 않고 대담하게 그 기회를 움켜 쥐었다. 그는 여단의 지휘를 맡아 플레홍(Fleron) 요새와 에벤네(Evegnée) 요새 중간으로 침투하기 위한 공격 신호를 보냈다. 그들이 진격하자 병사들이 사격을 받고 쓰러졌으며 루덴도르프는 난생 처음 "총알이 사람 몸에 박힐 때 나는 독특한 소리"를 들었다.

2마일도 떨어지지 않은 플레홍 요새의 대포는 때마침 사격을 할 수 없었다. 전쟁에서 간혹 겪게 되는 뜻밖의 행운을 만난 루덴도르프는 마을 가옥들 사이에서 전투가 벌어지자 곡사포를 세워 "좌우의 집들을 포격하도록" 명령했고 곧 길이 열렸다. 6일 오후 2시가 되자 여단은 요새 사이의 방어선을 뚫고 뫼즈 강 우측의 높은 제방에 이르렀는데 그곳에서 그들은 리에쥬의 전경과 모습은 당당했지만 지금은 사용하지 않은 채 방치되어 있는 강 건너편의 성채를 볼 수 있었다. 여기서 그들은 폰 엠미히 장군과 합류하였고, 점점 커지는 불안 속에서 북쪽과 남쪽 길을 살피며 기다렸지만 다른 여단의 부대들은 나타나지 않았다. 제14여단은 자신들이 요새로 에워싸인 원안에 고립되었음을 알게 되었다. "요새 사령관과 주민들을 위협함"과 동시에 다른 여단에게 신호를 보내기 위해 그들은 야포를 성채에 조준하여 발사했다.

상식적으로 자신들을 그냥 보내주어야 할 사람들을 상대로 싸우기 위해 시간과 인력을 낭비해야만 하는 것에 화가 난 독일군들은 8월 내내 벨기에 사람들을 "위협"하여 어리석고 부질없는 저항을 포기하도록 해야 한다는 생각에 사로잡혀 있었다. 그 전날 정전 깃발 아래 개인적으로 르망 장군을 아는 전직 브뤼셀 주재 독일 무관이 그를 설득하거나 그것이 여의치 않으면 협박하여 항복을 받아내기 위해 파견되었다. 르망은 독일 특사로부터 독일군을 통과시켜 주지 않으면 제플린(Zeppelin, 독일군 장교였던 제플린이 발명한 경식 비행선으로 1차 대전에서 사용되었으나 효과적인 공격용 무기는 아니었음: 역주)이 리에쥬를 파괴할 것이라는 말을 들었다. 정전협상은 결렬되었고 예정대로 8월 6일 도시를 폭격하기 위해 콜론(Cologne, 도시 쾰른을 이름: 역주)에서 제플린 L-Z가 날아왔다. 그것이 투하한 13발의 폭탄과 그로 인해 살해된 9명의 민간인은 20세기에 보편화된 전투 방식의 효시였다.

폭격이 있은 후 루덴도르프는 다시 한번 정전 깃발 아래 다른 특사를 보냈지만 르망의 항복을 받아내는 데 실패했다. 계략도 써봤다. 지휘관을 납치 또는 살해할 목적으로 영국군과 비슷해서 눈에 잘 띄지 않는 군복으로 위장한 30명의 병사와 6명의 장교로 구성된 분견대가 차를 타고 쌩트 후아(Sainte-Foi) 거리에 있는 르망의 사령부로 와서 장군을 만나자고 요청하였다. 문으로 다가오던 장군의 부관인 마르샹 소령은 "이들은 영국군이 아니야, 독일군이다!"라고 소리쳤고 곧바로 사살되었다. 1914년을 야만적이면서도 적반하장격으로 기술한 어느 보고서에 따르면 그에 대한 복수는 "문명국의 전쟁 규칙을 비겁하게 어긴 행위에 격분하여 이들을 생포하는 대신 살해한" 그의 전우들에 의해 곧바로 이루어졌다. 이러한 혼란의 와중에 르망 장군은 도시 서쪽에 있는 롱嶽 요새로 탈출하여 그곳에서 계속해서 방어전을 지휘하였다.

그는 이미 독일군 여단이 요새 사이로 침투했으며, 도시를 지킬 수 없게 되었음을 알았다. 만일 북쪽과 남쪽에서 공격하는 여단들마저 돌파에 성공하게 되면, 리에쥬는 완전 포위되고 제3사단은 후방의 주력군과 단절된 채 이곳에서 사로잡혀 전멸당할 수도 있었다. 르망의 정보 참모는 독일 공격군 가운데 4개 군단에 소속된 부대들을 확인한 바 있는데,

이는 르망의 1개 사단에 대해 엠미히는 최대 8개 사단으로 맞서고 있다는 것을 의미했다. 실제로 엠미히의 부대는 군단 단위가 아니라 파견 어단으로 편성되어 있었으며 현재는 서둘러 병력을 증강하여 그 수가 5개 사단 규모에 이르고 있었다. 외로운 제3사단은 그 자신이나 리에쥬를 지키기에는 역부족이었다. 다른 곳에서 무슨 일이 생기든 지상군을 온전하게 보존하여 앤트워프와 연결을 유지하는 것이 국왕의 확고한 의도임을 알고 있던 르망 장군은 8월 6일 아침 제3사단에게 리에쥬로부터 철수하여 루뱅의 전면에 집결해 있는 나머지 지상군과 합류하라고 명령했다. 이것은 비록 요새들은 아닐지라도 도시는 함락된다는 것을 의미했지만, 그렇다고 리에쥬를 위해 1개 사단을 희생시킬 수는 없었다. 리에쥬 너머에 벨기에의 독립이 있기 때문이었다. 귀퉁이일지라도 국왕이 자신의 영토에서 군을 지휘하지 않는 한 그는 적국만이 아니라 동맹국에 의해서도 꼭두각시가 될 수 있는 상황이었다.

8월 6일 브뤼셀은 그 전날 독일군을 격퇴했다는 소식에 미친 듯이 열광했다. 신문 호외는 "벨기에의 대승(Grande Victoire Belge!)!"이라고 대서 특필했다. 행복에 들뜬 군중들이 카페를 메우고, 서로 축하하면서, 복수전을 칭찬하고, 밤새 축하연을 열었으며 다음날 아침에는 125,000명의 독일군이 "완전히 실패하여 아무런 전과도 올리지 못했으며 공격에 투입된 3개 군단이 제대로 힘 한번 못 써 본 채 저지되었다"는 벨기에군의 성명을 환희에 들떠 서로에게 읽어 주었다. 이러한 낙관론을 반영한 연합국 언론들은 몇몇 연대가 항복했고, 많은 수가 포로로 잡혔으며, 20,000명의 독일군 사상자가 생겼고, 방어군은 모든 곳에서 성공적이었던 반면, "침략군은 결정적으로 타격을 받아" 진격을 "멈추고 말았다"는 내용과 함께 "독일군의 완전 참패" 소식을 전했다. 이러한 상황에서 벨기에군 제3사단의 철수 소식은 간단히 언급되었을 뿐 그 연유에 대해서는 특별한 설명이 없었다.

루뱅의 예전 시청 건물에 있는 벨기에군 사령부는 현실과 정반대로 마치 벨기에군이 34개 사단이며 독일군이 6개 사단인 것처럼 사기가 드높았다. 총참모부 내의 급진파들은 "즉각 공격으로 전환한다는 무모한 계획을 놓고 웅성거리고 있었다."

국왕은 일언지하에 그것을 거절했다. 그는 리에쥬 공격군의 규모와 새롭게 확인된 독일군 5개 군단에 대한 보고를 통해 슐리펜의 포위전략에 대한 윤곽을 알아차렸다. 만일 그가 적시에 프랑스군과 영국군에 의해 보강된다면 앤트워프와 나무르 중간인 게트 강에서 독일군을 저지할 기회가 아직 남아 있었다. 그는 이미 두 번이나 프앙카레 대통령에게 긴급 지원요청을 보냈다. 이 단계에서도 그는 벨기에의 모든 이들과 마찬가지로 여전히 벨기에 영토 내에서 연합국들과 합류할 것을 기대하고 있었다. 사람들은 어디에서나 "프랑스군은 어디에? 영국군은 어디에?"라고 물었다. 어느 마을에서는 벨기에 여인이 카키색 군복이라고 생각한 낯선 군복을 입고 있는 병사에게 영국 국기로 감싼 꽃다발을 주었다. 다소 어색해하며 그 병사는 자신이 독일군이라고 했다.

프랑스에서는 기쁨에 넘쳐 벨기에를 돕기 위해 지금 당장 5개 군단을 보내자고 제안했던 프앙카레와 메시미가 자신의 배치계획에서 단 하나의 여단도 바꿀 수 없다는 죠프르의 조용하고도 완강한 반대에 부딪쳐 속수무책이었다. 8월 6일 소르데 장군이 지휘하는 3개 프랑스군 기병사단이 뫼즈 동쪽의 독일군 전력을 정찰하기 위하여 벨기에로 들어갈 예정이었지만 그것과는 상관없이 영국군이 나타나지 않는 것 때문에 어쩌면 좌익을 조금 더 연장하게 될 지도 모른다고 죠프르는 말했다. 8월 5일 밤늦게 런던으로부터 전쟁위원회가 하루 종일 계속된 회의 끝에 해외원정군을 보내기로 결정했지만 그 규모는 6개 사단이 아니라 겨우 4

개 사단에 기병사단 한 개를 추가한 정도라는 소식이 들어왔다. 비록 그것은 실망스러운 것이었지만, 그렇다고 죠프르가 영국군의 부족함을 메우기 위하여 자신의 사단 중 단 하나라도 좌익으로 옮기도록 할 정도는 아니었다. 그는 모든 것을 중앙을 향한 프랑스군의 공격에 걸고 있었다. 기병대 외에 그가 벨기에로 보낸 것이라곤 알버트 국왕에게 보내는 편지를 지참한 단 한 명의 참모장교 브레카 대령이 전부였다. 그 편지에서 그는 벨기에군에게 결정적인 행동을 뒤로 미루고 프랑스군과 연결될 수 있는 나무르까지 후퇴한 다음 프랑스군의 집결이 끝나면 같이 연합하여 공격할 것을 제안했다. 프랑스군 4개 사단이 나무르로 파견될 예정이나 8월 15일 이전까지는 도착하기 어려울 것이라고 죠프르는 말했다.

죠프르가 보기에 벨기에군은 연합전선을 위해 벨기에만의 이익을 버리고 프랑스군 전략에 맞춰 프랑스군 좌익의 역할을 하는 것이 옳았다. 독일군 우익의 위협을 보다 정확히 꿰뚫고 있던 알버트 국왕이 보기에 만약 벨기에군을 나무르에 배치한다면 자신의 군대는 밀려오는 독일군에 의해 앤트워프의 기지와 단절될 뿐만 아니라, 벨기에로부터 프랑스 국경 너머로 밀려날 수도 있었다. 합동전략보다는 벨기에군을 자국 영토 내에서 유지하는 것에 더 집착했던 알버트 국왕은 앤트워프로 가는 퇴각로를 열어놓기로 결정하였다. 순수하게 군사적으로만 생각한다면 나무르로 가는 것이 답이었지만 역사적인 그리고 국가적인 명분을 생각한다면 비록 그곳에 갇혀 전쟁에서 이렇다 할 역할을 하지 못하게 될 위험이 있을지라도 앤트워프로 가는 것이 답이었다.

국왕은 브레카 대령에게 버티기 힘들게 되면 벨기에군은 나무르가 아닌 앤트워프로 퇴각할 것이라고 말했다. 낙심천만인 브레카는 죠프르에게 벨기에군과 프랑스군의 연합공격은 기대할 수 없다고 보고했다.

한 번도 플랜17에 대해 얘기 들은 바가 없고 지금도 그것 때문에 벨기에를 돕지 못하고 있는 프랑스정부는 8월 7일 리에쥬에 대해서는 레지옹 도뇌르 최고 훈장을, 그리고 알버트 국왕에게는 무공 훈장을 각각 수여하였다. 이러한 배려는 그 당시 상황에서 비록 무기력한 것이었지만 벨기에의 항전에 대한 세계의 놀라운 경탄을 나타내는 것이었다. 벨기에는 "유럽의 독립을 지켰을 뿐만 아니라, 명예의 귀감이 되었다"고 프랑스 의회 의장이 선언했다. 벨기에는 독일군대는 무적이라는 미신을 타파함으로써 "불멸의 영예"를 얻었다고 런던의 『타임』지는 선언했다.

여러 가지 찬사가 널리 퍼지는 동안 리에쥬의 주민들은 20세기 유럽인들이 지하실에서 보내게 되는 수없이 많은 밤의 첫 번째 밤을 보냈다. 주민들은 제플린의 공습에 의한 테러를 당한 다음날, 위협을 가해 리에쥬를 항복시키려는 의도로 루덴도르프의 야포가 쏘아대는 포탄에 밤새도록 시달렸다. 그러나 이 방법은 1918년 파리에 대한 빅 베르타스(Big Berthas, 독일 크룹이 제작한 장거리포로 사주의 딸이었던 Bertha Krupp의 이름을 붙였음: 역주)의 장거리 포격이나 다음 전쟁에서 런던을 공격했던 루프트바페(Luftwaffe, 나치의 독일 공군: 역주)와 V-2 폭격과 마찬가지로 아무런 효과도 없었다.

선제 포격이 끝나자, 엠미히와 루덴도르프는 다른 여단들의 도착을 기다릴 것 없이 곧장 도시로 진입하기로 했다. 벨기에군 제3사단이 이미 철수한 뒤라 제14여단은 아무런 저항도 받지 않고 아직 파괴되지 않은 두 개의 다리를 건너 진군했다. 먼저 보낸 선발대에 의해 성채가 이미 장악되었을 것이라고 생각한 루덴도르프는 부관 한 명만 대동한 채 지휘 차량을 타고 가파르고 꼬불꼬불한 길을 달려갔다. 성채 앞에 도착한 그는 아직 선발대가 도착하지 않아 독일군이 그곳을 점령하지 못했음을 확인했다. 그럼에도 불구하고 그는 망설이지 않고 "대문을 세차게 두드렸고" 문이 열리자 성채에 남아 있던 벨기에 병사들로부터 항복을 받았다. 이 당시 그는 49세로 1793년의 보나파르트보다 두 배나 나이가 많았지만 리에쥬는 그의 툴롱(Toulon, 이곳에서 영국군을 몰아냄으로써 나폴레옹이 명성을 얻기 시작했던 곳: 역주)이었다.

르망을 찾지 못한 엠미히 장군은 도시 아래 쪽에서 시장을 체포했는데, 그는 요새들이 항복하지 않으면 리에쥬는 포격을 받고 불에 탈 것이라는 협박을 당했으며, 안전을 원한다면 르망 장군이나 국왕으로부터 항복을 얻어내라는 제안을 받았다. 그는 이를 거절한 다음 감옥에 그대로 남았다. 저녁이 되자 독일군 3개 여단이 요새들 사이의 방어선을 돌파하여 이미 시내에 와 있던 제14여단과 합류하였다.

그날 저녁 6시 한 장교가 엠미히 장군이 이미 리에쥬로 진입했으며 현재 시장과 협상 중에 있다는 기쁜 소식을 제2군 사령부에 전하기 위해 차를 타고 아헨의 거리를 질주했다. "만세!(Hochs!)" 소리로 요란한 와중에 엠미히가 자기 아내에게 보내는 전보가 접수되었는데, "만세, 리에쥬에서!"라는 메시지가 담겨 있었다. 저녁 8시 연락장교가 르망 장군은 놓쳤지만 주교와 시장은 체포되고, 성채는 항복했으며 도시는 이미 벨기에군에 의해 소개되었다는 엠미히의 말을 전하면서도 요새에 대해서는 아직 아무런 정보도 없다고 말했다.

병력 집결이 끝날 때까지 최고 사령부 또는 Oberste Heeres-leitung(이하 OHL)이 머물고 있던 베를린에서는 카이저가 환희에 들떴다. 개전 초기 벨기에군이 결국 싸우게 될 것이 분명해지자 그는 몰트케를 향해 "이제 장군이 아무 이유도 없이 영국이 나와 맞서도록 했다는 것을 똑똑히 알았을 것!"이라고 맹렬히 비난했었지만 리에쥬의 함락 소식을 듣자 그를 자신의 "가장 친애하는 쥴리우스"라고 부르며, 몰트케의 기록에 의하면 "미친 듯이 나에게 입 맞추었다." 여전히 영국은 카이저를 괴롭히고 있었다. 8월 10일 윌슨 대통령의 중재안을 설명하러 왔던 미국 대사 제라드는 그가 "의기소침"해 있는 것을 보았다. 궁전 정원의 파라솔 아래, 발치에 두 마리의 닥스훈트와 더불어 서류와 전보들이 흩어져 있는 녹색 철제 테이블에 앉아 있던 카이저는 "영국이 전체 상황을 뒤바꿔 버렸어. 고집 불통인 친구들, 그들은 전쟁을 계속하겠지. 그것은 금방 끝날 수 없어"라고 탄식했다.

도시를 함락한 다음날 루덴도르프가 전황 보고를 위해 리에쥬에서 나왔을 때 요새를 하나도 점령하지 못했다는 뼈아픈 사실이 알려졌다. 그는 즉시 공성포를 동원해야 한다고 주장했으며, 아직 벨기에군은 전혀 항복할 기미가 없었다. 가장 먼저 출발하도록 예정되었던 클룩의 제1군은 이미 그 출발을 10일째에서 13일째로 연기할 수밖에 없었다.

한편 에센에서는 가공할 몸집의 거대한 검은 공성용 박격포가 바로 옆에서 이를 운반할 차량을 조립하고 대원들을 훈련시키기 위한 필사적인 노력이 진행되는 동안 움직이지 못하고 서 있었다. 8월 9일이 되자 두 대의 도로형 모델이 준비가 끝나 그날 밤 곧바로 여러 대의 운반용 차량에 실렸는데 이들은 다시 여정을 줄이기 위해 가능한 멀리까지 기차에 실려 운반될 예정이었다. 10일 에센을 출발한 기차는 그날 밤 벨기에에 도착했으나 밤 11시 리에쥬에서 동쪽으로 12마일 떨어진 헤르베스탈(Herbesthal)에서 꼼짝 못하고 멈춰 서고 말았다. 벨기에군이 폭파한 철도 터널이 길을 막았던 것이다. 사력을 다했으나 터널을 여는 데 실패했다. 거대한 대포를 실어 내려 도로로 운반할 수밖에 없었다. 요새를 사정거리에 두는 지점까지는 불과 11마일 거리였지만 연이은 고장이 진행을 방해하였다. 차량이 고장 나고, 철 구조물이 깨지고, 길이 막혔으며, 지나가던 부대들이 그것을 끄는 일에 강제 동원되었다. 하루 종일 두 개의 말없는 괴물을 옮기기 위한 사투가 계속되었다.

그것들을 옮기는 동안 독일 정부는 벨기에가 자국의 영토를 지나가는 길을 내주도록 설득하기 위한 마지막 노력을 기울였다. 8월 9일 제라드는 브뤼셀에 있는 동료를 통해 벨기에 정부에 한 통의 외교통첩을 전달해 달라는 부탁을 받았다. 통첩은 "이제 벨기에군은 매우 우세한 적과 영웅적으로 맞서 싸움으로써 그 명예를 지켰다"고 적시하고 독일 정부는 벨기에 국왕과 그 정부에 대해 벨기에를 "더 이상의 전쟁 공포로부터" 구할 것을 "간청"한다고 언급했다. 독일은 자신들의 군대를 무사히 지나가게만 해 준다면 벨기에와 어떤 조약이라도 맺을 준비가 되어 있을 뿐만 아니라 벨기에 영토를 취할 어떠한 의도도 없으며 전쟁의 경과를 보아 최대한 이른 시기에 완전 철수할 것임을 "엄숙히 서약"할 것이라고 했다. 브뤼셀과 헤이그에 있는 미국 공사들은 하나같이 그러한 제안의 전달자가 되기를 거부했지만 그 제안은 결국 네덜란드의 정부기관을 통하여 8월 12일 알버트 국왕에게 전달 되었다. 그는 거절했다.

조국에 대한 극악한 위협을 목전에 두고 그가 보여 준 확고부동함은 우방국들조차도 믿을 수 없을 정도였다. 어느 누구도 벨기에가 영웅적인 행동을 할 것으로 기대하지 않았었다. 전쟁 후 자신의 행동에 대한 프랑스 정치가의 칭송에 답하면서 알버트 국왕은 "네, 우리에게는 달리 대안이 없었습니다"라고 말했다. 1914년 프랑스정부는 그가 독일과 정전을 준비하고 있다는 의심을 품고 소문을 확인하고자 8월 8일에 외무차관인 베테로를 국왕에게 보냈다. 베테로는 국왕에게 프랑스는 자신들의 작전계획에 방해가 되지 않는 범위에서 벨기에를 돕기 위해 할 수 있는 모든 것을 할 것임을 설명하는 불행한 임무를 부여 받았다. 알버트는 다시 한번 플랑드르를 지나 쇄도할 거대한 우익에 대한 자신의 염려를 프랑스정부에 전달하려 애썼으며 벨기에군은 앤트워프로 퇴각하게 될지도 모르겠다는 경고를 되풀이했다. "연합국 군대의 출동이 분명해지면" 벨기에군은 공격을 재개할 것이라고 그는 조심스럽게 첨언했다.

바깥 세상에서 보기에 리에쥬를 공격 중인 독일군은, 최고 권위를 자랑하는 『타임』지 종군 기자의 말처럼 "아주 깨끗하게 박살 난 것" 같았다. 그 당시 잠깐 동안은 이 말이 거의 맞았다. "잠자는 양"을 아주 손쉽게 제압할 것으로 기대하며 허풍을 떨었던 독일군은 요새를 강습 점령하는 것에 실패했다. 8월 9일 이후 독일군은 공격을 멈추고, 비록 병력은 아니었지만 지원군을 기다리게 되었다. 공성용 대포를 기다렸던 것이다.

프랑스에서는 죠프르 장군과 그 참모들이 여전히 플랑드르에 대해서는 마음의 문을 꼭 닫은 채, 자신들의 생각을 더욱더 열정적으로 라인에 집중시키고 있었다. 다 합치면 독일군이 서부전선에 배치한 70개 사단과 거의 맞먹는 5개 프랑스군이 우측의 제1군으로부터 좌측의 제5군까지 차례대로 배치되었다. 그들은 베르덩-툴의 요새 지역을 경계로 두 그룹으로 나뉘어 집결했는데 그들 간의 병력 비율은 메츠-티옹빌 양쪽으로 집결한 독일군 간의 비율과 동일했다. 알자스와 로렌에서 독일 제7군 및 제6군과 마주한 제1군과 제2군은 프랑스군의 우익을 이루었고 그들의 임무는 독일군의 중앙과 좌익 사이에 단단한 쐐기를 박으면서 자신들과 마주한 독일군을 격렬하게 공격하여 라인까지 밀어내는 것이었다.

우측 끝에는 리에쥬의 엠미히 부대처럼 개전과 동시에 알자스로 쇄도하는 최초의 공격을 담당할 특별 강습부대가 배치되었다. 제1군으로부터 분리된 제7군단과 제8기병사단으로 구성된 그 부대는 물루즈(Mulhouse)와 콜마르를 해방시킨 다음 독일, 알자스, 스위스가 마주치는 모서리 부분에서 라인 강에 거점을 확보할 예정이었다.

그 옆에는 잘 생긴 듀바이 장군이 지휘하는 제1군이 포진하고 있었다. 듀바이는 불가능을 인정하지 않았고 끝없는 에너지와 결합된 불굴의 의지를 가지고 있었으며, 복잡한 미로와도 같은 프랑스 군부의 정략적 이해관계 속에 감춰진 어떤 이유 때문에 바로 옆에 위치한 카스텔노 장군과는 썩 좋은 관계가 아니었다고 한다. 카스텔노는 총참모부를 떠나 낭시 부근의 핵심적인 전선을 담당하는 제2군 사령관이 되었다.

제3, 4, 5군은 플랜17이 의도하고 있는 독일군 중앙을 향한 총공격을 위해 베르덩의 건너편에 집결했다. 그들은 베르덩에서 이르송까지 펼쳐진 지역에 배치되었다. 왼쪽 끝의 열린 부분을 담당한 제5군은 아래로 밀려오는 독일군 우익을 상대하도록 북쪽을 향하고 있는 것이 아니라 아르덴느 방향으로 공격하기 위해 북동쪽을 향하고 있었다. 제5군의 좌측 지점은 한때는 견고했으나 지금은 소홀하게 방치된 모뵈즈 요새를 중심으로 영국군이 맡을 예정이었는데 그들은 애초 계획했던 병력이 다 오지 않는 것으로 이미 알려져 있었다. 이러한 차질은 관심이 온통 다른 곳에 가 있는 죠프르나 그의 참모들에게는 그렇게 큰 걱정이 아니었을지 모르지만 제5군 사령관인 랑허작 장군을 안심시킬 수는 없었다.

랑허작 장군은 독일군 우익이 가하는 충격을 견디어야만 할 입장이었기 때문에 자신의 위치가 가지는 위험을 너무도 잘 알고 있었다. 그의 전임으로 제5군을 지휘했던 인물은 갈리에니였는데, 주변 지형을 둘러본 그는 모뵈즈 요새를 현대화하도록 총참모부를 설득하지 못한 것이 늘 마음에 걸렸다. 1914년 2월 갈리에니가 정년에 이르게 되자 죠프르는 자신이 선택했던 1911년 참모차장 후보 3명 중 하나이자 "진정한 사자"였으며, 그의 지적 재능에 대한 경탄을 금할 수 없었던 랑허작을 그 후임으로 임명했다. "날카로운 지능"의 소유자인 랑허작은 총참모부의 총아였으며, 이러한 명성은 그의 신랄한 태도, 쉽게 화를 내는 기질 그리고 거친 말투도 강의의 명쾌함, 영민함과 논리를 위한 것이라고 양해될 정도였다. 62세였던 그는 죠프르, 카스텔노, 포와 마찬가지로 전형적인 프랑스 장군처럼 콧수염이 덥수룩하고 배가 나온 모습이었다.

1914년 5월, 5개 군의 사령관들이 각각 플랜17 중 자신들에게 해당되는 부분을 통보 받았을 때, 랑허작은 곧바로 만일 대규모의 독일군이 뫼즈 서쪽으로 남하할 경우 자신의 노출된 측면에 가해질 위험에 대해 지적했다. 그의 이러한 이견은 독일군 우익이 강하면 강할수록, "그만큼 우리에게 유리하다"는 총참모부의 기본 이론에 의해 무시되었다. 동원령이 발령되기 직전 랑허작은 죠프르에게 자신의 반대의견을 적은 서신을 보낸 적이 있는데 이 편지는 전쟁이 끝난 후 플랜17의 문제점에 대해 퍼부어진 엄청난 비판과 논쟁의 가장 기본적인 자료가 되었다. 그와 가까운 장교의 말에 따르면 편지에 씌어진 랑허작의 논조는 위압적인 작전계획에 대한 대담한 도전이라기보다는 학생의 논문에 대한 교수의 비판과 비슷했다. 편지에서 그는 사실상 독일군은 더 멀리 북쪽을 돌아 나무르, 디낭(Dinant), 지베를 통과하여 올 것이 더 확실해 보이는 데 반해, 제5군이 수행할 공격계획은 독일군이 스당을 지나 공격해 올 것이라는 가정 하에 수립되었다고 지적했다. "일단 제5군이 [아르덴느에서] 뇌샤또(Neufchâteau) 방향으로 공격을 시작하게 되면 보다 북쪽에서 가해질 독일군의 공세를 피하기는 어렵게 될 것이 분명하다"고 교수는 상세히 설명했다.

실제로 그것은 매우 중요한 지적이었지만 랑허작은 마치 몸을 사리려는 것처럼 "이것은 단지 하나의 의견으로서 여기에 언급한 것"이라는 말을 덧붙여 주장의 강도를 낮추었다. 동원 당일인 8월 1일 그 편지를 받은 죠프르는 "시기적으로 아주 부적절하다"고 판단하고 "하루 종일 계속된 중요한 일과에 파묻혀" 그것에 대해 따로 답변하지 않았다. 동시에 그는 "벨기에를 지나" 이루어질 수도 있는 독일군의 진격을 걱정하러 찾아온 제3군 사령관 루페이 장군의 불안도 묵살했다. 특유의 간결함으로 죠프르는 "장군이 틀렸소"라고 대답했다. 그가 생각하기에 원수가 할 일은 설명하는 것이 아니라 명령을 내리는 것이었다. 장군이 할 일은 생각하는 것이 아니라 명령을 수행하는 것이었다. 일단 장군은 명령을 받으면 그것이 자신의 의무라는 것을 명심하고 망설이지 말고 그것을 완수해야 하는 것이다.

8월 3일 독일이 선전포고를 하던 날, 장군들은 마침내 죠프르가 플랜 17의 전체적인 내용과 자신들이 수행해야 할 전략에 대해 설명해 줄 것을 기대하면서 그가 소집한 회의에 모였다. 그러한 기대는 헛된 것이었으며, 죠프르는 온화한 침묵 속에서 의견을 기다렸다. 마침내 듀바이가 자신에게 맡겨진 공격을 위해서는 병력 증원이 필요한데 이것이 아직 해결되지 않고 있다며 말문을 열었다. "그것은 아마도 장군의 계획이겠지, 나의 계획은 아니오"라고 죠프르는 알 수 없는 표현으로 대답했다. 아무도 그 말뜻을 몰랐기 때문에 본인이 잘못 이해했다고 생각한 듀바이는 자기 의견을 다시 개진했다. "예의 그 행복에 넘친 미소를 머금은 채로" 죠프르는 "그것은 아마도 장군의 계획이겠지, 나의 계획은 아니오"라고 똑같이 대답했다. 죠프르가 보기에 전쟁이라는 엄청난 혼란의 와중에서 중요한 것은 계획이 아니라 그것을 수행하는 에너지와 기백이었다. 그는 승리란 좋은 계획이 아니라 강력한 의지와 흔들리지 않는 신념에서 나오는 것이라고 믿고 있었으며 이런 면에서는 그 자신이 누구보다도 뛰어나다는 것을 조금도 의심하지 않았다.

8월 4일 그는 마른의 비트리-르-프랑수와(Vitry0Le-François)에 총사령부(Grand Quartier Général, 이하 GQG)로 불리는 지휘 본부를 세웠는데, 그곳은 파리와 낭시의 중간 지점이며 5개 군사령부와 대략 서로 비슷하게 80 내지 90마일 정도 떨어진 위치에 있었다. 총사령관으로서 짧은 재임기간 중 전방에 가거나 야전군 사령부를 방문한 적이 없었던 몰트케와 달리 죠프르는 군 지휘관들과 계속해서 개인적인 접촉을 유지했다. 그는 그랑프리 자동차 경주에서 세 차례나 우승한 바 있는 운전병 죠르쥬 부이오가 시속 70마일로 운전하는 차의 뒷좌석에 조용하고 편안하게 앉아 이곳저곳을 순회했을 것이다. 자신이 수행해야 할 완벽한 계획을 전달 받은 독일 장군들은 지속적인 지도가 필요 없었다. 프랑스 장군들은 포쉬의 말대로 생각하여 행동할 것으로 기대 되었지만 그들의 부족한 담력이나 다른 개인적인 단점들을 항상 못 미더워 했던 죠프르는 그들을 가까이서 감시하려 하였다. 1913년 기동 훈련이 끝난 뒤 그는 5명의 장군을 현역에서 물러나게 함으로써 여론을 떠들썩하게 하고 프랑스의 모든 군영을 전율케 했는데, 전에는 한번도 그런 일이 없었다. 8월 내내 실탄의 가혹한 시련 속에서 죠프르는 자신이 보기에 조금이라도 무능하거나 사기가 떨어졌다고 판단되면 장군들을 마치 하찮은 물건처럼 쫓아내게 된다.

8월의 태양 아래 녹색과 황금색으로 빛나는 마른의 숲으로 에워쌓인 언덕 위에 있는 비트리에서는 사기가 드높았다. GQG가 징발한 학교 건물에서 교실을 사용하는 작전 담당 제3국(Troisième Bureau)과 운동기구들을 벽으로 밀고 링을 천장에 묶은 채 체육관을 사용하는 정보 담당 제2국(Deuxième Bureau) 간에는 채워지지 않는 간격이 있었다. 제2국은 하루 종일 정보를 수집, 포로들을 심문, 서류를 해독하여 정교한 판독 결과들을 모아 보고서를 만들어 관련 부서에 전달했다. 이것들은 일관되게 뫼즈 서쪽에서 독일군의 움직임을 가리키고 있었다. 하루 종일 제3국은 보고서를 읽고, 그것을 회람시키고, 비판하고, 논쟁을 하면서도 만일 그로 인해 프랑스군의 공격계획을 변경할 필요가 있다는 결론에 이르게 되면 그것을 믿지 않으려 했다.

매일 아침 8시에 죠프르는 각 부서장들을 모아 회의를 주재했는데 그는 위임 있고 흔들리지 않는 중재자였지 외부인들이 그의 침묵과 빈 책상을 보고 오해하듯이 결코 주위 사람들에 의해 조종되는 꼭두각시가 아니었다. 그는 책상 위에 서류를 놔 두거나 벽에 지도를 걸어 두는 법이 없었고, 아무것도 쓰지 않았으며 거의 말을 하지 않았다. 여러 계획들이 입안되었으며, "그는 그것들을 평가하여 결정을 내렸다"고 포쉬는 말했다. 그 앞에서 떨지 않는 사람은 거의 없었다. 누구라도 그의 회식자리에 5분만 늦으면 대단히 불쾌한 대접을 받았으며 식사 시간 내내 따돌림을 당했다. 죠프르는 음식에 대한 미식가의 열정을 가지고 아무 말 없이 식사에만 몰두했다. 그는 항상 자신이 참모들에 의해 아무것도 모르게 차단당하고 있다고 불평했다. 한 장교가 아직 죠프르가 보지 않은 릴루스트라시옹(l'Illustration) 최신판의 기사를 인용하자 그는 화를 내며 "자네도 봤지, 그들은 모든 것을 감추고 있다"고 소리를 질렀다. 그는 걸핏하면 자신의 앞이마를 문지르며 "불쌍한 죠프르"라고 중얼거렸는데 참모들은 이러한 행동이 자신에게 강요된 것을 거부하는 그만의 방식이라는 것을 알게 되었다.

그는 누구라도 지나치게 공개적으로 자신의 마음을 바꾸게 하려는 사람에게는 화를 냈다. 탈레랑(Talleyrand, 1754-1838, 프랑스의 정치가이자 외교관이었던 그는 1815년 유럽을 구한 인물로 평가되기도 하나 또한 기회주의자로 비난 받기도 함: 역주)처럼 그도 너무 지나친 열성에는 찬성하지 않았다. 랑허작의 본질을 꿰뚫어 보는 지성이나 포쉬의 창조적인 지성이 없었던 그는 기질적으로 자신이 참모로 뽑은 사람들에게 의지하려는 경향이 있었다. 그러나 그는 권위를 지키려고 애를 쓰며 그것에 대한 사소한 도전에도 분노하는 거의 폭군에 가까운 지배자였다.

프앙카레에 의해 죠프르의 유고 시 후임으로 지명된 갈리에니가

GQG에 상주해야 한다는 제안이 나오자, 옛 상관의 그늘에 가릴 것을 염려한 죠프르는 그것을 용납하지 않으려고 했다. "갈리에니를 앉히는 것은 어렵다"고 그는 메시미에게 털어 놓았다. "나는 언제나 그의 명령을 받는 입장이었고, 그는 언제나 나를 진땀나게 했다. (Il m'a toujours fait mousser)"고 말했는데, 죠프르와 갈리에니 사이의 인간관계라는 측면에서 상당한 의미를 갖는 이러한 고백은 마른 전투를 목전에 둔 절체절명의 순간에 영향을 미치게 된다. 죠프르가 그를 GQG에 머물지 못하도록 반대하는 바람에 갈리에니는 아무 할 일도 없이 파리에 남았다.

알자스에 프랑스 국기가 다시 휘날리게 될, 열망의 순간이 다가왔다. 보쥬 산맥(Vosges)의 깊고 울창한 송림에서 대기하고 있던 엄호부대는 전투 준비를 끝낸 채 전율하고 있었다. 그곳은 호수와 폭포 그리고 소나무 사이에 향기로운 양치류가 자라는 숲의 축축하고 달콤한 냄새로 가득찬 기억이 생생한 산악지대였다. 가축들이 풀을 뜯는 언덕 위의 목장들은 띄엄띄엄 떨어진 숲들과 어우러져 있었다. 저 멀리 보쥬 산맥의 정상인 알자스 산봉우리의(Ballon d'Alsace) 그늘진 진홍 윤곽이 안개 속에 희미했다. 용감하게 산꼭대기까지 진출한 정찰병들은 빼앗긴 국토에서 붉은색 지붕의 마을들, 회색 교회 첨탑들 그리고 발원지에 가까운 지점이라 걸어서도 건널 수 있을 만큼 폭이 좁은 모젤 강의 작고 반짝이는 모습을 내려다볼 수 있었다. 사각형의 흰색 감자꽃들이 붉은색 콩줄기와 회색-녹색-진홍색의 양배추들과 어우러져 있었다. 뚱뚱한 피라미드 모양의 건초 더미들이 마치 화가가 그려 놓은 듯 넓은 들에 점점이 널려 있었다. 그 땅은 풍요로움의 극치였다. 그 모든 것 위에서 태양이 빛나고 있었다. 이때만큼 그곳을 위해 목숨 바쳐 싸울 만한 가치가 있어 보인 적은 없었다. 『일루스트라시옹』이 전쟁을 처음 보도할 때 프랑스를 사랑에 빠진 아름다운 처녀 알자스를 미친 듯이 포옹하는 잘 생긴 프랑스 병사로 묘사한 것은 하나도 이상할 것이 없었다.

이미 국방부에서 인쇄를 끝낸 대 주민 포고문은 해방될 마을의 게시판에 붙기만을 기다리고 있었다. 공중정찰 결과 그 지역에 대한 방어는 의외로 느슨했는데, 혹시 "쥐덫으로 들어가는 것"이 아닐까 걱정하고 있던 제7군단장 봉노 장군이 보기에는 지나치게 느슨하다고 생각할 정도였다. 그는 8월 6일 저녁 뒤바이 장군에게 부관을 보내 자신은 물루즈 작전이 "힘들고도 위험한" 작전이라고 생각하며 우측과 후미가 걱정된다고 보고했다. 이미 8월 3일 지휘관 회의에서 비슷한 우려를 표명한 바 있는 뒤바이가 이 문제를 제기하자 GQG는 이 모든 걱정을 공격 정신이 투철하지 못한 것으로 간주했다. 작전 개시 시점에서 지휘관이 제기하는 우려는 아무리 일리가 있더라도 너무도 자주 후퇴의 명분이 되곤 하였다. 프랑스군의 군사교리에서는 기선제압이 적 전력에 대한 신중한 평가보다 더 중요했다. 성공은 지휘관의 전투 자질에 의존하며 죠프르와 군수뇌부가 보기에 시작부터 지휘관이 염려와 망설임에 휘둘리도록 방치한다면 파멸을 초래하기 십상이었다. GQG는 알자스에 대한 공격을 가능한 빨리 시작하도록 요구했다. 이 지시에 따라 뒤바이는 봉노 장군에게 전화를 걸어 "준비"가 되었는지 물었고 긍정적인 대답을 듣자 곧바로 다음날 아침 공격할 것을 명령했다.

루덴도르프가 자신의 여단을 이끌고 리에쥬로 진입하기 수 시간 전인 8월 7일 아침 5시 봉노 장군의 제7군단은 보쥬의 산등성을 뒤덮었는데, 앞에총 자세로 국경을 돌파한 다음 물루즈로 가는 길목에 위치한 인구 4,000명 가량의 알트키르흐(Altkirch)를 향해 고전적인 총검 돌격을 감행했다. 그들은 100명의 사상자를 내며 6시간 동안 계속된 전투 끝에 알트키르흐를 점령했다. 그것은 얼마 안 가 진흙 구덩이 참호로 상징되는 전쟁에서 벌어진 마지막 총검 돌격은 아니었지만 그 내용면에서 사실상 거의 마지막이나 다름없었다. 1913년 결정(Règlement)의 정신을 살려 더할나위 없이 멋진 모습으로 감행된 이 공격은 담력의 표상이며 영예(Lagloire)의 극치처럼 보였다.

프랑스군 성명서가 발표한 것처럼 그것은 "형언할 수 없는 감동의 순간이었다." 국경 초소들은 해체되어 의기양양하게 마을로 운반되었다. 그러나 여전히 불안한 봉노 장군은 물루즈 방향으로 더 이상 밀어붙이지 않았다. 그가 주저하고 있는 것을 참을 수 없었던 GQG는 다음날 아침 그날 중으로 물루즈를 점령하고 라인강의 다리들을 폭파하라고 단호하게 명령을 내렸다. 8월 8일 제7군단은 보다 북쪽에서 국경을 방어하기 위해 마지막 독일군 부대가 철수한 지 약 한 시간 뒤에 총 한 방 쏘지 않고 물루즈로 진입했다.

번쩍이는 흉갑과 검은 말총으로 장식한 프랑스 기병들이 거리를 질주했다. 갑작스러운 광경에 거의 넋이 나갔던 사람들은 처음에는 조용히 또는 흐느끼며 그 자리에 꼼짝 않고 서 있었으나 점차 환희의 도가니로 빠져들었다. 두 시간이나 계속된 프랑스군의 성대한 열병식이 시내 중앙 광장에서 거행되었다. 군악대는 "마르세예즈"와 "상브르와 뫼즈(Sambre et Meuse)"를 연주했다. 대포마다 적색, 백색, 청색의 꽃다발이 걸렸다. 자신의 휘하 장병들을 "펄럭이는 깃발 아래 '인권과 자유'라는 매력적인 복음을 전파하며 … 실지 탈환이라는 위대한 과업을 이끄는 선봉"이라고 격찬하는 죠프르의 포고문이 벽에 붙었다. 병사들에게 초콜릿, 과자, 파이프 담배가 건네졌다. 창문마다 깃발과 손수건이 나부꼈으며 심지어 지붕 위까지 사람들로 가득 찼다.

모두가 환영 인파는 아니었다. 주민 중 많은 이가 1870년부터 정착한 독일인들이었다. 말을 타고 군중 속을 지나가던 한 장교는 그들 가운데 "우울하고 무표정한 얼굴로, 파이프를 입에 문 채 마치 우리 수를 세는 것 같은" 이들을 주목했는데, 실제로 그들은 수를 세고 있었으며, 나중에 프랑스군 사단의 전력을 보고하기 위해 야음을 틈타 서둘러 떠났다.

프랑스군이 시를 장악하느라고 바쁜 동안 스트라스부르에서 급파된 독일군 증원부대가 시 외곽에 포진했다. 시작부터 성공에 대한 확신이 부족했던 봉노 장군은 포위를 막기 위해 나름대로 최선을 다해 부대를 배치했다. 8월 9일 아침 전투가 개시되었을 때 세르나이(Cernay)에 있던 그의 좌익은 하루 종일 치열하고 완강하게 싸웠으나 위협이 없는 지역에 너무 오랫동안 묶여 있던 우익은 제때에 전투에 동원되지 못하였다. 처음부터 듀바이를 불안하게 했던 병력 증강의 필요성을 마침내 인식한 GQG가 1개 예비사단을 보냈지만 이때는 이미 전선을 지키려면 2개 사단 정도가 필요한 상황이었다. 8월 10일 오전 7시까지 24시간 동안 일진일퇴의 전투가 계속되었으나 결국 프랑스군은 뒤로 밀려 포위당할 처지가 되자 철수하고 말았다.

영광스러운 미사여구로 가득찬 성명서와 포고문을 발표한 다음 44년간의 열망 끝에 되찾았던 물루즈를 다시 빼앗긴다는 것은 프랑스군에게는 치욕이었으며 이제 독일군의 보복에 방치되게 된 주민들에게는 그 무엇보다도 잔인한 일이었다. 누구보다도 열렬하게 프랑스군을 환영했던 주민들은 이웃의 독일계 시민들에 의해 고발되어 고초를 겪었다. 제7군단은 벨포르 전방 10마일 지점까지 후퇴하였다. GQG에서는 야전 장교들에 대한 참모장교들의 고질적인 적대감이 불같이 타올랐다. 봉노의 담력이 부족하다는 우려를 확인한 죠프르는 곧 자신의 지휘 방식으로 유명해지게 되는 문책 인사를 단행했다. 봉노 장군은 첫 번째 리모제(좌천자)가 되는데 이 이름은 지휘관에서 직위 해제된 장교들이 리모쥐

(Limoges, 프랑스 중서부의 도시로 도자기가 유명함: 역주)에서 신고를 하고 후방지원 임무를 받았던 것에서 유래된 것이다. 죠프르는 이후 3일 동안 "부적절한 지휘"의 책임을 물어 제8기병사단의 사단장 및 다른 장군을 면직시켰다.

벨기에로부터 올라오는 보고와 관계없이 알자스를 해방하고 그 전선에 독일군을 잡아둔다는 원래의 계획에 집착한 죠프르는 우측 끝부분에서 작전을 재개하기 위해 1개 정규사단과 3개 예비사단을 차출, 제7군단에 편입시켜 알자스 특별군으로 재편하였다. 이미 퇴역한 포 장군을 소환하여 이를 지휘토록 하였다. 이 부대가 집결하는 4일 동안 다른 곳에 심한 압박이 가중되었다. 8월 14일 포가 진격하려는 날, 30마리의 황새가 예년보다 2개월이나 일찍 알자스를 떠나 남쪽을 향해 벨포르 위를 날아가는 것이 목격되었다.

프랑스 국민들은 무슨 일이 일어났는지 거의 알지 못했다. GQG의 발표는 불명확함의 극치였다. 죠프르는 민간인에게는 아무 말도 하면 안 된다는 확고한 원칙에 입각하여 작전을 전개했다. 어떤 기자도 전선을 방문할 수 없었으며, 장군이나, 사상자, 또는 연대에 관한 어떠한 이름도 거론되지 않았다. 단 한 건의 유용한 정보도 적에게 노출되지 않게 하기 위하여 GQG는 전쟁을 "조용하게 익명으로" 수행한다는 일본군의 방침을 채택했다. 프랑스는 후방 지역과 전방 지역으로 구분되었고, 전방 지역에서 죠프르는 절대적인 독재자였으며, 어떤 민간인이나, 의회 의원은 말할 것도 없고, 심지어 대통령조차도 그의 허락 없이는 그 곳에 들어갈 수가 없었다. 알자스 주민들에 대한 포고문의 서명자는 대통령이 아닌 죠프르였다.

장관들은 자신이 프랑스군보다는 독일군의 이동에 대해 더 많은 것을 알고 있다고 불평했다. 자신은 국방부로부터 독립되어 있다고 생각하는 죠프르로부터 직접 보고를 받는 프앙카레도 잘못된 것에 대한 보고는 한번도 듣지 못했다고 불평했다. 언젠가 대통령이 제3군을 방문하겠다고 제안하자 죠프르는 제3군 사령관에게 "대통령과 전략이나 외교정책에 관한 문제는 일체 논의하지 말고 반드시 대화록을 제출하라"는 "엄중한 지시"를 내렸다. 그의 휘하 장군들은 예외없이 누구나 정부 각료들에게 군사 작전에 대해 언급하지 말라는 주의를 받았다. 죠프르는 그들에게 "내가 발송하는 보고서에서 나는 한 번도 현재 진행 중인 작전의 목표나 나의 의도를 알린 적이 없다"고 말했다.

그의 시스템은 얼마 못 가 비등하는 여론의 압력을 받아 붕괴하게 되지만, 국경선이 무너지고 국가들이 침략당하고 아직 유동적이던 전쟁에서 거대한 군대가 이리저리 움직이며, 세르비아에서 벨기에에 이르기까지 온 세상이 전쟁의 충격에 떨었던 8월에는 실제로 전선으로부터 좋지 않은 소식은 거의 전해지지 않았다. 수천 명의 열성적인 역사가들이 있었음에도 불구하고 역사적 사건이 벌어지던 그 한 달 동안 그 내용은 쉽게 파악되지 않았다. 8월 9일 사복 차림으로 파리의 작은 카페에서 식사를 하던 갈리에니 장군은 바로 옆 테이블에서 『르 땅(Le Temps)』 편집장이 옆사람에게 "갈리에니 장군이 30,000명의 병력을 이끌고 콜마르로 진입한 것이 확실하다"고 말하는 소리를 들었다. 갈리에니는 자기 친구에게 몸을 기울여 "역사는 바로 저렇게 기록되는 법"이라고 낮은 소리로 얘기했다.

리에쥬의 독일군이 공성용 대포를 기다리는 동안, 온 세계가 요새의 끈질긴 저항에 경탄하고 런던의 『데일리 메일(Daily Mail)』이 그 요새는 "절대로 함락할 수 없을 것"이라는 대다수의 의견을 인용 보도하는 동안, 각 군의 집결이 계속되는 동안, 어떤 이들은 극도의 불안감 속에 독일군 공격의 윤곽이 드러나기를 기다리고 있었다. 갈리에니 장군도 그들 가운데 하나였다. "독일군 전선 뒤에서는 무슨 일이 벌어지고 있는가?" 그는 걱정했다. "리에쥬 후방에서 진행되고 있는 대규모의 병력 집결은 무엇인가? 독일군이 하는 것인 만큼 뭔가 거대한 것임이 분명하다."

이 질문에 대한 답을 구하기 위해 소르데 장군이 지휘하는 프랑스군 기병대가 파견되었다. 그런데 너무나 맹렬하게 돌진하는 바람에, 프랑스 기병들은 너무 일찍 너무 멀리까지 가고 말았다. 그들은 8월 6일 국경을 넘어 벨기에로 들어가 집결 중인 독일군의 규모와 방향을 정찰하기 위해 뫼즈를 따라 달렸다. 하루에 거의 40마일씩 3일 만에 110마일을 정찰하며 그들은 뇌샤또를 지나 리에쥬 전방 9마일 지점에 도착했다. 프랑스 기병들은 쉬는 동안에도 마구를 내리거나 안장을 풀지 않고 계속해서 강행군을 하는 바람에 말들은 완전히 탈진했다. 하루를 쉰 다음 기병대는 아르덴느와 뫼즈 서쪽으로 샤를루와까지 정찰을 계속했지만 어디에서도 독일군이 상당한 규모의 병력으로 뫼즈를 건넜다는 증거를 발견하기에는 너무 빨랐으며 또한 가는 곳마다 독일군 기병대가 독일 국경 뒤편에서 진행중인 군의 집결상황을 적극적으로 은폐하였다. 프랑스군은 전통적인 개전 방식인 기병대의 장렬한 돌격이 저지당하고 있음을 깨달았다. 비록 루뱅과 브뤼셀 방면으로 공격 중인 보다 북쪽 지역에서는 독일군 기병대가 급습전술인 돌격을 시도했지만 이곳에서는 직접적인 교전을 피한 채 자전거 대대와 차량으로 이동하면서 기관총으로 프랑스군을 저지하는 저격병들의 지원을 받으며 침투할 수 없는 은폐막을 유지하고 있었다.

그것은 실망스러운 일이었다. 미국 남북전쟁에서 남부연맹의 모건 장군이 "제군들, 저 바보들이 다시 칼을 들고 몰려오고 있군, 자 한 방 먹여

주지!"라고 소리치며 부하들을 소총으로 무장한 말 탄 보병처럼 활용했던 경험에도 불구하고 양쪽 기병대는 여전히 기병도(arme blanche)의 힘을 믿고 있었다. 러일전쟁 당시 영국군 참관단원이었으며 나중에 장군이 된 이안 해밀턴 경이 참호로 엄폐된 기관총 앞에서 기병대가 할 수 있는 유일한 일은 보병들을 위해 밥을 짓는 것뿐이라고 보고하자 국방부에서는 그가 극동 지역에 파견되었던 몇 달 동안 정신이 이상해진 것이 아닌가 의심하기도 하였다. 같은 전쟁에서 독일군 참관단원이었으며 나중에 장군이 된 막스 호프만도 참호를 이용한 기관총의 방어능력에 대하여 비슷한 보고를 하자 몰트케는 "그렇게 미친 방식으로 전쟁을 했을 리가 없다"고 한 마디 할 정도로 자극을 받은 바 있다.

1914년 독일군이 기병대 간의 충돌을 피하고 기관총을 사용한 것은 매우 효과적인 엄폐막이었음이 입증되었다. 프랑스군 좌익 쪽으로 대규모의 독일군이 내려오지 않는다는 소르데의 보고는 GQG의 선입관을 더욱 확신시켜 주었다. 그러나 독일군 우익의 포위 작전에 대한 윤곽은 그 진격로에 위치하고 있어 그것을 보다 쉽게 볼 수 있었던 알버트 국왕과 랑허작 장군에게는 이미 분명해졌다. 프랑스군 요새인 모뵈즈의 군정장관이었던 푸르니에 장군도 이들과 같은 입장이었다. 8월 7일 그는 GQG에 독일군 기병대가 이미 뫼즈 연안의 우이(Huy)로 진입했음을 보고하며 이것은 그들이 5개 내지 6개 군단의 진격을 엄호하고 있음을 시사하는 것이라고 주장했다. 우이는 리에쥬와 나무르 사이에 유일하게 다리가 있는 지점이기 때문에 이곳의 적 병력은 뫼즈를 건너려는 의도를 가지고 있음이 분명했다. 그 군정장관은 모뵈즈에는 그러한 적을 막아낼 수단이 없다고 경고했다. GQG가 보기에 5개 내지 6개 군단이라는 보고는 패배주의자가 걱정 때문에 놀라서 과장한 숫자였다. 그 해 8월 죠프르에게는 심약한 지휘관을 솎아내는 일이야말로 작전 성공의 가장 핵심적인 사항이었으며 그는 즉각 푸르니에 장군을 직위 해제시켰다. 나중에 구체적인 조사를 거쳐 이 명령은 취소되었다. 한편 모뵈즈에 어느 정도 효과적인 방어선을 구축하기 위해서는 최소한 2주일이 걸릴 것이라는 사실이 확인되었다.

랑허작 장군도 우이에 관한 보고를 받고 나자 걱정이 더욱 커졌다. 8월 8일 그는 독일군 우익의 포위기동 위협을 GQG에 환기시키기 위해 참모장인 엘리 드와셀 장군을 보냈다. 랑허작 장군의 걱정은 "너무 성급한" 것인데 왜냐하면 그러한 기동은 "적이 동원할 수 있는 군사적 수단과 균형이 맞지 않기" 때문이라고 GQG는 대답했다. 계속해서 벨기에로부터 추가적인 증거들이 보고되었지만 각각의 보고에 대해 플랜17을 지지하는 "신도"들은 적절한 이유들을 찾아냈다. 우이에서 목격된 여단들은 "어떤 특수임무"를 수행 중이거나 아니면 그 정보의 출처가 "의심스러운" 것이었으며, 리에쥬에 대한 공격은 그곳에 교두보를 확보하는 것 "이상의" 다른 목표는 없었다. 8월 10일 GQG는 "벨기에에서 독일군 주력부대의 기동은 이루어지지 않을 것이라는 인상을 확실하게" 받았다.

곧 전개될 자신들의 공격에 몰두한 프랑스군 총참모부는 벨기에군이 프랑스 제5군 및 영국군과 합류할 때까지 확실하게 버틸 수 있는지 확인하고 싶었다. 죠프르는 양쪽 군대의 "공조"를 기대하며 프앙카레가 알버트 국왕에게 보내는 친서와 함께 아델베르 대령을 또 다른 특사로 파견했다. 8월 11일에 브뤼셀에 도착한 이 장교는 전임자와 같은 대답을 들었는데 즉, 국왕이 예상하는 대로 독일군이 계속해서 벨기에를 가로질러 쳐들어온다면 그는 자국 군대가 앤트워프와 차단되는 위험을 무릅쓰도록 놔두지 않을 것이라고 하였다. 약진(élan)의 열렬한 신봉자였던 아델베르 대령은 국왕의 이 같은 비관적인 생각을 자기 입으로 GQG에 진달할 수가 없었다. 그러나 그는 벨기에군이 다음날 전투에서 승리의 영광에 흠뻑 빠질 정도로 크게 이기는 바람에 이 고민으로부터 벗어날 수 있었다.

루뱅 방면으로 침투하던 울란들은 엘렌(Haelen)의 다리에서 드 위트 장군이 지휘하는 벨기에군 기병대의 일제 사격을 받고 저지되었다. 휘하 부대를 보병의 지원을 받는 기마 소총대로 활용한 드 위트는 테네시(Tennessee)에서 모건 장군이 거둔 성공을 되풀이하였다. 그는 오전 8시부터 저녁 6시까지 계속해서 단호하게 소총의 일제사격을 퍼부어 창과 칼을 들고 돌격하는 독일군 기병대의 거듭된 공격을 격퇴하였다. 폰 마르비츠 휘하 최정예 기병대대의 사살된 울란들이 전장을 뒤덮었으며, 결국 살아남은 기병들은 벨기에군에게 전장을 내어준 채 등을 돌려 퇴각하고 말았다. 브뤼셀의 행복한 기자들이 전쟁의 결정적인 전투라고 제목을 붙인 그날의 영광스러운 승리가 벨기에군 참모부와 그들의 프랑스군 친구들을 열광의 도가니로 몰아넣었으며, 그들은 베를린에 입성한 자신들의 모습이 보일 정도였다. 아델베르 대령은 "이것으로 독일군 기병대는 완전히 퇴각했으며 벨기에 중앙을 지날 것으로 예상했던 적의 공격은 지연되거나 심지어 좌절된 것"으로 간주해도 좋다고 GQG에 보고했다.

이러한 낙관론은 리에쥬의 요새가 계속해서 건재하고 있다는 사실 때문에 더욱 타당성이 있어 보였다. 매일 아침 벨기에 신문들은 "요새들은 여전히 버티고 있다!(Les forts tiennent toujours!)"라고 승리에 찬 표제로 1면을 장식했다. 8월 12일 엘렌 전투가 있던 날 호언장담 끝에 독일군이 기다리던 거대한 공성용 대포가 마침내 도착했다.

리에쥬는 외부 세계와 단절된 상태였으며, 거대한 검은 공성용 대포들이 요새가 사정권에 들어오는 시 외곽에 도착했을 때 어느 목격자가 "과식한 달팽이" 같다고 한 이 괴물들의 출현을 볼 수 있었던 사람은 오직 그곳 주민들 뿐이었다. 목 뒤에 붙은 혹 모양의 반동 실린더와 연결된 땅딸막한 포신이 하늘을 향해 동굴과 같은 입을 벌리고 있었다. 8월 12일 오후 늦게 한 대가 준비를 완료하고 퐁티쓰(Pontisse) 요새를 겨냥했다. 눈, 귀 그리고 입에 보호막을 쓴 대원들이 300야드 떨어진 지점에서 전기를 이용하는 발사 준비를 마치고 땅에 배를 대고 엎드렸다. 6시 30분 최초의 폭발이 리에쥬를 뒤흔들었다. 포탄은 4,000피트 높이까지 원호를 그리면서 날아갔으며 목표 지점에 도착하기까지 60초가 걸렸다. 포탄이 터지자 먼지, 파편 그리고 포연으로 이루어진 거대한 원뿔 모양의 구름이 천 피트 높이까지 하늘로 치솟았다. 한편 스코다 305도 운반되어 다른 요새들에 대한 포격을 개시했으며, 교회 탑과 기구에 자리잡고 위치를 알려주는 관측병들에 의해 목표물에 "점차 다가가고" 있었다. 벨기에군 요새의 병사들은 찢어질 듯한 굉음을 내며 떨어지는 포탄 소리를 들었으며, 매번 조준을 교정할 때마다 폭발이 점점 머리 위로 가까워지는 것을 느끼면서 커져만 가는 공포에 휩싸였다. 마침내 포탄들이 귀를 멍하게 하는 굉음과 함께 바로 위에서 터지면서 강철로 된 탄두는 콘크리트를 박살냈다. 계속해서 포탄이 날아오고 병사들은 폭사했으며 고성능 폭약에서 나오는 연기가 그들을 질식시켰다. 천장은 무너지고, 무기고가 막혔으며 불, 가스 그리고 소음이 지하를 가득 메웠고, 병사들은 "다음에 날아올 포탄에 대한 두려움으로 점점 신경이 날카로워졌고 심지어 미쳐 버리기까지 하였다."

공성용 대포를 투입하기 전까지는 겨우 하나의 요새가 강습에 의해 함락되었을 뿐이었다. 퐁티쓰 요새는 8월 13일 보병부대의 공격을 받아 함락될 때까지 24시간 동안 45발의 포격을 견디었다. 그날 2개의 요새가 추가로 함락되었으며 14일이 되자 도시의 동쪽과 북쪽의 모든 요새가 함락되고 말았다. 그곳의 대포들은 파괴되었으며, 도시 북쪽의 도로가 열렸다. 폰 클룩이 지휘하는 제1군의 진격이 시작되었다.

이제 공성용 박격포들은 앞쪽으로 운반되어 서쪽 요새들을 향했다. 420 한 대가 도시 안으로 운반되어 롱嶽 요새를 겨냥했다. 리에쥬의 의원인 쎌레스탱 뎀블롱은 그때 쌩 피에르(St. Pierre) 광장에 있다가 공성용 대포가 광장의 모퉁이를 돌아 나오는 것을 보았는데 "대포를 구성하는 부품들이 너무 거대하여 우리의 눈을 의심할 정도였다 … 괴물은 두 부분으로 나뉘어 다가왔으며 36마리의 말들이 끌었다. 포장된 도로가 들썩거렸다. 군중들은 이 엄청난 기계장치의 출현에 너무 놀라 말문이 막혔다. 그것은 천천히 쌩 랑베르(St. Lambert) 광장을 지나 테아트르(Théâtre) 광장으로 들어간 다음 호기심에 가득 찬 군중들을 끌어 모으면서 소브니에르(Sauveniere) 대로와 아브루아(Avroy) 대로를 따라 느릿느릿 무겁게 지나갔다. 한니발의 코끼리들도 로마인들을 이보다 더 놀라게 하지는 못했을 것이다! 그것과 동행하는 병사들은 거의 종교적인 엄숙한 분위기 속에서 절도있게 행진했다. 그 대포들은 악마였다 … 그것은 아브루아 공원에 조심스럽게 설치된 다음 정밀하게 조준되었다. 그리고 나서 엄청난 폭발이 있었는데, 군중들은 뒤로 나가떨어졌고, 땅은 지진이 난 것처럼 흔들렸으며, 가까운 곳의 창문은 모두 박살이 났다…"

8월 16일이 되자 12개의 요새 중 11곳이 함락되었으며, 오직 롱嶽 요새만 버티고 있었다. 포격 중간에 독일군은 르망 장군에게 항복을 요구하기 위해 정전깃발을 앞세우고 특사를 보냈다. 그는 거절했다. 16일 롱嶽은 포탄에 맞아 화약고가 터지는 바람에 내부로부터 폭발했다. 독일군들이 부서진 포탑과 연기가 나는 콘크리트로 뒤범벅이 된 내부로 들어갔을 때 그들은 벽돌 아래 꼼짝 않고 누워 영락없이 죽은 것처럼 보이는 르망 장군을 발견했다. 얼굴이 시커멓게 된 채 장군을 지키고 있던 부관이 "장군께선 이미 돌아가셨으니 정중하게 대해 달라"고 부탁했다. 그러나 르망은 살아있었으며 단지 의식을 잃었던 것이다. 정신을 차리고 폰 엠미히 장군에게 호송된 그는 자신의 군도를 넘겨주며, "나는 의식을 잃은 상태에서 붙잡혔소. 잊지 말고 이것을 각하의 속달 행낭에 넣으십시오"라고 말했다.

엠미히는 "그 칼이 없다고 군인의 명예가 훼손되는 것은 아닙니다"라고 대답하며 그것을 돌려 주었다. "그냥 갖고 계십시오."

후일 르망 장군은 포로로 잡혀있던 독일에서 알버트 국왕에게 "나는 기꺼이 목숨을 내놓으려 했으나 죽음이 나를 데려가지 않았다"고 편지를 보냈다. 그의 상대였던 폰 엠미히 장군과 루덴도르프는 모두 독일의 최고 무공 훈장인 뿌르메리뜨(Pour le Mérite) 청, 백, 금 십자가를 목에 걸었다.

롱獄이 함락된 다음날 제2군과 제3군이 진격을 시작함으로써 독일군 우익 전체가 벨기에를 가로지르는 행군에 돌입했다. 이 행군은 8월 15일에 시작하도록 예정되어 있었기 때문에 리에쥬는 독일군의 공격을 그 당시 세상에서 생각했듯이 2주일이 아니라 이틀간 지연시켰던 것이다. 벨기에가 연합국에 선사한 것은 이틀도 아니고 2주일도 아닌 바로 명분과 선례였다.

12. 영국 원정군(BEF)의 대륙 출병

랑허좌 장군의 노출된 좌익에 대한 엄호가 늦어진 이유는 전선의 끝부분을 맡기로 했던 영국군 내부의 논쟁과 불화 때문이었다. 헨리 윌슨에 의해 세세한 부분까지 마무리된 총참모부의 계획은 영국의 개전 첫날인 8월 5일, 대륙 국가들의 전쟁계획처럼 자동적으로 실행에 들어가는 것이 아니라 우선 제국 방어위원회의 승인을 받아야만 했다. 그날 오후 4시 이 위원회가 전쟁위원회의 자격으로 소집되었을 때 그곳에는 늘 참석하던 민간인과 군 수뇌부 외에 그 양쪽 모두에 속하는 거물급 인사가 처음으로 참석했다.

육군원수인 키치너 경은 신임 국방장관이 된 것이 즐겁지 않았으며 다른 장관들도 그와 같이 일하게 된 것이 반갑지 않기는 마찬가지였다. 행정부는 찰스 2세 재위 시 몽크 장군 이후 처음으로 현역 군인이 입각하여 자기들 가운데 있는 것이 신경에 거슬렸다. 장군들은 그가 자기 지위를 이용하거나, 혹은 정부 관리들에게 이용당하여 원정군의 프랑스 파병을 간섭하지 않을까 걱정했다. 이 걱정은 적중했다. 키치너는 곧바로 전략과 정책 그리고 영불 합동 군사계획에서 영국군이 맡은 역할에 대해 깊은 유감을 표출했다.

행정부와 군부 양쪽에 자리를 차지한 그의 권한이 정확히 무엇인가 전혀 분명치 않았다. 영국은 수상이 누구의 조언에 따라 행동할 것인지 또는 누구의 조언이 최종적인 것인지에 대해 명확하게 결정하지도 않은 채 최고의 권한은 수상에게 있다고만 막연히 이해한 상태로 전쟁에 돌입하였다. 군대 내에서는 야전 장교들이 참모부 장교들을 "새대가리면서도 궁전의 귀족처럼 태도가 거만한 친구들"이라고 경멸했지만 양쪽 모두 "프록 코트"라 불리는 민간인 장관들의 간섭을 싫어하기는 마찬가지였다. 민간인 각료들 또한 군인들을 "돌대가리"라고 빈정거렸다. 8월 5일의 전쟁위원회에서 전자의 대표는 아스퀴스, 그레이, 처칠, 그리고 할데인이었고 후자인 군부의 대표는 11명의 장성급 장교들이었는데 이들 중에는 원수로서 원정군 총사령관으로 내정된 존 프렌치 경, 원정군의 2개 군단을 지휘할 더글러스 헤이그와 제임스 그리어슨 경, 그 참모장인 아치발드 머레이 경(이들의 계급은 모두 중장이었음), 그리고 참모차장인 헨리 윌슨 소장이 포함되어 있었다. 그는 정적을 만들기 쉬운 자신의 재능을 큐렉 위기에서 유감없이 발휘하는 바람에 보다 높은 계급으로 승진할 기회를 잃었던 것이다. 이 두 부류 사이에 무엇을 대표하는지 아무도 모르는 키치너 경이 있었는데 그는 원정군의 목적이 매우 불안하다고 여겼으며 그 총사령관에 대해서도 탐탁지 않게 생각했다. 키치너는 피셔 제독처럼 자신의 의견을 화산이 폭발하듯이 격렬하게 표출하지는 않았지만 이제 영국군을 프랑스군 전략의 꼬리 부분에 "붙들어맨" 총참모부의 계획에 대해 똑같은 비난을 퍼붓기 시작했다.

대륙에서 벌어질 전쟁을 위한 기획에 개인적으로 참여한 바가 없는 키치너는 원정군이 차지하는 비중을 객관적으로 볼 수 있었으며, 6개 사단 규모의 군대가 70개 독일군 사단과 70개 프랑스군 사단의 임박한 충돌이 가져올 결과에 어떤 영향을 끼칠 것으로 생각하지 않았다. 키치너는 직업군인이었지만 (크로머 경은 그가 카르툼 전투를 지휘하기 위해 나났을 때 "내가 만난 가장 유능한 인물"이라고 말한 바 있음) 그의 최근 경력은 직업군인의 수준을 훨씬 넘어서는 것이었다. 그는 인도, 이집트, 제국과 그밖의 굵직한 문제들만 다루었다. 그는 한 번도 사병에게 말을 걸거나 아는 체 하는 일이 없었다. 클라우제비츠와 같이 그는 전쟁을 정책의 연장으로 보았고 그것에서 출발하였다. 헨리 윌슨이나 총참모부와 달리 그는 출항 일정, 기차 시간표, 군마, 군 막사 문제에 얽매이지 않았다. 멀리 떨어져 있던 그는 열강들의 관계 속에서 전쟁을 전체적으로 개관하고, 이제 막 시작된 장기전에 필요하게 될 국가적인 군비 증강의 엄청난 노력을 똑바로 인식할 수 있었다.

"우리는 수백만의 군대를 전장에 투입하고 이들을 수 년 동안 유지할 수 있도록 준비해야 한다"고 그는 선언하였다. 이 말을 들은 청중들은 어안이 벙벙하여 이를 믿으려 하지 않았지만 키치너는 잔인할 정도로 냉정했다. 유럽전쟁에서 싸워 이기려면 영국은 대륙 군대와 맞먹는 70개 사단 규모의 군대를 보유해야만 하며 그러한 군대가 최대 전력을 갖추기까지는 개전 후 3년이 걸릴 것으로 그는 계산했는데, 이는 전쟁이 그만큼 오래 지속될 것이라는 믿기 어려운 추론을 의미하는 것이었다. 숙련된 직업 군인, 특히 하사관을 보유한 정규군은 자신이 마음에 그리고 있는 대규모 전력을 훈련시키는 데 핵심적인 역할을 할 귀중하고도 없어서는 안될 존재라고 키치너는 생각했다. 자신이 보기에 불리할 뿐만 아니라 장기적인 관점에선 군이 참전한다 해도 아무런 결정적인 역할을 할 수도 없는 전투에 그런 정규군을 곧바로 투입한다는 것은 범죄와도 같이 어리석은 행동이라고 그는 판단했다. 그가 보기에 일단 정규군이 떠나고 나면 그 역할을 대신 할 수 있을 정도로 훈련된 군대는 찾을 수가 없었다.

징병제를 실시하지 않는 것이 영국 군대와 대륙 군대 간의 가장 두드러진 차이점이었다. 정규군은 국방 의용군이 맡고 있는 본토 방위보다는 해외 임무를 담당하도록 되어 있었다. 웰링턴 공이 해외 근무를 위한 신병은 "지원병이어야 한다"는 불변의 원칙을 천명한 이래 영국의 전쟁 노력은 지원제에 의존할 수밖에 없어 다른 나라들의 입장에서 보면 영국이 어디까지 역할을 할지 또는 할 수 있을지 늘 불확실하였다. 이제 70을 넘긴 원로 육군원수인 로버츠 경이 수 년 동안 내각 중 단 한 사람의 지지자와 더불어 (그는 말할 필요도 없이 바로 윈스턴 처칠임) 징병제를 강력하게 주장했으나 노동당은 적극적으로 이를 반대했으며 어느 정부도 정권의 위험을 감수하며 이를 지지하려 하지 않았다. 본토의 영국군은 6개 사단과 1개 기병사단으로 편성된 정규군과 14개 사단의 국방 의용군으로 구성되어 있었으며, 총 60,000명 규모의 4개 정규사단은 해외에 주둔하고 있었다. 300,000명 규모의 예비군은 두 부류로 나뉘어지는데, 하나는 정규군에 편입되어 전시 전력을 확보하고 전투가 벌어지면 처음 수 주일 동안 전장에서 그 전력을 유지하는 정도의 능력을 가진 특수 예비군이고 또 하나는 국방 의용군으로 충원하게 될 국가 예비군이었다. 키치너의 기준에 따르면 국방 의용군은 훈련되지 않은 쓸모없는 "아마추어"로 그는 프랑스군이 자국의 예비군을 대하듯이 이렇다 할 근거도 없이 이들을 무시하여 무용지물로 취급하였다.

스무 살 나이에 키치너는 1870년 전쟁에 자원하여 프랑스군과 함께 싸웠으며 불어를 유창하게 구사하였다. 그러한 연유로 그가 프랑스에 대해 남다른 호감을 가졌을지는 모르나 프랑스군 전략에 대한 열렬한 지지자는 아니었다. 아가디르 위기가 터졌을 때 그는 제국 방어위원회에게 독일군은 프랑스군을 "파리 잡듯이 간단하게" 해치울 것이라고 말했으며, 위원회에 초청을 받자 위원회가 선택할 수 있는 어떠한 결정에도 동참하기를 거질하였다. 에셔 경의 기록에 의하면, 그는 "만일 자신이 프랑스에서 군대를 지휘할 것이라고 위원회가 상상한다면 자신은 절대 사절할 것"이라고 말했다.

1914년 영국이 키치너에게 국방부를 맡기고 그 결과 장기전에 대비해야 한다고 주장하는 유일한 각료를 가지게 된 것은 그의 견해 때문이 아니라 그의 명성 때문이었다. 행정 관료에 맞는 재능도 없었고, 간단하게 "이래라 저래라" 하는 식민지 총독 방식에 이미 익숙해진 뒤라 "돌아가며 차례로 얘기하는" 내각회의 방식이 취향에 맞지 않았던 키치너는 자신의 운명을 피하기 위해 발버둥쳤다. 키치너의 통찰력보다는 성격적인 결함을 더 잘 알고 있던 정부와 장군들은 기꺼이 그를 이집트로 돌려보내려고 했겠지만 그를 배제시킬 수는 없었다. 키치너가 아무도 지지하지 않는 지론을 주장함으로써 적격자로 인정 받아서가 아니라, 그의 존재가 "국민적 정서를 안정시키는 데" 반드시 필요했기 때문에 국방장관으로 임명되었던 것이다.

카르툼 이래 영국은 키치너에 대해 거의 종교적인 신뢰를 느끼고 있었다. 그와 대중 간에는 프랑스 국민과 "파파 죠프르" 혹은 독일 국민과 힌덴부르크 사이에 자리 잡게 될 신비한 유대감이 있었다. "케이의 케이 (K of K)"라는 머릿글자는 마력을 지닌 관용구였고 그의 군인다운 넓은 콧수염은 프랑스의 판타롱 루즈처럼 영국의 국가적인 상징이었다. 수염이 멋진 위엄있는 얼굴에 키가 크고 어깨가 넓은 그는 고요하게 빛나는 눈 뒤의 불가사의한 뭔가를 제외하면 빅토리아 판 사자왕 리차드였다. 8월 7일부터 나붙기 시작한, "조국은 당신이 필요하다"는 표어 위에 그려진 키치너의 수염, 눈 그리고 치켜든 손가락으로 유명한 모병 포스터가 모든 영국인의 뇌리에 새겨지게 된다. 영국이 키치너 없이 참전하는 것은 교회가 없는 일요일만큼이나 생각하기 어려운 일이었을 것이다.

그러나 모두들 6개 사단을 프랑스로 보내는 시급한 문제를 생각하고 있던 시점에서 전쟁위원회는 그의 예언을 거의 믿지 않았다. 어리둥절했을 것이 분명한 그레이는 후일 "그가 전쟁 예상기간을 이렇게 추론한 과정이나 방법은 한 번도 밝혀지지 않았다"고 기록했다. 모두가 틀렸을 때 키치너만 옳았기 때문인지, 또는 민간인들은 군인들이 정상적인 사고방식을 가졌다고 믿기 어려웠기 때문인지, 혹은 키치너가 그 이유를 제대로 설명할 능력이 없었거나 황송하게도 한 번도 이를 설명해 주지 않았기 때문인지 모르겠지만 다른 장관들과 동시대 사람들은 그레이의 말대로 그는 "논리적인 추론이 아니라 본능적인 직관에 의해" 그러한 결론에 이르렀을 것으로 추측했다.

또한 과정이야 어찌 되었든 키치너는 뫼즈 서쪽으로 쇄도하는 독일군의 공격 형태를 정확히 예견하였다. 훗날 사람들은 총참모부의 한 장교가 말한 것처럼 이 경우에도 그는 "시간과 거리에 대한 어떤 지식"이 아니라 자신의 "타고난 선견지명"에 의해 그 같은 결론에 도달했던 것으로 생각했다. 실제로 키치너도 알버트 국왕처럼 리에쥬에 대한 강습에서 그 앞으로 길게 드리워진 슐리펜의 우익에 의한 포위 전술이라는 그림자를 보았다. 그는 로이드 죠지의 표현대로 아르덴느를 지나는 "약간의 침범"을 위하여 독일이 벨기에를 짓밟고 영국을 적으로 돌렸다고 생각하지 않았다. 전쟁 전 기획에 대해서는 책임이 없는 그일지라도 이제 와서 6개 사단 파병을 보류하자고 제안할 수는 없었지만 적어도 자신이 보기에 독일 침략군의 최대 전력과 부딪히게 될 것으로 예상되는 모뵈즈까지 그들을 전진 배치하여 전멸의 위험 부담을 감수해야 할 이유는 없어 보였다. 대신 그는 그들을 70마일 후방인 아미앵(Amiens)에 집결시킬 것을 제안하였다.

영락없이 겁 먹은 꼴이 될, 이 같은 계획 변경에 격분한 장군들은 자신들이 우려하던 최악의 상황을 마주하게 되었다. 얼마 안 있으면 전장에서 지휘를 맡게 될 직고 다부진 체격에 혈색이 좋은 존 프렌치 경은 용기와 공격 정신을 강조하며 목소리를 높였다. 평상시 그의 격렬한 표현 방식은 타이를 맨 정장 대신에 그가 즐겨 입던 기병대의 꽉 조인 가죽 목도리와 어우러져 그를 마치 당장 숨이 막혀버릴 것 같은 모습으로 보이게 했는데, 실제로 그는 육체적으로는 아닐지라도 정서적으로는 종종 그랬다. 1912년 제국 참모총장(Chief of the Imperial General Staff, CIGS)에 임명되자 그는 곧바로 헨리 윌슨에게 자신은 영국군을 "결국은 불가피할 것"으로 예상되는 독일과의 전쟁에 대비시킬 생각이라고 했다. 사실 그는 프랑스군의 작전계획에 대해 독일군의 작전계획만큼이나 아는 것이 없었지만 그때 이후로 그는 영불 합동군사계획에 대한 명목상의 책임자였다. 죠프르처럼 그도 참모 경력이나 참모 학교 학력 없이 참모부의 장으로 임명되었다.

이러한 발탁은 키치너의 경우처럼 타고난 자질보다는 계급과 명성에 의한 것이었다. 영국이 군사적 명성을 드높인 몇몇 식민지 전투에서 존 경은 용기와 기량 그리고 전문가들이 "국지적 전술의 실용적 이해(a practical grasp of minor tactics)"라고 부르는 것을 보여준 바 있었다. 보어전쟁에서 적의 방어선을 돌파하여 킴벌리(Kimberley)를 해방시킨 낭만적인 마상 질주로 절정을 이룬 그간의 전공은 그에게 기병대 장군으로서 기꺼이 위험을 감수하는 대담한 지휘관이라는 명예와 함께 거의 로버츠나 키치너에 맞먹는 대중적인 인기를 안겨 주었다. 현대식 무기도 없고 훈련도 제대로 받지 못한 적을 상대로 한 영국의 전적이 그때까지 크게 내세울 것이 없었기 때문에, 이 영웅에 대해 군대는 매우 자랑스러웠고 정부도 매우 고마워하였다. 프렌치의 이러한 위업은 사회적인 명성과 더불어 그를 더욱 출세하게 만들었다. 밀네 제독처럼 그도 에드워드 시대에 잘 어울리는 인물이었다. 기병대 장교로서 그는 군부 엘리트에 속한다고 자부하였다. 에서 경과의 친분도 나쁠 것이 없었으며 정치적으로 그는 1906년 집권한 자유당과 연결되어 있었다. 1907년 그는 감찰감이 되었고, 1908년 레발(Reval)에서는 군부를 대표하여 짜르를 공식 방문한 에드워드 국왕을 수행하였고, 1912년 제국참모총장이 되었으며, 1913년에 원수로 진급하였다. 62세인 그는 키치너에 이어 서열 2위의 현역 장교였으며 그보다 두 살 연하였지만 나이는 더 들어 보였다. 누구나 전쟁이 나면 그가 원정군을 지휘할 것으로 생각하고 있었다.

1914년 3월 삼손의 사원처럼 군부를 강타한 큐렉 반란으로 프렌치가 사임 했을 때 그의 경력은 어이없게도 갑작스러운 종말을 맞는 듯이 보였다. 그렇지만 이를 계기로 그는 야당이 반란을 꾀했다고 생각하는 정부와 더욱 우호적인 관계를 가지게 되었다. "프렌치는 믿음직한 사람이며 나는 그를 사랑한다"고 그레이는 고마운 마음을 기록으로 남겼다. 4개월 후 위기가 닥치자 그는 소생했고 7월 30일 만약 영국이 참전하게 된다면 총사령관에 취임하도록 내정되었다.

실전에서 일찍이 성공을 거둔 후에는 별도로 공부를 하지 않았고 책에 관심이 없었던 프렌치의 정신적인 능력은 그의 성급함만큼 유명하지는 않았다. "나는 그가 특별히 현명하다고 생각하지 않으며 성질이 아주 지독하다"고 죠지 5세 국왕은 자신의 삼촌에게 털어 놓았다. 프렌치는 해협 건너편의 자기 상대역처럼 지적인 군인은 아니었으나 죠프르의 두드러진 특징이 군건함인데 반해 프렌치의 특징은 외압, 대중, 그리고 편견에 대해 예민하게 반응한다는 점에서 근본적인 차이가 있었다. 그는 "일반적으로 아일랜드인과 기병대원들이 그렇듯이 아주 변덕스러운 기질을 가지고 있는 것"으로 알려져 있었다. 죠프르는 어떠한 경우에도 흔들리지 않았지만, 죤 경은 극에서 극으로 변했는데 좋을 때는 매우 적극적이나 나쁠 때는 아주 의기소침했다. 에셔 경의 의견에 따르면 충동적이고 뜬소문에도 쉽게 동요하는 그는 "낭만적인 어린아이의 마음"을 가진 사람이었다. 언젠가 그는 보어전쟁에서 자신의 전임 참모장에게 기념품으로 "좋을 때나 궂을 때나 변함 없던 우리의 오래된 우정"이라고 새긴 황금병을 선물한 적이 있다. 이 오래된 친구는 다소 덜 감상적인 더글러스 헤이그로 그는 1914년 8월 자신의 일기에 "솔직히 말해 나는 프렌치가 우리나라의 역사적인 위기를 맞아 이토록 중요한 지휘관의 자리를 맡기에는 적합한 인물이 아님을 알고 있다"고 적었다. 헤이그는 내심 그 자리에 가장 적합한 인물이 자신이라는 생각이 없지 않았으며 그것을 얻기까지 두 손 놓고 있지도 않았다(헤이그는 1915년 12월 영국 원정군 총사령관에 취임함: 역주).

키치너가 영국 원정군의 목적지를 거론한 것은 그들의 목표에 대한 문제 제기였다. 헨리 윌슨의 의견에 의하면, 그 목표를 놓고 위원회는 "거의 모두 주제도 모르는 채… 바보들처럼 전략에 대한 토론을 벌였다." 존 프렌치 경은 영국의 병력 동원이 어차피 일정보다 지연되었다면 벨기에군과 협력 가능성도 검토되어야 한다면서 느닷없이 "앤트워프로 가자는 우스꽝스러운 제안을 들고 나왔다." 윌슨처럼 일기를 적었던 헤이그는 자신의 상관이 계획을 바꾸는 데 보여준 "분별없는 방식에 전율하였다." 똑같이 당황한 신임 참모총장 찰스 더글러스 경은 모든 것이 프랑스에 상륙하도록 준비되었으며 프랑스의 철도 차량은 군대를 전방으로 수송하도록 배치되어 있기 때문에 마지막 순간에 뭔가를 바꾸게 되면 "심각한 결과"를 초래할 것이라고 말했다.

프랑스와 영국 철도 차량 사이의 골치 아픈 운송 용량 차이만큼 총참모부를 괴롭힌 문제는 없었다. 군대를 한 지점에서 다른 지점으로 수송하는 과정에 포함되어 있는 수학적 치환은 여차하면 사전계획이 변경될

지도 모른다는 우려만으로도 수송 장교들을 전율케 할 만한 문제였다.

천만다행으로 앤트워프로 바꾸자는 의견은 처칠에 의해 거부되었는데, 그는 2개월 뒤 2개 해병 여단과 1개 국방 의용군 사단의 상륙이라는 대담하고도 필사적인 계획을 세우고 직접 그곳으로 가게 되지만, 마지막 순간 중요한 벨기에 항구를 구하려던 이 노력은 헛수고였다. 그러나 8월 5일 그는 해군이 북해를 지나 쉘(Scheldt)에 이르는 먼 거리까지 병력 수송 선단을 호위할 수는 없으며 그대신 도버 해협을 건너는 항로는 확실하게 보장할 수 있다고 말했다. 그는 그 동안 시간을 두고 해협 횡단을 준비해 온 해군으로서는 지금이 적기이며 6개 사단 전부를 한꺼번에 보내야 한다고 촉구했다. 할데인이 그를 지지했고 로버츠 경도 동의하였다. 논쟁은 이제 몇 개 사단을 보내야 하는가, 국방 의용군의 훈련에 필요한 시간만큼 또는 인도로부터 교대 병력이 올 때까지 한두 개 사단은 남아 있어야 하지 않는가 라는 문제로 옮아갔다.

키치너가 아미앵에 집결하자는 자신의 생각을 재차 제안했고, 친구이자 장래 갈리폴리 전투를 지휘하게 될 이안 해밀턴 경의 지지를 얻었지만 그는 BEF가 가능한 빨리 그곳에 도착하는 것이 시급하다고 느꼈던 것뿐이다. 그리어슨은 "결정적인 지점에 결정적인 병력을" 보내자고 주장했다. 누구보다도 적극적인 존 프렌치 경은 "지금 당장 출발하고 목적지는 나중에 정하자"고 제안하였다. 목적지는 키치너의 요청에 따라 프랑스군 전략에 대한 보다 구체적인 협의를 위해 급파되는 프랑스군 총참모부 대표가 도착할 때 정하기로 하고 6개 사단 모두를 즉시 수송하자는 데에 합의가 이루어졌다.

밤 사이에 본토 침략에 대한 공포로 논란이 커지자 하루도 못 가 위원회는 마음을 바꿔 6개 사단을 4개로 줄여버렸다. BEF 전력에 대한 논의 내용이 새나갔다. 영향력 있는 자유당 기관지인 『웨스트민스터 가제트(Westminster Gazette)』는 본토에 대한 "무모한" 무방비를 비난했다. 야당 측에서는 노드클리프 경이 단 한 명의 병사도 보낼 수 없다고 난리였다. 비록 해군성이 심각한 수준의 침략은 불가능하다는 1909년의 제국 방어위원회의 결론을 거듭 확인했지만, 동부해안에 적군이 상륙하는 환상을 지우지는 못했다. 헨리 윌슨에게는 너무나 유감스러웠지만, 이제 영국의 안전을 책임진 키치너는 아일랜드에서 직접 프랑스로 출발할 예정이던 1개 사단을 영국 본토로 돌리고 다른 사단들에서 2개 여단을 분리하여 동부해안 방어에 투입함으로써 "우리 계획을 절망적으로 망가뜨려 버렸다." 8월 9일 승선을 시작하는 일정으로 4개 사단과 기병대를 즉시 파견하고 제4사단은 나중에 파견하며 제6사단은 본국에 잔류시키기로 결정되었다. 위원회가 끝났을 때 키치너는 다른 장군들과 달리 아미앵이 집결지로 합의되었다는 느낌을 가지고 있었다.

프랑스군 총참모부가 급파한 위게 대령이 도착하자, 윌슨은 그에게 승선 시간을 알려 주었다. 비록 그것은 BEF의 파병을 요청한 프랑스 측에게 비밀로 해야 할 문제라고 보기 어려웠지만 윌슨은 비밀을 지키지 않은 것에 대해 키치너로부터 분노와 힐책을 받았다. 자신이 적은 대로 "특히 그가 오늘처럼 말도 안되는 소리를 할 때" 키치너에게 "들볶이고 싶은 생각이 없었던" 윌슨은 "말대꾸를 했다." BEF의 무운에 도움이 되지 않을 상호 간의 반목은 이렇게 시작되었거나 혹은 점점 악화되었다. 영국군 장교 가운데 프랑스군과 가장 친밀했으며 존 프렌치 경의 귀 노릇을 했던 윌슨은 키치너에 의해 불손하고 주제 넘는 자로 인식되어 무시를 당하게 된 반면, 윌슨 나름대로는 키치너가 "돌았으며, 몰트케만큼이나 영국에 해로운 적으로" 생각한다고 주장하며 자신의 부정적인 생각을 기질적으로 의심이 많고 쉽게 흥분하는 총사령관의 마음에 주입시켰다.

리에쥬의 독일군이 공성용 대포를 기다리던, 그리고 프랑스군이 물루즈를 해방시켰다가 다시 잃는 일이 벌어지던 8월 6일부터 10일 사이에 80,000명의 BEF가 30,000마리의 군마, 315문의 야포, 그리고 125정의 기관총과 더불어 사우샘프턴(Southampton)과 포츠머스(Portsmouth)에 집결하였다. 동원 제3일째 군도를 무기상에 보내라는 명령에 따라 장교들은 군도의 날을 세웠지만 그것은 군사 행진 시 경례하는 데 말고는 쓸 일이 없었다. 그러나 그러한 향수를 자아내는 의례적인 행동과는 달리 공식 사가의 말을 빌리자면, 원정군은 "전쟁에 나갔던 영국군 중 가장 잘 훈련되고, 가장 잘 조직되었으며, 가장 잘 무장된 군대"였다.

8월 9일 승선을 시작하여 매 10분 간격으로 수송선이 출발하였다. 배가 부두를 떠날 때마다 다른 배들이 호각과 고동을 울리고 부두에 모인 사람들이 환호성을 질렀다. 그 소리가 어찌나 컸던지 한 장교는 리에쥬 너머에 있던 폰 클룩 장군도 그 소리를 들을 것이라고 생각할 정도였다. 그러나 해군이 적의 공격으로부터 해협을 완벽하게 봉쇄했다고 확신하고 있었기 때문에 횡단 시 안전에 대한 두려움은 거의 없었다. 수송선단은 야간에 호위함도 없이 해협을 건넜다. 아침 4시 30분에 눈을 뜬 병사는 시야에 한 척의 구축함도 보이지 않는 유리 같이 맑은 바다에 기관을 정지한 채로 떠 있는 전체 수송선단을 보고 놀랐는데 그들은 다른 항구에서 출항하여 해협 중간에서 합류하기로 한 다른 수송선단을 기다리던 중이었다.

첫 번째 수송선이 르왕에 도착했을 때 그들은 마치 쟌 다르크에 대한 속죄의식을 거행하러 오기라도 한듯 열렬한 환영을 받았다고 어느 프랑스 목격자가 말했다. 불로뉴에는 다른 부대가 나폴레옹을 기념하여 하늘 높이 치켜 세운 원주형 기념물 아래로 상륙했다. 이곳은 그가 영국 침략의 출발지로 계획했던 곳이다. 다른 부대는 아브르로 갔는데 그곳의 프랑스군 수비대는 자신들의 병영 지붕 위로 올라가 뜨거운 열기 속에서 트랩을 내려오는 동맹군을 향해 환호했다. 그날 저녁 멀리서 울리는 어름 날의 천둥소리와 함께 태양은 핏빛 노을 속으로 가라앉고 있었다.

다음날 브뤼셀에서는 마침내 영국 동맹군이 잠깐이나마 언뜻 모습을 드러냈다. 미국 공사관 1등 서기관인 휴 깁슨은 영국 무관에게 볼일이 있어 예고 없이 그의 방에 들어갔다가 전투복 차림에 면도도 하지 않은 지저분한 모습으로 뭔가를 쓰고 있는 영국군 장교를 보았다. 무관에게 끌려 나온 깁슨은 혹시 나머지 영국군은 빌딩 안에 숨어있는 것이냐고 당돌하게 물었다. 실제로 영국군의 상륙 위치는 철저하게 보안이 유지되었기 때문에 독일군은 그들이 몽으로 뛰어들 때까지도 BEF가 언제 어디로 도착했는지 모르고 있었다.

영국에서는 지휘관들 간의 반목이 표면화되고 있었다. 군부대를 사열하기 위해 방문한 국왕은 왕실과 가까운 헤이그에게 총사령관으로서 존 프렌치 경에 대한 그의 의견을 물었다. 헤이그는 "그의 성격이 원만한지, 또한 그의 군사 지식이 유능한 지휘관에 걸맞게 충분한지 심히 의심스럽다"고 대답하는 것이 자신의 의무라고 생각했다. 국왕이 떠나자 헤이그는 보어전쟁 중 존 경이 보여 준 군사적인 아이디어는 "종종 나를 놀라게 했다"고 일기에 적으면서, 아치발드 머레이 경은 존 경의 급한 성격과 마주치기 싫어서 자신의 보다 뛰어난 판단력으로 불합리한 명령임을 알면서도 "묵묵히 이를 따르는 늙은 여자"라는 자신의 "혹평"을 덧붙였다. 두 사람 다 "현재 그들이 차지하고 있는 자리에 결코 합당한 인물이 아니라"고 헤이그는 생각했다. 그는 자기와 가까운 장교에게 존 경은 머레이의 말을 듣지 않는 대신 "그보다 훨씬 형편없는 윌슨에게 기댈 것"이라고 말했다. 윌슨은 군인이 아니라 "정치가"인데, 이 말은 "부정직한 대인관계 및 잘못된 가치관과 동의어"라고 헤이그는 설명했다.

이렇게 속내를 털어 놓은, 원만하고, 세련되며, 순결하면서도 완벽했던

53세의 헤이그는, 요소요소에 포진한 자신의 친구들과 실패를 모르는 그간의 경력을 바탕으로 앞으로 있을 보다 큰 성공을 준비하고 있었다. 수단 전투 중에 사막을 가로질러 자신을 뒤따르던 전용열차에 "포도주를 실은 낙타"를 태웠던 적이 있는 그는 사치스러운 것에 익숙한 장교였다.

8월 11일 프랑스를 향해 출발한 지 3일도 안돼 존 프렌치 경은 처음으로 독일군에 대한 흥미로운 사실을 알게 되었다. 그와 작전차장인 콜웰 장군은 정보부대를 방문했는데 그곳 부대장이 독일군의 예비군 활용 방식에 대해 언급하기 시작했다. "그는 마치 마술사가 호주머니에서 연이어 금붕어로 가득 찬 어항을 꺼내듯이 계속해서 일단의 예비사단들과 추가 예비사단들을 만들어냈다. 그는 고의로 그러는 것처럼 보였고 어떤 이는 그에 대해 매우 화를 냈다"고 콜웰은 적었다. 이러한 정보는 1914년 봄 프랑스군 정보국이 파악했던 사실과 일치했는데 이때는 이미 프랑스군 총참모부에 영향을 미치거나 독일군 우익에 대한 그들의 평가를 바꾸게 하기에는 너무 늦었던 것이다. 이 정보는 영국군의 마음을 바꾸기에도 너무 늦게 도착했다. 새로운 생각이 전략 뿐만 아니라 병력 배치에 수반되는 수없이 많은 모든 물리적인 세부사항에까지 영향을 주어 근본적인 변화를 도모하기에는 남아 있는 시간보다 훨씬 더 많은 시간이 필요했을 것이다.

다음날 키치너와 다른 장군들 사이에서 빚어진 전략에 대한 논란이 위원회의 마지막 모임에서 끝장을 보게 된다. 키치너 외에 존 프렌치 경, 머레이, 윌슨, 위게, 그리고 두 명의 다른 프랑스군 장교가 이 모임에 참석하였다. 비록 키치너는 리에쥬를 지나는 공격로를 열기 위한 420 포탄의 폭발음을 실제로 들을 수는 없었지만, 그는 독일군이 "엄청난 병력"으로 뫼즈를 멀리 돌아 쳐들어올 것을 확신했다. 그는 벽에 걸린 대형 지도상에서 팔을 뻗어 쓸어내리는 동작을 하며 독일군의 포위기동을 보여주었다. 만일 BEF가 모뵈즈에 집결하게 되면 전투태세를 갖추기도 전에 궁지에 몰리게 되어 후퇴할 수밖에 없는데 이는 크리미아 이래 유럽에서 벌어질 첫 교전에서부터 아군의 사기에 치명적인 결과를 초래할 것이라고 키치너는 주장했다. 그는 행동의 자유를 확보하기 위해 훨씬 후방인 아미앵에 전진기지를 두어야 한다고 고집했다.

키치너에게 반대하는 여섯 사람, 3명의 영국군 장교와 3명의 프랑스군 장교들은 하나 같이 단호하게 원래의 계획을 고수했다. 앤트워프으로 가자고 제안한 뒤 윌슨으로부터 사주를 받은 존 프렌치 경은 이제 어떠한 변경도 프랑스군의 작전계획을 "엉망으로 만들게" 될 것이라고 항의하며 모뵈즈로 가야 한다는 입장을 단호하게 견지했다. 프랑스군 장교들은 자신들 전선의 좌측 끝부분을 메워야 할 필요성을 강조하였다. 윌슨은 내심 "비겁하게" 아미앵에 집결하자는 것에 대해 분노하고 있었다. 키치너는 프랑스군의 작전계획이 위험하다며, 자기가 "전적으로 반대하는" 공격을 가하는 대신 그들은 독일군의 공격을 기다렸다가 반격을 가해야 한다고 말했다. 요지부동이던 키치너가 점차 양보하기까지 논쟁은 3시간 동안 계속되었다. 계획은 이미 존재해 왔고 그는 5년간이나 그것을 알고 있었으며 근본적으로 찬성하지 않았다. 이제 이미 군대는 바다에 떠 있는 상태에서 대안을 만들 시간이 없기 때문에 그것을 받아들일 수밖에 없었다.

마지막 쓸데없는 몸짓으로 혹은 스스로의 책임을 면하기 위한 계산된 몸짓으로 키치너는 존 프렌치 경을 대동한 채 그 문제를 수상에게 가지고 갔다. 윌슨이 자기 일기에 털어놓은 것에 의하면 "그것에 대해 아무것도 모르는" 아스퀴스는 예상했던 대로 결정했다. 합동 총참모부의 통일된 전문가 의견과 이에 맞서는 키치너의 견해가 제시되었고 아스퀴스는 전자를 선택했다. 6개 사단에서 4개 사단으로 축소된 BEF는 사전에 정해진 대로 전진했다. 이미 정해진 계획의 관성이 또 한번 승리한 것이다.

그럼에도 불구하고 키치너는 프랑스와 독일의 국방장관들과는 다르게 영국의 군사적 대비책에 관한 기본 방향을 견지하였으며, 프랑스에 파병한 BEF의 지휘에 관해 죤 프렌치 경에게 시달할 지침을 통해 전쟁 초기 단계에서 원정군의 책임을 제한하려는 자신의 의지를 반영시켰다. 영국해군의 막중한 임무를 미리 예견하고 지중해 함대에 대해 궤벤을 도모하면서도 "우세한 적"과의 교전을 피하라고 명령했던 처칠처럼 키치너는 자신이 만들어야 할 백만 대군을 내다보며 BEF에 대해 상호 조화되기 어려운 정책과 임무를 부여하였다.

　"경이 통제하는 군의 특별한 목적은 프랑스군을 지원하고 그들과 협력하는 것이며… 또한 프랑스 또는 벨기에 영토에 대한 독일군의 침략을 저지하거나 격퇴하도록 프랑스군을 도와주는 것입니다." 결과를 확실하게 낙관하며 그는 "그리고 궁극적으로는 벨기에의 중립을 회복하는 일"이라고 덧붙였는데, 이는 처녀성을 회복하는 것에 견줄 만한 프로젝트였다. "영국군의 수적인 전력과 혹 있을지도 모르는 전력의 보강은 매우 제한적"이며 이러한 생각을 늘 명심한다면 "병력의 손실과 낭비를 최소화하는 데 최대한의 주의"를 기울여야 할 필요가 있다. 프랑스군의 공격 위주 전략에 대해 비난을 반영하고 있는 키치너의 명령은 만일 프랑스군이 대규모로 동원되지 않은 채 영국군이 "적의 공격에 과도하게 노출될" 수도 있는 그 어떤 "공격 작전"에 참여하도록 요청을 받는다면 죤 경은 우선 본국 정부와 협의해야 하며, "경의 지휘권은 전적으로 독립적인 것이며, 경은 어떠한 경우라도 동맹국 장군의 명령에 어떤 의미로도 통제 받지 않음을 분명히 이해해야 한다"고 언급하고 있다.

　그 무엇도 이보다 더 명백할 수는 없었다. 키치너는 단 한방에 지휘권 단일화의 원칙을 무효화 시킨 것이다. 그의 의도는 영국 군대를 미래를 위한 핵으로써 보존하려는 것이었지만, 그 효과는 지휘관 죤 경의 성격을 감안한다면 프랑스군을 "지원하고 협력하라"는 명령을 사실상 취소한 것이나 다름없었다. 그것은 존 경이 교체되고 키치너 자신이 사망한 뒤에도 오랫동안 연합군 간의 협력에 두고두고 영향을 미치게 된다.

8월 14일 존 프렌치 경, 머레이, 윌슨 그리고 소령 계급의 고무적인 이름을 가진 참모장교 히어워드 웨이크(Hereward Wake, 이 이름은 'herewith wake', 즉 '이곳에서 일어서다'와 발음이 비슷함: 역주) 경이 아미앵에 도착했는데, 영국군은 계속해서 르 카토(Le Cateau)와 모뵈즈 부근의 집결지로 진군하기 위하여 그곳에서 기차를 내렸다. 그들이 북상을 시작한 그날, 클룩의 군대는 리에쥬에서 남하하기 시작했다. 르 카토와 몽으로 가는 길을 기운차게 행군하는 BEF는 "영국군 만세!(Vivent les Anglais!)"라는 외침 속에 길을 따라가며 열렬한 환영을 받았다. 환영의 열기는 키치너 경이 원정군에게 "술과 여자의 유혹을 받게" 될지 모르나 영국군은 이를 "반드시 뿌리쳐야" 한다는 재미없는 주의가 적절했음을 확인시켜 주었다. 영국군이 북쪽으로 가면 갈수록 환영의 열기도 더해갔다. 그들은 키스와 꽃다발을 받았다. 음식과 술이 가득한 식탁이 차려지고 영국군이 내는 돈은 전부 사절이었다. 유니온 잭의 성 앤드류 십자가처럼 흰색으로 수를 놓은 붉은 색의 테이블 보가 난간에 내걸렸다. 병사들은 미소짓는 아가씨들과 기념품을 달라고 하는 환영 인파에게 자신들의 연대 뱃지, 모자 그리고 허리띠를 던져 주었다. 얼마 안 가 영국군은 머리에 농부의 트위드 모자를 쓰고 바지는 끈으로 묶은 채 행군하게 되었다. 후일 한 기병대 장교는 가는 길 내내 "우리는 곧 우리의 등을 보게 될 사람들로부터 환대와 환호를 받았다"는 기록을 남겼다. 그때를 되돌아보며 몽을 향한 BEF의 진군을 생각하면 늘 그는 "길을 덮은 장미"가 떠오른다고 했다.

13. 상브르와 뫼즈

개전 후 15일째가 되자 서부전선에서는 병력 집결과 전초전이 마무리 되었다. 본격적인 공격이 시작된 것이다. 독일군이 점령하고 있던 로렌으로 공격을 개시한 프랑스군 우익은 과거 프랑스와 벨기에에서 그토록 많은 이들이 답습했던 오래된 경로를 택했는데, 그 길은 수세기 동안 전쟁을 일으켰던 권력자마다 군대를 보내 똑같은 곳을 짓밟고 똑같은 마을을 점령했던 바로 그 통로였다. 프랑스군은 낭시에서 동쪽으로 뻗은 길에서 "362년 이곳에서 죠비누스가 튜톤족을 물리쳤다"고 새겨진 비석을 지나갔다.

우측 끝에 집결한 포 장군의 특별군이 알자스에서 공격을 재개하는 동안, 듀바이 장군과 드 카스텔노 장군의 제1군과 제2군은 로렌의 두 갈래 천연 회랑 지대를 따라 진군했다. 지리적으로 이곳 외에는 프랑스군의 공격로가 될만한 통로가 없었다. 그 중 하나는 듀바이 군의 목표인 자아르부르(Sarrebourg)로 연결되며, 다른 하나는 그랑 꾸로네(Grand Couronné, 큰 왕관이라는 뜻: 역주)라 불리는 낭시 주변의 원형 구릉지대에서 내리막을 따라 샤또 사렝(Château Salins)을 지나 계곡으로 연결되어 천연의 요새인 모랑쥐(Morhange)에서 끝나게 되는데, 이곳이 바로 드 키스텔노 군의 목표였다. 독일군은 이 지역에 대한 프랑스군의 공격을 예상하고 철조망과 참호 그리고 포대를 설치하여 대비하고 있었다. 독일군은 자아르부르와 모랑쥐 양쪽 모두에 견고한 요새를 구축하고 있어 이들을 물리치려면 적이 저항할 수 없는 기세로 공격하거나 대형 포로 포격을 가하는 방법 밖에 없었다. 프랑스군은 전자에 의지한 반면 후자는 경멸했다.

1909년 총참모부의 한 포병 장교는 105밀리 대형 포에 대한 질문을 받자 "우리가 그런 것을 갖고 있지 않는 것에 대해 주님께 감사한다"고 대답했다. "프랑스 육군에게 힘을 주는 것은 대포의 간편함이다." 1911년 국방위원회가 프랑스 육군에 105밀리를 보강하자고 제안했지만 그 유명한 프랑스군의 75밀리를 신봉하던 포병들은 한결같이 이에 반대하였다. 그들은 대형 야포를 프랑스군 공격의 기민함을 저해하는 방해물이라고 경멸했으며 기관총과 마찬가지로 그것을 방어용 무기로 간주했다. 국방장관인 메시미와 그 당시 총참모부에 있었던 듀바이 장군이 몇 개의 105밀리 포병대를 만들기 위해 예산을 확보하여 밀어붙였으나 정권이 바뀌고 포병군단이 계속해서 반대하는 바람에 1914년까지 겨우 소수의 105밀리 포병대만이 프랑스 육군에 배속되었다.

독일군 쪽에서는 바바리아(Bavaria)의 왕세자인 루프레흐트의 제6군과 8월 9일 자로 루프레흐트 왕자의 지휘를 받게 된 폰 헤링겐 장군의 제7군이 로렌 전선을 맡고 있었다. 루프레흐트의 임무는 가능한 많은 수의 프랑스군 부대를 자기쪽 전선에 묶어둠으로써 독일군 우익이 맡게 될 주 전선으로부터 적군을 멀리 띄워 놓는 것이었다. 그는 슐리펜의 전략에 따라 뒤로 물러서며 다른 곳에서 전세가 결정되는 동안 병참선이 길어진 프랑스군을 그곳 "자루" 안으로 끌어들여 전투에 휘말리게 함으로써 이 임무를 완수할 생각이었다. 이 계획의 본질은 이 지역으로 쳐들어오려고 기를 쓰는 적의 진입을 허용하여 그들이 전술적인 승리에 연연하는 사이 적에게 전략적인 패배를 안겨 주는 것이었다.

동프러시아에 대한 계획처럼 이 전략은 심리적인 위험을 내포하고 있었다. 돌격 나팔이 울리고 휘하의 지휘관들이 승리를 향해 진격하고 있을 바로 그때, 루프레흐트는 후퇴의 필요성을 순순히 받아들여야만 했는데 이는 영광을 향한 투지에 불타는 혈기 왕성한 지휘관들, 그 중에서도 특히 귀족 반열에 들지 못한 이들의 기대에 부응할 만한 내용이 아니었다.

매서운 눈초리와 정교한 수염 그리고 훈련으로 단련된 꼿꼿하고 보기 좋은 풍채를 가진 루프레흐트는 변덕스러운 조상들 즉, 두 명의 바바리아 국왕 루드비히(Ludwig, 1825~48동안 재위한 Ludwig Ⅰ세와 1864~86동안 재위한 Ludwig Ⅱ세를 말함: 역주)의 피를 이어받지는 않았는데, 한 사람은 롤라 몬테(Lora Monte, 아일랜드 출신 무용가며 루드비히 Ⅰ세의 정부였음: 역주), 그리고 또 한 사람은 리히아르트 바그너(Richard Wagner, 독일의 작곡가로 루드비히 Ⅱ세의 적극적인 재정 지원을 받음: 역주)에 대해 지나친 열정을 가짐으로써 한 사람은 폐위되었고 또 다른 사람은 정신병자 취급을 받았다. 실제로 그는 미친 왕의 섭정 노릇을 했던 보다 덜 기괴한 가계 출신이었으며 영국왕 챨스 1세의 딸인 헨리에타의 직계로서 영국 스튜어트 왕가의 적통이었다. 바바리아에서는 챨스 왕을 기념하여 매년 왕이 시해된 날에는 흰색 장미로 궁전을 장식했다. 루프레흐트는 사적으로도 자신의 처제인 엘리자베스가 벨기에의 알버트 국왕과 결혼함으로써 연합국들과 보다 가까운 관계였다. 그러나 바바리아 군대는 철저하게 독일군이었다. 그들은 도시를 소개하기 전에 자신들이 머물렀던 집을 약탈하고, 의자와 매트리스를 찢고, 장롱 안의 물건들을 흩어 놓고, 커튼을 찢었으며, 가구, 장식물 그리고 식기들을 부수고 짓밟는

"야만인"이라고, 첫날 전투가 끝나자 듀바이 장군이 보고했다. 그러나 이것은 아직 잔뜩 화가 난 채로 퇴가하는 군대의 버릇일 뿐이었다. 얼마 가지 않아 로렌에서는 더욱 참혹한 꼴을 보게 된다.

듀바이와 카스텔노가 공세를 취한 처음 4일간 독일군은 프랑스군을 상대로 지연 작전만 펼칠 뿐 반격을 가하지 않은 채 계획대로 서서히 퇴각했다. 플라타너스가 늘어선 쭉 뻗은 넓은 길을 따라 프랑스군은 푸른 외투와 붉은 바지차림으로 전진했다. 도로상의 구릉지에 오를 때마다 그들은 마치 체스판처럼 한쪽은 자주개자리로 덮인 녹색, 그 옆은 잘 익은 곡물로 이루어진 황금색, 다른 쪽은 다음 경작을 위해 이미 쟁기질을 끝낸 갈색, 그 외에 줄지어 늘어선 건초더미가 점점이 박혀있는 구역들로 이루어진 광활한 들판을 볼 수 있었다. 75밀리 포는 과거 프랑스군이 빼앗겼던 영토로 들어서면서 들판 위에 날카로운 포성을 울렸다. 결사적으로 저항하지 않는 독일군을 상대로 한 첫 전투에서 프랑스군은 승리를 거두었지만 독일군의 대형 포가 작열할 때마다 그 전열에는 무시무시한 틈새가 벌어지곤 했다. 8월 15일 듀바이 장군은 만신창이로 찢기고 안색이 창백해진 부상병들을 후송하는 마차 옆을 지나갔는데, 그들 중에는 아예 팔 다리가 떨어져 나간 이들도 있었다. 그는 아직도 시체로 뒤덮여 있는 전날의 전장을 보았다. 17일에는 포쉬 장군이 지휘하는 카스텔노 군 소속 제20군단이 샤또 사렝을 점령하고 모랑쥐를 사정권에 두는 지점까지 진격했다. 18일에는 듀바이 군이 자아르부르를 점령했다. 자신감이 치솟았고, 극한까지 밀어붙이는 공격은(offensive à outrance) 성공하는 듯 보였으며, 병사들은 떨 듯이 기뻐하면서 어느새 라인에 서 있는 자신들을 보았다. 바로 그 순간 플랜17은 무너지기 시작했으며 사실은 이미 여러 날 동안 무너져 내리고 있었던 것이다.

벨기에와 마주한 전선에서는 랑허작 장군이 이 기간 내내 GQG를 상대로, 독일군 중심부를 향해 아르덴느로 진격하기 위해 북동쪽으로 향하는 대신 쇄도하는 독일군 우익과 맞서기 위해 북쪽을 향해 포진하도록 허락해 달라고 쉴 새 없이 격렬하게 요구하였다. 그는 뫼즈 서쪽으로 쇄도하는 상당한 규모의 독일군에 의해 포위당하고 있다고 추측했으며, 독일군의 진로를 차단할 수 있도록 제5군의 일부를 뫼즈의 좌측 제방으로 이동시켜 상브르와 만나는 지점에 배치하는 것을 허락해 달라고 강력하게 주장하였다. 이곳에서 그는 상브르를 따라 방어선을 구축할 수 있었는데, 이 강은 프랑스 북부에서 시작하여 북동쪽으로 벨기에를 지나 보리나즈의 광산 지역 귀퉁이를 돌아 나무르에서 뫼즈와 합류한다. 강둑을 따라 원뿔 모양의 화산암 더미가 솟아 있고, 석탄 운반선들이 샤를루와(Charleroi, 샤를르 대제라는 의미: 역주)에서 흘러나오는 물 위를 바쁘게 움직였는데 1914년 이후 프랑스인들은 왕의 이름을 딴 이 도시를 스당처럼 슬픈 지명으로 기억하게 된다.

랑허작은 독일군 부대들과 그 이동에 대한 자체 정찰 보고서를 쉴 새 없이 GQG로 발송했는데, 이 보고서는 리에쥬의 양쪽으로 쇄도하고 있는 병력을 수십만, 거의 700,000, "어쩌면 이백만"에 이를 것으로 추정했다. GQG는 그 숫자가 틀린 것이 분명하다고 주장했다. 랑허작은 제5군이 아르덴느로 진입할 바로 그 시점에 강력한 독일군이 나무르, 디낭 그리고 지베를 지나 자신의 측면을 칠 것이라고 주장했다. 원래 어두운 성격인데다 시간이 지나면서 더욱 우울해진 그의 참모장 엘리 드와셀이 사정을 설명하기 위하여 GQG를 방문했을 때 그를 맞은 장교가 소리쳤다. "뭐, 또 그 얘기군요! 랑허작 장군은 아직도 좌측이 포위될까 걱정하고 있습니까? 그런 일은 없을 겁니다." 그리고 그는 GQG의 기본 이론을 인용하며, "만일 그렇게 되면, 그만큼 우리에게 좋을 텐데 뭐가 문제입니까"라고 덧붙였다.

GQG는 초지일관 8월 15일로 예정된 대 공세작전에서 아무것도 바꾸지 않기로 결정했지만 독일군 우익의 포위기동에 관한 점증하는 증거를 계속해서 무시할 수만은 없었다. 8월 12일 죠프르는 랑허작이 자신의 좌측 군단을 디낭으로 이동시키는 것을 허락했다. 랑허작은 "아주 시기 적절하다"고 냉소적으로 중얼거렸지만, 이미 그 이동만으론 충분하지 못하며 제5군 전체가 서쪽으로 이동해야 한다고 주장했다. 죠프르는 이를 거절하며 제5군은 아르덴느에서 주어진 임무를 수행하기 위해 동쪽을 향하고 있어야 한다고 주장했다. 언제나 권위를 잃지 않으려고 경계하던 그는 랑허작에게 "포위 기동을 저지하는 책임은 장군이 지는 것이 아니라"고 말했다. 전략가로 존경 받는데 익숙한 데다가, 성격 급한 사람들이 다른 이의 무지함을 접했을 때처럼 격앙된 랑허작은 GQG에 대고 소리 지르기를 멈추지 않았다. 죠프르는 그의 계속되는 비판과 문제 제기에 점차 화가 났다. 그는 행동은 사자와 같이 하되 복종은 개처럼 하는 것이 장군들의 임무라고 확신했지만, 뚜렷한 주관과 임박한 위기감을 느끼고 있던 랑허작이 이러한 이상론을 따르기란 불가능한 것이었다. 후일 그는 "나의 불안은 매 시간 커져만 갔다"고 적었다. 대 공세 시작 하루 전인 8월 14일 그는 직접 비트리를 방문했다.

랑허작은 참모장 베랭 장군, 참모차장 베테로 장군과 함께 자기 사무실에 있는 죠프르를 찾아갔다. 한때 쾌활함으로 유명했던 베랭은 이미 격무에 지친 기색이 역력했다. 자신의 상대역인 헨리 윌슨처럼 빠르고 영리한 베테로는 기질적으로 문제를 미리 걱정하기 힘든 타고난 낙관론자였다. 체중이 230파운드나 나가던 그는 8월의 무더위 앞에서 일찌감치 군인의 위엄을 포기한 채 블라우스와 슬리퍼 차림으로 일하고 있었다. 크레올(Creole, 식민지 태생의 백인: 역주) 특유의 어두운 안색이 이미 걱정으로 초췌해진 랑허작은 자신이 아르덴느로 깊숙이 진격했을 바로 그 시점에 독일군이 자기 좌측에 나타날 것이라고 주장했는데, 그곳은 지형적인 장애 때문에 신속하게 승리를 결정짓기도 힘들며 도중에 회군하는 것도 불가능했다. 적은 아무런 저항도 받지 않고 포위 기동을 마무리하도록 방치될 상황이었다.

프앙카레가 "부드러운 음색"이라고 부르던 바로 그 목소리로 죠프르는 랑허작에게 그의 걱정은 "성급한 것"이라고 말했다. 그는 덧붙이기를 "우리는 독일군이 그곳에서 아무런 준비도 되어있지 않다는 인상을 받았다"고 했는데, "그곳"이란 뫼즈의 서쪽을 말하는 것이다. 베랭과 베테로는 반복해서 "그곳에 준비된 것은 아무것도 없다"고 장담하는 한편 랑허작을 격려하면서 진정시키려고 노력했다. 그에게 포위에 대한 걱정은 말고 오직 공격에 대해서만 생각하라고 역설했다. 자신의 말대로 랑허작은 "생각이 멈춘 상태"로 GQG를 떠났다.

아르덴느 모퉁이의 르텔(Rethel)에 있는 제5군 사령부로 돌아오자마자 그는 불안감을 가중시키는 GQG의 정보 보고서가 자기 책상 위에 놓여있는 것을 발견했다. 그것은 뫼즈를 건넌 적의 병력을 8개 군단과 4개 내지 6개 기병사단으로 추정했는데, 이는 실제보다 적은 숫자였다. 랑허작은 즉시 "총사령부에서 우리에게 보내온" 이 보고서를 주목할 것과 제5군을 상브르와 뫼즈가 교차하는 지역으로 이동시키는 문제를 "바로 지금부터 검토하고 준비해야 한다"고 주장하는 내용의 서신을 지참한 부관을 죠프르에게 보냈다.

한편 비트리에는 좌측에 가해질 위험을 알려주기 위해 근심이 가득한 채 GQG를 찾아온 또 다른 방문객이 있었다. 죠프르가 갈리에니를 사령부에 머물게 할 수 없다고 거절하자, 메시미는 국방부에 그의 사무실을 마련해 주고 모든 보고서를 그에게 전달되도록 했다. 비록 여기에는 죠프르가 조직적으로 정부에 전달되지 않도록 제한했던 GQG의 정보 보고서는 포함되지 않았지만, 갈리에니는 프랑스를 향해 쏟아질 엄청난 홍수의 윤곽을 파악하기에 충분힐 징도의 정보는 이미 확보하고 있었다. 그것은 예비군을 전선에 투입할 필요가 있음을 간파했던 죠레가 예견한 "무시무시한 범람"이었다. 갈리에니는 메시미에게 죠프르가 작전 계획을 변경하도록 만들려면 장관이 직접 비트리를 방문해야 한다고 말했지만, 죠프르보다 거의 20년이 아래인데다 그를 두려워하던 메시미는 죠프르가 경력상 많은 신세를 지고 있고 그래서 함부로 대할 수 없었던 갈리에니가 가야 한다고 말했다. 그것은 자신이 고른 사람은 누구라도 무시할 수 있는 죠프르를 과소평가한 것이었다. 갈리에니가 도착하자 죠프르는 잠깐 얼굴만 비친 채 그를 베랭과 베테로에게 넘겼다. 그들은 랑허작에게 했던 장담을 반복했다. 갈리에니는 돌아오자마자 GQG는 "명백한 증거에 대해 마음을 닫고" 있으며 독일군이 뫼즈 서쪽으로 진격하는 것을 심각한 위협으로 고려하지 않고 있다고 메시미에게 보고했다.

그러나 그날 저녁이 되자 이미 점증하는 명백한 증거를 더 이상 외면할 수 없게 된 GQG는 흔들리기 시작했다. 죠프르는 여전히 랑허작의 측면에 대한 위협은 "임박한 것이 아니며 그렇게 확실한 것도 아니라"고 주장하면서도, 랑허작의 마지막 긴급 전문에 대한 답신에서 제5군의 이동배치 제안에 대해 "검토"할 것이며 이에 필요한 "사전 준비"를 허용한다고 동의하였다. 다음날인 8월 15일 아침이 되자 그 위험은 훨씬 더 가까워졌다. 대 공세에 신경을 곤두세운 GQG는 불안한 눈초리로 좌측을 보게 되었다. 오전 9시 랑허작에게 부대 이동을 준비하되 총사령관의 직접적인 명령 없이는 이를 실행하지 말라는 전화 통지문이 전달되었다. 그날 낮 10,000명의 독일군 기병대가 우이에서 뫼즈를 건넜다는 보고가 GQG에 도착했고, 이어서 적이 디낭을 공격 중이며 우측 제방의 높은 암석지대에서 도시 방어를 지휘하던 요새가 함락되었다는 또 다른 보고가 들어왔으며, 그 뒤를 이어 적군이 도강을 강행했으나 왼쪽 제 방에서 쇄도한 랑허작의 제1군단과 충돌, 치열한 교전 끝에 다리 너머로 퇴각했다는 보다 진전된 내용의 보고가 있었다(이 전투의 최초 부상자 중 한 명이 당시 24세였던 샤를르 드골 중위였음). 이들은 8월 12일 도강을 승 인 받은 군단 병력이었다.

좌측에 대한 위협은 더 이상 간과될 수 없었다. 오후 7시 전화를 통 해 제5군을 상브르와 뫼즈의 교차 지점으로 이동시키라는 죠프르의 직 접 명령이 랑허작에게 내려졌으며 한 시간 뒤에 명령서가 전달되었다. GQG는 뜻을 굽혔지만, 완전히 손 든 것은 아니었다. 특별 명령 제10호 인 이 명령은 포위 위협을 저지하는 데 충분하다고 느낄 정도로 계획을 변경하였지만 그렇다고 플랜17의 공격 계획을 포기할 정도는 아니었 다. 이 명령서는 마치 랑허작도 알아야 한다는 듯이, 적은 "지베의 북쪽 에 있는 그들의 우익을 주 공격으로 삼으려 하는 것 같다"고 적시하면서 제5군의 주력 부대에게 "영국군, 벨기에군과 합동으로 북쪽의 적과 대 치할 수 있도록 북서쪽으로 이동하라"고 명령했다. 이제 아르덴느를 향 한 주 공격이라는 과업을 넘겨받은 제4군을 돕기 위해 제5군 가운데 1 개 군단은 계속해서 북동쪽을 향한 채 대기하도록 하였다. 사실상 이 명 령으로 제5군은 추가병력도 없이 현재 보다 더 넓은 전선을 감당하도록 서쪽으로 펼쳐진 꼴이 되고 말았다.

특별 명령 제10호는 새로이 선봉을 맡게 된 제4군 사령관 드 랑글 드 카리 장군에게 "뇌샤또 방향" 즉, 아르덴느의 심장을 향한 공격을 준비 하도록 지시했다. 휘하 부대의 전투력을 강화하기 위하여 죠프르는 카 스텔노, 랑허작 그리고 드 랑글 군 사이에 복잡한 부대교환을 실시하였 다. 그 결과 랑허작 밑에서 훈련 받은 2개 군단이 차출되어 가고 새로운 다른 부대로 대체되었다. 비록 이들 새 부대에는 궤벤이 저지하려고 했던 북아프리카 출신의 2개 최정예사단이 포함되어 있기는 했지만 예상치 못한 부대 이동과 마지막 순간의 변화는 랑허작의 어려움과 불안을 가중시켰다.

모든 프랑스군이 동쪽을 향해 돌진하는 동안, 랑허작은 자기가 보기에 프랑스를 궤멸시킬 의도로 계획된 적의 타격으로부터 무방비 상태인 조국의 측면을 지키도록 홀로 남겨졌다고 느꼈다. 비록 GQG는 동의하지 않았지만, 그는 가장 적은 수단으로 가장 어려운 임무를 맡았다고 생각했다. 그의 기분은 만난 적도 없을 뿐더러 계급도 자기보다 더 높은 지휘관들이 지휘하는 두 개의 독립된 군대 즉 영국군 및 벨기에군과 연합하여 싸울 것이라는 기대로 인해 조금도 나아질 것이 없었다. 제5군 병사들은 8월의 열기 속에서 5일간 80마일이나 행군해야 했으며 혹시 그들이 독일군보다 먼저 상브르 전선에 도착하더라도 이미 너무 늦을지도 모른다는 걱정이 랑허작을 괴롭혔다. 그때가 되면 독일군은 저지하기에는 너무나 큰 병력으로 그곳에 나타날 수도 있었다.

그의 좌측에 있기로 되어 있는 영국군은 어디에 있단 말인가? 아직까지 아무도 그들을 발견하지 못했다. GQG를 통해 그들이 정확히 어디에 있는지 알 수는 있었지만 랑허작은 더 이상 GQG를 신뢰하지 않았으며 프랑스가 믿을 수 없는 영국의 잔꾀에 넘어간 것이 아닌가 하는 우울한 의구심을 갖고 있었다. BEF는 꾸며낸 이야기인지 아니면 참전하기 전에 마지막 크리켓 시합을 하고 있는 것인지 모르겠지만, 그는 자신의 부하 장교가 눈으로 직접 영국군을 확인하지 않는 한 그 존재 자체를 믿으려 하지 않았다. 제5군에 배속된 영국군 연락장교 스피어스 중위가 포함된 정찰대가 날마다 이곳저곳을 찾아 헤매었지만 카키색 군복을 입은 병사들을 찾지 못했는데 연락장교의 이 이상한 역할에 대해 스피어스 중위는 자기가 쓴 책에 아무런 설명도 남기지 않았다. 이러한 실패는 랑허작의 불안감을 가중시켰다. 걱정이 그를 짓눌렀다. "나의 분노는 최고조에 달했다"고 그는 적었다.

특별 명령 제10호를 발령함과 동시에 죠프르는 메시미에게 해안 방어를 맡고 있던 3개 향토사단을 모뵈즈와 해협 사이의 공간을 메우도록 이동배치 해 줄 것을 요청했다. 죠프르는 자신이 열망하던 공격으로부터는 단 1개의 사단도 빼내지 않은 채, 독일군 우익에 대한 임시변통식 방어를 위해 예비부대를 닥닥 긁어 모으고 있었다. 아직 그는 적의 의지대로 강요 당하고 있음을 인정할 자세가 되어 있지 않았다. 랑허작, 갈리에니 그리고 세상의 그 어떤 정찰 보고서도 독일군 우익이 강하면 강할수록 프랑스군이 중앙에서 기선을 제압할 가능성이 더욱 더 커진다는 GQG의 신념을 흔들 수는 없었다.

남아메리카 정글에 주기적으로 나타나서 땅 위의 모든 것을 휩쓸며 죽음의 발자취를 남기는 야생 개미들의 행진처럼, 벨기에를 지나는 독일군의 행군은 들판, 도로, 마을과 도시를 가로지르며 나아가고 있었는데, 마치 야생 개미떼처럼 강 또는 그 어떤 장애도 그들을 멈추게 할 수는 없었다. 폰 클룩 군은 리에쥬의 북쪽 그리고 폰 뷜로브 군은 그 도시의 남쪽을 지나 뫼즈의 계곡을 따라 나무르 방향으로 쇄도했다. 알버트 국왕은 "뫼즈는 고귀한 목걸이이며 나무르는 그것에 매달린 진주"라고 말한 바 있다. 강으로부터 어느 정도 공간을 두고 양쪽으로 솟아있는 높은 암벽 사이의 넓은 계곡을 따라 흐르는 뫼즈는 전통적으로 휴가철인 매년 8월이면 가족들이 나들이를 나와, 꼬마들은 수영을 하고, 남자들은 강둑의 차양 아래서 낚시를 즐기고, 어머니들은 접는 의자에 앉아 뜨개질을 하고, 요트가 강을 따라 이리저리 수면을 미끄러지며, 나무르에서 디낭까지 유람선이 떠다니던 피서지였다. 폰 뷜로브 군의 일부는 이제 벨기에의 유명한 요새들 중 두 번째를 향해 양쪽 강둑을 따라 진격하기 위하여 리에쥬와 나무르의 중간 지점인 우이에서 강을 건너고 있었다. 리에쥬와 같은 형태로 지어져 나무르 외곽을 원형으로 에워싸고 있는 요새들은 프랑스 앞에 놓인 마지막 보루였다. 리에쥬에서 그 임무를 너무도 훌륭하게 완수했고 지금은 폰 뷜로브의 기차에 실려 그 두 번째 목적지를 향하고 있는 공성포의 위력을 확신하고 있던 독일군은 3일이면 나무르를 통과할 것으로 기대했다. 폰 뷜로브의 좌측에서는 폰 하우센 장군이 지휘하는 제3군이 디낭을 향해 진격하고 있었는데, 결국 이들 2개 군은 그곳을 향하고 있던 랑허작 군과 똑같이 상브르와 뫼즈가 만나는 지점으로 집결하고 있었던 것이다. 전방에서는 슐리펜의 전략이 계획대로 전개되고 있었지만, 후방에서는 들쭉날쭉한 균열이 나타나기 시작했다.

병력 집결이 마무리될 때까지 베를린에 머물렀던 OHL은 8월 16일이 되자 독일군 전선의 중앙에서 후방으로 약 80마일 지점인 라인 인근의 코블렌쯔(Coblenz)로 이동했다. 슐리펜이 마음에 그렸던 이곳의 총사령관은 백마를 타고 언덕 위에서 전장을 내려다보던 나폴레옹이 아니라, "출발준비를 끝내고 명령을 기다리는 차량 및 오토바이 부대를 대기 시킨 채 전신, 전화, 무전기기들을 갖춘 널찍한 방들이 가득 찬 건물에서" 전장을 지휘하는 "현대판 알렉산더"였다. "이곳 커다란 테이블 옆 안락의자에 앉은 오늘날의 사령관은 지도상에서 전체 전장을 살펴본다. 이곳에서 그는 격려의 전화를 걸고, 군사령관과 군단장들 그리고 적의 이동을 관측하는 열기구와 비행선으로부터 올라오는 보고를 받는다."

현실은 이러한 행복한 그림을 망쳐 놓았다. 현대판 알렉산더는 본인도 인정했듯이 개전 초야에 카이저에게 당한 쓰라린 경험으로부터 다시는 회복하지 못했던 몰트케였다. 그가 전화를 통해 지휘관들에게 전하려던 "격려의 말씀"은 한번도 준비된 적이 없었으며 만일 그런 말을 했더라도 전송 도중에 사라졌을 것이다. 적지에서 작전을 수행하는 독일 군에게 가장 골치 아픈 문제는 통신이었다. 벨기에인들이 전신, 전화선을 절단했으며, 강력한 에펠탑 무선국의 전파 교란으로 수신된 전문들이 심하게 훼손되는 바람에 독일군은 그 의미를 제대로 전달하기까지 서너 번씩 반복해서 송신할 수밖에 없었다. OHL의 하나뿐인 수신국은 적체가 너무 심해 전문이 전달되는 데 8시간 내지 12시간이나 걸렸다. 이것은 전쟁 게임에서는 통신이 손쉬웠기 때문에 현실을 오판했던 독일 군 총참모부가 미처 대비하지 못한 "여러 마찰" 가운데 한 가지였다.

적개심에 찬 벨기에인들의 굽힐 줄 모르는 저항과 동프러시아로 쳐들어오는 러시아 "증기 롤러"에 대한 환영이 OHL을 더욱 괴롭혔다. 마찰은 총참모부 안에서도 커져 갔다. 프러시아 장교들의 취향인 거만함은 누구보다도 그들 자신과 동맹군들에게 좋지 않은 영향을 미쳤다. 참모차장인 폰 슈타인 장군은 분명히 지적이면서도 성실한 일벌레였지만, OHL에 근무하는 오스트리아군 연락장교는 그를 무례하고, 요령부득이고, 말꼬리나 잡으며, 소위 "베를린 경비대 말투"라고 일컫는 무식한 말단사병 같은 말버릇을 가진 사람이라고 비난했다. 작전참모부의 바우에르 대령은 부하들에 대한 "헐뜯는 말투"와 "밉살스러운 태도"때문에 자신의 상관인 타펜 대령을 증오했다. 장교들은 몰트케가 부대 회식 때 샴페인을 못 마시게 했으며 카이저의 식탁에 나오는 음식도 너무 적어서 식후에 따로 사제 샌드위치로 보충해야 할 정도라고 불평했다.

로렌에서 프랑스군의 공격이 시작되는 순간부터, 전적으로 우익에만 의존하는 슐리펜의 전략을 일관되게 지키려는 몰트케의 결심은 흔들리기 시작했다. 그와 참모들은 독일군 우익의 위협에 맞서기 위해 프랑스군은 주력을 자신들 좌측으로 보낼 것으로 예상했었다. 영국군을 찾기 위해 정찰대를 내보냈던 랑허작만큼이나 불안했던 OHL도 뫼즈 서쪽에서 강력한 프랑스군의 움직임에 대한 증거를 찾았지만 8월 17일까지는 아무것도 찾지 못했다. 적은 아군에게 가장 유리한 방향으로 움직이려 하지 않는다는, 전쟁의 이 짜증스러운 문제가 그들을 괴롭혔다. 로렌에서는 움직임이 활발한 반면 서쪽에서는 별반 움직임이 없는 것으로 미루어, 그들은 프랑스군이 메츠와 보즈 사이에서 로렌을 돌파하기 위한 공격에 그 주력을 집중시키고 있다고 결론지었다. 그들은 이것 때문에 독일군 전략을 재조정할 필요는 없는가 자문해 보았다. 만일 이것이 프랑스군의 주공격이라면, 독일군은 병력을 좌익으로 이동시켜 우익이 포위기동으로 적군을 끝장내기 전에 로렌에서 전세를 가름하는 결정적인 전투를 벌일 수는 없을까? 실제로 그들은 진정한 칸네, 즉 슐리펜이 마음속 깊이 간직하고 있던 이중 포위를 성취할 수는 없을까? 이런 유동적 전황에 대해서 뿐만 아니라 심지어 일시적으로 병력의 중심을 왼쪽으로 옮기는 문제에 대한 불안한 논의가 8월 14일부터 17일까지 OHL에서 계속되었다. 바로 그날 그들은 프랑스군이 기대했던 정도의 대병력을 로렌에 배치한 것은 아니라는 결론을 내리고 원래의 슐리펜 계획으로 복귀했다.

그러나 일단 교리의 신성함이 의심 받은 이상 완벽한 신뢰를 회복할 수는 없었다. 그때 이후로 OHL은 계속해서 좌익 쪽의 기회에 유혹을 받게 된다. 정신적으로 몰트케는 적이 무슨 행동을 하느냐에 따라 다른 전략을 채택할 수도 있다는 입장이었다. 한쪽 날개에 전력을 기울인다는 슐리펜 구상의 열정적인 단순함 그리고 적의 대응과 상관없이 계획을 고수한다는 원칙은 무너지고 말았다. 종이 위에서는 완벽해 보였던 계획이 다른 무엇보다도 전쟁의 불확실성으로 인한 압박을 받고 망가졌다. 사전에 준비된 전략을 따르는 편안함을 스스로 포기해 버린 몰트케는 그 이후 어떤 결정이 요구될 때마다 우유부단한 성격 때문에 고통을 받았다. 8

월 16일 루프레흐트 왕자가 급하게 한 가지 결정을 요구하였다.

그는 반격을 허락 받고 싶어했다. 사르(Saar)의 지저분한 광산지대의 가장자리에 위치한 분지 안에 파묻힌 황량하고 평범한 작은 마을인 세인트 아볼드(Saint-Avold)에 있던 그의 사령부에는 왕자에게 어울리는 쾌적한 시설이나 숙소로 쓰기에 적합한 저택, 심지어는 반반한 호텔도 하나 없었다. 그의 앞으로는 서쪽으로 모젤에 이르기까지 광활한 창공 아래 이렇다 할 장애물도 없이 완만한 언덕으로 이루어진 대지가 펼쳐져 있었으며 이글거리는 지평선 위에는 로렌의 빛나는 보석 낭시가 있었다.

루프레흐트는 가능한 많은 프랑스군을 자기 쪽 전선으로 끌어들이는 임무는 공격에 의해서 가장 잘 완수될 수 있다며 "유인" 전략과는 반대되는 이론을 주장했다. 8월 16일부터 18일까지 3일간 이에 대한 논란이 루프레흐트의 사령부와 총사령부 간에 전화선을 통해 격렬하게 전개되었는데 다행히도 양쪽 사령부 모두 아직 독일 영토 안에 있었다. 지금의 프랑스군 공격이 적의 주 공격인가? 그들은 알자스 또는 뫼즈 서쪽에서 특별히 "우려할 만한" 행동을 하는 것 같지 않았다. 이것은 무엇을 의미하는가? 프랑스군이 앞으로 전진하여 "유인 전략"에 말려들지 않는다면 어떻게 되는가? 루프레흐트가 후퇴를 계속한다고 가정하면, 그와 우측에 있는 제5군 사이에 틈이 벌어지고 프랑스군이 이곳으로 공격해 오지 않겠는가? 이것이 혹시 우익에게 패배를 안겨 주게 되는 것은 아닐까? 루프레흐트와 그 참모장인 크라프트 폰 델멘신겐 장군은 그렇게 될 것이라고 강력하게 주장했다. 그들은 휘하 부대들이 초조하게 공격 명령을 기다리고 있고, 그들을 억제하기는 어려우며, "앞으로 전진하고 싶어 안달하는" 부대를 억지로 후퇴시키는 것은 부끄러운 일이라고 말하면서, 한술 더 떠 전쟁이 터지자마자 일시적이라 할지라도 그럴 수밖에 없는 상황도 아닌데 로렌의 국토를 포기하는 것은 현명하지 못한 처사라고 주장했다.

　그럴 듯했지만 여전히 걱정스러운 OHL은 결정을 내릴 수가 없었다. 졸너라는 참모부 소령이 직접 대면하여 이 문제를 구체적으로 의논하기 위해 세인트 아볼드의 제6군 사령부로 파견되었다. 그는 현재 OHL이 계획된 후퇴에 대한 수정을 검토하고 있기는 하지만 유인 기동을 완전히 포기할 수는 없다고 말했다. 그는 아무것도 정하지 못한 채 돌아왔다. 그가 떠나자마자 그쪽 방면의 프랑스군이 그랑 꾸로네를 향해 후퇴하고 있다는 공중 정찰 보고가 접수되었는데, 제6군 참모부는 "곧바로" 이 보고를 결국 적은 유인망을 향해 앞으로 전진하고 있지 않으며 따라서 최선의 방책은 가능한 빨리 적을 공격하는 것임을 보여주는 증거라고 "해석했다."

　상황은 중대 국면을 맞이하고 있었다. 한쪽에는 루프레흐트와 폰 크라프트 그리고 반대쪽에는 폰 슈타인과 타펜 사이에 계속해서 전화 통화가 이어졌다. 8월 17일 OHL의 또 다른 전령인 도메스 소령이, 그 어느 때보다도 반격이 바람직할 것 같은 소식을 가지고 왔다. 그는 이제 OHL도 프랑스군이 부대를 서쪽으로 이동시키고 있으며 로렌에 "묶여 있는" 것이 아니라는 것을 확신하고 있다고 말했고, 리에쥬에서 보여준 공성포의 성공 사례를 보고하면서 요새화된 프랑스군 방어선도 난공불락은 아닐 것이라고 언급한 다음, 계속해서 OHL은 아직 영국군이 상륙하지 않은 것으로 믿고 있으며 만일 이곳 로렌에서 단기간 내에 결정적인 승리를 거두게 된다면 그들은 아마 영영 오지 않을 지도 모른다고 말했다. 그러나 물론 자신은 몰트케의 지시대로 반격에 따르는 모든 위험을 경고할 수밖에 없는데, 그 중에서도 가장 중요하고 치명적인 것은 이곳의 산악 지형과 프랑스군 요새 때문에 포위 공격은 불가능하며 반격은 독일군의 군사 교리상 저주와도 같은 정면 공격이 될 수밖에 없다는 점이라고 도메스 소령은 말했다.

루프레흐트는 계속해서 후퇴하는 것보다는 공격하는 것이 덜 위험하며, 자신은 기습 공격을 가해 적을 교란시킬 것이고, 자신과 참모들은 이미 모든 위험 요소들을 검토하였으며 이에 대한 완벽한 대책을 강구할 작정이라고 반박했다. 그는 더 이상 후퇴란 있을 수 없는 자신의 용감한 휘하 부대의 공격 정신에 대한 또 다른 감동적인 찬사를 언급하다가 스스로 격앙되어 OHL로부터 공격을 제지하는 명백한 명령이 없는 한 자신은 이미 공격하기로 마음을 정했다고 선언하였다. 그는 "공격하게 놔두던지 아니면 분명한 명령을 달라!"고 소리쳤다.

왕자의 "강압적인 말투"에 당황한 도메스는 명확한 지침을 정하기 위해 서둘러 OHL로 돌아갔다. 루프레흐트의 사령부에서 "우리는 혹시 공격하지 말라는 명령을 받게 되는 것은 아닌가 걱정하며 기다리고 있었다." 그들은 18일 오전 내내 기다렸으며 오후가 되어도 아무 말이 없자 폰 크라프트는 폰 슈타인에게 전화를 걸어 명령을 기다려야 하는지 알려 달라고 했다. 다시 한번 모든 장점과 모든 우려가 되풀이되었다. 인내심이 극에 달한 폰 크라프트가 예 또는 아니오로 답할 것을 요구했다. "오, 아니오. 우리가 공격을 막지는 않을 겁니다"라고 대답하는 폰 슈타인에게서 이미 현대판 알렉산더의 권위는 찾아볼 수 없었다. "장군이 책임을 져야만 합니다. 양심에 거리낌 없이 결정하세요."

"이미 결정했습니다. 우리는 공격합니다!"

폰 슈타인은 어깨를 으쓱하는 표현을 나타내는 사투리인 "나!(Na)"라고 하면서, "그러면 공격하세요, 신의 가호가 함께 하시길 빕니다"라고 대답했다.

이렇게 유인 전략은 폐기되었다. 제6군과 제7군에게 돌아서서 반격을 준비하라는 명령이 떨어졌다.

한편 독일군이 아직 상륙하지 않은 것으로 추정하고 있던 영국군은 프랑스군 진열의 좌측 끝쪽으로 자신들에게 배정된 시섬을 향해 이동하고 있었다. 프랑스 국민들의 계속된 열광적인 환영은 수세기 동안 적대 관계였던 영국에 대한 어떤 깊은 애정이라기보다는 프랑스의 사활이 걸린 국가적인 재난의 와중에 나타난 동맹군에 대한 거의 발작적인 감사의 표시였다. 키스와 음식물과 꽃다발 세례를 받은 영국군 병사들에게 그것은 영문도 모르는 채 자신들을 영웅으로 대접하며 축하하는 융숭한 파티처럼 보였다.

그들의 호전적인 총사령관 존 프렌치 경은 8월 14일 머레이, 윌슨, 그리고 지금은 연락장교로서 영국군 지휘부에 배속된 위게와 같이 상륙했다. 그들은 아미앵에서 하룻밤을 묵고 다음날 대통령, 수상 그리고 국방장관을 만나기 위해 파리로 갔다. 북역(Gare du Nord) 앞 광장과 연도에 운집한 20,000명의 열광적인 군중들이 "프렌치 장군 만세!"라고 소리쳤다. "잎잎 우라이!(?ep, ?ep, ?oray!) 영국 만세! 프랑스 만세!" 블레리오가 해협을 횡단했을 때 그를 환영했던 인파보다 더 많아 보이는 군중들이 영국 대사관에 이르는 연도를 따라 운집한 채 손을 흔들어 환호하며 이들을 맞이했다.

프앙카레는 방문객이 "군인답지 않은⋯ 조용한 용모"를 가진 사람인 것을 보고 놀랐는데 아래로 처진 수염을 기른 그의 모습은 돌진하는 기병대장이라는 명성에 어울리기보다는 터벅터벅 걷는 기술자를 연상시켰다. 그는 공격 정신하고는 어울리지 않는 굼뜨고 규칙에 연연하는 인물로 보였고 사위가 프랑스인이고 노르망디에 여름 별장이 있음에도 불구하고 알아들을 수 있는 프랑스어를 거의 구사하지 못했다. 그는 계속해서 영국군 부대는 10일 후 즉 8월 24일까지는 전장을 맡을 만큼 준비가 안될 것 같다고 말함으로써 또 한번 프앙카레를 경악시켰다. 이때쯤 랑허작은 이미 8월 20일이면 너무 늦을지도 모른다고 우려하고 있었던 것이다. "우리가 얼마나 오판했던 것인가!"라고 프앙카레는 일기에 적었다. "우리는 그들이 마지막 단추를 채우고 있다고 생각했는데 이제 와서 그들은 집결지에 도착하지도 못할 것이라니!"

사실 이제까지 오랜 경력과 좋은 친구들을 빼면 자신의 군사적인 열정이 지휘관으로서 가장 두드러진 자질이었던 사람에게 이상한 변화가 생겼다. 프랑스에 상륙한 순간부터 죤 프렌치 경은 "머뭇거리는 태도"를 취하고, 이상하게도 BEF를 실전에 동원하기를 주저하며, 전의를 상실한 모습을 보이기 시작했다. 그 원인이 군을 온전한 형태로 보존할 것을 강조하며 "손실과 낭비"를 무릅쓰지 말라고 경고한 키치너의 지시 때문인지, 혹은 BEF 뒤에는 그 역할을 대신할 전국 규모의 훈련된 예비군 조직이 없다는 사실이 불현듯 죤 프렌치 경의 의식에 스며들었기 때문인지, 혹은 불과 수 마일 거리에 무시무시한 적이 있는 대륙에 상륙하자마자 틀림없이 그들과 교전하게 될 것이라는 무거운 책임감에 짓눌렸기 때문인지, 혹은 처음부터 그의 대담한 말과 태도 이면에서 이미 용감한 본성이 눈에 보이지 않게 사라져버렸기 때문인지, 그도 아니면 그냥 단순히 다른 이를 위해 외국에 나와 싸우면서 아주 제한적인 책임만 느꼈기 때문인지, 그와 같은 입장에 서 보지 않은 사람은 누구도 판단할 수가 없다.

확실한 것은 죤 프렌치 경이 동맹국 인사들과 몇 차례 만나면서 처음부터 그들에게 실망, 놀라움 그리고 분노를 안겨 주었다는 것이다. BEF가 프랑스로 건너 오게 된 당면 과제 즉, 프랑스가 독일에 의해 괴멸되는 것을 막는 일은 그와 무관해 보였거나 아니면, 적어도 그는 급하다는 생각이 전혀 없이 그 문제를 대하는 것처럼 보였다. 죤 프렌치 경은 키치너가 그토록 강조한 독립적인 지휘권을 프앙카레의 표현대로, "전투할 시간과 휴식할 시간을 자기가 마음대로 택할" 수 있다는 뜻으로 인식하고 있는 것처럼 보였다. 독일군이 삽시간에 프랑스를 점령하면 더 이상 싸운다는 것이 무의미해질지도 모른다는 가능성은 그에게 별로 상관없어 보였다. 빈틈없는 클라우제비츠가 지적했듯이 독자적인 지휘권을 가지고 작전하는 연합군은 바람직하지 않지만, 불가피한 경우라면 최소한 그 지휘관은 "신중하고 조심스러우면 절대 안되며 매우 *모험적*이어야만 한다." 이 전쟁에서 가장 중요했던 이후 3주 동안 클라우제비츠가 모험적이어야 한다고 주장했던 이유가 명백해진다.

다음날인 8월 16일 존 경은 비트리의 GQG를 방문했다. 그곳에서 죠프르는 그가 "자신의 생각에 대한 집착이 강하며 영국군의 명성을 손상시키지 않으려 애쓰는" 것처럼 느꼈다. 한편 존 프렌치 경은 이렇다 할 느낌이 없었는데, 그것은 아마도 영국군 장교는 사회적 배경에 민감했기 때문이었을 것이다. 프랑스 육군을 공화국 체제로 바꾸는 투쟁은 영국군의 관점에서 보면 유감스럽게도 "신사"라고 하기 어려운 장교들을 다수 배출하였다. "근본적으로 프랑스군 장성들은 신분이 낮으며 항상 그들이 어떤 계급 출신인지를 잊지 말아야 한다"고 존 경은 몇 달 후 키치너에게 써 보냈다. 말할 것도 없이 프랑스군 원수는 상인의 아들이었다.

죠프르는 이 자리에서 BEF는 8월 21일 랑허작과 같이 상브르에서 작전에 임할 수 있어야만 한다는 자신의 희망을 점잖게 그러나 절박하게 표현하였다. 프앙카레에게 말했던 것과는 다르게 존 프렌치 경은 그 날짜에 맞추기 위해 최선을 다해 보겠다고 말했다. 그는 죠프르에게 자신이 프랑스군 전열의 열린 끝부분을 담당할 것이므로 소르데의 기병대와 2개 예비사단을 "본인이 직접 지휘하도록" 해 주어야 한다고 요구했다. 죠프르는 말할 필요도 없이 이를 거절했다. 존 프렌치 경은 키치너에게 이 방문을 보고하며 자신은 베테로 장군과 참모들에 대해 "깊은 인상을 받았는데", 그들은 "부지런하고, 조용했지만 자신감에 차 있었으며,

혼란과 어수선함은 전혀 보이지 않았다"고 말했다. 그는 죠프르에 관해 "기다림"의 가치를 깨닫고 있는 것 같다고 언급한 것 말고는 아무런 의견도 없었다. 이는 아주 이상하면서도 명백한 오판이었다.

다음 방문 상대는 랑허작이었다. 제5군 사령부의 긴장된 분위기는 8월 17일 그토록 찾아 헤매던 영국군 장교들과 같이 차를 타고 온 위게에게 보낸 엘리 드와셀의 첫인사에서 그대로 드러났다. "마침내 오셨군요. 조금만 더 늦었으면 큰일 날 뻔했습니다. 만일 우리가 졌다면 우리는 여러분들을 탓했을 것입니다."

랑허작 장군은 계단에서 방문객들을 맞으며 그들의 모습을 눈으로 보면서도 휘하 사단도 없는 장교들에 의해 기만당하고 있는 것은 아닌지 의구심을 떨쳐 버리지 못하였다. 이후 30분간 계속된 대화도 그에게 별다른 확신을 주지는 못했다. 영어를 할 줄 모르고, 상대방도 제대로 된 불어를 할 줄 모르는 두 장군은 통역도 없이 별도로 단독회담을 가졌는데, 납득하기 어려운 이러한 절차는 극도의 보안 때문이었다고는 하지만, 스피어스 중위의 말대로 별로 적절해 보이지 않았다. 그들은 곧바로 작전실에서 상당수가 2개 국어를 할 줄 아는 참모들과 합석했다. 죤 프렌치 경은 안경을 쓰고 지도를 응시하며 뫼즈의 한 지점을 지적한 다음 랑허작 장군에게 발음하기 어려운 우이(Huy)라는 이름을 가진 이 지점에서 독일군이 도강할 것으로 생각하느냐고 불어로 직접 물어보려 하였다. 우이는 리에쥬와 나무르 사이에서 유일하게 교량이 있던 곳이며 그의 말대로 마침 폰 뷜로브의 군대가 이곳을 건너고 있었으므로 죤 프렌치 경의 질문은 불필요한 것일지는 몰라도 틀린 것은 아니었다. 그는 "강을 건너"라는 부분에서 말을 더듬었고 헨리 윌슨이 곧바로 "traverser la fleuve"라고 거들어 주어야 했으며 "à Huy"라는 부분에 이르자 다시 말을 더듬었다.

"뭐라는 거야? 뭐라는 거야?" 랑허작이 급하게 다그쳤다. 존 프렌치 경은 마치 배를 부르는 것처럼 "… 아 호이(à Hoy)"라고 발음하며 간신히 질문을 마쳤다.

영국군 총사령관께서 독일군이 우이에서 뫼즈를 건널 것으로 생각하는지 알고 싶어 한다는 통역내용이 랑허작 장군에게 전달되었다. "내 생각에 독일군은 낚시를 하러 뫼즈에 온 것 같다고 원수께 전하게"라고 랑허작은 대답했다. 그가 자신의 강의 중에 유난히도 아둔한 질문에 대해 했음직한 이런 말투는 우방국 육군원수에게 적합한 것은 아니었다.

"뭐라는 거야? 뭐라는 거야?" 의미는 몰랐지만 말투를 눈치 챈 존 프렌치 경이 되물었다.

"장군께서 그들이 도하할 것이라고 말씀하셨습니다"라고 윌슨은 점잖게 대답했다.

이러한 대화를 통해 조성된 비우호적인 분위기에서 여러 오해가 난무했다. 이웃한 군대 간에 늘 있게 마련인 숙소와 통신선 문제가 첫 번째 것이었다. 기병대 운용에 대해 보다 심각한 오해가 빚어졌는데 양쪽 지휘관은 한결같이 상대방 기병대를 전략 정찰에 활용하고 싶어했다. 죠프르가 랑허작에게 배속시킨 지치고 한 절반 발굽이 벗겨진 소르데 기병군단은 앤트워프으로 퇴각하려는 벨기에군을 멈추도록 설득하기 위해 상브르 북쪽에서 그들과 합류하는 임무로부터 이제 막 돌아온 참이었다. 영국군과 마찬가지로 랑허작도 적군의 병력과 진격 방향에 대한 정보를 얻고자 애를 태우고 있었다. 그는 원기 왕성한 영국군 기병사단을 활용하고 싶었나. 존 프렌치 경은 이를 거절했다. 6개 사단이 아닌 겨우 4개 사단을 이끌고 프랑스에 온 그는 기병대를 당분간 예비전력으로 후방에 놔두기를 원했다. 랑허작은 프렌치 경이 전선에서 기병대를 기마보병으로 쓸 생각이라고 말한 것으로 이해했는데, 차라리 제물 낚시꾼이 미끼를 쓸지언정 이렇게 한심한 운용방법은 킴벌리의 영웅이라면 생각할 수도 없는 것이었다.

무엇보다도 심각한 것은 언제 BEF가 작전에 임할 수 있는가에 관한 논란이었다. 존 프렌치 경은 비록 바로 전날 죠프르에게 21일까지 준비를 끝내겠다고 말했었지만, 이제는 화가 나서 그런 것인지 아니면 불안정한 심리상태 때문인지 아무튼 프앙카레에게 말했던 대로 24일까지는 준비가 어렵겠다고 말을 바꿨다. 랑허작에게 그것은 결정적인 재난이었다. 영국군 장군은 적이 자신을 위해 기다려 줄 것으로 기대하는가? 비록 내놓고 말은 안 했지만 그는 한심했다. 그가 처음부터 예상했던 대로 분명히 영국군은 믿을 만한 존재가 아니었다. 이들의 만남은 "얼굴을 붉힌 채" 끝났다. 나중에 랑허작은 죠프르에게 영국군은 "빨라도 24일까지는" 준비가 어려울 것 같고, 그들의 기병대는 기마보병으로 운용될 뿐 "그 이외의 임무는 기대할 수 없다"고 통보하며, "후퇴할 경우" 길가의 영국군 때문에 생길 혼란에 대해 우려를 표시했다. 이 마지막 문장은 GQG에게 충격이었다. 가공할 대담함으로 유명한 "진정한 사자" 랑허작이 이미 후퇴의 가능성을 고려하고 있었던 것이다.

존 프렌치 경도 임시로 르 카토에 설치한 사령부로 돌아오자마자 자신의 절친한 친구이며 제2군단장인 그리어슨 장군이 그날 아침 아미앵 인근의 기차 안에서 갑자기 사망했다는 소식을 듣고 충격을 받았다. 키치너에게 그리어슨의 후임으로 자신이 원하는 장군을 보내 달라며, "이 문제에 관한 한 제발 소장의 뜻대로 해 달라"던 프렌치의 요청은 거절당했다. 키치너는 프렌치가 겪어본 적이 없는 장군인 호레이스 스미스-도리언 경을 파견했는데 이들 둘은 모두 자기 고집을 굽힐 줄 모르는 완고한 인물들이었다. 헤이그처럼 스미스-도리언도 총사령관에 대한 특별한 존경심이 없었으며 자기 뜻대로 행동하려는 경향이 있었다. 존 프렌치 경은 키치너의 조치에 대한 자신의 분노를 스미스-도리언에 대한 극도의 증오심으로 드러냈으며, 모든 것이 끝난 후 자신이 『1914』라고 이름 붙인 슬프고도 뒤틀린 자료에서 이를 가감없이 표출했는데, 나중에 어느 저명한 평론가는 이를 가리켜 "이제까지 쓰여진 가장 불행한 책 가운데 하나"라고 부르게 된다.

존 프렌치 경이 랑허작을 만나고 루프레흐트가 반격에 대한 허가를 요구하던 8월 17일 드 브로케빌 수상은 정부를 브뤼셀에서 앤트워프로 옮기는 문제를 알버트 국왕과 협의하기 위하여 루뱅에 있던 벨기에군 사령부를 방문했다. 벨기에군에 비해 4배 내지 5배에 달하는 폰 클룩 군의 중무장 분견대가 15마일 떨어진 게트 강에서 벨기에군 방어선을 공격하고 있으며, 8,000명 규모의 폰 뷜로브 군 소속 부대는 30마일 떨어진 우이의 다리를 건너 나무르로 향하고 있다는 보고가 들어왔다. 만일 리에쥬가 함락되었다면 나무르는 무엇을 할 수 있겠는가? 병력 집결 기간도 끝나고 독일군의 본격적인 진격이 시작되었지만 벨기에의 중립을 보장한 동맹국들의 군대는 아직도 오지 않았다. "우리는 고립무원"이라고 국왕은 드 브로케빌에게 말했다. 독일군은 벨기에 한복판으로 밀고 들어와 브뤼셀을 점령할 것이며 "마지막에는 어떤 일이 벌어질지 아직 확실치 않다"고 그는 결론지었다. 프랑스군 기병대가 그날 나무르 지역에 도착할 예정인 것은 사실이었다. 죠프르는 알버트 국왕에게 그들의 임무를 알려주면서 GQG 내의 지배적인 견해에 의하면 뫼즈 서쪽의 독일군은 그저 단순한 "눈가림"이라고 장담했다. 그는 추가로 더 많은 프랑스군 사단들이 곧 적과 맞서고 있는 벨기에군을 돕기 위해 도착할 것이라고 약속했다. 알버트 국왕은 게트와 우이의 독일군이 눈가림이라고 생각하지 않았다. 행정부가 수도를 떠난다는 비통한 결정이 내려졌다. 8월 18일 국왕은 군을 게트로부터 앤트워프 요새로 일제히 퇴각시키고 총사령부도 루뱅에서 15마일 후방의 말린(Malines)으로 옮기라고 명령했다.

이 명령은 벨기에군 총참모부의 급진파들, 특히 프앙카레 대통령의 특사인 아델베르 대령의 가슴에 "믿을 수 없는 실망"을 안겨 주었다. 그는 활기차고 전쟁에서 적을 공격하는 데는 누구보다도 뛰어났지만 유감스럽게도 벨기에 주재 프랑스 공사도 인정했듯이 외교사절로서는 "그렇지 못했다."

"여러분은 설마 기병대의 단순한 눈가림을 앞에 두고 퇴각하려는 것은 아니겠지요?"라고 아델베르 대령은 절규했다. 기가 차고 화가 난 그는 "프랑스군 기병군단이 상브르와 뫼즈 북방에 나타난 바로 그 순간" 아무 경고도 없이 프랑스군을 "저버리려는" 벨기에군을 비난하였다. 그는 이에 따른 군사적 결과는 심각할 것이고, 독일군은 사기가 치솟을 것이며, 브뤼셀은 "독일군 기병대의 기습"에 무방비 상태가 될 것이라고 말했다. 이것이 바로 이틀 뒤에 25만 명이 넘는 병력으로 브뤼셀을 점령하게 될 적 전력에 대한 그의 평가였다. 아무리 그의 판단이 잘못되었고 말투가 거칠었다고 해도 프랑스군의 입장에서 보면 아델베르 대령의 분노는 이해할 만했다. 앤트워프로 철수한다는 의미는 벨기에군이 연합군 전열의 측면으로부터 이탈하여 프랑스군의 총공격 전야에 프랑스군과 연결을 끊는다는 의미였다.

8월 18일 하루 종일 국왕은 벨기에군의 전멸을 막으려는 절박함과 프랑스 원군이 막 도착하는 시점에서 유리한 위치를 포기하지 않으려는 망설임 사이에서 고뇌하며 자신의 결정을 여러 번 번복하였다. 국왕의 딜레마는 같은날 발령된 죠프르의 특별명령 13호에 의해 그날 중으로 해결되었는데, 그 명령은 뫼즈 서쪽의 진격로는 제5군 및 영국군으로부터 얻을 수 있는 지원과 함께 벨기에가 방어하도록 남겨 둔 채 프랑스군의 주력은 다른 방면으로 투입될 것임을 분명히 하고 있었다. 알비트 국왕은 더 이상 망설이지 않았다. 그는 앤트워프로 퇴각하라는 명령을 재확인했고 그날 밤 벨기에군 5개 사단은 게트의 진지를 철수하여 앤트워프 기지로 퇴각했으며 8월 20일 그곳에 도착했다.

죠프르의 특별명령 13호는 프랑스군의 모든 희망이 걸려 있는 독일군 중앙을 향한 총공격에 대한 "준비"신호였다. 그것은 제3군, 제4군 그리고 제5군에 하달되었으며 벨기에군과 영국군에게도 통보되었다. 그것은 루페이 장군과 드 랑글 드 카리 장군의 제3군과 제4군에게 아르덴느를 향한 공격을 준비하도록 지시하고, 제5군에게는 뫼즈 서안의 독일군 전력에 대한 최종평가에 따라 두 가지 중 하나를 선택하도록 하였다. 첫 번째는 랑허작이 "벨기에군 및 영국군과의 완벽한 공조 하에" 상브르를 건너 북쪽을 공격하는 것이며, 두 번째는 적이 뫼즈 서안에서 "우익 구성군 중 일부만 동원하여" 교전을 벌일 경우로 이때는 "상브르와 뫼즈 북쪽의 독일군을 벨기에군과 영국군에게 맡긴 채" 랑허작은 다시 강을 건너 아르덴느를 향한 총공격에 가세하도록 되어 있었다.

그것은 불가능한 지시였다. 그대로 하려면, 단위부대도 아닌 30마일에 달하는 넓은 지역에 펼쳐져 있던 3개 군단으로 7개의 별도사단으로 다양하게 구성되어 그 당시 이미 상브르를 향해 이동 중이던 랑허작 군은 두 방향을 보고 있다가 두 번째 경우에 이르면 바로 3일 전에 랑허작이 그토록 어렵게 떠났던 원래의 위치로 되돌아가야만 한다는 것이었다. 그것은 죠프르가 어느 한 가지를 선택할 때까지 그 자리에 꼼짝 못하고 서 있도록 랑허작을 무력화시킬 수도 있었다. 반면에 랑허작은 "우익 구성군 중 일부만"이라는 표현을 보고 GQG에 대한 신뢰를 완전히 상실하고 말았다. 두 번째 경우를 무시한 채 그는 계속해서 상브르로 강행군하였다. 그는 8월 20일이면 배치를 완료하고 나무르와 샤를루와 사이에서 강을 건너려는 적에게 반격을 가해 "그들을 상브르로 밀어 넣을 수 있을 것"이라고 죠프르에게 통보했다.

그곳 집결지로 이동하면서 랑허작의 대대들은 1870년을 기념하는 "상브르와 뫼즈"를 불렀는데 이는 프랑스 육군이 가장 좋아하는 군가였다.

> 상브르와 뫼즈의 연대는 자유를 외치며 행군한다!
> 불멸로 인도하는 영광의 길을 찾아서
> 상브르와 뫼즈의 연대는 자유를 외치며 죽는다!
> 그들에게 불멸을 안겨줄 영광의 역사를 기록하며.

특별명령 13호를 하달하도록 만든 것은 결정적인 전투를 통한 승리에 모든 희망을 걸고 있던 플랜17을 기필코 완수하고야 말겠다는 GQG의 확고부동한 의지였다. 아직 전쟁이 초기 단계였던 8월엔 결정적인 전투에 의해 전쟁이 단기간에 끝날 수도 있다는 생각이 여전히 팽배해 있었다. GQG는 독일군 우익이 아무리 강하다고 해도 그 중심부를 돌파하는 프랑스군의 공격이 그들을 고립, 궤멸시키는 데 성공할 것이라고 굳게 믿고 있었다. 그날 밤 상브르 하류의 방어가 취약한 국경이 "걱정스러웠던" 메시미는 죠프르에게 전화를 했는데 원수께서는 이미 잠자리에 들었다는 얘기를 들었다. 걱정보다 놀라움이 더 컸던 메시미는 그를 안 깨우는 것이 좋겠다는 데 동의했다. 베테로는 그에게 "만일 독일군이 겁 없이 벨기에 북부를 지나는 포위기동을 감행한다면, 그럴수록 더 유리합니다! 그들이 우익에 더 많은 병력을 배치할수록 우리가 그들의 중앙을 돌파하기는 그만큼 더 쉬워질 것입니다"라고 안심시키듯 말하였다.

바로 그날 독일군 우익은 벨기에를 가로지르는 기동을 전개하고 있었는데, 비깥쪽의 폰 클룩 군은 브뤼셀, 중앙의 폰 뷜로브 군은 나무르, 그리고 안쪽의 폰 하우센 군은 디낭을 향해 각각 진격하고 있었다. 벨기에군 제4사단과 요새 수비대가 외롭게 버티고 있던 나무르는 리에쥬의 전례에도 불구하고 여전히 난공불락의 요새로 간주되었다. 심지어 리에쥬의 예를 잘 아는 사람들조차도 나무르는 최소한 랑허작이 상브르를 건너 요새 수비대와 합류하여 나무르 주위를 환형으로 에워싸고 있는 요새들에 병력을 배치할 때까지는 버틸 것이라고 생각했다. 전임 브뤼셀 주재 무관이자 나무르에 연락장교로 파견된 요새 지휘관 뒤루이는 8월 19일 랑허작에게 자신이 보기에 요새는 오래 버티지 못할 것 같다고 우울하게 보고했다. 본국 군대와 차단된 수비대는 실탄만이 아니라 사기도 떨어진 상태였다. 비록 많은 이들이 이러한 견해를 비판했지만 뒤루이는 완고하게 자신의 비관론을 굽히지 않았다.

8월 18일 폰 클룩의 선발대가 게트에 도착했는데 벨기에군은 이미 빠져나가고 없었다. 그들을 괴멸시키는 것이 폰 클룩의 임무였다. 그는 벨기에군과 앤트워프 사이로 돌진하여 그들이 안전하게 기지에 도착하기 전에 포위함으로써 임무를 달성할 수 있을 것으로 기대했다. 그러나 그는 너무 늦었다. 알버트 국왕의 기민한 철수는 자국 군대를 온전하게 구하였으며 나중에 폰 클룩 군이 파리를 향해 남쪽으로 선회했을 때 그 배후에 대한 위협이 되게 하였다. 폰 클룩은 OHL에 "그들은 언제나 아슬아슬하게 우리의 손아귀를 벗어났기 때문에 그들을 결정적으로 궤멸시키거나, 앤트워프로 가지 못하도록 막지 못했나"고 보고할 수밖에 없었다.

배후의 벨기에군만이 아니라 전면에 새로운 적인 영국군을 마주한 채 폰 클룩은 곧바로 남쪽으로 선회해야만 했다. 독일군은 영국군이 상륙할 지점은 논리적으로 벨기에 전선에 가장 가까운 항구일 것으로 판단했으며, 실제로는 그곳에 없는데도 자기가 볼 것이라고 예상한 것을 보게 되는 마법과도 같은 인간의 능력을 발휘하여 폰 클룩의 기병정찰대는 영국군이 8월 13일 오스탕(Ostend), 칼레, 그리고 덩커크(Dunkirk)로 상륙 중이라고 때맞춰 보고했다. 이렇게 되면 영국군은 거의 언제라도 폰 클룩의 전면에 나타날 수 있다는 말이 된다. 물론 실제로 그들은 그곳에 없었으며 훨씬 아랫쪽인 불로뉴, 르왕, 그리고 아브르에 상륙하는 중이었다. 그러나 오스탕 보고서를 받은 OHL은 폰 클룩이 남쪽으로 선회할 때 그 우측을 영국군이 공격할지도 모르며 만일 좌측병력을 우측으로 돌려 그들과 맞서게 하면 그와 폰 뷜로브 군 사이에 간격이 벌어질 수도 있다고 걱정하게 되었다. 그러한 위험을 피하기 위해 8월 17일 OHL은 폰 클룩에게 폰 뷜로브의 지시를 받도록 했으며, 폰 클룩은 극도로 언짢았다. 영국군이 오스탕에 상륙 중이라는 보고에 맞춰 행동했던 OHL이 어떻게 같은 날 루프레흐트에게는 영국군이 아직 상륙하지 않았으며 아주 안 올지도 모르겠다고 말할 수 있었는지는 오로지 억측에 의해 설명할 수밖에 없는 아주 신기한 경우다. 아마 OHL 내에서 좌익을 담당하는 참모장교들은 우익을 담당하는 부서와는 별개였으며 그들 간에 상호 협의도 없었던 것 같다.

제1군과 제2군 사령관은 모두 68세였다. 이국적이고, 어두우면서, 꿰뚫는 눈빛의 폰 클룩은 전혀 그 나이로 보이지 않았던 반면 흰 수염과 살찐 얼굴의 폰 뷜로브는 실제 나이보다 더 들어보였다. 1870년 전쟁에서 부상을 당하고 오십에 "작위"를 얻은 폰 클룩은 전쟁 전에 일찌감치 파리를 향한 진군을 이끌도록 발탁되었다. 그의 군은 우익의 주 공격을 맡을 예정이었고, 전체의 진군속도를 조절하며, 전선 1마일 당 병력밀도도 18,000명(1미터 당 약 10명)으로 폰 뷜로브의 13,000명 그리고 루프레흐트의 3,300명과 비교하여 가장 강력한 공격력을 보유한 군대였다. 그러나 간격이 벌어지는 것을 극도로 두려워했던 OHL은 우익의 중앙에 있던 폰 뷜로브야말로 3개 군이 서로 보조를 맞추도록 통제하기에 가장 유리한 위치에 있다고 생각하였다. 이러한 조치에 화가 치민 폰 클룩은 매일매일의 행군에 대한 폰 뷜로브의 지시에 즉각 반발하였을 뿐만 아니라 통신 상태도 좋지않아 결국 10일 후에는 OHL이 그 명령을 취소할 수밖에 없을 정도로 심각한 상황을 야기했는데 실제로 그 이후에 돌이킬 수 없는 간격이 벌어지게 된다.

벨기에인들은 폰 뷜로브보다 더 심하게 폰 클룩의 화를 돋우었다. 그들의 군대는 앞으로 나아가려는 독일군을 공격함으로써 행군 일정을 지연시켰고, 철도와 교량을 폭파함으로써 실탄, 식량, 의약품, 우편물, 그리고 기타 일상적인 보급품의 수송을 방해했으며, 독일군이 후방보급선을 확보하는 데 끊임없이 애를 먹게 만들었다. 민간인들도 도로를 막아 통행을 방해했으며 무엇보다도 괴로웠던 것은 전신전화선을 절단하여 독일군과 OHL 간의 통신뿐만 아니라 군과 군, 군단과 군단 사이의 통신을 엉망으로 만드는 것이었다. 폰 클룩이 말하는 이 "극도로 악랄한 게릴라전"과 특히 독일군에 대한 비정규병의 저격은 그와 휘하 지휘관들을 격노하게 만들었다. 그는 군대가 벨기에로 들어간 순간부터 민간인들의 "불충한" 공격행위에 대하여 자신의 말을 빌리자면 "개개인을 사살하고 집을 불지르는" 것 같은 "철저하고도 무자비한 보복"이 불가피함을 깨달았다. 불탄 마을과 죽은 인질들이 제1군이 지나간 길을 나타내 주었다. 8월 19일 게트를 건넌 독일군은 지난 밤을 틈타 벨기에군이 이미 철수했음을 알게 되자 게트와 브뤼셀 사이에 있는 작은 마을인 아에쇼 (Aerschot)에서 자신들의 분노를 폭발시켰고, 그곳은 대량학살을 겪은 최초의 마을이 되었다. 아에쇼에서는 민간인 150명이 사살되었다. 이 숫자는 아르덴느와 타민(Tamines)에서 폰 뷜로브 군이 이러한 과정을 반복하면서 점점 커져가다가, 디낭에서 폰 하우센 군이 664명을 학살함으로써 절정에 이르게 된다. 학살방법은 대개 한쪽에는 여자들을 또 다른 쪽에는 남자들을 세우는 식으로 주민들을 광장에 모이게 한 다음, 지휘하는 장교의 기분에 따라 매 열 번째 남자 또는 하나 건너 한 남자씩 아니면 한쪽 열 전체를 골라 가까운 들이나 기차역 뒤편 공터로 끌고 가 사살하는 식이었다. 오늘날 벨기에에는 이름과 1914년 날짜 그리고 "독일군에게 사살됨(Fusillé par les Allemands)"이라는 똑같은 내용의 비문이 반복해서 새겨진 비석들이 줄지어 늘어선 공동묘지가 있는 마을들이 많이 있다. 이들 중 많은 곳에서 보다 뒤에 세워지고 더 길게 늘어선 비석에 같은 비문과 1944년 날짜가 새겨진 것을 볼 수 있다.

제3군을 지휘하는 폰 하우센 장군은 폰 클룩과 마찬가지로 자신의 진로에 "갖가지 장애"를 야기하는 벨기에인들의 "배신적인" 행위에 대한 "즉각적이고도 단호한 보복"이 필요하다는 것을 알게 되었다. 얼마 안 가 이러한 보복에는 "지주, 시장, 성직자들과 같은 상류층 인사를 인질로 잡는 것, 집과 농장을 불지르는 것, 그리고 적대행위로 체포된 자들에 대한 처형"이 포함되었다. 하우센 군은 색슨족(Saxons)으로 이루어졌는데 이들은 벨기에에서 "야만인"과 동의어가 되었다. 하우센 자신도 "벨기에인들의 적대감"을 극복할 수 없었다. "우리를 얼마나 증오하는지" 알게 될 때마다 그는 늘 놀라곤 했다. 그는 40개의 방과 온실, 정원, 그리고 말 50마리를 수용할 수 있는 마구간을 가진 호화로운 데그레몽 가의 저택에 하루 저녁을 머물면서 겪은 그들의 태도에 대해 매우 심하게 불평하였다. 나이든 노백작은 "호주머니에 주먹을 찌른 채" 서성거렸으며, 두 아들은 저녁 식탁에 나타나지도 않았고, 아버지는 늦게 나타나서 한 마디도 않은 채 심지어 묻는 말에도 대답하지 않았으며, 데그레몽 백작이 동방에서 외교관으로 일할 때 수집한 중국과 일본 무기들을 압류하지 말도록 힌병에게 지시한 히우센의 친절한 배려에도 불구하고 불쾌한 태도를 바꾸지 않았던 것이다. 그것은 아주 괴로운 경험이었다.

독일군의 조직적인 보복활동은 개개인들에 대한 것을 제외하면 벨기에인들의 도발에 대한 있을 법한 응징이 아니었다. 그것은 모든 우발적인 상황에 대비하려는 독일군의 통상적인 대책의 일환으로 사전에 준비되었으며 벨기에인들을 조기에 제압함으로써 시간과 병력을 줄이려는 목적으로 기획된 것이었다. 속도가 관건이었다. 그것은 또한 가능한 모든 병력을 이끌고 프랑스로 진입하는 데에도 필수적이었는데, 군대를 후방에 배치하도록 만드는 벨기에인들의 저항은 이러한 목표에 방해가 되었다. 포고문은 사전에 인쇄되었다. 독일군은 마을에 들어서자마자 주민들에게 "적대" 행위를 경고하는 이런저런 게시문들을 집집마다 붙여 마을의 벽은 마치 성경에 나오는 역병 얘기처럼 흰색으로 변하곤 하였다. 군인에게 총을 쏜 민간인에 대한 처벌은 여러 가지 사소한 행동에 대한 것과 마찬가지로 사형이었다. "누구든 비행기나 비행선 기지에 200미터 이내로 접근하는 자는 현장에서 사살될 것이다." 감춘 무기가 발견된 집주인은 사살될 것이다. 집에 벨기에군 병사를 숨겨준 자는 독일로 보내져 "종신" 중노동에 처해질 것이다. 독일군 병사들에게 "적대"행위가 저질러진 마을은 "불에 태워질 것이다." 만일 이러한 행위가 "두 마을 사이의 길에서" 일어날 경우, "양쪽 마을 거주자들에게 동일한 처벌이 적용될 것"이다.

요약하면 포고문의 결론은 "모든 직대행위에 대해 모든 치벌은 무지비하게 집행되고, 마을 전체가 책임을 져야 하며, 다수의 인질을 잡는다는 원칙이 적용된다"는 것이었다. 헤이그 조약을 명백하게 위반하는 이러한 집단적인 연좌제의 시행은 인류의 진보를 믿었던 1914년의 세계를 경악케 했다.

폰 클룩은 어찌된 영문인지 이러한 방법들이 "악행을 바로잡는 데 별로 효과적이지 못했다"고 불평했다. 벨기에 국민들은 계속해서 가슴속 깊이 맺힌 극도의 적개심을 분출하였다. "주민들에 의해 저질러지는 이러한 악행은 아군의 생기를 갉아먹었다." 보복은 보다 자주 더욱 가혹하게 이루어졌다. 불타는 마을의 연기, 피난민들로 가득 찬 도로, 인질로 잡혀 사살된 시장과 촌장들에 대한 얘기가 연합국과 미국 그리고 또 다른 중립국 특파원들에 의해 세상에 보도되었는데 이들은 죠프르와 키치너에 의해 전선으로 가는 것이 봉쇄되자 전쟁 첫날부터 벨기에로 몰려들었던 것이다. 최고 수준의 종군기자들이었던 이들 중 미국인으로는 공동취재팀의 리차드 하딩 데이비스, 콜리어의 윌 어윈, 새터데이 이브닝 포스트의 어윈 콥, 시카고 데일리 뉴스의 해리 한센, 시카고 트리뷴의 죤 맥카천 같은 이들이 포함되어 있었다. 독일군으로부터 신분증을 발급 받은 이들은 독일군을 따라갔다. 그들은 파괴된 집들의 잔해, 사람은 아무도 없고 부서진 층계에 조용히 앉아 있는 고양이만 남은 검게 그을린 마을, 깨진 병과 유리창으로 뒤덮인 거리, 젖이 말라버린 젖소들의 겁먹은 울음소리, 차량과 마차에 짐 보따리를 싣고 비 오는 밤 길가에서 자는 데 필요한 우산을 든 피난민, 낱알이 익어 휘어진 곡물로 뒤덮였지만 수확하는 이는 아무도 없는 들, 그리고 계속해서 반복되는 똑같은 질문에 관한 기사를 썼다. "프랑스군을 봤나요? 프랑스군은 어디에 있습니까? 영국군은 어디에 있습니까?" 한 미국 특파원의 눈에는 포차 바퀴에 머리가 짓이겨진 채 길가에 버려진 봉제인형이 이번 전쟁을 겪는 벨기에의 운명을 상징하는 것처럼 보였다.

8월 19일 25마일 떨어진 아에쇼에서 일제 사격의 총성이 울릴 때 브뤼셀은 불길한 고요함에 싸여 있었다. 정부는 이미 그 전날 떠났다. 붉은

색과 노란색 깃발들은 태양을 굴절시키며 여전히 길거리를 장식하고 있었다. 마지막 순간 수도는 다시 한번 한창 때를 만난 것처럼 보였으나 전차 조용해지며 마치 무슨 생각에 잠긴 듯한 모습이었다. 함락 직전 최초의 프랑스군이 나타났는데 그들은 피로에 지친 기병전대로 말머리를 드리운 채 라 뚜아종 도르(Toison d'Or, 그리스 신화에 나오는 황금양털이라는 뜻: 역주) 거리를 따라 천천히 지나갔다. 몇 시간 뒤 낯선 카키색 군복차림의 장교들이 탄 4대의 자동차가 지나갔다. 사람들은 이를 지켜보다 작게나마 환호했다. "영국군!(Les Anglais!)" 드디어 벨기에의 동맹군이 도착했지만 그 수도를 구하기에는 너무 늦었다. 19일에도 계속해서 동쪽으로부터 피난민들이 밀려왔다. 깃발들이 내려졌고, 주민들에게 경고가 주어졌으며, 대기 중에는 불안한 기운이 퍼졌다.

8월 20일 브뤼셀은 점령당했다. 창을 겨눈 울란 전대들이 갑자기 도로에 나타났다. 그러나 그들은 선두였을 뿐이며, 위엄과 화려함에서 상상을 초월하는 무시무시한 군사 행렬이 뒤를 이었다. 1시가 되자 깨끗하게 손질하여 반질반질 윤이 나는 군화와 햇빛을 받아 번쩍이는 총검을 든 회록색 군복차림의 보병대가 사상자들 때문에 생긴 공백을 메운 밀집대형을 갖춘 채 열을 지어 행군을 시작했다. 기병대도 마치 중세의 기사들처럼 각자 창에 매달린 흑백 삼각기를 펄럭이며 똑같은 회록색 군복을 입고 나타났다. 수많은 군화가 일제히 발맞춰 철벅거리며 지나가는 밀집대형은 무엇이든 그들 앞에 있는 것은 짓밟아 죽일 기세였다. 대형 야포가 천둥소리를 내며 자갈길을 지나갔다. 드럼이 울렸다. 그들은 거친 목소리로 전승가인 "승리의 꽃다발 속 그대여, 만세!"를 "신께서 국왕을 구하시다(God Save the King)"에 맞춰 합창했다. 계속해서, 더욱 더 많이, 연대 뒤에 또 다른 연대가 들어왔다. 행진을 말없이 바라보던 군중들은 엄청난 규모, 끝없이 이어지는 행렬과 그 완벽함에 어안이 벙

병하였다. 보는 이를 놀라게 하기 위해 마련된 군 장비 전시는 그 목적을 달성하였다. 군화 수선공이 작업대에 서서 군화 밑창을 두드리는 동안 수리를 맡긴 병사들은 달리는 차 안에서 기다릴 수 있도록 군화 수리소로 개조된 트럭 못지않게 굴뚝에서 연기를 내뿜으며 화로에 불을 피운 채 이동하는 취사용 4두 마차 또한 놀라운 광경이었다.

행렬은 넓은 길의 한쪽으로 진행되었기 때문에 차를 탄 참모장교들과 자전거를 탄 연락병들은 행군대열을 따라 위아래로 바쁘게 오갈 수 있었다. 기병장교들은 다양한 볼거리를 제공했는데, 어떤 이는 오만한 동작으로 담배를 피웠고, 어떤 이는 외눈박이 안경을 썼고, 어떤 이는 살찐 목뒤에 주름이 잡힌 모습이었고, 어떤 이는 영국제 말채찍을 들고 있었는데 모두들 의식적으로 경멸하는 표정을 짓고 있었다. 오후에 시작한 정복자의 행진은 그날 밤 그리고 다음날까지 한시도 쉬지 않고 이어졌다. 3일 낮과 3일 밤 동안 총 320,000명의 폰 클룩 군이 브뤼셀을 짓밟고 갔다. 독일군 장군이 지사로 임명되었고, 시청에는 독일 국기가 계양되었다. 시계는 독일 시간으로 맞춰졌으며, 10일 내에 지불해야 할 전쟁 배상금 50,000,000프랑($10,000,000)이 수도에, 그리고 450,000,000프랑($90,000,000)이 브라방(Brabant) 주에 각각 부과되었다.

베를린에 브뤼셀의 함락소식이 전해지자 종소리와 더불어 기쁨과 자부심의 함성이 길거리를 울렸고, 사람들은 즐거움에 들떠 낯선 사람과 껴안았으며, "엄청난 환희"가 물결쳤다.

8월 20일 마침내 프랑스는 총공격에 임하게 된다. 랑허작은 상브르에 도착했으며 영국군도 그와 이웃한 위치에 있었다. 그동안 우왕좌왕하던 존 프렌치 경도 마침내 죠프르에게 다음날이면 작전에 임할 수 있도록 준비가 끝날 것이라고 확인해 주었다. 그러나 로렌에서는 나쁜 소식이 들려왔다. 루프레흐트의 반격이 엄청난 위력으로 시작된 것이었다. 카스텔노의 제2군은 죠프르가 일부 군단을 벨기에 전선으로 이동 배치함으로써 균형을 잃고 후퇴 중이며, 듀바이도 혹독한 공격을 받고 있다는 보고였다. 알자스에서는 현저하게 줄어든 독일군을 상대로 포 장군이 물루즈와 그 주변 지역을 전부 재탈환했지만 이제 랑허작 군이 상브르로 이동하면서 중앙공격에 투입될 전력이 빠져나가게 되어 포의 군대가 그 자리를 대신 맡아야만 했다. 죠프르의 어쩔 수 없는 입장 때문에 포의 병력을 철수시키라는 결정이 내려졌으며, 알자스마저 가장 큰 제물로써 플랜17의 제단에 바쳐지게 된 것이다. 비록 브리에이(Briey)의 철광석 광산처럼 알자스도 승리와 더불어 재탈환될 예정이었지만, 포 장군의 절망은 자신이 이제 막 해방시켰던 주민들에 대한 마지막 포고문에 잘 나타나 있었다. "북쪽에서 프랑스와 알자스의 운명을 결정짓게 될 대 전투가 시작됩니다. 총사령관께서 결정적인 공격을 위해 나라 안의 모든 병력을 동원하려는 곳이 바로 그곳입니다. 너무나도 유감스럽지만 우리는 알자스를 완전하게 해방시키기 위해서 잠시 동안이나마 알자스를 떠나야 합니다. 그것은 알자스 군과 그 사령관이 받아들이기에는 너무도 고통스러운 그리고 다른 방법이 있었다면 결코 받아들이지 않았을 참혹하고도 불가피한 선택입니다." 이제 프랑스군에게 남는 것이라곤 겨우 탕(Thann) 주변 쐐기 모양의 작은 땅뿐이었는데, 죠프르는 11월에 이곳을 방문하여 "저는 여러분들께 프랑스의 입맞춤을 가져왔습니다(Je vous apporte le basier de la France)"라고 말함으로써 말없는 군중들을 눈물짓게 만들었다. 알자스의 나머지 지역에 대한 완전한 해방은 이후 4년이라는 긴 세월을 기다려야 했다.

다음날 랑허작이 공격을 개시할 상브르에서 "20일은 군대에게 매우 흥분된 날이었다"고 스피어스 중위는 말했다. "위기감이 깔렸다. 대규모 전투가 임박했음을 느끼지 못하는 이는 아무도 없었다. 제5군의 사기는 매우 높았고… 그들은 성공을 확신하고 있었다." 그러나 그들의 사령관은 그렇지 못했다. 마지막 순간 죠프르의 배려로 영국군 좌측에 배치된 3개 향토사단의 지휘관인 다마드 장군도 불안했다. 그가 GQG에 보낸 질문에 대해 베테로 장군은 "벨기에로 진출한 독일군에 대한 보고는 매우 과장되어 있습니다. 걱정할 이유가 없습니다. 이번 명령에 의한 병력 배치로 당장은 충분합니다"라고 대답했다.

그날 오후 3시 제4군의 드 랑글 드 카리 장군이 자신의 전방을 가로지르는 적군의 이동을 보고하며 죠프르에게 지금 당장 공격해야 하지 않겠느냐고 물었다. GQG에서는 독일군이 우익으로 더 많이 이동할수록 중앙이 얇아진다는 확신이 팽배해 있었다. "장군의 초조함을 이해합니다. 그러나 본인이 보기에 아직은 공격 시점이 아닙니다… 아군이 공격에 돌입할 시점에 [아르덴느의] 보다 넓은 지역이 소개될수록 제3군 지원 하에 감행될 제4군의 진격에서 예상되는 결과는 그만큼 더 좋을 것입니다. 따라서 너무 성급하게 적을 공격하지 말고 그들이 우리 앞을 지나 북서쪽으로 이동하도록 놓아 두는 것이 매우 중요합니다"라고 죠프르는 대답했다.

그날 밤 9시 그는 시간이 되었다고 판단하고 제4군에게 즉시 공격을 개시하라는 명령을 내렸다. 약진의 순간이 온 것이다. 8월 20일 밤 어둠이 깔리자 죠프르는 메시미에게 "작전 성공에 대한 확신을 가지고 기다릴 만한 이유가 있다"고 보고했다.

14. 패전: 로렌, 아르덴느, 샤를루와, 몽

헨리 윌슨은 8월 21일 일기에 "이번 주가 끝나기 전에 이제껏 세상에서 들어본 적도 없는 대규모 전투의 승패가 가려질 것이라고 생각하니 영광스럽고도 두렵다"고 적었다. 그가 생각하던 전투는 이미 시작된 상태였다. 8월 20일부터 24일까지 실제로 전투가 벌어진 곳은 전체 서부전선 중 네 군데였으나, 역사는 이들을 묶어 국경의 전투(the Battle of the Frontiers)라 부른다. 8월 14일부터 우측의 로렌에서 이미 시작된 각각의 전투 결과가 전 전선에 알려지게 되면서 로렌의 소식이 아르덴느에, 아르덴느는 다시 샤를루와 전투로 불리는 상브르와 뫼즈에, 그리고 샤를루와는 몽에 영향을 미치게 된다.

8월 20일 아침 로렌에서는 듀바이 장군의 제1군과 드 카스텔노 장군의 제2군이 자아르부르와 모랑쥐에 구축되어 있던 독일군 방어선에 대한 공격을 감행하다가 살이 찢기고 유혈이 낭자한 피해를 입었다. 극한까지 밀어붙이는 공격(offensive outrance)은 방어진지의 중화기, 철조망 그리고 참호로 엄폐된 기관총 앞에서 너무도 일찍 그 한계에 도달하고 말았다. 돌격전술을 규정한 프랑스군 야전 교범에 의하면, 20초 동안의 돌격으로 보병은 적 보병이 총을 들어 어깨에 대고, 조준, 발사하기 전에 50미터를 전진할 수 있다는 계산이었다. 후일 프랑스군 병사가 비통하게 술회했듯이 "실전연습을 통해 그토록 힘들게 훈련한 이 돌격요령"은 전쟁터에서 소름 끼치도록 어리석은 짓이었음이 판명되었다. 기관총으로 무장한 적이 사격에 필요한 시간은 20초가 아닌 8초였다. 또한 75에서 발사되는 유산탄은 적군이 고개를 숙인 채 "허공에 대고 총을 쏘게" 함으로써 방어를 "무력화" 시킬 것으로 야전교범은 예상했었다. 그러나 러일전쟁을 참관한 이안 해밀턴이 경고했듯이 유산탄이 터져도 만일 적군이 방어벽 뒤의 참호에 엄폐되어 있다면 총안을 통해 공격군에 대한 조준 사격을 계속할 수가 있었다.

이러한 문제점에도 불구하고 두 명의 프랑스군 사령관은 8월 20일 돌격 명령을 내렸다. 야포의 엄호사격도 없이 프랑스군은 독일군의 요새를 향해 돌진하였다. 같은 날 아침 배짱이 없었던 OHL이 끝까지 제지하지 못한 루프레히트의 반격이 시작되면서 무시무시한 대형 야포의 포격이 프랑스군 전열에 커다란 구멍을 만들었다. 카스텔노 군 소속인 포쉬의 제20군단이 공격의 선봉을 맡았다. 이들의 진격은 모랑쥐의 방어벽 앞에서 주춤거렸다. 그토록 후퇴를 싫어하던 대담한 루프레히트의 바바리아 군이 바야흐로 공세를 취하며 프랑스 영토로 밀고 들어왔다. 거기서 그들은 누군가 "게릴라다"라고 외치자마자 약탈, 살인 그리고 방화의 광란을 저질렀다. 8월 20일 메츠와 낭시 중간 모젤 계곡의 오래된 도시 노메니(Nomeny)에서는 50명의 민간인이 사살되거나 도륙당했다. 포격을 받은 대부분의 집들이 무너지고 그나마 남은 것들도 제8 바바리안 연대의 폰 한나펠 대령의 명령으로 모두 불태워졌다.

전 전선에서 고전 중인 카스텔노 군의 좌익은 이제 메츠 수비대 소속 독일군 분견대의 맹렬한 공격을 받았다. 좌측이 무너지자, 이미 예비대를 전부 투입해 버린 카스델노는 진격의 모든 희망이 사라졌음을 깨닫고 전투를 중단시켰다. 생각조차 금지되었던 방어만이 유일한 대안이었다. 플랜17을 가장 격렬하게 비판했던 이가 지적했듯이 프랑스군의 의무는 공격하는 것이 아니라 프랑스 영토를 지키는 것임을 카스텔노가 인식하고 있었는지는 알 수 없다. 그는 다른 방도가 없었기 때문에 그랑꾸로네의 방어선으로 총 퇴각하도록 명령했다. 듀바이의 제1군은 극심한 사상자를 내면서도 오히려 전진한 상태로 그의 우측에서 전선을 사수하고 있었다. 카스텔노의 후퇴로 측면이 노출되자 죠프르는 제1군에게 이웃 부대와 보조를 맞춰 후퇴하라고 명령했다. 7일간의 전투를 통해 얻은 영토를 포기해야 하는 것에 듀바이는 매우 강하게 "반발"했다. "우리 군의 입장에서는 전혀 그럴 필요가 없다"고 느끼는 후퇴를 하게 되자 카스텔노에 대한 그의 오랜 반감은 식을 줄을 몰랐다.

모랑쥐에서 당한 완패로 공격 지상주의의 찬란한 불꽃은 꺼져버렸다는 사실을 프랑스군은 미처 깨닫지 못했다. 저녁 무렵 마치 살인적인 허리케인이 휩쓸고 지나간 듯 갑작스러운 죽음으로 괴상하게 줄지어 흩어져 누운 시신 외에는 아무것도 볼 수 없었던 로렌의 전쟁터에서 그것은 이미 소멸되었다. 한 생존자가 나중에 회고했듯이 그것은 "신이 국왕들에게 율법을 가르치는" 역사적 사건 가운데 하나였다. 초기의 기동전을 4년간의 지구전으로 바꿔버리고 한 세대 유럽인들의 삶을 송두리째 삼켜버린 방어전의 위력이 모랑쥐에서 그 모습을 드러낸 것이다. 플랜17의 정신적인 아버지이자 "우리를 시키는 단 한 가지의 방법은, 준비가 되는 대로 공격하는 것"이라고 가르치던 포쉬가 그곳에서 그것을 보고 겪었다. 이후 무자비하고, 참혹하고, 무의미한 살육의 4년 동안 교전국들은 방어벽을 향한 그처럼 무모한 공격을 계속했다. 마지막에 승리를 차지한 것은 포쉬였다. 그때쯤 되자 그동안 배운 교훈은 이미 다음 전쟁에는 맞지 않는다는 것이 입증되었다.

8월 21일 드 카스텔노 장군은 아들이 전사했다는 소식을 들었다. 애도를 표하려는 참모들에게 그는 잠시 침묵한 다음 "여러분, 우리는 계속할 것입니다"라고 말했다. 나중에 이 표현은 프랑스를 위한 일종의 슬로건처럼 쓰이게 되었다.

다음날 루프레흐트의 대형 야포는 마치 무리 지어 다가오는 가축 떼의 발굽소리처럼 쉬지 않고 울려댔다. 노메니 인근의 쌩트 제네비에브(Ste. Geneviève)에 75시간 동안 4천 발의 포탄이 쏟아졌다. 카스텔노는 이러다간 낭시를 포기한 채 그랑 꾸로네 후방으로 퇴각하는 것이 불가피할 정도로 상황이 심각하다고 판단했다. "나는 21일 낭시로 갔다"고 포쉬는 기록을 남겼다. "그들은 그곳을 소개하려고 했다. 나는 적이 낭시까지 5일 거리에 있으며 제20군단이 그곳에 있다고 말했다. 그들은 제20군단을 손쉽게 물리치지는 못할 것이다!" 이제 강의실의 추상적인 이론이 전쟁터에서 "공격하라(Attaquez)!"로 바뀐 것이다. 포쉬는 적이 요새 밖으로 나온 이상 최상의 방어는 반격이라고 주장했고 이를 관철시켰다. 8월 22일 그는 기회를 잡았다. 툴과 에피날의 프랑스군 요새 지역 사이에 트루에 드 샤름(Trouée de Charmes)이라고 부르는 자연적인 협곡이 있었는데 프랑스군은 이곳에서 독일군의 공격대열을 운하처럼 한 방향으로 유도할 수 있을 것으로 기대했다. 정찰 결과 루프레흐트는 샤름 방향으로 공격을 하면서 낭시 군에게 자신의 측면을 노출시키고 있었다.

루프레흐트의 이러한 이동은 OHL과의 또 다른 운명적인 전화 통화에서 결정되었다. 독일군 좌익이 자아르부르와 모랑쥐에서 프랑스군을 격퇴시키는 데 성공하면서 두 가지 결과를 얻었는데, 하나는 루프레흐트가 일급 및 이급 철십자 훈장을 받게 해 준 것으로 이것은 상대적으로 별 해가 없는 결과였으며, 또 하나는 로렌에서 결정적 승리를 거두는 것에 대한 OHL의 기대감을 일깨워 준 것이다. 정면공격도 결국 독일군의 힘으로 아마 잘 해낼 수 있을 것이다. 잘하면 에피날과 툴도 리에쥬와 마찬가지로 쉽게 함락될 것이며 모젤도 뫼즈 이상의 장애물일 수는 없을 것이다. 결국 좌익의 2개 군이 프랑스군의 요새화 된 방어선을 돌파하고 우익과 협력하여 진정한 칸네 즉, 이중 포위를 실현하는 데 성공할 수 있을 것이다. 타펜 대령이 보고 했듯이 이것이 OHL의 눈앞에 비친 전망이었다. 그것은 요부의 미소처럼 우익에 대한 수년간의 일편단심, 변하지 않았던 헌신적인 사랑을 흔들어 놓았다.

몰트케와 그의 참모들 간에 이 생각에 대한 논의가 숨가쁘게 진행되는 동안 루프레히트의 참모장인 크라프트 폰 델멘신겐 장군으로부터 공격을 계속할 것인지 아니면 그만 중단할 것인지를 알고 싶다는 전화가 걸려 왔다. 일단 루프레히트 군이 프랑스군의 초기 공세를 막아내고 전선을 안정시키면 그들은 공격을 멈추고, 방어를 위한 전열을 정비한 후, 우익을 보강하기 위해 동원 가능한 병력은 모두 차출하는 것이 시종일관 유지되어온 원안이었다. 그러나 케이스 3으로 알려진 대안이 조심스럽게 제기되었는데, 그 내용은 모젤을 건너 공격을 허용하는 것으로 단, 이 경우에는 OHL의 명시적인 명령이 있어야 했다.

"우리는 작전이 어떻게 진행될 것인지를 명확하게 알아야 한다"고 크라프트는 주장했다. "나는 케이스3이 순리라고 봅니다만."

"아니, 아니!" 작전과장인 타펜 대령이 대답했다. "몰트케 장군께서 아직 결정하지 못하셨습니다. 전화를 5분만 들고 계시면 아마 장군께서 원하시는 답을 드릴 수 있을 것 같습니다." 5분도 되기 전에 그는 "에피날 방향으로 추격하라"는 놀라운 대답을 가지고 돌아왔다.

크라프트는 "깜짝 놀랐다." "나는 그 짧은 몇 분 사이에 이번 전쟁에서 가장 중대한 결정 가운데 하나가 내려졌다는 느낌을 받았다."

"에피날 방향으로 추격하라"는 것은 트루에 드 샤름을 지나 공격하라는 의미였다. 그것은 제6군과 제7군을 우익에 대한 병력지원이 가능한 상태로 유지하는 대신 프랑스군의 요새화된 방어선을 향한 정면공격에 동원한다는 뜻이었다. 당연히 루프레흐트는 이튿날인 8월 23일 힘차게 공격을 가했다. 포쉬는 반격에 나섰다. 그날 이후로 독일 제6군과 제7군은 벨포르, 에피날, 툴의 야포 지원을 받는 프랑스 제1군 및 제2군과의 전투에 스스로를 옭아매게 되었다. 그들이 애를 먹는 동안 다른 전투들이 벌어지고 있었다.

로렌에서 공격이 실패했다고 죠프르의 기세가 꺾인 것은 아니었다. 오히려 그는 독일군 좌익을 깊숙이 끌어들인 루프레흐트의 난폭한 반격에서 독일군 중앙부를 향해 회심의 일격을 펼칠 정확한 시점을 보았다. 8월 20일 밤 죠프르가 플랜17의 핵심 작전인, 아르덴에 대한 공격의 신호를 보낸 것은 카스텔노가 모랑쥐에서 퇴각한 것을 알고 난 다음이었다. 제4군과 제3군이 아르덴에 진입하는 것과 때를 맞춰 그는 제5군에게 상브르를 건너 적의 "북부 그룹(독일군 우익을 일컫는 GQG의 표현)"을 공격하라고 명령했다. 그는 심지어 아델베르 대령과 죤 프렌치 경으로부터 이 공격을 위해 벨기에군과 영국군의 기대했던 지원은 오지 않을 것임을 통보 받고도 곧바로 이 명령을 내렸던 것이다. 벨기에군은 나무르의 1개 사단을 제외하고는 이미 연결이 끊겼으며 영국군 지휘관은 3,4일 내에 준비를 끝내기 어려운 상황이라고 주장했다. 이러한 상황 변화 외에도, 로렌의 전투를 치르면서 교전방식에 위험한 결함이 있음을 알게 되었다. 이러한 문제는 8월 16일 죠프르가 모든 군 사령관들에게 반드시 숙지해야 할 사항으로써 "야포의 지원을 기다릴 것"과 "적의 화력 앞에 성급하게 스스로를 노출시키지"말라는 지침을 하달할 때부터 이미 파악되어 있었다.

그럼에도 불구하고 프랑스는 플랜17을 결정적 승리를 위한 유일한 방안으로 굳게 믿었으며, 플랜17은 나중이 아니라 지금 당장 공격할 것을 요구하고 있었다. 한 가지 대안이 있었다면 아마 일시에 국경 방어로 전환하는 것이었을 것이다. 그러나 프랑스 군사조직의 훈련, 계획, 사상, 정신이라는 면에서 그것은 생각할 수 없는 것이었다.

더욱이 GQG는 중앙에서는 프랑스군이 수적 우위를 가질 것이라고 확신하고 있었다. 프랑스군 총참모부는 모든 계획을 지배하고 있던 이론 즉, 독일군은 중앙이 약할 수밖에 없다는 생각으로부터 헤어날 수가 없었다. 그러한 믿음으로 죠프르는 8월 21일 아르덴느와 상브르에서 총공격을 가하라는 명령을 내렸다.

아르덴느의 지형은 공격에 적합하지 않았다. 그곳은 숲이 울창하고, 언덕이 많은 울퉁불퉁한 지역으로, 프랑스 쪽에서 보면 대체적으로 오르막이었으나 수많은 개울이 가로지르는 언덕들 사이에는 내리받이 경사지가 많았다. 열흘간에 걸쳐 그곳을 지나갔던 시저는 그곳의 비밀스럽고 어두운 숲을 진흙길과 토탄지에서 끊임없이 안개가 피어 오르는 "공포로 가득 찬 곳"이라고 묘사하였다. 많은 부분이 그때 이후로 깨끗하게 개간되었고, 도로, 부락 그리고 두세 곳의 큰 마을이 시저의 공포를 대체하였지만 아직도 많은 부분은 여전히 잎이 무성한 울창한 숲으로 덮여 있어 길이 드물고 매복하기가 용이하였다. 프랑스군 참모장교들은 1914년 이전에 이 지역을 여러 차례 조사하여 그 어려움을 잘 알고 있었다. 그들의 경고에도 불구하고 아르덴느는 돌파 대상 지역으로 선정

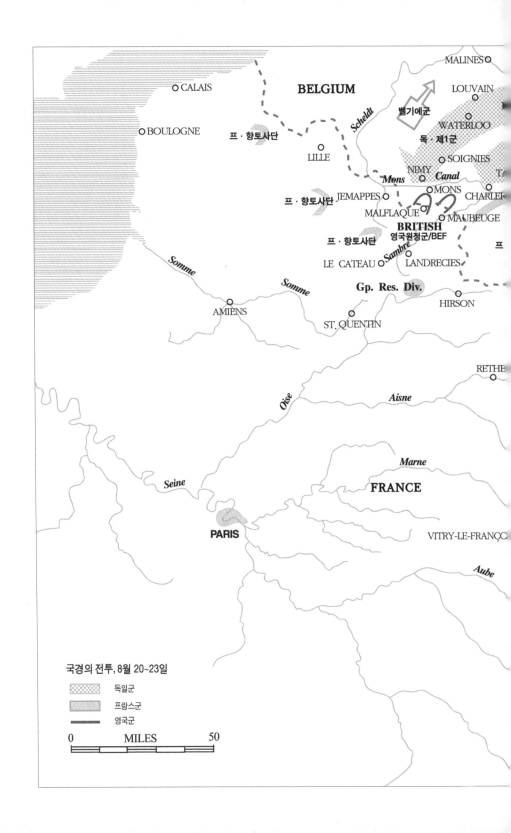

국경의 전투, 8월 20~23일

독일군

프랑스군

영국군

0   MILES   50

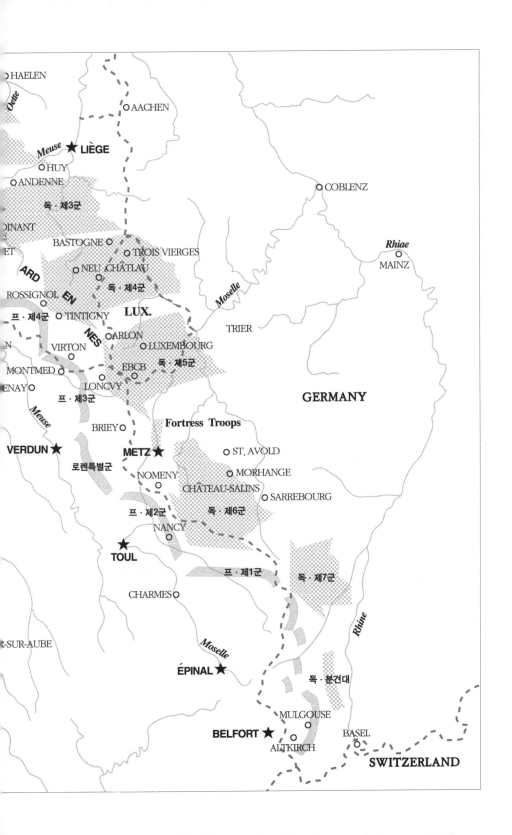

되었는데 왜냐하면 이곳 중앙에서 독일군의 전력이 가장 약할 것으로 예상되기 때문이었다. 프랑스군은 죠프르의 말대로 바로 그러한 지형적인 어려움 때문에 "우리처럼 중화기는 열세이나 야포는 우세한 쪽이 오히려 유리할 것"이라는 이론을 근거로 그 타당성을 확신하고 있었다. 죠프르의 회고록은 일관되게 "나"라는 1인칭 대명사를 사용하고 있음에도 불구하고 군에 관련된 일단의 공동저자들에 의해 기록, 편찬되었으며 1914년까지 총참모부의 주된 생각을 조심스럽게 그리고 사실상 공식적으로 대변하고 있다.

8월 20일 전선을 가로지른다고 보고된 적의 이동을 뫼즈로 향하는 독일군 부대로 추정한 GQG는 아르덴느의 적 병력은 상대적으로 "줄어들었을" 것으로 기대하였다. 죠프르는 기습공격을 원하고 있었기 때문에 본 공격에 앞서 적과 우발적으로 마주쳐 자칫 소규모 전투로 번질 수도 있는 보병정찰을 금지시켰다. 실제 기습은 제대로 이루어졌지만, 프랑스군도 놀라기는 마찬가지였다.

아르덴느의 아래쪽 모퉁이는 브리에이 철광지대가 있는 로렌의 위쪽 모서리 부분에서 프랑스와 만난다. 이 지역은 1870년 프러시아 군대에 의해 점령당한 바 있다. 그 당시 브리에이의 철광석은 아직 발견되지 않아, 로렌이 독일에 합병될 때 이 지역은 제외되었다. 철광 산지의 중심은 시에르(Chiers) 제방에 위치한 롱귀(Longwy)였고 이곳을 점령하는 영광은 독일 제5군 사령관인 황태자의 몫으로 남겨져 있었다.

32세의 이 황실 자손은 황후가 매년 한 명씩 남편에게 선사한 건장한 5명의 형제들과는 전혀 달리 여우 같은 얼굴에 가슴이 좁은 가냘픈 체격을 가지고 있었다. 황태자 빌헬름은 신체적으로 약한 인상을 풍겼으며, 그를 만난 적이 있는 미국인의 말에 의하면 아버지와는 달리 "정신적 도량은 그저 보통 수준"이었다. 자기 아버지처럼 허세부리기를 좋아했던 그는 흔히 왕의 장자들이 갖게 되는 자식으로서의 어쩔 수 없는 적대감으로 괴로워했으며 이것이 평상시의 행동에서는 정치적인 경쟁의식과 사적인 방탕함으로 표출되곤 했다. 그는 스스로 가장 적극적인 군국주의의 주창자이며 옹호자임을 자처했다. "우리는 오로지 검에 의존함으로써만 태양 아래 우리의 자리를 얻을 수 있는데 이는 우리의 당연한 권리지만 저절로 주어지는 것은 아니다"라는 비문을 취급하는 베를린의 가게마다 그의 사진을 팔고 있었다. 어려서부터 그를 군 지휘관으로 키우려는 훈육에도 불구하고 그에 대한 훈련은 아직 충분치 못했다. 그는 백골 경기병대의 대령 보직과 1년간의 총참모부 복무 경험은 있었으나 사단장이나 군단장 경력은 없었다. 그럼에도 불구하고 황태자는 최근 수년간의 참모부와 기병대 경험이 "나에게 큰 조직을 지휘하는 데 필요한 이론적 기반을 주었다"고 생각했다. 젊고 경험이 부족한 지휘관을 임명하는 것에 비판적이었던 슐리펜은 그의 이러한 자신감에 공감하지 않았을 것이다. 그는 젊은 지휘관들이 전략적인 계획을 따르기보다는 "무모할 정도로 최고의 명예만을 좇아 (wilde Jagd nach dem Pour le Mérite)" 돌진하는 데 더 흥미를 가질까봐 걱정했다.

뷔르템베르그 공이 지휘하는 제4군과 더불어 황태자의 제5군에게 주어진 역할은 우익이 밖으로 뻗어 거대한 규모로 포위기동을 하며 아래로 향할 때 중앙에서 서서히 전진하며 우익의 선회 축 노릇을 하는 것이었다. 제5군이 남부 아르덴느를 지나 비르통(Virton)과 두 곳의 프랑스군 요새인 롱귀와 몽메디(Montmédy)를 향해 진격하는 동안 제4군은 북부 아르덴느를 지나 뇌샤또를 향해 진격할 예정이었다. 황태자의 사령부는 독일인들이 디덴호펜(Diedenhofen)이라고 부르는 티옹빌에 있었는데 그곳에서 그는 씩씩한 병사들과 똑같이 야채 스프, 감자, 그리고 양고추냉이를 곁들인 삶은 쇠고기로 식사를 했고 왕자의 특권으로 야생

오리, 샐러드, 과일, 포도주, 커피와 시거로 부족한 양을 보충하였다. 그곳 주민들의 "근엄하고 어두운" 표정에 둘러싸인 채, 리에쥬에서 얻은 영광과 우익의 진군을 시샘하던 황태자와 그 참모들은 작전이 시작되기만 애타게 기다리고 있었다. 8월 19일 마침내 진군명령이 떨어졌다.

황태자 군의 맞은편에는 루페이 장군이 지휘하는 프랑스 제3군이 있었다. 유일한 중화기 주창자였던 루페이는 대형 야포에 관한 특유의 유창한 설명으로 인해 대포의 시인(le poete du canon)으로 알려져 있었다. 그는 감히 75의 전능함에 대해 의문을 가졌을 뿐만 아니라 비행기를 공격용 무기로 사용하고 3,000대의 항공기로 공군을 창설하자고 과감하게 제안했던 적이 있다. 이 생각은 지지를 받지 못했다. 1910년 포쉬 장군은 "그건 전부 스포츠(Tout ça, c'est du sport)!"라고 비난했다. 군대에서 사용하기에 "비행기, 그건 가치가 없습니다(l'avion c'est zéro)!"라고 그는 덧붙였다. 다음 해 기동 훈련에서 갈리에니 장군은 항공정찰을 활용하여 최고 국방위원회의 대령 한 명과 그의 부하 전원을 생포했다. 1914년에 프랑스군은 이미 항공기를 활용하고 있었지만 루페이 장군은 여전히 "상상력이 너무 지나친" 사람으로 평가받고 있었다. 게다가 그는 자기 일에 대해 말이 많은 총참모부 장교들을 드러내 놓고 못마땅해 하다 보니 아르덴느로 들어가기 전에 이미 GQG 내에 적이 많았다. 베르덩에 사령부를 둔 그의 임무는 적을 메츠-티옹빌로 몰아붙여 포위하는 것인데 그 과정에서 브리에이 지역을 되찾을 예정이었다. 그가 중앙의 독일군을 우측으로 밀어 젖히는 동안 이웃인 드 랑글 드 카리 장군이 지휘하는 제4군은 적을 좌측으로 밀어 젖히게 되고, 이들 2개의 프랑스군은 가운데를 파고들면서 진출로를 확보하여 독일군 우익의 팔을 어깨로부터 잘라낼 것이다.

1870년 참전용사인 드 랑글 장군은 전쟁이 터졌을 때 프랑스군 정년인 64세까지 한달 밖에 남지 않았음에도 불구하고 사령관의 자리를 유지하고 있었다. 작은 체구에 외모가 날카롭고, 기민하며, 생기가 넘쳤던 그는 포쉬를 닮았으며 사진 속에서도 언제나 포쉬처럼 이제 막 뛰어나가려는 모습이었다. 드 랑글 장군은 이제 막 뛰어나갈 참이었고, 사실 좀이 쑤실 지경이었으며, 걱정스러운 소식에도 별로 신경 쓰지 않았다. 그의 기병대가 뇌샤또 인근의 전투에서 중무장한 적진을 향해 뛰어들었다가 견디지 못하고 후퇴하였다. 한 참모장교가 자동차로 정찰을 다녀와서 또 다른 위험을 경고했다. 그 장교는 아를롱(Arlon)에서 근심에 가득 찬 룩셈부르크 관리와 얘기를 했는데 그는 인근 숲속에 "상당한 병력의" 독일군이 있다고 말했다. 귀로에 그 장교의 차는 총격을 받았다. 그러나 제4군 사령부는 그가 제출한 보고서를 "너무 비관적"이라고 평가했다. 분위기는 사려가 아닌 용기를 원하고 있었다. 머뭇거릴 것이 아니라 재빨리 움직일 때가 온 것이다. 전투가 끝난 뒤에야 비로소 드 랑글 장군은 "우선 차근차근 사태를 살필 틈도 없이" 공격하라는 죠프르의 명령에 자기가 반대했던 것이 기억났으며, "GQG는 기습을 원했지만 놀란 것은 우리였다"고 한 그의 기록도 나중 일이었다.

루페이 장군은 이웃보다 더 걱정이 많았다. 그는 숲과 옥수수 밭에 숨어있는 독일군에 대한 벨기에 농부들의 보고를 보다 심각하게 받아들였다. 그가 GQG에 자신과 마주하고 있는 적 병력에 대한 추정치를 보고했을 때 아무도 주의를 기울이지 않았으며 심지어, 그의 주장에 의하면, 그 보고서를 읽어보지도 않았다.

8월 21일 아침 아르덴느 전역은 짙은 안개가 피어 올랐다. 독일 제4군과 제5군은 19일과 20일 이틀간 앞으로 전진했으며 그 지점에서 참호를 파고 공격에 대비했다. 비록 때와 장소는 몰랐지만 그들은 프랑스군의 공격을 예상하고 있었다. 짙은 안개 속에서 프랑스군 기병정찰대가 "그렇지 않아도 눈으로 확인하기가 쉽지 않은" 지역을 수색하기 위해 앞서 나아갔다. 서로를 향해 숲과 언덕 사이로 전진하던 양쪽 군대는 몇 발자국 앞도 제대로 볼 수가 없었는데, 자기들 앞에 있는 것이 무엇인지도 모르는 채 서로 부딪히게 되었다. 첫 번째 부대가 접촉하고 순식간에 주위가 온통 전투에 휩싸였음을 지휘관들이 깨닫자마자, 독일군들은 땅을 팠다. 전쟁 전 군사 훈련에서 병사들이 "머뭇거릴" 것을 우려하던 장교들이 참호 파는 훈련을 소홀히 했었고 그래서 삽과 곡괭이를 가능한 적게 지참하고 있던 프랑스군은 총칼을 들고 곧바로 습격(attaque brusquée)을 감행했다. 그들은 기관총 세례를 받고 쓰러졌다. 어떤 곳에서는 프랑스군의 75가 같은 식으로 불시에 기습을 가한 독일군 부대를 살육하였다.

첫날은 접전이 산발적이었고 전초전의 양상이었으나, 22일에는 남부 아르덴느가 전면전에 휩싸였다. 비르통, 탱틴니(Tintigny), 로신뇰(Rossignol) 그리고 뇌샤또에서 벌어진 개개 전투에서 대포가 포효하며 섬광을 번뜩였고, 병사들은 적을 향해 돌진하였으며, 부상병들이 쓰러지고 전사자들이 쌓였다. 로신뇰에서 프랑스군 제3식민사단의 알제리 부대는 황태자 군 휘하 제6군단에게 둘러싸여 거의 전원이 전사할 때까지 6시간 동안이나 싸웠다. 그 사단장인 라프넬 장군과 여단장인 롱도네이 장군도 모두 전사했다. 1914년 8월에는 장성급 장교들도 전투에서 일반 병사들처럼 희생되었다.

비르통에서 사라이 장군이 지휘하는 프랑스군 제6군단이 독일군 군단의 측면을 75로 공격했다. "나중에 전장을 보니 믿을 수 없는 광경이 펼쳐져 있었다"고 공포로 멍해진 프랑스군 장교가 보고했다. "수천 명의 전사자가 마치 보이지 않는 버팀목이 시신을 받치고 있는 듯 일렬로 포개진 상태로 수평면에서부터 60도 각도까지 부채꼴을 이루며 그대로서 있었다." 쌩 시르(St. Cyr)에서 온 장교들은 흰색 깃털이 달린 군모와 흰색 장갑을 끼고 전투에 임했는데, 흰 장갑을 낀 채로 죽는 것이 일종의 "멋"이었다. 신원을 알 수 없는 프랑스군 하사관이 일기를 남겼다. "대포를 발사할 때마다 포신이 앞뒤로 움직인다. 어둠이 깔리고 그것은 마치 혀를 쑥 내밀었다가 연기를 뿜어대는 노인처럼 보인다. 프랑스군과 독일군의 시신 더미가 손에 총을 든 채로 사방으로 쓰러져 누워 있다. 비가 내리고, 포탄은 한시도 쉬지 않고 날카로운 소리를 내며 작렬한다. 대포의 포격은 가장 지독하다. 나는 밤새도록 부상자의 신음 소리를 들으며 누워 있었는데 그들 중 일부는 독일군이었다. 포격이 계속되고 있다. 그것이 멈출 때마다 우리는 숲속 가득히 부상병들이 울부짖는 소리를 듣는다. 매일 두 세 명의 병사가 미쳐 버렸다."

탱틴니에서는 독일군 장교가 일기를 남겼다. 그는 "이보다 더 무서운 광경은 상상할 수 없다"고 적었다. "우리는 너무 빨리 진격했고, 민간인이 우리에게 총격을 가했으나 즉각 사살되었으며, 너도밤나무 숲에서 적의 측면을 공격하라는 명령을 받았는데, 우리는 방향을 잃었다. 병사들이 전의를 잃었고, 적이 포격을 개시했으며 포탄이 우박처럼 쏟아졌다."

이제 루프레흐트가 자아르부르와 모랑쥐에서 거둔 승전 소식을 듣고 그에게 뒤질 수 없었던 황태자는 부하들에게 다른 아군부대가 보여 준 "불세출의 용기와 희생"을 본받으라고 독려했다. 그는 자신의 사령부를 바로 강 건너편의 롱귀와 마주보고 있는 룩셈브르크 에쉬(Esch)로 옮기고 벽에 걸려 있는 대형 지도 위에서 전투를 뒤쫓았다. 긴장감은 거의 고문에 가까웠고, 코블렌쯔와의 전화 통화는 끔찍했다. OHL은 "너무 멀리 있었고", 전투는 치열했으며, 사상자는 넘쳐 났다. 롱귀를 아직 점령하지는 못했지만, "우리는 적의 공격을 저지한 것 같다"고 그는 말했다. 프랑스군 부대는 작전상 후퇴가 아니라 지리멸렬한 상태로 후퇴하고 있다는 보고가 들어왔다.

그건 그랬다. 전투 직전 루페이 장군은 자기 군의 일부였던 총 50,000명 규모의 3개 예비사단이 이미 차출되고 없음을 알고 격노했다. 죠프르는 루프레흐트의 위협적인 공격에 맞서 이들 3개 예비사단과 다른 곳에서 차출한 4개 정규사단으로 로렌 특별군을 만들기 위하여 그들을 빼갔던 것이다. 모누리 장군이 지휘하는 로렌 군은 카스텔노 군을 지원하고 아르덴느 공격군의 우측을 보호하기 위하여 8월 21일 베르덩과 낭시 중간에 자리잡기 시작하였다. 그것은 마지막 순간에 단행된 재배치 조치 가운데 하나였는데 이로 인해 프랑스군은 유연성을 확보할 수 있었지만 그 당시에는 부정적인 결과를 초래했다. 그것은 루페이의 전력을 약화시켰으며 결정적인 순간에 일곱 개 사단을 활용할 수 없게 만들었다. 나중에 루페이는 만일 그때 자기가 이미 명령을 하달했던 50,000명이 추가 병력으로 있었다면 비르통 전투에서 승리할 수 있었을 것이라고 기회 있을 때마다 주장했다. 그 당시에는 그의 분노가 너무 커 이성이 마비될 지경이었다. 전투 중 GQG의 참모장교가 자신의 사령부를 방문하자 루페이는 폭발했다. "당신네 GQG 사람들은 우리가 보내 준 보고서를 읽어 보지도 않아. 당신들은 독일군 가방 속에 있는 것 중에 하필이면 굴을 닮아 어리석기 짝이 없군.… 그 사람의 작전은 1870년 때만도 못해. 아무것도 못 보고 있는 원수에게 도처에 무능함만 난무한다고 전하시오." 이것은 죠프르와 그를 보좌하는 여러 신들이 루페이를 포함한 무능한 야전지휘관들과 일선 부대에게 죄를 씌우려고 벼르고 있는 올림포스에서 환영 받을 만한 메시지는 아니었다.

같은 날인 8월 22일 드 랑글 장군은 전방의 소식을 기다리며 지휘관으로서 가장 고통스러운 시간을 보내고 있었다. 그는 스당에서 20마일 떨어진 뫼즈의 스테나이(Stenay)에 있는 사령부에서 꼼짝 못하고 "괴로워하면서" 계속해서 올라오는 보고를 받았는데 시간이 갈수록 상황은 더욱더 심각해졌다. 그는 스스로 장군이란 휘하 부대 속에 파묻혀서는 안되며 어느 정도 거리를 두어야만 그들을 지휘할 수 있음을 상기시키며 가까스로 전투 현장으로 달려가고 싶은 충동을 억누르고 있었다. 참모들 앞에서 늘 냉정하며 "위기의 순간 지휘관에게 없어서는 안될 극기심을 유지하는 것"은 아주 어려운 일이다.

날이 저물 무렵 식민군단의 끔찍한 사상자 소식이 전해졌다. 또 다른 군단은 드 랑글이 보기에 지휘관의 지휘가 잘못되는 바람에 이웃 부대를 위험에 빠뜨린 채 퇴각 중이었다. 그는 죠프르에게 "심각한 타격을 받아 탱틴니에서 저지되었고, 모든 부대의 교전 결과가 만족스럽지 못하다"고 보고할 수밖에 없었으며, 또한 각급 부대의 손실과 붕괴로 인해 8월 23일은 작전을 수행하기가 불가능하다고 덧붙였다. 죠프르는 주저 없이 그 보고가 틀렸다고 판단했다. 조금도 평정을 잃지 않은 그는 심지어 드 랑글의 보고를 받고 나서도 메시미에게 아군은 "적이 가장 취약하고 따라서 우리의 수적 우세가 확실한 지점에 배치되었다"고 보고했다. GQG가 할 일은 끝났다. 이제 모든 것은 "그러한 수적 우위의 이점을 가지고 있는" 야전부대와 그 지휘관들에게 달려 있었다. 그는 드 랑글에게 마주하고 있는 적은 3개 군단도 안되므로 공격을 재개해야 한다고 자신의 확신을 되풀이하며 독려하였다.

실제로 아르덴느에서 프랑스군은 수적으로 우세하지 못했으며 오히려 그 반대였다. 황태자 군은 프랑스군이 확인한 3개 군단 외에 정규군단과 같은 군단 번호를 쓰는 2개의 예비군단을 가지고 있었으며, 이는 뷔르템베르그 군도 마찬가지였다. 이들을 모두 합해 그들은 프랑스 제3

군 및 제4군보다도 많은 병력과 야포를 가지고 있었다.

전투는 23일에도 계속되었지만 날이 저물 무렵이 되자 프랑스군의 화살은 목표를 뚫지 못하고 부러졌음이 분명해졌다. 적은 아르덴느에서 결코 "취약하지" 않았다. 적은 우익의 전력이 막강했음에도 불구하고 중앙도 전혀 약하지 않았다. 프랑스군은 그들을 "반으로 절단내지" 못했다. 누구보다도 열정적이라는 프랑스 육군의 자부심을 가지고 장교들은 "앞으로!(En avant!)"라 외치며 군도를 휘둘러, 각자의 중대를 이끌고 참호 속에서 대포로 맞서는 적을 향해 돌진했다. 안개와 그늘 속에 은폐한 회록색 군복이 너무나도 눈에 잘 띄는 빨간 바지를 물리쳤으며, 엄격하고 조직적인 반복 훈련이 담력(cran)을 꺾었다. 프랑스 제3군은 아르덴느로부터 베르덩으로 그리고 제4군은 스테나이와 스당으로 각각 퇴각했다. 브리에이의 철광은 되찾지 못했다. 이곳의 철은 이후 4년간 독일군이 실탄을 만드는 데 사용되었는데 만약 이것이 없었다면 독일은 그러한 장기전을 견디지 못했을 것이다.

8월 23일 저녁까지도 죠프르는 아르덴느에서 당한 패전의 규모를 제대로 파악하지 못하고 있었다. 공격은 "일시적으로 저지"되었으나 "이를 재개하기 위한 모든 노력을 다할 것"이라고 그는 메시미에게 타전했다.

그날 프랑스 제3군이 베르덩으로 퇴각하는 것을 가로막으라는 명령을 받은 황태자 군은 롱귀를 공성부대에게 맡긴 채 그곳을 우회하여 계속해서 진격했다. 불과 한 달 전까지만해도 아버지로부터 모든 것에 대해 참모총장에게 복종하고 "그가 시키는 대로 하라"고 주의를 받았던 황태자는 이 승리의 날 루프레흐트처럼 1급 및 2급 철십자 훈장을 수여한다는 "아버지 빌헬름"의 전보를 받자 "너무도 감격했다." 전보는 참모들 모두가 돌려가며 읽었다. 곧 이어 황태자는 후일 어느 예찬자의 말처럼 "눈부신 흰색 상의" 차림으로 두 줄로 늘어선 병사들 사이로 지나가며 부관이 받쳐든 바구니에서 철십자 훈장을 꺼내 직접 나누어 주었을 것이다. 그때쯤 한 오스트리아 동맹군이 보고서를 썼다면 2급 철십지 훈장은 자살하지 않은 사람이라면 누구나 다 받을 수 있었다고 했을지도 모른다. 얼마 안 있어 "롱귀의 영웅"으로 칭송될 황태자는 오늘 루프레흐트와 견줄 만한 영광을 얻었는데, 만일 이런 아첨의 와중에 슐리펜의 유령이 나타나 포위나 섬멸이 없는 그저 "평범한 정면공격에서 이긴 것"에 대해 불평하거나, "무모한 메달 사냥"이라고 중얼거리며 힐난했을지라도 그 말에 귀 기울이는 사람은 아무도 없었을 것이다.

한편 상브르의 랑허작은 강을 건너 공격하라는 명령을 이미 받은 상태였다. 그의 제5군이 "나무르의 요새에서 대기하다가" 샤를루와를 지나게 될 좌익과 함께 공격목표인 적의 "북부 그룹"을 타격할 예정이었다. 제5군 휘하 1개 군단은 동쪽에서 가해질 독일군의 공격에 맞서 뫼즈 저지선을 지키기 위하여 두 강의 합류지점에 머무를 작정이었다. 비록 죠프르는 영국군을 지휘할 권한은 없었지만, 그의 명령은 사실상 존 프렌치 경에게 몽 운하를 건너 "수와인니(Soignies) 방향으로 일제히" 진격함으로써 "이 작전에 협력해 줄" 것을 요구하는 것이었다. 이 운하는 쉘강을 경유하여 해협까지 수로가 이어지도록 상브르 강을 연장시킨 것이다. 그것은 나무르에서 샤를루와까지는 상브르 강으로, 샤를루와에서 쉘까지는 운하로 된 연결 수로의 일부분이었고, 이 수로는 독일군 우익의 진격로를 가로 지르고 있었다.

독일군 시간표에 의하면 폰 클룩 군은 8월 23일까지 이 수로에 도착할 예정이었다. 한편 도중에 나무르를 함락해야 하는 뷜로브 군은 이보다 일찍 수로에 도착하여 비슷한 시각이면 이미 수로를 건널 것으로 예상되었다.

존 프렌치 경의 행군명령에 의해 설정된 영국군의 시간표에 의하면 BEF도 독일군과 같은 날인 23일 운하에 도착할 예정이었다. 아직 어느 쪽도 이러한 우연의 일치를 모르고 있었다. 영국군 선발대는 보다 일찍 22일 밤이면 이 지점에 도착할 예정이었다. 랑허작이 상브르를 건너도록 명령 받은 21일, "이 작전에 협조할 것"으로 기대되었던 BEF는 만 하루 거리만큼 프랑스군에 뒤처져 있었다. 영국군의 늦은 출발과 지휘관들 간의 매끄럽지 못한 관계에서 비롯된 공조체제의 미흡으로 인해 이들 두 군대는 양쪽의 사령부가 겨우 35마일 거리에 있었음에도 불구하고 계획했던 연합작전 대신, 샤를루와와 몽에서 각각 별개의 전투를 벌이게 된다.

랑허작 장군의 가슴에서 이미 공격 지상주의는 죽어버렸다. 그는 자신을 향해 쇄도하는, 이제는 너무도 분명해진 3개 독일군의 전체 그림은 볼 수 없었지만 그들의 존재는 느낄 수가 있었다. 하우센의 제3군은 동쪽으로부터, 뷜로브의 제2군은 북쪽으로부터 각각 그를 향해 다가오고 있었으며, 클룩의 제1군은 그의 좌측에서 규모가 절반 수준인 영국군을 향해 진격해 오고 있었다. 랑허작은 적군의 이름이나 숫자는 몰랐지만 그들이 그곳에 있다는 것은 알았다. 그는 정찰을 통해 자신이 처리할 수 있는 수보다 훨씬 큰 규모의 적이 자기를 향하고 있음을 알았거나, 적어도 추론할 수가 있었다. 적 전력에 대한 평가는 절대적인 것이 아니라, 여러 정찰 결과와 정보의 조각들을 모아 그림을 구성하는 작업인데, 이 때 가능한 한 이미 숙지하고 있는 이론 또는 특정한 전략적 요구에 부합하는 그림을 지향하게 된다. 참모들이 입수한 증거로부터 무엇을 만들어내느냐는 그들 사이에 퍼져 있는 낙관론 또는 비관론의 정도, 그들이 믿고 싶은 것 또는 믿기를 두려워하는 것, 그리고 때로는 개개인의 예민함 또는 직관에 의해 좌우된다.

뫼즈 서쪽의 독일군 전력에 대한 똑같은 보고서가 랑허작과 GQG에게 서로 다른 그림을 전달했다. GQG는 아르덴느에서 취약한 독일군 중심부를 보았다. 랑허작은 밀려내려 오는 거대한 파도와 바로 그 앞에 서 있는 제5군을 보았다. GQG는 뫼즈 서쪽의 독일군 전력을 17개 또는 18개 사단으로 추정했다. 그들은 이에 맞서는 아군을 랑허작의 13개 사단, 별도의 2개 예비사단, 5개 영국군 사단 그리고 나무르의 1개 벨기에 사단을 합해 총 21개 사단으로 계산했으며, 이 정도면 수적으로 충분한 우위를 줄 것으로 판단했다. 죠프르의 계획은 프랑스 제3군과 제4군이 아르덴느에서 독일군의 중앙을 돌파할 때까지 이들이 독일군을 상브르 너머에서 저지하고 있다가 돌파가 되면 모두 함께 북쪽으로 진격하여 독일군을 벨기에에서 몰아낸다는 것이었다.

계급에 의한 것은 아니겠지만 사실상 헨리 윌슨에게 압도된 영국군 참모부는 GQG의 이와 같은 추산에 동의했다. 8월 20일 일기에서 윌슨은 뫼즈 서쪽의 독일군이 17개 또는 18개 사단이라고 똑같이 적은 다음, "많을수록 좋지, 그만큼 중앙이 엷어지니까"라고 흡족한 기분으로 마무리했다. 전선 멀리 영국에 있는 키치너 경의 예감은 불길했다. 8월 19일 그는 존 프렌치 경에게 자신이 전에 이미 경고한 바 있는, 뫼즈 서쪽과 북쪽을 휩쓸고 있는 독일군의 공격 규모가 "점차 커지고 있음이 분명해 보인다"고 타전했다. 그는 모든 보고서를 보내도록 지시했으며 다음날도 같은 지시를 반복했다. 실제로 그 당시 뫼즈 서쪽의 독일군 전력은 17개 또는 18개 사단이 아니라 30개 사단으로, 7개 정규군단과 5개 예비군단, 5개 기병사단 그리고 기타 단위부대들로 이루어져 있었다. 그 외에도 아직 뫼즈를 건너지 않았지만 우익의 일부를 이루고 있던 폰 하우센 군의 4개 군단 즉, 8개 사단이 추가될 예정이었다. 전체적으로 국경의 전투에서 독일군의 수적 우위는 1.5 대 1이었지만 우익의 우세는 거의 2 대 1에 가까웠다.

이들이 노리는 것이 랑허작 군이었으며 그도 이것을 알고 있었다. 영국군 지휘관과 재앙과도 같은 면담을 마친 후 랑허작은 그들이 준비도 안되어 있고 믿을 수도 없다고 판단했다. 그는 벨기에군의 방어는 나무르에서 붕괴될 것임을 알았다. 최근의 병력 재배치로 그에게 새롭게 배속된 군단들 가운데 샤를루와 서쪽에서 그의 좌측을 맡게 될 군단은 8월 21일까지도 아직 제자리에 도착하지 않았다. 그가 만일 명령 받은 대로 상브르를 건너 공격한다면, 자신의 좌측으로 쏟아져 들어올 독일군에 의해 포위당할 것은 뻔했고 그렇게 된다면 파리까지 독일군을 막을 수 있는 것은 아무것도 없다. 랑허작이 이제껏 쌩 시르와 육군대학에서 가르쳤던 모든 것을 좌우하는 원칙, 프랑스군을 훈련시킨 기본 원칙은 "어느 곳에서든 적을 만나면 공격하라"는 것이었다. 이제 새삼 그것을 되새겨 보자 그는 섬뜩한 해골의 모습을 보았다.

랑허작은 망설였다. 그는 죠프르에게 만일 상브르를 건너 북쪽에서 공격을 하게 된다면 영국군이 아직 자신과 공조하여 작전에 들어갈 준비가 되어 있지 못하기 때문에 제5군은 "혼자 노출된 상태에서 싸우게 될 것"이라고 통보했다. 만일 양 군대가 연합작전을 하려면 제5군은 23일이나 24일까지 기다려야 했다. 죠프르는 "공격개시 시점은 전적으로 장군의 판단에 맡긴다"고 대답했다. 그러나 적은 그러한 선택의 여지를 줄 만큼 관대하지 않았다.

주력군을 이미 나무르 공격에 투입하고 있던 빌로브 군의 분견대가 8월 21일 상브르 쪽으로 침투했으며 나무르와 샤를루와 사이의 두 지점에서 도강을 감행하였다. 랑허작은 휘하 부대에게 제5군의 공격은 "이웃 군대들"로 인해 지체되고 있다고 말하면서, 그동안 강을 건너려는 독일군의 어떠한 시도도 저지해야 한다고 지시했다. 이 지역을 맡고 있던 제10군단은 프랑스군 사전에는 없는 단어인 방어를 위해 참호를 파서나 철조망을 가설하거나 혹은 남쪽 제방을 방어하기 위한 아무런 사전 조치도 취하지 않은 채 적군을 향하여 돌진하기만을 기다리고 있었다. "돌격 나팔을 불고, 북을 치고, 깃발을 휘날리며", 그러나 선제 포격도 없이 프랑스군은 기습 돌격을 감행하였다. 치열한 전투가 끝나자 그들은 뒤로 밀려났다. 그날 밤 적군은 강 남쪽의 타민과 또 다른 마을을 점령하고 말았다.

소총부대의 날카로운 총소리와 포탄의 폭발음 너머 저 멀리서 거대한 북을 치는 것 같은 깊고도 무거운 소리를 들을 수 있었다. 독일군의 공성포가 나무르의 요새들을 포격하기 시작했던 것이다. 리에쥬로부터 끌고 온 420과 305를 사정거리 안으로 가져다가 시멘트로 고정했다. 이제 2톤에 달하는 포탄들을 벨기에의 두 번째 요새에 퍼붓고 있었다. 포탄은 "아주 긴 비명소리"를 내며 날아 왔다고 나무르까지 자원자들로 구성된 야전의 무대를 인솔했던 영국 여성이 기록했다. 그것은 어디에서든 그 소리를 듣는 사람에게 똑바로 날아오는 것 같았고, 어디에 떨어지든 바로 옆에서 터지는 것처럼 느껴졌다. 외곽을 에워싼 요새들을 향해 하늘이 찢어지는 듯한 파괴의 무시무시한 천둥 소리가 이틀간 계속되자 도시는 조용해졌다. 화약 연기, 석회처럼 부서지는 콘크리트, 지하실에서 미쳐 버린 사람들처럼 리에쥬의 현상이 똑같이 반복되었다. 벨기에군 본진과 차단된 요새 수비대와 제4사단은 버림받은 기분이었다. 나무르에서 랑허작의 연락장교 역할을 하던 요새 지휘관 뒤부이가 제5군사령부로 돌아와, 프랑스군이 지원한다는 가시적인 조치가 없는 한 요새는 더 이상 단 하루도 버티지 못할 것 같다고 말했다. "그들에게 군악대의 연주에 맞춰 펄럭이는 군기를 앞세우고 행진하는 프랑스군을 보여 줘야만 합니다. 군악대가 반드시 있어야 합니다"라고 그는 강조했다. 그날 밤 프랑스군 3개 대대로 구성된 약 3,000명 규모의 1개 연대가 파견되어 다음날 아침 나무르 방어에 합류하였다. 방어 병력은 37,000명이었다. 독일군은 8월 21일부터 24일까지 진행된 강습에 400 내지 500문의 대포와 함께 107,000명에서 153,000명에 이르는 대규모 병력을 동원하였다.

8월 21일 밤 존 프렌치 경은 키치너에게 24일 이전에 심각한 전투는 없을 것 같다고 보고하였다. "본관은 상황을 철저하게 알고 있다고 생각하며 상황은 아군에게 유리한 것으로 보인다"고 적었다. 하지만 그는 자신이 생각한 만큼 상황을 철저하게 알지는 못했다. 다음날 영국군이 "일제히 수와인니 쪽을 향해" 몽으로 가는 길을 행군하고 있을 때, 기병정찰대가 독일군 1개 군단도 자신들처럼 수와인니 쪽을 향해 브뤼셀-몽 도로를 따라 내려오고 있다고 보고했다. 위치로 보아 그날 밤이면 마을에 도착할 것으로 예상할 수 있었다. 적은 존 경의 목표일인 24일까지 기다려 줄 것 같지 않았다. 영국군 비행사로부터 또 다른 독일군 군단이 영국군의 좌측을 포위할 수 있을 정도로 먼 길을 돌아 내려오고 있다는 더욱 놀라운 소식이 전해졌다. 포위. 갑자기 영국군의 눈앞에, 적어도 정보부서의 눈앞에, 놀랍도록 분명한 적의 위협이 그 모습을 드러낸 것이다. 키치너가 끊임없이 얘기하던 "밀물"은 이제 더 이상 한 가지 가능성이 아니라 살아 움직이는 적군의 대열이었다. 헨리 윌슨의 영향을 받고 있던 참모부 수뇌들은 그것을 무시했다. 윌슨을 통해 프랑스군 전략에 빠져 있던 그들은 독일군 우익에 대한 경고를 받아들이는 데 있어 GQG 보다 나을 것이 없었다. "귀관이 수집하여 총사령관께 보고한 정보는 다소 과장된 것으로 보인다"로 결론났고 행군 명령은 바뀌지 않았다.

영국군은 자신들이 역사적인 전승지를 지나가고 있다는 것을 의식하고 있었다. 몽 남쪽 10마일 지점에서 그들은 프랑스와 벨기에의 접경 지역에 있는 말프라케를 지나갔다. 길가에는 말보로가 루이 14세의 군대를 패퇴시켰으며 그 내용이 프랑스 민요를 통해 전승될 정도로 유명한 전적지를 표시하는 석조 기념비가 서 있었다. 그들 앞쪽 몽과 브뤼셀 중간에는 워털루가 있었다. 거의 백년 만에 그 승리의 전쟁터로 돌아온 그들은 자신감을 가질 수밖에 없었다.

22일 영국군 대열의 선두가 몽에 다가가면서 운하 북쪽의 도로를 수색하던 기병 전대의 일부가 자신들 쪽으로 오고 있는 네 명의 기병을 보았다. 그들은 낯설어 보였다. 그와 동시에 낯선 기병들도 영국군을 보고 멈춰 섰다. 서로 상대방이 적임을 깨닫기까지 숨막히는 순간이 흘렀다. 울란들은 자신들의 전대 본진과 합류하기 위해 뒤로 돌아 달렸고 영국군이 뒤를 쫓았으며 수와인니 거리에서 이들을 따라 잡았다. 이 통렬한 전초전에서 울란들은 "긴 창 때문에 방해를 받아 상당수가 그것을 내던져 버렸다." 영국군은 서너 명을 살해하고 전승지라고 하기에는 다소 좁은 전장을 의기양양하게 떠났다. 기병 전대장인 혼비 대위는 새로운 형태의 기병 군도로 독일군을 살해한 최초의 영국 장교로서 DSO(Distinguished Service Order, 전쟁에서 뛰어난 업적을 이룬 장교에게 수여하는 영국 무공훈장: 역주) 훈장을 받았다. 전쟁은 가장 고무적인 결과와 더불어 전통적인 절차를 거쳐 올바른 방식으로 시작되었던 것이다.

예상했던 대로 수와인니로 가는 길에서 최초의 접촉이 이루어지자 참모부 수뇌들은 적의 전력 또는 위치에 대한 자신들의 평가를 바꿀 이유가 없었다. 윌슨은 영국군에 맞서는 독일군 전력을 1개 내지 어쩌면 2개 군단과 1개 기병사단으로 가정하였고, 이 숫자는 2개 군단과 1개 기병사단으로 이루어진 BEF보다 적거나 기껏해야 같은 수준이었다. 윌슨은 성격이 강하고, 자신만만했으며, 잘 알려진 대로 그곳 지형과 프랑스군에 대해 정통했었기 때문에 정보장교들의 보고서보다 더 큰 설득력을 가졌었다. 특히 작전장교들은 정보란 언제나 최악의 경우를 가정한다는 이론을 근거로 전통적으로 이웃 부서의 의견을 과소평가하는 경향이 있었다. 영국군 가운데 독일군의 군사 이론과 실무에 가장 밝았던 제임스 그리어슨 경의 죽음은 GQG 이론의 복사판인 윌슨의 이론에 그만큼 더 힘을 실어 주었다. 죤 프렌치 경은 아니었을지라도, 참모부와 군단장들은 자신감을 가지고 내일 벌어질 전투를 기대했다.

죤 프렌치 경의 기분은 여전히 어두웠고, 그의 망설임은 거의 랑허작과 같은 수준이었다. 21일 그리어슨을 대신하여 이제 막 프랑스에 도착해서 사령부로 찾아온 스미스-도리언 장군은 "꽁데(Condé) 운하에서 전투를 하라"는 지시를 받았다. 스미스-도리언은 이 말의 의미가 공격인지 방어인지를 물었고 "명령에 복종하라"는 대답을 들었다. 죤 프렌치 경을 불안하게 하는 요소는 자신의 우측에서 벌어질 랑허작의 작전계획을 모른다는 것과 그들 사이에 벌어진 간격이었다. 22일 아침 그는 반갑지 않은 이웃과 의논하기 위해 자동차를 타고 출발했으나, 가는 도중에 랑허작이 지금 한창 전투를 벌이고 있는 메테(Mettet)의 제10군단 사령부로 가고 없다는 말을 듣고 그냥 돌아왔다. 한 가지 좋은 소식이 사령부에서 그를 기다리고 있었다. 출발할 때 영국에 남아 있던 제4사단이 이미 프랑스에 도착했으며 전방으로 오는 중이었다. 벨기에를 지나는 독일군의 진격이 긴 그림자를 드리웠고, 벨기에군이 앤트워프로 후퇴해 버리자 키치너는 그들을 보내기로 결정했던 것이다.

폰 클룩 장군은 수와인니의 도로에서 빚어진 기병들의 충돌 소식을 듣고 영국군보다 더 놀랐다. 프랑스군과 영국군의 보안조치가 너무나 완벽하여 지금까지도 그는 영국군이 자기 앞에 있다는 것을 모르고 있었다. 그는 BEF가 "프랑스 땅에" 안전하게 도착했다는 키치너의 공식

성명을 게재한 벨기에 신문을 읽었기 때문에 그들이 상륙한 것은 알고 있었다. 8월 20일에 발표된 이 성명을 듣고 비로소 영국 국민들과 세계, 그리고 적군은 영국군의 상륙 사실을 알게 되었던 것이다. 클룩은 여전히 그들이 오스탕, 덩커크, 그리고 칼레에 상륙한 것으로 생각했다. 왜냐하면 프랑스군과 만나기 전에 벨기에군과 영국군을 한꺼번에 "공격하여 섬멸하려던" 그로서는 그렇게 믿고 싶었기 때문이었다.

이제 브뤼셀에서 남쪽으로 이동하게 되자 클룩은 앤트워프로부터 자신의 배후에 가해질 벨기에군의 출격과 더불어 측면에 대한 영국군의 공격을 걱정하지 않을 수가 없었으며, 그들이 자신의 오른쪽, 벨기에 어딘가 알 수 없는 곳에 포진하고 있다고 생각했다. 그는 영국군을 찾아내기 위하여 계속해서 군대를 서쪽으로 비스듬히 이동시키려고 했지만 언제나 양 군 사이의 간격이 벌어질 것을 염려한 뷜로브는 계속해서 그에게 안쪽으로 들어오라는 명령을 멈추지 않았다. 클룩은 이에 응하지 않았다. 뷜로브도 굽히지 않았다. "그렇지 않으면 제1군은 너무 멀리 나가게 되어 제2군을 지원하지 못하게 될 수도 있다"고 그는 말했다. 영국군이 바로 자기 앞 수와인니에 있음을 알게 된 클룩은 다시 한번 적의 측면을 찾기 위해 서쪽으로 이동하려 하였다. 또다시 뷜로브에 의해 저지당하자 그는 OHL에 격렬하게 항의하였다. 영국군의 행방에 대한 OHL의 이해는 독일군 우익의 행방에 대한 연합군의 이해보다도 더 어두웠다. OHL은 "이곳에서 보기에 위협적인 규모의 상륙은 아직 없었던 것 같다"고 말하면서 클룩의 제안을 거절하였다. 적을 포위할 기회를 빼앗긴 채 정면공격을 피할 수 없게 된 클룩은 노기등등하여 몽으로 향했다. 8월 23일 실시 예정으로 하달된 그의 명령은 운하를 건너 남쪽 지역을 장악하고, 서쪽에서 적의 퇴로를 차단하는 동안 적을 모뵈즈로 몰아 넣으라는 것이었다.

8월 22일 뷜로브는 오른쪽의 클룩만큼이나 왼쪽의 하우센과도 문제가 많았다. 클룩이 계속 앞서가려고 하는데 반해 하우센은 자꾸 뒤로 쳐지려고 하였다. 이미 상브르를 건너 랑허작의 제10군단과 교전 중인 선발대와 함께 뷜로브는 자신의 제2군과 하우센 군으로 거대한 합동공격을 가해 적을 섬멸할 계획이었다. 그러나 22일 하우센은 아직 준비가 되어 있지 않았다. 뷜로브는 이웃의 "미흡한 협조"에 대해 아주 심하게 불평하였다. 하우센도 뷜로브의 끊임없는 지원요구로 인한 "고통"에 대해 똑같이 심하게 불평하였다. 뷜로브는 더 이상 기다리지 않기로 하고 상브르 방어선에 대한 맹렬한 공격에 3개 군단을 투입하였다.

그날과 그 다음날 뷜로브와 랑허작의 군대는 샤를루와 전투에서 맞붙었다. 첫째 날이 끝날 무렵 하우센의 군대가 합류했다. 이 이틀간은 바로 프랑스 제3군과 제4군이 아르덴느의 숲에서 안개 속을 헤매며 재앙과 씨름하고 있던 바로 그 시기였다. 랑허작은 전투를 지휘하기 위하여 메테에 있었는데, 그 지휘 과정의 대부분은 자신들에게 벌어지고 있는 상황에 대한 사단장이나 군단장의 보고를 그저 고통스럽게 기다리는 것뿐이었다. 그들 또한 집중포화를 받거나 마을의 길가에서 벌어진 전투에 붙잡혀 있거나 보고할 장교도 남아 있지 않은 채 탈진상태에서 피를 흘리며 뒤로 밀리고 있는 예하 부대에 무슨 일이 일어났는지를 파악하는 것이 얼마나 어려운지 절감하고 있었다. 보고에 앞서 눈으로 볼 수 있는 증거들이 메테에 도착했다. 랑허작과 그 참모들이 초조한 나머지 집안에 있을 수가 없어 밖으로 나와 불안하게 서성거리고 있던 광장으로 부상당한 장교를 태운 자동차가 들어왔다. 부상자는 제10군단 소속 사단장인 부에 장군으로 확인되었다. 그는 잿빛 얼굴로 눈에는 슬픔을 가득 담은 채, 자동차로 달려온 엘리 드와셀에게 "우리는 할 수 있는 한… 끝까지 버텼다고… 사령관께 전해 주시오"라며 고통 속에 나지막이 더듬거렸다.

제10군단 좌측에 있던 제3군단이 샤를루와 전방에서 "심긱한" 손실을 입었다는 보고가 들어왔다. 그날, 강 양쪽으로 펼쳐져 있는 이 공업도시에 독일군이 침투했으며 프랑스군은 그들을 몰아내기 위하여 격렬하게 싸웠다. 독일군이 새로운 공격방법을 미처 깨닫지 못하고 예전 버릇대로 밀집대형으로 공격하자 그들은 75의 더할 수 없는 목표가 되었다. 그러나 분당 15발을 쏠 수 있는 75는 겨우 분당 2.25발 쏠 수 있을 정도의 포탄만 지급 받았다. 자원병으로 구성된 2개 알제리사단 소속의 알제리 "저격병(Turcos)"들은 샤를루와에서 자신들의 아버지가 스당에서 싸웠던 것에 비해 조금도 뒤지지 않을 정도로 용감하게 싸웠다. 한 대대는 독일군 포병대로 돌격, 포병들과 백병전을 벌였으며 1,030명의 대대 정원 가운데 부상 없이 귀환한 인원은 단 두 명뿐이었다. 거의 모든 곳에서 눈으로 볼 수도 없고 접근할 수도 없는 포병대로부터 포격을 받은 프랑스군은 그 지역의 주변 여건에 따라 분노하거나 전의를 상실하였다. 그들은 머리 위에서 대포의 탄착 관측병 역할을 하는 매 모양의 독일군 비행기를 보고 무기력한 분노를 느꼈으며 그들이 지나간 후에는 어김없이 새로운 포탄들이 작열했다.

저녁이 되자 랑허작은 "심각한 손실을 입은" 제10군단은 "어쩔 수 없이 퇴각했고", 제3군단은 "격렬하게 교전 중"이나, 장교들이 "심각한 피해를 입었으며", 좌측의 제18군단은 무사했지만 제일 좌측에 있던 소르데 장군의 기병군단은 "극도로 지쳐서" 어쩔 수 없이 제5군과 영국군 사이에 틈을 비운 채 후퇴하였다고 보고할 수밖에 없었다. 그 간격은 10마일 정도인 것으로 드러났는데 그 정도면 적 군단 병력이 침투하기에 충분했다. 랑허작의 상황은 존 프렌치 경에게 뷜로브의 오른쪽 측면을 공격하여 프랑스군에 대한 압박을 완화시켜 달라고 요청할 정도로 심각했다. 존 프렌치는 이 요청에 응할 수 없다고 대답했지만 24시간 동안 몽 운하의 방어선을 사수하겠다고 약속했다.

그날 밤 하우센이 뫼즈를 향해 새로운 4개 군단과 340문의 야포를 작전에 투입하자 랑허작의 입지는 더욱 곤혹스러워졌다. 하우센은 밤 사이 공격을 계속했고 강 건너에 교두보를 확보했지만 프랑세 데스퍼레이의 제1군단에 의해 격퇴되었는데 그들의 임무는 랑허작의 우측 전선을 따라 뫼즈를 사수하는 것이었다. 그들은 제5군 가운데 유일하게 참호로 엄폐된 진지를 구축한 군단이었다.

하우센의 의도는 OHL의 명령에 따라 랑허작 군의 배후를 차단하기 위해 남서쪽으로 지베를 향해 공격하는 것이었는데, 만일 그렇게 된다면 프랑스 제5군은 자신의 제3군과 뷜로브 군 사이에 포위되어 전멸될 수도 있었다. 그러나 이 지역에서 상대방 만큼이나 혹독한 피해를 입은 뷜로브는 강력한 공격을 가해 끝장을 보기로 결심하고 하우센에게 제5군의 퇴로를 가로질러 남서쪽을 공격하는 대신 메테를 향해 서쪽으로 그들의 본진을 직접 공격하도록 명령하였다. 하우센은 이에 따랐다. 그것이 실수였다. 그로 인해 하우센은 8월 23일 하루 종일 강력한 방어망을 구축한, 원기 왕성한 프랑세 데스퍼레이의 군단을 상대로 정면공격에 매달리게 되었을 뿐만 아니라 랑허작의 퇴로를 열어주게 되었는데, 이렇게 열린 틈으로 섬멸전의 기회도 달아나게 되었다.

8월 23일 내내 덥고 깨끗했던 여름 하늘은 작열하는 포탄의 우중충한 검은 연기로 뒤덮였다. 프랑스군은 곧바로 포탄에다 모든 프랑스 가정의 난로 위에 놓여 있는 철제 국냄비 이름을 따 "마르미트(marmites)"라는 별명을 붙였다. "한 지친 병사가 그날에 대해 기억나는 것은 마르미트가 비처럼 쏟아졌다(Il plut des marmites)"는 것이 전부였다. 어떤 곳에서는 독일군을 상브르 강 너머로 밀어내기 위해 프랑스군이 여전히 공격 중이었고, 다른 곳에서는 전선을 사수하고 있었으며, 또 다른 곳에서는 전투력을 잃고 무질서하게 퇴각 중이었다. 도로는 먼지로 뒤덮인 외투를 걸치고, 아이와 짐꾸러미에 짓눌린 채, 손수레를 밀며, 목적지나 집 또는 피난처도 없이 그냥 북쪽의 무시무시한 대포 소리로부터 멀어지려고 천천히 지친 듯이 끝없이 이동하는 벨기에 피난민들로 가득 차 있었다.

피난민 행렬은 샤를루와로부터 20마일 떨어진 필립빌을 지나갔는데, 그날 랑허작의 사령부는 그곳에 있었다. 붉은 군복바지 차림에 두 발을 벌리고 두 손을 등뒤에서 마주 잡은 채 광장에 서 있던 랑허작은 아무 말 없이 우울하게 그들을 바라보았다. 검은색 상의 위로 그의 검은 얼굴은 거의 창백했으며 두 볼은 축 늘어져 보였다. 그는 "극도의 불안에 짓눌린" 상태였다. 적의 압박이 모든 방향으로부터 그를 향해 집중되고 있었다. 상황에 대한 그의 의견을 묻는 것 외에 GQG로부터는 아무런 지침도 내려오지 않았다. 랑허작은 소르데 기병군단의 퇴각으로 생긴 틈새를 매우 심각하게 염려하고 있었다. 정오가 되자 벨기에군 제4사단이 나무르를 철수하고 있다는, 비록 예견된 것이긴 하나 여전히 믿기지 않는 소식이 들어왔다. 도시 뒤쪽의 높은 제방에 위치한 요새들과 더불어 상브르와 뫼즈의 합류점을 제압하고 있던 도시가 곧 뷜로브의 수중에 들어가게 될 것이다. 랑허작이 그날 아침 제4군과 연결되는 접경 지역을 보강하기 위해 병력이동을 요청하는 전문을 보냈던 이웃의 드 랑글 드 카리 장군으로부터는 아무런 연락도 없었다.

제5군 참모부는 기가 막힌 기회를 잡았다고 보고한 프랑세 데스퍼레이에게 반격을 허락하도록 랑허작을 독촉하고 있었다. 퇴각하는 제10군단을 추격 중인 독일군이 그에게 측면을 드러냈던 것이다. 또 다른 대담한 청원자들은 그날 몽에서 폰 클룩의 막강한 병력과 교전 중인 영국군에 가해진 압박을 덜어주기 위해 좌측 멀리 있던 제18군단에 의한 반격을 촉구했다. 주전론자들에게는 유감이었으나 랑허작은 거절했다. 그는 조용히, 아무 명령도 내리지 않고 기다렸다. 샤를루와 전투 이후 수년 동안 계속된 비판론자들과 옹호론자들 간의 논쟁에서 사람들은 그날 오후 랑허작 장군이 마음속으로 무슨 생각을 하고 있었는지에 대해 각자의 해석을 개진하였다. 어떤 이들에게는 그가 겁먹고 마비된 것처럼 보였지만 다른 이들에게는 불확실하고 고통스러운 상황 속에서도 침착하게 기회를 찾고 있는 사람으로 보였다. GQG로부터 아무런 지침도 없이 방치되었던 그는 혼자서 결정할 수밖에 없었다.

그날 오후 늦게 결정적인 사건이 일어났다. 하우센 군 소속 부대가 디낭 남쪽 오나에(Onhaye)에서 뫼즈를 건너 교두보를 확장한 것이다. 프랑세 데스퍼레이는 즉각 망겡 장군의 지휘 하에 1개 여단을 보내 제5군의 배후를 차단할지도 모를 이 위험에 대처하도록 하였다. 그와 동시에 마침내 드 랑글 장군으로부터 랑허작에게 전언이 도착했다. 그것은 그야말로 최악이었다. 제4군은 앞서 발표된 GQG의 성명이 암시했던 것처럼 아르덴느에서 성공적이지 못했을 뿐만 아니라 퇴각을 강요 받고 있었는데 그렇게 되면 랑허작의 우익과 스당 사이를 연결하는 뫼즈 방어선이 무방비 상태로 노출될 수도 있었다. 이제 오나에에 있는 하우센의 색슨군은 더욱더 큰 위협이 되었다. 랑허작은 이 부대가 드 랑글이 후퇴함으로써 자유롭게 행동하게 된 적군의 선봉이며 지금 당장 격퇴하지 않으면 곧바로 병력이 증강될 것으로 "믿을 수밖에 없었다." 이때는 아직 그 일이 일어나지 않았기 때문에 그는 망겡 장군의 여단이 눈부신 총검 돌격으로 색슨군을 오나에에서 몰아내게 된다는 사실을 알 수가 없었다.

설상가상으로 샤를루와 전방의 제3군단이 공격을 받았는데 전선을 사수하지 못하고 퇴각 중이라는 전문이 들어왔다. 요새 지휘관 뒤루이는 독일군이 나무르의 북쪽 요새들을 점령했으며 도시로 진입하고 있다는 소식을 가지고 왔다. 랑허작은 쉬메이의 군단 사령부로 돌아왔는데 그곳에서 "제4군의 공격은 저지당했으며 그들은 제5군의 우측을 완전 무방비 상태로 방치한 채 아침부터 퇴각 중이라는 소식을 확인"하였다.

랑허작에게 우측의 위험은 "치명적인 것으로 보였다." 그는 지금 드랑글 군이 무너져 퇴각하고 있는 바로 그 장소에서 벌어졌던 또 다른 재난에 대한 생각으로 괴로웠다. 그것은 "44년 전 우리 군대가 독일군에게 포위되어 강요 받았던 항복, 우리의 패배를 설욕할 수 없는 상태까지 몰고 갔던 그 참담했던 패배의 참으로 뼈 아픈 기억"이었다.

제2의 스당으로부터 프랑스를 구하려면 제5군은 살아남아야 한다. 그가 보기에 이제 프랑스군은 보쥬에서부터 상브르에 이르는 전 전선에 걸쳐 퇴각하고 있음이 분명해졌다. 군대가 존재하는 한 패배는 스당의 경우처럼 회복 불능인 것은 아니며, 싸움은 계속될 수 있었다. 그러나 만일 제5군이 섬멸된다면 전 전선은 혼란에 빠질 것이며 총체적인 패전이 뒤따를 수도 있었다. 상황이 아무리 급박하고 또한 아무리 용감하게 밀어붙이더라도 반격으로 전체적인 상황을 반전 시킬 수는 없었다.

랑허작이 마침내 입을 열었다. 그는 총 퇴각을 명령했다. 그는 자신이 제거되어야만 할 "재앙자(catastrophard)"로 취급될 것임을 알았고, 실제로 그렇게 되었다. 본인의 설명에 의하면 그는 부하 장교에게 다음과 같이 말했다고 한다. "우리는 졌지만 잘못된 부분은 고칠 수 있다. 제5군이 살아 있는 한 프랑스는 진 것이 아니다." 비록 이 언급은 사건 뒤에 쓰여진 회고록 속 문장 같은 느낌이 들지만, 당시에 실제로 그렇게 말했을지도 모른다. 운명적인 순간에, 특히 프랑스에서는, 종종 장엄한 연설을 하게 된다.

랑허작은 GQG와 협의도 없이 죠프르가 승인하지 않을 것이라고 판단되는 결정을 내렸다. "적은 뫼즈에서 아군의 우측을 위협하고 있고, 오나에는 점령당했고, 지베는 위험하며, 나무르는 빼앗겼다"고 그는 보고했다. 이러한 상황과 "제4군의 부진" 때문에 그는 제5군의 퇴각을 명령하였다. 이 전문과 더불어 오랜 숙적을 단기전으로 패퇴시키려는 프랑스군의 마지막 희망은 사라졌다. 프랑스군의 마지막 공격은 실패했다. 죠프르는 이를 승인하지 않았지만, 그날 밤은 아니었다. 안개로 뒤덮인 쓰라렸던 8월 23일 일요일 밤, 프랑스군의 모든 계획이 무너지고 있었을 때, 아무도 이곳저곳에서 무슨 일이 벌어지고 있는지 확실히 몰랐을 때, 또 다른 스당의 망령이 랑허작 뿐만 아니라 많은 이들의 마음을 괴롭히고 있을 때, GQG는 제5군의 후퇴에 대해 이의를 제기하거나 이를 취소시키지 않았다. 아무 말도 않음으로써 죠프르는 그 결정을 재가했지만, 그것을 용서한 것은 아니었다.

나중에 샤를루와 전투에 대한 공식적인 설명에서는 랑허작 장군이 "스스로 우측에 위협이 있다고 생각하여, 반격을 하는 대신 퇴각을 명령했다"고 언급하게 된다. 그것은 플랜17의 실패에 대한 희생양이 필요했던 GQG가 제5군 사령관을 처리할 때의 얘기였다. 그러나 그가 결정을 내리던 바로 그 시간에는 전후의 설명이 암시하듯이 GQG의 그 누구도 랑허작 장군에게 그가 단순하게 우측이 위험하다고 "생각했던"것일뿐 실제로는 그렇지 않았다고 지적하지 않았다.

좌측 먼 곳에서는 이른 아침부터 영국군과 폰 클룩 군이 60피트 너비의 몽 운하를 사이에 두고 결전을 벌이고 있었다. 이른 아침의 안개비가 그치자 8월의 태양이 오후의 폭염을 예고하며 그 모습을 드러냈다. 마침 일요일이라 탄광촌 사람들이 검은 정장을 입고 미사에 참석하는 평소처럼 교회 종이 울리고 있었다. 양쪽으로 철도 측선과 공장 작업장이 늘어선 운하는 용광로와 공장에서 배출된 화학 폐기물의 검은색 찌꺼기 때문에 지저분했으며 악취가 났다. 작은 채소밭, 목장과 과수원 사이로 마녀의 뾰족한 모자처럼 생긴 회색 광물 찌꺼기 더미가 이곳저곳에 쌓여 있어 이상 야릇한 광경을 드러내고 있었다. 이곳에서 전쟁이란 별로 어울리지 않을 것 같았다.

영국군은 몽 양쪽으로 병력을 배치했다. 스미스-도리언 장군의 제2군단은 서쪽으로 몽과 꽁데 사이, 15마일 구간의 운하를 따라 전선을 구축했으며 몽 바로 동쪽에 위치한 돌출부에 병력을 투입했는데, 그곳에서 운하는 대략 폭 2마일 깊이 1.5마일 크기의 북쪽으로 열린 고리 모양을 이루고 있었다. 제2군단 우측에 있던 헤이그 장군의 제1군단은 몽과 랑허작 군 좌익 사이에서 대각선 형태의 전선에 포진했다. 후일 예루살렘을 정복하게 되는 알렌비 장군의 기병사단은 예비대였다. 헤이그와 마주한 곳에 클룩과 뷜로브 군의 경계선이 있었다. 클룩은 계속해서 가능한 서쪽으로 멀리 우회하고 있었기 때문에 헤이그 군단은 역사에 전설적인 몽의 전투로 기록될 8월 23일 전투에서 공격을 받지 않았다.

존 프렌치 경의 사령부는 몽으로부터 남쪽으로 30마일 떨어진 르 카토에 있었다. 50마일 전선에 걸쳐 있던 랑허작의 13개 사단과 비교하면 25마일 전선에 걸쳐 있는 5개 사단을 지휘해야 할 그가 그렇게 뒤로 멀리 떨어져 있어야 할 필요는 거의 없었다. 존 경의 썩 내키지 않던 마음이 그곳을 선택하게 했을 것이다. 항공 및 기병성찰 보고 내용이 걱정스럽고, 이웃 부대의 입장이 불확실하며, 자기가 맡은 전선의 형태가 적에게 많은 기회를 줄 수 있는 지그재그 형인 것이 편치 않았던 그는 랑허작 못지않게 공격을 시작하고 싶지 않았다.

전투가 벌어지기 전날 밤 그는 양쪽 군단과 기병사단의 고위 참모장교들을 르 카토로 소집하여 "프랑스 제5군이 후퇴했기 때문에" 영국군이 공격하는 일은 아마 없을 것이라고 알려 주었다. 영국군과 인접하지 않은 제10군단을 제외하면 제5군은 그 당시 아직 후퇴하지 않았지만 존 프렌치 경은 누군가를 비난할 수밖에 없었다. 바로 하루 전 랑허작도 우군에 대한 똑같은 심정에서 자신이 공격하지 않은 것을 영국군이 없었던 탓으로 돌렸던 것이다. 랑허작이 그때 상브르를 건너 공격을 하는 대신 상브르 전선을 지키도록 명령했던 것처럼 존 프렌치 경도 이제 운하 방어선을 지키도록 명령을 내린 것이다. 헨리 윌슨은 여전히 북쪽으로 대 공세를 취해 독일군을 벨기에에서 몰아낼 생각을 하고 있었음에도 불구하고, 부대를 전혀 다른 방식으로 운용할 수도 있는 명령이 예하 지휘관들에게 하달된 것이었다. 그것을 인식한 스미스-도리언 장군은 오전 2시 30분 운하 교량들을 폭파할 준비를 하라고 명령했다. 그것은 프랑스군에서는 배제되었던 민감한 예방책이었으며 그것이 배제됨으로써 1914년 8월 프랑스군은 끔찍한 비율의 사상자를 냈던 것이다. 전투 개시 5분 전에 스미스-도리언은 "후퇴가 필요한 경우" 사단장의 명령으로 교량을 폭파하라는 추가 명령을 내렸다.

아침 6시 군단장들에게 마지막 지시를 내릴 때, 곧 마주치게 될 적 전력에 대한 존 프렌치 경이나 그 참모부의 평가는 1개 또는 많아야 2개 군단에 기병대를 더한 정도로 여전히 전과 다름 없었다. 실제로 그 시각 폰 클룩은 70,000명의 병력과 300문의 대포로 구성된 BEF를 타격할 수 있는 거리에 총 160,000명의 병력과 600문의 대포로 구성된 4개 군단과 3개 기병사단을 보유하고 있었다. 폰 클룩의 2개 예비군단 중 하나는 이틀 거리로 뒤처져 있었고 나머지 하나는 앤트워프를 차단하기 위해 후방에 남겨 놓았다.

오전 9시 최초의 독일군 야포가 영국군 진지에 포격을 가하면서 고리 모양으로 생긴 운하의 돌출부를 향한 공격이 개시되었다. 돌출부 최북단에 있는 네미(Nimy)의 다리가 공격의 초점이었다. 그곳을 향해 밀집대형으로 쇄도하는 독일군은 영국군 소총수들의 "아주 완벽한 목표"가 되었는데, 전문적인 훈련을 받은 그들은 참호에 몸을 숨긴 채 독일군들이 기관총 사격을 받고 있다고 믿을 정도로 신속, 정확하게 총격을 가하였다. 계속된 파상공격이 저지되자 그들은 더 많은 병력을 투입하면서 산개 대형으로 바꾸었다. "완강하게 저항하라"는 명령을 받은 영국군은 계속해서 사상자가 늘어남에도 불구하고 돌출부에서 사격을 멈추지 않았다. 10시 30분부터는 독일군 제3군단 그리고 이어서 제4군단의 포병대가 연이어 작전에 투입되면서 전투가 운하의 직선 지역을 따라 서쪽으로 확대되었다.

돌출부를 막고 있던 영국군 연대들이 적의 포격과 보병부대의 돌격에 맞서 싸운 지 6시간이 흘러 오후 3시가 되자 병력은 점점 줄어드는데 반해 압박이 너무 심해져 견디기 어렵게 되었다. 네미의 다리를 폭파시킨 후 그들은 중대 단위로 후방 2 내지 3마일 지점에 설치된 제2방어선으로 후퇴하였다. 돌출부를 포기하면서 운하의 직선부분을 막고 있는 부대가 위험하게 되자, 이들도 저녁 5시경부터 퇴각을 시작하라는 명령을 받았다. 운하의 고리부분이 직선 수로와 만나는 저마쁘(Jemappes)와 서쪽으로 2마일 떨어진 마리에트(Mariette)에서는 장약을 폭발시킬 뇌관이 없어 교량을 폭파할 수 없게 되자 갑자기 위험한 상황에 빠지게 되었다. 퇴각의 와중에 독일군이 운하를 건너 쇄도해 들어온다면 질서 정연한 후퇴가 패주로 바뀔 수도 있고 어쩌면 돌파를 당하게 될지도 몰랐다. 호라티우스(Horatius, 로마군이 수블리키안 다리를 끊을 동안 다리 앞에서 동료 두 명과 함께 에트루스칸 군대를 막아낸 로마의 전설적인 영웅: 역주)

혼자서 다리를 지킬 수는 없었지만 왕립 공정대의 라이트 대위는 마리에트의 다리 밑에 손으로 매달려 공중 곡예를 하며 장약을 연결하기 위해 다가갔다. 저마쁘에서는 하사관 한 명과 사병 한 명이 사격이 계속되는 가운데서도 한 시간 30분 동안이나 같은 임무를 완수하기 위해 노력했다. 그들은 성공했으며 V.C.(Victoria Cross, 영국의 최고 무공훈장: 역주)와 D.C.M.(Distinguished Conduct Medal, 영국의 무공훈장: 역주) 훈장을 받았다. 그러나 라이트 대위는 부상을 입은 상태에서도 두 번이나 시도했지만 실패했다. 그도 V.C.를 받았으며 3주 후 에스느(Aisne)에서 전사했다.

초저녁 시간 동안 조심스러운 철수과정이 마무리 되었는데, 연대 단위로 이웃 부대의 후퇴를 엄호하기 위한 산발적인 사격 속에 전원이 이차 방어선에 인접한 마을과 숙소에 도착하였다. 그날 전투에서 똑같이 상당한 손실을 입은 독일군은 폭파되지 않은 다리를 탈취하기 위해 본격적으로 공격하거나 추격할 기미를 보이지 않았다. 오히려 그 반대로 어스름한 가운데 퇴각하는 영국군은 "사격 중지"를 알리는 독일군의 나팔소리와 곧 이어 항상 뒤따르는 군가소리를 들을 수 있었고 그 후에는 전 운하에 침묵이 깔렸다.

영국군에게는 다행스럽게도 폰 클룩은 두 배가 넘는 수적 우위를 제대로 활용하지 못했다. 행군을 제약하는 빌로브의 명령 때문에 적의 측면을 찾아 그 주위로 병력을 펼칠 수 없었던 클룩은 중앙의 2개 군단인 제3군단과 제4군단으로 영국군 선봉과 마주쳤으며, 정면공격으로 인해 막대한 손실을 입었다. 제3군단의 한 예비역 대위는 자신이 중대에서 유일하게 살아남은 장교이며 그의 대대에서 유일하게 살아남은 중대장임을 알게 되었다. "귀관이 나의 유일한 부하"라고 소령은 울부짖었다. "대대는 완전히 박살 났어, 나의 자랑스러운, 아름다웠던 대대…" 그리고 연대도 "무참하게 사살되고, 산산조각 나서 남아 있는 자는 한줌도 안돼."
전쟁터에서는 누구나 그렇듯이 전투의 경과를 오직 자신의 부대가 겪은
상황으로 판단할 수 밖에 없었던 연대의 대령은 불안한 밤을 보냈다. 왜
냐하면 자기 말처럼 "만일 영국군이 조금이라도 우리의 사정을 의심하
고 반격을 가했더라면 간단하게 우리를 깔아 뭉갰을 것"이라고 생각했
기 때문이었다.

폰 클룩군의 양쪽 측면을 맡았던 우측의 제2군단과 좌측의 제9군단
은 어느 쪽도 전투에 투입되지 못했다. 제1군의 다른 부대와 마찬가지로
그들도 11일 동안 150마일을 행군했으며 중앙의 2개 군단과는 수 시간
의 행군거리만큼 뒤처져 도로를 따라 줄지어 이동하고 있었다. 만약 8월
23일 이들 모두가 한꺼번에 공격했으면 역사는 바뀌었을 것이다. 오후
가 되자 자신의 실수를 알아챈 폰 클룩은 중앙의 2개 군단에게 좌우익
의 2개 군단이 포위 섬멸전에 투입될 수 있을 때까지 영국군을 붙잡아
두라고 명령했다. 그러나 그렇게 되기 전에 영국군은 작전계획을 근본
적으로 바꿀 수밖에 없었다.

헨리 윌슨은 여전히 정신적으로는 중세 기사의 열정으로 플랜17을
확신하며 앞을 향해 돌진하고 있었는데, 이미 실제상황에서 그 계획은
허튼소리에 지나지 않는다는 것을 아직도 깨닫지 못하고 있었다. 드 랑
글로부터 아르덴느의 재난을 보고 받은 지 6시간 후에도 여전히 공격을
주장할 수 있었던 죠프르처럼 윌슨은 심지어 운하 저지선을 포기할 수
밖에 없게 된 뒤에도 다음날 공격을 열망하고 있었다. 그는 "꼼꼼하게
계산"을 했으며 "우리 앞에 있는 적은 1개 군단과 1개 기병사단(어쩌면
2개 군단)"이라고 결론을 내렸다. 그는 상황이 이렇다고 존 프렌치 경과
머레이를 "설득하였고, 그 결과 내일 감행할 공격을 위한 명령을 기안
하도록 허락을 받았다." 오후 8시 그가 막 작업을 끝내자마자 그 명령은

죠프르가 보낸 전문에 의해 백지화 되었는데, 그 전문에는 그간 수집된 정보를 분석한 결과 영국군과 마주한 적의 전력은 3개 군단 및 2개 기병 사단이라고 적혀있었다. 그것은 윌슨보다 더 설득력이 있었으며, 공격에 대한 어떠한 생각도 일순간에 종지부를 찍고 말았다. 더 나쁜 소식이 뒤따랐다.

오후 11시 스피어스 중위가 랑허작 장군이 전투를 중단하고 제5군을 BEF 후방에 있는 방어선으로 퇴각시키는 중이라는 참담한 내용을 전하기 위해 제5군 사령부로부터 급하게 차를 몰아 달려왔다. 영국군과 사전 협의나 통보도 없이 내려진 그 결정에 대한 스피어스의 분노와 실망은 앤트워프로 후퇴하기로 결정한 알베르 국왕의 결정을 알게 된 아델베르 대령의 경우와 다를 것이 없었다. 그러한 감정은 17년 후에 쓰여진 스피어스의 기록에도 그대로 드러나 있다.

BEF를 허공에 방치한 랑허작의 퇴각으로 그들은 당장 위험에 빠지게 되었다. 불안 속에 진행된 회의에서 퇴각 명령이 준비되어 전방에 하달되는 즉시 부대를 철수하기로 결정하였다. 그런데 스미스-도리언이 군단사령부를 이상한 곳에 설치하는 바람에 인명 피해로 직결될 수도 있는 철수 지연사태가 벌어지고 말았다. 그들은 사르-라-브뤼에르(Sars-la-Bruyère)라는 작은 마을의 샤또 드 라 로쉬(Château de la Roche, 바위 성채라는 뜻이 있음: 역주)라고 다소 거창한 이름을 가졌지만 실제로는 허름하기 짝이 없는 시골집에 머무르고 있었다. 전신 전화선도 없는 그 시골 마을은 대낮에도 찾기가 쉽지 않았으며, 한밤중에는 더더욱 찾기 힘든 시골 도로 뒤편에 있었다. 심지어 말보로와 웰링턴도 수도원과 선술집 같이 비록 품위는 다소 떨어질지언정 대로변에 있어 보다 편리한 사령부를 마다하지 않았던 것이다. 스미스-도리언에게 가는 명령은 차로 전달할 수밖에 없었으며 새벽 3시가 되어서야 도착했던 반면 전투에 참가하지 않았던 헤이그의 제1군단은 전신으로 한 시간 일찍 명령을 받아 미리 준비를 하여 동이 트기 전에 철수를 시작할 수 있었다.

그때가 되자 독일군 좌우익의 2개 군단이 도착하여 공격을 재개하였고 하루 종일 포화에 시달렸던 제2군단은 또 다시 포화 속에서 철수를 시작하였다. 혼란 속에서 어떤 대대는 끝내 철수명령을 받지 못하고 결국 포위당하여 대부분이 전사하거나, 부상당하거나 또는 포로로 잡힐 때까지 싸웠다. 겨우 2명의 장교와 200명의 병사들만 빠져나올 수 있었다.

영국군 병사들이 크리미아 전쟁 이후 유럽국가와 싸운 첫 전투이자 워털루 이후 유럽대륙에서 싸운 첫 전투의 첫째 날은 이렇게 끝났다. 그것은 참담한 실망이었다. 무더위와 먼지 속에 전진했다가 이제 총 한 방 제대로 못 쏘고 돌아서 퇴각해야 하는 제1군단도 실망이었지만, 명성이 자자한 가공할 적을 마주하여 그 위용을 뽐내던 제2군단은 적군의 수적인 우세나 제5군의 퇴각소식을 알지 못했기 때문에 퇴각하라는 명령을 이해할 수 없었으며 실망은 더욱 컸다.

그것은 또한 모든 것을 6개 사단이 아닌 겨우 4개 사단만 보낸 키치너와 내각의 탓으로 돌린 헨리 윌슨에게는 그야말로 "엄청난" 실망이었다. 6개 사단이 모두 있었다면 "이 후퇴는 진격이었을 것이고 패배는 승리였을 것"이라고 그는 자신의 실수를 깨닫지 못하는 놀라운 무능함을 드러내며 말했다.

윌슨의 자신감과 원기는 시들해지기 시작했고, 기껏해야 기분이 다소 명랑할 정도였던 존 프렌치 경은 더욱 더 의기소침하게 되었다. 프랑스에 온 지 거우 일주일 남짓 되었지만, 랑허작의 무례함과 더불어 개전 첫날의 좌절로 인해 절정에 이르게 된 긴장, 불안 그리고 책임감은 그로 하여금 지휘에 대한 열의를 잃어버리게 만들었다. 그는 다음날 키치너에게 보내는 보고서 말미에 "본관은 아브르 방어에 즉각적인 주의가 필요하다고 생각한다"며 자신이 이미 철군 문제를 고려하기 시작했음을 나타내는 불길한 제안을 언급했다. 세느강 하구의 아브르는 영국군의 최초 상륙기지였던 불로뉴로부터 남쪽으로 거의 100마일이나 떨어져 있었다.

이것이 몽의 전투였다. 이후 세계대전으로 번지게 되는 전쟁에서 영국군의 최초 교전이었던 이 전투는 후일 위대함의 모든 자격을 부여 받은 역사적 사건으로 회고되며 영국 전사에서 헤이스팅스(Hastings, 1066년 10월에 윌리엄의 노르망과 해롤드의 앵글로색슨 간에 벌어진 전투로 단 하루 만에 윌리엄이 승리한 영국 역사상 가장 빛나는 전투: 역주), 아진꾸르(Agincourt, 100년 전쟁 중 영국의 헨리 5세가 1415년 10월 수적으로 훨씬 우위에 있던 프랑스군을 대파한 전투: 역주) 전투와 동격으로 취급되었다. 몽의 천사와 같은 전설이 그 위에 덧붙여졌다. 그 당시의 병사들은 모두 용감했으며 전사자들은 모두 영웅이었다. 용맹과 영광의 안개 속에서 몽의 전투가 마치 승리였던 것처럼 희미하게 빛날 때까지, 모든 주요 연대의 행적은 전투의 마지막 순간, 한발의 실탄까지 낱낱이 기록되었다. 의심의 여지없이 몽에서 영국군은 용감하게 잘 싸웠으며 일부의 프랑스군 부대보다 더 잘 싸웠지만 이들보다 더 뛰어났던 부대들도 많았다. 이를테면 엘렌의 벨기에군 혹은 샤를루와의 알제리 저격병이나 오나에의 망겡 장군 여단 또는 여러 곳에서 독일군들이 이들보다 더 잘 싸웠다. 후퇴를 시작하기까지 전투는 9시간 동안 계속되었고 2개 사단 35,000명의 영국군 병사가 참전하여 총 1,600명의 사상자를 내면서 폰 클룩 군의 진격을 하루 동안 지연시켰다. 이 전투를 포함한 국경의 전투기간 중 70개 프랑스군 사단 약 1,250,000명이 각기 다른 시간과 장소에서 4일 동안 전투에 참가했다. 이 4일 동안 프랑스군 사상자 수는 140,000명 이상으로 그 당시에 프랑스에 와 있던 영국 원정군 전체의 2배에 해당하는 수준이었다.

샤를루와와 몽 전투가 휩쓸고 간 벨기에에는 가옥의 담장이 무너질 때 생긴 흰색 먼지 투성이의 전투 잔해들이 곰보자국처럼 남아 있었다. 꾸러미들, 피로 얼룩진 붕대, 병사들의 침대로 사용된 흙투성이의 건초 더미 따위들이 길을 따라 버려져 있었다. "그리고 무엇보다도" 월 어윈이 기록한 것처럼, "전쟁에 관한 어떤 책에도 언급된 적이 없는 냄새, 50만 명이나 되는 씻지 않은 남자들의 냄새… 그것이 독일군이 지나간 모든 도시마다 며칠씩 남아 있었다." 그 냄새와 뒤섞여 피와 약품 그리고 말똥과 시체 냄새가 진동했다. 시신들은 자정 전에 소속부대가 매장하도록 되어 있었으나 종종 그 수가 너무 많은데 비해 시간이 부족했으며 게다가 군마의 사체를 처리할 시간은 더욱 부족해서 그것들은 더 오랫동안 매장되지 않고 방치되어 부풀어 올라 악취를 풍겼다. 군대가 지나간 후 마치 밀레의 그림처럼 삽을 든 채 구부린 모습으로 밭에서 사체를 치우는 벨기에 농부들을 볼 수 있었다.

시체들 사이로 플랜17과 프랑스군 야전 교범의 빛나는 파편들이 버려져 있었다. "…이제부터 프랑스군은 오로지 공격만을 알 뿐이다.… 공격만이 긍정적인 결과를 얻는다."

궁극적으로 자신에게 쏟아질 재난에 대한 책임, 돌파당한 프랑스의 국경, 퇴각 중이거나 방어선을 지키기 위해 필사적으로 싸우고 있는 휘하 부대의 전 장병들, 그리고 이런 모든 것들과 함께 프랑스군의 희망이 깡그리 무너져버린 패전의 한복판에서 죠프르는 놀랍게도 평정을 유지한 채 서 있었다. 곧바로 집행자들에게는 비난을 퍼붓고 기획자들의 책임은 면제시킴으로써 그는 자신과 프랑스가 조금도 손상되지 않은 완벽한 자신감을 유지할 수 있도록 하였다. 그렇게 함으로써 죠프르는 다가올 고난의 세월에 없어서는 안될 가장 소중한 것을 제공할 수 있었다.

24일 아침 자신의 말처럼 "모든 것이 분명해지자", 그는 메시미에게 군은 "어쩔 수 없이 방어 태세를 취하게" 되었고 요새화된 방어선에 의지하여 버티면서, 한편으로는 적을 지치게 해서 공격 재개의 유리한 때를 기다려야 한다고 보고했다. 그는 즉시 퇴로를 마련하고 자신이 솜 강에 구축하려는 저지선으로부터 공격을 재개할 수 있는 전력으로 군대를 재편하는 준비에 착수했다. 그는 최근 쌍 페쩨스부르크의 팔레오로그로부터 독일군은 조만간 러시아군의 위협에 맞서기 위해 서부전선으로부터 병력을 빼낼 수밖에 없게 되기를 기대한다는 전보를 받고 고무된 적이 있었다. 재난을 당한 직후부터 죠프르는 러시아 증기 롤러의 소리를 애타게 기다렸다. 그러나 그에게 전달된 것이라고는 "공격 작전"을 "재다짐"하는 약속과 함께 동프러시아에서 "심각한 전략적인 문제들"을 해결 중이라는 내용의 신탁과도 같은 전보가 전부였다.

전선을 정비하는 일 다음으로 죠프르에게 시급한 과제는 실패의 원인을 찾아내는 일이었다. 아무런 망설임도 없이 그는 "일선 지휘관들의 중대한 결점"에서 그 요인을 찾았다. 몇 명은 실제로 지휘관의 막중한 책임감에 짓눌려 제 역할을 하지 못했다. 전투가 가장 중요한 국면에 처한 순간 군단장이 어디에도 보이지 않게 되자 포병부대의 한 장군이 샤를루와 전방에 있던 제3군단의 군단장 역할을 대신해야 했다. 아르덴느 전투에서 제5군단 소속의 한 사단장은 자살해 버렸다. 계획과 마찬가지로 사람도 훈련에서는 나타나지 않던 위험, 실탄이 날고 전사자가 속출하는 상황요인 앞에서는 오류를 피할 수 없게 된다. 그러나 계획에서 오류를 인정하지 않았던 죠프르는 사람에게서도 그것을 허용하지 않았다. 나약함과 무능함을 드러내 보인 모든 장군들의 목을 요구하며 그는 무자비하게 리모제의 명단을 적어 내려갔다.

헨리 윌슨처럼 이론이나 전략에 대한 어떠한 실수도 인정하지 않았던 그는 "내가 아군에게 확보해 주었다고 생각하는 수적 우위에도 불구하고" 공격에 실패한 이유를 "공격정신이 부족했던" 탓으로 돌릴 수밖에 없었다. 그는 "부족"이 아니라 "지나침"이라고 말했으면 더 좋았을 것이다. 로렌의 모랑쥐에서, 아르덴느의 로신놀에서, 상브르의 타민에서 프랑스군이 실패한 이유는 담력(cran)이 너무 적어서가 아니라 너무 많았기 때문이었다. 패전 바로 다음날 간행된 "전 군에 대한 주의"에서 GQG는 "부족"이라는 표현을 공격정신에 대한 "잘못된 이해"로 수정하였다. 야전 교범이 "제대로 이해되지 못했거나 또는 잘못 적용되었다"고 지적했다. 보병의 공격은 포병의 엄호도 없이 너무 먼 거리를 두고 시작되었으며 이 때문에 피할 수도 있었던 기관총 공격에 의한 손실이 너무 컸다. 이제부터는 어떤 지역을 점령하면 "곧바로 기관총을 준비해야 하며 반드시 참호를 파도록 했다." "가장 큰 실수"는 포병과 보병 간의 공조 부족이었으며 이는 "반드시 수정"하도록 했다. 75는 최대 사거리에서 발포해야만 했다. "마지막으로 포격을 위해 항공기를 활용하는 적을 반드시 본받도록 했다." 그 밖에 프랑스군의 결점이 무엇이었든 적어도 전술 부문에서는 경험으로부터 배우기를 주저하는 일은 없었다.

GQG는 전략 부문에서 저지른 실패를 찾는 데는 그다지 신속하지 못했다. 심지어 8월 24일 제2국이 실제로 적군의 정규군단 뒤에는 같은 군단번호를 가진 예비 군단이 뒤따랐다는 놀라운 사실을 알아냈을 때도 그랬다. 진빙에서 예비군부대가 운용되었음을 나타내는 이 첫 번째 증거가 어떻게 독일군의 우익과 중앙이 동시에 똑같이 강할 수 있었는지를 밝혀 주었다. 하지만 그 때문에 죠프르가 플랜17이 잘못된 가설에 기초하고 있을지도 모른다고 의심을 품게 하지는 못했다. 그는 계속 그것이 집행이 서툴러서 실패했을 뿐 좋은 계획이라고 믿었다. 전쟁 후 프랑스가 침공을 당하게 된 재난의 원인을 규명하기 위한 의회 청문회에 증인으로 소환되었을 때 그는 독일군 우익이 강할수록 프랑스에 유리하다는 전쟁 전 참모부 이론에 대한 본인의 의견을 묻는 질문을 받았다.

"그러나 본인은 여전히 그렇다고 생각합니다"라고 죠프르는 대답했다. "그 논거는 국경의 전투가 바로 그것을 위해 계획되었던 것이고 만일 그것이 성공했더라면 우리의 진로가 열렸을 것이며… 더욱이 제4군과 제5군이 잘 싸웠더라면 그것은 성공했을 것입니다. 만일 그랬다면 아마 독일 침략군은 전멸했을 것입니다."

1914년 8월 퇴각이 시작되던 어두운 아침 그는 제5군과 그 사령관에 대해 퍼부었던 것만큼 제4군을 비난하지는 않았다. 비록 영국군도 랑허작 장군에 대한 원망이 매우 컸지만 익명의 영국군 대변인은 결국 8월 23일 반격 대신 퇴각을 선택한 랑허작의 결정이 "또 다른 스당"의 비극을 면하게 했다고 단언했다. 랑허작이 일찌감치 제5군을 뫼즈 서쪽의 샤를루와로 이동 배치해야 한다고 주장한 것에 대해서도 앞의 대변인은 "계획에 대한 이러한 수정이 BEF와 아마도 프랑스군 전체를 전멸로부터 구했다는 것은 의심의 여지가 없다"고 덧붙였다.

8월 24일 당시 분명했던 것은 프랑스군은 퇴각 중이고 적군은 무서운 기세로 쳐들어오고 있다는 사실이었다. 독일군이 5,000명의 포로와 함께 나무르를 점령했다고 발표한 8월 25일까지 패전의 규모는 일반에게 알려지지 않았다. 믿을 수 없는 이 소식은 세계에 큰 충격을 주었다. 『런던 타임즈』는 나무르가 포위공격을 6개월은 버틸 것이라고 말한 바 있는데, 겨우 4일만에 무너지고 말았다. 너무 놀라 극도로 말을 삼가는 분위기 속에 영국에서는 나무르의 함락은 "일반적으로 매우 드물게 불운했던 경우로 인식되었으며… 전쟁이 단기간에 끝날 여지가 현저히 줄어들었다"고들 얘기했다.

얼마나 줄어들었는지, 그 끝이 얼마나 먼지, 아직 아무도 몰랐다. 그 누구도 전투에 참가한 병력 수와 사상자의 수가 전투기간에 비해 상대적으로 그 비율면에서 사상 최대 규모였던 전투가 치러졌다는 사실을 깨닫지 못했다. 아직 아무도 그 파장을 예상할 수 없었다. 즉, 벨기에 전역과 북부 프랑스를 점령한 독일이 어떻게 하여 궁극적으로 리에쥬의 제조업체, 보리나즈의 석탄, 로렌의 철광석, 릴의 공장과 같은 이들 국가의 산업 생산력과 하천과 철도 그리고 농업을 점유하게 되는가? 또한 독일에게는 야심을 부추기고 프랑스에게는 완전한 실지탈환과 배상을 위해 끝까지 싸우겠다는 확고한 결심을 다지게 했던 이 점령이 어떻게 하여 평화를 위한 타협 또는 "승리 없는 평화"를 이루기 위한 이후의 모든 시도를 봉쇄하여 이 전쟁을 앞으로도 4년간 더 연장시키게 되는가? 그 당시에는 알 수 없었던 것이다.

이 모든 것은 나중에 알게 된 것이다. 8월 24일 독일군은 거대한 자신감이 용솟음치는 것을 느꼈다. 그들 앞에는 오로지 패퇴한 적만 보였고, 슐리펜의 천재성이 입증되었으며, 결정적인 승리가 독일군의 손 안에 잡힌 듯 보였다. 프랑스에서 프앙카레 대통령이 일기를 적었다. "아군은 후퇴하고 적이 침입했다는 것을 우리는 인정할 수밖에 없다. 지난 2주 간의 환상은 그토록 컸던 것이다. 이제 프랑스의 미래는 국가적인 저항 능력에 달려 있다."

생의 약진만으로는 충분하지 못했던 것이다.

15. 코삭이 밀려온다!

8월 5일 쌍 페쩨스부르크에서 차를 타고 가던 프랑스의 팔레오로그 대사는 전선으로 떠나는 코삭 연대와 마주쳤다. 대사가 탄 자동차의 프랑스 국기를 본 그 연대장은 말에 탄 채 몸을 낮추어 그를 포옹하며 대사를 위해 열병을 하겠다고 자청했다. 팔레오로그가 자기 차에서 엄숙하게 부대를 사열하는 동안 연대장은 부대 지휘를 위한 구령 사이사이로 대사에게 "우리는 저 더러운 프러시아 놈들을 쳐부술 겁니다!… 더 이상 프러시아는 없으며, 더 이상 독일도 없습니다!… 윌리엄을 세인트 헬레나로!"라며 격려의 구호를 보냈다. 사열이 끝나자 그는 군도를 휘두르며 "윌리엄을 세인트 헬레나로!"라는 돌격 구호를 외치며 병사들의 뒤를 따라 달려갔다.

오스트리아와 분쟁을 일으켜 이번 전쟁을 촉발시켰던 러시아인들은 동맹국을 지원해 주는 프랑스를 고마워했으며 프랑스군의 계획을 지지함으로써 그들에 대한 성실함을 보여주려 애썼다. 이러한 분위기에서 짜르는 자신이 생각하는 것 이상으로 허세를 부리며 "우리의 진정한 목표는 독일군대를 전멸시키는 것"이라고 충직하게 말문을 연 다음, 오스트리아에 대한 작전은 "이차적인" 것으로 생각하고 있으며 대공에게 "어떻게 해서든 가능한 가장 빠른 시일 내에 베를린으로 가는 길을 열도록 명령했다"며 프랑스 측을 안심시켰다.

대공은 위기가 파국으로 치닫던 마지막 순간에 그 자리를 탐내던 수콤리노프의 지독한 견제에도 불구하고 총사령관으로 임명되었다. 로마노프 왕조 말기였던 당시의 러시아 정권이 미쳤다고는 하나 이들 둘 가운데 친독파인 수콤리노프가 독일과의 전쟁을 이끌도록 할 정도는 아니었다. 그러나 그는 국방장관으로 계속 남아 있었다.

전쟁이 발발한 순간부터 러시아가 과연 자신들이 약속한 대로 실행할지 또는 그렇게 할 능력이 있을지 불확실했던 프랑스 정부는 동맹국이 서두르도록 독촉하기 시작했다. 8월 5일 짜르를 알현하는 자리에서 팔레오로그 대사는 "귀국 군대에게 즉각 공격을 시작하도록 명령해 주실 것을 폐하께 간청합니다. 잘못하면 프랑스군이 전멸될 위험이 있습니다"라고 탄원하였다. 짜르를 만나고도 불안했던 팔레오로그는 대공을 방문했는데 그는 대사에게 전 병력이 집결되는 것을 기다리지 않고 동원 15일째라는 약속대로 8월 14일부터는 강력한 공격을 시작할 생각이라고 확실하게 장담했다. 간혹 글로 옮기기 곤란할 정도로 말투가 거칠고 무뚝뚝하기로 유명한 대공이었지만 이번에는 즉석에서 죠프르에게 보내기 위해 중세 기사를 연상케하는 화려한 전문을 작성했다. "승리를 확신하며", 그는 자신의 군기와 1912년 기동훈련 시 죠프르가 선사한 프랑스 공화국 국기를 같이 휘날리며 적을 향해 진군할 것이라는 내용의 진보를 보냈다.

프랑스와 맺은 약속과 그 실행을 위한 준비 사이에는 너무도 분명한 간격이 존재했으며 아마도 이것 때문에 대공은 총사령관으로 임명되었을 때 눈물을 흘렸을 것이다. 측근의 말에 의하면 그는 "임무에 대한 준비가 전혀 없어 보였으며, 본인의 말에 의하면, 황제의 칙령을 받으면서 자신의 임무를 어떻게 수행해야 할지 몰라 한참 동안 울었다고 한다." 러시아 최고의 전쟁 역사가로부터 그가 맡은 임무에 적합한 "탁월한 자질을 갖춘" 것으로 평가받았던 대공은 아마 그 자신보다도 러시아와 세계를 위해 울었을 것이다. 1914년경에는 보이지 않는 기운이 있었는데, 그것을 느낀 사람들은 인류를 위해 몸서리를 쳤다. 가장 대담하고 굳센 사람들조차 눈물을 보이곤 하였다. 8월 5일 용기와 신념으로 가득 찬 연설로 내각회의를 시작하던 메시미는 중간에 말을 멈춘 다음 얼굴을 두 손에 파묻고 흐느끼는 바람에 말을 잇지 못했다. BEF에게 성공과 승리를 기원하던 윈스턴 처칠은 헨리 윌슨과 작별할 때 "울음이 복받쳐 문장을 마무리할 수가 없었다." 쌍 페쩨스부르크에서도 똑같은 감정을 촉발시키는 무엇인가를 느낄 수 있었다.

대공의 측근들은 그다지 미덥지가 못했다. 1914년 당시 참모장은 검은 콧수염과 곱슬머리를 가진 44살의 젊은 야누쉬케비치 장군이었는데 그는 유달리 턱수염을 기르지 않아 눈에 잘 띄었으며 국방장관은 그를 "아직 어린애"라고 불렀다. 군인이라기보다는 궁정 조신에 가까웠던 그는 니콜라스 2세와 같은 근위 연대에 근무했었음에도 러일전쟁에는 참전하지 않았는데, 이러한 근무 경력은 고속 승진에 그 무엇보다도 아주 유리한 배경이 되었다. 그는 참모대학 출신으로 나중에 그 교장을 역임했고, 국방부 참모로 근무했으며 참모장이 된 지 불과 3개월만에 전쟁이 일어났다. 독일 황태자처럼 그도 자신의 참모차장인 엄격하고 과묵한 다닐로프 장군의 지도에 완전히 의존하고 있었는데 그는 일벌레이자 철저하게 규율을 지키는 참모부의 핵심이었다. 야누쉬케비치의 전임 참모장이었던 질린스키 장군은 그 자리를 벗어나고 싶어 자신을 바르샤바 지역 사령관으로 임명하도록 수콤리노프를 설득했다. 그는 이제 대공의 휘하에서 대독전선을 담당하는 북서 집단군 전체를 지휘하는 자리에 있었다. 러일전쟁 당시 총사령관 쿠로파트킨 장군의 참모장이었던 그는 공헌도 거의 없었지만 눈에 띄는 실수도 없다보니 명성을 잃지않고 살아남아 개인적인 인기나 군사적인 재능도 없이 그럭저럭 군 상층부에 남아 있었다.

러시아는 프랑스에게 공격 개시일을 앞당기기로 약속했지만 그 일정을 맞추는 데 필요한 준비는 아무것도 되어 있지 않았다. 막바지에 이르자 즉흥적인 대응이 불가피했다. "전방동원" 명령이 하달되었는데 이것은 며칠 정도 시간을 벌기 위해 사전 준비단계 일부를 생략하는 방법이었다. 파리로부터 쉴 새 없이 밀려와 팔레오로그의 유창한 언변을 통해 전달되는 일련의 전보들도 압박을 가중시켰다. 8월 6일 러시아군 총참모부가 발령한 명령에는 "프랑스군의 위급한 상황을 완화시키기 위하여 가능한 이른 시기에 독일에 대해 강력한 공격을 준비하는 것이 필수적이나 이를 위해서는 물론 충분한 전력이 갖추어져야만 한다"고 언급되어 있었다. 그러나 8월 10일이 되자 "충분한 전력"이라는 단서는 빠져버렸다. 그 날자 명령은 "독일이 프랑스를 상대로 획책하는 엄청난 도발에 대하여 프랑스를 지원하는 것은 우리의 당연한 의무이다. 우리의 지원은 독일이 동프러시아에 남겨둔 병력에 공격을 가함으로써 가능한 가장 신속하게 독일을 향해 진격하는 형태로 이루어져야만 한다"고 되어 있었다. 제1군과 제2군은 M-14(8월 13일)에 진격할 수 있는 "위치에 집결하도록" 명령을 받았지만, 보급품은 M-20(8월 19일) 까지 완전하게 준비되기 어려웠기 때문에 그들은 보급 지원도 없이 출발할 수밖에 없는 상황이었다.

군대를 편성하는 데 따르는 어려움은 끝이 없었다. 언젠가 대공이 푸앙카레에게 고백한 바에 의하면 문제의 본질은 러시아처럼 광대한 제국에서는 명령이 내려져도 그것이 제대로 전달되었는지 그 누구도 확인할 수가 없다는 것이었다. 전화선, 전신 장비 그리고 숙련된 통신병이 부족하여 확실하고 신속한 통신은 불가능하였다. 수송차량이 모자라는 것도 러시아군의 행보를 느리게 하는 또 다른 요인이었다. 1914년 당시 1개 군은 418대의 운반차량, 259대의 병력수송차량 그리고 2대의 구급차량을 보유하고 있었다(그러나 항공기는 320대를 가지고 있었다). 그 결과 철도 종점을 지나면 보급은 마차에 의존할 수밖에 없었다.

보급은 잘해 봐야 운에 맡기는 정도였다. 러일전쟁 후 벌어진 재판 과정에서 나온 증언을 통해 뇌물과 독직이 군 내부에 마치 두더지 땅굴처럼 퍼져 있음이 밝혀졌다. 모스크바 사령관인 레인보트 장군은 군수 계약과 관련한 수뢰 사건으로 유죄 판결을 받고 수감되었어도 개인적인 영향력을 행사하여 사면을 받았을 뿐만 아니라 새로운 자리에 임명될 정도였다. 총사령관 취임 후 처음으로 군수참모들을 소집하였을 때 대공은 그들에게 "귀관들, 도둑질 하지 말라"고 경고했다.

전쟁의 또 다른 전통적 동반자인 보드카는 금지되었다. 가장 최근이 었던 1904년 동원령이 발령되자 병사들은 비틀거리며 들어왔고 연대 집결지는 술에 곯아 떨어져 자는 사람과 깨진 술병으로 난장판이 되는 바람에 이를 수습하는 데만 예정에 없던 일주일이 소요된 적이 있다. 이제 하루하루의 지연이 곧바로 생사와 직결된다는 프랑스 정부의 독촉을 받은 러시아는 동원기간 중 한시적인 조치로 금주령을 내렸다. 프랑스 측의 애타는 요청에 대한 성실함을 증명하는 데 이보다 더 현실적이고 믿을 만한 것은 없었겠지만 정부는 로마노프 왕조 말기의 특징이라고 할 수 있는 경솔함으로 8월 22일자 칙령에서 금주령을 전쟁기간 전체로 연장하였다. 보드카 판매는 국가 독점 사업이었기 때문에 이 칙령으로 단번에 정부 재정의 삼분의 일이 날아가 버렸다. 어안이 벙벙해진 두마

(Duma, 1905년 혁명으로 만들어진 러시아 의회기구로 하원에 해당됨: 역주) 의원이 전쟁을 수행 중인 정부는 세입을 늘리기 위하여 여러 가지 세금과 부담금을 강구하게 마련이지만 "유사 이래 그 어떤 나라도 전시에 가장 비중이 큰 재정 수입을 포기한 예는 없었다"고 언급했다는 유명한 일화가 있다.

15일 오후 11시 아름다운 여름밤에 대공은 수도를 떠나 바라노비치(Baranovichi)의 야전 사령부를 향해 출발했다. 그곳은 독일, 오스트리아 전선의 중간쯤에 위치한 모스크바-바르샤바 철도선의 접속역이었다. 그와 참모들 그리고 그 가족들은 쌍 페쩨스부르크의 정거장에 조용히 모여서 총사령관을 전송하기 위해 짜르가 오기를 기다리고 있었다. 그러나 황후의 시기심이 관례를 무시할 정도로 컸기 때문에 니콜라스는 나타나지 않았다. 조용한 목소리로 작별인사와 기도가 건네지고 남자들이 기차에 올라 아무 말 없이 각자 자리에 앉자 기차는 출발했다.

전선 뒤편에서는 여전히 군대를 조직하기 위해 몸부림치고 있었다. 러시아군 기병대는 전쟁 첫날부터 독일 영토를 탐색하기 위한 정찰활동을 하고 있었다. 그들의 침입은 독일 신문들이 코삭의 잔인함에 대한 무서운 얘기와 더불어 이를 대서특필하게 하는 빌미를 제공했던 것만큼 독일군의 은폐막을 침투하는 것에는 성공적이지 못했다. 이미 8월 4일 독일의 서쪽 끝에 있는 프랑크푸르트에서 한 장교는 동프러시아로부터 30,000명의 피난민이 이 도시로 오고 있다는 소문을 들었다. 동프러시아를 슬라브족으로부터 구해야 한다는 요구는 프랑스를 겨냥해 모든 군사적 노력을 집중하려는 독일군 총참모부의 주의를 흩뜨리기 시작했다.

8월 12일 새벽 고르코 장군이 지휘하는 기병사단과 이를 지원하는 보병사단으로 구성된 렌넨캄프 장군 휘하 제1군단 소속 분견대가 본격적인 진격에 앞서 동프러시아를 침공하기 시작하여 국경 너머 5마일 지점에 있는 마르그라보바(Marggrabowa) 시를 점령했다. 사격을 하며 시 외곽을 지나 텅 빈 시장터로 진입한 러시아군은 도시가 무방비 상태이며 독일군에 의해 이미 소개되었음을 알게 되었다. 상점들은 닫혀 있었지만 주민들은 창문으로 밖을 내다보고 있었다. 시골 주민들은 마치 사전에 약속이라도 한 듯이 전투가 벌어지기도 전에 선발대보다 한발 앞서 급하게 달아났다. 첫날 아침 러시아군은 자신들의 진격로를 따라 줄지어 검은 연기가 피어 오르는 것을 보았는데 가까이 다가가자 그것은 집주인들이 도망가며 집이나 농장을 태운 것이 아니라 침략자들의 진격 방향을 알려주기 위한 신호로 짚더미를 태운 것임을 발견하였다. 도처에 독일군의 조직적인 사전 준비 흔적이 역력했다. 목조 감시탑이 언덕마다 지어져 있었다. 전령으로 활동할 12살에서 14살 사이의 시골 소년들을 위해 자전거가 제공되었다. 정보원으로 배치된 독일군 병사들은 농부 또는 심지어 시골 아낙네의 복장을 하고 있었다. 후자의 경우는 필시 비군사적인 행동을 하는 과정에서 드러난 군용 속옷 때문에 발각되었겠지만, 고르코 장군도 어쩔 수 없이 인정한 것처럼 동프러시아에 있던 모든 여자들의 치마를 걷어 올리게 할 수는 없었기 때문에 그들 대부분은 아마 잡히지 않았을 것이다.

소개된 도시와 피난민에 대한 고르코 장군의 보고를 받고, 독일군은 비스툴라 기지 너머 동쪽에 대해서는 이렇다 할 방어계획이 없다고 결론을 내린 렌넨캄프 장군은 더욱더 앞으로 돌진하려고만 했지 불충분한 보급 지원에 대해서는 크게 신경쓰지 않았다. 쏘아보는 눈초리와 끝이 올라간 힘이 넘치는 콧수염을 가진 51세의 말쑥하고 건장한 장교인 그는 청국의 의화단 사건, 기병 사단장으로 참전했던 러일전쟁, 그리고 진압군을 이끌고 참전하여 1905년 혁명 잔당들을 무자비하게 소탕했던 치타(Chita) 원정을 통해 대담하고, 결단력이 있으며 전술적인 능력이 출중하다는 명성을 얻은 바 있다. 그의 군사적인 위업은 그가 독일 혈통이라는 사실과 고르코 장군이 "그의 도덕적인 명성을 현저하게 손상시켰다"고 언급한 어떤 해명되지 않은 복잡한 오해 때문에 다소 빛을 바랬다. 향후 몇 주 동안 그가 보여 준 이상한 행동이 이러한 것들을 떠올리게 하였을 때도 여전히 동료들은 러시아에 대한 그의 충성심을 의심하지 않았다.

처음부터 비관적이었던 북서 집단군 사령관 질린스키 장군의 경고를 무시하고 3개 군단과 5와 2분의 1개 기병사단을 서둘러 집결시킨 렌넨캄프는 8월 17일 공격을 개시했다. 그가 지휘하는 약 200,000명 규모의 제1군은 로민텐 숲 양쪽에 걸쳐 있는 35마일 전선을 따라 포진한 채 국경을 넘었다. 그들의 목표는 국경으로부터 37마일 떨어져 있어 러시아군의 진군속도로는 약 3일 거리인 인스터부르크 협곡이었다. 이 협곡은 북쪽의 쾨니히스베르크의 요새 지역과 남쪽의 마수리안 호수 사이에 펼쳐져 있는 폭이 약 30마일 정도인 탁 트인 지역이었다. 그곳은 작은 마을과 담장도 없는 대형 농장들로 이루어진 농촌 지역이었으며 간간히 솟아 있는 구릉지에 서면 멀리까지 볼 수 있었다. 제1군은 호수 남쪽으로 우회하는 삼소노프(Samsonov)의 제2군이 도착하여 독일군의 측면과 배후에 결정적인 타격을 가할 때까지 이곳으로 진격하여 독일군 주력과 교전을 벌일 예정이었으며, 이들 2개 러시아군은 알렌스타인 (Allenstein) 지역에서 합류하여 연합 전선을 구축할 것으로 예상되었다.

국경으로부터 43마일 떨어져 알렌스타인과 이웃한 위치에 있는 삼소노프 장군의 목표 지점은 모든 것이 순조로울 경우 3일 반 내지 4일 정도의 행군 거리였다. 그러나 그의 출발지점과 목표 사이에는 클라우제비츠가 전쟁의 "마찰"이라고 부르는 예상치 못한 장애가 나타날 가능성이 매우 컸다. 삼소노프 군은 러시아, 폴란드를 가로질러 동프로이센으로 연결되는 동서 철도 노선이 부족했기 때문에 국경에 도착하기까지 일주일 정도 행군한 다음 렌넨캄프 군보다 이틀이 늦어서야 국경을 넘을 수밖에 없었다. 그들의 행군로는 군데군데 숲과 늪지가 있고 개발이 되지 않아 소수의 가난한 폴란드 농부들이 살고 있는 황무지의 모래밭을 따라 이어져 있었다. 일단 적지로 들어서면 식량과 마초를 구할 곳이 거의 없는 상황이었다.

삼소노프 장군은 렌넨캄프와 달리 이 지역이 처음이었고 휘하 부대 및 그 참모들과도 친숙하지 못했다. 1877년 18세의 나이로 터키 전쟁에서 싸웠던 그는 43세에 장군이 되었고, 러일전쟁에서는 렌넨캄프처럼 기병사단을 지휘했으며, 1909년부터 투르키스탄 주지사라는 준군사적인 직책을 맡고 있었다. 전쟁이 터졌을 때 55세였던 그는 코카서스에서 병가 중이었으며 8월 12일까지도 바르샤바의 제2군 사령부에 도착하지 못하였다. 제2군과 렌넨캄프 군 사이의 통신은 이들의 이동을 조율해야 할 후방의 질린스키 사령부와의 통신만큼이나 좋지 않았다. 시간을 정확하게 맞추는 것은 결코 러시아군의 두드러진 장점일 수가 없었다. 8월에 실제 전장을 지휘하게 되는 대부분의 지휘관과 참모들이 참가한 가운데 전쟁이 터지기 전인 4월에 실시된 전쟁 게임에서 교전을 해본 러시아군 총참모부는 여러 가지 우울한 문제점들을 알고 있었다. 수콤리노프가 총사령관을 맡았던 전쟁 게임에서 제1군이 너무 빨리 출발했다는 것이 드러났음에도 불구하고 전쟁이 일어나자 아무런 수정도 없이 똑같은 일정에 집착했다. 렌넨캄프가 이틀 먼저 출발하고 삼소노프의 행군에 4일이 걸리는 것을 감안하면 독일군이 1개 러시아군만 상대할 수 있는 기간은 6일간으로 예상할 수 있었다.

8월 17일 렌넨캄프 군의 좌우를 엄호하고 있던 2개 기병군단은 본대의 진격을 호위하는 것 외에 독일 철도차량들의 철수를 막기 위해 양쪽의 철도 지선을 차단하라는 명령도 같이 받았다. 독일군의 침략을 우려하여 고의로 그들과 다른 치수의 철도를 사용하는 러시아군은 자신들의 철도 차량을 가지고 올 수가 없었으며 독일 기차를 나포하지 않는 한 동프러시아의 정교한 철도망을 이용할 수가 없었다. 당연히 그냥 나포되도록 독일군이 남겨 놓은 철도 차량은 거의 없었다. 자신들의 기지로부터 적진으로 더욱더 깊숙이 이동하던 러시아군은 언제부턴가 문득 제대로 조직되지도 못한 채 마차에 의존하고 있는 군수품 보급대 보다 앞서 나가기 시작했다. 통신에 관해서도 자신들의 전용선에 필요한 통신선이 부족했던 러시아군은 독일군의 전신망과 통신소에 의존하였으며 이것들이 파괴된 것을 알게 되자 무선통신을 이용하여 평문 형태로 전문을 보냈다. 왜냐하면 사단참모부에 암호코드와 암호병들이 부족했기 때문이었다.

대부분의 항공전력은 오스트리아 전선으로 보내져 항공기에 의한 정찰이나 탄착 관측은 거의 이루어지지 못했다. 비행기를 본 적이 없는 러시아군 병사들은 이를 보자마자 아군임을 확인하지도 않은 채 날아다니는 기계와 같은 대단한 발명품은 독일제일 수밖에 없다고 생각하고 이를 향해 일제히 소총사격을 가하였다. 징집된 병사들은 왜 그런지 이유는 잘 모르겠지만, 그것을 먹으면 말 냄새가 난다는 검은 빵과 차를 주로 먹었다. 그들은 사각으로 날이 선 총검으로 무장되어 있었는데 소총에 이것을 장착하면 사람 키만큼 길어서 백병전을 할 경우 독일군에 비해 유리했다. 그러나 화력과 전투 효율면에서 보면 야포에서 우세한 독일군 2개 사단이 러시아군 3개 사단과 대등한 수준이었다. 러시아군의 열세는 국방장관인 수콤리노프와 총사령관인 대공 사이의 혐오감으로 인해 더욱 악화되었는데, 특히 전 후방 간의 업무 협조가 좋지 않았으며 보급 문제는 더 엉망이었다. 전쟁이 시작된 지 한 달도 되기 전에 포탄과 탄약의 부족은 이미 절망적이었으며 국방부의 무관심과 나태가 너무나 실망스러워 9월 8일 대공은 짜르에게 직접 문제를 제기할 수밖에 없었다. 오스트리아 전선에서는 대포 1문 당 포탄 재고가 100발이 될 때까지 작전을 중단할 수밖에 없을 것 같다고 그는 보고했다. "지금 저희는 포 1문 당 겨우 25발을 가지고 있습니다. 폐하께서 포탄의 선적을 서둘러 주시도록 간곡히 요청드립니다."

동프러시아에 울려 퍼진 "코삭이 밀려온다!(Kosaken kommen!)"는 외침은 최소한의 병력으로 이 지역을 막아 보겠다는 독일의 결심을 흔들었다. 4와 2분의 1개 군단, 1개 기병사단, 쾨니히스베르크의 요새 수비대 그리고 몇몇의 지방 여단으로 구성된 동프러시아의 제8군은 수적으로 2개 러시아군 중 하나와 대략 비슷했다. 이들이 몰트케로부터 받은 명령은 동서프러시아를 방어하되 우세한 적에게 패배하거나 쾨니히스베르크 요새로 쫓겨 갇히는 일이 없도록 하라는 것이었다. 만일 압도적인 적으로부터 위협을 받게 되면 그들은 동프러시아를 적에게 내어주고 비스툴라 후방으로 후퇴하도록 되어 있었다. 제8군의 작전차장을 맡고 있는 막스 호프만 대령의 견해에 의하면 "심약한 인물"이 그러한 명령을 받을 경우 "심리적인 위험"을 갖게 된다.

호프만이 염두에 두고 있는 심약한 인물이란 제8군 사령관인 폰 프리트비츠 운트 가프론 중장이었다. 황실과 가까운 프리트비츠는 고속 승진을 거듭했는데 그 이유는 그와 가까운 장교에 의하면 그가 "식탁에서 재미있는 얘기와 음탕한 소문으로 카이저의 주의를 끄는 방법을 알고 있었기" 때문이었다. 66세이고 배불뚝이로 유명한 그는 "외모가 인상적이고, 자부심이 대단하고, 냉혹하며 심지어 상스럽고 제멋대로인" 독일

판 팔스타프(Falstaff, 셰익스피어의 희곡 '윈저의 즐거운 과부들'에 등장하는 인물. 그도 배불뚝이로 묘사되어 있음: 역주)였다. 뚱보(Der Dicke)로 알려진 그는 지적이거나 혹은 군사적인 것에는 흥미가 없었으며 할 수만 있다면 절대로 움직이는 법이 없었다. 그가 현재의 지위에 맞지 않는다고 생각했던 몰트케가 수년 동안이나 그를 제8군 사령관 자리에서 물러나게 하려고 노력했으나 허사였을 만큼 프리트비츠의 인맥은 막강했다. 몰트케가 할 수 있었던 최선책은 자신의 참모인 폰 발데제 백작을 프리트비츠의 참모장으로 앉히는 것 정도였다. 호프만이 보기에 수술 후유증으로 고생하고 있던 발데제는 8월 현재 아직 "정상적인 상태를 회복하지 못했으며" 프리트비츠는 한번도 정상이었던 적이 없었기 때문에 결국 호프만은 행복하게도 제8군에 대한 실질적인 지휘권은 가장 적합한 인물, 즉 그 자신에게 있다고 확신했다.

동프러시아에 대한 불안은 8월 15일 일본이 연합국 지지를 선언함으로써 러시아군의 대병력을 자유롭게 해주자 심각한 문제가 되고 말았다. 영원한 우방은 없는 법이지만 독일 외교는 또 한번 우방을 만들거나 혹은 우호관계를 유지하는 임무에 실패하였다. 일본은 유럽의 전쟁으로부터 자신들이 얻게 될 가장 큰 이득에 대해 나름대로 생각이 있었으며 그 내용은 일본의 희생양도 잘 알고 있었다. 위안 스카이는 "일본은 이번 전쟁을 이용하여 중국에 대한 지배력을 가지게 될 것"이라고 예언한 바 있다. 잘 알려진 대로 일본은 유럽의 열강들이 전쟁으로 너무 바빠 일본을 제지하지 못하는 틈을 이용하여 중국에 대해 21가지 요구사항을 부과하고 중국의 주권과 영토를 침략함으로써 20세기 역사는 꼬이게 되었던 것이다. 무엇보다도 일본이 연합국 측에 가담함으로써 생기는 즉각적인 효과는 극동으로부터 러시아군을 철수시키는 일일 것이다. 불어난 슬라브족 무리를 떠올리며 독일군은 이제 동프러시아를 제8

군에게만 맡기는 것에 대한 새로운 불안을 느끼게 되었다.

폰 프리트비츠 장군은 처음부터 제8군 휘하의 제1군단장 폰 프랑수와 장군을 지휘하는 데 어려움을 겪고 있었는데, 위그노(Huguenot, 16세기 무렵의 프랑스 신교도: 역주) 가계의 후손이며 58세의 눈빛이 영롱한 이 장교는 영락없는 독일판 포쉬였다. 제1군단은 동프러시아에서 징집되었으며, 단 한 명의 슬라브족도 프러시아 땅을 밟게 할 수 없다고 결심한 그 군단장이 너무 멀리 진격하는 바람에 제8군의 전략이 망가질 지경이었다.

제8군은 호프만의 계산을 근거로 렌넨캄프 군이 먼저 진격해올 것으로 추측했으며 그들이 인스터부르크 협곡에 도달하기 전에 8월 19일 또는 20일경 러시아 국경에서 25마일 떨어진 굼빈넨(Gumbinnen) 지역에서 그들과 조우하여 전투를 벌일 것으로 예상했다. 프랑수와의 제1군단을 포함하여 3과 2분의 1개 군단과 1개 기병사단이 이들과 맞서기 위해 출동한 반면 네 번째 군단은 점점 다가오는 삼소노프 군을 막기 위해 남동쪽으로 파견되었다. 8월 16일 제8군 사령부는 인스터부르크 전선에 가까운 바르텐스타인(Bartenstein)까지 전방으로 이동했는데 이곳에서 프랑수와가 굼빈넨에 도착했을 뿐만 아니라 이미 그곳을 지나갔음을 알게 되었다. 호프만의 전략은 렌넨캄프 군이 기지로부터 멀어질수록 그만큼 약화될 것이라는 논리에서 그들이 처음 이틀간의 행군으로 올 수 있는 한 최대한 서쪽으로 오도록 놔두려는 것인데 반해 프랑수와는 즉각 공격을 가하는 것이 좋다고 생각했던 것이다. 호프만은 그들이 저지되는 것을 원치 않았으며 오히려 그 반대로 독일군이 삼소노프를 상대하러 선회하기 전에 그들만을 상대로 교전할 시간을 가질 수 있도록 가능한 빨리 굼빈넨 지역에 도착하도록 내버려두길 원했다.

8월 16일 프랑수와는 자신의 사령부가 있던 굼빈넨 너머로 진격함으로써 제1군단의 측면을 지원하기 위해 나머지 제8군 전체가 따라 나올 수밖에 없도록 압박을 가했는데, 이는 자신의 권한을 넘어서는 행동이었다. 16일 프리트비츠는 그에게 진군을 멈출 것을 단호하게 명령했다. 이에 격분한 프랑수와는 전화로 러시아와 보다 가까운 곳에서 적과 교전할수록 독일 영토에 대한 위험은 그만큼 줄어든다고 항의했다. 프리트비츠는 동프러시아의 일부를 희생하는 것은 불가피하다고 대답한 다음, 프랑수와에게 자신만이 "유일한 지휘관"이라는 사실을 상기시키고 다시 한번 더 이상의 진격을 금한다는 내용의 명령서를 발송했다. 프랑수와는 그것을 무시했다. 8월 17일 오후 1시 프리트비츠는 프랑수와로부터 굼빈넨 전방 20마일 지점이자 러시아 국경으로부터 겨우 5마일 떨어진, 스탈루포넨(Stalluponen)에서 이미 교전에 돌입했다는 전문을 받고 "경악을 금할 수 없었다."

그날 아침 렌넨캄프의 전 군이 국경을 넘을 때 중앙에 위치했던 제3군단은 의도적이라기보다는 상호 협조가 미흡한 바람에 다른 2개 군단보다 몇 시간 앞서 출발하였다. 러시아군 정찰대가 프랑수와 군이 스탈루포넨에 있음을 확인하자 공격하라는 명령이 떨어졌다. 전투는 마을에서 동쪽으로 몇 마일 떨어진 곳에서 벌어졌다. 폰 프랑수와 장군과 참모들이 스탈루포넨의 교회 첨탑 위에서 전투 과정을 지켜보며 가뜩이나 "피를 말리는 극도의 긴장 속"에 있는데 난데없이 교회 종이 끔찍한 소리를 내며 그들의 귓등을 때렸다. 진동으로 첨탑이 흔들렸고, 삼각대 위의 망원경도 떨렸으며 격분한 장교들이 이 불행한 마을 의원의 머리 위로 게르만 욕설을 퍼부었는데, 그는 마을 주민들에게 러시아군이 쳐들어왔음을 알리는 것이 자기 의무라고 생각했던 것이다.

프랑수와의 전문을 받은 제8군 사령부에서도 이에 못잖은 분노가 폭발했다. 전화와 전신으로 작전을 중단하라는 명령이 하달되었으며 소장한 명이 이 명령을 확인하기 위해 직접 달려갔다. 이미 그곳에서 화가 잔뜩 난 사람들 못잖게 언짢은 기분으로 종루로 올라간 그는 폰 프랑수와 장군을 향해 "사령관께서 장군에게 즉각 전투를 중단하고 굼빈넨으로 퇴각하라고 명령했습니다!"라고 소리쳤다. 그 말씨와 태도에 화가 난 프랑수와는 "폰 프리트비츠 장군에게 폰 프랑수와 장군은 러시아군을 물리쳤을 때 교전을 멈출 것이라고 전하시오!"라고 기세 등등하게 호통을 쳤다.

한편 독일군 1개 여단이 5개 포병중대와 함께 러시아군을 배후에서 공격하기 위하여 독일군 우익으로부터 적진으로 투입되었다. 러시아군 제3군단 특히 스탈루포넨에서 현재 교전 중인 제27사단의 때 이른 진격으로 자신들과 좌측의 이웃 군단 사이에 틈이 생기는 바람에 그들은 독일군의 우회공격에 무방비 상태였다. 독일군의 공격을 받은 연대는 붕괴되어 도주하였으며, 결국 3,000명이 포로로 잡힌 채 제27사단 전체가 어쩔 수 없이 퇴각하고 말았다. 비록 렌넨캄프 군의 나머지 부대는 그날의 목표 지점에 도착했지만 제27사단은 다음날 예정된 진격을 포기한 채 재정비를 위해 국경으로 퇴각해야만 하였다. 승리에 한껏 고무된 프랑수와는 그날 밤 스탈루포넨을 소개한 후 굼빈넨을 향해 후퇴하면서 개인적으로 명령에 불복하길 잘했다고 확신했다.

이러한 제지에도 불구하고 렌넨캄프 군은 진격을 재개했다. 그러나 이미 8월 19일부터 그들은 보급품의 고갈을 느끼기 시작했다. 국경에서 겨우 15마일을 왔을 뿐이지만 군단장들은 보급품 조달이 제대로 안되고 있으며 상호 간에 또는 군 사령부로 전문들이 제대로 전달되지 않고 있다고 보고했다. 그들 앞으로는 도로마다 피난민들이 몰고 가는 가축과 양떼가 북적이고 있었다. 렌넨캄프와 그의 상관인 북서전선 사령관 질린스키 장군은 피난 행렬과 프랑수와 군단의 퇴각으로 독일군이 동프러시아를 소개하고 있다고 믿게 되었다. 이는 러시아군의 마음에 드는 상황이 아니었는데 왜냐하면 만일 독일군이 너무 일찍 퇴각하면 그들은 러시아군의 협공에 의한 괴멸을 피할 수도 있기 때문이었다. 이런 연유로 렌넨캄프는 20일 진격을 멈추도록 명령했는데 이는 내부적인 어려움 때문이라기보다는 적군을 부추겨 앞으로 나와 전투를 벌이도록 함으로써 삼소노프의 제2군이 독일군 배후에 치명적인 일격을 가하기 위해 다가올 시간을 벌어주기 위해서였다.

폰 프랑수와 장군은 기꺼이 이에 응하였다. 다시 한번 전투를 목전에 두고 그는 19일 제8군 사령부에 있는 폰 프리트비츠 장군에게 전화를 걸어 계속 후퇴하는 대신 반격을 허락해 달라고 강력하게 요청했다. 러시아군의 진격이 느슨하고 산만했기 때문에 이것은 황금 같은 기회라고 그는 단언했다. 그는 주민들의 피난 행렬을 생생하게 묘사하며 프러시아의 영토를 가증스러운 슬라브족의 발굽에 짓밟히도록 방치하는 수치스러운 짓을 격렬하게 성토했다. 프리트비츠는 곤혹스러웠다. 굼빈넨의 후방에서 싸울 생각이던 제8군은 앙게랍 강을 따라 잘 준비된 위치를 확보하고 있었다. 하지만 프랑수와의 때 이른 진격은 계획을 망쳐 놓았으며 지금 그는 굼빈넨에서 동쪽으로 10마일이나 떨어진 곳에 있었다. 그가 그곳에서 공격하도록 허락하는 것은 앙게랍 저지선에서 멀리 떨어진 곳에서 전투를 벌인다는 것을 의미하게 되며, 결국 다른 2와 2분의 1개 군단은 그를 따라 끌려 나가게 되어 제20군단과 더욱더 멀어지게 되는데 남쪽에서 다가오는 삼소노프 군을 감시하기 위해 떨어져 있던 이들은 언제 시원이 필요할지 모르는 상태였다.

다른 한편으로 겁에 질린 주민들이 지켜보는 가운데 제대로 된 싸움도 한번 해 보지 않고 비록 겨우 20마일이라 할지라도 독일군이 퇴각하는 꼴을 보이는 것은 썩 내키지 않는 일이었다. 독일군이 진격을 멈추라는 렌넨캄프의 명령을 도청하게 되자 이에 대한 결정을 내리기가 더욱 어려워졌다. 이 명령은 간단한 암호를 이용하여 러시아군 군단장들에게 무전으로 보내졌는데, 암호해독을 위해 제8군에 배속된 독일인 수학 교수가 이 암호를 푸는 것은 식은 죽 먹기였다.

이로 인해 한 가지 질문이 제기되었다. 렌넨캄프는 얼마 동안이나 멈춰 있을 것인가? 독일군이 2개 러시아군 중 하나만 상대할 수 있는 시간은 점점 흘러가고 있었으며, 그날 저녁이면 이미 6일 가운데 3일이 지나가 버릴 것이다. 만일 독일군이 렌넨캄프가 자기들 쪽으로 올 때까지 앙게랍에서 기다리다가는 일시에 2개의 러시아군 사이에 갇히게 될지도 모르는 상황이었다. 바로 그때 제20군단으로부터 그날 아침 삼소노프의 군대가 국경을 넘었다는 연락이 왔다. 협공을 위한 두 번째 칼날이 다가오고 있었다. 독일군은 사전에 준비한 앙게랍 진지를 포기하고 렌넨캄프 군과 즉각 교전을 하거나 아니면 현 위치를 벗어나 삼소노프 쪽으로 선회해야만 했다. 프리트비츠와 참모들은 전자를 택하였고 프랑수와에게 다음날인 8월 20일 아침에 공격을 개시하도록 명령했다. 한 가지 문제는 지시 받은 대로 앙게랍에서 기다리고 있던 나머지 2와 2분의 1개 군단이 그를 뒤따라가 그 시간에 맞춰 전투를 시작할 수 없다는 것이었다.

새벽이 되기 전에 폰 프랑수와의 중화기가 러시아군의 허를 찌르며 불을 뿜기 시작하였으며 포격은 30분간 계속되었다. 오전 4시 그의 보병부대가 어둠 속에서 그루터기만 남은 들을 건너 러시아군의 소총 사거리까지 전진했다. 동이 트면서 전선에서는 불길이 타오르듯 전투가 시작되었다. 러시아군 포병대가 줄지어 밀려오는 회색 물결 위로 포탄을 퍼 부었으며 방어선 전면의 흰색 도로가 쓰러진 병사들로 인해 삽시간에 회색으로 바뀌는 것을 보았다. 두 번째 회색 파도가 조금 더 가까운 지점까지 쇄도했다. 러시아군이 끝이 뾰족한 군모를 알아 볼 수 있을 정도였다. 포병대가 포격을 재개하자 파도가 가라앉았고 또 다른 파도가 밀려 왔다. 하루에 244발을 쏠 수 있는 비율로 포탄을 지급 받은 러시아 군 야포들이 지금은 하루 440발의 비율로 포탄을 퍼부었다. 검은 십자가 표시가 그려진 비행기가 한 대 날아와서 야포 진지들을 폭격했다. 회색 파도는 계속해서 밀려왔다. 그들이 500야드 거리까지 밀려왔을 때 러시아군 야포가 주춤거리다가 조용해졌는데, 포탄이 바닥나고 말았던 것이다. 프랑수와의 2개 사단으로부터 공격을 받은 러시아군 제28사단은 60%의 사상자를 내며 사실상 궤멸되었다. 프랑수와의 기병대가 3개의 기마 포병중대와 같이 러시아군의 열려 있는 배후를 휩쓸었는데, 포병대가 없었던 러시아군 기병대는 이들을 저지하지 못한 채 뒤로 물러나 독일군이 후방에 있던 러시아군 수송대를 습격하도록 방치하고 말았다. 이것은 렌넨캄프 군의 최우측에 있던 군단의 운명이었고, 중앙과 좌측에서는 상황이 아주 다르게 전개되었다.

우측을 제외한 나머지 부분에서는 러시아군이 이른 새벽부터 시작된 프랑수와의 대포소리에 진작부터 경계태세를 갖추고 35마일 전선에 단편적으로 가해진 공격에 대비하고 있었다. 중앙의 독일군 제17군단은 프랑수와보다 4시간 늦은 오전 8시가 되어서야 비로소 전선에 도착했으며 독일군 우측의 제1예비군단은 정오까지도 도착하지 못했다. 제17군단은 1870년 참전 용사 출신으로 이제 나이가 65세 이상인 장성들 가운데 하나인 아우구스트 폰 막켄센 장군이 지휘하고 있었다. 제1예비군단은 오토 폰 벨로브 장군이 지휘했다. 그들은 다음날 아침 굼빈넨 너머에서 벌어질 공격 작전에 프랑수와와 합류하라는 예상치 못한 명령을 받았던 19일 저녁 앙게랍 뒤편에 주둔하고 있었다. 서둘러 부대를 정비한 막켄센은 야간에 강을 건넜는데 건너편 도로에서 밀려드는 피난민과 차량 그리고 가축들과 뒤엉켜 큰 혼잡을 겪게 되었다. 그들이 혼란을 수습하고 적과 접촉할 만큼 충분히 전진했을 때에는 이미 기습의 이점을 살릴 수가 없었으며 러시아군이 먼저 포문을 열었다. 대형 야포의 포격은 누가 피격을 당하든 가공할 피해를 입게 되는데 1914년 당시로서는 매우 드물게도 이때 포격을 받는 쪽은 독일군이었다. 보병들은 땅에 엎드려 얼굴을 파묻은 채 감히 고개도 들지 못했고, 탄약 차량들이 날아가 버렸으며, 말들은 주인을 잃은 채 질주했다. 오후가 되자 막켄센 휘하의 제35사단이 포격으로 궤멸되었다. 어떤 중대는 무기를 버린 채 달아났고, 또 다른 중대는 공포에 질렸으며, 이어서 연대 전체가, 또다시 좌우의 연대가 붕괴되는 식이었다. 얼마 안 가 도로와 들판은 등을 돌려 도주하는 병사들로 뒤덮였다. 참모와 사단 장교들 그리고 막켄센까지 패잔병들을 저지하기 위해 차를 타고 전선을 질주했으며 이러한 패주는 15마일이나 계속된 후에야 겨우 수습될 수 있었다.

막켄센 우측을 맡은 폰 벨로브의 제1예비군단은 아무런 도움도 주지 못했는데, 왜냐하면 더욱 늦게 출발한 그들이 로민텐 숲 가장자리에 있는 골답의 지정된 지점에 도착하자 곧바로 러시아군의 격렬한 공격을 받았기 때문이었다. 중앙을 맡은 막켄센 군단의 패주로 폰 벨로브 군단의 좌측이 무방비 상태가 되는 바람에 막켄센의 퇴각을 엄호하고 스스로를 방어하기 위해 그들 또한 후퇴하지 않을 수 없었다. 폰 벨로브의 우측을 맡은 폰 모르겐 장군이 지휘하는 제3예비사단은 앙게랍을 가장 늦게 출발하여 모든 것이 끝나 버린 저녁까지도 도착하지 못해 전투를 해보지도 못했다. 비록 독일군은 퇴각에 성공했고 러시아군은 프랑수와에게 극심한 타격을 받았지만 굼빈넨 전투는 전체적으로 러시아군의 승리였다.

프리트비츠는 모든 전투를 망쳤다고 생각했다. 붕괴된 독일군 중앙부로 러시아군이 거세게 추격해 온다면 그들은 인스터부르크 협곡을 돌파, 제8군을 양분하고 프랑수와 군단을 북쪽으로 밀어붙여 쾨니히스베르크 요새 지역 내의 피난처로 몰아 넣을 수도 있었는데 OHL은 이러한 사태를 허용하면 안된다고 이미 명백하게 경고한 바 있다. 프리트비츠는 제8군을 구하여 하나로 유지하기 위해서는 비스툴라로 퇴각하는 것만이 유일한 방법이라고 생각했다. 몰트케가 그에게 내린 마지막 지시는 "군대를 온전한 상태로 보존할 것, 비스툴라로부터 내몰리지 말 것, 그러나 최악의 경우에는 비스툴라 동부지역을 포기할 것"이었다. 프리트비츠는 지금이야말로 최악의 경우라고 느꼈으며 특히 전화로 자기 부대가 처한 공황상태를 적나라하게 묘사한 막켄센과 통화한 후에는 더욱 그러했다.

8월 20일 저녁 6시 그는 프랑수와에게 전화를 걸어 그가 담당한 지역의 성공적인 전과에도 불구하고 군대는 비스툴라로 후퇴할 수밖에 없다고 말했다. 이 말에 대경실색한 프랑수와는 격렬하게 항의하며, 프리트비츠가 이를 재고해야 할 이유를 역설하고, 러시아군도 손실이 커 본격적인 추격전을 펼칠 수 없다고 주장하며, 그의 마음을 바꾸도록 간청하였다. 그는 전화를 끊으면서 프리트비츠가 아직 확실하게 결정한 것은 아니며 이를 다시 생각해 보는 것에 동의했다는 느낌을 받았다.

사령부에서는 믿기지 않는 여러 소식들과 서로 상충하는 보고의 혼돈 속에서 놀라운 상황이 점차 또렷하게 드러나기 시작했는데, 그것은 바로 추격이 없다는 것이었다. 러시아군 사령부에서 렌넨캄프는 그날 오후 3시에서 4시 사이에 추격 명령을 내렸지만, 막켄센의 후퇴를 엄호하기 위한 독일군의 포격이 심하다는 보고를 받고 4시 30분 그 명령을 취소했다. 중앙의 독일군 패전 규모가 확실하지 않아 그는 기다렸다. 피로에 지친 참모장교가 그에게 자도 되겠느냐고 묻자 누워 쉬는 것은 좋지만 옷은 벗지 말라는 대답을 들었다. 그가 잠든 지 한 시간 정도 지났을 무렵 렌넨캄프가 그의 침대로 다가와 웃으면서 "이제 옷을 벗고 편히 자게, 독일군은 퇴각 중이야"라고 말했다.

전투가 끝난 후 이를 연구하는 수많은 전쟁 사가들에 의해 이 말에 대한 이런저런 평가가 내려졌는데 그들 중에는 유난히 악의에 찬 회심의 미소를 지으며 다소 왜곡된 표현으로 이를 기록한 호프만도 있었다. 그들은 적이 퇴각하는 시점은 추격할 때지 잠자러 갈 때가 아니라고 지적했다. 이는 일리가 있는 말이다. 굼빈넨이 그 전초전이었던 탄넨베르그(Tannenberg) 전투의 결과가 너무도 충격적이다 보니 렌넨캄프가 추격을 중단한 이 사건은 구름 같은 열띤 공방전을 촉발했다. 여기에는 그의 조상이 독일계라는 지적과 그가 반역자라는 공개적인 비난도 포함되어 있었다. 클라우제비츠는 이 일이 일어나기 100년 전 이에 대한 보다 타당한 설명을 제시하였다. 그는 추격전에 대한 논의에서 "군대 내에서 모두가 느끼는 극도의 중압감은 그 어느 때보다도 휴식과 원기회복을 절실하게 원하고 있다. 이러한 상황에서, 이 시간 이후의 상황을 예견하고 판단하여 당장에는 그저 승리를 장식하는 것 내지 승전의 사치로 밖에 보이지 않는 결과를 얻기 위해 즉각적인 행동을 취하기 위해서는 지휘관에게 아주 예외적인 특단의 용기가 필요하다"고 설파했다.

렌넨캄프가 그러한 궁극적인 결과를 인식했든 혹은 못했든 간에 실제로 그는 최종적인 승리를 쟁취하기 위해 도망치는 적을 좇아 군대를 급파할 수 없었거나 혹은 할 수 없다고 느꼈던 것뿐이다. 그의 보급선은 이미 어려움을 겪고 있었는데, 마지막 병참역을 지나 진격할 경우 그나마도 현재의 보급선을 앞지르게 될 상황이었다. 그의 보급선은 적지에서 길게 연장될 것에 반해 독일군은 자신들의 기지로 후퇴함으로써 보급선이 더욱 짧아지고 있었다. 그는 독일 열차를 나포하지 않는 한 독일군 철도를 이용할 수 없었으며, 철도 폭을 바꿀 작업반도 없었다. 그의 수송부대는 독일군 기병대의 공격을 받고 혼란에 빠졌고, 우측의 기병대는 참패를 당했으며, 1개 사단은 병력의 대부분을 잃었다. 그는 자기가 있던 곳에 그냥 머물렀던 것이다.

그날 저녁은 더웠다. 호프만 대령은 독일군이 사령부로 쓰고 있던 건물 밖에 서서 그날 전투와 내일 전망에 대해 직속 상관인 그뤼네르트 소장과 얘기하고 있었는데, 그와 함께 프리트비츠와 발데제의 심약한 의지를 추스려볼 작정이었다. 바로 그때 그들에게 전문이 전달되었다. 그것은 제20군단장 숄츠 장군이 보낸 것으로 남쪽의 러시아군이 4 내지 5개 군단 병력으로 국경을 넘었으며 50 내지 60마일 넓이로 전선을 펼친 채 진격하고 있다는 내용이었다. 호프만은 (이를 심각하게 받아들여야 할지 어떨지 아무도 모르는) 특유의 종잡을 수 없는 어투로 그 보고서를 자신이 보기에 "지금 잔뜩 겁을 먹고 있는" 프리트비츠와 발데제가 보지 못하도록 그냥 "덮어 두자고" 제안했다. 전쟁에 관한 회고록에서 주로 동료에게 적용하는 표현 중 "그는 겁을 먹었다"는 것만큼 보편적인 것은 없을 것이며, 이 경우 이 표현은 의심할 여지없이 정확했다. 그러나 호프만의 이 간단한 음모는 무위에 그치고 말았는데 왜냐하면 바로 그때 프리트비츠와 발데제가 자신들도 그 보고서를 받았음을 알 수 있는 표정을 지으며 집 밖으로 나왔기 때문이다. 프리트비츠는 그들 모두를 안으로 불러, "여러분, 만일 우리가 빌나 군을 상대로 계속해서 싸운다면 바르샤바 군은 아군의 배후로 진격하여 우리를 비스툴라로부터 차단하게 될 것입니다. 우리는 빌나 군과의 전투를 멈추고 비스툴라 후방으로 후퇴해야만 합니다"라고 말했다. 그는 더 이상 비스툴라 "까지"가 아니라 그 "후방"으로 후퇴할 것을 주장하고 있었다.

호프만과 그뤼네르트는 즉각 아군은 빌나 군과의 전투를 2,3일 내에 "끝낼" 수 있고 그리고도 여전히 남쪽의 위험에 대처할 시간이 있으며 그때까지는 숄츠 군단이 "혼자서 처리" 할 수 있다고 주장하면서 그러

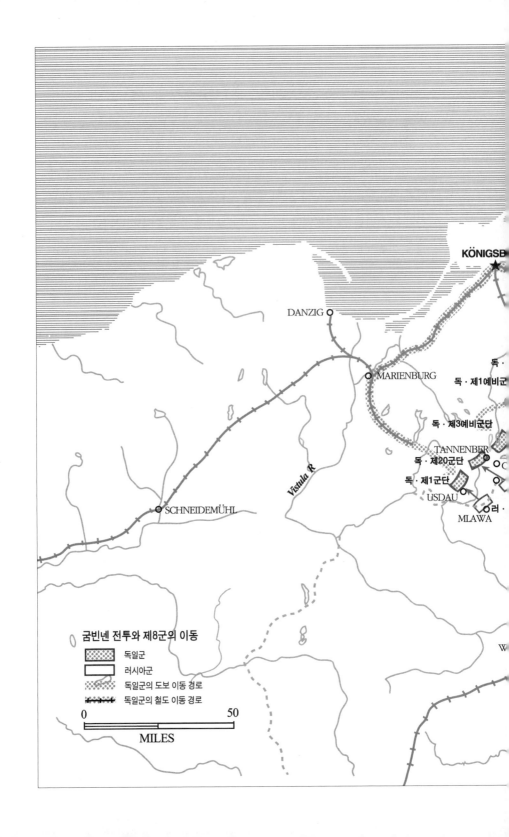

KÖNIGSB

독 ·

독 · 제1예비군

독 · 제3예비군단

TANNENBER

독 · 제20군단   O

독 · 제1군단   O

USDAU   O 러 ·

MLAWA

DANZIG O

MARIENBURG

Vistula R.

SCHNEIDEMÜHL

W

굼빈넨 전투와 제8군의 이동

독일군

러시아군

독일군의 도보 이동 경로

독일군의 철도 이동 경로

0   50

MILES

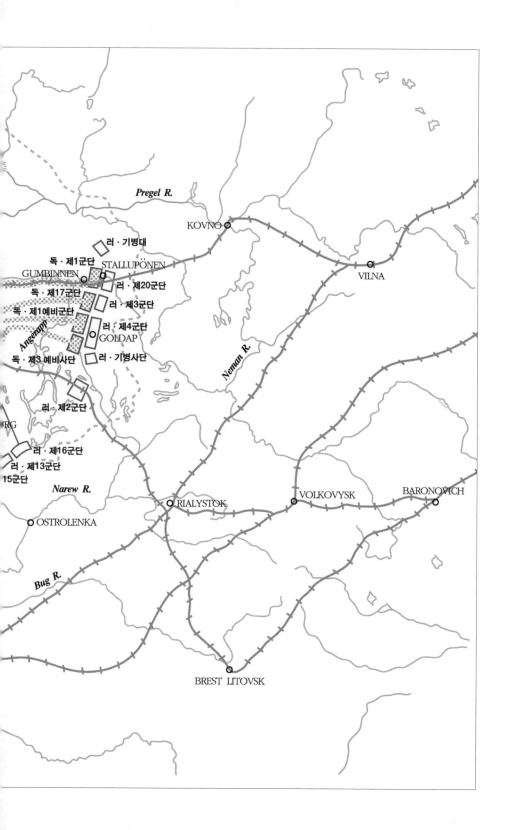

한 필요성을 반박했다.

프리트비츠는 단호하게 그들을 제지했다. 결정은 그와 발데제의 몫이었다. 그는 남쪽 러시아군의 위협이 너무 크다고 주장했다. 호프만은 비스툴라 후방으로 퇴각하는 데 필요한 준비를 해야만 했다. 호프만은 남쪽 러시아군의 좌익이 이미 독일군보다도 비스툴라에 더 가깝다는 것을 지적하며 콤파스를 이용하여 퇴각은 이미 불가능하다는 것을 보여 주었다. 그는 어떻게 하면 그 임무를 수행할 수 있는지 "가르쳐 달라"고 요구했다. 프리트비츠는 그와 방 안에 있던 사람 모두를 즉각 해임하고 코블렌쯔의 OHL로 전화를 걸어 그 후방은 아닐지라도 비스툴라까지 퇴각하려는 자신의 의도를 알렸다. 그는 여름철 날씨에 강물이 줄어 수심이 가장 낮은 상태라고 하면서 지원병력이 없으면 강을 지킬 수 있을지 자신하기 어렵다고 덧붙였다.

몰트케는 경악했다. 이것이 바로 그 뚱뚱한 바보에게 제8군을 맡긴, 그리고 자신이 그에게 적절치 못한 마지막 지시를 내린 결과였다. 동프러시아를 포기하게 되면 엄청난 정신적인 패배감을 맛보게 될 뿐만 아니라 가장 소중한 농축산지도 잃게 되는 손실을 초래할 상황이었다. 더욱 나쁜 것은 만일 러시아군이 비스툴라를 건너게 되면 그들은 베를린만이 아니라 오스트리아군의 측면과 심지어 비엔나도 위협받게 될 우려가 있었다. 지원병력이라니! 마지막 대대까지도 전부 전투에 동원되고 있는 서부전선 말고는 도대체 어디에서 지원병력을 얻을 수 있단 말인가? 지금 서부전선에서 군대를 빼내는 것은 프랑스를 상대로 한 전쟁에서 진다는 것을 의미할 수도 있었다. 몰트케는 이를 수습할 명령을 생각해 내기에는 너무나 큰 충격을 받았거나 아니면 현장에서 너무 멀리 떨어져 있었다. 당장은 그도 참모들에게 프랑수와, 막켄센 그리고 나머지 군단장들과 직접 통화를 해서 사실을 확인해 보라고 명령하는 것으로 만족해야 했다.

한편 제8군 사령부에서는 호프만과 그뤼네르트가 발데제를 상대로 후퇴만이 대안이 아니며, 사실상 그것은 불가능한 대안이라고 설득하기 위해 노력하고 있었다. 호프만은 이제 한 가지 묘수를 제안했는데, 그것에 의하면 제8군은 내부의 도로망과 철도망의 이점을 활용하여 러시아 2개 군의 위협에 맞서도록 병력을 배치할 수 있으며, 만일 자신이 생각한 대로 일이 풀린다면 그들 중 하나를 상대로 전 병력을 투입할 수 있는 위치를 확보하게 될 것으로 예상했다.

그는 만일 자기가 생각한 대로 렌넨캄프가 그 다음날도 여전히 추격하지 않는다면, 프랑수와의 제1군단을 빼내 철도편으로 멀리 우회하여 남부전선에서 숄츠의 제20군단을 보강하도록 이동시킬 것을 제안했다. 프랑수와는 숄츠의 우측에서 삼소노프의 좌익과 맞서게 되는데 그들은 비스툴라에 가장 가깝기 때문에 가장 큰 위협이었다. 굼빈넨에서 전투를 하지 않았던 폰 모르겐 장군의 사단도 숄츠를 지원하도록 다른 철도망을 이용하여 이동하게 될 예정이었다. 모든 비축품, 장비, 군마, 대포 그리고 탄약과 함께 군대를 이동시키기 위해, 열차들을 조합하고, 피난민들로 혼잡한 정거장에서 선적을 하며, 열차들을 한 노선에서 다른 노선으로 바꿔가며 운행하는 일은 복잡한 일이겠지만 호프만은 그토록 많은 고급 두뇌들이 투입된 독일의 철도 시스템은 그 일을 충분히 해낼 것이라고 확신했다.

이러한 이동이 진행되는 동안 막켄센과 폰 벨로브 군단도 이틀간의 일정으로 남쪽을 향해 행군하려는 명령이 주어질 것이며 성공적으로 철수할 경우 그들은 약 30마일 정도 남쪽 전선에 가까워질 것으로 예상되었다. 여기서부터 모든 것이 순조로울 경우 그들은 안쪽의 짧은 거리를 행군하여 프랑수와가 숄츠의 우측에 도착한 것과 비슷한 시각에 맞춰 숄츠의 좌측에 배치될 예정이었다. 이렇게 하여 4와 2분의 1개 군단 전 병력이 적의 남쪽 군과 교전할 수 있는 위치에 있게 될 것으로 기대되었다. 기병대와 쾨니히스베르크의 예비대는 뒤에 남아 렌넨캄프 군을 견제하는 은폐막 역할을 할 예정이었다.

이 기동작전의 성패는 전적으로 렌넨캄프가 움직이지 않는다는 한 가지 조건에 달려 있었다. 호프만은 그가 휴식을 취하고 부대를 재정비하며 보급선을 확충하기 위해 하루 또는 그 이상 그 자리에 머무를 것이라고 판단했다. 그의 확신은 렌넨캄프가 어떤 수수께끼 같은 배신행위나 악의에 찬 또는 초자연적인 정보가 아니라 단순히 자연스러운 이유로 멈춘 것이라는 자신의 믿음을 근거로 한 것이었다. 어떤 경우에도 막켄센과 폰 벨로브 군단은 앞으로 2,3일간은 전선을 떠나지 않을 예정이었다. 그때가 되면 틀림없이 적의 암호문을 도청함으로써 렌넨캄프의 의중을 엿볼 수 있는 어떤 신호를 감지할 수 있을 것으로 예상했다.

이상의 내용이 호프만의 주장이었으며, 그는 폰 발데제를 설득했다. 확실한 이유는 모르겠지만, 그날 밤 발데제가 프리트비츠를 설득한 것인지 아니면 프리트비츠의 승인 없이 호프만에게 필요한 명령을 준비하도록 허락한 것인지 기록은 분명치 않다. 참모들은 프리트비츠가 그 사이에 이미 OHL에 비스툴라로 후퇴하려는 자신의 의도를 얘기했다는 사실을 몰랐기 때문에, 아무도 일부러 최고 사령부에 후퇴할 생각을 포기했다고 알리지 않았다.

다음날 아침 몰트케의 참모 두 명이 몇 시간 동안이나 전화통을 붙잡고 애쓴 끝에 동부전선의 군단장들과 개별적으로 통화하는 데 성공했으며 그들로부터 사태는 심각하지만 후퇴도 너무 경솔한 방안이라는 일치된 의견을 들을 수 있었다. 프리트비츠가 후퇴를 결행할 것처럼 보였기 때문에 몰트케는 그를 교체하기로 결심했다. 그가 참모장인 폰 슈타인과 이 문제를 의논하는 동안 호프만 대령은 아직까지는 자기가 옳았다는 생각에 흡족해 하고 있었다. 정찰 결과 렌넨캄프 군은 조용 했으며, "그들은 전혀 우리를 추격하지 않고 있었다." 즉시 프랑수와의 제1군단을 남쪽으로 이동시키라는 명령이 내려졌다. 그 자신의 말에 의하면 프랑수와는 그날 오후 굼빈넨을 떠날 때 감정이 복받쳐 올라 울음을 터뜨리고 말았다. 프리트비츠는 분명히 이를 승인했지만 곧 후회했다. 그날 저녁 그는 다시 OHL에 전화를 걸어 폰 슈타인과 몰트케에게 바르샤바 군을 향해 진격한다는 자기 참모들의 제안은 "불가능하며 너무 위험하다"고 말했다. 질문에 대한 답변에서 그는 "한 줌도 안되는 병력"으로는 비스툴라를 지키는 것조차 보장할 수 없다고 말했다. 그는 지원병력이 반드시 필요하다고 했다. 이것으로 그의 해임은 확정되었다.

동부전선이 붕괴의 위험에 처한 상황에서, 당장 누군가 대담하고, 강력하며 결단력 있는 인물이 지휘권을 인수할 필요가 있었다. 지휘관이 실제 전쟁의 갖가지 위기에 어떻게 대처하는가를 사전에 확인할 수는 없지만 OHL은 다행스럽게도 불과 일주일 전에 실제 전투에서 자신의 능력을 입증한 참모장교를 한 사람 알고 있었는데, 그는 바로 리에쥬의 영웅 루덴도르프였다. 그는 제8군의 참모장으로 적격이었다. 2인조로 구성된 지휘부를 통해 행사되는 독일군의 지휘체계에서 참모장은 지휘관만큼 중요하며 때때로 그 능력과 기질에 따라서는 더욱 중요한 경우도 있었다. 그 시각 루덴도르프는 폰 뷜로브의 제2군과 함께 나무르 외곽에 있었는데, 이곳에서 그는 리에쥬의 성공에 이어 벨기에 제2의 요새에 대한 강습을 지휘하고 있었다. 그는 프랑스의 문턱에서 결정적인 순간을 맞고 있었지만, 동부전선의 상황은 그를 절실히 필요로 하고 있었다. 몰트케와 폰 슈타인은 그를 소환하는 데 합의했다. 그 즉시 서신을 지참한 참모부 대위가 차량 편으로 급파되었는데, 이 편지는 다음날인 8

월 22일 아침 9시에 루덴도르프 장군에게 전달되었다.

"장군은 동부전선의 위기를 구할 수 있을 것"이라고 폰 슈타인은 적었다. "내가 이토록 절대적으로 신뢰할 수 있는 사람은 장군밖에 없습니다." 그는 "신의 가호로 마지막이 될" 결정적인 작전이 임박한 시점에 루덴도르프를 빼내는 것에 대해 사과했지만, 희생은 "불가피했다." "물론, 장군은 동부전선에서 이미 벌어진 사태에 대해 책임질 일은 없겠지만 장군의 능력으로 최악의 상황을 막아야 합니다."

루덴도르프는 15분 후 참모부 대위의 차를 타고 출발했다. 나무르로부터 10마일쯤 달린 그는 바브레(Wavre)를 지나갔는데, 그곳은 "불과 하루 전 내가 지나갈 때는 평화로운 도시였다. 지금은 불길에 휩싸여 있다. 이곳에서도 주민들이 아군에게 총격을 가했다."

그날 저녁 6시 루덴도르프는 코블렌쯔에 도착했다. 세 시간 동안 동부전선 상황에 대해 개략적인 보고를 받은 다음 그는 "피곤해 보이는" 몰트케와 "매우 침착했지만" 동프러시아에 대한 침공으로 깊은 충격을 받은 카이저를 만났다. 루덴도르프는 제8군에게 몇 가지 명령을 내리고 오후 9시 특별열차 편으로 동부전선을 향해 출발했다. 그가 내린 명령은 호프만과 그뤼네르트에게 마리엔부르그(Marienburg)에서 자신과 만나자는 것 외에 남부전선에서 숄츠의 제20군단을 지원하기 위해 프랑수와 군단을 열차로 이동시키라는 것이었다. 막켄센과 폰 벨로브의 2개 군단은 8월 23일까지 현재 위치를 완전히 철수한 후 휴식과 정비를 하도록 했다. 이러한 내용은 호프만의 명령과 일치했는데 이로써 모든 학생이 주어진 문제에 대해 동일한 해법에 이르게 되는 독일 국방대학의 이상이 실현되었다. 그것은 또한 루덴도르프가 전신으로 보내온 호프만 명령의 사본을 보았기 때문에 가능했던 것이기도 하다.

벨기에를 지나는 동안 루덴도르프는 참모부 대위로부터 OHL이 제8

군의 신임 사령관으로 퇴역 장성을 한 사람 선택했는데 그가 이 자리를 수락했는지 아직 모른다는 얘기를 들었다. 그의 이름은 파울 폰 베네켄도르프 운트 힌덴부르크(Paul von Beneckendorff und Hindenburg)였다. 루덴도르프는 모르는 인물이었다. 그날 저녁 늦게 코블렌쯔를 떠나기 전 그는 폰 힌덴부르크 장군의 소재가 파악되었고, 그가 보직을 수락했으며 다음날 새벽 4시 하노버(Hanover)에서 특별열차에 승차할 것이라는 얘기를 들었다.

참모장을 결정한 다음 OHL은 지휘관을 찾는 문제에 매달렸다. 모두가 느끼듯이 루덴도르프는 부인할 수 없는 능력의 소유자였지만, 2인조를 완성하려면 자격을 갖춘 정식 "폰(von)"이 바람직할 것이다. 여러 명의 퇴역 군단장들 이름이 거론되었다. 폰 슈타인은 전쟁이 터질 무렵 옛 동료로부터 받은 편지를 기억하고 있었는데, 그것에는 "앞으로 만일 어느 곳에서든 지휘관이 필요하게 되면 나를 잊지 말라"는 말과 더불어 자신은 "여전히 원기 왕성하다"고 다짐하는 내용이 씌어 있었다. 바로 이 사람이었다. 그는 수 세기 동안 프러시아에 뿌리내리고 있던 융커 집안 출신이었다. 슐리펜 휘하의 총참모부에서 일한 적이 있는 그는 적절한 보직을 두루 거쳐 군단 참모장으로 진급했으며 이어서 군단장을 역임하다가 1911년 65세로 퇴역했다. 그는 두 달 후면 68세가 되지만 우익을 맡고 있는 세 명의 장군 클룩, 뷜로브 그리고 하우센과는 동갑이었다. 프리트비츠가 겁에 질려 있는 지금 동부 전선에서 필요로 하는 사람은 대담한 인물이었는데 힌덴부르크는 확실하고도 믿을 수 있는 경력을 통해 침착하기로 소문난 사람이었다. 몰트게는 승인했으며, 카이저도 재가했다. 퇴역 장성에게로 전문이 발송되었다.

힌덴부르크는 새벽 3시 "즉각 복귀" 할 수 있겠느냐고 묻는 전문을 받았을 때 하노버의 자기 집에 있었다. "할 수 있다"고 그는 대답했다.

두 번째 전문을 통해 제8군의 지휘권을 인수하기 위해 지금 즉시 동부로 떠나라는 지시가 그에게 전해졌다. OHL은 협의를 위해 군이 그를 코블렌쯔로 불러들이려 하지 않았다. 그는 하노버에서 기차를 타라는 지시와 더불어 참모장은 루덴도르프 장군이 될 것이며 임지로 가는 기차에서 그와 만나게 될 것이라는 통보를 받았다. 시간이 없었던 힌덴부르크는 쑥스럽게도 프러시아 장군의 예전 청색 군복 차림으로 출발하기 직전 가까스로 회록색의 새 군복을 구할 수 있었다.

며칠 뒤 프리트비츠의 소환이 일반에게 알려졌을 때, 소중한 일기를 남긴 블뤼쳐 공주는 "꽤 나이가 많은 힌덴부르크 장군은 자신의 자리를 찾았다"고 기록했다. 신문 편집인들은 서둘러 새로운 사령관에 대한 자료를 수집했는데, 그의 이름이 군 인명록에서 "베네켄도르프" 난에 나와 있어 관련 자료를 찾는 데 애를 먹었다. 그들은 그가 스당에서 싸웠고 그곳에서 제2급 철십자 훈장을 받았으며 또한 그 전이었던 1866년대 오스트리아전쟁에도 참전했었다는 사실을 확인하고는 흡족해 하였다. 그의 베네켄도르프 조상들은 동프러시아에 정착한 독일 기사단의 일원이었으며, 힌덴부르크라는 이름은 18세기 혼인관계를 통해 얻은 것이었다. 그는 서프러시아 포센(Posen) 출신으로, 초임 장교시절 쾨니히스베르크의 제1군단 참모장교로서 마수리안 호수 지역의 군사적인 문제를 연구한 적이 있는데, 이 사실은 얼마 안 가 힌덴부르크가 이미 30년 전에 탄넨베르그 전투를 기획한 것으로 묘사하는 전설의 근거가 되었다. 그는 서프러시아의 노이데크(Neudeck)에 있는 조부 집에서 자랐으며 소년시절 프레데릭 대제를 위해 2주일간 일한 적이 있는 늙은 정원사와 이야기를 나누었던 일을 기억하고 있었다.

오전 4시 열차가 하노버역으로 들어올 때 그는 정거장에서 기다리고 있었다. 아직 그가 한번도 만난 적이 없는 루덴도르프 장군이 신고를 하기 위해 플랫폼으로 "씩씩하게 내려왔다." 동부로 가는 길에 그는 현지 상황과 자기가 이미 하달한 명령에 대해 설명했다. 힌덴부르크는 이를 듣고 승인했다. 독일제국을 마지막까지 좌우하게 될 두 사람의 결합, 신비한 모노그램 HL 로 표현된 "결합"은 이처럼 자신들을 유명하게 해준 전장으로 가는 길에서 탄생했던 것이다. 후일 원수로 진급했을 때, 힌덴부르크는 자신의 의견을 물을 때마다 루덴도르프를 돌아보며 "뭐라고 말할까?(Was sagst du?)"라고 묻는 버릇 때문에 "뭐라고 말할까?(Was-sagst-du?)" 원수라는 별명을 얻게 된다.

특이하게도 OHL이 제8군 지휘부가 바뀐 사실을 제일 먼저 알려야 한다고 생각했던 인물은 동프러시아 전선의 철도 담당인 케르스텐 소장이었다. 8월 22일 오후, 심지어 특별열차가 출발하기도 전에 이 장교는 "매우 놀란 표정"을 지은 채 호프만의 사무실로 들어와 그에게 신임 사령관과 참모장을 태운 특별열차가 다음날 마리엔부르크에 도착할 것이라는 내용의 전문을 보여 주었다. 프리트비츠와 발데제는 자신들의 해임 사실을 이런 식으로 알게 되었다. 한 시간 뒤 프리트비츠는 자신과 발데제를 "대기자 명단"에 올린다는 전보를 받았다. "그는 이번 인사에 대해 한마디 불평도 없이 우리를 떠났다"고 호프만은 말했다.

루덴도르프의 방법을 더 이상 재치있다고 할 수는 없었다. 그는 호프만과 함께 총참모부에서 근무했던 4년 동안 베를린에서 그와 같은 집에 살았기 때문에 서로 잘 알고 있었음에도 불구하고, 자신의 명령을 제8군 참모부를 통하는 대신 군단장들에게 개별적으로 직접 전달했던 것이다. 이것을 두고 일부러 무례를 범한 것이라고 단정지을 수는 없겠지만, 총참모부 장교들은 대개 무례했다. 호프만과 그뤼네르트는 곧바로 모욕감을 느꼈다. 그들이 마리엔부르크에서 신임 지휘부를 위해 베푼 환영식이 "결코 유쾌한 것은 아니었다"고 루덴도르프는 말했다.

이제 이번 전투의 운명이 걸린 핵심적인 문제와 부딪혀야 했다. 막켄센과 폰 벨로브 군단은 렌넨캄프의 진격을 막기 위해 현재 위치에 남아야 할 것인가 아니면 호프만의 계획대로 삼소노프의 우익에 맞서기 위해 남쪽으로 이동해야 하는가? 제8군 전체가 싸우지 않는 한 삼소노프를 물리칠 가망은 없었다. 프랑수와 군단은 8월 23일 현재 인스터부르크와 쾨니히스베르크 사이의 5개 역에서 열차에 오르는 복잡한 과정을 끝내고 지금은 남부전선으로 이동 중이었다. 그들이 전투 배치를 끝내려면 열차 운행 및 승차만큼이나 복잡한 하차과정에 추가로 이틀이 소요될 예정이었다. 폰 모르겐 사단도 다른 노선을 이용해 이동 중이었다. 막켄센과 폰 벨로브 군단은 그날 하루 종일 대기하고 있었다. 기병 정찰대는 렌넨캄프 군이 계속해서 "움직일 기미가 보이지 않는다"고 보고했다. 렌넨캄프는 막켄센과 폰 벨로브로부터 불과 30 내지 40마일 거리에 있었기 때문에 만일 독일군이 다른 러시아군을 향해 남쪽으로 이동한다면 러시아군은 어렵지 않게 그들을 추격하여 배후를 덮칠 수 있었다. 호프만은 막켄센과 폰 벨로브가 즉시 출발하기를 원했다. 나무르를 떠난 지 불과 36시간밖에 지나지 않은 지금 어느 쪽으로 결정하든 치명적일 수 있으며 그 결과를 책임져야 할 상황을 새롭게 마주한 루덴도르프는 확신이 서지 않았다. 이제 겨우 은퇴해서 돌아온 지 24시간이 지난 힌덴부르크는 루덴도르프에게 의지하고 있었다.

러시아군 진영에서는 협공하는 2개 군을 동시에 적에게 접근시키는 문제가 수뇌부를 괴롭히고 있었다. 명백한 장애물들이 너무나 많고 다양하며, 대응하기도 어렵다보니 군지휘관들은 처음부터 비관론에 짓눌려 있었다. 렌넨캄프 군과 삼소노프 군의 이동을 조정하는 역할을 맡고 있는 북서 전선 사령관 질린스키 장군은 계속해서 서두르라고 지시하는 것 외에 이 문제를 풀 수 있는 별다른 묘안이 없었다. 렌넨캄프 군이 먼저 출발하여 먼저 전투에 돌입했기 때문에 질린스키는 삼소노프를 향해 서두르라는 명령을 끊임없이 내려보냈다. 그와 동시에 질린스키 본인도 갈수록 절박해지는 프랑스 정부의 지원요청이 전달되는 통로 제일 끝부분에 있었다. 서부 전선에 가해지는 압박을 덜기 위해 프랑스정부는 대사에게 "러시아군이 베를린을 향해 극한까지 밀어붙이는 공격을 감행해야 할 필요성을 주장"하도록 지시했다. 이러한 요구는 죠프르로부터 파리로, 파리에서 쌍 페쩨스부르크로, 쌍 페쩨스부르크에서 "스타브카(바라노비치의 러시아군 총사령부)"로, 스타브카에서 질린스키로 전달되었으며 질린스키는 이것들을 전부 모래땅에서 한 발씩 앞으로 나가기 위해 사투를 벌이고 있는 삼소노프 장군에게 보냈다.

제2군에 배속된 영국군 연락장교의 표현대로 이 "단순하고 친절한 사람"은 러일전쟁에서 기병사단을 지휘한 이래 13개 사단 규모의 군을 지휘하는 데 적합한 경력을 쌓은 적이 없었다. 그는 자신이 잘모르는 낯선 참모부 및 사단장들과 함께 일하고 있었다. 러시아군은 지역을 연고로 조직되지 않았기 때문에 상당수의, 경우에 따라서는 연대 정원의 3분의 2에 달하는 신입 예비병들은 그 부대의 하사관 및 장교들과는 초면이었다. 장교의 부족과 종종 글을 아는 병사가 하나도 없을 정도로 높은 문맹률로 인해 최일선까지 명령을 전달하는 것이 쉽지 않았다. 통신부대의 혼란은 거의 최악이었다. 한 참모장교는 바르샤바의 전신국에서 제2군으로 보내는 한 무더기의 전보가 밀봉된 상태로 전달도 안된 채 방치되어 있는 것을 발견하고는 경악했는데 그 이유는 야전 사령부와 통신망이 구축되지 않았기 때문이었다. 그 장교는 그것들을 모아 차량 편으로 보냈다. 군단 사령부는 사단 사령부들과 연락에 필요한 통신선만 가지고 있었지 군 사령부나 이웃 군단과 연결하는 데 필요한 통신선은 충분치 못했다. 그래서 빈번하게 무선에 의존하고 있었다.

서두르라고 독촉하는 바람에 후방 지원조직을 제대로 갖추지도 못한 채 집결 기간을 4일이나 줄여 버렸다. 어떤 군단은 보급 열차가 도착하지 않은 다른 군단과 포탄을 나누어 쓸 수밖에 없어 원래의 계획에 차질을 빚었다. 제빵 마차들이 실종돼 버렸다. 군대가 적지에 들어가 생존하려면 기병대의 엄호 하에 징발부대가 먼저 파견되어야 하지만 이러한 준비는 하나도 되어 있지 않았다. 말 한 마리 힘으로는 모래땅에서 마차와 포대를 끌기에 충분하지 못했다. 어떤 곳에서는 전체 마차의 절반에서 말을 풀어 나머지 절반의 마차에 묶어 일정 거리를 전진한 후 말들을 모두 풀어 나머지 절반의 서 있는 마차에 묶어 끌고 간 다음 똑같은 과정을 다시 시작했다.

8월 19일 "제2군의 진격 속도를 높이고 최대한 적극적으로 작전을 앞당기라"고 질린스키는 타전했다. "제2군의 진격이 늦어지면 제1군은 어려운 상황에 빠진다." 이것은 사실이 아니었다. 19일에 삼소노프는 계획대로 국경을 넘고 있었지만 질린스키는 자신의 예상이 틀림없을 것이라고 확신하고 있었다.

"멈추지 않고 모래밭을 12마일 이상 행군하여 일정대로 진격하고 있습니다. 이보다 더 빨리 갈 수는 없습니다"라고 삼소노프는 회신했다. 그는 부하들이 하루에 10시간 내지 12시간씩 쉬지 않고 이동하고 있다고 보고했다. 3일 후 질린스키는 "우리는 신속하고도 결정적인 작전을 해야만 한다"고 타전했다. 부하들의 "격심한 피로"로 인해 더 이상 속도를 내는 것은 불가능하다고 삼소노프는 대답했다. "이 지역은 완전히 소개되어 말들은 오랫동안 귀리를 먹지 못했으며 빵을 구할 수가 없습니다."

그날 마르토스 장군이 지휘하는 삼소노프의 제15군단은 숄츠 장군의 독일군 제20군단과 마주쳤다. 전투가 벌어졌다. 아직 지원군이 오지 않았던 독일군은 후퇴했다. 국경으로부터 약 10마일 들어온 곳에서 마르토스 장군은 솔다우(Soldau)와 불과 몇 시간 전까지만 해도 숄츠 장군의 사령부가 있었던 나이덴부르그(Neidenburg)를 점령하였다. 나이덴부르그에 진입하던 코삭 정찰병들이 창문을 통해 독일 주민들이 자신들에게 총격을 가했다고 보고하자 마르토스 장군은 도시에 대한 포격을 명령했고 중심가의 대부분이 파괴되었다. "작은 체격에 머리가 희끗희끗한" 그는 그날 밤 독일인 집주인이 떠난 집에서 묵게 되자 편치가 않았는데 남겨진 집주인의 가족사진이 벽난로 위에서 자신을 노려보는 것 같았다. 그곳은 시장의 집이었으며 마르토스 장군은 그 집 하녀의 시중을 받으며 시장을 위해 준비했던 저녁을 먹었다.

루덴도르프와 힌덴부르크가 동부전선에 도착하던 8월 23일, 마르토스 장군 우측에 있던 러시아군 제6군단과 제13군단은 더 많은 마을들을 점령했으며, 후방에 있는 비스툴라 수비대의 지원 외에는 여전히 혼자였던 숄츠 장군은 조금 더 뒤로 물러났다. 북쪽의 렌넨캄프가 꼼짝 않고 있는 것은 무시한 채 질린스키는 계속해서 삼소노프에게 명령을 퍼부었다. 그는 삼소노프에게 전면에 있는 독일군은 "얼마 안되는 병력을 장군과 마주하도록 남긴 채" 서둘러 퇴각 중이라고 말했다. "따라서 장군은 가장 강력한 공격을 실행해야 하며 … 적군이 비스툴라로 퇴각하는 것을 막기 위해 렌넨캄프 군 앞쪽에서 퇴각 중인 적을 공격하여 차단해야 합니다."

물론 이것이 원래의 계획이었지만 그것은 렌넨캄프 군이 북쪽에 있는 독일군을 붙잡고 있는 것을 전제로 한 것이었다. 실제로 그날 렌넨캄프는 더 이상 적과 마주하고 있지 않았다. 그는 8월 23일 진격을 재개했으나 그 방향이 잘못되어 있었다. 그는 호수 전면에서 삼소노프와 연결할 수 있도록 남쪽을 향해 옆으로 비스듬히 이동하는 대신 쾨니히스베르크를 차단하기 위해 똑바로 서쪽을 향해 이동했는데, 만일 남쪽을 향할 경우 프랑수와가 자신의 측면을 공격하지 않을까 두려웠던 것이다. 그것은 원래의 계획과 전혀 동떨어진 이동이었음에도 불구하고 질린스키는 그것을 바로잡기 위해 어떠한 조치도 취하지 않았다. 렌넨캄프처럼 독일군의 움직임에 대해서는 완전히 안개에 가려진 채로 작전을 지휘하던 그는 독일군은 러시아군이 기획했던 대로 비스툴라를 향해 퇴각할 것이라고 가정하고 있었다. 따라서 그는 계속해서 앞으로 나가라고 삼소노프를 밀어붙였던 것이다.

8월 23일 저녁 적이 퇴각했다는 생각에 사기가 오른 마르토스 장군의 군단은 나이덴부르그를 지나 독일군 방어선 전방 700야드 지점까지 전진했다. 숄츠의 군단은 오를라우(Orlau)와 프랑케나우(Frankenau)라는 마을 사이에 참호를 파고 방어선을 구축했다. 러시아군은 어떤 희생을 치르더라도 참호를 점령하라는 명령을 받았다. 그들은 밤새 그 자리에 누워 있다가 동이 트기 전에 포복으로 100야드를 전진하였다. 공격 명령이 떨어지자 그들은 마지막 600야드를 세 번에 걸친 돌격으로 돌파했는데, 독일군의 기관총 사격을 받으면 땅에 엎드렸다가, 다시 앞으로 뛰어나가고, 엎드렸다 다시 일어나는 식이었다. 흰색 상의에 번쩍이는 총검을 든 공격군의 파도가 가까이 다가오자 독일군은 서둘러 참호를 기어 나와 기관총을 버린 채 달아났다. 전선의 다른 곳에서는 우세한 독일군의 야포가 공격군을 응징했다. 마르토스 우측의 러시아군 제13군단은 통신상의 실수 혹은 지휘관의 능력 부족 아니면 두 가지 모두로 인해 그를 지원하는 데 실패했으며 교전으로부터 이렇다 할 이득을 취하지 못했다. 그날이 저물 무렵 독일군은 후퇴했지만 패주한 것은 아니었다. 러시아군은 2문의 야포와 얼마간의 포로를 노획했지만 자신들의 사상자도 총 4,000명에 이를 정도로 피해가 매우 컸다. 어떤 연대는 16명의 중대장 중 9명을 잃었다. 어떤 중대는 190명 중 120명의 병사와 장교 모두를 잃었다.

비록 독일군의 손실은 적었지만 압도적인 수의 적을 맞은 숄츠는 10여 마일을 후퇴하여 그날 밤 탄넨베르그라는 작은 마을에 자신의 사령부를 설치했다. 계속해서 질린스키로부터 사전에 결정한 대로 적의 "퇴로"를 차단할 수 있는 지점까지 진격해야 한다고 채근을 당한 삼소노프는 휘하 전 군단 즉, 좌측의 제23군단, 중앙의 제15군단 및 제13군단, 우측의 제6군단에게 다음날의 병력배치와 진격로를 지시하는 명령을 하달했다. 나이덴부르그를 지나자 통신상태는 더욱더 나빠졌다. 어떤 군단은 통신선이 다 떨어져 기마전령에게 의지하고 있었다. 제6군단은 제13군단에서 사용하는 암호 키를 가지고 있지 않았다. 어쩔 수 없이 삼소노프의 명령은 암호로 바꾸지도 않은 채 무선으로 발령되었다.

루덴도르프와 힌덴부르크가 도착한 지 24시간이 되는 이 시각까지도 제8군은 막켄센과 폰 벨로브의 군단을 내려보내 삼소노프의 우익과 맞서게 할 것인지 결정하지 못하고 있었다. 힌덴부르크와 참모들은 숄츠와 의논하기 위해 탄넨베르그를 방문했는데 그는 "심각했지만 확신에 차" 있었다. 그들은 사령부로 돌아갔다. 후일 호프만은 그날 저녁이 "전투기간 중 가장 어려운 순간이었다"고 적었다. 참모들이 논란을 벌이고 있는 동안 통신부대 장교가 다음날인 8월 25일 삼소노프가 시행할 명령에 대한 감청 결과를 가지고 왔다. 비록 적으로부터 얻어낸 이러한 정보가 문제의 핵심인 렌넨캄프의 의도를 알려주지는 않았지만, 독일군은 어디서 삼소노프 군을 만나게 될지 알 수 있었다. 그것은 도움이 되었다. 제8군은 모든 전력을 삼소노프를 상대로 한 결전에 투입하기로 결심했다. 막켄센과 폰 벨로브에게 즉시 렌넨캄프에게 등을 돌린 채 남쪽으로 행군하라는 명령이 하달되었다.

16. 탄넨베르그

렌넨캄프가 배후에 있다는 생각에 시달리
던 루덴도르프는 삼소노프를 잡으려고 서
둘렀다. 그는 8월 25일 시작될 전투의 첫 번째 작전을 위한 명령을 내렸
다. 그것은 폰 프랑수와 장군의 제1군단에 의한 우스다우(Usdau) 공격
이 될 것이며 그 목적은 삼소노프의 좌측을 포위하려는 것이었다. 프랑
수와는 이를 거절했다. 그의 중화기 부대와 일부 보병부대가 아직 도착
하지 못했는데 그들은 지금 굼빈넨 전선으로부터 먼 길을 돌아 온 열차
에서 내리는 중이었다. 그는 충분한 포탄의 보급과 중화기의 지원 없이
공격하는 것은 실패의 위험이 있으며, 만일 삼소노프의 퇴로가 열려 있
다면 계획과는 달리 그는 궤멸되지 않고 달아날 것이라고 주장했다. 그
는 사전에 개인적으로 호프만과 제20군단장인 숄츠 장군의 지지를 얻
었는데, 전화 통화에서 숄츠는 비록 그 전날 러시아군과 교전을 벌였지
만 당장은 지원이 없어도 자신의 위치를 지킬 수 있다고 프랑수와를 안
심시켜 주었던 것이다.

새로 부임한 바로 다음날 반발하는 부하와 마주쳐 열을 받은 루덴도

르프는 힌덴부르크, 호프만을 대동한 채 곧장 프랑수와의 사령부로 차를 타고 달려갔다. 그의 강력한 주정에 대해 프랑수와는 "만약 명령이 주어진다면 물론 나는 공격하겠지만 아군은 백병전을 할 수밖에 없을 것"이라고 대답했다. 누가 지휘관인지를 보여주기 위해 루덴도르프는 프랑수와의 주장을 묵살하고 자신이 내렸던 명령을 그대로 되풀이하였다. 힌덴부르크는 대화 도중 아무 말도 없었으며 얘기가 끝나자 엄숙하게 루덴도르프와 같은 차를 타고 떠났다. 다른 차에 탄 호프만은 몬토보 (Montovo)역에 들렀는데 그곳은 사령부와 통신이 가능한 가장 가까운 장소였다. 그곳에서 통신장교가 그에게 러시아군의 무선교신 감청 내용 두 건을 건넸는데 모두 평문이었고 하나는 그날 아침 5시 30분 렌넨캄프가, 또 하나는 오전 6시 삼소노프가 보낸 것이었다. 제1군의 행군 거리를 지시한 렌넨캄프의 명령을 보면 다음날 그의 목표 지점은 독일군을 배후에서 위협할 정도로 먼 곳이 아님을 알 수 있었다. 전날 숄츠 장군과 전투를 벌인 후에 발령된 삼소노프의 명령은 그가 숄츠의 후방 기동을 총 퇴각으로 오해했다는 사실과 패배한 것으로 판단되는 적을 추격하기 위한 제2군의 정확한 이동 방향과 시간을 알려주었다.

그리스의 배신자가 페르시아군을 테르모필레(Thermopylae)의 우회로로 안내한 이래 지휘관에게 이렇게 큰 행운은 없었다.(기원전 480년 크세르크세스가 이끄는 페르시아군이 그리스를 침략했을 때 스파르타의 왕 레오니다스는 소수의 결사대를 이끌고 테르모필레를 사수하기 위해 끝까지 싸웠으나 아군의 배신으로 전멸하고 말았음: 역주) 감청된 교신 내용이 너무도 완벽하여 호프만의 직속 상관인 그뤼네르트 소장은 의심스러웠다. 호프만이 말한 것처럼 "그는 몇 번이나 불안해서 나에게 이것을 믿어야 하느냐고 물었다. 왜 안되지? … 나 자신은 진심으로 그 안의 말 한마디 한마디를 다 믿었다." 호프만은 자신이 독일군 참관 단원이었던 러일전쟁에서 시작된 렌넨캄프와 삼소노프 간의 개인적인 불화에 대해 잘 알고 있다고 주장했다. 그는 삼소노프의 시베리아 코삭부대가 용감하게 싸우고도 옌타이(Yentai)의 탄광 지역을 포기할 수밖에 없었는데 왜냐하면 수차례 반복된 명령에도 불구하고 렌넨캄프의 기병 사단이 움직이지 않았기 때문이었으며 삼소노프는 묵덴(Mukden) 정거장의 플랫폼에서 싸움을 벌여 렌넨캄프를 때려 눕혔다고 말했다. 그가 의기양양하게 말했듯이 렌넨캄프는 분명히 삼소노프를 돕기 위해 서두르지는 않았을 것이다. 전투에서 이기고 지는 것에 비해 삼소노프를 돕는 것은 작은 문제였으므로, 호프만이 자신의 애기를 정말 믿었던 것인지 아니면 그저 믿는 척한 것인지는 논란의 여지가 있지만, 그는 항상 일화, 소문 따위를 좋아하는 경향이 있었다.

감청된 전문을 손에 든 채 그는 그뤼네르트와 함께 서둘러 차로 돌아가 힌덴부르크와 루덴도르프를 좇았고 몇 마일 안 가 그들을 따라잡은 호프만은 운전병에게 차를 옆으로 붙이게 한 뒤 그냥 달리는 상태에서 전문을 넘겨 주었다. 네 명의 장교가 상황을 검토하는 동안 모두 멈추어서 기다렸다. 그것은 다음날로 예정된 막켄센과 벨로브 군단의 삼소노프 우익에 대한 공격작전이 렌넨캄프의 방해를 받지 않고 진행될 수 있음을 보여 주었다. 그것은 또한 해석하기에 따라 프랑수와가 자신의 병력과 물자가 모두 준비될 때까지 공격을 늦출 수도 있음을 나타내는 것이기도 하였다. 조금도 권위를 손상시키고 싶지 않았던 루덴도르프는 사령부로 돌아오자마자 자신의 명령을 다시 한번 반복하였다.

그와 동시에 다음날인 8월 26일 이중포위를 위한 종합계획을 실행하는 데 필요한 명령들이 하달되었다. 벨로브의 지원을 받은 막켄센 군단은 독일군 좌측에서 호수 전면에 위치한 비쇼프스부르크(Bischofsburg)까지 진출한(기병대는 이미 센스부르크까지 진출하였음) 삼소노프의 최우익을 공격할 예정이었는데 그곳은 만일 렌넨캄프가 그곳에 있었다면 양군이 연결되기로 했던 지점이었다. 그가 나타나지 않는 바람에 측면이 비게 되었고 독일군은 이곳을 포위할 생각이었다. 중앙에서는 이제 1개 예비군(Landwehr)사단과 폰 모르겐 장군이 지휘하는 제3예비사단의 지원을 받는 숄츠의 제20군단이 전날에 이어 새롭게 전투를 재개할 예정이었다. 독일군 우측에서는 지시 받은 대로 프랑수와가 삼소노프의 좌익을 포위하기 위한 공격을 개시하도록 되어 있었다.

모든 명령은 8월 25일 자정 이전에 하달되었다. 총공격이 시작되는 다음날 아침 루덴도르프는 정찰기 조종사로부터 자신을 향한 렌넨캄프의 이동을 보고받자 정신적인 충격을 받았다. 비록 힌덴부르크는 렌넨캄프를 상대로 은폐막만 남겨두는 것에 대해 제8군은 "조금도 주저할 필요가 없다"고 확신했지만, 루덴도르프의 모든 염려가 되살아났다. 그는 렌넨캄프의 "무시무시한 대군이 천둥 번개를 동반한 구름처럼 북동쪽에 걸려 있었다"고 적었다. "그가 그냥 우리에게 다가오기만 해도 우리는 질 수밖에 없었다." 그는 프리트비츠를 엄습했던 것과 같은 공포를 느끼게 되었고 모든 아군 병력을 삼소노프에게 투입할 것인지 혹은 러시아 제2군에 대한 공격을 포기하고 제1군을 상대로 돌아설 것인지를 망설이기 시작했다. 호프만은 재미있다는 듯이 리에쥬의 영웅이 "다소 겁을 먹은 것 같다"고 적었는데, 그는 모든 전쟁사가 중에 가장 빈번하게 자신의 전우를 이런 식으로 폄하했던 인물이었다. 심지어 힌덴부르크도 "심각한 우려"로 인해 자신의 동료가 괴로워하는 것을 알았고 그 시점에서 참모장이 흔들리지 않게 해 준 것은 바로 자신이었다고 주장했다. 그의 말을 빌리자면 "우리는 내부의 위기를 극복했다."

프랑수와가 여전히 자신의 중화기를 기다리며 지시받은 대로 전투를 시작하지 않고 있는 것을 사령부가 알게 되었을 때 또 다른 위기가 표출되었다. 루덴도르프는 정오에 공격을 시작하라는 명령에 절대 복종할 것을 요구했다. 프랑수와는 제8군 사령부가 그날 아침 이미 점령했을 것으로 생각하고 있던 예비지점을 아직 확보하지 못했다고 대답하는 바람에 루덴도르프의 분노를 폭발시켰으며, 호프만이 "아마도 우호적이지 않을 것"이라고 묘사한 반응을 자초했던 것이다. 그날 하루 종일 프랑수와는 공격하는 시늉만 내며 시간을 끌면서 어떻게 해서든지 자신이 원하는 순간이 올 때까지 기다리려고 애를 썼다.

프랑수와와 옥신각신하는 사이 갑자기 멀리 코블렌쯔에 있는 OHL로부터 예상 밖의 전화가 걸려왔다. 최고사령부의 문제 말고도 이미 걱정거리가 태산이던 루덴도르프는 수화기를 집어 들며 호프만에게 다른 수화기로 "그들이 원하는 것이 무엇인지" 들어보라고 명령했다. 놀랍게도 그는 OHL의 작전과장인 타펜 대령으로부터 3개 군단과 1개 기병 사단 규모의 지원병력을 보내주겠다는 제안을 들었다. 서부전선으로부터 새로운 병력이라니! 병력동원계획 수립에 참여했고 그래서 공격에 필요한 마일 당 병력에 대한 상세한 숫자까지 알고 있던 루덴도르프는 자신이 방금 들은 것을 믿기 어려웠다. 슐리펜의 계획은 마지막 한 명까지도 우익을 강화하는 데 쓰도록 되어 있었다. 무엇이 OHL로 하여금 공격이 절정에 이른 시점에 전선이 약화됨에도 불구하고 3개 군단씩이나 빼내도록 설득할 수 있었단 말인가? 아연실색한 그는 타펜에게 동부전선에서 병력 증강이 "반드시" 필요한 것은 아니며 어떤 경우라도 이미 시작된 전투에 맞추어 오기는 너무 늦을 것 같다고 말했다. 타펜은 그들을 아껴 두었다가 나중에 써도 좋다고 말했다.

이 중대한 결정의 발단은 러시아군이 독일군의 예상대로 동원 후 6주가 아니라 2주 만에 공격을 시작하자 OHL에 야기된 공포였다. 타펜이 지원병력을 보내줄 수 있다고 언급하게 된 주 요인은 프랑스 국경에서 거둔 "위대한 승리"였는데, 이로 인해 "OHL 내에는 이미 서부전선에서 벌어진 결정적인 전투에서 승리했다는 믿음이 자리잡게 되었다." 이러한 배경에서 8월 25일 몰트케는 "자신에게 쏟아진 반대에도 불구하고" 러시아군으로부터 동프로이센을 구하기 위한 지원병력을 보내기로 결정했다. 피난민들의 비탄, 코삭의 약탈에 방치된 융커 영지, 황후를 상대로 자신들 가족의 땅과 재산을 지켜달라는 귀부인들의 눈물 어린 호소가 나름대로 영향을 미쳤다. 러시아군에 대한 적개심을 고취시키기 위하여 독일정부는 피난민들을 고의로 여러 도시로 분산시켰는데 그러다 보니 공포 분위기가 조성되었다. 동프로이센 연방 정부 대통령이 OHL을 방문하여 동프로이센에 대한 지원을 요청했다. 쿠룹의 임원은 8월 25일자 일기에 기록을 남겼다. "여기저기서 사람들은 '흥, 러시아군은 절대로 동원을 끝내지 못할 것이고 … 한동안 우리는 경계만 게을리하지 않는다면 별 문제 없을 것'이라고 말했었다. 그러나 오늘은 모두 생각이 완전히 바뀌어, 하는 얘기라고는 하나같이 동프로이센을 포기한다는 것 뿐이다." 카이저는 깊은 충격을 받았다. 몰트케 자신은 언제나 동쪽에 대한 방어가 소홀한 것이 걱정이었는데, 왜냐하면 그가 전쟁 전에 기록한 것처럼, "만일 러시아군이 베를린으로 들어와 버리면 서부전선의 모든 성공은 물거품이 될 것"이기 때문이었다.

그가 지금 서부전선에서 차출한 2개 군단은 독일 제2군과 제3군의 접경 지역에서 나무르 공략에 동원되었던 부대인데, 벨기에군 요새가 함락되자 폰 빌로브 장군은 이들을 차출해도 좋다는 입장을 밝혔다. 제8기병사단과 함께 그들은 8월 26일 전선을 철수한 다음, 벨기에 철도가 파괴되었기 때문에 "가능한 빨리" 동부 전선으로 이동하기 위해 어쩔 수 없이 독일에 있는 철도역을 향해 도보로 행군했다. 또 다른 1개 군단은 OHL내 신중론자들이 그 명령을 취소하도록 몰트케를 설득했을 때쯤 이미 멀리 티옹빌에 있는 철도역에 도착해 있었다.

800마일 동쪽에서는 삼소노프 장군이 8월 26일 재개될 전투를 준비하고 있었다. 제일 우측에서는 블라고베스첸스키 장군이 이끄는 제6군단이 계획된 대로 호수 전면의 접선 지점에 도착했으나 삼소노프가 주력군을 보다 더 서쪽으로 밀어붙이는 바람에 이 군단은 따로 떨어져 혼자 남게 되었다. 이 이동으로 제2군은 렌넨캄프로부터, 혹은 렌넨캄프가 와 있어야 할 장소로부터 더욱 멀어졌지만 삼소노프는 그것이 비스툴라와 서쪽으로 퇴각 중인 것으로 추정되는 독일군 사이로 파고들기 위한 올바른 방향이라고 생각했던 것이다. 삼소노프의 목표는 알렌스타인-오스테로데 전선이었는데, 그곳에서 그는 독일의 간선 철도에 올라탈 수 있었으며, 8월 23일 질린스키에게 보고한 것처럼 "그곳부터는 독일의 심장부로 진격하는 것이 한결 용이해질 것이다."

비틀거리며 가까스로 국경까지 걸어온, 한 절반 굶주림에 지쳐 탈진한 그의 부대가 독일 심장부를 향한 전투를 감당하기는 훨씬 더 어렵다는 것은 이미 의심의 여지가 없었다. 식량은 보급되지 않았고, 병사들은 이미 예비 식량까지 모두 먹어 버렸으며, 마을은 황폐했고, 들에 있는 건초와 귀리는 아직 수확하기 전이라 병사들이나 말을 위해 땅에서 긁어모을 수 있는 것이 거의 없었다. 모든 군단장들이 휴식을 요청하고 있었다. 참모부의 한 장교가 질린스키 사령부에 부대의 "비참한" 식량보급 상황을 보고했다. "저는 병사들이 더 이상 어떻게 버틸지 모르겠습니다. 적절한 징발 체제를 갖추는 것이 필수적입니다." 전선으로부터 동쪽으로 직선 거리로는 180마일 그리고 철도를 이용해 돌아가면 더욱 멀리 떨어진 볼코비스크(Volkovisk)에 있던 질린스키는 이러한 보고서 때문에 걱정하기에는 너무 멀리 있었다. 그는 삼소노프에게 "렌넨캄프 장군의 전면에서 퇴각 중인 적을 찾아 비스툴라로 가지 못하게 차단하기 위한" 공격을 계속하라고 주문했다.

적이 무엇을 하고 있는가에 대한 이러한 해석은 렌넨캄프의 보고를 근거로 한 것인데 렌넨캄프는 굼빈넨 전투 이후 독일군과 접촉이 없었기 때문에 그들의 이동에 대한 그의 보고는 그럴듯한 공상이었다. 그러나 이때쯤 삼소노프는 철도 이동에 관한 증거와 다른 여러 가지 첩보를 통해 자신이 전면 퇴각 중인 군대가 아니라 전열을 재정비하고 자신을 향해 진격 중인 군대와 마주하고 있다는 것을 깨달았다. 그의 좌측에 새로운 적군이 집결하고 있다는 보고가 들어왔는데 이 부대는 프랑수와 군단이었다. 좌측에 대한 위험을 인지한 그는 계속해서 북쪽으로 가는 대신 군대를 서쪽으로 선회시킬 필요가 있다는 점을 질린스키에게 역설하기 위해 휘하 장교를 파견했다. 후방 지휘관으로서 전방 지휘관의 경계심을 결명했던 질린스키는 이 주장을 방어로 돌아서려는 의도로 받아들여 그 장교에게 "거칠게" 대답했다. "적이 존재하지 않는 곳에서 적을 본다는 것은 비겁한 짓이다. 나는 삼소노프 장군이 비겁한 짓을 하도록 허락하지 않겠다. 나는 그에게 계속해서 공격할 것을 명령한다." 한 측근에 의하면 그의 전략은 자기편 병사들을 모두 잃는 쪽이 이기게 되는 뽀다브키라는 러시아 장기를 위한 것처럼 보였다.

루덴도르프가 명령을 하달하던 같은 시간인 8월 25일 밤 삼소노프도 휘하 부대를 배치했다. 중앙에서는 마르토스 장군과 클리우브 장군이 지휘하는 제15군단과 제12군단이 콘드라토비치 장군이 지휘하는 제23군단 소속 1개 사단과 함께 알렌스타인-오스테로데 전선을 향한 주공격을 감행토록 하였다. 좌익은 제23군단의 나머지 1개 사단의 지원을 받는 아르토모노프 장군의 제1군단이 맡게 된다. 50마일 떨어진 곳에 혼자 고립되어 있던 제6군단이 우익을 맡을 예정이었다. 러시아군 기병대의 정찰 기술은 매우 서툴렀기 때문에 삼소노프는 굼빈넨 전투에서 겁을 먹고 줄

행랑을 친 이후 볼 수 없었던 막켄센 군단이 전열을 재정비하고 벨로브 군단과 함께 강행군하여 이미 이쪽 전선에 도착했으며 지금 자신의 우측을 향해 진격 중에 있다는 사실을 모르고 있었다. 처음에 그는 제6군단에게 "우익을 방어하기 위해" 현재의 위치를 지키라고 명령했다가 나중에 마음을 바꿔 알렌스타인을 향한 중앙군의 공격을 지원하기 위해 "전속력"으로 내려오라고 지시했다. 26일 아침 마지막 순간 이 명령은 우익을 지키기 위해 현재의 위치를 고수하라는 원래의 임무로 다시 바뀌었다. 그때쯤 제6군단은 이미 중앙을 향해 행군하고 있었다.

　멀리 후방에서는 재난에 대한 불길한 예감이 러시아군 수뇌부에 가득 퍼져 있었다. 화력을 믿지 않았기 때문에 군수공장을 짓는 문제로 고민한 적이 없었던 국방장관 수콤리노프는 이미 8월 24일 턱수염이 없는 참모장 야누쉬케비치 장군에게 다음과 같은 편지를 보냈다. "제발 소총을 모으기 위한 명령을 발령하십시오. 우리는 이미 세르비아에 150,000정을 보냈고, 비축분은 거의 바닥이 났으며, 공장 생산은 미미합니다." "윌리엄을 세인트 헬레나로!"라는 돌격구호를 외치며 말을 몰아 전장으로 달려간 장군처럼 용감한 장교들의 열정에도 불구하고 처음부터 군수뇌부의 분위기는 침체되어 있었다. 그들은 확신도 없이 참전했으며 이렇다 할 신념도 없었다. 총사령부 내의 비관론에 대한 소문이 결국 쌍페쩨스부르크에 있는 프랑스 대사의 귀에 들어갔다. 8월 26일 그는 사조노프로부터 질린스키가 "동프러시아에 대한 공격은 결국 실패할 것으로 생각하고 있다"는 말을 들었다. 야누쉬케비치도 이에 동조하여 공격을 극력 반대하고 있다고 했다. 그러나 참모차장인 다닐로프 장군은 러시아는 프랑스를 실망시킬 수 없으며 "명백한 위험부담"에도 불구하고 공격을 해야 한다고 주장하고 있었다.

　다닐로프는 대공과 함께 바라노비치에 위치한 스타브카(총참모부)에 머물고 있었다. 스타브카가 이후 1년 동안 머물게 될 장소로 숲속의 조용한 장소인 바라노비치가 선택된 이유는 그곳이 남북간 철도와 모스크바와 바르샤바를 잇는 간선 철도의 접속역이기 때문이었다. 독일과 오스트리아, 양 전선은 이곳으로부터 지휘를 받았다. 총사령관을 위해 마련한 집이 작전 및 정보참모부가 사용하고 있는 역장 관사로부터 너무 멀리 떨어져 있음을 알게 되자, 대공은 수행원들, 총참모부의 고위 장교들, 동맹국 무관들과 함께 기차에서 숙식을 했다. 기차 위에 지붕을 덮어 태양과 비를 가리고 나무로 된 보도를 깔았으며 무더운 여름날 바깥에서 식사를 하기 위해 역사 정원에 대형 천막을 쳤다. 사치스러운 구석은 찾아볼 수 없었으며 불행하게도 대공이 걸핏하면 이마를 부딪히곤 하던 낮은 출입문 외에 물질적인 불편함은 무시되었다. 입구마다 흰색 종이로 만든 장식 술을 붙여 대공의 주의를 환기시켜 몸을 낮추도록 했다.

다닐로프는 렌넨캄프가 적의 향방을 놓친 것이 분명하고 또 통신상태가 너무 나빠 불안해하였는데 결국 질린스키도 2개 러시아군이 어디에 있는지 모르고, 또한 러시아군끼리도 서로 어디 있는지 모르는 것 같았다. 삼소노프가 8월 24-25일간 적과 교전하였으며 곧바로 전투를 재개할 것이라는 소식이 스타브카에 전달되자 협공의 또 다른 칼인 렌넨캄프 군이 제시간에 도착하지 못하는 것에 대한 우려가 점점 심각해졌다. 8월 26일 대공은 렌넨캄프를 서둘러 진격시키라고 지시하기 위해 볼코비스크에 있는 질린스키의 사령부를 방문하였다. 8월 23일 느긋하게 추격을 재개한 렌넨캄프는 제8군이 남쪽으로 대이동을 단행하면서 버리고 간 앙게랍의 독일군 진지를 지나갔다. 황급히 철수한 흔적을 확인한 그는 적이 패퇴했다는 생각을 확신하게 되었다. 그의 참모장교 가운데한 명이 남긴 기록에 의하면 그는 독일군을 너무 급하게 몰아붙인 것이 실수였던 것 같다고 판단했다. 어쩌면 그들은 삼소노프에 의해 차단당하기 전에 이미 비스툴라로 퇴각하였을 수도 있었다. 렌넨캄프는 그러한 추측을 육안으로 직접 확인하기 위해 적을 바짝 추격하려는 노력도 하지 않았을 뿐만 아니라 이러한 실수가 질린스키를 불안하게 한 것 같지도 않았는데, 그는 렌넨캄프의 해석을 아무 의심 없이 받아들였다.

대공이 다녀간 그날 질린스키가 렌넨캄프에게 내린 명령은 여전히 스스로 퇴각 중이라고 믿고 있는 적을 추격하라는 것과 그의 측면을 향해 쾨니히스베르크 요새로부터 가해질 수도 있는 독일군의 출격에 대비하라는 것뿐이었다. 원래는 6개 예비사단으로 쾨니히스베르크를 차단할 계획이었지만 그들은 아직 도착하지 않았다. 이제 질린스키는 렌넨캄프에게 예비사단들이 올 때까지 2개 군단으로 쾨니히스베르크를 봉쇄하고 나머지 2개 군단으로 "쾨니히스베르크로 피신하지 못한 채 아마도 비스툴라로 퇴각 중인 것으로 추정되는 적군을 추격하라"고 지시하였다. 적이 퇴각 중이라고 "추정한" 그는 그들이 삼소노프를 위협할 것이라고는 생각지도 못했으며 원래의 계획대로 삼소노프의 우익과 서둘러 접선하도록 렌넨캄프를 독려하지도 않았다. 그는 단지 그에게 제1군과 제2군의 "합동작전"은 퇴각하는 독일군을 비스툴라로부터 멀리 해안쪽으로 밀어내는 것을 목표로 해야 한다고 말했을 뿐이다. 두 개의 러시아군은 서로 연결되어 있지도 않았고 서로를 향해 움직이지도 않았으므로 이 경우에 "합동"이라는 단어를 적용하는 것은 적절치 않았다.

8월 26일 아침이 밝자 삼소노프의 제6군단은 명령 받은 대로 중앙을 향해 행군을 시작했는데, 그들은 이 명령이 이미 취소되었음을 모르고 있었다. 한 사단이 북쪽으로 약 6마일 후방에 적군이 나타났다는 소식을 들었을 때 다른 한 사단은 이미 행군을 하고 있었다. 이들을 렌넨캄프에게 밀려 퇴각 중인 적군으로 착각한 러시아군 사단장은 방향을 돌려 그들을 공격하기로 결정하였다. 사실 그 부대는 막켄센 군단이었으며 공격을 하기 위해 전진하는 중이었다. 막켄센 군단이 러시아군을 공격했으며 그들은 스스로를 지키기 위해 싸우는 한편 이미 8마일이나 행군한 동료 사단에게 필사적인 구원요청을 보냈다. 그들은 다시 뒤로 돌아 행군했으며 19마일을 걸어 날이 저물 무렵 적의 두 번째 군단인 벨로브 군단과 마주쳤다. 두 개 러시아 군 사단 간의 연결은 차단되었다. 군단장인 블라고베스첸스키 장군은 지휘를 할 수 없어 사실상 "목이 잘린" 꼴이었다(이 상황을 이렇게 판정한 사람은 영국의 군사 평론가였다) 5,000명의 사상자를 내고 16문의 야포를 잃으면서 하루 종일 전투를 치른 사단장은 자기 독단으로 후퇴명령을 내렸다. 밤 사이 새로운 명령과 이를 번복하는 명령이 혼란을 가중시켰고 각급 부대들이 길 위에서 뒤엉켰으며 아침이 되자 제6군단은 지리멸렬 아수라장이 된 채 계속해서 뒤로 밀리고 있었다. 삼소노프의 우익은 무너졌다.

이 일이 일어나는 동안 2개 군단 및 1개 사단으로 구성된 삼소노프의 중앙군은 공세에 돌입했다. 마르토스 장군이 중앙에서 격렬한 교전을 벌였다. 좌측에 있던 제23군단 소속 사단이 반격을 받고 뒤로 밀리면서 마르토스의 측면이 노출되었다. 그의 우측에서는 클리우브 장군의 제13 군단이 알렌스타인을 점령했으나 마르토스가 곤경에 처한 것을 알게 된 클라우브는 그곳을 향해 오고 있다고 생각했던 제6군단이 알렌스타인을 접수하도록 맡겨둔 채 그를 지원하러 이동했다. 물론 제6군단은 오지 않았으며 알렌스타인에서 틈이 생기고 말았다.

전선에서 몇 마일 떨어진 나이덴부르그의 제2군 사령부에서 삼소노프 장군이 참모장인 포토브스키 장군, 그리고 영국 부관인 녹스 소령과 함께 저녁 식사를 하고 있을 때 독일군에게 패퇴한 제23군단 소속 사단이 길거리로 쏟아져 들어왔다. 공포에 질린 그들은 무슨 소리만 나도 적이 추격해오는 것으로 착각 했는데, 경적을 울리는 구급차 소리를 듣고

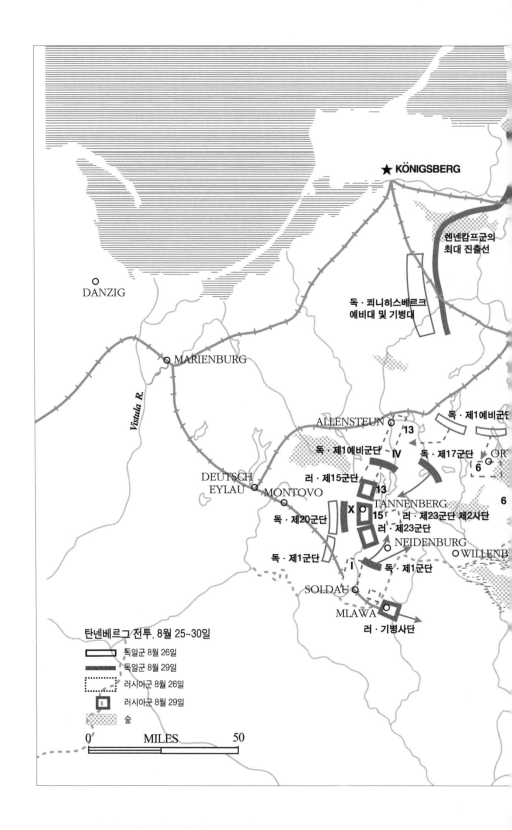

★ KÖNIGSBERG

렌넨캄프군의
최대 진출선

DANZIG

독 · 쾨니히스베르크
예비대 및 기병대

MARIENBURG

Vistula R.

ALLENSTEUN   13

독 · 제1예비군단

독 · 제1예비군단   IV   독 · 제17군단   OR

6

DEUTSCH
EYLAU   러 · 제15군단

MONTOVO   13

독 · 제20군단   X   15   TANNENBERG   러 · 제23군단 제2사단

러 · 제23군단   6

독 · 제1군단   NEIDENBURG   WILLENB

I   독 · 제1군단

SOLDAU

MLAWA   러 · 기병사단

탄넨베르그 전투. 8월 25~30일

독일군 8월 26일
독일군 8월 29일
러시아군 8월 26일
러시아군 8월 29일
숲

0   MILES   50

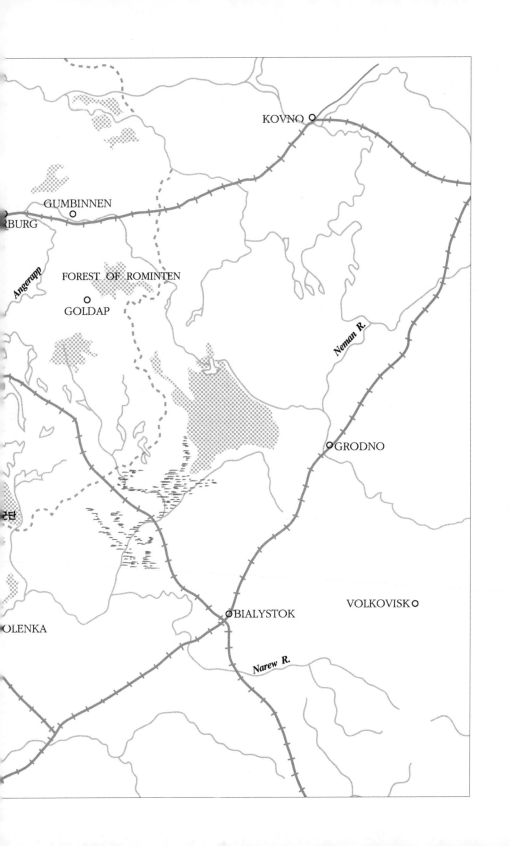

"울란이 온다"는 고함을 질러댔다. 이러한 소란에 놀란 삼소노프와 포토브스키가 군도를 차고 서둘러 밖으로 나왔다. 코안경을 쓰고 신경질적이었던 포토브스키는 무슨 연유인지 확실치는 않지만 "미친 율법학자"로 알려져 있었다. 그들은 한눈에 부대상황을 알 수 있었다. 병사들은 "극도로 탈진한 상태였으며 … 그들은 지난 3일간 빵이나 설탕을 전혀 먹지 못했다." "이틀간 부하들은 식량을 배급 받지 못했고 보급품은 전혀 오지 않았다"고 어떤 연대장이 그들에게 보고했다.

아직 우측의 제6군단이 겪은 재앙에 대한 소식을 자세히 듣지는 못했지만 삼소노프는 그날 자정 무렵이 되자 이미 문제는 더 이상 적을 포위하는 것이 아니라 적의 포위로부터 아군을 구해내는 것임을 깨달았다. 그럼에도 불구하고 그는 전투를 중단하기보다는 렌넨캄프가 다가와 결정적인 타격을 가할 때까지 독일군을 붙잡아 두기 위해 자신의 중앙군과 더불어 다음날 전투를 재개하기로 결정했다. 그는 러시아군의 최좌측에서 프랑수와 군단과 마주하고 있던 제1군단장 아르토모노프 장군에게 "어떤 희생을 감수하더라도… 아군의 측면을 방어하라"는 명령을 내렸다. 그는 "아무리 우세한 적이라도 저 유명한 제1군단의 저항을 돌파할 수는 없다"고 확신하며 전투의 승리는 그들이 얼마나 잘 버티는가에 달렸다고 덧붙였다.

다음날인 27일 아침 그토록 애타게 기다리던 프랑수와의 공격 시점이 다가왔다. 중화기가 도착한 것이다. 오전 4시 날이 채 밝기도 전에 엄청난 충격의 태풍과도 같은 포격이 우스다우의 러시아 제1군단 진지를 강습했다. 바위처럼 장중한 힌덴부르크, 엄하고 긴장된 루덴도르프 그리고 그림자처럼 이들을 뒤따르던 호프만을 위시한 독일군 수뇌부는 20마일 떨어진 언덕 위에 자리를 잡고 그곳에서 루덴도르프가 프랑수와와 숄츠 군단 간의 공조를 "직접 감독할" 생각으로 뢰바우(Löbau)의 임시 사령부를 떠났다. 그들이 아직 언덕에 도착하기도 전에 우스다우를 탈환했다는 소식이 전해졌다. 환호가 채 끝나기 전 곧바로 그것은 오보라는 보고가 뒤따랐다. 집중 포격의 굉음이 이어졌다. 러시아군 참호에서는 제23군단 전우들처럼 먹지도 못한 채 전의를 상실해 버린 "유명한 제1군단" 병사들이 빗발치는 포탄 속에서 이탈자만큼이나 많은 수의 전사자들을 뒤에 남긴 채 도망치기 시작했다. 오전 11시가 되자 러시아 제1군단은 전장을 포기했고, 포격만으로 전투에서 이겼으며 너무 성급한 명령을 내려 전투를 그르칠 수도 있었던 루덴도르프는 이제 러시아 제2군이 "돌파되었다"는 느낌을 받았다.

그러나 그들은 패배하지 않았으며, 그는 "다른 전쟁과는 달리" 이 전투는 하루만에 이길 수 없음을 알게 되었다. 프랑수와의 진격은 여전히 우스다우 동쪽에서 저지된 상태였고, 무시무시한 중앙의 러시아군 2개 군단은 여전히 공격을 가하고 있었으며, 렌넨캄프의 위협은 여전히 그의 배후에 남아 있었다. 도로는 피난민과 가축들로 혼잡했으며, 마을 전체가 피난 길에 올랐다. 독일군 병사들도 역시 지쳤으며 그들도 발굽소리를 들으면 적이 쳐들어오는 것으로 착각하여 "그들이 온다!"고 외쳤는데 이 외침은 대열을 따라 전달되면서 "코삭이 온다!"로 바뀌었다. 수뇌부는 뢰바우로 돌아오자마자 프랑수와의 군단이 달아나고 있으며 그부대의 "전사자들"을 몬토보로 후송 중이라는 믿기 어려운 보고를 받고 경악했다. 깜짝 놀라 전화로 확인해 보니 실제로 기차역 앞에 모여 있는 의기소침한 무리들 가운데 퇴각 중인 제1군단 소속 부대가 눈에 띈다고 했다. 어찌 되었든 만일 프랑수와의 측면이 무너졌다면 전투에 질 수도 있으며, 그 순간 패전, 비스툴라 후방으로 퇴각, 동프러시아 포기라는 무서운 환영이 예전에 프리트비츠에게 나타났던 것처럼 눈앞에 어른거렸다. 바로 그때 몬토보에서 목격된 부대는 우스다우 외곽 전투에서 유일하게 패퇴한 대대 소속임이 밝혀졌다.

그날 늦게 독일군은 결코 "비스툴라로 퇴각 중"이 아니라 오히려 삼소노프를 향해 진격 중이라는 사실이 결국 질린스키의 사령부까지 알려지게 되었다. 마침내 그는 렌넨캄프에게 제2군이 적의 강력한 공격을 받고 있으니 "장군의 좌익을 가능한 멀리 앞으로 이동시켜" 그들을 지원해야 한다고 타전했으나, 주어진 목표지점들은 너무 서쪽인데다 충분히 앞으로 나간 곳도 아니었으며 서두르라든가 또는 강행군하라는 언급도 없었다.

전투는 3일째가 되었다. 이제 전면전에 돌입한 양쪽 군대는 40마일 전선을 따라 혼란스럽게 벌어지는 개개 전투에서 서로 돌진하여 상대를 붙잡고 늘어지다가 떨어지고 또다시 충돌했다. 어떤 연대는 진격했고, 그 이웃 연대는 퇴각하면서 틈이 생겼으며, 적이 그 사이로 파고들기도 하고 또는 알 수 없는 이유로 그렇지 않은 경우도 있었다. 야포가 포효하고, 기병전단, 보병부대, 말이 끄는 중화기 중대가 이동하며 호수 사이로 들과 길을 가로질러 마을과 숲 사이를 헤매고 다녔다. 야포의 엄호 하에 진격하는 대대는 포연의 장막 뒤에서 알 수 없는 운명을 향해 사라져 갔다. 후방으로 무리 지어 이동하는 포로들의 행렬이 진격하는 부대를 가로막았다. 여단들이 어떤 지역을 점령하기도 하고 빼앗기기도 하였으며, 상대방 통신선로에 전화를 잘못 연결하는가 하면, 엉뚱한 사단과 뒤엉키기도 하였다. 야전 지휘관들은 휘하 부대의 행방을 잃어버렸고, 참모 차량들이 바쁘게 내달렸고, 독일 정찰기들이 정보를 수집하기 위해 머리 위로 날아다녔으며, 지휘관들은 무슨 일이 벌어졌는지 알기 위해 애를 쓰면서 아예 전달도 안되거나, 제대로 수행되지 못하거나, 혹은 그것이 전선에 도착하는 시점에는 실제상황과 맞지 않을지도 모를 명령을 내렸다. 삼십만 명의 병사들이 서로 난타전을 벌이며 전진했다가 또 지쳐서 후퇴하고, 포격을 가했으며 만일 밤이 되었을 때 마을을 점령하였거나 몇몇 전우들과 숲속에서 앉아 쉴 만큼 운이 좋았다면 술에 취하기도 했는데, 다음날이 되면 싸움은 계속되었으며 동부전선의 대전투는 끝장을 볼 때까지 계속되었다.

폰 프랑수와 장군은 28일 새벽 또 다른 대규모 포격과 더불어 전투를 재개했다. 루덴도르프는 그에게 "극도로 지친 것"으로 판단되는 숄츠 군단에 가해진 압박을 덜어 주기 위해 왼쪽으로 선회하라고 명령했다. 프랑수와는 이를 무시하고 삼소노프의 측면을 완벽하게 포위하여 퇴로를 끊을 작정으로 계속해서 똑바로 동쪽으로 진격했다. 그 전날 명령에 불복하여 좋은 결과가 있었던 터라 이제 루덴도르프는 프랑수와에게 제발 지시에 따라 달라고 거의 간청하다시피 하였다. 제1군은 "이 지시를 수행함으로써 아군에 가장 큰 공헌을 하게 될 것"이라고 그는 말했다. 이 말에 아랑곳 않은 채 프랑수와는 적이 뚫고 나가지 못하도록 지나는 길을 따라 분견대를 배치하며 동쪽으로 밀고 나갔다.

중앙이 걱정스러웠던 루덴도르프와 힌덴부르크는 프뢰겐나우(Frögenau)라는 마을에 위치한 숄츠의 야전사령부에서 전황이 호전되기를 기다렸는데, 그곳은 더욱 작은 마을인 탄넨베르그로부터 2마일 정도 떨어져 있었다. 프뢰겐나우가 명령의 발신지였다. 루덴도르프는 또다시 렌넨캄프에 대한 걱정으로 괴로웠다. 숄츠 군단이 걱정스럽고, 프랑수와에 대해 화가 났으며, 자신과 이 말 안 듣는 지휘관을 연결해 주는 "매우 비효율적인 전화선" 때문에, 그리고 좌측에 있는 막켄센과 벨로브와는 아예 전화선조차 없어 애를 먹고 있던 그는 "매우 불만스러웠다." 처음에는 이리 가라고 했다가 나중에는 저리 가라는 식의 상충되는 명령으로 혼란스러워진 막켄센과 벨로브는 사태를 바로잡기 위해 참모장교를 비행기에 태워 보냈다. 그는 "전혀 우호적이지 못한 대접"을 받았는데 왜냐하면 어느 군단도 제대로 된 위치에 있지 않았기 때문이었다. 그러나 오후가 되자 양쪽 모두 만족스럽게 움직였다. 막켄센은 괴멸된 러시아군 우익을 추격했으며 벨로브는 중앙의 러시아군을 공격하기 위해 알렌스타인에 생긴 틈을 향해 이동했다. 이제 프랑수와의 전진은 점점 더 타당성을 가지게 되었으며 루덴도르프는 그에게 그가 이미 나아가고 있는 방향으로 추격하라는 내용으로 수정된 명령을 내렸다.

다가오는 승리에 대한 확신이 독일군 사령부에 막 자리잡기 시작할 즈음 렌넨캄프 군이 정확한 방향으로 행군하고 있다는 소식이 들어왔다. 그러나 이때쯤 되자 낮 동안 얻은 전과로 인해 그가 너무 늦을 것이라는 확신을 가질 수 있었다. 실제로 그날 밤 야영할 때 가장 가까운 거리에 있던 렌넨캄프의 군단조차 이틀 전 삼소노프의 제6군단이 패퇴한 비쇼프스부르그로부터 여전히 20마일 떨어진 거리에 있었다. 적지에서 완만하게 행군하던 렌넨캄프가 다음날인 8월 29일이 저물 때까지 가장 멀리 도달했던 지점도 서쪽으로는 약 10마일 가량 더 전진했지만 남쪽으로는 더 이상 내려오지 않았기 때문에 그는 결국 삼소노프와 접촉하지 못하고 말았다. 이러한 접촉은 끝내 이루어지지 못했다.

한쪽 날개를 맡았던 제6군단의 붕괴 외에, 설상가상으로 그가 그토록 믿었던 "유명한 제1군단"의 괴멸은 삼소노프 장군의 종말을 예고하고 있었다. 그의 양쪽 날개가 부러졌고, 유일하게 독일군보다 수적으로 우세했던 기병대는 양쪽 측면으로 너무 넓게 배치되어 있어 전투에서 이렇다 할 역할을 하지 못한 채 이제는 고립되어 버렸고, 보급과 통신은 완전히 혼돈에 빠졌으며, 굴하지 않는 제15군단과 제13군단만이 여전히 싸우고 있었다. 그는 나이덴부르그의 사령부에서 프랑수와의 다가오는 야포 소리를 들을 수 있었다. 그가 할 일은 오직 한 가지만 남은 듯 했다. 그는 질린스키에게 이제 자신은 전선으로 떠날 것이며 군용행낭과 무전설비는 러시아로 후송하도록 명령을 내렸다는 전문을 보내고, 후방과의 교신을 끊었다. 이렇게 결정한 이유는 "그가 죽기로 작정했기" 때문이라고 하는데, 이는 충분히 이해할 만한 것이다. 그에게 지휘를 맡겼던 군대는 그의 눈앞에서 산산조각 나고 있었다. 그는 다시 기병장교로 돌아와 사단장이 되었으며 자신이 가장 잘 아는 일을 했다. 코삭들로부터 징발한 말에 탄 7명의 참모들과 함께 그는 마치 집에 온 것처럼 편안한 안장에 앉아 포탄이 작열하는 전장을 직접 지휘하기 위해 말을 타고 나섰다.

8월 28일 나이덴부르그 외곽에서 그는 녹스 소령과 작별했다. 삼소노프는 참모들에 둘러쌓인 채 땅에 앉아 지도를 들여다보고 있었다. 그는 일어서서 녹스를 한쪽으로 끌고 가 그에게 상황이 "심각하다"고 말했다. 그는 군대와 같이 있는 것이 자신의 의무라고 말하면서 그러나 녹스의 의무는 영국 정부에 보고하는 것이므로 그에게 "아직 시간이 있을 때" 돌아가라고 충고했다. 그는 말에 올라 떠나기 전 안장에서 몸을 돌리고 생각에 잠긴 미소를 띤 채 "이번에는 적에게 행운이 따랐지만, 다음에는 우리에게 행운이 따를 것"이라고 말했다.

나중에 언덕 위에서 전투를 지휘하고 있던 마르토스 장군이 독일군 포로들을 전투 지역으로부터 밖으로 이동시키라는 명령을 내린 직후, 군 사령관이 직접 참모들과 함께 말을 타고 나타나 그를 놀라게 했다. 삼소노프는 퇴각하는 행렬이 누구냐고 물었으며 그들이 포로라는 말을 듣고는 고삐를 당겨 마르토스에게 다가가 몸을 굽혀 그를 포옹하며 "장군이야말로 우리를 구할 것"이라고 비장하게 말했다. 그러나 그는 이미 알고 있었으며 그날 밤 제2군 잔여 부대에 대해 총 퇴각령을 내렸다.

8월 29일과 30일 이틀에 걸친 후퇴는 설상가상의 혹독한 재난이었다. 가장 오래도록, 가장 잘 싸운 그리고 가장 멀리 진격했고 가장 늦게 후퇴한 중앙의 2개 군단은 탈출 기회가 가장 적었으며 독일군의 포위에 가장 완벽하게 걸려들었다. 클리우브 장군의 군단은 벨로브가 알렌스타인에서 자신의 우측 틈새로 돌파해 들어와 중앙의 러시아군을 완벽하게 차단하였을 때도 여전히 공격을 멈추지 않고 있었다. 그의 군단과 마르토스 장군의 군단은 포위망이 점점 조여옴에 따라 숲과 늪지대에서 어찌할 바를 모르고 몸부림쳤는데, 그들은 무의미하게 전진했다가 방향을 잃어버리기도 하였고 또한 부대를 재편하여 버텨보려 했지만 허사였다. 제방길이 도로인 늪지대에서 독일군은 모든 교차로에 기관총으로 무장한 경계병을 배치했다. 마르토스 군단의 병사들은 마지막 4일 동안 아무것도 먹지 못하고 굶주렸다. 클리우브 군단은 지난 40시간 동안 아무런 비상 식량도 없이 42마일을 이동했으며, 말들은 먹지도 마시지도 못했다.

8월 29일 마르토스 장군과 몇 안 남은 참모들은 5명의 코삭 호위병들과 함께 숲을 빠져나갈 길을 찾으려고 하였다. 적은 사방에서 총격을 가했다. 마르토스의 참모장인 마차고브스키 소장이 기관총에 맞아 전사했다. 일행 중 다른 이들도 차례로 사살되고 장군 곁에는 단 한 명의 참모장교와 두 명의 호위병만이 남았다. 지금은 행방불명인 부관에게 자신의 배낭을 맡겼던 마르토스는 아침부터 전혀 먹거나 마시지 못했으며 담배 한 모금도 피우지 못했다. 탈진한 말 한 마리가 쓰러져 죽자, 일행은 말에서 내려 말들을 끌고 갔다. 어둠이 내렸다. 그들은 별을 보고 방향을 찾으려 하였으나 하늘에는 구름이 덮였다. 부대가 다가오는 소리가 들렸는데 말들이 그쪽으로 가려고 했기 때문에 그들이 우군인 줄 알았다. 갑자기 숲속에서 독일군 탐조등이 켜지더니 그들을 찾기 위해 앞뒤로 움직였다. 마르토스는 말을 타고 그곳을 벗어나려 했지만 자신의 말이 총에 맞고 말았다. 그는 쓰러져 독일군 병사들에게 사로잡혔다.

나중에 마르토스가 포로로 갇혀 있던 오스테로데의 "지저분하고 작은 호텔"에서 루덴도르프가 방으로 들어와 유창한 러시아어로 전투에

진 그를 조롱하며 러시아 국경은 이제 독일군의 침공에 무방비 상태가 되었다고 큰소리를 쳤다. 힌덴부르크가 뒤따라 들어와 "불안해하는 나를 보며, 진정하라고 위로하며 내 손을 오랫동안 잡고 있었다." 강한 악센트의 서툰 러시아어로 그는 마르토스에게 군도를 돌려주겠다는 약속을 하고 "편안하게 지내시길 바란다"고 말하면서 고개 숙여 작별 인사를 했다.

나이덴부르그의 북쪽 숲에서 마르토스 군단의 패잔병들이 살해되거나 투항했다. 제15군단에서는 오직 한 명의 장교만 탈출에 성공하여 러시아로 귀환했다. 나이덴부르그 동쪽 약 10마일 지점에서는 클리우브 장군마저 사로잡혀 군단장도 없는 제13군단의 마지막 부대가 원형으로 참호를 파고 저항했다. 그들은 숲 속의 독일군 포병대로부터 노획한 4문의 야포를 이용하여 8월 30일 밤이 새도록 포탄이 바닥나고 자신들 대부분이 전사할 때까지 적의 공격을 막아냈다. 살아남은 자들은 포로로 잡혔다.

그날 러시아군의 마지막 공격이 실종된 제1군단장 아르토모노프 장군의 후임인 시렐리우스 장군에 의해 믿어지지 않을 정도로 활기차게 감행되었다. 여러 곳으로 흩어진 잔여 병력과 이때까지 전투에 투입되지 않아 아직 원기왕성한 대략 1개 사단 규모의 몇몇 연대와 포병대를 규합한 그는 공격을 재개하여 프랑수와의 포위망을 뚫고 나이덴부르그를 재탈환하는 데 성공했다. 그러나 때는 이미 늦었고 계속해서 지킬 수가 없었다. 러시아 제2군의 이 마지막 공격은 삼소노프의 명령에 따른 것이 아니었는데 왜냐하면 그는 그전에 이미 죽었기 때문이다.

8월 29일 밤 숲 속의 다른 지점에서 그도 마르토스 장군처럼 포위망에 걸려 들어갔다. 철도 가장자리 숲을 따라 말을 타고 달린 그와 일행은 러시아 국경에서 불과 7마일 떨어진 빌렌부르그(Willenburg)에 도착하였으나 독일군이 이미 먼저 와 있었다. 장군과 그 일행은 숲 속에서 밤이 되기를 기다렸으며 어둠 속에서 말을 타고 늪지대를 지나가는 것은 불가능했기 때문에 그때부터는 도보로 이동했다. 성냥이 다 떨어져 그들은 더 이상 나침반을 볼 수가 없었다. 어둠 속에서 낙오하지 않도록 서로 손을 잡고 이동하던 그들은 비틀거리며 걸었다. 천식으로 괴로워하던 삼소노프는 눈에 띄게 약해졌다. 그는 참모장인 포토브스키에게 "짜르께서는 나를 믿어주셨다. 이러한 재난을 당하고 내가 무슨 낯으로 폐하를 대하겠는가?"라고 계속해서 같은 말을 되풀이하였다. 6마일을 전진한 후 그들은 휴식을 위해 멈췄다. 그때가 밤 1시였다. 삼소노프는 일행과 떨어져 칠흑같이 어두운 소나무 숲 속으로 사라졌다. 한 발의 총성이 밤의 정적을 깨뜨렸다. 포토브스키는 즉각 그것이 무엇을 의미하는지 알았다. 진작부터 삼소노프는 자살하겠다는 의사를 털어 놓았지만 포토브스키는 자신의 설득으로 그가 생각을 바꾸었다고 생각했었다. 이제 그는 장군이 죽었다고 확신했다. 참모장교들이 어둠 속에서 그의 시체를 찾으려 했으나 실패했다. 그들은 새벽까지 기다리기로 했지만 날이 밝자 독일군이 다가오는 소리가 들렸다. 그들은 시신을 포기하고 국경 쪽으로 갈 수밖에 없었으며 그곳에서 코삭 정찰병을 만나 마침내 안전하게 탈출하였다. 삼소노프의 시체를 발견한 독일군들은 빌렌부르그에 시신을 매장하였고, 1916년 국제 적십자의 도움으로 그의 미망인이 그곳에서 유골을 찾아 러시아로 송환할 수 있었다.

정적이 제2군을 에워쌌다. 질린스키의 사령부에서는 무전이 끊어졌으며, 이틀 동안 삼소노프로부터 아무런 연락도 없었다. 이제 너무 늦었지만, 질린스키는 렌넨캄프의 기병대에게 알렌스타인의 독일군 방어선을 뚫고 들어가 삼소노프 군에게 무슨 일이 생겼는지를 확인하라는 명령을 내렸다. 이 임무는 결국 실행되지 못했는데 왜냐하면 자신들을 쳐

부수려던 협공의 한쪽 팔을 꺾어버린 독일 제8군은 벌써 나머지 한쪽을 처리하기 위해 돌아서고 있었기 때문이나.

그들은 승리의 결과를 확인하자 거의 두려움을 느낄 정도였다. 적 전사자와 포로 그리고 노획한 야포는 엄청난 규모였는데, 92,000명이 포로로 잡혔으며 그 숫자가 더 크다는 주장도 있었다. 전투가 끝난 후 일주일 동안 그들을 후방으로 수송하는 데 60량의 열차가 소요되었다. 포획한 야포의 수는 제2군이 보유한 총 600문 가운데 최소 300에서 최대 500에 이르는 것으로 집계 되었다. 포획한 군마들은 급조된 축사에 떼를 지어 수용되었다. 비록 전사자와 실종자 수에 대한 일치된 통계는 없지만 최소 30,000명 이상일 것으로 추정되었다. 제15군단과 제13군단은 대부분 죽거나 사로잡혀 더 이상 존재하지 않았으며, 이 두 군단을 통틀어 탈출한 인원은 50명의 장교와 2,100명의 병사가 전부였다. 가장 먼저 퇴각한 양 측면의 2개 군단의 생존자는 각각 약 1개 사단 정도였으며 제23군단의 생존자는 대략 1개 여단 규모였다.

승자 또한 극심한 고통을 겪었는데, 6일간에 걸친 전투에서 쌓인 긴장과 피로로 그들의 신경은 극도로 불안한 상태였다. 8월 31일 4번이나 주인이 바뀐 나이덴부르그를 독일군이 탈환하였을 때 신경이 곤두선 헌병이 중앙 광장을 질주하는 차를 향해 "정지!"라고 소리쳤다. 폰 모르겐 장군이 타고 있던 그 차가 명령을 무시하자 그는 "정지! 러시아군이다!"라고 외치며 총을 쏘았다. 즉각 차를 향해 일제 사격이 가해져 운전병이 사망하고 장군 옆에 있던 장교가 부상당했다. 같은 날 밤 아군의 사격으로부터 가까스로 벗어났던 폰 모르겐은 "러시아군이 돌아왔다!"고 소리치며 장군의 군복을 쥐고 달아나 버린 당번병의 소란에 잠을 깼다. "잔뜩 화가 난" 폰 모르겐은 속옷 차림에 권총을 찬 모습으로 거리에 나날 수밖에 없었다.

소수의 장교들을 제외한 모두에게 그것은 첫 번째 실전 경험이었으며 대규모 전투의 폭력과 고통, 탈진 그리고 두려움이 만들어낸 들뜬 상상으로부터 전설이 탄생했는데, 그것은 늪에 빠지거나 혹은 습지와 유사(流砂)에서 목까지 잠긴 채 독일군들의 기관총에 의해 사살된 수천 명의 러시아군에 대한 전설이었다. 독일에서 어떤 장교가 "나는 죽는 날까지 그들의 비명을 듣게 될 것"이라고 두려움에 질린 친구들에게 말했다. 루덴도르프는 "늪지대로 몰려 살해된 러시아군에 대한 널리 알려진 얘기는 지어낸 얘기"라며, "그 근처 어디에도 늪지대가 발견되지 않았다"고 기록했다.

점차 적의 패전 규모가 드러나면서 독일군 지휘관들은 호프만이 일기에 적은 것처럼 "역사상 가장 위대한 승리 가운데 하나"를 얻었다고 생각하기 시작했다. 호프만에 의하면 자기의 제안으로, 루덴도르프에 의하면 "나의 제안"으로, 먼 옛날 같은 장소에서 독일 기사단이 폴란드와 리투아니아 연합 군에게 당한 쓰라린 패전을 뒤늦게나마 보상하려는 의도에서 그 전투를 탄넨베르그 전투로 부르기로 했다. 리에쥬보다 더 큰 이 두 번째 승리에도 불구하고 루덴도르프는 기뻐할 수가 없었다. "왜냐하면 렌넨캄프 군에 대한 불확실함으로 인해 내게 가해진 긴장감이 너무나 컸기 때문이다." 그러나 그는 이제 더욱 큰 확신을 가지고 서부전선으로부터 몰트케가 보내 준 새로운 2개 군단과 합세하여 렌넨캄프와 맞설 수 있게 되었다.

그의 승리에는 여러 사람이 기여했는데, 비록 그 이유는 틀렸지만 시종일관 정확하게 렌넨캄프가 추격하지 않을 것을 확신하고 제8군을 이동시켜 삼소노프와 맞서기 위한 계획을 세우고 이에 필요한 명령을 준비한 호프만, 루덴도르프의 명령을 거부하며 삼소노프의 좌익을 확실하게 포위한 프랑수와, 결정적인 순간에 루덴도르프의 불안감을 덜어 준

힌덴부르크, 그리고 마지막으로 그 무엇보다도 크게 기여했던 것은 치밀하기로 소문난 독일군의 계획 입안 과정에서 한번도 고려된 적이 없었던 러시아군의 무전이었다. 루덴도르프는 참모들이 낮 동안 정기적으로 수집하여 해석 또는 번역한 다음 매일 밤 11시 자신에게 보내준 감청 보고에 의존하게 되었다. 만일 어쩌다가 그 보고가 늦어지면 그는 초조하게 기다리다가 직접 암호 해독실에 나타나 어찌된 일이냐고 물었을 것이다. 호프만도 감청이야말로 탄넨베르그 승리의 진정한 요인임을 인정했다. "우리에게는 우군이 있었는데, 바로 적이었다. 우리는 적군의 계획을 전부 알고 있었다"고 그는 말했다.

국민들에게 동프러시아의 구세주는 명목상의 지휘관인 힌덴부르크였다. 구식 푸른 제복을 입고 은퇴에서 복귀한 노장군은 이 승리로 거물이 되었다. 사실보다 과장되게 포장되어 일반에게 알려진 동프러시아의 승전은 힌덴부르크 신화를 독일에 확실하게 각인시켰다. 호프만의 교활한 악의조차도 이를 훼손할 여지가 없었다. 후일 동부전선 참모장으로 방문객들을 탄넨베르그 전장으로 안내하면서 호프만은 그들에게 "이곳은 원수께서 전투 전에 주무신 곳이고, 이곳은 전투 후에 주무신 곳이며, 이곳은 전투 중에 주무신 곳"이라고 말했을 것이다.

러시아에서는 같은 시기 갈리치아(Galicia) 전선에서 오스트리아와 싸워 거둔 대승에 가려 이 재난이 국민들의 마음에 당장 큰 영향을 주지는 않았다. 수적인 면에서는 독일군이 탄넨베르그에서 거둔 승리보다 더 컸던 이 승리는 적에게 똑같은 영향을 끼쳤다. 8월 26일부터 9월 10일까지 계속되며 렘베르그(Lemberg) 전투에서 그 절정에 이르렀던 일련의 전투에서 러시아군은 적에게 250,000명의 사상자를 내게 했고, 100,000명을 포로로 잡았으며, 18일 동안 150마일을 계속해서 후퇴하도록 오스트리아군을 밀어붙이면서, 훈련된 장교들을 괴멸시킴으로써 오스트리아-헝가리군에게 회복불능의 일대 타격을 가하였다. 그것으로 오스트리아는 무력화되었지만 탄넨베르그의 손실을 만회하거나 치유할 수는 없었다. 러시아 제2군은 소멸되었고, 삼소노프 장군은 전사했으며, 군단장 5명 가운데 2명은 포로가 되었고 3명은 무능력을 이유로 해임되었다. 뒤이어 벌어진 마수리안 호수 전투에서 렌넨캄프 장군은 동프러시아로부터 쫓겨났는데, "겁을 집어먹고 (이번 경우 이러한 평가를 내린 사람은 질린스키였음) 군대를 버린 채, 차를 타고 국경을 넘어 달아남으로써 자신의 명성에 완전히 종지부를 찍었으며, 그 자신과 함께 질린스키까지 불명예스럽게 해임되는 결과를 초래하였다. 대공에게 보내는 전문에서 질린스키는 렌넨캄프가 공포에 질려 황급히 도망쳤다고 비난했다. 이것을 보고 대공은 진노했다. 그는 근본적인 잘못은 질린스키가 저질렀다고 생각했다. 그는 곧바로 짜르에게 "허둥대며 제대로 작전을 통제하지 못한 것"은 질린스키라고 보고했고, 그 결과 탄넨베르그 전투의 주역 가운데 또 한 명의 사상자가 발생했다.

이 전투를 겪으면서 훈련과 물자의 부족, 장군들의 무능함, 조직의 비효율성이 그대로 드러났다. 후임 국방장관인 구츠코프 장군은 탄넨베르그 전투가 끝난 다음 "전쟁에 졌다는 것을 분명히 알게 되었다"고 증언했다. 이 패전은 이제 공개적으로 철군을 선동하기 시작한 친 독일 그룹에 새로운 활력을 주었다. 휘테 백작은 이번 전쟁이 러시아를 멸망시킬 것으로, 라스푸틴은 그것이 정권을 파멸시킬 것으로 확신했다. 법무장관과 내무장관은 민주주의 국가들과 계속해서 동맹을 유지하는 것은 치명적이라는 이유로 가능한 빨리 독일과 화친할 것을 짜르에게 촉구하는 비망록을 작성했다. 기회가 주어졌다. 곧바로 러시아와 별도의 평화 협상을 하자는 독일 측 제안이 제기되어 1915년과 1916년에 걸쳐 논의되었다. 런던 조약과 동맹국에 대한 충절 때문인지 혹은 독일과 조약을 맺는 것이 두려워서인지 혹은 커져 가는 혁명의 기운을 못 느꼈기 때문인지 그도 아니면 그저 단순히 정권의 무능함 때문이었는지 알 수 없지만 러시아 정부는 결코 그것을 받아들이지 않았다. 점증하는 혼란과 줄어드는 군수물자 속에서도 그들의 전쟁 노력은 계속되었다.

재난을 당하게 되자 프랑스 무관인 마르퀴스 드 라귀시 장군이 총사령관에게 애도의 뜻을 전하기 위해 찾아왔다. "우리는 우방을 위해 그런 희생을 한 것에 대해 만족한다"고 대공은 당당하게 대답했다. 큰 재앙 앞에서도 침착한 것은 그의 규범이었으며, 거의 무한정으로 인력을 공급할 수 있음을 알고 있는 러시아인들은 대규모의 재난도 상대적으로 침착하게 받아들이는 데 익숙해 있었다. 서방 동맹국들이 그토록 기대했고 특히 서부 전선의 참패 이후 더욱더 간절히 기다리던 러시아 증기롤러는 마치 핀으로 어설프게 엮어 놓기라도 했었던 듯 오는 도중 산산조각 나고 말았다. 너무 성급하게 출발한 데다 너무 일찍 괴멸됨으로써 그것은 대공의 말 그대로 동맹국을 위한 희생양이 되고 말았다. 러시아군이 치른 대가가 무엇이든 간에 그 희생은 프랑스군이 원하던 것을 이루어 주었는데, 즉 서부 전선으로부터 독일군 병력 일부를 철수시키도록 했던 것이다. 탄넨베르그에 너무 늦게 도착했던 2개 군단은 마른 전투에는 참가할 수가 없었다.

17. 루뱅의 불길

           1915년 망명 중이던 에밀 베르에렝은 자기 조국의 침공에 관한 책을 출판했는데, 벨기에의 현존하는 최고 시인이었던 그는 1914년까지 당시 사람들이 국경선을 지워버릴 것이라고 믿었던 사회주의와 인도주의의 이상을 위해 한결같이 열렬하게 헌신했었다. 그는 다음과 같은 헌정사를 통해 책머리에 자신의 생각을 밝혔다. "굳이 증오를 감추지 않고 있는 이 책의 저자는 본래 평화주의자였다. … 그에게 이보다 더 크고 갑작스러운 환멸은 일찍이 없었다. 그것은 그에게 자신이 더 이상 예전과 같은 사람이라고 생각되지 않을 정도로 큰 충격을 주었다. 그리고 여전히 이렇게 증오로 가득찬 상태에서 자신의 양심이 점점 사라져가는 것처럼 느껴지므로 저자는 이 헌정사를 순수한 마음에서 과거의 자신에게 바치는 바이다."

    모든 저작물 가운데 베르에렝의 책이 전쟁과 침략이 그 시대 사람들에게 무슨 짓을 했는지를 가장 통렬하게 증언하고 있다. 국경의 전투가 끝났을 때 전쟁은 이미 20일째로 접어들었으며, 그 기간 동안 교전국 및 이를 지켜보던 중립국가들 사이에 전쟁의 향후 진로와 그 이후 역사의 향배를 결정짓게 될 열정, 태도, 이념 그리고 쟁점들이 도출되었다. 이전의 세계와 그것을 형성하였던 이념들도 베르에렝의 유령처럼 그해 8월과 이후 몇 달간 이어진 시간의 회랑 너머로 사라져갔다. 전쟁을 불가능하게 만들 것이라고 기대되던 사회주의자들의 형제애 그리고 재정, 상업, 그 이외의 다른 경제적인 요인들 사이의 상호 의존성과 같은 전쟁 억지력은 막상 때가 되자 기능을 발휘하지 못했다. 국가주의가 난폭한 돌풍처럼 일어나면서 그것들을 모두 날려 버렸다.

사람들은 다양한 감상과 이념을 가지고 참전하였다. 교전국 국민들 중에 평화주의자와 사회주의자들은 진심으로 전쟁에 반대했으며, 루퍼트 브룩 같은 이들은 그것을 환영했다. 브룩은 자신의 시 "1914"에서 "이제 주님의 때가 이르렀으니 주를 찬양하라"고 노래했지만 신을 모독하려는 의도는 전혀 없었다. 그에게는 이때가

> 헤엄치는 이들이 사뿐히 물 속으로 뛰어들듯
> 낡고 차갑고 지친 세상이 바뀌어 기쁨이 충만한…
> 명예가 살아난…
> 그리고 고귀함이 다시 우리와 같이 가는,
> 그리고 우리는 우리의 전통으로 돌아온

시간처럼 보였다.

독일인들도 비슷한 감정을 느꼈다. 전쟁은 "정화, 자유, 무한한 희망"이 될 것이라고 토마스 만은 적었다. "독일의 승리는 수적 우위에 대한 정신의 승리가 될 것이다. 독일 정신은 문명에 대한 평화주의자들의 이상에 반대하는데, 평화야말로 문명 타락의 요소가 아닌가?"라고 그는 설

명했다. 전쟁은 고귀한 것이라는 독일 군국주의의 핵심적인 이론과 일맥상통하는 이 개념은 루퍼트 브룩이 노래한 환희와 별반 다를 것이 없었으며, 그 당시 테어도어 루스벨트를 포함한 수많은 존경 받는 인물들로부터 광범위한 지지를 받았다. 1914년 당시 변두리에서 벌어졌던 발칸전쟁을 제외하면 유럽대륙에서는 한 세대 이상 전쟁이 없었으며, 어떤 이는 이처럼 전쟁을 반기게 된 것은 어느 정도 "평화에 대한 무의식적인 따분함"에서 비롯된 것이라는 견해를 피력했다.

브룩이 청결함과 고결함을 찬미했던 곳에서 토마스 만은 보다 적극적인 목표를 보았다. 그는 모든 민족 중에 최고 수준의 교육을 받았으며, 법을 잘 준수하고, 평화를 사랑하는 독일 민족은 최고의 권력을 가지고 모든 것을 지배하며, "모든 면에서 정당하기 이를 데 없는 소위 독일전쟁"을 통해 "독일 중심의 평화"를 구축할 자격이 있다고 말했다. 비록 1917년에 썼지만 만은 1914년을 반영하고 있는데, 이 해야말로 역사속에 독일의 이상을 정립했고, 독일문화(Kultur)를 즉위시켰으며, 독일의 역사적 사명을 완수한 독일판 1789년이었던 것이다. 8월, 아헨의 카페에 앉아 있던 독일 과학자가 미국 기자인 어윈 콥에게 얘기했다. "우리 독일인들은 유럽에서 가장 근면하고, 성실하며, 최고의 교육을 받은 민족입니다. 러시아는 반동을, 영국은 이기심과 배신을, 프랑스는 타락을, 독일은 진보를 각각 상징합니다. 독일문화는 세계를 밝힐 것이며 이 전쟁이 끝나면 다시는 전쟁이 없을 겁니다."

그들과 함께 있던 독일 사업가는 보다 구체적인 목표를 가지고 있었다. 러시아는 콧대가 꺾여 다시는 슬라브족의 위협 때문에 유럽이 공포에 떨지 않게 되고, 대영제국은 철저하게 궤멸되어 자신들의 해군력과 인도 그리고 이집트를 빼앗기고, 프랑스는 두 번 다시 회복할 수 없을 정도의 전쟁 배상금을 물게 되고, 독일이 영불해협에 있는 항구들을 필요로 하기 때문에 벨기에는 해안지대를 포기하게 되며, 일본도 머지않아 응징을 당하게 될 것이라고 했다. "불가리아를 포함한 유럽의 범독일 및 스칸디나비아" 연맹은 "북해로부터 흑해까지 절대적인 지배력을 가지게 될 것입니다. 유럽의 지도는 새로 그려져야 하며 독일은 그 중심에 있게 될 것입니다."

전쟁 전 수년 동안 반복된 이러한 종류의 얘기들은 독일에 대한 호의적인 생각을 확대하는 데 전혀 도움이 되지 않았다. 너무나 빈번하게 독일의 세계주도권을 주창하는 바람에 "우리는 자주 다른 나라들의 신경을 건드렸다"고 베트만-홀베그는 인정했다. 그는 이것이 세계 제패를 향한 야욕으로 해석되곤 하였지만 사실은 "유치하고 무모한 객기"였다고 설명했다.

하지만 세상은 그렇게 생각하지 않았다. 독일의 주장에는 객기라기보다는 악의로 해석되는 껄끄러운 부분이 있었다. 1914년 죠지 버나드 쇼는 독일의 위협에 대해 세상은 점점 "화가 나고 짜증스러워지게 되었다"고 적었다. "프러시아의 군국주의가 대두되면서 그것이 우리와 인류의 행복, 그리고 상식을 경멸했기 때문에 우리는 인내의 한계를 넘게 되었고, 곧바로 분기하여 그것과 맞서게 된 것이다."

어떤 이들은 이 문제에 대한 분명한 생각 혹은 최소한 스스로 납득할 만한 이유를 가지고, 어떤 이들은 이유와 목적에 대해 아주 모호한 개념을 가지고, 그리고 어떤 이들은 아무 생각도 없이 분기했다. 웰즈는 첫 번째 부류였다. 그는 8월 4일자 신문에서 우리의 적은 "1870년에 탄생한 백해무익한 괴물 같은" 독일 제국주의와 군국주의라고 단언했다. 독일의 승리, "군사력과 광적인 독일 키플링주의(Kiplingism)"의 승리는 "모든 인간사를 영원히 전쟁의 신에게 맡기는" 꼴이 될 것이다. 웰즈는 "반드시(will)"라고는 안 했지만, 독일의 패배가 "아마(may) 전 세계에 걸친 무장해제와 평화로 가는 길을 열게 할 것"이라고 말했다. 이 문제에 대해 입장이 덜 분명했던 영국의 어느 예비군이 집결지로 가는 기차 안에서 옆자리 승객에게 "나는 피로 얼룩진 벨기에와 싸우러 가는 길인데, 그곳이 내 목적지"라고 설명했다. 전쟁에 대한 특별한 목적이 없어도 기꺼이 싸우는 세 번째 부류가 수와인니로 가는 길에서 최초로 독일군을 살해한 기병전대 지휘관인 톰 브릿지 소령이다. "독일에 대한 아무런 증오심도 없다"고 그는 말했다. "우리는 누구와도 싸울 준비가 되어 있으며… 아마 프랑스군과도 똑같이 주저없이 싸웠을 것이다. '우리는 그것을 할 것이다. 그것이 무엇이냐?'가 우리의 구호다."

청산해야 할 오래된 빚을 가지고 있는 프랑스는 특별한 설명이 필요 없었다. 독일군이 그들 문턱에 와 있다는 것으로 충분했다. 그런데 이곳에서도 "원대한 포부"를 느낄 수 있었다. 베르그송은 비록 연합국의 궁극적인 승리는 "끔찍한 희생"을 필요로 하겠지만, 그 희생으로부터 "프랑스는 회복되어 확장될 것이며 유럽은 도덕적으로 새롭게 탄생할 것"이라고 믿었다. "그렇게 되면 진정한 평화가 도래함과 동시에 프랑스와 인류 사회는 다시 전진을 시작하여 진리와 정의를 향해 오로지 앞으로만 나아가게 될 것이다."

이러한 것들은 정치인들의 공식적인 입장 또는 대중의 여론이 아니라 개개인의 사적인 입장이었다. 아직은 앞으로 어떻게 해야 할지 아무것도 확정된 것이 없었다. 독일에 대한 범국민적 증오는 이때까지 분명하게 드러난 것은 아니었다. 전쟁 초기 펀치에 실린 매우 인상적인 만화들 가운데 하나가 바로 8월 12일 "통행 금지!"라는 제목으로 게재되던 것이다. 그 만화에는 나막신을 신은 엄숙한 소년으로 그려진 작고 용감한 벨기에가 호주머니 밖으로 줄 소시지를 늘어뜨린 늙고 뚱뚱한 군악대장의 모습을 한 침략자 독일을 제지하는 모습이 그려져 있었다. 그는 바보였지 악마는 아니었다. 그밖에 개전 초기 만화가들이 즐겨 그렸던 소재는 황태자였는데, 그는 꽉 조인 허리에 꽉 끼는 높은 칼라, 날씬한 모자를 쓴 채 멍청한 표정을 짓고 있는 우스꽝스러운 멋쟁이의 모습으로 그려지곤 하였다. 그는 얼마 못 가 사라지게 되었다. 전쟁이 점점 심각해지면서 그는 가장 잘 알려진 독일인이며, 마치 독일군의 모든 작전계획을 본인이 작성한 듯 그 이름이 OHL의 모든 명령서에 서명되어 있는 최고의 군 통수권자 카이저로 대체되고 말았다. 이제 카이저는 더 이상 전쟁 전 이간질이나 일삼던 군국주의자가 아니라 입만 열면 야만성을 드러내며, 잔혹함과 악의로 가득 찬, 음습한 악마와 같은 폭군으로 묘사되었다. 이러한 변화는 8월에 시작되었으며, 사람들의 생각은 점차 "독일에 대한 적개심은 없다"는 브릿지의 냉정한 입장에서 스테판 맥캔나의 입장으로 바뀌게 되었는데, 그는 1921년 "그때를 기억하는 사람들에게 독일군이라는 이름은 악취를 풍기며 독일군의 존재는 분노"라고 적은 바 있다. 과장된 영웅도 극렬한 애국지사도 아닌 냉정하고 사려 깊은 학교 교사로서 그 당시의 사회상을 기록한 회고록을 남긴 맥캔나는 협상에 의한 타결 가능성을 배제한 채 완전한 승리를 얻을 때까지 싸울 수밖에 없도록 만든 정서적 변화를 기술했다. 이러한 변화를 초래한 것은 벨기에에서 벌어진 사태였다.

벨기에 사태는 테러 이론에 나와 있는 대로 독일군이 저지른 것이었다. 클라우제비츠는 전쟁기간을 단축하기 위한 적절한 방법으로 테러를 처방한 바가 있는데, 전쟁에 관한 그의 모든 이론은 이를 보다 짧게, 재빠르게, 결정적으로 끝내야 한다는 데 근거를 두고 있다. 민간인들을 전쟁의 효과로부터 배제시킬 것이 아니라 오히려 그 압박을 느끼도록 해야 하며, 혹독한 수단을 동원하여 이들로 하여금 지도자들을 강요하여 강화를 맺도록 해야 한다. 전쟁의 목표는 적의 무장해제이므로, "우리는 적으로 하여금 항복하는 것보다 전쟁을 계속하는 것이 더욱 가혹한 상황에 놓이도록 해야 한다." 일견 타당해 보이는 이 명제는 독일군 총참모부가 19세기를 거치면서 정립을 위해 심혈을 기울였던 바 있는 전쟁의 과학적 이론에 잘 부합되었다. 그것은 이미 스당 전투가 끝나고 프랑스의 저항이 분출되던 1870년 실전에 적용된 적이 있었다. 그 당시 포로와 민간인에게 게릴라전 혐의를 씌워 처형하는 식으로 잔인하게 자행된 독일군의 보복은 프러시아가 거둔 6주 만의 승리가 믿기지 않아 어안이 벙벙했던 세계를 또 한번 놀라게 하였다. 갑자기 세상은 독일군의 탈을 쓴 야수를 보았다. 비록 1870년의 경험은 테러 이론과 다른 그 실행의 결과 즉, 그것이 적대감을 심화시키고, 저항을 자극하여 전쟁을 장기화한다는 것을 보여주었지만, 독일군은 그것에 대한 집착을 버리지 않았다. 쇼가 말했듯이 그들은 상식을 경멸하는 민족이었다.

8월 23일 폰 뷜로브 장군이 서명한 게시문이 리에쥬에 나붙었는데, 그것은 나무르와 가까운 뫼즈 연안의 작은 도시인 앙덴느(Andenne)의 주민들이 가장 "비열한" 방법으로 독일 군대를 공격했기 때문에 "본관의 허락 하에 이들 부대를 지휘하던 장군이 도시를 태워 잿더미로 만들었으며 주민 110명을 사살했음"을 알리는 내용이었다. 리에쥬 주민들은 만일 자신들이 이웃 도시 주민들처럼 행동했다간 어떤 운명에 처하게 되는지 이런 식으로 통보 받았다.

앙덴느에 대한 방화와 학살은 샤를루와 전투가 진행 중이었던 8월 20일과 21일에 저질러졌으며, 벨기에 측에 의하면 그 희생자는 211명이었다. 일정에 쫓기던 뷜로브 군의 지휘관들은 벨기에인들이 교량과 철도를 파괴하며 진군을 방해하자 자신들이 점령하는 마을마다 무자비한 보복을 가했다. 강 건너 앙덴느 맞은편에 있는 세이으(Seilles)에서는 50명의 민간인이 사살되었으며 가옥들이 약탈, 방화되었다. 8월 21일 점령된 타민에서는 전투가 끝난 그날 저녁부터 도시에 대한 약탈이 시작되어 다음날까지 계속되었다. 음주를 동반한 허용된 약탈의 난장판 속에 통제가 느슨해진 병사들은 원색적인 욕망을 분출하는 지경까지 이르게 되었는데, 두려움의 효과를 크게 하기 위해 지휘관들은 의도적으로 이를 방관하였다. 둘째 날 타민에서는 약 400명의 시민들이 감시를 받으며 교회 앞 중앙광장에 모여 있었는데 소총대가 그들을 향해 조직적으로 사격을 가하기 시작했다. 사격이 끝난 후에도 죽지 않은 사람들은 총검으로 살해되었다. 타민의 공동묘지에는 1914년 독일군들에 의해 사살됨(Fusillé par les Allemands)이라고 새겨진 384개의 비석이 서 있다.

뷜로브 군이 인구 32,000명인 나무르 시를 점령했을 때, 모든 거리마다 10명씩 인질을 체포할 것이며 만일 시민 중 누구라도 독일군에게 발포하면 이들을 사살하겠다는 경고문이 나붙었다. 인질의 체포와 처형은 식량 징발처럼 조직적으로 이루어졌다. 독일군이 깊숙이 진격할수록 더 많은 인질들이 사로잡혔다. 처음 폰 클룩 군이 도시에 진입할 때만해도 곧바로 시장, 치안판사 그리고 그 지역의 의원을 체포할 것이며 이들의 운명이 어떻게 된다는 것을 주민들에게 경고하는 포고문이 나붙었었다. 얼마 안 가 신분이 높은 세 사람만으로는 충분치 않게 되었으며, 모든 거리마다 한 명씩, 심지어는 열 명씩 잡아도 부족하였다. 소설가로 폰 클룩 군의 예비대 장교로 징집되어 파리를 향한 진격에 관한 귀중한 기록을 남긴 발터 블로엠은 매일 밤 자기 중대가 야영했던 마을마다 "폰 클라이스트 소령이" 어떤 식으로 "매 가구마다 남자 한 명을, 만일 남자가 없으면 여자를 인질로 잡으라고 명령했는지" 구체적으로 증언하고 있다. 간혹 이 시스템이 기능을 발휘하지 못하게 되면서 테러는 커졌고, 그럴수록 더 큰 테러가 필요한 것 같았다.

도시에서 저격 사건이 보고되면, 인질들이 처형되었다. 폰 클룩 군과 동행하던 어윈 콥은 창문을 통해 두 명의 민간인이 착검한 채 두 줄로 늘어선 독일군 사이로 걸어가는 것을 보았다. 그들은 기차역 뒤편으로 끌려갔고, 총소리가 났으며 두 개의 달구지가 장화 신은 발끝만 밖으로 드러낸 채 담요에 덮인 뻣뻣하게 굳은 시신을 싣고 나왔다. 콥은 같은 일이 두 번 더 반복되는 동안 이를 지켜보았다.

침공 첫날 리에쥬로 가는 길목에서 최초의 교전이 벌어졌던 비제는 전투의 열기로 흥분된 부대가 아니라 전투가 끝나고 한참 후에 도착한 점령부대에 의해 파괴되었다. 저격 사건이 보고되자 8월 23일 독일군 1개 연대가 리에쥬로부터 비제로 파견되었다. 그날 밤 5마일 떨어진 국경 넘어 홀랜드의 에이스더(Eysden)에서도 총성을 들을 수 있었다. 다음날 에이스더는 4,000명에 이르는 피난민으로 넘쳐 났는데, 이들은 사살된 사람들과 추수 노역을 위해 독일로 강제 이송된 700명의 남자와 소년을 제외한 비제의 전 주민이었다. 특히 미국에서 커다란 도덕적 반향을 일으키게 될 강제 이주는 이미 8월에 시작되었다. 나중에 비제가 어떻게 되었는지 살펴보기 위해 그곳을 방문했던 미국공사 브랜드 휘트록은 하늘을 향해 뻥 뚫린 채 검게 그을린 빈집들만 보았는데, "아마도 폼페이 폐허가 이런 광경이었을 것이다." 주민들은 모두 떠나고 아무도 없었다. 그곳에 살아 있는 것은 아무것도 없었으며 지붕도 없었다.

8월 23일 뫼즈 연안의 디낭에서는 폰 하우센 군의 색슨 부대가 프랑스군과 샤를루와 전투의 마지막 교전을 벌이고 있었다. 폰 하우센은 "국제법을 명백히 위반하며" 교량 복구작업을 방해하는 벨기에 민간인들의 "배신적인" 행동을 직접 목격하였다. 그의 부대는 남자, 여자 그리고 아이들로 이루어진 "수백 명의" 인질들을 에워싸기 시작했다. 그날이 일요일이라 교회에서 50명을 체포했다. 장군은 "얼굴에 공포, 형언할 수 없는 고통, 응집된 분노 그리고 그들이 겪었던 모든 재앙으로부터 촉발된 복수의 열망을 드러낸 채, 경비병들의 감시를 받으며 선 채로, 혹은 앉거나, 누운 상태로 "빽빽이 운집해 있던" 그들을 보았다. 감수성이 매우 예민했던 폰 하우센은 그들에게서 발산되는 "꺾을 수 없는 적개심"을 느꼈다. 그는 바로 얼마 전에도 저녁 식사 시간에 호주머니 속에서 주먹을 불끈 쥔 채 대화를 거부하던 벨기에 신사의 집에서 불쾌한 경험을 했던 적이 있다. 그는 디낭의 인질들 속에서 머리에 피를 흘리고 있는 프랑스군 병사가 의료진의 모든 도움을 거절한 채, 말없이 무표정하게 누워서 죽어가고 있는 것을 보았다. 폰 하우센은 당시 상황에 대한 기술을 여기서 멈췄는데, 디낭 시민들의 운명을 말하기에는 너무도 섬세한 사람이었다. 그들은 저녁까지 중앙광장에 억류되어 있다가 한쪽에는 여자, 반대쪽에는 남자로 나뉘어 각각 두 줄로 정렬했는데 한 줄은 서고 다른 한 줄은 그 앞에 꿇어앉았다. 2개 소총대가 광장의 중앙으로 진입하여, 양쪽을 향한 채 인질들이 모두 쓰러질 때까지 총격을 가했다. 생후 3주 된 펠릭스 피베를 포함하여 신원이 확인된 총 612구의 시신이 매장되었다.

그런 다음 색슨 부대는 흩어져 한바탕 약탈과 방화를 자행하였다. 한때 자신이 지켰던 도시 윗편 오른쪽 제방 높은 곳에 독수리 둥지처럼 자리잡고 있는 중세의 성채는 중세에 저질러지던 야만스러운 파괴가 재현되는 것을 내려다보고 있었다. 색슨 부대는 초토화되고, 산산조각 나 텅 빈 채로 새까맣게 타 죽어 버린 디낭을 떠났다. 부하들이 저지른 이 참혹한 광경에 "깊은 충격을 받은" 폰 하우센 장군은 이에 대한 모든 책임은 "국제법에 반하는 이 불충한 시가전을 승인한" 벨기에 정부에 있음이 분명하다고 확신하며 디낭의 폐허를 떠났다.

독일군들은 국제법 위반에 대해 병적으로 집착했다. 그들은 자신들의 주둔에 저항하는 벨기에인들이 눈앞에서 저지르는 위반에 가려 자신들의 벨기에 주둔 자체가 이미 국제법 위반임을 간과하고 있었던 것이다.

언젠가 독일 의회의 알자스 대표인 아베 웨텔레는 오랫동안 참았던 한숨을 내쉬며 "라틴 교육을 받은 사람이 독일인의 사고방식을 이해하기는 어렵다"고 고백한 적이 있다.

독일군의 강박관념은 두 부분으로 나뉘어지는데, 하나는 벨기에인들의 저항은 불법이라는 것이고 또 하나는 그것이 "위로부터" 즉, 벨기에 정부 또는 시장이나 신부 기타 "위로" 분류될 수 있는 사람들에 의해 조직되었다는 것이다. 이 두 부분이 합쳐져 한 가지 당연한 결론에 이르게 되었는데, 독일군의 보복은 그 정도에 상관없이 정당하고 합법적이라는 것이었다. 한 사람의 인질을 사살하는 것이나 612명을 학살하고 도시를 파괴하는 것이나 똑같이 벨기에 정부의 탓이라는 것인데, 이는 디낭 사건 후의 하우센으로부터 루뱅 사건 후의 카이저에 이르기까지 언제나 똑같이 반복되던 주장이었다. 책임은 반드시 "독일군을 공격하도록 주민들을 선동한 자에게 지워져야만 한다"고 하우센은 변함없이 주장한다. 디낭과 다른 지역의 모든 주민들이 "독일군의 진격을 막는다는 한 가지 목표에 의해 선동되었음은(그러나 누구의 명령에 의해?)" 전혀 의심의 여지가 있을 수 없다고 그는 역설한다. "위로"부터 명령도 없이 국민들이 침략자를 저지하도록 선동되었다는 것은 상상할 수도 없는 일이었다.

독일군은 이러한 명령을 도처에서 보았다. 폰 클룩은 시민들에게 적대적인 행위를 하지 말라고 경고하는 벨기에 정부의 포스터가 사실은 "적에게 발포하라고 민간인들을 부추기는 격문"이라고 주장했다. 루덴도르프는 "조직적으로 비정규전을 준비한" 벨기에 정부를 비난했다. 황태자는 동일한 이론을 프랑스 민간인들의 저항에 적용하였다. 그는 롱귀 지역의 "광신적인" 주민들이 "일부러 파리에서 운반해 온" 엽총으로 문이나 창문을 통해 "불충하면서도 야비하게" 우리를 향해 총격을 가했다고 불평했다. 왕족으로서 여러 곳을 여행하면서 일요일 토끼사냥을 위한 엽총이 바지처럼 아주 흔한 프랑스 시골을 잘 알고 있었던 그는 비정규군을 무장하기 위해 파리로부터 일부러 총을 가져올 필요가 없다는 것도 이미 알고 있었을 것이다.

적지에서 겪는 경험에 대한 독일군의 인식은 게릴라전에 대한 히스테리와 함께 점점 날카로워졌다. 루덴도르프는 게릴라전에 "넌더리가 난다"고 하였다. 머지않아 그 이름이 속임수, 폭력, 그리고 교활함의 대명사가 되는 루덴도르프는 "전쟁에 대한 기사도적이고 인도적인 생각을 가지고" 출전했지만, 비정규전은 "나에게 개인적으로 쓰라린 환멸을 안겨 주었다"고 말했다. 블로엠 대위는 불과 2주 전까지 그 자신도 민간인이었으면서 민간인이 쏜 총에 맞거나 사살당하는 "무시무시한 생각"에 시달렸다. 그는 하루에 28마일이라는 고된 행군 중 단 한 명의 병사도 낙오하지 않았는데 그 이유는 "왈룬의 손에 잡힌다는 두려운 생각"이 파리를 향한 행군의 또 다른 무서운 고통인 "벗겨져 쓰린 발보다도 더 괴로웠기" 때문이라고 적었다.

비정규군에 대한 두려움과 증오는 민간인의 저항은 본질적으로 무질서하다는 독일인의 인식에서 비롯되었다. 만일 불의와 무질서 중 하나를 골라야 한다면 독일인은 불의를 선호한다고 괴테는 말했다. 군주에 대한 백성의 관계가 복종 외에 이렇다 할 기반이 없는 나라에서 교육받은 사람은 자기들과 다른 기반 위에 조직된 국가를 이해할 수 없으며 그러한 나라에 가면 극도로 불편한 느낌을 갖게 된다. 권위가 있어야만 편안한 사람은 민간인 저격수를 유난히도 사악한 존재로 간주한다. 서구인들의 마음에 비정규군은 영웅이지만, 독일인에게 그는 국가의 존재를 위협하는 이단자인 것이다. 수와쏭(Soissons)에는 1870년 프러시아군에 대항하여 학생과 민간인들의 항전을 이끌었던 3명의 교사들을 기리기 위해 청동과 대리석으로 만든 기념비가 있다. 1914년 놀라움 속에 그것을 바라보던 독일군 장교가 미국 기자에게 말했다. "저것이 프랑스식이로군, 비정규군을 영광되게 하기 위한 기념비를 세우다니. 독일에서는 국민들이 저런 짓을 하도록 놔두지 않을 겁니다. 뿐만 아니라 누군가 저런 짓을 원한다는 것은 생각조차 할 수 없지요."

독일군 병사의 심리적인 갈등을 막기 위하여 블로엠 대위가 기록했듯이 독일 신문들은 개전 첫 주부터 벨기에인들의 "몸서리 나는 잔혹함… 갖가지 잔악행위를 일삼는 민간인 폭도들을 이끌고 있는 무장한 신부들… 순찰병에 대한 사악한 매복 기습, 혀가 잘리고 눈이 뽑힌 보초들에 대한" 기사로 가득 채워졌다. 이와 비슷한 "무시무시한 소문들"이 이미 8월 11일 베를린까지 퍼져 블뤼처 공주가 이에 대한 기록을 남겼다. 그녀로부터 이에 대한 확인을 요청 받은 독일군 장교는 그 당시 아헨에는 벨기에 여인들과 아이들에 의해 눈알이 뽑혀 병원에 누워 있는 독일군 장교가 30명이나 된다고 말했다.

그러한 얘기를 듣고 격앙된 감정 때문에 독일군들은 "저격병!"이라는 한마디 외침에도 손쉽게 약탈, 방화, 살인의 광란으로 빠져들었으며 장교들도 이를 제지하지 않았다. 공포(Schrecklichkeit)는 최고 사령부가 파리를 향한 진군으로부터 따로 빼낼 수 없었던 점령군의 역할을 대신하기 위해 의도적으로 기획된 것이었다.

8월 25일 루뱅에 대한 방화가 시작되었다. 리에쥬에서 브뤼셀로 가는 도중에 있는 이 중세 도시는 유서깊은 대학과 무엇과도 비교할 수 없는 도서관으로 유명했는데, 이 도서관은 베를린이 아직 통나무 집으로 이루어진 작은 촌락에 지나지 않았던 1426년 설립되었다. 14세기 클로쓰

워커스 홀(Clothworkers' Hall) 안에 있는 도서관은 750건의 중세 희귀 문헌과 1000건이 넘는 고판본을 포함한 230,000권의 장서를 소장하고 있었다. "고딕 예술의 보석"이라 불리던 타운 홀(Town Hall)의 정면은 그러한 종류 중에서도 유별나게 많은 기사와 성자 그리고 귀부인들을 새긴 석조 조각으로 치장되어 있었다. 쌩 피에르 성당에는 디에릭 부와 다른 플랑드르 장인들이 만든 제단들이 있었다. 다른 경우와 마찬가지로 민간인들에 대한 총격을 동반한 루뱅의 방화와 파괴는 시작할 때처럼 갑자기 멈출 때까지 6일간이나 지속되었다.

루뱅이 점령된 초기에는 모든 것이 순조로웠다. 가게마다 성시를 이루었다. 독일군들도 모범적으로 행동했는데, 그림엽서와 기념품을 사고 대금을 지불했으며, 이발소에서도 머리를 깎기 위해 일반 손님들과 같이 줄을 서서 기다렸다. 둘째 날은 다소 긴장감이 흘렀다. 독일군 병사가 다리에 총을 맞았는데, 저격병의 짓이라는 말이 돌았다. 시장은 긴급히 시민들에게 무기를 버리라는 주의를 반복하였다. 그와 다른 2명의 관리가 인질로 체포되었다. 기차역 뒤편에서 처형이 빈번해졌다. 도시를 지나는 폰 클룩 군의 끝없는 행렬이 매일 계속되었다.

8월 25일 앤트워프 요새 외곽에 위치한 말린에 주둔 중인 벨기에군이 폰 클룩 군의 후위부대에 대한 날카로운 기습을 감행하자 그들은 루뱅 쪽으로 허둥지둥 달아났다. 퇴각의 혼란 속에서 날이 어두워진 후 출입구를 지나 질주하던 주인 잃은 말에 놀란 다른 말이 뛰쳐나가려다 마구에 부딪히면서 마차가 뒤집어졌다. 총성이 울리며 "프랑스군이 저기 있다! 영국군이 저기 있다!(Die Franzonsen sind da! Die Engländer sind da!)"라는 외침이 터져 나왔다. 나중에 독일군들은 자신들이 벨기에 민간인들의 총격을 받았다든가 또는 민간인들이 벨기에군에게 신호를 보내기 위해 지붕 위에서 총을 쐈다고 주장했다. 벨기에인들은 독일군들이 어둠 속에서 자기들끼리 총을 쏘았다고 주장했다. 세상을 소름 끼치게 한 사건이 일어난 후 수 주일, 수개월 심지어 수년 동안, 사건의 발단에 대한 사법부의 조사와 심리가 있었으며, 독일군의 고발내용은 벨기에측의 반론에 의해 부인되었다. 누가 누구를 쏘았는지 결국 확인되지 않았으며 어떤 경우라도 이후에 일어난 사건과는 무관한데, 왜냐하면 독일군은 벨기에인들이 저지른 것으로 의심되는 잘못을 응징하려는 것이 아니라 자신들과 맞서는 모든 적에게 겁을 주고 기를 꺾기 위해 즉, 전 세계를 향해 독일의 힘을 과시하려는 제스처로 루뱅을 불태웠기 때문이다.

브뤼셀의 신임 지사인 폰 루트비치 장군은 다음날 아침 그러한 입장을 밝혔다. 근무 중 미국 공사와 스페인 공사의 방문을 받은 그는 그들에게 "루뱅에서 무서운 일이 벌어졌습니다. 그곳에 있던 아군 장군 한 명이 시장 아들에게 저격당했습니다. 주민들은 아군 부대를 향해 총을 쏘았습니다"라고 말했다. 그는 말을 멈추고, 방문객을 바라본 후 "그래서 이제 우리는 어쩔 수 없이 그 도시를 파괴해야만 합니다"라고 말을 맺었다. 휘트록 공사는 시장의 아들이나 때로는 딸에게서 저격당한 이런저런 독일군 장군에 대한 얘기를 너무 자주 듣게 되어, 벨기에인들은 시리아의 암살단처럼 시장의 자녀들로 구성된 특수집단을 양성하는 것이 틀림없다고 생각할 지경이었다.

이미 루뱅의 불길에 관한 소문이 퍼졌다. 도시에서 쫓겨난 채 놀라 울먹이는 피난민들은 거리마다 불길에 휩싸였고, 야만스러운 약탈이 자행되며, 체포와 처형이 계속되고 있다고 얘기했다. 8월 27일 때마침 벨기에에 있던 미국의 인기 특파원 리차드 하딩 데이비스는 군용열차를 타고 루뱅으로 떠났다. 그는 독일군에 의해 기차 안에 갇혀 있었지만, 그때는 이미 기차역을 마주보는 틸르몽 거리까지 불길이 번졌으며, 그는 줄지어 선 주택들로부터 "하늘을 향해 일정하게 똑바로 타오르는 수많은 불기둥"을 볼 수 있었다. 독일군 병사들은 술에 취한 상태였으며 난폭했다. 그들 중 한 명이 "도시가 세 개나 파괴되었다! 세 개! 아마 더 많을 것!"이라고 소리지르던 또 다른 특파원 아르노 도쉬가 갇혀 있던 기차 창문으로 불쑥 머리를 들이 밀었다.

8월 28일 미국 공사관 일등 서기관인 휴 깁슨이 스웨덴, 멕시코 외교관들과 같이 상황을 직접 확인하기 위해 루뱅으로 갔다. 벽이 검게 그을리고 목재에서 연기가 나고 있는 집들이 여전히 불타고 있었고, 주변은 뜨거웠으며, 타고 남은 잔해가 사방에 널려 있었다. 죽은 말과 사람들이 쓰러져 있었다. 하얀 수염을 기른 어떤 노인이 백주 대로에 등을 대고 누워있었다. 많은 시신들이 부풀어 있어 이미 죽은 지 수일이나 지났음이 분명했다. 파괴된 잔해, 가구, 병, 찢어진 옷가지, 그리고 나막신 하나가 잿더미 속에 흩어져 있었다. 일부는 술에 취하고, 일부는 언짢은 기분에 신경이 곤두서고 눈에 핏발이 선 제9예비군단 소속 독일군 병사들은 깁슨에게 말한 대로 도시를 완전히 파괴하기 위해 아직 남아 있던 가옥들로부터 주민들을 쫓아내고 있었다. 그들은 문을 때려 부수고, 호주머니마다 담배를 가득 채우고, 귀중품을 약탈한 다음 횃불을 지피면서 집집을 돌아다녔다. 집들이 대부분 목재와 돌로 지어졌기 때문에 불이 저절로 번지지는 않았다. 어떤 거리에서 담당 장교가 시가를 피우며 음산한 표정으로 지켜보고 있었다. 그는 벨기에인들에 대해 격분하며 깁슨에게 계속해서 같은 말을 반복했다. "싹 쓸어버려야 해, 돌멩이 하나도 똑바로 서 있지 못할 겁니다!(Kein stein auf einander!) 분명히 말하는데 단 하나도 안 남길 겁니다. 우리는 저들이 독일을 존경하도록 가르칠 겁니다. 대대손손 우리가 무엇을 했는지 보기 위해 사람들이 이곳을 찾게 될 것입니다!" 그것이 바로 자신들을 기억하게 하는 독일군의 방식이었다.

브뤼셀에서는 미국인들에 의해 구출된 몽세인뇌르 드 벡커 학장이 도서관 방화에 대해 설명하고 있었다. 아무것도 남지 않았으며, 모두 잿더미로 변했다. 그는 "도서관(bibliotheque, 비블리오텍으로 발음: 역주)"이라는 대목에 이르자 말을 할 수가 없었다. 그는 잠시 멈췄다가 다시 시도했지만, 가까스로 첫 음절인 "라 비브(La bib?"만 발음하고 말을 잇지 못한 채 책상에 머리를 떨구고 흐느꼈다.

벨기에 정부에 의해 여론의 비난을 받게 되고 미국 공사관에 의해 공식적으로 보고된 이 손실은 아직도 불길이 넘실거리고 있을 때 이미 바깥 세상을 경악시켰다. 현지 특파원들의 보고를 통해 피난민들의 목격담이 외국언론을 가득 채웠다. 대학과 도서관 외에도 그 안에 소장된 미술품과 더불어 타운 홀, 쌩 피에르 성당을 포함한 "모든 유서 깊은 공공건물들"이 파괴되었다고 전해졌는데, 나중에야 비로소 타운 홀과 성당은 비록 피해는 입었지만 아직 건재하다는 것이 확인되었다. '독일군이 루뱅을 파괴하다', '여자와 성직자 피살'이라는 제목으로 데이비스의 기사들이 뉴욕 트리뷴지에 대서특필되었다. 이 신문은 "베를린이 루뱅의 참사를 확인하다"라는 소제목으로 워싱턴 주재 독일 대사관에서 수신 발표한 베를린의 성명을 실었는데, 그 내용은 벨기에 민간인들의 "비열한" 공격으로 인해 "루뱅은 도시 전체가 파괴되는 보복을 당했다"는 것이었다. 폰 루트비치 장군의 설명과 동일한 이 성명은 베를린은 루뱅에서 저지른 짓의 본질을 세계가 다른 식으로 해석하기를 바라는 마음이 전혀 없음을 보여주었다. 도시에 대한 파괴와 비전투원을 상대로 공공연하게 의도적으로 저질러진 전쟁이란 1914년 당시 세계에 충격적인 개념이었다. 영국에서는 각종 사설들이 "훈족의 침략" 그리고 "문명에 대한 배신"이라고 비난하였다. 데일리 크로니클은 도서관에 대한 방화는 비전투원 뿐만 아니라 "아주 먼 후손"에 대한 전쟁을 의미한다고

했다. 심지어 대개는 조용하고 신중하게 중립적 입장을 견지하던 네덜란드 신문들도 이를 언급할 정도였다. 그 발발의 원인이 무엇이든 간에 "파괴가 있었다는 사실, 너무도 끔찍하여 그 소식을 듣고 온 세상이 경악했었다는 틀림없는" 사실은 "그대로 남아 있다"고 로테르담 쿠랑은 말했다.

관련기사들이 8월 29일자 외국언론에 모습을 드러냈다. 8월 30일 루뱅에 대한 파괴 행위가 종료되었다. 같은 날 독일 외무부는 공식성명을 통해 "이러한 사태의 모든 책임은 벨기에 정부에 있다"고 강변하며 "부인과 어린 소녀들도 전투에 참가했으며 우리 부상병들의 눈을 도려내 장님을 만들었다"는 통상적인 주장을 잊지 않았다.

온 세상의 사람들은 물었다. 왜 독일군은 이런 짓을 했을까? 로망 롤랑은 공개 서한을 통해 "당신들은 괴테의 후손인가 아니면 훈족왕 아틸라의 후손인가?"라고 자신의 옛 친구이자 독일 문학계의 거물인 게르하르트 하우프트만에게 항의하였다. 프랑스 장관과 대화를 나눈 알버트 국왕은 이 사태의 근본 원인은 독일인의 열등감과 시기심이라고 판단했다. "이들은 샘이 많고, 정서가 불안하며, 성질이 고약합니다. 그들은 단지 루뱅의 도서관이 독특하며 전 세계적으로 찬사를 받고 있다는 이유만으로 그것에 불을 지른 것입니다." 바꿔 말하면 앞선 문명에 대해 미개인들이 나타내는 분노의 몸짓이었다는 것이다. 부분적으로 일리가 있는 이 설명은 "전쟁은 단순히 적국의 전투원만을 상대로 수행될 수 없으며 오히려 적의 모든 물질적, 지적(geistig) 자원을 파괴하도록 노력해야만 한다"는 전쟁지침(Kriegsbrauch)의 규정에 따라 의도적으로 테러를 이용했다는 점을 간과하고 있다. 세상은 그것을 미개인의 난동으로 기억하고 있다. 독일군에 의해 세상을 겁주려고, 그래서 항복을 유도하기 위해 저질러진 난동은 오히려 많은 사람들로 하여금 화의나 타협의 여지가 있을 수 없는 적을 마주하고 있다는 확신을 갖게 하고 말았다.

벨기에는 쟁점들을 분명하게 해 주었으며, 많은 이들에게 이번 전쟁의 "최대 쟁점이" 되었다. 미국에서는 어느 역사가가 당시를 회고하며 벨기에는 의견을 걸러내는 "침전제"였으며 루뱅은 그 절정이었다고 말했다. 머지않아 불행하게도 독일이 대외선전을 강화할 수밖에 없게 되자 그 총책을 맡게 되는 마티아스 에르쯔베르거는 벨기에로 인해 "거의 모든 나라가 독일과 맞서게 되었음"을 알게 되었다. 그도 어쩔 수 없이 인정했다시피 이를 만회하기 위한 논리 즉, 독일의 행동은 군사적 필요와 자기방위라는 점에서 정당했다는 주장은 "역부족"이었다.

카이저는 루뱅 사건이 끝나고 열흘 뒤에 윌슨 대통령에게 보낸 전문에서 "벨기에인들의 범죄적이고도 야만적인 행동의 결과"로 빚어진 벨기에의 고통으로 인해 "내 가슴은 찢어진다"고 주장하며 적극적인 입장을 개진했지만 거의 소용이 없었다. 그들의 저항은 벨기에 정부에 의해 "공개적으로 선동"되고, "신중하게 조직된" 것으로 독일군 장군들은 "피에 굶주린 주민들"에 대해 가장 강력한 조치를 취할 수밖에 없었다고 그는 설명했다.

93명의 독일인 교수와 여타 지식인들이 독일 문화의 창조적 효과를 주장하고, "우리가 벨기에의 중립을 악의적으로 침범한 것은 사실이 아니며… 우리 군대가 야만적으로 루뱅을 파괴했다는 것도 사실이 아니라"고 언급한 성명서를 "문명 세계를 향해" 발표했지만 거의 소용이 없었다. 하르낙, 슈더만, 훔페르딩크, 뢴트겐, 하우프트만과 같이 더없이 훌륭한 인물들이 서명을 했지만 말없는 도서관의 잿더미가 더 크게 외치고 있었다. 8월 말이 되자 연합국 국민들은 자신들이 궤멸시켜야만 하는 적, 붕괴시켜야만 하는 정권, 끝장을 봐야만 하는 전쟁에 직면해 있다는 사실을 받아들이게 되었다. 9월 4일 영국, 프랑스, 그리고 러시아정부는

"현재 진행 중인 전쟁 중에는 개별적으로 강화를 맺지 않겠다"고 약속하는 런던조약에 서명했다.

그 이후 문제는 더욱 어려워졌다. 연합국들이 자신들의 목표는 독일 군국주의와 그 황실의 패망이라고 선언하면 할수록, 독일도 더욱 완강하게 완전한 승리를 얻을 때까지 전쟁을 멈추지 않겠다는 일관된 맹세를 다짐했다. 윌슨 대통령의 중재안에 대한 답신에서 베트만-홀베그는 런던조약이 독일에게 끝까지 싸울 것을 강요하였으므로 독일도 강화를 전제로 한 제안은 하지 않을 것이라고 말했다. 연합국들도 같은 입장이었다. 양측은 전쟁기간 내내 이러한 입장을 고수하게 되었다. 교전 당사국들이 더욱 깊이 전쟁에 빠져들어 더 많은 인명과 재원을 쓰게 될수록, 이에 대한 보상 이득과 더불어 그들은 더욱 단호한 입장을 드러내게 되었다.

승리와 더불어 독일이 얻으려고 기대했던 이득은 개전 후 30일째인 9월 2일 마티아스 에르쯔베르거가 정부에 전달한 비망록에 적혀 있었다. 가톨릭 중앙당의 당수이자 군사위원회 보고자인 그는 수상의 오른팔이자 제국의회 내에서 가장 가까운 지지자였다. 무엇이 되었건 항상 다수 의견을 대변하는 약삭빠르고 유능한 기회주의자였던 그는 활력과 지능 그리고 탈레랑 이후 유럽에서 볼 수 없었던 정치적 유연함을 겸비한 사람이었다. 사람들은 그를 가리켜 "신념은 없이 오직 탐욕만" 가지고 있는 인물이라고 말했다. 후일 자발적으로 휴전을 위한 독일 측 청원자 역할을 하고 또한 바이마르 공화국의 초대 내각에서 일하게 되는 그가 지금은 가장 극단적인 범독일주의를 영광스럽게 만들기 위한 전쟁 목표를 열거한 일람표를 만든 것이다. 그에게 의지하고 있던 베트만은 에르쯔베르거가 그 모든 뛰어난 아이디어를 어디서 얻어내는지 늘 의아스러웠다.

에르쯔베르거에 의하면 독일은 승리를 이용하여 유럽 대륙에 대한

"항시적인" 지배력을 확보해야만 했다. 협상 테이블에서 제시할 모든 요구는 이 전제를 근거로 하게 될 것이며, 이 전제를 위해서는 독일과 인접해 있는 중립국가들의 철폐, 국제사회에 대한 영국의 "참을 수 없는 패권"의 종식, 그리고 거대한 러시아의 분쇄라는 세 가지 조건이 충족되어야만 했다. 에르쯔베르거는 나중에 실시된 국제연맹의 위임통치 체제와 유사한 유럽 국가연합을 구상했다. 어떤 국가들은 독일의 "지도"를 받게 되고, 폴란드와 러시아로부터 분리된 발틱 그룹 같은 다른 국가들은 "항시적인" 독일의 통치를 받게 되는데 비록 투표권은 없지만 그 대표가 제국의회에 참석하는 것은 가능하도록 할 생각이었다. 에르쯔베르거는 벨기에가 어디에 해당되는지 명확히 하지는 않았지만 어떤 경우가 되었든 독일은 그 전체 국토와 덩커크로부터 아래로 불로뉴와 칼레를 포함하는 프랑스 해안 지역에 대해 군사적인 지배권을 가질 예정이었다. 독일은 또한 브리에이-롱귀 철광지대와 1870년 점령에 실패했던 상부 알자스의 벨포르 지역도 차지할 생각이었다. 또한 아프리카에 있는 프랑스와 벨기에의 식민지도 차지할 계획이었다. 독일의 힘이 부쳐 그런지 의아스럽게도 모로코는 제외되었다. 영국의 식민지에 대해서는 언급이 없었는데, 추측하건대 에르쯔베르거는 영국과 협상을 통해 이 문제를 해결하는 방안을 생각했던 것 같다. 보상에 관해 패전국들은 직접 전비로 최소한 100억 마르크를 지불하고, 그 이외에 참전 군인 기금, 공공주택 및 장군들과 정치인들에 대한 선물에 필요한 비용을 내야 하며, 독일의 모든 국가 채무를 면제함으로써 독일 국민들은 향후 수년 동안 세금을 안 내도 될 것으로 기대되었다.

그해 8월 승리에 도취된 상태에서 독일이 설정한 이러한 전쟁 목표들은 너무도 거창하여 이를 실현 가능한 타협안으로 바꾸는 것은 불가능해 보였다. 8월 20일 쌍 페쩨스부르크에서 팔레오로그와 단둘이 마주앉은 점심식사 자리에서 사조노프 외무장관은 그해 8월 연합국들 입장에서 가장 중요한 전쟁 목표를 언급하였다. "내 입장은 단순합니다. 우리는 독일의 제국주의를 분쇄해야 합니다"라고 사조노프는 말했다. 그들은 이 전쟁이 생존을 위한 것이며 그 목표는 오로지 전면적인 승리를 통해서만 이루어질 수 있다는 데 합의했다. 짜르 정권의 장관으로는 다소 경솔하게 사조노프는 만일 패망 후 카이저 체제가 다시 살아나지 않는다면 대대적인 정치적 변화가 있어야 한다는 데 동의했다. 폴란드는 원상태로 회복되고, 벨기에는 확장되며, 알자스 로렌은 프랑스로, 슐레스빅-홀스타인은 덴마크로 복귀되고, 하노버는 재편되고, 보헤미아는 오스트리아-헝가리로부터 해방되며, 독일의 모든 식민지는 프랑스, 벨기에 그리고 영국에게 넘겨져야만 할 것이다.

이러한 것들이 영토 조정에 대한 직업 정치인들의 구상이었다. 보헤미아와 슐레스빅-홀스타인을 구별하지 못하는 일반인들 사이에서는 개전 20일째가 되자 세계가 "프랑스 혁명 이래 최대의 사건"에 휘말렸다는 인식이 마음속 깊이 자리잡기 시작했다. 비록 어마어마한 재난이었지만 아직 초기였던 8월까지만 해도 결국은 뭔가 좋아질 것이라는 희망, 전쟁이 곧 끝나고 세상을 개조할 기회가 올 것이라는 "원대한" 희망이 있는 것처럼 보였다. 비록 웰즈의 소설에 나오는 가공 인물이지만 그 시대를 대표하는 브리틀링 씨는 그것이 "결국 인류의 삶에 거대한 진보를 이루게" 될지도 모른다고 생각했다. "그것은 악에 빠졌던 지난 40년간의 끝이다. 그것은 위기이자 해결책이다." 그는 "엄청난 기회를 보았고… 우리는 세계지도를 다시 그릴 수 있다… 세상이란 사람들이 그것으로 무엇을 하려는 가에 따라 얼마든지 바뀔 수 있다. 이것은 한 세대의 끝이자 새로운 시작이다…"

18. 푸른 바다, 해안 봉쇄
그리고 거대한 중립국

위험이란 1914년 영국 해군본부가 가장 싫어했던 개념이다. 함대는 영국의 가장 소중한 자산이었다. 그것은 1912년 처칠이 독일 함대를 폄하하며 언급했듯이 "사치스러운 함대"가 아니라, "필수적"이라는 단어의 정확한 의미 그대로 필수적인 존재였다. 대영제국은 해전에서 패하거나 혹은 개개 함정의 손실로 인해 제해권을 상실할 경우 살아남을 수가 없었다. 함대의 임무는 방대했다. 우선 영국의 도서를 적의 침공으로부터 방어해야 했고, BEF를 대륙으로 안전하게 호송해야 했고, 인도로부터 군대를 데려와서 정규군에 합류시켜 그들을 국방의용군(Territorials)과 교체시켜야 했으며, 무엇보다도 세계의 모든 바다에서 이루어지는 해상 교역을 보호해야만 했다.

해군성은 제국방어위원회가 이미 "실행 불가"라고 선언한 바 있는 본토 침공이 아니라, "우리의 무역이 단절되고 해상 운송이 파괴되는 것"을 가장 큰 위험으로 인식하고 있었다. 영국은 식량의 3분의 2를 수입하고 있었다. 생필품은 영국 화물선들에 의해 운송되는 수입품에 의존했는데, 그들은 전 세계 상선 총 톤 수의 43%를 차지했으며 전 세계 해상 교역의 반 이상을 실어 날랐는데, 이는 다른 모든 나라의 운송량을 합한 것과 맞먹는 규모였다. 전쟁 전부터 계속해서 독일의 고속 증기선들이 상선으로 위장한 구축함으로 개조될 것이라는 우려가 영국해군을 괴롭혔다. 최소한 그러한 선박 40척 정도는 독일 순양함들을 도와 소중한 해상 교역 체제를 파괴하는 일에 동원될 것으로 예상되었다. 영국 함대 전단들은 페르시아, 인도 그리고 극동으로 가는 수에즈 항로, 아프리카를 돌아가는 케이프 항로, 미국과 캐나다로 가는 북대서양 항로, 서인도로 가는 카리브 항로, 남미와 호주로 가는 남대서양과 남태평양 항로로 분산 배치되어야만 했다. 여러 항로가 집중되어 있어 적의 기습 가능성이 가장 큰 해양의 교차점들이 통제대상이었다.

"해전의 통칙은 해군이 보유하고 있는 모든 것을 지참하고 어디든 자유롭게 갈 수 있어야 하는 것"이라고 해군에게는 교황의 교서와도 같은 자료에서 피셔는 말했다. 이를 보다 실용적인 표현으로 바꾸면, 해군은 동시에 모든 곳에서 혹은 적과 교전이 예상되는 곳이라면 어디에서든 우위에 있어야 한다는 의미가 된다. 그 방대한 책임과 함께 영국 해군은 무슨 수를 쓰든지 비슷한 전력을 가진 적과의 전투는 피해야만 하는 영해에서의 우위를 지키기 위해 할 수 있는 모든 것을 가지고 있었다. 일반적으로 영해에서 주력함들 간에 러시아와 일본의 쓰시마 해전과 같이 단 한번의 접전으로 제해권이 결정될 수도 있는 대규모 충돌이 있을 것으로 예상했다. 영국은 그러한 전투에서 제해권을 상실하는 위험을 감당할 수 없었지만, 독일 해군은 입장이 달랐으며, 위험을 무릅쓸 것으로 예상되었다. 일찌기 카이저가 "독일의 미래는 바다에 있다"고 선언한 바가 있고, 독일 해군협회가 전국적으로 "영국은 적! 믿을 수 없는 알비옹! 다가오는 전쟁! 영국의 위협! 1911년 우리를 치겠다는 영국의 음모!"

와 같은 구호를 외치며 전함 건조를 위한 범국민적 모금운동까지 벌였던 터라 기세가 등등했던 1914년의 독일은 치명적인 결과를 초래할지도 모를 불리한 상황에서도 기꺼이 전투를 감행하겠다는 저돌적인 공격정신을 가지고 있는 것처럼 보였다.

드러나지는 않았지만 분명히 교전의사를 가지고 있는 적에 대한 공포와 잠수함에 대한 공포가 영국 해군의 신경을 극도로 예민하게 만들었다. 특히 보이지 않는 잠수함은 매년 그 치명적인 위협이 점차 분명해지고 있었다.

영국의 대함대가 항해할 수 있었던 아마도 가장 먼 지점, 영국 영토 중 거의 마지막 황무지이며 본토의 북단보다 더 북쪽에 있는 영국 섬들 중 외곽으로 멀리 떨어진 전초 기지이자 오크니 섬들로 둘러싸인 천연의 은신처 스카파 플로(Scapa Flow)라는 장소가 뒤늦게 함대의 전시 기지로 선정되었다. 노르웨이 맞은편 북위 59도에 위치한 이곳은 북해의 꼭대기 지점으로 독일함대가 출몰할 것으로 예상되는 헬리고랜드로부터 북쪽으로 350마일, BEF의 도해 항로인 포츠머스-아브르로부터는 북쪽으로 550마일 떨어져 있었다. 만약 독일 해군이 영국군 수송선단을 공격한다고 가정한다면 그곳과 독일 해군의 출격 지점 사이의 거리는 독일 해군과 수송선단 사이의 거리보다 더 멀었다. 그곳은 영국의 대함대가 영국의 교역로를 보호하면서 북해를 지나는 독일의 해상 교역로를 봉쇄할 수 있으며, 적을 항구에 가둘 수도 있고, 만일 적이 바다로 나온다면 적과 그 기지 사이로 파고들어 적을 도모할 수도 있는 위치였다. 그러나 그곳은 아직 함대가 정박할 준비가 되어 있지 않았다.

함정의 크기가 커짐에 따라 더 넓은 선거와 접안 시설이 필요했던 반면, 대형 전함 계획은 분열적 성향을 가진 자유당 정부로 인해 어려움을 겪고 있었다. 피셔의 열정과 처칠의 열망에 설득되어 군함 건조 계획을 승인했던 자유당은 이에 대한 투자를 극도로 제한함으로써 자신들의 반전 정서에 대한 상처를 보상 받고자 하였다. 그 결과 1914년 8월 스카파는 건 선거(dry dock)나 방어 시설이 아직 제대로 갖추어지지 못한 상태였다.

처칠에 의해 신속하게 동원된 함대는 영국 정부가 아직 참전 여부를 놓고 논쟁을 벌이고 있던 8월 1일 이미 그곳에 안전하게 도착하였다. 선전포고가 있은 후 해군장관의 말을 빌리자면 "심리적으로 극도로 긴장된" 날들이 이어졌다. 혼잡한 원정군 수송 선단의 출발 시점이 다가오자, 언제 적이 함대를 유인하기 위해 연안을 기습하거나 또 다른 전술적 도발을 일으킬지 알 수 없는 일촉즉발의 상황이 되었으며, 처칠은 "언제라도 대해전이 일어날 수 있다"고 생각했다.

그의 이러한 심리 상태처럼 마음이 불안하기는 8월 4일 기차편으로 스카파플로에 도착해서, "비밀"이라는 표지가 붙은 전문을 열어 보고 그 자신이 대함대의 총사령관임을 알게 된 해군 제독 존 젤리코 경도 마찬가지였다. 그것이 그가 오래 전부터 기대했던 자리가 아니었거나 또는 젤리코의 능력에 대해 어떤 의문의 여지가 있었던 것은 아니다. 1872년 12살 어린 나이에 4피트 반의 작은 키로 해군에 들어온 이래, 그는 자신의 재능에 대해 주위로부터 광범위한 인정을 받아왔다. 함상 근무를 통해 또 해군성 내의 다양한 보직을 거치면서 드러난 그의 재능은 피셔 제독으로부터 언제나 변함없이 열렬한 찬사를 받았는데, 그는 젤리코를 "아마겟돈이 왔을 때… 넬슨이 될" 재목으로 지목했다. 그날이 왔으며 피셔가 추천한 넬슨의 후계자는 그곳에 도착한 순간부터 스카파 기지의 무방비 상태로 인해 "나를 향해 엄청난 우려가 끝없이 밀려오는" 느낌을 받았다. 해안의 포, 방책, 그물 그리고 고정식 기뢰 부설 구역도 설치되어 있지 않은 그곳은 "잠수함과 구축함의 공격에 무방비 상태로 노출되어" 있었다.

젤리코는 8월 5일 나포한 독일 저인망 어선들이 잠수함에게 정보를 보내기 위한 것으로 의심되는 통신용 비둘기를 싣고 있는 것을 발견하자 불안해졌다. 기뢰에 대한 두려움도 그의 불안을 가중시켰다. 독일 해군은 그러한 종류의 무기를 합의된 한도에 관계없이 뿌리고 있다고 공표한 바가 있었다. 8월 9일 영국 경순양함 한 척이 U-15 잠수함을 들이받아 격침시켰을 때도 이를 기뻐하기보다는 걱정이 앞섰던 그는 휘하의 모든 주력함들을 "오염 지역"으로부터 황급히 피신시켰다. 한번은 기지 내에서 함포대원 한 명이 잠망경이라는 말을 듣고 움직이는 물체를 향해 갑작스럽게 포격을 가하는 바람에 함포가 일제히 불을 뿜고 구축함들이 맹렬한 추격전을 벌이게 되자, 그는 3개 전투 전대로 구성된 전 함대를 기지 밖 먼 바다로 이동시켜 그곳에서 경계 태세를 갖추고 밤새 대기하도록 명령했는데, 그 소동의 원인은 해군의 공식 사가조차도 어쩔 수 없이 인정했듯이 "바다표범이었을 수도 있었다." 함대는 두번이나 독일 해군에게 북해를 무방비 상태로 방치한 채 스코틀랜드 서쪽 해안의 유 만(Loch Ewe)과 아일랜드 북쪽 해안의 스윌리 만(Loch Swilly)에 있는 보다 안전한 기지로 이동했다가 두 번 모두 되돌아왔다. 만일 이때 독일 해군이 공격을 감행했다면 아마도 놀라운 전과를 올렸을 것이다.

뱀이 바스락거리는 소리에 놀란 말처럼 몇 차례 갑작스러운 대피와 혼란을 겪으면서도 영국 해군은 본연의 임무인 해안 봉쇄와 적의 출현을 끊임없이 감시하기 위한 북해 순찰 활동에 착수했다. 자신들은 대형 전함 24척의 전력을 갖추고 있는 반면 동급의 독일 전함은 16 내지 19척이라는 사실을 알고 있던 영국 해군은 확실한 우위를 자신할 수 있었으며, 그 아래 단계의 전함에서도 자신들이 "8척의 독일 전함에 비해 월등히 우세하다"고 믿고 있었다. 그러나 사안에 따라 결정될 수밖에 없는 여러 가지 무거운 생각들이 그들을 짓누르고 있었다.

"독일 해군"은 BEF를 수송하는 일주일 동안 "작전을 벌일 가장 강한 동기를 가질 것"이라고 처칠은 8월 8일 젤리코에게 경고했다. 단 한 척의 어뢰정조차 눈에 띄지 않았다. 아무 일도 일어나지 않았다. 적이 아무런 행동도 하지 않는 것이 긴장을 더욱 고조시켰다. 멀리 떨어진 대양에 있던 개별 전함들, 지중해의 궤벤과 브레슬라우, 대서양의 드레스덴(Dresden)과 칼스루에, 태평양의 폰 스페(Von spee) 전단 소속 샤른호스트(Scharnhorst), 그나이센노(Gneisenau), 엠덴(Emden)은 진작부터 제 맘대로 대담한 습격을 감행하거나 더욱 대담한 탈주를 시도하고 있었지만, 공해 함대만은 헬리고랜드에 꼼짝 않고 숨은 채 뭔가 더욱 불길한 의도를 감추고 있는 것처럼 보였다.

8월 12일 처칠은 "뜻밖에도 적이 조용히 움직이지 않고 있는 것은… 어쩌면 금주 내에 대규모 상륙과 같은 심각한 도발을 예고하는 것일 수도 있다"고 함대 지휘관들에게 경고했다. 그는 대함대를 "결전이 벌어질 장소"를 향해 보다 아래로 이동시킬 것을 제안했다. 그러나 젤리코는 스코틀랜드 꼭대기와 노르웨이 사이의 잿빛 바다에서 원거리 순찰을 계속하다가, 단 한 차례 8월 16일 BEF 수송이 최고조에 달했을 때 과감하게 위도 56도 아래로 내려왔다. 이 수송을 위해 8월 14일부터 18일까지 137회의 해협횡단이 이루어졌는데, 이 기간 내내 소속 전단과 전대를 포함한 대함대 전체가 팽팽한 전투 배치 상태로 어뢰의 하얀 궤적을 감시하고, 독일 함대의 출현을 알려줄 무선 신호를 감청하며 순찰을 계속했다.

독일의 피셔, 독일 함대의 아버지이며 창시자이자 정신적 지주, 65

세의 나이에 넵튠처럼 두 갈래로 갈라진 흰 수염의 "영원한 티르피츠", 1897년부터 해군장관으로 재직하면서 비스마르크 이래 그 어떤 장관보다도 장수하고 있던 대제독 폰 티르피츠는 자기가 준비한 무기의 전시 활용 계획을 모르고 있었다. 그것은 "나마저도 보지 못하게 해군참모부에 의해 비밀로 보관되어" 있었다. 7월 30일 작전명령이 전달되자 그는 비로소 비밀을 볼 수 있었는데, 거기에는 아무런 계획도 없었다. 그 존재 자체가 전쟁 발발의 주요한 요인이었던 해군은 막상 전쟁이 터지자 자신이 맡아야 할 적극적인 역할이 아무것도 없었던 것이다.

만일 카이저가 독서의 수준을 자신의 요트 침대 옆에 놓아두고 애독하던 케네스 그래함의 『골든 에이지』 정도로 국한했다면 아마도 세계대전은 일어나지 않았을지도 모른다. 그것은 차가운 어른들의 세상에서 벌어지는 영국 소년의 꿈 같은 이야기를 그린 책이다. 그러나 그의 관심사는 다양했으며 1890년 미국에서 출간된 책을 한 권 읽었는데, 이 책은 자기 분야에서는 『종의 기원』이나 『자본론』과 맞먹는 영향을 끼친 명저였다. 『제해권이 역사에 미친 영향력』이란 이 저서에서 마한 제독은 해상 수송로를 통제하는 자는 자신의 운명을 통제하며, 바다를 지배하는 자는 상황을 지배할 수 있다는 것을 보여주었다. 감수성이 예민한 빌헬름의 눈앞에 즉각 광대한 전경이 펼쳐졌는데, 독일은 육지에서와 마찬가지로 바다에서도 강대국이 되어야만 했다. 해군 증강 계획이 시작되었으며 비록 단숨에 영국을 추월할 수는 없었지만 독일이 전력을 다해 밀어붙이다보니 점차 위협적인 존재로 변하게 되었다. 그것은 영국을 지탱하고 있는 제해권에 대한 도전이 될 것이고, 전시에는 틀림없이 영국의 적대감을 야기하며, 결국 독일을 상대로 영국의 가장 강력한 무기인 해상봉쇄를 초래하게 될 수밖에 없었다.

세계 최대의 상품 교역국인 영국이 중립을 지키는 한, 육상강국인 독일은 해상보급을 차단 당하지 않은 채 대륙 열강들의 어떠한 연합전력과도 싸울 수 있었다. 그런 면에서 아예 해군이 없었다면 독일은 더 강력했을 것이다. 비스마르크는 일찌기 바다에서 새로운 적을 만들게 될 해상 모험을 함으로써 육상 전력의 질을 떨어뜨리는 짓을 허락하지 않았던 적이 있다. 빌헬름은 아마도 그것을 듣지 않았던 것 같다. 그는 마한에게 넋을 잃었고, 코우즈(Cowes, 영국 남부의 항구로 1838년 왕실 요트 클럽의 본부가 되었으며 매년 성대한 요트 레이스가 벌어짐: 역주)의 요트 경기 주간이 되면 절정에 이르는 해양 왕국 영국에 대한 개인적인 애증의 덫에 걸려들고 말았다. 그는 해군을 자신에 대한 포위망을 뚫고 나갈 칼이라고 생각했다. 그는 영국에 대한 적대감 따위는 추호도 없으며 "보다 큰 규모의 함대는 좋은 의미에서 영국인들을 놀라게 하여 정신차리게 할 것"이라고 엇갈리게 주장했다. 그러면 그들은 "어쩔 수 없이 현실을 인정하고 우리는 세계에서 가장 가까운 친구가 될 것이다." 영국 주재 독일 대사들은 이 정책의 의심스러운 논거에 대해 지적했으나 허사였다. 할데인이 베를린을 방문했고, 처칠이 함대는 영독관계에서 알자스-로렌이라고 경고했으나 허사였다. 고정 비율(fixed ratio) 또는 해군 안식일(naval holiday)에 대한 제안들은 거절되었다.

일단 도전을 한 이상, 영국의 적의는 피할 수 없었다. 계속해서 비용이 들어갔다. 막대한 비용을 들여 구축된 해군은 육군으로부터 2개 군단을 만들기에 충분한 자금과 인력을 끌어갔다. 아무 목적도 없이 구축된 것이 아닌 이상, 해군은 육군과 맞서기 위해 증원되는 적군의 수송을 막거나 또는 해상봉쇄를 막는 것 같은 전략적인 역할을 수행해야만 했다. 1900년 독일 해군법의 서문에 규정된 것처럼, "해상봉쇄는… 거우 1년간 지속되는 경우라도 독일의 무역을 파멸시켜 재난을 초래하게 될 것이다."

훈련된 병사와 장교의 수가 증가하고, 전력과 효율성이 강화되고, 독일 기술자들이 함포, 포탄의 파괴력, 광학 장치와 거리 측정기, 군함 장갑판의 방호능력을 완벽하게 개량하면서, 그것은 잃어버리기에는 너무도 소중한 존재가 되어버렸다. 비록 함 대 함으로는 영국 해군과 거의 맞먹는 수준에 이르렀고 함포에서는 오히려 우월했지만, 과거로 되돌아가 드레이크나 넬슨을 불러들일 수 없었던 카이저는 결코 진심으로 독일의 전함과 수병들이 영국 해군을 물리칠 수 있다고 믿을 수는 없었다. 그는 뷜로브가 카이저의 "연인"이라고 부르던 전함들이 포격에 부서지고, 피로 얼룩지거나 혹은 끝내 망가져 표류하다가 바다 밑으로 가라앉는다는 생각을 참을 수가 없었다. 한때는 그가 고마워하며 작위를 내리면서 "폰"이라고 불렀지만, 해군을 전투에 활용해야 한다는 소신을 굽히지 않았던 티르피츠는 위험한 인물 내지는 거의 적으로 비쳐지기 시작했으며 점차 핵심적인 위원회로부터 밀려나게 되었다. 거대한 체구와 격렬한 태도와는 전혀 어울리지 않게 마치 어린아이 또는 내시의 음성 같았던 그의 날카로운 목소리는 더 이상 들리지 않았다. 그가 행정적인 책임만 지고 있는 동안 해군 정책은 카이저 밑에 해군 참모총장인 폰 폴 제독, 카이저 내각의 해양장관인 폰 뮐러 제독, 그리고 해군 총사령관인 폰 잉게놀 제독으로 구성된 그룹에게 맡겨졌다. 폴은 비록 공격적인 전략을 지지했지만 독일 제국에서나 가능한 모호함의 극치를 이루며 뷜로브의 잡담 백과사전에도 일체의 언급이 없는 있으나마나 한 사람이었고, 뮐러는 군주에 대한 조언자로서 궁전을 장식하는 남색꾼이자 아첨꾼이었으며, 잉게놀은 "방어작전을 고수하는" 장교였다. 카이저는 "참모는 필요 없으며 혼자서도 이 일을 할 수 있다"고 말했다.

포위의 순간, 자신의 통치를 위협하던 그 순간, 죽은 에드워드가 "살아 있는 나보다 더 강한" 모습으로 나타나던 순간이 다가왔을 때, 카이저가 내린 지침에는 "당분간 짐은 공해함대에게 방어적인 입장을 지키도록 명령한다"고 적혀 있었다. 그가 손에 쥐고 있던 날이 시퍼런 무기를 위해 채택한 것은 "실재하는 함대"의 영향력을 행사하는 전략이었다. 난공불락의 요새 안에 주둔하고 있는 함대는 적에게 언제 있을지 모를 출격에 대비하여 자리를 지키도록 강요하고, 그러면서 적 해군의 자원을 소진시키며, 그 전력의 일부를 움직이지 못하도록 견제하는 잠재적 상존 위험요소로 작용할 수 있었다. 이것은 두 함대 중 전력이 열세인 쪽이 주로 구사하는, 널리 알려진 방법으로 마한도 이를 인정한 바 있다. 그러나 후일 그는 실재하는 함대의 가치는 "상당히 과장되었었다"고 결론지었는데 왜냐하면 전투를 기피하기로 방침을 정한 해군의 영향력은 줄어드는 경향이 있기 때문이었다.

심지어 카이저라고 해도 그럴듯한 명분과 강력한 지지가 없이 그러한 정책을 추진할 수는 없었다. 그는 두 가지 모두를 가지고 있었다. 많은 독일인들, 특히 베트만을 위시한 보다 세계주의적 성향을 가진 민간인 그룹들은 처음부터 영국을 정말 심각하게 적대국으로 간주할 수가 없었다. 그들은 영국과는 별도로, 특히 프랑스가 제압되고 나면 평화적으로 문제를 해결할 수 있다는 생각을 품고 있었다. 에르쯔베르거가 조심스럽게 영국의 식민지에 손을 대지 않은 것도 이러한 생각의 일단이었다. 카이저의 외가, 독일 왕자들의 영국 출신 비빈들, 고대 튜톤의 혈연관계로 인해 서로 한집안이라는 인식을 갖게 되었다. 독일과 영국 사이의 문제를 서로 싸우고 피를 흘리며 죽이는 식으로 해결하는 것은 비록 불가능하지는 않다고 하더라도 어려운 일이었을 것이다. (어찌 된 일인지 이런 생각을 하면서도 프랑스군과 함께 BEF를 포위, 섬멸할 때 흘릴 피는 심각하게 고려되지 않았다.) 그 밖에도 협상 테이블에서 영국을 압박하는 수단으로써 독일 함대를 온전하게 보전해야 한다는 것인데, 베트만은 이 이론을 강력하게 지지했으며 카이저도 이를 흔쾌히 받아들였던 것이다. 시간이 가고 승리가 눈앞에 어른거리자, 강화 협상에서 활용하기 위해 전쟁 기간 내내 함대를 별탈 없이 안전하게 보존하려는 욕망은 더욱 굳어졌다.

8월 한달 동안 가장 큰 적은 영국이 아니라 러시아인 것 같았으며 함대의 가장 큰 임무는, 최소한 영국을 건드리는 모험을 늦추려고 하는 이들이 보기에는 발틱해를 제압하는 것으로 판단되었다. 그들은 스칸디나비아 국가들로부터 선편으로 들어오는 물자에 대한 러시아 해군의 방해를 막고 독일 해안을 향해 있을지도 모를 러시아군의 내습을 제지하는데 함대가 필요하다고 말했다. 영국에 대한 공격은 독일 함대를 너무 약화시켜 발틱해에 대한 제해권을 상실하고, 러시아군의 상륙을 허용하여 결국 지상전에서 패배를 초래하게 될지도 모른다는 우려가 제기되었다.

원하는 것을 정책으로 바꾸는 데 필요한 논거는 언제든지 찾아낼 수 있다. 다른 무엇보다도 그해 8월 해군을 무용지물로 만든 것은 육군만으로 결정적인 승리를 얻을 수 있다는 확신과 해상봉쇄가 심각한 문제가 될 정도로 전쟁이 장기간 계속되지 않을 것이라는 일반적인 믿음이었다. "앞일을 정확히 예감했던" 티르피츠는 이미 7월 29일 처칠이 함대를 동원했던 바로 그날 카이저에게 해군에 대한 통제를 한 사람에게 맡겨 달라고 요청했었다. 그는 "폴이 온몸으로 애를 써도 내 손가락 하나를 못 당할 것"이라고 느꼈으므로 (그의 이러한 생각은 카이저가 아니라 아내에게 사적으로 전달된 것이었음) 자신이 제안한 자리는 당연히 "나에게 맡겨져야 한다"고 제안했던 것이다. 그의 제안은 거절되었다. 그는 사임을 생각했지만, 카이저는 "결코 나의 사표를 수리하지 않을 것"이라는 나름대로 타당한 이유로 이를 자제했다. 마지못해 다른 장관들과 같이 코블렌쯔로 끌려온 그는 "해군은 아무것도 하지 못한 채 육군이 모든 성공을 독차지하는" 동안 OHL의 고조된 분위기 속에서 고통을 참아야만 했다. "20년의 각고 끝에 내 처지는 아주 비참했다. 그 누구도 이해하지 못할 것이다."

16척의 대형 전함, 12척의 구형 전함, 3척의 전투 순양함, 17척의 기타 순양함, 140척의 구축함 그리고 27척의 잠수함으로 이루어진 독일의 공해 함대는 항구 또는 발틱해에 그대로 머물러 있었으며, 그동안 영국에 대한 공격 작전이라고는 첫째 주에 잠수함들이 벌였던 한차례 소해작업과 기뢰 부설이 고작이었다. 상선단도 철수했다. 7월 31일 독일 정부는 모든 증기선 항로의 화물 운송을 취소하라고 명령했다. 8월 말이 되자 전부 합해 2,750,000톤에 이르며, 독일이 보유한 전체 증기선의 반이상을 차지하는 670척이 중립국 항구에 묶여 있었고, 발틱해에서 바쁘게 돌아다니는 선박들을 제외한 나머지는 국내 항구에 머무르고 있었다. 무시무시한 독일의 무장상선 40척 중 겨우 5척만이 징발되었으며 믿기지 않는 놀라움 속에서 주위를 경계하던 영국 해군성은 8월 14일 다음과 같이 보고할 수 있었다. "대서양 횡단 항로는 안전하다. 영국의 교역은 평소와 다름없이 이루어지고 있다." 인도양에 있던 함정 엠덴과 쾨니히스베르크, 그리고 태평양에 있던 폰 스페 제독의 전단을 제외한, 독일 해군과 독일 상선단은 8월이 가기 전에 오대양으로부터 철수했다.

또 다른 전쟁, 거대한 중립국 미국을 상대로 한 영국의 전쟁이 시작되었다. 1812년 전쟁(1812년 해상봉쇄에 따른 마찰이 계기가 되어 영미간 전쟁이 발발했으나 양측이 아무런 실익도 얻지 못한 채 1814년 평화조약을 맺은 후 이듬해 전쟁이 끝났음: 역주)의 발단이 되었던 오래된 쟁점들, '바다의 자유', '국기가 화물을 보호한다'와 같은 오래된 문구들, 중립국의 통상권과 교전국의 통제권 간의 오래된 피할 수 없는 갈등이 재현되었던 것이다. 제2차 헤이그 협의회의 합의에 따라 1908년 제반 규칙들을 법제화하기 위한 국제회의가 열렸는데, 참가국은 1914년의 교전국들과 미국, 홀랜드, 이태리 그리고 스페인이었다. 자유로운 중립적 통상에 가장 큰 이해가 걸린 최대의 해상교역 국가였던 영국이 주최국이었으며 에드워드 그레이 경은 대표는 아니었지만 이 회담의 중심 인물이자 후원자였다. 마한 제독이 미국 대표로 참가하여 동분서주했음에도 불구하고, 회의 결과로 채택된 런던 선언은 교전국의 해상 봉쇄권보다는 중립국의 교역권을 지지하는 입장이었다. 해전의 클라우제비츠이자 바다의 슐리펜인 마한조차도 영국의 점잖은 영향력 행사를 이길 수 없었다. 모든 이가 여느 때처럼 중립국과 교역을 지지했으며, 마한의 반대는 다른 민간인 참석자들에 의해 압도되고 말았다.

상품은 세 가지 유형으로 분류되었는데, 첫째가 절대 금수품으로 여기에는 군용으로만 사용하는 품목들이 해당되고, 두 번째가 조건부 금수품으로 군용 또는 민수용으로 모두 사용할 수 있는 품목들이며, 세 번째는 자유교역 품목인데 여기에는 식량이 포함되었다. 해상 봉쇄를 선포한 교전국은 첫째 품목만을 압류할 수 있었고, 두 번째 품목은 도착지가 적국임이 증명된 경우에 한하여 압류할 수 있었으며, 세 번째는 어떤 경우에도 압류할 수 없었다. 그러나 선언문에 서명이 끝나고 모두 돌아간 후에 또 다른 영국의 국익 즉, 제해권 문제가 제기되었다. 마한 제독의 깃발이 다시 돛대에 나부끼게 된 것이다. 그의 이론을 지지하는 사람들은 영국의 생존을 보장하는 제해권을 잃을지도 모른다는 걱정에 목소리를 높였다. 그들은 만일 중립국들이 적에게 필요한 모든 것을 공급할 수 있도록 허용된다면, 적이 바다를 사용하지 못하게 한들 무슨 소용이 있느냐고 물었다. 그들은 런던 선언을 중대한 사건으로 부각시키며 언론과 의회를 통해 이에 대한 반대 투쟁을 전개하였다. 그것은 영국 함대를 무력화시키려는 독일의 음모라며 벨포아(Balfour, 1848-1930, 영국의 보수당 정치인: 역주)가 그것에 대한 반대 입장을 표명했다. 비록 런던 선언은 이미 하원을 통과했지만, 상원은 총력을 기울여 이 비준안이 표결에 회부되지 못하도록 막았는데 이는 아마도 20세기에 그들이 보여준 가장 적극적인 행동이었을 것이다. 이때쯤 다시 생각해 본 정부도 그 문제가 결렬되는 것을 기꺼이 받아들였다. 결국 런던 선언은 비준을 받지 못하고 말았다.

한편 해상 전력의 비약적인 발전으로 인해 적국 항구에 대한 영국 해군의 전통적인 근접 봉쇄는 낡은 방식이 되고 말았다. 이때까지 해군성은 대륙 열강을 상대로 한 전쟁에서 구축함 전단이 근접 봉쇄를 하고 순양함이 이를 지원하며 필요한 경우 전함이 동참하는 방식을 예상하고 있었다. 잠수함과 기뢰가 발달되고 기관포의 정확도가 향상되면서 정책을 원격 봉쇄로 바꿀 수밖에 없었다. 1912년 해군성의 전시 훈령(War Order)으로 채택된 이 방식은 모든 문제를 다시 한번 혼란에 빠뜨리고 말았다. 선박이 근접 봉쇄를 지나가려 할 경우, 그 배가 향하는 항구가 어딘지는 분명하며 행선지에 관한 문제는 일어나지 않는다. 그러나 선박이 북해 꼭대기와 같이 목적지로부터 수 마일이나 떨어진 곳에서 가로막히게 될 경우 해안봉쇄의 규정에 따른 나포가 합법적인 것이 되려면 목적지에 대한 증거나 혹은 화물이 금수품이라는 증거가 제시되어야만 한다. 날카로운 침으로 뒤덮인 기뢰처럼 머리칼을 곤두서게 하는 문제가 제기된 것이다.

전쟁이 터졌을 때 런던 선언은 아직 주제에 대한 참가 국가들의 공동 발표문 수준이었으며, 개전 이틀째인 8월 6일이 되자 미국은 교전국들에게 개별적으로 이를 준수하겠다고 선언할 것을 공식적으로 요구했다. 독일과 오스트리아는 적국도 똑같이 해야 한다는 조건으로 기꺼이 동의

하였다. 해군 정책에 관해 연합국들의 대변인 격인 영국은 "자신들의 해상 작전을 효과적으로 수행하는 데 필수적인" 특정 권한을 남겨둠으로써 대답은 '예'지만 의미는 '아니오'인 긍정적인 답변을 작성하였다. 이때까지 영국은 런던 선언의 조항에 대해 일부 보완이 필요하다는 경험적인 느낌 말고는 조건부 금수품에 대한 확정된 정책이 아무것도 없었다. 이미 1911-12년 제국 방어위원회의 보고서는 선박이 아닌 화물의 최종 목적지가 조건부 금수품의 기준이 되도록 함으로써 안장용 가죽, 타이어용 고무, 구리, 목화, 원사 그리고 종이 같은 군용으로도 전용될 수 있는 모든 물품이 단지 중립국 수취인에게 발송되었다는 이유만으로 자유롭게 운송될 수 없도록 해야 한다고 제안한 바 있다. 만일 그것들이 나중에 육로를 통해 독일로 보내진다면 해상봉쇄는 유명무실해질 것이다. 이 위원회는 연속 항해 원칙이 "적극적으로 적용"되어야 한다고 제안했던 것이다.

역사 속에 나타났다가 모든 것을 뒤바꿔 버리고 사라지는 신비한 힘의 다양한 형태 가운데 하나인 "연속 항해"는 18세기 프랑스와 전쟁을 치르면서 영국인들이 고안해낸 개념이었다. 그것은 화물의 최초 도착지가 아닌 최종 도착지를 기준으로 판단한다는 뜻이었다. 완전히 죽기도 전에 런던 선언에 의해 너무 일찍 땅 속에 파묻혔던 그것은 이제 포우(Edgar Allan Poe, 1809-49 미국작가: 역주)의 생매장 된 고양이처럼 적지 않은 골칫거리를 가지고 무덤 밖으로 나왔다. 국방부는 진작부터 중립국들이 홀랜드로 실어 보낸 식량이 실제로는 벨기에에 있는 독일군에게 공급될 것이라는 얘기를 듣고 있었다. 8월 20일 내각은 이제부터 영국은 조건부 금수품이 만일 적국 또는 "적국의 대리인"에게 인도되거나 또는 최종 목적지가 적국일 경우 이를 압류 대상으로 간주할 것임을 선포하는 긴급 칙령(Order in Council)을 공포하였다. 목적지의 확인은 이제까지처럼 선하증권이 아니라 너무나도 자의적으로 규정된 "이를 입증할 만한 모든 증거"에 의할 것이라고 되어 있었다.

바로 이곳에서 연속 항해 이론이 자신의 뾰족하고 날카로운 발톱을 생생하게 드러낸 것이었다. 워싱턴 주재 영국 대사인 세실 스프링-라이스 경도 인정했듯이 이렇게 되면 사실상 모든 화물을 절대 금수품으로 만들어 버릴 수도 있었다.

그 당시 긴급 칙령 제정자들은 이 결정을 실행함에 있어서 선박의 정선 및 승선과 조사, 화물에 대한 엑스레이 검사, 해상 포획물 심판소와 법적인 번거로움과 같은 엄청난 어려움, 그리고 궁극적으로 미국에 대해 결정적인 영향을 미치게 될 독일의 무제한적인 잠수함전 같은 어마어마한 파급효과는 미처 생각하지 못했던 것이다. 헨리 8세가 아라곤의 캐서린과 이혼하기로 결정하였을 때 마음속으로 종교 개혁을 생각했던 것은 아니었다. 8월 20일 장관들이 내각 테이블에 둘러앉았을 때, 그들은 로테르담으로부터 벨기에의 독일군에게 공급되는 보급품을 차단할 군사적 필요성에 관심을 가졌던 것뿐이다. 긴급 칙령은 군부의 조언에 따라 내각에 제출되었으며 토론을 거쳐 승인되었는데, 그에 관한 기록이라고는 "장시간의 내각회의, 석탄과 금수품에 관한 모든 종류의 자질구레한 사항들"이라는 아스퀴스의 가벼운 언급이 유일한 것이었다.

이러한 종류의 자질구레한 일에 무관심했던 인물은 영국 수상만이 아니었다. 전쟁이 장기간의 소모전으로 바뀔 것을 예견한 독일 관리가 몰트케에게 경제 참모본부의 필요성을 언급한 비망록을 제시하자, 그는 "경제 문제로 성가시게 하지 마십시오, 전쟁을 지휘하기에도 바쁩니다"라고 대답했다.

기막힌 우연의 일치로 1812년 전쟁의 불씨가 되었던 바로 그 문제를 되살리는 긴급 칙령은 영국군이 워싱턴에 불을 지른 지 정확히 100주년

이 되는 날 세상에 알려졌다. 다행히도 이 기묘한 일치와 칙령 그 자체는 브뤼셀 함락, 파리에 발이 묶인 미국인들, 카이저와 짜르, 함대, 코삭, 육군 원수, 제플린, 서부와 동부 전선에 관한 넘치는 특종 기사들에 파묻혀 있던 미국 국민들로부터 별다른 주목을 받지 못했다. 그러나 미국 정부는 충격을 받았다. 칙령의 부드러운 서문은 교묘한 예외 조항들을 만들기에 앞서 런던 조약의 준수를 다짐하고 있었지만, 국무부 고문이었던 로버트 랜싱 변호사의 눈을 가려 그 예외 조항들의 의미를 감추는 데는 실패했다. 그는 서신과 답신, 법적 소송과 판례, 대사들 간의 면담, 방대한 양의 공문서를 주고 받으면서 수개월 아니 수년 동안 진행될 장기간의 대결을 촉발시킨 즉각적이고도 단호한 항변서를 작성했다.

8월 27일자 런던 『데일리 크로니클』에는 미국이 "강력하게 반발하고" 있는 것으로 알려진 금수품 해당 여부와 이에 대한 조사권 문제를 둘러싸고 향후 미국과 분규로 비화될 "매우 현실적인 위험"이 제기되었다는 기사가 실렸다. 이것은 에드워드 그레이 경에게 제기된 문제로 신중한 대응이 필요했다. 전쟁은 단기간에 끝날 것으로 예상되었으며 신속한 승리를 위한 가장 좋은 수단만이 문제가 되었던 초기에는 미국과 심각한 문제가 일어날 정도로 시간을 끌 가능성은 별로 없어 보였다. 몽과 샤를루와 전투가 끝나자 시체로 뒤덮인 전장에서 장기전이라는 피할 수 없는 사실이 그 실체를 드러내며, 연합국들을 정면으로 응시하게 되었다. 장기전이 되면 그들은 미국에게 식량, 무기 그리고 자금을 (이때까지는 누구도 병력은 생각하지 않았음) 의존할 수밖에 없으며 독일에 대해서는 이 같은 지원이 차단되도록 해야 할 필요가 있었다. 적에 대한 봉쇄를 강화하며 거대한 중립국과 우호적인 관계를 유지하는 일이 점차 필수적이면서도 동시에 서로 상충하는 일이 되었다. 중립국과 독일 간의 교역에 새로운 제약이 추가될 때마다 공해상의 자유에 대한 미 국무부의 또 다른 정당한 항변이 제기되면서 거북하게도 영국은 결국 두 가지 목표 가운데 어느 것이 더 중요한지 결정해야만 한다는 사실이 점차 분명해졌다. 당장은 절대적인 것에 대한 영국인의 천성적인 거부감을 가진 에드워드 그레이 경이 암초를 피해가는 조타수처럼 큰 원칙을 피하면서 또한 어느 한쪽이 돌이킬 수 없는 입장을 선택하도록 강요 당할 수도 있는 예민한 문제에까지 논의가 비화되지 않도록 주의하면서 매 사안마다 길을 찾아갈 수 있었다. 그 당시 그의 목표는 자신의 말대로 사안이 제기될 때마다 "미국과의 관계를 단절시키지 않는 범위에서 강제할 수 있는 최대한의 해상봉쇄를 확보하는 것"이었다.

그의 상대는 원칙을 빼면 남는 것이 없을 만만치 않은 인물이었다. 확고하고도 엄격하게 중립에 집착하던 우드로우 윌슨은 전통적인 중립국의 권리를 주장해야 할 처지에 몰렸는데 이는 그 권리 자체를 위해서라기보다는 그것이 처음부터 자신이 사력을 다해 붙잡고 있는 중립국의 역할 중 일부였기 때문이었다. 그는 대통령에 취임하자 태프트(William Howard Taft, 1857-1930, 공화당 출신의 제27대 미국 대통령: 역주)의 거대한 보호막 속에 안주하던 "보수주의자들"과 금력(dollar) 외교관들을 몰아내고 국내 및 남미 문제에서 신 자유(New Freedom, 1913년 미국대통령에 당선된 윌슨이 추진했던 개혁 정책: 역주) 정책을 추진하는 데 온 힘을 기울이고 있었다. 전쟁이 개혁을 어렵게 할 것임을 알았던 그는 자신의 정책을 좌절시킬 수도 있는 국제 분쟁을 피하기로 결심했다. 그러나 그에게는 이러한 이유 말고 보다 원대한 드러나지 않은 이유가 있었다. 그는 이번 전쟁에서 세계 무대의 주역이 될 수 있는 기회를 보았다. 8월 3일 기자회견에서 그는 전쟁에 대해 처음으로 언급하면서 미국은 "다른 나라들을 도울 준비가 되어 있다"는 자부심을 갖고 싶으며 "그렇게 함으로써 미국은 위대하고도 영원한 영광을 얻을" 수 있을 것으로 믿는다고 말했다. 이처럼 포성이 울리기도 전에 그는 자기 자신과 동일시 하던 미합중국이 했으면 하는 역할을 일찌감치 설정했고, 일련의 사태가 자신의 입지를 어렵게 할수록 더욱 필사적으로 그 역할에 집착했으며, 심지어 참전한 다음에도 내심으로는 결코 이를 포기하지 않았던 것이다.

중립이란 윌슨에게 고립주의의 반대 개념이었다. 그는 국제 문제에서 발을 빼고 싶어서가 아니라 오히려 보다 큰 역할을 하기 위해 전쟁에 불참하기를 원했던 것이다. 그는 자신과 조국을 위해 "위대한 불멸의 영광"을 원했으며, 만약 미국이 소용돌이에 휘말리지 않고 따라서 자기가 공평한 중재자의 역할을 할 수 있다면 이를 얻을 수 있다는 것을 알고 있었다. 8월 18일에 행한 유명한 대국민 성명에서 그는 국민들에게 "명실상부하게 중립을 지키고 행동뿐만 아니라 생각도 공평하게 할 것"을 주문하면서, 중립의 궁극적인 목표는 미합중국이 "평화를 대변하고, 공평한 중재자 역할을" 할 수 있게 하는 것이라고 설명했다. 나중에 어떤 성명에서 언급했듯이 유럽의 갈등 속에서 그는 "도덕적 재판관"의 역할을 기대했던 것이다. 그는 신세계의 도덕적 힘을 동원하여 구세계를 그 어리석음으로부터 구하고, "정의와 인류애를 기준"으로 "미국만이 아닌 전 인류의 깃발" 아래 중재를 통한 평화를 선물함으로써 "모든 인류에게 봉사하고" 싶었다.

일단 영국 해군이 8월 말에 대서양을 효과적으로 제압하자, 금수품을 놓고 미국과 벌이던 대결은 그것이 아무리 시간을 끌며 진지하게 때로는 심각하게 진행되었을지라도 결국은 유명무실하게 되고 말았다. 윌슨에게 항해의 자유는 결코 중차대한 문제가 아니었고, 비록 한번이었지만 문제가 아주 심각하게 꼬이자 그는 매디슨(James Madison, 1751-

1836, 제4대 미국 대통령. 임기 중 영국과의 1812년 전쟁이 발발함: 역주)에 이어 나라를 전쟁으로 이끈 두 번째 프린스턴 대학 출신 대통령이 될지도 모른다는 생각에 당황했으며, 1812년처럼 전쟁을 불사하며 끝까지 주장을 관철시킬 의사는 추호도 없었다. 어찌 되었든 독일과의 교역 감소를 보충하고도 남을 정도로 연합국과의 교역이 급증하자 국가적인 원칙의 단호함도 약해졌다. 상품들이 계속해서 쏟아져 들어가자 미국은 8월 20일 긴급 칙령(Order in Council)에서 비롯된 논란을 점차 묵인하게 되었다.

그 이후 계속해서 영국 함대가 공해를 통제하게 되면서 미국의 교역은 어쩔 수 없이 점점 더 연합국을 향하게 되었다. 동맹국(Central Powers, 제1차 대전에서 독일과 같은 쪽인 오스트리아, 헝가리, 터키, 불가리아를 일컬음: 역주)과의 교역은 1914년 1억 69백만 불에서 1916년 1백만 불로 감소한 반면 같은 기간 동안 연합국과의 교역은 8억 24백만 불에서 30억 불로 증가했다. 수요를 충당하기 위해 미국 기업과 산업은 연합국이 원하는 상품들을 생산했다. 연합국들이 미국의 공급에 대한 대가를 지불할 수 있도록 하기 위해 그들을 위한 재정 지원이 마련되어야만 했다. 점차 미합중국은 연합국들의 식량 창고, 무기고 그리고 은행이 되었으며 연합국의 승리에서 직접적인 이익을 취하게 되는데, 이것은 후일 전후의 경제 결정론자들을 오랫동안 곤혹스럽게 만들게 된다.

경제적 유대는 오랜 기간에 걸쳐 형성된 문화적 유대의 기반이 있는 곳에서, 그리고 경제적인 이익은 국익이 있는 곳에서 발전하게 마련이다. 미국의 대 영국, 프랑스 교역은 언제나 대 독일, 오스트리아 교역보다 컸었으며, 해상 봉쇄의 효과도 기존의 상황이 확대된 것일뿐 인위적으로 새로운 상황이 만들어진 것은 아니었다. 교역은 국력 뿐만이 아니라 상대국에 대한 자연스러운 친근감을 바탕으로 이루어진다.

런던 주재 미국 대사였던 월터 하이네스 페이지는 "정부는 중립적일 수 있으나 사람은 그럴 수 없다"고 말했다. 연합국의 진정한 지지자로서, 중립이라는 개념은 비열하다고 생각했던 그는 자신의 생각을 거침없이 감정적으로 말했으며 윌슨에게 보낸 생생하고도 설득력 있는 편지도 그런 식으로 썼다. 비록 페이지의 노골적인 연합국 편들기는 대통령과의 관계를 소원하게 하여 처음부터 자신을 지지했던 사람들 중 하나를 저버리게 할 정도였으나 심지어 윌슨조차도 자신이 다른 이들에게 원했던 것만큼 본인 스스로 중립적으로 사고할 수는 없었다. 8월 6일 그레이가 영부인의 죽음을 애도하는 편지를 보냈을 때, 그레이를 존경하였고 같은 홀아비로서 동병상련의 정을 느꼈던 윌슨은 답신을 보냈다. "저를 친구로 대해 주시면 좋겠습니다. 우리는 서로 원칙과 목표를 공유하고 있다고 생각합니다." 독일 정부 내에 그가 이렇게 말을 할 수 있는 인물은 단 한 명도 없었다.

미국 사회의 영향력 있는 대다수 사람들처럼 윌슨의 문화적 뿌리와 정치철학은 영국의 경험과 프랑스 혁명으로 거슬러 올라간다. 그는 세계의 평화 구축자가 되려는 야심을 위해 그들을 억제하려 하였다. 3년 동안 그는 교전국들을 설득하여 "승자가 따로 없는 평화", 합의된 평화를 이루기 위해 자신이 쓸 수 있는 모든 수단을 동원하며 부단히 노력하였다. 이러한 노력의 근간인 중립은 죠지 3세에 대한 반감이라고도 할 수 있는 강력한 아일랜드 풍조에 의해 그리고 하버드의 휴고 뮌스터베르그 교수에서 밀워키의 맥주집까지 와자지껄한 친독일계 그룹들로부터 지지를 받았다. 그의 이러한 생각은 한 가지 요인만 없었다면 광범위하게 확산되었을지도 모르는데, 그 앞에서는 윌슨도 속수무책이었으며, 미국의 정서를 형성하는 데 가장 큰 기여를 했던 연합국의 자산인 그 요인이란 영국 함대가 아닌 바로 독일군이 저지른 어리석은 짓이었다.

8월 4일 전쟁이 발발하자 대통령은 친구들에게 보낸 편지에서 바다 건너 갈등에 대해 신랄한 "비난을" 언급했을 뿐 교전 국가들 간에 어떤 차이를 두려 하지는 않았다. 하우스 대령은 벨기에에서 전쟁이 벌어진 지 한 달째인 8월 30일, 대통령은 "루뱅의 파괴로 깊은 충격을 받았고… 나보다도 더 격렬하게 이 전쟁에서 독일을 비난했으며 이러한 감정이 소수의 지도자들에 대한 것이라기보다는 독일 민족 전체에 대한 것임을 굳이 감추려 하지도 않았다… 그는 만일 독일이 승리하면 우리의 문명은 그 진로를 바꾸게 될 것이며 미국은 군사 국가가 될 것이라는 의견을 피력했다"고 기록했다. 며칠 후 스프링-라이스는 윌슨이 "결단코 맹세하건대 만일 현재 벌어지고 있는 투쟁에서 독일의 시도가 성공한다면 미합중국은 지금의 이상론을 포기하고 모든 에너지를 국가방위에 투입해야 하는데 그렇게 되면 지금의 정부 체제는 더 이상 유지되기 어려울 것"이라고 말했다고 보고했다.

이러한 견해를 가졌음에도 불구하고 윌슨은 카사비앙카(Casabianca, 영국의 여류시인 하멘즈의 시이며, '그 소년은 불 타는 갑판에 서 있었다'는 첫 구절이 유명함: 역주)의 불타는 중립의 갑판에서 끝까지 버텼다. 그러나 그곳은 마음에서 우러난 것이 아닌 법적 강령에 규정한 중립의 갑판이었다. 그는 연합군이 승리할 경우 미국의 초석을 이루고 있는 기본 원칙이 위협 받을 것이라고는 절대 생각할 수 없었던 반면 만일 독일군이 승리하면, 특히 벨기에가 문제의 본질을 확실히 한 뒤에는 반드시 위협이 될 것으로 생각했었다. 만일 중립에 대해 그 어떤 미국인보다도 큰 이해 관계를 가졌던 윌슨이 독일군의 만행에 의해 생각이 바뀌었다면 보통 사람들이야 더 말할 나위도 없었던 것이다. 영국의 해안 봉쇄 강화로 인한 분노는 루뱅으로 촉발된 감정에 묻혀버렸다. 영국의 수색, 나포 혹은 금수품 목록의 추가로 미국에 새로운 분노의 돌풍이 일 때마다 때 맞쳐 벌어지는 독일군의 예상치 못한 행동으로 인해 그것은 금방 잠잠해 지곤 하였다. 긴급 칙령에 대한 랜싱의 준엄한 비판이 국민들의 비등한 여론으로 확산되려는 바로 그 무렵인 8월 25일 독일의 제플린 비행선들 이 앤트워프의 주거 지역을 폭격하여 민간인들을 살상하고 벨기에 왕비 가 자녀들과 함께 이주한 지 얼마 안된 궁전을 아슬아슬하게 빗나가는 사건이 터졌다. 그렇게 되자 랜싱은 문득 그 자신도 연속 항해가 아니라 "이 비인도적인 만행"에 대해 분노하고 있음을 깨달았다.

고통스러운 미래를 예견한 윌슨은 자신의 처남인 액슨 박사에게 "공 해상에서 어떤 일이 터져 우리가 참전할 수밖에 없게 될 것 같아 두렵 다"고 고백했는데, 박사는 이 얘기를 들은 시점이 8월 12일 영부인 장례 식이 끝나고 얼마 지나지 않았던 때로 기억하고 있었다. 공해에서 일어 났던 일이 아니라 일어나지 않았던 일이 결정적인 요인이 되었다. 셜록 홈즈가 "밤중에 어떤 개가 저지른 수상한 사건에 대해" 그레고리 형사 의 주의를 환기시키자 어리둥절한 형사는 "그 개는 밤중에 아무 짓도 안 했다"고 대답했다.

"그것은 수상한 사건이었다"고 홈즈는 말했다.

독일 해군은 한밤중의 그 개였다. 그들은 싸우지 않았다. 실재하는 함 대 이론과 지상전의 초반 승리에 대한 독일군의 확신에 발이 묶인 그들 은 위험을 무릅쓰고 자국의 해상교역로 확보라는 기본임무를 수행할 기 회를 얻지 못했다. 비록 독일 산업은 수입원자재, 독일 농업은 수입 비료 에 의존하고 있었으며, 가축들은 겨울 내내 수입 사료를 먹었지만, 독일 해군은 수입품의 공급선을 지키려는 시도를 하지 않았다. 8월에 있었던 유일한 전투도 경솔했으며 결국 자신의 "연인들"을 위험에 빠뜨리지 않 으려는 카이저의 결심을 더욱 확고히 했을 뿐이다.

그것은 바로 8월 28일 벌어진 헬리고랜드 만(Heligoland Bight) 전투였다. 해병대의 오스탕 상륙으로부터 독일군의 주의를 다른 곳으로 돌리기 위해 감행된 이 전격 작전에서 영국 해협함대 소속의 잠수함과 구축함 전단은 전투 순양함들의 지원 아래 독일 해군의 본거지인 만으로 쳐들어갔다. 기습을 받은 독일 해군의 경순양함들은 대형 전함들의 지원도 없이 출동했다. 티르피츠의 표현대로 "첫 전투에 대한 열의를 가지고" 그들은 안개와 혼란 속에 무모하게 돌진하였다. 서로 뒤엉켰다, 흩어졌다 하면서 닥치는 대로 치고 받는 전투가 하루 종일 이어졌고, 영국 해군 전단들은 서로를 적으로 오인하였으며, 순전히 운이 좋은 바람에, 처칠의 점잖은 표현에 의하면 "보기 거북한 상황"으로부터 가까스로 빠져나올 수 있었다. 이 기습에 맞서 함대 전체를 동원하지 못한 독일 해군은 수적인 면이나 화력 면에서 압도당하고 말았다. 그날의 전투 결과는 영국 해군의 우세였다. 3척의 독일 경순양함 쾰른, 마인츠, 그리고 아리아드네와 1척의 구축함이 산산조각나 침몰하였고, 다른 3척의 구축함은 심하게 파손되었고, 제독과 준장 1명씩을 포함한 1,000명이 넘는 장병들이 포격을 받아 전사했거나 익사하였으며, 대제독의 아들인 볼프 티르피츠를 포함하여 200명 이상이 바다에서 구조되어 포로로 잡혔다. 영국 해군은 한 척의 함정도 잃지 않았으며 75명의 사상자를 냈을 뿐이었다.

이러한 손실에 놀라 영국 해군을 건드리기가 더욱 두려워진 카이저는 다시는 위험한 행동을 하지 말라며, "전함을 상실하는 일이 없도록 하고", 북해함대 사령관의 지휘권은 더욱 제한될 것이며, 황제의 사전 허락 없이는 대규모 기동을 할 수 없다는 명령을 내렸다.

그 이후로 영국 해군이 독일을 에워싸는 봉쇄의 벽을 쌓는 동안 독일 해군은 가만히 지켜보기만 하였다. 사슬에 얽매여 힘을 잃은 불행한 티르피츠는 9월 중순에 "우리가 전투에 성공할 수 있었던 제일 좋은 기회는 선전포고 후 2주에서 3주 사이였다"고 적었다. "시간이 흐를수록 성공의 기회가 커지기는커녕 점점 줄어들 것"이라고 그는 예견했다. "'실재하는 함대'가 가지는 최대 효과 즉, 중립국들에 대한 과도하게 가중된 압력, 독일의 해상 교역에 대한 완벽한 파괴, 실행 가능한 최대한의 봉쇄를 거둔" 쪽은 영국 함대였다.

수수방관하는 사이 상황이 점차 전투를 피할 수 없게 되자 독일 해군의 정책은 바다 밑을 향하게 되었다. 뒤늦게 해상 봉쇄를 뚫기 위해 애를 쓰면서 그들은 유 보트(U-boat)에 의존했다. 바다 위의 해군을 대신하여 증강된 유 보트들은 결국 개전 초인 8월 윌슨이 두려움 속에서 어렴풋이 보았던 공해상의 상황을 실현시키게 된다.

19. 퇴각

국경의 전투가 끝난 후 우익과 중앙의 5개 독일군은 낫으로 풀을 베듯 벨기에를 지나 프랑스로 쇄도했다. 독일 침략군의 규모는 백만 명이었으며, 8월 24일 그 선두가 살인과 방화를 저지르며 프랑스 영토로 진입했다. 루프레흐트 왕자가 지휘하는 좌측의 2개 군이 카스텔노와 듀바이 군의 격렬한 저항에 맞서 전투를 계속하고 있던 로렌 전선에서 돌파는 이루어지지 않았다.

폭이 75마일이나 되는 거대한 낫으로 풀을 베듯, 북부 프랑스의 길게 뻗은 텅빈 간선도로를 따라 남하하는 독일군 우익은 최우측에 연합군 전열을 포위하려는 클룩 군을 배치한 채 파리를 향해 진군했다. 죠프르의 당면 과제는 퇴각하는 프랑스군을 멈추게 하는 한편 이와 동시에 병력의 중점을 왼쪽으로 이동시켜 적의 포위기동을 저지하고 "공격을 재개할 수 있을" 정도로 강한 전력을 구축하는 일이었다. 재난의 여파 속에서도 "공격을 재개하는 것"이 GQG의 지배적인 생각이었다. 공식적으로는 "저지"라고 발표된 프랑스군의 실패를 평가하거나 혹은 실현 가능선 측면에서 전략을 재검토할 시간도 갖지 못한 채 패배 후 24시간이 지난 8월 25일 죠프르는 개전 후 두 번째 새로운 일반명령을 하달했다. 그것은 돌파되지 않은 로렌 전선으로부터 차출된 병력을 중심으로 새로운 제6군을 창설하여 독일군 우익의 진격로에 배치할 것을 제안했다. 철도편으로 영국군 좌측의 아미앵으로 이동하게 될 제6군은 BEF, 프랑스 제4군 및 제5군과 함께 공격을 재개할 집단군을 구성할 계획이었다. 제6군이 집결하는 동안 퇴각 중인 프랑스 3개 군은 전선이 끊어지지 않도록 하면서 후위부대에 의한 "신속하고도 맹렬한 반격을 통해 적의 진격을 차단하거나 최소한 지연"시켜야 했다. 일반명령 제2호에 언급했듯이 죠프르는 스당 기념일인 9월 2일까지는 제6군이 배치를 완료하고 언제라도 재개될 공격에 합류할 수 있을 것으로 기대했다.

그 기념일은 밀려오는 독일군의 눈앞에서도 어른거렸는데, 그들도 그때쯤이면 슐리펜의 목표 즉, 프랑스군 주력을 파리 전방에서 포위 섬멸한다는 목표를 달성할 것으로 기대하고 있었다. 이후 12일 동안 양측은 모두 제2의 스당을 마음 속으로 생각하고 있었다. 이 12일간 세계사는 두 갈래의 기로에서 요동쳤으며 독일군은 에스느와 마른 사이에서 손을 뻗으면 잡을 정도로 승리에 바짝 다가갔다.

"싸우면서 퇴각하라, 싸우면서 퇴각하라"는 것이 이 기간 중 모든 프랑스군 연대에게 귀에 못이 박히도록 반복 하달된 명령이었다. 추격을 저지하고 부대를 재편하여 방어선을 공고히 하는 데 필요한 시간을 벌기 위해서는 총공격 이후 사라져 버린 전투를 시급히 재개할 필요가 있었다. 거의 자살에 가까운 지연작전이 요구되는 시기였다. 프랑스군에게 재편할 시간을 줄 수 없었던 독일군도 똑같이 격렬하게 그들을 몰아붙였다.

프랑스군은 퇴각하면서 개전 초 벨기에에서 벌어졌던 전투에서는 보기 어려웠던 능력과 위급한 상황을 겪으면서 터득한 기술을 이용하여 싸웠다. 그들은 더 이상 다른 나라의 낯선 숲속에서 막연하게 이해했던 대규모 공격작전에 참여하고 있는 것이 아니라 자신들의 땅으로 돌아와 프랑스를 방어하고 있었다. 그들이 지나고 있는 지역은 낯익은 곳이었으며, 주민들은 프랑스인들이었고, 밭과 헛간 그리고 마을의 도로는 그들 자신의 것이었으며 이제 그들은 제1군과 제2군이 각각 모젤과 그랑꾸로네를 위해 싸우고 있는 것처럼 자신들의 땅을 지키기 위해 싸우는 것이었다. 공격에는 실패했지만 그들은 궤멸된 군대가 아니었으며, 그들의 방어선은 비록 위험하게 뚫린 상태였으나 아직 무너진 것은 아니었다. 독일군의 주 진격로와 마주한 좌측에서는 샤를루와 상브르 전투의 재난으로부터 탈출한 제5군이 퇴각하면서 대오를 정비하기 위해 애쓰고 있었다. 황태자가 "프랑스군에게 행동의 자유를 돌려주고 말았다"고 실망스럽게 인정한 것처럼, 중앙에서는 제3군과 제4군이 뫼즈를 등진 채 중앙의 독일 2개 군을 상대로 적의 포위기도를 좌절시키면서 스당에서 베르덩에 이르는 전선을 사수하기 위해 처절한 전투를 벌이고 있었다. 그러나 필사적인 지연작전에도 불구하고 독일군의 진격은 너무나 대규모라 이를 저지할 수가 없었다. 여전히 싸우면서도 프랑스군은 뒤로 물러났으며, 최대한 저지하고 지연시켰지만 계속해서 뒤로 밀렸다.

해질 무렵 뫼즈 건너편의 한 지점에서 드 랑글 장군의 제4군 소속 경보병(chasseurs à pied) 대대가 다이너마이트로 폭파하지 못한 다리를 지키라는 명령을 받았다. 그들은 강 건너편 제방에 있던 폰 하우센 군 소속 색슨부대가 "우리 눈앞에서 마을을 불지르고 주민들을 사살하는" 광경을 지켜보며 "분노와 전율"의 밤을 보냈다. "아침이 되자 마을에서 불길이 솟았다. 우리는 병사들에게 쫓겨 거리를 뛰어가는 사람들을 볼 수 있었다. 그리고 총성이 울렸다… 아주 먼 곳에서 아군의 위치를 찾고 있는 것으로 보이는 기병들의 분주한 움직임을 볼 수 있었으며, 평원 멀리 움직이는 검은 무리가 나타났다." 그 무리가 다가왔으며 얼마 안 있어 구불구불한 길을 따라 5열 종대로 편성된 독일군 보병대대가 "우리를 향해 서서히 다가왔다. 아래쪽 도로는 눈으로 볼 수 있는 먼 곳까지 대군의 무리로 채워졌는데, 이들은 말 위에 올라탄 장교들을 앞세운 보병부대, 중화기 운반 차량, 수송부대, 기병대의 순으로 완벽한 대형을 유지한 채 행군하는 거의 1개 사단규모의 독일군 부대였다."

"조준!" 경보병대의 열을 따라 낮은 목소리로 명령이 전달되었다. 조용히 병사들은 각자의 위치를 잡았다. "일제히 사격한다. 우선 보병을 조준토록 하고, 각자 자기 목표를 정하라!" 중대장들이 사거리를 정했다. "사격개시!" 강을 따라 일제 사격의 총성이 울렸다. 아래쪽 독일군들은 대경실색했다. 중대들이 우왕좌왕하며 소용돌이치다가 달아났다. 말들이 놀라 마구를 진 채 뒷걸음질을 쳤고, 마차들이 부서졌다. 도로는 수백 구의 시체로 뒤덮였다. 8시 45분, 프랑스군의 탄약이 거의 바닥났다. 갑자기 그들은 좌측 뒤편으로부터 소총의 일제사격을 받았다. 적이 그들의 측면을 우회한 것이다. "뒤쪽으로, 돌격 앞으로!(à la baïonette)" 그들의 총검 돌격을 받은 독일군은 퇴각했으며, 프랑스군 연대는 혈로를 뚫었다.

각 군이 서로 이어진 전선을 유지한 채 공격을 재개할 수 있는 지점까지 도달하려고 애쓰며 뒤로 물러나는 동안 후위부대에 의한 이런 식의 전투가 수백 번이나 있었다. 병사들을 따라 민간인들도 남쪽을 향한 피난 대열에 합류했는데, 그들은 두 발 외에 가족이 탄 대형 육두마차에서부터 노인들을 위한 손수레와 아기들을 태운 유모차에 이르기까지 갖가지 교통수단을 전부 동원했다. 도로를 가득 메운 그들은 혼란을 가중시켰다. 참모 차량들이 지나갈 수가 없었고, 장교들이 욕을 퍼부었으며, 전문이 전달되지 못했다. 군용으로 징발되어 원래의 번호판에 군용 기호를 덧칠한 상용 트럭과 시영 버스들이 눈에는 고통과 죽음의 공포를 가득 담고 포탄에 팔다리가 잘린 채 피를 흘리며 말없이 누워있는 부상자들을 싣고 피난민들 사이로 느릿느릿 움직였다.

한 마일씩 후퇴할 때마다 그만큼 더 많은 프랑스 영토를 적에게 내주는 고통이 뒤따랐다. 어떤 곳에서는 프랑스군 병사들이 다음날이면 독일군이 진입할 것임을 알면서도 자신들의 고향을 지나갔다. "우리는 8월 27일 블롱바이(Blombay)를 떠났다"고 제5군 소속의 한 기병대위가 적었다. "10분 뒤 그곳은 울란들에 의해 점령되었다." 격렬한 전투를 치른 부대들은 군가도 부르지 않고 발도 맞추지 않은 채 말없이 행군했다. 목마르고 배고픈 데다 비통한 심정으로 초췌해진 병사들은 장교들에 대해 불평을 늘어 놓거나 반역죄에 대해 숙덕거렸다. 상브르 전투에서 5,000명이 희생된 랑허작 군 소속 제10군단에서는 모든 프랑스군의 위치가 독일군 포 관측 병들에게 누설되었다는 얘기가 나돌았다. "병사들은 무거운 몸을 가까스로 끌고 갔으며, 그들의 얼굴에는 극심한 피로가 가득 찼다"고 이 군단 소속의 한 보병대위가 기록했다. "그들은 격렬한 지연작전을 벌인 후 이틀 동안 62킬로미터의 행군을 이제 막 끝냈다." 그러나 그날 밤을 자고 다음날 아침이 되자, "어떻게 겨우 몇 시간의 수면이 병사들을 그렇게 회복시켰는지 이해가 안된다. 이제 그들은 완전히 다른 사람들로 바뀌었다." 그들은 왜 후퇴하느냐고 물었고 대위는 "냉정하고 단호한 목소리"로 폐부를 찌르는 연설을 했다. 우리는 다시 싸울 것이며 "독일놈들에게 우리가 아직 죽지 않았음을 보여줄 것"이라고 그는 말했다.

한때는 윤이 나는 군화와 화려한 제복으로 그토록 빛나던 기병대가 이제는 얼룩지고 진흙투성이가 된 채 피곤에 지쳐 말 안장에서 흔들거리며 졸고 있었다. "지친 병사들의 머리가 축 늘어졌다"고 제9기병사단의 한 경기병장교가 기록했다. "그들은 자신들이 어디를 지나는지 어렴풋했으며, 거의 비몽사몽 상태다. 잠시 쉴 때면 굶주리고 탈진한 말들이 안장도 벗기기 전에 건초더미로 뛰어들어 게걸스럽게 먹는다. 우리는 더 이상 자지 않는데, 밤에는 이동하고 낮에는 적과 마주한다." 그들은 독일군이 자신들을 뒤따라 이미 뫼즈를 건넜으며 지나는 마을마다 불을 지르며 영토를 빼앗고 있음을 들어서 알고 있었다. "러크루와(Rocroi)는 온통 불바다였으며 불길에 싸인 근처의 헛간들로부터 인근 숲으로 불길이 번졌다." 새벽이 되면 적의 포성이 울리기 시작했는데, "독일군은 아침마다 태양을 향해 예포를 쏜다." 그칠 줄 모르는 폭발과 포성 속에서 프랑스군은 자신들의 75가 내뿜는 용감한 포성을 들었다. 그들은 포격전이 끝나기를 기다리며 정해진 위치를 고수하고 있었다. 말을 탄 전령이 퇴각하라는 지휘관의 명령을 가지고 달렸다. 그들은 계속해서 이동했다. "나는 푸른 평원과 풀을 뜯는 한 무리의 양 떼를 응시하며 '우리가 얼마나 값진 것을 포기한 것인가!'하고 생각했다. 병사들은 기력을 회복했다. 그들은 보병들이 판 참호시스템을 발견했는데, 마치 관광객들의 탄성을 자아내는 볼거리라도 만난 듯 굉장한 호기심을 가지고 그것들을 살펴보았다."

8월 25일 뷔르템베르그 공작 군에 소속된 독일군들이 스당으로 침투하여 1870년 역사적인 최후의 전투(Battle of the Last Cartridge)가 벌어졌던 바제이(Bazeilles)를 포격했다. 드 랑글 장군의 프랑스 제4군은 그들이 뫼즈를 건너지 못하도록 반격을 가했다. "격렬한 포격전이 시작되었다"고 제8 예비군단 소속의 한 장교가 기록했다. "그것은 천지가 진동하는 무시무시한 싸움이었다. 수염이 더부룩한 나이든 지방 수비대원들은 모두 울음을 터뜨렸다." 나중에 그는 "지붕처럼 경사진 숲속에서 무서운 전투"를 치렀다. "네 차례의 총검 돌격. 우리는 전우들의 시신을 뛰어넘어야 했다. 우리는 세 개의 군기를 잃고 많은 사상자를 낸 채 스당으로 퇴각했다."

그날 밤 프랑스군은 그 지역 안에 있는 모든 철도교량들을 폭파했다.

적군의 진격을 지연시켜야 할 필요성과 어쩌면 내일 다시 공세로 전환할 때 이 교량과 철도들이 필요할 것이라는 생각 사이에 망설이며 프랑스군은 가급적 수송로 파괴를 최대한 뒤로 미뤘는데 가끔은 너무 늦고 말았다.

군단으로부터 개별 연대까지 별도의 전용보급열차, 부속 기마대와 포병대가 있었는데, 무엇보다도 어려운 것은 그 단위부대에게 전용도로 및 통신선로를 배정하는 일이었다. "보병들은 수송차량에게 길을 양보하기는커녕 교차로에서 제자리걸음을 하고 있다"고 보급장교는 불평했다. 퇴각하는 동안 단위부대들은 각자의 군기를 중심으로 집결하여 부대를 재편하고, 손실을 보고하며, 후방 보충대로부터 병사와 장교들을 충원해야만 했다. 루페이의 제4군 소속 일개 군단만으로도 중대단위로 병력손실을 메우기 위해 전체 병력의 4분의 1에 해당하는 총 8,000명의 예비군이 충원되었다. 공격지상주의에 심취했던 장교들은 위로 장군에 이르기까지 그 사상자 수가 엄청났다. 제3군 소속 참모장교였던 타낭 대령의 의견에 의하면 패전 이유 중 하나는 장군들이 후방의 적절한 지점에서 작전을 지휘하지 않고 최전방에서 전투를 주도했기 때문인데, "그들은 지휘관이 아닌 하사관의 역할을 했던 것이다."

그러나 이제 그들은 쓰라린 경험으로부터 개선된 전술을 배웠다. 그들은 이제 참호를 팠다. 어떤 연대는 뜨거운 태양 아래 하루 종일 셔츠 차림으로 삽질을 하여 서서도 사격할 수 있을 정도로 깊은 참호를 팠다. 참호를 파고 숲 속에 방어진지를 구축하라는 명령을 받았던 또다른 연대는 아무 일없이 밤을 보내고 새벽 4시에 다시 부대를 이동하자 "싸워보지도 못하고 가다니 유감이다… 이제 우리는 이 계속된 후퇴에 화가 날 지경이었다."

가능한 영토를 적게 내주려는 죠프르는 저지선을 돌파 지점에 최대한 가까이 두려고 하였다. 그가 일반명령 제2호에서 설정한 저지선은 몽 운 하와 상브르로부터 약 50마일 후방인 솜(Somme)강이었다. 프앙카레는 죠프르의 이러한 낙관론에 어떤 자기 기만적인 속임수가 있는 것은 아닌지 그리고 다른 이들은 전선을 안정시키는 데 필요한 시간을 벌기 위해 저지선을 후방으로 보다 먼 곳에 설정하기를 원했던 것은 아닌지 의심스러웠다. 패전 이후 파리 시민들은 이미 파리를 전선으로 인식했지만 죠프르의 마음은 아직 수도까지 미치지 못했으며 프랑스에는 죠프르에게 이의를 제기할 사람이 아무도 없었다.

정부는 착란 상태였는데 프앙카레에 의하면 장관들은 "경악"하고 있었으며 메시미에 의하면 의원들은 "얼굴에 두려움의 잿빛 가면을 씌운 것 같은 극도의 공포"에 빠져 있었다. 전선과의 직접적인 접촉에서 배제되고, 눈으로 확인할 수 있는 증거도 없고, 전략에 대해서도 알지 못한 채, GQG의 "간결하고도 애매모호한" 성명과 소문, 억측 그리고 서로 모순된 보고에 의존하고 있던 그들은 군사적 전쟁 수행에 대한 아무런 권한도 없었지만 국가와 국민에 대한 책임을 지고 있었다. 죠프르가 보내온 보고서의 번지르르한 문장의 행간에서 프앙카레는 진실의 날카로운 일단을 읽을 수 있었는데, 그것은 "침공당했고, 패배했으며 알자스를 잃었다는 세 가지 사실"이었다. 그는 국민들에게 이 사실을 알려 그들 앞에 놓여 있는 "끔찍한 고난"에 대비하도록 하는 것이 자신의 시급한 의무라고 느꼈다. 그는 파리가 포위당할 경우에 대비한 준비가 오히려 더 시급하다는 사실을 아직 깨닫지 못하고 있었다.

그날 아침 일찍 수도가 무방비 상태라는 사실이 국방장관인 메시미에게 알려지게 되었다. 파리의 군정장관인 미셸 장군의 참모장이자 방어시설 작업을 맡고 있는 공병대의 이르쇼에르 장군이 오전 6시에 그를 찾아왔다. 이 시각은 죠프르의 전보가 도착하기 수 시간 전이었지만 이르쇼에르는 개인적으로 샤를루와에서 벌어진 재앙을 이미 알고 있었으며 그의 마음은 적군이 국경에서 수도까지 한걸음에 달려올 듯이 초조했던 것이다. 그는 메시미에게 수도 외곽의 방어시설은 아직 인원을 투입할 정도로 준비되어 있지 않다고 단호하게 말했다. 예견되는 모든 상황을 고려한 면밀한 사전 검토에도 불구하고 "요새화 작업은 서류상으로만 존재할 뿐 땅 위에서는 아직 아무것도 이루어지지 않았다." 원래 방어시설이 가동되는 날짜는 8월 25일로 예정되어 있었지만 프랑스군의 공격지상주의에 대한 신념이 너무 강하다 보니 그 날짜가 9월 15일로 연기되었다. 사거리 확보 및 참호구축을 위한 벌목과 주택 철거에 수반되는 사유재산 파괴에 대한 거부감으로 인해 이러한 주요조치에 대한 구체적인 명령은 아직 하달되지도 않은 상태였다. 포대와 보병초소의 건설, 철조망 가설, 흉벽을 쌓기 위한 목재가공, 탄약고 설치는 아직 반도 끝나지 않았고 비상식량 준비는 이제 겨우 시작하는 단계였다. 군정장관으로서 수도방위의 책임을 지고 있는 미셸 장군은, 아마도 1911년 자신의 방위계획이 배척되면서 받은 좌절감에서 아직 회복하지 못한 듯 생기가 없고 무능했다. 전쟁 발발과 함께 그에게 주어진 지휘권은 얼마 안 가 혼란과 우유부단함 속에서 허우적거리게 되었다. 1911년 미셸에 대해 가졌던 부정적인 생각을 다시 한번 확인한 메시미는 8월 13일 그간의 지연을 보충하여 3주 이내에 방어시설을 완성하라는 명령서를 지참하고 이르쇼에르 장군을 방문했다. 이제 이르쇼에르는 그 임무가 불가능하다고 고백하지 않을 수 없었다.

"예외없이 끝없는 토론이 반복되고 있다"고 그는 말했다. "매일 아침 아무 결론도 없는 보고와 토론에 세 시간을 허비하고 있습니다. 모든 결정이 간섭 받고 있습니다. 군정장관의 참모장으로서 뿐만 아니라 단순히 그저 여단장으로서도 나는 각 지역을 맡고 있는 사단장들에게 명령을 내릴 수가 없습니다."

여느 때처럼 그는 당장 갈리에니를 불러오도록 했으며, 그와 한창 의논 중에 있는데 죠프르의 전보가 도착했다. 실패의 탓을 "전장에서 기대했던 만큼의 공격능력을 보여주지 못한 우리 군대"에게 돌리는 내용으로 시작하는 그 전보는 메시미를 절망에 빠지게 했으나 갈리에니는 사실과 거리 그리고 지명을 주목했다.

"간단히 말해 앞으로 12일이면 독일군이 파리 성벽까지 오겠군요. 파리는 공성전에 대한 준비가 되어 있습니까?"라고 그는 냉정하게 말했다.

아니라고 말할 수밖에 없었던 메시미는 갈리에니에게 나중에 다시 오라고 했는데, 그 사이에 미셸 대신 그를 군정장관에 임명하도록 정부의 승인을 얻을 생각이었다. 바로 그때 그는 자신을 만나러 온 GQG의 국방부 연락관 에베네 장군으로부터 파리 방어임무를 맡고 있던 제61 및 제62 예비사단을 차출하겠다는 얘기를 듣고 "정신이 몽롱해졌다." 죠프르는 그들에게 북쪽으로 이동하여 영국군과 바다 사이, 클룩의 우익 군단이 밀고 내려오는 곳에 위치한 유일한 프랑스 군대인 3개 향토사단을 보강하도록 명령했다. 격분한 메시미는 파리는 전방 지역이 아니라 후방 지역에 속하기 때문에 제61 및 제62사단은 죠프르가 아닌 자신의 지휘 하에 있으며, 자신과 수상 그리고 공화국 대통령의 허락 없이는 파리 요새를 떠날 수 없다고 항의했다. 에베네는 이미 명령이 "시행 중이라"고 대답하면서 바로 자신이 북쪽으로 가 이들 2개 사단을 지휘할 예정이라고 다소 멋적게 덧붙였다.

메시미는 프앙카레를 만나기 위해 엘리제 궁으로 달려갔는데, 그도 패전 소식에 "경악했으나" 무기력하기는 마찬가지였다. 어떤 부대가 남아있느냐는 질문에 메시미는 1개 예비기병사단, 3개 향토사단, 그리고 이 지역 보충부대에 남아있는 몇 안되는 기간병들 외에 전투력을 가진 부대는 없다고 대답할 수밖에 없었다. 이들 두 사람에게 프랑스 정부와 수도는 아무런 방어수단도 없고 무엇 하나 지휘할 능력도 없이 방치된 것이나 다름없었다. 오직 한 가지 비상수단이 남아있었는데 그것은 바로 갈리에니였다.

그는 1911년 죠프르를 대신할 뻔했던 것처럼 이제 다시 미셸을 대신하도록 요청 받은 것이다. 스물한 살의 나이로 쌩 시르를 갓 졸업한 이등 중위였던 갈리에니는 스당에서 싸우다 포로로 잡혀 한동안 독일에서 지냈으며 그곳에서 독일어를 배웠다. 그는 프랑스의 "군사력이 커지고 있던" 식민지에서 군 경력을 쌓는 길을 선택했다. 비록 참모대학 출신들은 식민지 근무를 "관광(le tourisme)"이라고 지칭했지만, 마다가스카르의 정복자라는 명성은 모로코의 리오티이(Lyautey, 1854-1934, 1912년부터 13년간 모로코를 성공적으로 통치한 프랑스 육군원수: 역주)처럼 그를 프랑스군의 최고계급까지 오르게 했다. 그는 『내 소년 시절 회상록 (Erinnerungen of my life di ragazzo)』이라는 제목의 비망록을 독일어, 영어, 이태리어로 기록했으며, 비록 그 주제가 러시아어든, 중화기 개발이든, 식민열강들의 비교 행정학이든 공부를 멈춘 적이 없었다. 그는 코안경을 썼으며 우아하면서도 독재자 같은 얼굴과는 다소 어울리지 않는 더부룩한 회색 콧수염을 기르고 있었다. 그는 퍼레이드에 참석한 장교와 같은 자세를 유지했다. 큰 키와 마른 체격에 차갑고, 가까이 하기 어려운 약간 엄숙한 분위기를 가진 그는 그 시대의 다른 프랑스군 장교들과는 조금도 닮지 않았다. 프앙카레는 그에 대한 인상을 "반듯하고, 호리호리하며 미리를 든 꼿꼿한 자세와 안경 뒤에서 꿰뚫어 보는 눈매를 가진 강력한 인간의 인상적인 표본처럼 보였다"고 묘사했다.

65세였던 그는 전립선염으로 고생하고 있었는데 이미 두 번의 수술을 받은 바 있으며 앞으로 2년 이상 살기는 어려운 상태였다. 바로 지난 달 아내를 잃었고, 이미 3년 전에 프랑스군의 최고위직에서 물러난 그는 더 이상 개인적인 야심이 없었으며 앞으로 살 날이 얼마 남지 않아 정치인들의 견제와 군부 내의 정치적 책략에 대해 군이 신경 써야 할 필요가 없는 사람이었다. 전쟁이 발발하기 전, 어떤 이들은 4월에 은퇴할 그를 국방장관이나 죠프르 대신 총사령관 자리에 앉히려 하고 다른 이들은 그의 연금을 깎거나 그와 동료들을 이간시키려고 하며 여러 파벌들의 음모가 그의 주위에 소용돌이 치고 있었다. 이 수개월 동안 그의 일기는 인생, "치사한 정치적 책략, 출세에 눈먼 부류", 군의 무방비와 비효율에 대한 혐오감으로 가득 차 있었을 뿐 죠프르에 대한 특별한 찬사는 없었다. "오늘 불로뉴 숲에서 여느 때처럼 도보로 걷는 죠프르의 옆을 말을 타고 지나쳤다… 그는 얼마나 비만하고 굼뜬가. 그는 자신의 3년 임기를 채우기 어려울 것이다." 이제 1870년 이후 프랑스의 가장 어려운 시기에 그는 가장 볼품없는 일, 즉 군대도 없이 파리를 지키는 임무를 떠맡으라는 요구를 받고 있는 것이었다. 그는 수도를 지키는 것이 사기에 미칠 효과 못지않게 철도망, 보급 그리고 산업생산력을 위해서도 필수적이라고 믿었다. 파리를 지키려면 요새처럼 내부에서 수성을 할 수는 없고 군대를 동원하여 시 외곽에서 전투를 해야만 한다는 것을 그는 잘 알고 있었으며 이에 필요한 군대는 죠프르 쪽에서 보내줘야 했는데 죠프르의 계획은 전혀 다른 것이었다.

그날 밤 공식적으로 파리의 군정장관직을 맡아 달라는 제의를 받았을 때 그는 메시미에게 "그들은 파리를 방어할 뜻이 없다"고 말했다. "우리 측 전략가들이 보기에 파리는 다른 도시들과 마찬가지로 그저 지리적인 표현일 뿐입니다. 프랑스의 심장과 두뇌를 담고 있는 이 광대한 지역을 방어하기 위해 저에게 무엇을 줄 겁니까? 향토사단 몇 개와 아프리카 정예사단 하나. 그것은 대양에 떨어뜨리는 물 한 방울에 지나지 않습니다.

만일 파리가 리에쥬나 나무르와 같은 운명을 피하려면 주변 100킬로미디를 방어해야 하며 이를 위해서는 군대가 필요합니다. 저에게 3개 징규군단을 주십시오. 그러면 파리의 군정장관직을 수락하겠습니다. 이 조건이 공식적이고도 명백하게 보장된다면 저에게 수도방위를 기대해도 좋습니다."

메시미는 "몇 번씩이나 악수를 하고 심지어 나에게 키스를 하며" 너무나도 드러나게 고마워했기 때문에 갈리에니는 "이렇게 좋아하는 것을 보니 내가 맡아야 할 자리는 누구도 부러워하지 않는 자리임"을 확실히 알 수 있었다.

어떻게 해야 죠프르로부터 셋은 고사하고 하나의 정규군단이라도 빼낼 수 있을지 메시미는 난감했다. 그가 손에 쥐고 있는 유일한 정규부대는 갈리에니가 언급한 아프리카 사단 즉, 알제리의 제45보병사단인데, 이들은 정식동원령과는 별개로 국방부의 직접적인 제안으로 구성되었으며 이제 막 남부 해안에 상륙하는 중이었다. GQG가 수 차례 전화상으로 이들을 요구했음에도 불구하고 메시미는 무슨 대가를 치르더라도 "새롭게 편성된 이 훌륭한" 사단을 놓지 않기로 작정하였다. 그래도 아직 5개 사단이 더 필요했다. 갈리에니의 조건을 충족시키기 위해 강제로 죠프르에게 이들을 제공하도록 하려면 행정부와 총사령관의 권위가 직접적으로 충돌할 수밖에 없었다. 메시미는 떨렸다. 엄숙하게 동원령이 발동되던 잊지 못할 그날 그는 스스로에게 "1870년 국방부가 저질렀던 실수" 즉 외제니 왕비의 명에 따라 맥마옹 장군을 스당으로 보내도록 간섭했던 "우를 범하지 않겠다"고 다짐했다(1870년 보불전쟁 당시 메츠에 주둔하던 바젠이 궁지에 몰리자 이를 구하기 위해 그 해 9월 1일 나폴레옹 3세와 맥마옹 장군이 스당으로 출병했다가 대패를 당함: 역주). 그는 프앙카레와 함께 전쟁 중 권한의 한계를 규정한 1913년의 법령을 면밀히 검토한 바 있으며 개전 첫날의 격정에 휩싸여 자발적으로 자신은 이 법령을 전쟁의 정치적인 수행은 정부에게 군사적인 수행은 "절대적이고도 배타적인 영역"으로 총사령관에게 각각 맡기는 것으로 해석한다고 죠프르에게 다짐했던 것이다. 더 나아가 그가 보기에 이 법령은 총사령관에게 국가 전체에 대해서는 "광범위한 권한"을 그리고 전방 지역에 대해서는 군사뿐만 아니라 민사적으로도 "절대적인" 권한을 부여하고 있었다. 그는 "사령관께서 지도자이시고 우리는 그저 심부름꾼"이라고 마무리했다. 죠프르는 별로 놀라지도 않고 "아무 말 없이" 이에 합의했다. 프앙카레와 비비아니의 신생 내각은 순순히 동의했다.

그가 일찌감치 포기했던 권한을 이제 어디 가서 찾을 것인가? 법적 근거를 확보하기 위해 거의 한밤중까지 법령을 샅샅이 뒤지던 메시미는 "필수적인 국익"에 대한 민간정부의 책임을 규정한 조항에 매달리기로 했다. 수도가 적의 수중에 떨어지는 것을 막는 것은 필수적인 국익임이 분명하지만 죠프르에게 내리는 명령은 어떤 형태를 갖춰야 하는가? 괴로워 잠 못 이룬 그 밤을 꼬박 새우며 국방장관은 용기를 내어 총사령관에게 보낼 명령서를 작성했다. 새벽 2시부터 6시까지 네 시간 동안 혼자서 외로이 고생한 끝에 그는 "명령"이라는 제목을 달아 죠프르에게 다음과 같이 지시하는 두 문장을 완성했다. "만일 우리 군대가 승리의 영예를 얻지 못하고 후퇴할 수밖에 없는 상황이라면 최소 3개의 상태가 양호한 정규군단을 파리의 방어진지로 보내야 한다. 이 명령을 수행하였음을 보고해야 한다." 전신으로 보내진 이 명령은 다음날인 8월 25일 오전 11시 메시미가 "부디 이 명령의 중요함을 간과하지 않기 바란다"고 첨언한 "개인적이고도 우호적인" 편지와 함께 다시 한번 직접 전달되었다.

이때쯤 국경에서 당한 패배와 퇴각상황에 관한 얘기들이 파리에 퍼지고 있었다. 장관들과 의원들은 누군가가 "책임"을 져야 한다며 야단이었고, 여론 또한 그것을 원한다고 주장했다. 엘리제 궁의 대기실에서는 죠 프르에 대해 수군거리는 소리기 들렸다. "…바보같으니… 무능해… 당 장 해고해야 돼." 국방장관으로서 메시미도 같은 취급을 받았는데, "대기 실의 분위기가 전혀 우호적이지 않다"고 그의 부관이 낮은 목소리로 말 했다. 이러한 위기 상황에서는 모든 정당들이 "신성한 단결"을 맹세하고 비비아니의 허약한 신생 내각을 강화하는 것이 필수적이었다. 프랑스 정 계의 지도급 인사들을 내각에 참여시키려는 시도가 추진되고 있었다. 가 장 나이가 많고, 모두들 두려워하면서 존경하는 프랑스의 호랑이 클레망 소는 비록 프앙카레의 가장 껄끄러운 정적이었지만 제일 좋은 대안임이 분명했다. 비비아니는 그가 "매우 분노하고"있으며 2주 이내에 물러날 것으로 예상되는 내각에 참여할 의사가 전혀 없음을 확인할 수 있었다.

그는 "아니, 아니, 나에게 기댈 생각 마시오"라고 말했다. "지금 내각 은 앞으로 2주일이면 끝장날 텐데, 거기에 동참할 생각은 추호도 없습 니다." 이처럼 "격렬한 감정적인 폭발"이 진정되자 그는 울음을 터뜨리 며 비비아니를 끌어 안았지만 내각에 합류하는 것은 끝내 거절했다. 전 임 수상인 브리앙, 전쟁 전 가장 뛰어나고 경험이 많았던 외무장관인 델 카세, 전임 국방장관인 밀에랑으로 이루어진 3인조는 델카세와 밀에랑 이 현직장관들, 즉 외무장관인 두메르그와 국방장관인 메시미를 내보내 고 과거 그들이 맡았던 장관직을 맡는다는 조건이 충족된다면 함께 내 각에 합류하기로 하였다. 아직은 프앙카레에게만 귀띔한 이 불편한 거 래를 미뤄둔 채 그날 아침 열 시에 내각이 소집되었다. 장관들은 마음속 으로 이미 포성을 듣고 있으며 패배하여 퇴각하는 군대와 뾰족한 헬 멧을 쓴 무리가 남쪽을 향해 진군하는 모습을 보았지만, 위엄과 냉정함 을 지키려고 애쓰며 일상적인 절차에 따라 차례로 돌아가며 부처별 사 안을 얘기했다. 장관들이 은행의 지불유예, 판사들의 소집으로 인한 사법절차의 혼란, 콘스탄티노플에 대한 러시아의 목표를 차례대로 보고하면서 메시미의 불만이 쌓여갔다. 처음에는 최고조에 달했던 그의 열정이 이제는 거의 절망으로 바뀌었다. 이르쇼에르의 폭로에 충격을 받은 데다 갈리에니가 언급한 12일이 귓가에 맴돌고 있던 그에게 "한시간은 한세기처럼, 일분은 일년처럼" 느껴졌다. 토론이 발칸의 외교 분야로 넘어가 프앙카레가 알바니아로 문제를 거론하자 그는 폭발하고 말았다.

무서운 기세로 책상을 내리치며 그는 "빌어먹을 알바니아!"라고 소리쳤다. 그는 침착한 척하는 것은 "품위 없는 광대극"이라고 비난하고, 프앙카레가 진정하라고 요청하자 이를 거부하며 "여러분의 시간은 어떤지 모르겠지만 제 시간은 이렇게 낭비하기에는 너무나 소중합니다"라고 말했다. 그는 장관들의 면전에서 9월 5일이면 독일군이 파리 외곽에 이를 것이라는 갈리에니의 충격적인 예상을 발표했다. 모든 이들이 일시에 와글거리기 시작했으며 죠프르의 해임 요구가 뒤따랐고 "논리정연한 낙관론에서 위험한 비관론"으로 입장을 바꾼 메시미를 질책하는 소리가 들끓었다. 한 가지 긍정적인 결론은 갈리에니를 미셸의 자리에 앉히기로 합의한 것이었다.

메시미가 미셸을 현직에서 두 번째로 해임하기 위해 쌩 도미니크 거리로 돌아간 동안 밀에랑, 델카세 그리고 브리앙은 그에 대한 해임을 강력하게 요구하고 있었다. 그들은 공식 성명의 잘못된 낙관론에 대한 책임이 그에게 있다고 주장했고, 그는 "과로로 신경 쇠약 상태"이며, 게다가 밀에랑이 그 자리를 원한다고 했다. 키가 작고 말수가 적으며 풍자적인 태도를 가진 밀에랑은 젊은 시절 의심할 바 없는 능력과 용기를 가진 사회주의자였으며, 프앙카레는 그의 "지칠 줄 모르는 활력과 침착함"이 절실히 필요하다고 느꼈다. 대통령은 메시미가 "점점 더 우울해지는" 것을 보았고 "대패를 예견하는" 국방장관은 결코 바람직한 각료가 아니었으므로 그를 희생시키는 데 동의하였다. 고위 각료들에 대한 의전 절차는 품위를 갖출 예정이었다. 메시미와 두메르그는 시임을 권유 받고 무임소장관으로 임명될 것이며, 미셸 장군은 짜르에게 보내는 특사 자리를 제안 받게 될 것이다. 이러한 배려는 당사자들에 의해 모두 거부되었다.

미셸은 메시미로부터 사임 요구를 받자 불같이 화를 내고 큰소리로 항의하며 막무가내로 사임을 거부했다. 똑같이 화가 치민 메시미는 미셸에게 만약 끝까지 거부한다면 그는 앵발리드(Invalides)에 있는 사무실이 아니라 위병의 호위 하에 쉐르쉬-미디(Cherche-Midi)에 있는 군형무소로 가기 위해 그 방을 떠나게 될 것이라고 소리쳤다. 그들의 고함소리가 방 밖까지 울리게 되자 우연히 그곳을 지나던 비비아니가 그들을 진정시킨 다음 결국 미셸이 양보하도록 설득했다.

다음날 갈리에니를 "파리 군사령관 및 군정장관"으로 임명하는 사령장에 대한 서명이 끝나자마자 이번에는 프앙카레와 비비아니로부터 사임 요구를 받은 메시미가 화를 냈다. "나는 내 자리를 밀에랑에게 양보하지 않을 것이고, 사임하여 여러분들을 즐겁게 해줄 마음이 없으며 또한 무임소장관이 되는 것을 거절합니다." 만일 그들이 전쟁 발발 이후 계속해서 "너무나도 힘든 직책"을 감당해온 그를 군이 쫓아내려 한다면 전 내각이 사임해야 할 것이며 그렇게 된다면 "나는 육군장교의 신분이며 주머니에는 소집영장이 있습니다. 나는 전선으로 가겠습니다"라고 말했다. 어떠한 설득도 소용이 없었다. 내각은 사임할 수밖에 없었으며 다음날 재구성되었다. 밀에랑, 델카세, 브리앙, 알렉상드르 리보 그리고 두 사람의 새로운 사회주의 장관들이 메시미를 포함한 다섯 명의 전임자들 자리를 대신했다. 그는 소령의 신분으로 듀바이 군에 합류하기 위해 떠났으며 1918년 사단장으로 진급할 때까지 전방에서 복무했다.

프랑스를 위해 그가 남긴 유산인 갈리에니는 군대도 없는 "파리군 사령관"으로 남게 되었다. 죠프르로 부터는 앞으로 12일간 헝클어진 어두운 혼란 속을 붉은 실처럼 가로 질러 달리게 될 3개 정규군단을 보낼 기미가 보이질 않았다. 총사령관은 메시미의 전보에서 "군사작전 수행에 대한 정부의 간섭의지"를 곧바로 감지했다. 그가 솜에서 재개될 공격을 위해 동원 가능한 모든 여단을 확보하기 위해 정신없이 바쁜 시점에 수도방위를 위해 "상태가 양호한" 3개 군단을 차출하겠다는 생각은 정부의 지시에 굴복하라는 생각만큼이나 어처구니없는 것이었다. 어느 쪽에도 관심이 없던 그는 국방장관의 명령을 무시했다.

다음날 갈리에니가 대답을 받아오라고 보낸 이르쇼에르 장군이 방문하자 참모차장인 베랭 장군은 자신의 금고를 툭툭 치며 "예, 그 명령은 이 안에 있습니다"라고 말했다. "정부는 지금 파리 방위를 위해 3개 군단을 요구함으로써 엄청난 책임을 지려는 것입니다. 그것은 국가적 재앙의 원인이 될지도 모릅니다. 지금 파리가 문제입니까!" 밀에랑도 와 봤지만 그 또한 죠프르로부터 파리를 방위하려면 기동력을 가진 야전군 외에는 마땅한 방법이 없는데 지금 그들은 국가의 운명을 결정짓게 될 전투를 위해 마지막 한 사람까지 동원되어야 한다는 얘기를 들었을 뿐이었다. 정부의 걱정이나, 파리에 대한 위협은 그에게 아무런 영향도 주지 못했다. 그는 수도의 함락이 곧 투쟁의 끝을 의미하는 것은 아니라고 말했다.

독일군 우익 전면에 열려있는 공간을 막기 위한 그의 시급한 과제는 새로 편성한 제6군을 실전 배치하는 것이었다. 제6군의 핵은 불과 며칠 전에 급하게 편성되자마자 재소집된 퇴역 장성인 모누리 장군의 지휘하에 곧바로 국경의 전투에 투입되었던 로렌 군이었다. 1870년 중위로 참전하여 부상당한 경험이 있는 호리호리하고 세련되며 체구가 작은 67세의 참전용사 모누리는 파리의 전임 군정장관이자 최고군사위원회 위원이었는데, 죠프르는 그를 가리켜 "완벽한 군인"이라고 말한 바 있다.

로렌 군은 불운한 봉노 장군의 지휘 하에 제일 먼저 알자스로 돌진했던 바로 그 제7군단과 루페이 군에서 차출된 제55 및 제56 예비사단으로 구성되었는데, 이들은 예비군들이 여러 차례 되풀이해서 그랬던 것처럼 프랑스를 떠받치고 있는 믿음직한 용기를 유감없이 보여주고 있었다. 죠프르로부터 서쪽으로 이동하라는 명령을 받던 바로 그날 제55 및 제56사단은 베르덩과 툴 사이에서 황태자 군의 진로를 차단하는 격렬한 전투에 참가하여 분전하고 있었는데 이 전투는 퇴각 중에 이룬 위대한 전공 가운데 하나로 평가받았다. 그들은 절대로 포기할 수 없는 브리에 이 분지에서 반격을 감행한 루페이 군의 측면을 지원하며 철통같이 전선을 사수하고 있던 바로 그때 무너지고 있는 좌측 전선을 떠받치기 위해 전장으로부터 차출되었던 것이다.

그들은 열차편으로 파리를 거쳐 아미앵으로 이동했으며, 그곳에서 BEF 때문에 이미 혼잡하던 북행열차로 갈아탔다. 비록 프랑스군의 철도 기동은 독일군처럼 총참모부의 최고 두뇌들에 의해 다듬어진 것은 아니었지만, 병력 이동은 광적일 정도로 완벽한 독일군 시스템에 대응되는 프랑스군의 수송체제에 의해 순조롭다고 하기는 어려워도 그런대로 신속하게 진행되었다. 시스템 D로 불리던 이 수송 체제에서 D는 "그럭저럭 넘기다" 또는 "어쨌든 해내다"라는 뜻의 스 데브루이에(se débrouiller)를 의미한다. 모누리의 부대들은 이미 8월 26일 아미앵에서 하차하고 있었지만 제시간에 맞춘 것은 아니었다. 전선은 새로운 군대가 제자리에 배치되는 시간보다 더 빨리 무너지고 있었으며 가장 멀리 떨어진 전선의 끝부분에서는 폰 클룩 군의 추격이 이미 영국 군을 따라잡았다.

만약 누군가 풍선을 타고 보쥬에서 릴에 이르는 프랑스 국경 전체를 한 눈에 볼 수 있을 정도로 높이 올라가 아래를 내려다봤다면 그는 붉은 색 군복바지(pantalons rouges)를 입고 있는 70개 프랑스군 사단이 만든 붉은 테와 왼쪽 거의 끝부분에 영국군 4개 사단으로 이루어진 카키색 작은 쐐기를 봤을 것이다. 8월 24일 영국에서 새로 도착한 제4사단과 제19여단이 이들과 합류함으로써 영국군의 규모는 총 5.5개 사단이 되었다. 이제 독일군 우익이 포위기동 중이라는 것이 분명해지자, 영국군은 플랜17이 의도하고 있던 것보다 훨씬 중요한 지점을 자신들이 맡고 있음을 알게 되었다. 그러나 그들이 아무런 지원도 없이 전선의 끝부분을 맡고 있는 것은 아니었다.

죠프르는 영국군과 바다 사이의 공간을 맡고 있던 다마드 장군 휘하의 3개 프랑스군 향토사단을 보강하기 위해 소르데의 지친 기병군단을 서둘러 파견했다. 8월 24일 비무장도시로 선포되어 소개된 릴의 경비사단도 이들과 합류했다. (드 카스텔노 장군은 불과 얼마 전까지도 "만약 그들이 멀리 릴까지 가게 되면 그만큼 우리에게 유리한 것"이라고 말한 바 있다.) 죠프르의 계획이 제대로 이행되려면 BEF가 랑허작 군과 새로 편성된 제6군 사이의 공간을 확실하게 방어하는 것이 필수적이었다. 일반명령 제2호를 발령하면서 죠프르는 BEF에게 전체적으로 보조를 맞춰가며 퇴각하다가 일단 솜 연안의 쎙 컹탱에 이르면 그곳을 사수해 달라고 요청할 작정이었다.

그러나 그것은 이제 더 이상 영국군의 의도가 아니었다. 죤 프렌치 경, 머레이 그리고 심지어 한때는 플랜17을 열광적으로 주창했던 윌슨 조차도 자신들의 위치에 가해진 예상 밖의 위험에 대해 경악하고 있었다. 하나나 둘이 아닌 독일군 4개 군단이 그들을 향해 진격하고 있었고, 랑허작 군은 그들의 우측을 무방비 상태로 노출시킨 채 전면 철수 중이며, 프랑스 군의 총공세는 이미 무너져버렸다. 적과 최초로 접촉한 후 곧바로 이어진 이러한 충격 속에서 죤 프렌치 경은 문득 교전에서 패했다는 생각이 들어 기가 꺾이고 말았다. 그는 오로지 영국의 훈련된 병사와 참모들이 거의 다 포함되어 있는 BEF를 구해야 한다는 한 가지 생각뿐이었다. 그는 금방이라도 좌측 또는 자신과 랑허작 사이의 공간을 통해 우측이 포위될까봐 두려웠다. 군대를 위험에 빠뜨리지 말라는 키치너의 명령을 명분으로 내세운 그는 자신이 프랑스로 오게 된 목적에 대해서는 더 이상 생각하지 않고 위험 지역으로부터 휘하 병력을 빼낼 궁리만하고 있었다. 예하 부대들이 르 카토까지 퇴각하는 동안 총사령관과 그 참모부는 8월 25일 후방으로 26마일이나 더 떨어진 솜 연안의 쌩 컹탱까지 이동했다.

몽 전투에서 자부심을 느끼던 영국군 병사들은 자신들이 계속되는 후퇴에 휘말려 들었음을 알게 되자 비통한 심정이 되었다. 폰 클룩의 포위 위협으로부터 벗어나려는 사령관의 걱정이 너무 크다 보니 그들에게는 쉴 틈마저 주어지지 않았다. 제대로 먹지도 자지도 못한 병사들은 작열하는 태양 아래 발을 질질 끌며 거의 빈사상태로 걷다가 잠시라도 멈추면 그 즉시 선 채로 잠들곤 하였다. 스미스 도리언 군단은 몽에서 철수가 시작되면서부터 쉬지 않고 지연작전을 수행했으며, 자신들을 추격하는 클룩 군으로부터 끊임없이 포격을 받았지만 독일군은 영국군을 붙잡아 멈추게 할 수가 없었다.

영국군이 "소규모 전쟁의 경험을 통해" 유난히도 전투에 능하다고 믿고 있던 독일군 병사들은 마치 에탄 알렌의 그린마운틴 병사들(Green Mountain Men, 오늘날의 버몬트 지방에서 에탄 알렌의 주도로 결성된 무장 세력으로 영국군과 맞서 용맹을 떨침: 역주)과 싸우던 영국군(Redcoats, 미국 독립전쟁 당시의 영국군: 역주)이 되기라도 한듯 자신들이 불리한 입장이라고 느꼈다. 그들은 영국군이 "싸움의 온갖 술수를 다 부릴 수 있다"

고 아주 심하게 불평했다. 다음날이 되자 몽에서처럼 그들은 "또다시 흔적도 없이 사라져 버렸다."

적의 압박이 심해지자 영국군 중 어떤 부대는 계획에 없던 길로 퇴각할 수밖에 없었다. 그들에게 식량을 공급하기 위해 사병에서 시작하여 장군이 된 독특한 경력의 보급담당 "울리"로버트슨 장군은 보급품을 교차로에 내려 놓으라고 지시했다. 이 가운데 어떤 것은 제대로 전달되지 못했으며 독일군으로부터 이렇게 방치된 식량에 대한 보고를 받은 OHL은 적이 지리멸렬하여 퇴각 중이라는 확신을 갖게 되었다.

8월 25일 저녁 영국군이 르 카토에 도착했을 무렵 가장 가까이 있던 랑허작 군 소속 군단은 BEF와 비슷한 수준까지 물러난 상태였으며 남쪽으로 더 멀리 내려간 것은 아니었다. 그러나 자신의 표현대로 "혼비백산하여" 퇴각한 랑허작에게 배신당했다고 생각하던 존 경은 더 이상 그와는 아무것도 하고 싶지 않은 기분이었다. 그가 보기에 모든 것을 엉망으로 만든 원인은 적이 아니라 오히려 랑허작이었으며 키치너에게 부대원들이 퇴각을 탐탁해 하지 않는다고 보고할 때 그는 "부하들에게 이웃동맹군의 작전 때문에 퇴각하는 것이라고 설명하겠다"고 말했다. 그는 다음날도 계속해서 쌩 컹텡과 누와이용까지 퇴각하라는 명령을 내렸다. 수도로부터 70마일 떨어진 쌩 컹텡에 이르자 이정표에 파리까지 남은 거리가 보이기 시작했다.

8월 25일 오후 휘하 부대보다 몇 시간 앞서 르 카토에 도착한 스미스 도리언이 총사령관을 만나러 갔을 때 존 경은 이미 떠나고 없어 참모장이자 일벌레인 아치발드 머레이 경만 만날 수 있었다. 자기 상관과는 정반대로 늘 조용하고 침착하며 내성적인 머레이는 공격적인 분위기에서는 존 경과 아주 좋은 보완 관계였겠지만, 선천적으로 조심스럽고 비관적이다 보니 지금은 오히려 존 경의 의기소침을 부추기는 역할을 하고 있었다. 이제 격무에 시달려 탈진 상태인 그는 스미스 도리언에게 그날 밤 르 카토에서 동쪽으로 12마일 떨어진 링드러씨(Landrecies)에서 야영할 예정인 헤이그 군단에 관해 아무런 소식도 줄 수가 없었다.

헤이그 부대가 랑드러씨로 진입하고 있을 때 길 위에서 낯선 부대와 마주쳤는데 그들은 프랑스군 군복을 입고 있었고 장교들에게 수하를 하자 불어로 대답했다. 갑자기 이들은 "아무런 경고도 없이 창을 내리고 곧바로 돌격해 왔다." 그들은 폰 클룩의 제4군단 소속으로 밝혀졌는데 그들도 영국군과 마찬가지로 그날 밤 랑드러씨에서 야영할 계획이었다. 이어서 양쪽은 각각 약 2개 연대와 1개 포병대 정도가 참가한 전초전을 벌였는데 어둠 속이라 상황이 불확실한데다 긴장하고 있던 헤이그는 "심한 공격"을 받고 있다고 판단하여 사령부에 "지원군을 보내라… 상황이 매우 심각하다"고 연락했다.

냉정한 헤이그로부터 그런 연락을 받은 존 프렌치 경과 참모들은 제1군단이 최악의 위험에 직면하고 있다고 믿을 수밖에 없었다. 쌩 컹탱에서 GHQ에 다시 합류한 머레이는 이 충격으로 실신하고 말았다. 부관이 전문을 가져 왔을 때 그는 탁자에 걸터 앉아 지도를 검토하고 있었는데 잠시 후 그가 의식을 잃고 앞으로 쓰러지는 모습을 다른 장교가 봤다. 존 경도 똑같이 충격을 받았다. 다른 이들에게 거칠게 반응하는 그의 변덕스러운 기질은 제1군단을 지휘하는 이 냉정하고 모범적인 장교로부터 오랫동안 영향을 받아 왔다. 1899년 헤이그는 그에게 빚 갚는 데 쓰라고 2,000파운드를 빌려준 적이 있는데 그 돈이 없었다면 그는 아마도 군복을 벗을 수밖에 없었을 것이다. 이제 헤이그가 지원을 요청하자 존 프렌치 경은 곧바로 포위, 또는 더 나쁜 상황 즉, 제1군과 제2군 사이로 적이 침투하는 것을 떠올렸다. 최악의 상황을 가정한 GHQ는 다음날 헤이그의 퇴각방향을 남동쪽이 아닌 남쪽으로 변경하도록 명령을 내렸다.

그 결과 헤이그 군단은 스미스-도리언 군단과 우아즈 강을 사이에 두고 건너편 쪽의 행군로를 따라가게 됨으로써, 이들 사이의 연결이 끊어져 이후 7일 동안 연결되지 못하였다.

BEF를 둘로 분리시킨 것 말고도 랑드러씨에서 받은 공격에 대한 헤이그의 격앙되고 과장된 추측은 실제 원인에 비해 터무니없을 정도로 큰 영향을 끼쳤다. 그로 인해 그의 오랜 친구이자 감수성이 예민한 사령관은 경각심이 더욱 커져 영국군을 구해내는 일에 그 어느 때보다도 집착하게 되었고, 다음에 가해질 충격에 더욱 취약한 상태가 되고 말았다. 이때쯤, 그러니까 8월 25일의 괴로운 밤이 지나고 새벽이 밝아올 무렵 그는 또 다른 충격적인 소식을 들었다. 제2군단이 적에게 너무 가깝게 포위되어 벗어날 수가 없으므로 르 카토에 멈춰서 전투를 벌여야 할 것 같다는 전문을 스미스-도리언이 보냈던 것이다. GHQ에 있던 사람들은 대경실색하여 제2군단을 거의 잃은 것이나 다름없다고 생각했다.

그 당시의 실제 상황을 살펴보자면 스미스-도리언의 측면에 있던 기병사단장 알렌비 장군이 한밤중에 다음날 퇴각을 엄호하기 위해 점령하려던 고지대와 능선이 이미 적에게 선점되었음을 알게 되었다. GHQ와 연락할 수 없었던 그는 새벽 2시 스미스-도리언에게 상의하러 갔다. 알렌비는 그에게 적군은 이미 날이 새자마자 공격할 수 있는 위치에 포진하고 있으며 제2군단이 "지금 즉시" 이동하여 "어두울 때 이곳을 벗어날" 수 없다면 다음날 행군을 시작하기도 전에 전투에 휘말리게 될 것이라고 경고했다. 스미스-도리언은 사단장들을 소집했는데, 그들은 아직도 일부 병력이 들어오는 중이고, 상당수가 소속 부대를 찾아 헤매고 있으며, 모두들 아침이 되기 전에 움직이기에는 너무 지쳐 있다고 말했다. 그들은 또한 도로마다 수송차량과 피난민들로 혼잡을 이루고 있으며 어떤 곳은 폭우에 도로가 휩쓸려 나갔다고 보고했다. 작은 방에 침묵이 흘렸다. 지금 당장 움직이는 것은 불가능하며, 그곳에 머물러 싸우는 것은 명령에 반하는 일이었다. 군단 사령부에는 GHQ와 통화할 수 있는 전화가 없었기 때문에 군단장은 혼자서 결정할 수밖에 없었을 것이다. 스미스-도리언은 알렌비를 돌아보며 자신의 명령을 따르겠냐고 물었다. 알렌비는 그러겠다고 대답했다.

스미스-도리언은 "좋습니다. 여러분, 싸우기로 합시다"라고 선언하면서, 새로 도착한 제4사단의 스노우 장군에게도 자기의 지휘 하에 같이 싸우도록 요청하겠다고 덧붙였다. 이러한 결정을 담은 전문이 모터카 편으로 GHQ로 전달되어 새벽 5시 그곳에 있던 사람들을 경악시켰던 것이다.

누구 못지않게 원기 왕성했던 메시미처럼 헨리 윌슨도 일순간에 활기와 열정을 잃고 패배주의에 빠지고 말았다. 영국군을 대표하여 자신이 주도적으로 참여했던 공격계획이 무너지자, 아주 잠시였지만 미온적인 사령관에게 행사하던 상당한 영향력과 함께 그 자신도 무너지고 말았다. 비록 그의 타고난 낙관주의, 재치, 그리고 웃음이 그리 오랫동안 사라질 수는 없었으며 이후에도 참모부의 사기를 띄우는 유일한 요소였지만 그는 지금 자신이 책임지게 될지도 모를 대재앙이 다가오고 있다고 확신했다.

스미스-도리언을 가까운 전화로 불러내기 위해 모터사이클 편으로 전령이 급파되었다. 윌슨은 그에게 "만일 그곳에 남아 싸우게 된다면, 그곳은 또 하나의 스당이 될 것"이라고 말했다. 26마일이나 떨어진 곳에 있던 윌슨은 "헤이그와 싸우는 부대가 동시에 제2군단하고 싸울 수는 없기" 때문에 그곳의 위험은 남아서 싸워야 할 정도로 심각할 리가 없다고 주장했다. 스미스-도리언은 인내심을 갖고 다시 한번 주변상황을 설명하고 이미 전투가 시작되었기 때문에 어찌되었건 이를 중단하는 것은 불가능하다고 덧붙였는데 그가 얘기할 때 이미 포성이 울리고 있었다.

월슨은 "행운을 빈다"고 대답하며 "장군의 목소리는 3일 만에 처음 듣는 활기찬 것"이라고 격려했다.

제2군단과 스노우 장군의 1.5개 사단은 8월 26일 11시간 동안 르 카토에서 퇴각 중이던 프랑스군이 거의 매일 되풀이하고 있던 지연작전을 펼치며 전투를 벌였다. 폰 클룩은 이미 그날도 "패배한 적을" 계속해서 "추격하라"는 명령을 내려 놓은 상태였다. "소매 끝이 해협에 닿도록 하라"는 슐리펜의 가르침을 가장 충실하게 따르는 제자였던 그는 여전히 서쪽으로 대열을 이끌고 있었으며 영국군에 대한 포위를 완성하기 위하여 우측의 2개 군단에게 남서쪽으로 강행군할 것을 명령했다. 그 결과 그날이 다 가도록 그들은 결국 영국군을 상대로 교전에는 참여할 수가 없었고 대신 "강력한 프랑스군 부대"와 충돌했다. 이들은 다마드의 향토사단과 소르데의 기병대였는데, 스미스-도리언이 곤경에 처했다는 연락을 받고 견제작전을 벌여 영국군의 측면을 막아주었던 것이다. 스미스-도리언은 나중에 이를 알았는데, 이로 인한 독일군의 지연, "그리고 이들 향토사단이 보여 준 용감한 지원은 우리에게 결정적인 도움이 되었다. 왜냐하면 만약 그렇지 않았다면 우리는 26일 또 다른 군단과도 마주쳤을 것이 거의 틀림없기 때문이다."

폰 클룩의 좌측에서도 잘못된 정보 내지 서투른 기동으로 인해 또 다른 1개 군단이 도착하지 못하는 바람에 그가 더 많은 병력을 배치했음에도 불구하고 스미스-도리언의 3개 사단과 맞붙은 르 카토 전투에서 실제로 투입된 독일군은 3개 보병사단 뿐이었다. 그러나 그는 사전에 5개 사단의 포병대를 따로 모아두었는데 그날 새벽 이들이 일제히 포격을 개시했다. 여자들까지 포함된 프랑스 민간인들에 의해 엉성하게 급조된 얕은 참호에서 영국군은 독일 보병의 강습을 신속 정확한 소총사격으로 격퇴했다. 그럼에도 불구하고 독일군은 파도가 밀려오듯 잇달아 병사들을 돌진시키며 쇄도했다. 한 지점에서 그들은 "한 사람씩 적을 쓰러뜨릴 때마다 큰소리로 숫자를 세며" 소총사격을 계속하는 아르가일(Argyll, 스코틀랜드의 지명: 역자) 중대를 포위했는데, 독일군들이 "계속해서 영어로 '사격중지'를 외치며 그들에게 항복하라는 몸짓을 했지만 소용이 없었으며" 이들은 결국 모두 제압 당하고 말았다. 방어선 이곳저곳에 무서운 구멍이 뚫렸다. 전투에서 가장 어려운 부분인 철수는 아직 이루어지지 않았는데, 오후 5시가 되자 스미스-도리언은 시간이 되었다고 판단했다. 그때가 아니면 기회는 없었다. 이곳저곳에 틈이 생기고 연락이 두절되거나 적이 침투하는 바람에 전투를 중지하고 퇴각하라는 명령이 같은 시간에 모든 부대로 전달될 수는 없었다. 일부는 그 이후에도 여러 시간 동안 제자리를 사수하며 잡히거나 어둠을 이용해 탈출할 때까지 사격을 계속했다. 고든 하이랜더(Gordon Highlanders, 1874년 고든 공이 애버딘에서 창설한 부대: 역주)는 끝내 그 명령을 받지 못했으며 탈출에 성공한 몇 명을 제외하고는 더 이상 대대로서 존재하지 않게 되었다. 르 카토에서 싸운 3.5개 사단은 이날 하루 동안 8,000명이 넘는 사상자를 내고 38문의 대포를 잃는 손실을 입었는데, 이는 몽 전투의 2배에 해당하며 8월 중 프랑스군 사상자 비율인 20%와 맞먹는 수준이었다. 실종자 가운데는 이후 4년간을 독일의 포로수용소에서 보낸 이들도 있었다.

어둠, 강행군의 피로, 그들 자신의 막대한 피해 그리고 버릇처럼 어둠 속에서 "눈에 띄지 않게 사라지는" 영국군의 종잡을 수 없는 행태 때문에 독일군은 곧바로 추격하지 않았다. 클룩은 다음날까지 기다리도록 명령했으며 이때쯤이면 우익의 포위기동이 효과를 낼 것으로 기대하고 있었다. 바로 그날에 맞춰 스미스-도리언은 방향을 돌려 우세한 적과 대격전을 감행하기로 결정함으로써 BEF를 포위 섬멸하려는 계획을 저지하는데 성공했던 것이다.

쌩 컹탱에 도착한 스미스-도리언은 BEF의 사활을 건 전투가 한창 진행 중이던 그날 정오 GHQ는 이미 그곳을 떠나 후방 20마일 지점인 누와이용으로 이동했음을 알게 되었다. 시내에 있던 부대들은 북쪽에서 대포들이 불을 뿜고 있는데 남쪽을 향해 차를 타고 떠나는 군수뇌부를 보자 더 이상 싸울 기분이 아니었다. "26일 프렌치 경과 그 참모들이 완전히 겁을 먹었던 것은 사실"이라는 어느 영국인의 평가는 납득할 만하다. 이때쯤 다시 냉정함을 회복한 더글러스 헤이그 경은 "르 카토 방향에서 들리는 포성 말고는 제2군단에 대해 아무 소식도 없음. 제1군단이 도울 일은 없는가?"라고 물었다. 거의 마비상태였던 GHQ는 그에게 어떤 답도 줄 수가 없었다. 사령부로부터 아무런 지시도 받지 못한 헤이그는 포성을 듣고 전투가 벌어진 것을 알고 있지만 2개 군단이 서로 떨어져 있기 때문에 "우리가 어떻게 장군을 도와야 할지 방안을 찾을 수 없다"는 전문을 보낸 후 곧바로 스미스-도리언에게 가려고 하였다. 그가 전문을 보낼 때쯤 전투가 끝났다. 이러는 사이 GHQ는 이미 제2군단을 잃은 것으로 포기했었다. 이때까지 연락관으로 남아있던 위게 대령은 오후 8시 죠프르에게 보낸 전문에서 그곳의 분위기를 반영하여 "연결이 끊어진 것으로 보이는 영국군이 전투에 패했다"고 적어 보냈다.

6일전 프랑스에 도착한 이래 최근 4일간 계속해서 전투를 치른 스미스-도리언이 오전 1시 누와이용에 있던 GHQ에 도착해 보니 모두 침대에서 자고 있었다. 자다가 놀라서 잠옷차림으로 나타난 죤 프렌치 경은 스미스-도리언이 멀쩡하게 살아서 제2군단은 궤멸되지 않고 무사하다는 보고를 하자 그것이 뭐 그리 좋은 상황이냐며 그를 나무랐다. 너무도 놀라 간담이 서늘했던 죤 경은 스미스-도리언이 처음부터 제 마음대로 엉뚱한 곳에 위치를 정한 것에 대해 잔뜩 화가 났던 터라 이제는 더 심하게 불같이 화를 냈다. 이 사람은 기병도 아니었으며 르 카토에서는 제멋대로 참모부의 명령을 무시했다. 비록 죤 경은 자신의 공식 보고*에서 이 결단으로 "좌익을 구할 수" 있었음을 인정할 수밖에 없었지만, 그의 놀란 가슴은 곧바로 회복되지 않았다. 르 카토에서 실종된 수천 명이 프랑스 피난민 행렬에 합류해 터벅터벅 걸어서 뒤따라 퇴각했거나 또는 독일군 전선을 가로질러 앤트워프로 탈출한 다음 거기서 다시 영국으로 갔다가 프랑스로 돌아와 마침내 원대 복귀할 때까지 그 사상자 수는 실제보다 훨씬 많아 보였다. 전투개시 후 처음 5일 동안 BEF의 총 사상자 수는 15,000명에 약간 모자라는 것으로 판명되었다. 이러한 인적손실은 영국군을 전투로부터, 위험으로부터, 프랑스로부터 벗어나게 하려는 총사령관의 열망을 더욱 부채질 하였다.

르 카토의 전투가 계속되는 동안 죠프르는 쌩 컹탱에서 일반명령 제2호의 지침을 설명하기 위해 죤 프렌치 경과 랑허작 그리고 그 참모들이 참석하는 회의를 소집했다. 그가 회의를 시작하며 영국군의 근황이 어떠냐고 점잖게 질문하자 죤 경은 수적으로 우세한 적으로부터 계속해서 난폭하게 공격당하면서, 좌측을 포위당할 뻔했고, 우측은 랑허작이 목을 빼고 도망가는 바람에 적에게 노출되었으며, 자신의 군대는 공격을 재개하기에는 너무 지쳤다는 장광설을 터뜨렸다. 참모들의 면전에서는 그 무엇보다도 위엄을 잃지 말아야 한다고 믿고 있던 죠프르는 원수의 "격

---

* 원주 : 공식 보고서는 "8월 26일 아침 보기드문 냉정함, 용맹 그리고 결단력을 갖춘 지휘관이 독자적인 판단으로 작전을 수행하지 않았다면 본관이 지휘하던 군의 좌익을 구하는 일은 결단코 불가능했을 것"이라고 적고 있다. 예의 그 변덕스러운 기질상 어떤 극한 상태에서 이 보고서를 작성 또는 서명 날인했음이 분명한 죤 경은 다시 혐오하는 입장으로 돌아가 1915년 스미스-도리언이 소환 당하게 될 때까지 그를 못마땅해 했으며 전후에 발간한 책을 통해서도 공개적으로 그에 대해 악의에 찬 비난을 지속했다.

앙된 목소리"에 충격을 받았다. 자기 상관의 언급을 아주 완곡하게 번역한 헨리 윌슨의 얘기를 듣고 랑허작은 그저 어깨를 으쓱했다. 명령을 내릴 수 없는 죠프르는 영국군 사령관이 그 전날 발령된 새로운 일반명령에 담겨있는 계획에 협조해 주었으면 좋겠다는 희망을 피력했다.

죤 경은 멍한 표정으로 자신은 그러한 명령에 대해 아는 바가 없다고 말했다. 전날 밤의 실신으로 몸이 불편했던 머레이는 회의에 불참했다. 놀라고 당황한 프랑스 측의 눈길이 일제히 윌슨을 향했으며, 그는 지난 밤 그 명령서를 받았지만 아직 "검토를" 못했다고 설명했다. 죠프르가 세부 내용을 설명했으나 맥 빠진 기색이 역력했다. 토론이 머뭇거리게 되고, 침묵이 점차 길어지면서, 어색함이 점차 불편함으로 바뀌었으며, 결국 영국군으로부터 합동작전에 대한 아무런 합의도 얻어내지 못한 채 회의는 중단되고 말았다. 죠프르는 좌익이 "취약"하다는 느낌을 받은 채 GQG로 돌아왔는데 그곳에서 그는 새삼 모든 전선이 불안하며 참모부를 포함한 군대 전반의 사기가 저하되었다는 잇따른 보고를 들었다. 날이 저물 무렵 마지막으로 영국군 상호 간의 "연결이 끊어졌다"는 위게의 암담한 전보를 받았다.

폰 클룩도 같은 느낌을 받았다. 27일 시행할 그의 명령은 "서쪽으로 전면 도주 중인 영국군을 차단하라"는 것이었고, 그는 OHL에 영국군 "6개 사단 전체"를 (당시 프랑스에는 5개 사단만 있었음) 곧 에워싸게 될 것이며, "만일 27일에도 영국군이 퇴각 방향을 그대로 유지한다면 이중포위 작전은 엄청난 성공을 가져다 줄 것"이라고 보고했다. 나무르가 함락된 다음날 자신의 상대인 프랑스 제5군 역시 "궤멸되었다"는 뷜로브의 보고와 같은 시점에 전해진 이 눈부신 전망은 OHL로 하여금 임박한 승리를 확신하게 해 주었다. 8월 27일 OHL은 "연전연승하던 독일군은 마침내 캉브레(Cambrai)에서 보쥬까지 국경을 넘어 프랑스로 진입했다"

고 공식성명을 발표했다. "전 전선에서 패퇴한 적은 전면 퇴각 중이며…독일군의 진격을 지지할 만한 능력을 이미 상실했다."

열광의 도가니 속에서 폰 클룩은 응분의 보상을 받았다. 그가 모뵈즈를 포위하라는 폰 뷜로브의 명령에 격노하여 그것은 폰 뷜로브가 할 일이라고 이를 거부하며, 자신이 앞으로도 종속적인 입장에 머물러야 하는지를 알려달라고 요구하자 8월 27일 OHL은 그의 독립적인 지위를 회복시켜 주었다. 우익의 3개 군을 단일 지휘 체제로 유지하려는 시도는 수많은 갈등만 남긴 채 중단되었지만, 승리에 이르기까지 남아있는 과정에 별 어려움이 없어 보였기 때문에 당장은 이것이 큰 문제가 될 것 같지 않았다.

그러나 폰 뷜로브는 극도로 언짢았다. 우익의 중앙에 있던 그는 보조를 맞추려 하지 않는 이웃들에 의해 끊임없이 괴롭힘을 당했다. 그는 이미 하우센의 지체로 제3군과 제2군 사이에는 "우려할 만한 틈"이 벌어지고 말았다고 OHL에 경고했다. 출세에 대한 열망을 빼면 그 무엇보다도 매일 밤 숙소에서 제공되는 안락함에 관심이 많았던 하우센도 언짢기는 마찬가지였다. 8월 27일 프랑스에서 맞은 첫날밤, 그는 자신과 동행하던 삭소니(Saxony, 독일 북서부지방에 있던 색슨 왕국으로 19세기 후반 독일제국의 연방이 됨: 역주) 왕세자와 본인에게 적합한 커다란 저택을 구할 수 없었다. 그들은 엉망진창으로 내버려진 군수(sous-préfet)의 집에서 묵을 수밖에 없었는데, 그곳에는 "심지어 침대조차 없었다!" 다음날 밤은 더 엉망이었는데, 그는 쇼팽이라는 농부의 오두막에서 견뎌야 했다! 저녁식사는 빈약했고 방은 "비좁았으며" 그의 참모부는 신부가 전쟁에 나가고 있는 근처의 사제관에서 지내야 했다. 마녀처럼 생긴 신부의 나이든 모친은 주위를 어슬렁거리며 "우리에게 온갖 저주를 퍼부었다." 하늘에 비친 붉은 섬광은 그의 군대가 이제 막 지나온 러크루와가 화염에 휩싸였음을 보여주었다. 행복하게도 다음날 밤은 아름답게 꾸며

진 부유한 프랑스 사업가의 집에서 보냈는데, 주인은 "집에 없었다." 이곳에서 하우센이 겪은 불편이란 벽을 장식하고 있는 배나무의 열매가 "유감스럽게도 아직 덜 익었다는 것" 뿐이었다. 그는 뮌스터 백작, 소령 계급의 킬만섹 백작, 경기병대의 쉔부르그-발덴부르그 왕자, 그리고 군목으로 참전한 삭스 공국의 막스 왕자와 재회의 기쁨을 누렸으며, 이들에게 자기 누이인 마틸다 공주가 방금 전 전화를 통해 제3군의 성공을 기원했다는 반가운 소식을 전할 수 있었다.

하우센은 자신의 색슨 군대가 열흘 동안이나 무더위 속에 수시로 전투를 치르면서 적지를 행군하고 있다고 불평했다. 보급이 진격과 보조를 맞추지 못해 빵과 고기가 점점 부족해지고 있고, 부대원들은 현지의 가축에 의존할 수밖에 없으며, 말들은 사료가 충분치 못했지만 그는 여태껏 그럭저럭 하루 평균 23킬로미터의 행군속도를 유지해 왔다. 사실 그것은 독일군에게 요구된 것 중의 가장 짧은 거리였다. 바퀴 가장자리에 있던 폰 클룩 군은 하루 30킬로미터 혹은 그 이상을, 그리고 간혹 강행군을 하면 40킬로미터까지 소화하고 있었다. 그는 병사들에게 좌우로 흩어지지 말고 도로변에서 그냥 자도록 하여 하루에 6 내지 7킬로미터를 더 이동함으로써 가까스로 이러한 속도를 유지했다. 독일군의 병참선이 길어지고 군대가 보급 거점 너머로 진격하면서 종종 식량보급이 이루어지지 못했다. 말들은 수확도 하지 않은 곡식을 그냥 먹었고 병사들은 익히지도 않은 당근과 양배추 외에는 아무것도 먹지 못한 채 하루 종일 행군했다. 덥고, 지치고, 살갗이 벗겨진 발이 적군만큼이나 자신들을 괴롭히던 독일군들은 점점 더 굶주리면서도 일정대로 움직이고 있었다.

8월 28일 브뤼셀과 파리의 중간지점까지 진출한 폰 클룩은 제1군의 "결정적인 승리"에 대한 "짐의 사의"를 표함과 동시에 "프랑스의 심장부"에 다가간 것을 축하하는 카이저의 전보를 받고 즐거웠다. 그날 밤

아영지의 모닥불 옆에서 연대 군악대가 승전가인 "승리의 꽃다발 속 그 대여, 만세(Heil dir im Siegeskranz)"를 연주했는데, 폰 클룩 군의 어느 장교가 일기에 적었듯이 "그 소리는 수천 명의 함성 속에 묻혀 버렸다. 다음날 아침 우리는 파리를 눈앞에 두고 스당 기념일을 경축할 것이라 는 희망에 부풀어 행군을 재개했다."

바로 그날 그 주가 지나기도 전에 역사에 큰 족적을 남기게 될 새로운 유혹이 폰 클룩에게 떠올랐다. 정찰 결과 뷜로브의 전면에서 퇴각 중인 프랑스 제5군은 남서쪽을 향하고 있었는데 그렇게 되면 적은 그의 행군 로를 가로지르게 될 것이다. 그는 "제5군의 측면을 찾아… 그들을 파리 로부터 멀리 몰아붙여 에워쌀 수 있는" 기회를 보았는데, 이 목표는 이제 영국군을 해안으로부터 차단하는 것보다 더욱 중요하게 보였다. 그는 뷜로브에게 자신들의 2개 군은 "안쪽으로 선회"해야 한다고 제안 했다. 그 무엇도 결정되기 전에 7개 군 전체에 대한 새로운 일반명령을 지참한 OHL의 장교가 도착했다.

황태자의 표현대로 "승리에 대한 전반적인 공감대"에 고무되었던 OHL은 그럼에도 불구하고 로렌으로부터 프랑스군이 이동배치 되는 것 을 우려하게 되었으며, 이제 "새로운 부대의 편성을 막고 적국으로부터 투쟁을 계속하는 데 필요한 수단을 가능한 많이 빼앗기 위해 신속하게 진격할 것"을 요구했다. 클룩 군은 파리의 남서쪽으로 세느 강을 향해 진격할 예정이었다. 뷜로브 군은 곧바로 파리로 갈 예정이었다. 하우센, 뷔르템베르그 공작, 그리고 황태자는 각각 자신들의 군대를 파리 동쪽 마른, 사또-티에리(Château-Thierry), 에페르나이(Epernay) 그리고 비 트리 르 프랑수와로 이끌 예정이었다. 루프레흐트 왕자가 지휘하는 제6 군과 제7군에 의한 프랑스군 요새 방어선 돌파는 다소 애매한 상태였지 만 "만일 적이 후퇴하면" 그들은 툴과 에피날 사이에서 모젤을 건널 작정이었다. 프랑스에게 군을 재편하고 저항세력을 조직할 틈을 주지 않으려면 "그 무엇보다도" 속도가 "요구되는" 상황이었다. 1870년을 기억하는 OHL은 "가능한 신속히 비정규전 형태의 저항을 분쇄하고 국가적 봉기를" 막기 위해 "주민들에게 혹독한 조치를 취하라고" 명령했다. 에스느에서, 그리고 다음에는 보다 후방인 마른에서 적의 강력한 저항이 예상되었다. 이쯤되자 OHL은 클룩의 새로운 아이디어를 반영하여 "이러한 상황에서 군은 진로를 남서쪽에서 남쪽으로 변경할 필요가 있다"는 결론을 내렸다.

이 제안과는 별개로 8월 28일의 명령은 아직 원래의 작전계획을 따르고 있었다. 그러나 이를 수행해야 할 독일군은 더 이상 처음과 같지 않았다. 그들은 거의 완전한 1개 군과 맞먹는 5개 군단이 감소된 상태였다. 클룩은 앤트워프를 포위하고 브뤼셀과 벨기에의 여타 지역을 장악하기 위해 2개 예비군단을 후방에 남겼다. 뷜로브와 하우센은 각각 1개 군단씩을 러시아 전선으로 보냈으며, 또다시 1개 군단과 맞먹은 여단과 사단들을 지베와 모뵈즈 포위를 위해 뒤에 남겼다. 제1군을 파리 서쪽으로 지나게 하면서 원래 계획과 같은 지역을 감당하게 하려면 우익을 보다 얇게 배치하든가 아니면 구성군 사이에 드러나게 될 틈을 방치하는 수밖에 없었다. 이미 이러한 일이 벌어지고 있었는데, 8월 28일 스당 남쪽에서 치열한 교전에 휩말려 "즉각적인 지원"을 요청하는 뷔르템베르그 공작군때문에 왼쪽으로 치우치게 된 하우센은 우측의 뷜로브 군과 접촉을 유지할 수가 없어 뷜로브에게 자신의 우측을 막아 달라고 요구했다. 이들 사이를 메웠어야 할 2개 군단은 탄넨베르그로 이동하는 중이었다.

OHL은 8월 28일 처음으로 불안을 느끼기 시작했다. 걱정스러웠던 몰트케, 슈타인, 그리고 타펜은 루프레히트 군으로부터 증원군을 차출하여 우익으로 보내야 할지 논의했으나 프랑스군의 요새 방어선을 격파하려는 기도를 쉽게 단념할 수가 없었다. 한때 슐리펜이 꿈꾸었으나 포기해버린 완벽한 칸네, 즉 파리를 에워쌀 우익과 동시에 로렌을 돌파할 좌익에 의한 이중 포위가 이제 실현 가능해 보였다. 루프레흐트의 망치가 에피날을 내리치고 있었으며, 그의 군대는 낭시의 문턱에 서서 툴의 방어벽을 두드리고 있었다. 리에쥬의 함락 이후 타펜 대령의 말대로 요새들은 "그 명성을 잃었으며" 이제 하루 이틀이면 루프레흐트가 요새 방어선을 돌파할 것처럼 보였다. 어쨌든 벨기에의 철도가 파괴되었기 때문에 사단들을 이동시키는 것은 현실적으로 어렵게 되었다. 툴과 에피날 사이에서 샤름(Charmes) 협곡을 돌파하는 것이 가능하며, 타펜의 표현을 빌면, "적의 군대를 송두리째 가두는 거대한 형태의 포위에 성공한다면 전쟁은 종지부를 찍게 될 것"이라고 OHL은 스스로 확신하였다. 결국 루프레흐트 휘하의 좌익은 27개 사단 규모의 전 병력을 그대로 유지하게 되었는데, 이는 병력이 감소된 우익의 3개 군과 거의 맞먹는 수준이었다. 이러한 병력배치는 숨을 거두는 순간에도 "초지일관 우익을 강하게 하라"고 되뇌던 슐리펜의 생각과는 동떨어진 것이었다.

벨기에에서 펼쳐진 드라마의 뒤를 좇아 세계의 이목은 브뤼셀과 파리 사이에서 전개된 전쟁 상황에만 모아져 있었다. 일반 대중은 이 기간 내내 로렌에서 프랑스의 동쪽 관문을 격파하기 위한 참혹하기 짝이 없는 전투가 잠시도 쉬지 않고 치열하게 벌어졌다는 사실을 거의 알지 못했다. 독일의 2개 군은 에피날에서 낭시에 이르는 약 80마일의 전선을 따라 카스텔노와 듀바이 군을 상대로 거의 교착상태에서 격렬한 싸움을 벌이면서 몸부림쳤다.

8월 24일 메츠의 병기창에서 실어온 추가분을 포함하여 400문의 대

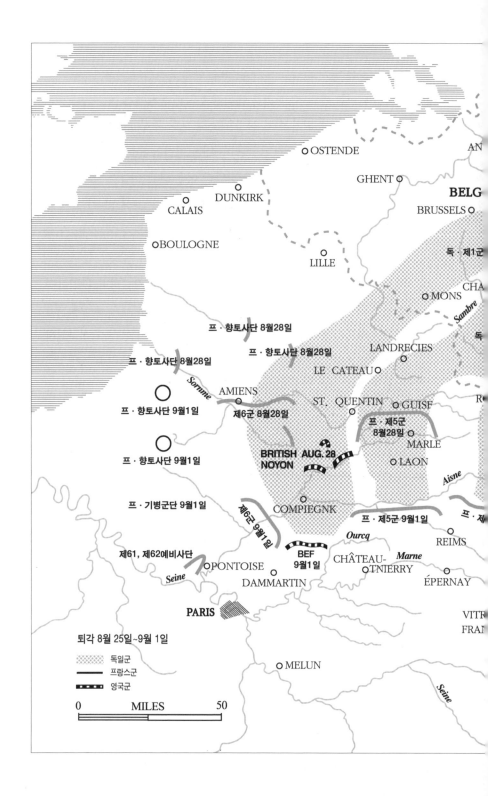

OSTENDE

GHENT

AN

BELG

BRUSSELS

DUNKIRK

CALAIS

독 · 제1군

BOULOGNE

LILLE

MONS

CHA

Sambre

프 · 향토사단 8월28일

프 · 향토사단 8월28일

LANDRECIES

독

프 · 향토사단 8월28일

Somme

LE CATEAU

프 · 향토사단 9월1일

AMIENS

제6군 8월28일

ST. QUENTIN

GUISE

프 · 제5군
8월28일

R

프 · 향토사단 9월1일

BRITISH AUG. 28
NOYON

MARLE

LAON

Aisne

프 · 기병군단 9월1일

COMPIEGNK

프 · 제5군 9월1일

프 · 제

제6군 9월1일

Ourcq

REIMS

제61, 제62예비사단

BEF
9월1일

CHÂTEAU-
TNIERRY

Marne

PONTOISE

Seine

DAMMARTIN

PARIS

ÉPERNAY

VITR
FRAN

퇴각 8월 25일~9월 1일

독일군
프랑스군
영국군

MELUN

Seine

0   MILES   50

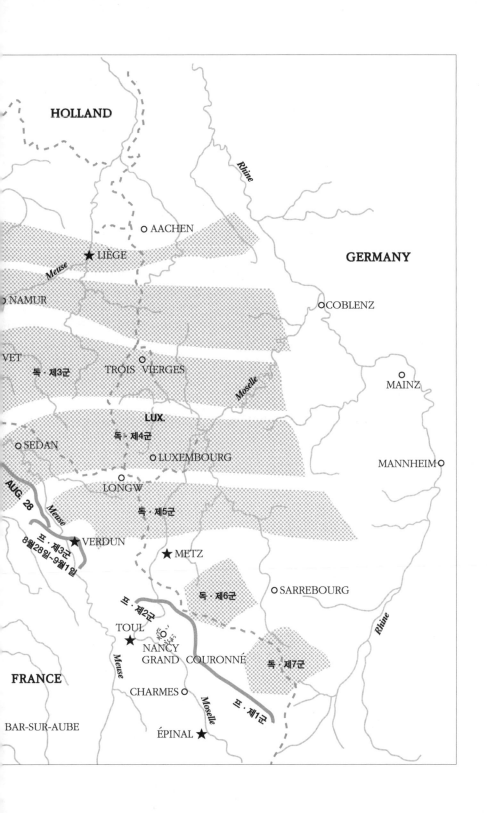

포를 집결시킨 루프레흐트는 일련의 무시무시한 공격을 개시했다. 이제 모든 역량을 방어에만 쏟고 있던 프랑스군은 참호 속에 몸을 감추고 포격을 피하기 위한 즉흥적이면서도 교묘한 갖가지 엄폐물들을 준비했다. 루프레흐트의 공격은 낭시 전방을 지키던 포쉬의 제20군단을 물리치는 데는 실패했지만 보다 남쪽에서 샤름 협곡 앞에 놓인 마지막 강인 모르탄느(Mortagne) 건너편의 돌출부로 돌진하는 데는 성공했다. 이렇게 되자 프랑스군은 곧바로 측면 공격의 기회를 잡았는데 이번에는 야포도 준비되어 있었다. 밤 사이에 대포를 이동시켰다. 25일 아침 "전원 돌격 앞으로!(En avant! Partout! à fond!)"라는 카스텔노의 명령에 맞춰 제2군은 공격을 개시했다. 제20군단은 그랑 꾸로네의 능선으로부터 아래로 돌진하여 3개의 마을과 10마일의 영토를 탈환했다. 우측에서 듀바이의 군은 하루 종일 격렬한 전투를 치른 끝에 비슷한 거리를 진격했다. 알프스 경보병(Chasseurs alpins) 사단장인 모드위 장군은 전투에 앞서 자신의 부대를 사열하며 "브라임 님(La Sidi Brahim)"이라는 용감한 군가를 부르게 했다.

전진하자, 전진하자, 전진하자 (Marchons, Marchons, Marchons)
프랑스의 적을 향해! (Contre les ennemis de la France!)

자신들의 목표였던 클레젱탠(Clezentaine)을 점령했는지도 모르는 채 여러 부대들이 흩어져 비틀거리고 있을 때 날이 저물었다. 말에 타고 있던 모드위 장군은 땀에 젖은 초췌한 모습으로 야영지를 찾고 있는 중대를 보자 앞을 가리키는 자세로 팔을 뻗으며 "경보병들! 제군들이 정복한 마을에서 자라!"고 외쳤다.

트루에 드 샤름과 그랑 꾸로네를 차지하기 위한 3일간의 피비린내나는 전투가 계속되었고 8월 27일 그 절정을 이루었다. 바로 이날 다른 지역의 부진과 실망에 둘러싸여 무엇 하나 마음에 드는 것을 찾기 힘들었던 죠프르는 로렌에서 전투가 시작된 이래 2주일 동안 잠시의 소강상태도 없이 "승리에 대한 철벽 같은 불굴의 신념"을 가지고 싸우고 있던 제1군과 제2군의 "용기와 끈기"에 대해 경례를 보냈다. 적이 이곳을 무너뜨리면 전쟁이 끝난다는 것을 알고 있던 그들은 적의 무자비한 공격에 맞서 성문을 지키기 위해 젖 먹던 힘을 다하여 싸웠다. 그들은 칸네에 대해서는 아는 것이 없었지만 스당과 포위에 대해서는 알고 있었다.

우측의 요새 방어선을 지키는 것도 필수적이었지만 좌측의 상황은 더욱 위험했기 때문에 죠프르는 동부전선으로부터 활력의 핵심을 빼낼 수밖에 없었다. 그 핵심이란 바로 "승리를 향한 의지"의 화신인 포쉬였는데 이제 죠프르는 무너지고 있는 좌측 전선을 보강하는 데 그가 필요했던 것이다.

제4군과 제5군 사이에 위험한 틈이 벌어지고 있었으며 이제 그 간격이 30마일에 이르렀다. 이 공간은 싸워보지도 않고 독일군이 뫼즈를 건너게 할 마음이 없었던 제4군의 드 랑글 장군이 스당 남부의 높은 제방에 진을 치고 8월 26일에서 28일까지 3일간 처절한 싸움을 벌여 뷔르템베르그 공작 군의 공격을 막아낼 때 생긴 것이었다. 드 랑글은 뫼즈 전투에서 자기 부대가 거둔 성과로 아르덴느에서 당한 패배를 복수했다고 느꼈다. 그러나 그곳을 사수한 대가로 랑허작 군과 연결이 끊어지고 말았는데, 제5군은 제4군과 맞닿은 측면을 노출시키면서 후퇴를 계속했던 것이다. 죠프르가 포쉬에게 제4군에서 일부 그리고 제3군에서 일부를 각각 차출하여 3개 군단 규모로 편성한 특별군*의 지휘권을 주어 그곳으

---

* 원주 : 9월 5일 제9군이 되기까지는 포쉬 분견대로 알려짐.

로 보낸 이유가 바로 이 공간을 막기 위함이었다. 그 명령을 받던 날 포쉬는 자신의 외아들인 제르맹 포쉬 중위와 사위인 베쿠르 대위가 뫼즈에서 전사했다는 소식을 들었다.

서쪽으로 보다 멀리 랑허작과 영국군이 담당하고 있는 지역에서 죠프르는 계획대로 솜 강을 따라 전선을 고정시키려 했지만 그곳은 마치 모래성의 밑부분처럼 계속해서 무너지고 있었다. 영국군 총사령관은 전선을 지키겠다는 아무런 언질도 주지 않을 것 같았고, 그와 랑허작 간의 협력은 최하 수준이었으며, 점점 죠프르의 신임을 잃고 있던 랑허작도 더이상 기대하기는 어려워 보였다. 비록 8월에 한움큼의 장군들을 내쳤지만 죠프르는 명성이 높은 랑허작을 해임하는 것을 주저하고 있었다. 그의 참모들은 계속해서 공격작전 실패의 책임자들을 찾고 있었는데, 임무를 마치고 전선에서 돌아온 어떤 참모장교가 "내 여행가방 속에 장군 세 명의 머리가 들어 있다"고 보고했다. 랑허작은 그렇게 간단히 처리할 수 있는 인물이 아니었다. 제5군은 보다 신념이 확고한 지휘관이 필요하다고 죠프르는 판단했다. 그래도 퇴각의 와중에 지휘관을 해임하는 것은 사기에 치명적인 위험을 초래할 수도 있었다. 그는 부관에게 이 문제로 이미 이틀이나 잠을 자지 못했다고 고백했는데, 전쟁기간 중 그를 이토록 번민하게 만든 것은 이것이 유일한 경우였다.

한편 새로 편성된 제6군에 합류하기 위해 파리에서 출발한 제61 및 제62예비사단이 사라졌는데, 그들의 지휘관인 에베네 장군이 하루 종일 그들을 찾았지만 그들이 어떻게 되었는지 아무도 몰랐다. 제6군의 하차지점이 점령당할 것을 우려한 죠프르는 그들을 제자리에 배치하는 데 필요한 시간을 벌기 위한 필사적인 노력으로 제5군에게 방향을 바꿔 반격하라는 명령을 내렸다. 그렇게 하려면 쌩 컹탱과 귀즈 사이에서 서쪽 방향으로 공격할 수밖에 없었다. 제5군에 파견된 죠프르의 연락장교였던 알렉상드르 대령은 그 당시 쌩 컹탱에서 동쪽으로 약 25마일 떨어진 말르(Marle)에 있던 랑허작의 사령부에 구두로 그 명령을 전달하었다. 동시에 죠프르는 죤 프렌치 경의 화를 가라앉히고 사기를 북돋워 주기 위해 영국군 동지들의 용감한 지원에 대한 프랑스군의 감사를 전하는 전문을 보냈다. 그것이 발송되자마자 그는 랑허작이 공격을 시작하기로 되어있는 바로 그 시점에 영국군은 이미 그의 좌측을 무방비 상태로 방치한 채 쌩 컹탱에서 철수했음을 알게 되었다. 위게의 또 다른 비관적인 공문서에 의하면, BEF 휘하의 5개 사단 중 3개 사단은 철저한 휴식과 재정비가 마무리 될 때까지 즉, "향후 수일 또는 수주일간" 전장에 임할 수가 없을 정도로 "패퇴하여 중요한 역할을 할 수 없는 상태"였다. 죤 프렌치 경도 같은 내용을 거의 같은 단어를 써가며 키치너에게 보고했기 때문에 위게가 군대의 분위기나 객관적인 사실이 아닌 영국군 수뇌부의 분위기를 전한 것을 가지고 그만 비난할 수는 없다. 알렉상드르 대령으로부터 랑허작이 공격명령에 대해 주저하고 있다는 내용으로 시작되는 전문이 들어왔다.

비록 부하 장교 중 많은 이들은 이 명령에 대해 적극적이었지만 랑허작 자신은 그것을 "거의 미친 짓"으로 여겼으며 실제로 그렇게 말했다. 제5군을 서쪽으로 향하게 하면 노출된 우측으로 적의 공격을 끌어들일 가능성이 있었다. 그는 전선이 확고하게 정비되고 반격이 어느 정도 성공할 수 있으려면 우선 전선에서 완전히 철수하여 라옹(Laon)까지 후퇴하는 것이 급선무라고 판단했다. 지금 죠프르가 명령한 방향으로 공격하려면 그는 제대로 징돈되지도 않은 군대를 복잡한 기동방식으로 반바퀴를 돌려야 하는데 현재의 위치와 우측에 대한 적의 위협을 고려할 때 이는 매우 위험한 일이었다. 그의 작전부장인 슈나이더가 의아해 하는 알렉상드르 대령에게 그 어려움을 설명하려 했다.

"뭐라고요! 왜, 이보다 더 간단한 일이 어디 있습니까? 제5군은 지금 북쪽을 향하고 있는데, 이를 쌩 컹텡으로부터 공격을 가하기 위해 서쪽으로 향하도록 요구한 것입니다." 그는 5개 군단을 나타내기 위해 다섯 손가락을 펼친 손을 움직여 허공에서 직각으로 선회하는 동작을 묘사했다.

"말도 안되는 소리 그만하시오, 대령" 슈나이더가 화를 참지 못하고 소리쳤다.

"글쎄, 아무것도 하지 않겠다면…" 알렉상드르 대령은 경멸하듯 어깨를 움츠리며 말을 맺었는데, 그 자리에 있던 랑허작은 이런 행동을 보고 화를 참지 못하며 GQG의 전략에 대한 자신의 생각을 직설적으로 장황하게 쏟아내고 말았다. 이제는 죠프르와 GQG에 대한 그의 믿음이나 그 자신에 대한 그들의 믿음이나 별반 차이가 없었다. 한쪽에는 합동작전을 거부하며 독자적으로 움직이는 외국인 장군이 있고 반대쪽은 무방비 상태로 열어둔 채 (포쉬의 분견대는 이틀 후인 8월 29일부터 배치되기 시작했음) 이제 반격하라는 요구를 받은 랑허작은 엄청난 압박감에 시달렸다. 그는 성질이 급해 그렇게 화를 냈던 것이 아니다. 프랑스의 명운이 걸린 임무를 맡았지만 죠프르의 판단에 전혀 믿음이 가지 않았던 그는 언짢은 상태에서 자신의 기분을 전쟁 전부터 유명했던 자신의 신랄한 독설로 내뱉었던 것이다. 그는 죠프르를 단순한 기술자를 의미하는 "공병(sapper)"이라고 부르며 그에 대한 존경심이 없음을 그대로 드러냈다.

"나는 랑허작 장군이 여러 명의 장교들에게 둘러쌓여 있는 것을 보았다"고 그를 만나러 왔던 예하 군단 소속의 한 참모장교가 말했다. "그는 매우 언짢아 보였고 거친 말투로 얘기했다. 그는 GQG와 동맹군을 비판하면서 말을 가리지 않았다. 그는 총사령부와 영국군에 대해 잔뜩 화가 나 있었다. 그가 얘기한 요점은 자기에게 필요한 것은 다름 아니라 그냥 내버려두라는 것이고, 자신은 필요한 만큼 멀리 후퇴할 것이며, 자기 스스로 적절한 시점을 택해 적군을 그들이 출발했던 곳으로 걷어차 쫓아 버리겠다는 것이었다." 랑허작 자신의 말을 빌리자면, "내가 느끼는 불안이 너무 커 심지어 참모들 앞에서도 이를 숨길 엄두가 나지 않았다." 부하들 앞에서 불안함을 내보인 것도 크게 잘못된 것이었지만, GQG와 원수를 공개적으로 비난하는 죄를 더함으로써 랑허작의 목숨은 초읽기에 들어가고 말았다.

다음날인 8월 28일 이른 아침 죠프르 자신이 직접 말르를 방문하여 그곳에서 눈에 핏발이 선 초췌한 모습의 랑허작이 신경질적인 몸짓으로 반격작전을 거부하는 것을 확인했다. 랑허작이 제5군 전체가 서쪽을 향하고 있는 동안 적이 우측을 공격할 위험에 대해 다시 한번 역설하자 죠프르는 갑자기 무시무시한 분노를 폭발시키며 "지휘권을 박탈당하고 싶은 거요? 잔말 말고 진군하시오. 이 교전의 성패는 장군 손에 달려 있소"라고 소리쳤다. 이 극적인 대충돌은 멀리 파리까지 울렸는데 가는 동안 천둥번개가 더하여져 다음날 프앙카레 대통령의 일기장에 도착할 때쯤에는 만일 주저하거나 공격명령에 불복하면 랑허작을 쏘아 버리겠다고 죠프르가 위협한 것으로 기록되었다.

계획의 잘못을 확신하고 있던 랑허작은 문서로 된 명령이 없으면 움직일 수 없다고 했다. 냉정을 되찾은 죠프르는 이에 동의하고 자신의 구술을 랑허작의 참모장이 받아 적은 명령서에 서명했다. 죠프르의 의견에 의하면 자신에게 주어진 명령과 임무를 아는 지휘관은 더 이상 불안해야 할 이유가 있을 수 없으므로 그는 어쩌면 이때 랑허작에게도 나중에 페탱(Pétain)에게(1915년 죠프르는 베르덩의 프랑스군을 지휘하도록 페탱을 파견했으며 그는 중화기를 활용하여 이 임무를 성공적으로 수행함: 역주) 역사상 가장 극심했던 포격 속에서 베르덩을 사수하라는 명령을 내릴 때처럼 "장군, 이젠 마음을 편하게 하세요(Eh bien, mon ami, maintenant vous etes tranquille)"라고 말했을 지도 모르겠다. 마지못해 그 임무를 수락했지만 충분히 마음이 가라앉지 않았던 랑허작은 다음날 아침까지 준비를 마칠 수 없다고 주장했다. 하루 종일 제5군의 소속 군단들이 서로 상대방의 전선을 가로지르는 복잡하고도 뒤엉킨 이동을 하며 옆으로 선회하는 동안, 계속되는 전화에 화가 치민 랑허작이 참모들에게 대응하지 말라고 명령할 때까지 GQG는 쉴 새 없이 전화를 걸어 "서두르라"고 독촉했다.

이날 영국군 수뇌부는 BEF를 남쪽으로 이동시키기 위해 병사들에게는 적과의 거리를 벌리는 것보다 훨씬 더 절실했던 휴식도 빼앗을 정도로 급하게 서두르고 있었다. 폰 클룩의 선봉부대가 그들에게 아무 문제도 일으키지 않았던 8월 28일도 존 프렌치 경과 윌슨은 수송대에게 "절대적으로 필요한 것 외에 모든 탄약과 기타 방해물을 차 밖으로 버리고" 그 대신 병사들을 실으라는 명령을 내릴 정도로 퇴각을 서두르며 불안해 했다. 탄약을 버린다는 것은 더 이상의 전투를 포기한다는 뜻이었다. BEF는 영국 땅에서 싸우는 것이 아니다 보니 그 지휘관은 자신들의 후퇴가 우군에게 미칠 영향에 관계없이 방어선에서 군대를 빼낼 채비가 되어 있었던 것이다. 프랑스군은 첫 전투에서 졌으며 지금은 패전을 막기 위해 단 하나의 사단도 아쉬울 정도로 심각하다 못해 거의 절망적인 상황이었다. 그러나 그들은 적에게 돌파당하거나 포위되지도 않았고, 용감하게 싸우고 있었으며, 죠프르는 계속해서 싸우겠다는 결연한 의지를 드러내 보이고 있었다. 그럼에도 불구하고 위험을 피하기 어렵다는 생각에 사로잡힌 존 프렌치 경은 이미 BEF를 프랑스군의 패배에 휩쓸리지 않도록 따로 보존하기로 결심했던 것이다.

야전지휘관들은 사령부의 비관론에 공감하지 않았다. 사실상 더 이상 싸우기를 거부하는 내용의 명령을 받자 그들은 실망했다. 헤이그의 참모장인 고어 장군은 화가 나서 그것을 찢어 버렸다. 제2군단의 상태가 "매우 양호하며" 마주한 적이 "겨우 소규모 부대들인데다가 상당한 거리를 두고 있다"고 판단한 스미스-도리언은 본인 휘하의 제3 및 세5사단에 대해 그 명령을 취소시켜 버렸다. 제4사단장 스노우 장군에게는 스미스-도리언의 메시지가 너무 늦게 도착했다. "헨리가 스노우볼에게" 발송한 "절름발이 오리들을 신고 서둘러 떠나라"는 명령을 직접 전달 받은 그는 이미 그 명령을 이행하여 부대원들에게 "매우 부정적인 영향"을 끼쳤는데, 그들은 극도의 위험에 처한 것이 틀림없다고 생각하여 여분의 옷과 군화마저도 내버릴 정도였다.

먼지와 더위 그리고 이루 말할 수 없는 실망과 피곤함 속에서 영국군의 후퇴는 계속되었다. 다리를 질질 끌며 쌩 컹탱을 지나던 2개 연대에 소속된 지친 낙오병들이 행군을 포기하고, 기차역에 무기를 쌓아 놓은 채 역 광장에 주저앉아 더 이상 걷기를 거부했다. 그들은 마지막 부대가 쌩 컹탱을 떠날 때까지 독일군을 막으라는 명령을 수행 중인 기병대의 브릿지 소령에게 이미 자신들의 연대장들이 시장에게 더 이상의 포격으로부터 이 도시를 구하기 위해 항복하겠다는 서면약속을 했다고 말했다. 자기가 알고 있던 상급자인 대령들과 맞서는 것도 불사하며, 브릿지는 필사적으로 군악대를 이용하여 사기가 꺾여 광장에 뻗어있는 이, 삼백 명의 병사들을 일으켜 세우려고 했다. "안될 게 뭐 있어? 근처에 있던 장난감 가게에서 트럼펫과 호루라기 그리고 드럼을 구한 다음 우리는 미친 듯이 드럼을 치고 영국 근위병(British Grenadiers)과 티퍼러리(Tipperary)를 연주하며 병사들이 죽은 듯이 누워 있는 분수대 주위를 빙빙 돌기 시작했다." 병사들은 일어나 앉아 웃기 시작했으며 환호하다가 하나씩 일어나 정렬했고 "결국 우리는 이제 하모니카까지 가세한 즉흥 밴드의 음악에 맞춰 천천히 움직이기 시작하여 밤까지 걸었다."

즉흥밴드의 드럼소리를 듣고 원기를 회복할 수 없었던 존 프렌치 경은 자신이 맡고 있는 지역만 보면서 카이저는 "뿌리 깊은 원한과 증오 때문에 우리를 궤멸시키기 위한" 압도적인 병력을 이곳으로 모으기 위해 "전장의 다른 부분이 약해지는 위험을 감수한 것이 틀림없다"고 확신했다. 그는 키치너에게 제6사단을 보내 달라고 요구했으며 키치너가 그들을 대신할 군대가 인도에서 올 때까지 보낼 수 없다고 하자 이 거절이야말로 "가장 실망스럽고도 해로운" 것이라고 생각했다. 실제로 몽의 충격 이후 한동안 키치너는 독일군 측면을 치기 위해 제6사단을 벨기에로 상륙시키는 방안을 고려한 적이 있었다. 피셔와 에셔에 의해 줄기차게 주창된 오래된 아이디어 즉, BEF를 프랑스군 방어선의 부속물로 쓸 것이 아니라 벨기에에서 독자적으로 운용하자는 생각은 한시도 영국군의 머리에서 떠난 적이 없었다. 이제 이 방안이 소규모로 시도되었으나 허사였으며, 두 달 뒤 앤트워프에서도 같은 일을 반복하게 된다. 제6사단 대신 영국해병 3개 대대가 폰 클룩 군을 끌어내기 위해 8월 27일과 28일에 오스탕에 상륙했다. 그들은 나무르가 함락된 후 프랑스군을 따라 퇴각했다가 영국 군함을 이용하여 오스탕으로 보내진 6,000명의 벨기에군과 합류하였지만 알고보니 그들은 전투를 벌일 만한 상태가 아니었다. 이때쯤 프랑스에서 퇴각이 계속되면서 전선이 너무 멀리 물러나 버려 작전은 무의미하게 되었고 해병들은 8월 31일 귀환해 버렸다.

이 일이 일어나기 전인 8월 28일 존 프렌치 경은 이제 서쪽을 향한 폰 클룩의 쇄도로 위협을 받게 된 아미앵의 전진기지를 철수하였고, 다음날에는 영국군의 본 기지를 르 아브르에서 후방인 노르망디 반도 아래의 쌩 나제르(St. Nazaire)로 옮기라는 명령을 내렸다. 탄약을 버리라는 명령과 마찬가지로 이러한 이동은 이제 그를 사로잡고 있는 한 가지 절실한 소망 즉, 프랑스를 떠나고 싶다는 생각을 반영한 것이었다. 한편 그러한 생각에 동의하면서도 또 한편으로는 그것이 수치스러웠던 헨리 윌슨은, 그와 가까웠던 어느 장교의 표현에 의하면 "여느 때처럼 얼굴에 우스꽝스러운 기묘한 표정을 지은 채 시간을 재듯 일정한 간격으로 부드럽게 손뼉을 치며 낮은 목소리로 '우리는 절대로 그곳에 가지 못해, 우리는 절대로 그곳에 가지 못해'라고 흥얼거리며 천천히 방안을 오르락내리락 했다. 그가 내 옆을 지날 때 '그곳이 어딘데, 헨리?'라고 물었다. 그러자 그가 '바다로, 바다로, 바다로'라며 계속 흥얼거렸다."

20. 전방에 파리가 있다

커다란 가로수 길은 텅 비었고, 상점들은 문을 닫았으며, 버스, 전차, 자동차 그리고 마차들도 사라졌다. 그들이 붐비던 자리에는 전선으로 수송되는 한 무리의 양들이 콩코드 광장을 가로질러 동부역을 향해 가고 있었다. 번잡한 통행이 끊긴 광장과 가로수 길은 설계도에 그려진 모습을 그대로 드러냈다. 대부분의 신문이 발간을 중단한 채 신문 판매대는 생존자를 찾는 한 장짜리 전단들만 초라하게 붙어 있었다. 관광객들이 자취를 감추었고, 리츠에는 투숙객이 없었으며 뫼리스(Meurice)는 병원으로 바뀌었다. 역사상 처음으로 그해 8월의 파리는 프랑스인들만의 도시였으며 고요했다. 태양이 빛났고, 분수들이 롱 뿌엥(Rond Point)에서 반짝거렸고, 나무는 푸르렀고, 조용한 세느는 변함없이 흘렀으며, 줄지어 선 찬란한 연합국 국기들이 세계에서 가장 아름다운 도시에 희미한 잿빛 아름다움을 더해 주고 있었다.

방대한 건물 밀집 지역인 앵발리드에서 갈리에니는 말뿐인 "참호로 에워싼 진지"를 실제로 구축하는 데 필요한 특단의 조치들을 취하기 위해 관료들의 방해와 망설임에 부딪혀 고전하고 있었다. 그는 포위에 맞서 저항하는 트로이가 아니라 작전기지로 쓸 수 있는 진지를 염두에 두고 있었다. 그는 리에쥬와 나무르의 사례로부터 파리가 적의 새로운 대형 공성포에 의한 포격을 견딜 수 없음을 알고 있었기 때문에 그의 계획은 포위당하도록 가만히 앉아서 기다리는 것이 아니라, 비록 아직 확보하지는 못했지만 군대를 동원하여 외곽 방어진지 너머에서 전투를 벌이는 것이었다. 발칸전쟁과 만주사변에 대한 연구를 통해 그는 측면에 철조망과 "늑대굴" 즉, 위로 향한 뾰족한 막대기로 바닥을 채우고 입구가 넓은 구멍을 설치하고, 흙으로 쌓은 둔덕과 통나무로 엄폐된 깊고 좁은 참호로 구성된 진지에 잘 훈련되고 기관총으로 무장한 용감한 군대를 투입한 방어체제는 사실상 난공불락임을 확신할 수 있었다. 비록 아직 그곳에 투입할 군대를 갖추지는 못했지만 이러한 것이 바로 포대 사이의 공간에 그가 구축하려는 진지였다.

점점 커져가는 절망감 속에서 매일같이, 어떤 날은 하루에도 두세 번씩 그는 GQG에 전화를 걸어 3개 정규군단을 보내 달라고 요구했다. 그는 죠프르에게 서신과 전령을 보내고, 국방장관과 대통령에게 파리는 준비되어 있지 않다는 것을 반복해서 경고하며 그들을 독촉했다. 8월 29일이 되어서야 그는 겨우 1개 해군여단을 확보했는데 흰 제복을 입고 경쾌한 호각소리에 맞춰 거리를 행진하는 그들의 모습은 갈리에니는 아닐지라도 군중들을 열광시켰다.

그는 이 작업이 세 부분으로 이루어져 있다고 생각했는데 즉, 군사적 방어, 정신적 방어 그리고 법적 근거의 확보가 그것이었다. 이러한 과업들을 완수하려면 국민들에게 정직할 필요가 있었다. 정치가들을 경멸하는 것만큼이나 갈리에니는 위험에 직면해서도 현명하게 대응할 것으로 믿고 있던 파리시민들을 존경했다. 그는 프앙카레와 비비아니가 국민들에게 진실을 알리려 하지 않는다고 판단하고 있었으며 국민들을 속이기 위해 "무언극"을 준비하고 있다고 의심했다. 요새의 사선(射線)을 가로막는 건물들을 파괴할 수 있는 권한을 얻으려는 그의 노력은 주민들을 놀라게 하지 않으려는 당국의 비협조로 인해 방해를 받았다. 사유재산을 파괴하려면 그때마다 구청장과 배상규모를 결정하는 주임기사가 같이 서명한 서류가 있어야 하는데, 이 절차는 끝없는 골칫거리와 지연의 주범이었다. 행정수도인 파리를 군사적으로 방어하기 위해 "요새화된 진지"로 만들 수는 없다고 강변하는 사람들은 안 그래도 어려운 이런 결정에 대해 "미로처럼 복잡한" 논란을 제기했다. 이 문제는 이르쇼에르 장군이 혐오스럽게 언급했듯이 "방대한 논쟁의 장"을 제공했으며 그는 얼마 안 가 비무장도시 주창자들이 군정장관이라는 자리가 불법임을 입증하게 되지 않을까 우려했다. "법적 근거도 없이 재판관을 납득시킬 수는 없다"고 그는 말했다.

갈리에니가 한 가지 근거를 확보했다. 8월 28일 전방 지역이 확장되어 파리와 그 양쪽으로 세느에 이르는 지역까지 포함하게 되면서 파리시 정부는 군정장관의 통제하에 놓이게 되었다. 오전 10시 갈리에니는 자신의 군사 및 민간 내각을 소집하여 수도방위위원회를 개최했는데 모두 기립한 채로 진행된 위원회는 10시 15분에 끝났다. 위원들은 파리를 방어해야 하는가에 대한 논의가 아니라, 적의 출현으로 인해 "비상 사태"에 관한 법령이 필요하다는 것을 단순히 인증해 달라는 요구를 받았다. 법적 근거를 제공할 서류는 이미 만들어져 책상 위에 놓여 있었다. 갈리에니는 한 사람씩 불러 서명하게 하고 곧바로 폐회를 선언했다. 그것은 그가 주재한 처음이자 마지막 위원회였다.

그는 반대자나 엉거주춤한 자 또는 노약자나 장애자에 대한 어떠한 예외나 동정도 없이 무자비하게 수도방위를 위한 준비 작업을 밀어붙였다. 죠프르처럼 그도 무능한 인물들을 제거했다. 부임 첫날 공병대 소속 장군을 해임하고 이틀 후에 또 다른 장군을 쫓아냈다. 파리 근교의 모든 거주자들은 "심지어 고령자와 환자들까지도" 곡괭이와 삽을 들고 노역에 동원되었다. 24시간 이내에 10,000개의 삽과 곡괭이를 모으라는 명령이 내려졌으며, 저녁이 되자 수집이 완료되었다. 같은 날 갈리에니가 연장으로 쓰기 위해 10,000개의 사냥 칼을 주문하자 조달관이 그러한 구매는 불법이라 불가능하다고 항의했다. "쓸데없는 소리 그만!" 하고 갈리에니가 코안경 너머로 날카롭게 쏘아보며 말했고 사냥 칼은 차질 없이 확보되었다.

8월 29일이 되자 파리를 중심으로 반경 20마일 이내의 지역 즉, 남쪽으로 멜룅(Melun), 북쪽으로 다마르탱(Dammartin)과 퐁뚜와즈 (Pontoise)에 이르는 지역이 갈리에니의 통제를 받게 되었다. 이 지역의 교량들을 폭파하기 위한 준비가 진행되었다. "문화재"와 "국가 유물" 로 분류된 것들에 대해서는 마지막 불가피한 순간까지 파괴되지 않도록 특별 감시체제가 수립되었다. 심지어 하수구를 포함하여 도시로 들어오는 모든 통로에 방책이 설치되었다. 제빵사, 도축업자, 원예사들이 소집되었고 가축들은 방목을 위해 불로뉴 숲으로 보내졌다. 탄약 비축을 서둘기 위해 갈리에니는 "모든 수단을 다 동원하여" 차량들을 징발하였는데 여기에는 곧 불후의 명성을 얻게 되는 파리의 택시들도 포함되었다. 방어진지의 포병 참모로 지명된 사람은 전임 대위였고 현재는 소령으로 일찍이 역사 속에 묻혔다가 55세의 나이에 현역으로 복귀한 알프레드 드레퓌스였다.

전방에서는 로렌의 제1군과 제2군이 루프레흐트의 무시무시한 포격을 받으면서도 여전히 사력을 다해 악착같이 모젤 방어선을 지키고 있었다. 그곳의 방어선은 일진일퇴를 거듭하고 있었으며 어떤 지역은 독일군의 날카로운 공격을 받아 뚫리기도 했다. 프랑스군이 그들의 측면으로 반격을 가하며 강력하게 견제했기 때문에 침투 지점이 본격적인 돌파구로 넓어지지는 않았다. 취약한 곳을 찾는 루프레흐트 군과 서부 전선을 보강하기 위한 죠프르의 요구로 병력이 감소되어 얼마나 오래 버틸 수 있을지 혹은 과연 버틸 수 있을지 확실치 않은 듀바이와 카스텔노 군 사이에서 전투는 계속되었다. 독일군이 점령한 마을에서는 벨기에에서 저질러졌던 일들이 되풀이되었다. 메츠의 독일군 지사는 벽에 붙인 공고문을 통해 낭시 외곽의 노메니에서 "시민들이 우리 군에 발포했다"고 공표했다. "따라서 나는 이에 대한 벌로 마을을 완전히 잿더미로 만들라고 명령했다. 이제 노메니는 파괴될 것이다."

전선이 서쪽을 향하고 있던 카스텔노의 좌측 지역에서는 모누리의 사단이 빠져나가면서 균형을 잃은 루페이의 제3군이 베르덩을 지나 뫼즈 후방까지 밀려나고 있었다. 그 옆에 위치한 제4군은 8월 28일까지도 전선을 사수함으로써 후퇴는 "전략적"인 것이지 패주가 아님을 입증하였으나 8월 29일 퇴각을 재개하라는 명령을 받았다. 드 랑글 장군에게는 분통이 터질 노릇이었다. 왼쪽으로 더 멀리 프랑스군 방어선에 대한 압박이 가장 심한 곳에서는 랑허작 장군의 제5군이 죠프르가 억지로 떠맡긴 쌩 컹텡을 향한 반격을 위해 선회기동을 마무리하고 있었다. 방어선의 끝부분에서는 모누리의 제6군이 제자리를 찾아 포진하는 중이었다. 모누리와 랑허작 사이에서는 죤 프렌치 경이 다음날 벌어질 전투에 대해 알고 있었음에도 불구하고 BEF를 퇴각시키는 중이었다.

헤이그가 랑허작에게 자기 군대는 "완벽하게 공격할 준비가 되어 있으며 쌩 컹텡에서 전개될 프랑스군 작전을 위해 제5군과 직접 연락을 취하면서 서로 협력하여 싸우기를 희망한다"는 말을 전하며 그 어느 때 보다 절실히 요구되던 실질적인 영불협력을 제시했을 때 영국군의 퇴각은 거의 중단될 뻔했었다. 그 즉시 서둘러 그를 만나러 간 랑허작의 참모는 작은 언덕에서 부관에게 자기 말을 맡긴 채 흰 십자가가 그려진 삼각기를 펄럭이며 땅에 꽂혀있는 창 옆에 그림 같은 모습으로 서 있는 헤이그를 발견했다. 헤이그는 자신의 공중정찰보고에 의하면 적은 "앞으로 진격하면서 측면을 드러낸 채" 쌩 컹탱 남서쪽 방향으로 이동하고 있다고 말했다.

"어서 장군에게 이 정보를 전하고… 이에 대응하도록 하시오. 나는 이번 공격에서 그분과 협력하기를 간절히 바랍니다." 랑허작에게 전달된 이 제안은 그에게 "기분 좋은 만족"을 주었으며 "더글러스 헤이그 경에 대해 뭔가 멋진 말을 하도록" 그를 감동시켰다. 아침에 있을 합동작전에 필요한 사항들이 확인되었으며 남은 것은 오직 영국군 총사령관의 승인뿐이었다. 새벽 2시 GHQ로부터 군대가 "너무 지쳐 있어 최소한 하루는 쉬어야" 하기 때문에 존 프렌치 경이 승인을 거부했다는 전언이 왔다. 그러나 이 평계는 제2군단에는 맞을지 모르지만 그 지휘관 스스로 준비가 되어 있다고 보고한 제1군단에는 맞지 않는 것이었다. 랑허작의 분노가 폭발했다. 그는 "이것은 배신이야!(C'est une félonie!)"라고 소리치면서 듣는 사람이 "존 프렌치 경과 영국군에 대해 끔찍하고도 용서할 수 없는 표현"이라고 묘사한 말들을 퍼부었다.

그럼에도 불구하고 다음날 아침, 자신을 향해 밀고 내려오는 폰 뷜로브와 공격작전을 감시하기 위해 올라온 죠프르 사이에 낀 랑허작은 공격하는 것 외에 달리 선택의 여지가 없었다. 뷜로브는 생포한 프랑스군 장교로부터 압수한 자료를 통해 곧 시작될 공격을 알고 있었으며 경계를 늦추지 않고 있었다. 랑허작의 기분이 걱정스러웠던 죠프르는 자신이 무한정 가지고 있는 냉정함을 빌려주기 위해 아침 일찍 랑허작의 사령부가 있는 라옹에 도착했다. 라옹은 초록빛 바다의 파도처럼 오르락내리락하면서 수 마일에 걸쳐 펼쳐진 평원을 내다볼 수 있는 높은 대지에 자리잡고 있다. 북쪽 20마일 지점에 거대한 반원을 이룬 제5군이 귀즈와 쌩 컹탱 방향으로 북서쪽을 바라보며 집결해 있었다. 마을의 가장 높은 곳에 있던 교회당 첨탑에는 괴수의 머리 모양 대신 소머리 모양의 석조물들이 소처럼 침착한 자태로 주변의 경치를 바라보고 있었다. 죠프르는 그 아래 똑같이 조용하고 침착하게 앉아, 랑허작이 명령을 구술하고 전투를 지휘하는 것을 주시했다. 그는 랑허작이 "권위와 방법"을 보여주는 것에 만족하여 다음 용무를 보러 가는 길에 자동차 경주 선수출신 운전병과 같이 기차역 식당에서 그럴듯한 점심을 먹기 위해 떠나도 괜찮겠다고 느낄 때까지 말 한마디 없이 세 시간 동안 그곳에 머물렀다.

다음 용무란 존 프렌치 경을 찾아가는 일이었다. 죠프르는 그가 해협 쪽에서 눈을 떼지 못한 채 "진작부터 전선을 이탈하고 있는 것은 아닐까"라고 의심하고 있었다. 랑허작 군과 집결 중인 모누리의 제6군 사이에서 그가 맡고 있는 지역은 이제 결정적으로 중요하게 되었음에도 불구하고 죠프르의 통제권 밖에 있었다. 그는 랑허작에게 했던 것처럼 프렌치 원수에게 명령을 내리거나 그 뒤에 앉아 조용히 감시함으로써 그가 싸우도록 강요할 수가 없었다. 그러나 만일 그 자리를 사수하도록 영국군을 설득할 수만 있다면, 그는 아미앵-랭스-베르덩으로 이어지는 방어선을 따라 에스느에서 전선을 안정시키고 그곳으로부터 공격을 재개할 생각이었다. 존 경은 그 전날 영국군사령부를 또다시 후방으로 이동시켜 지금은 콩피엔에 머물고 있었는데, 그곳에서 파리까지는 40마일로 지친 군대라도 걸어서 3일이면 도달할 수 있는 거리였다. 이웃에 있던 프랑스 제5군이 이날 하루 종일 귀즈에서 전투를 하며 적의 압박을 덜어주는 동안 영국군은 휴식을 취했다. 전날 적의 추격이 없는데도 퇴각했던 그들은 이제 무더운 8일간의 행군과 참호작업 그리고 크고 작은 전투 끝에 드디어 멈추게 되었다. 제2군단은 우아즈를 건너기 위해 저녁에 몇 시간 동안 짧은 행군을 했지만 제1군단은 랑허작 군의 좌익으로부터 불과 5마일 떨어진 쌩 고뱅(St. Gobain)의 숲에서 완전한 하루의 휴식을 즐겼다. 이미 14일간이나 행군과 전투를 계속하고 있던 프랑스 제5군은 그들보다 더 지쳤음에도 불구하고 다시 본격적인 전투를 벌였던 것이다.

죠프르는 콩피엔에 도착하자 영국군 사령관에게 유리한 시점에 공격이 재개될 수 있을 때까지 현 위치를 사수해 달라고 간청했다. 그의 요청은 아무런 효과도 없어 보였다. 그는 원수가 설득당하는 것을 막으려는 듯 머레이가 원수의 군복 상의를 잡아당기는 것을 "똑똑히 보았다." 그것은 안해도 될 노력이었는데 왜냐하면 존 프렌치 경은 계속해서 죠프르에게 "아니오, 아니오"라고 말하며 손실을 감안할 때 자신의 군대는 전혀 싸울 상태가 아니며 이틀간의 휴식과 정비가 불가피하다고 역설했기 때문이었다. 죠프르는 프랑스 장군에게 하듯이 그를 현장에서 해임할 수도 없었고, 말르에서 랑허작에게 했던 것처럼 자신의 목적을 이루기 위해 불같이 화를 낼 수도 없었다. 영국군이 랑허작과 모누리 사이의 공간에서 뒷걸음질을 치는 한 제5군과 제6군 모두 현재의 방어선을 유지할 수 없었고 일반 명령 2호를 실행에 옮길 모든 희망을 포기할 수밖에 없었다. 죠프르는 자신의 말대로 "매우 언짢은 기분으로" 그곳을 떠났다.

존 프렌치 경의 의도는 사실 죠프르에게 털어 놓은 것보다 더 충격적인 것이었다. 패전의 문턱에서 악전고투하고 있는 동맹군은 아랑곳 않은 채 그는 이제 보급감인 롭 소장에게 "파리의 동쪽과 서쪽을 지나 남쪽을 향해 계속해서 퇴각하기 위한 확실한" 계획을 세우라고 지시했다. 심지어 키치너의 지침조차도 이것의 핑계가 될 수는 없었다. 플랜17을 위한 헨리 윌슨의 약속에 대한 불만이 깔려 있던 그 지침은 지나치게 공격적인 죤 경과 지나치게 프랑스군에 우호적인 윌슨을 견제하여 완전한 궤멸 혹은 포획으로 이어질 수도 있는 프랑스군 주도의 공격 지상주의적인 계획에 영국군이 휩쓸리는 위험을 막기 위해 고안된 것이었다. 그것은 사실상 전선으로부터 이탈할 정도로 조심하라고 제안할 의도는 결코 아니었다. 그러나 공포로 인해 흐르는 땀을 어쩔 수 없었으며 이제 죤 경은 자신의 명성, 평판과 더불어 군대마저 잃어버릴 수도 있다는 공포에 사로잡혀 있었다.

영국군은 그의 엄살처럼 더 이상 전투에 투입할 수 없는 궤멸된 군대가 아니었다. 그들 스스로가 보기에도 자신들은 결코 항복할 분위기가 아니었다. 제3사단 참모부의 프레데릭 모리스 중령은 피로, 살갗이 벗겨진 발, 그리고 음식을 날로 먹어야 할 정도로 부족했던 시간에도 불구하고 "따뜻한 식사, 하룻밤의 휴식 그리고 목욕의 회복 효과는 거의 마술과 같았으며, 우리 군대를 다시 전장에 임할 수 있게 하기 위해서 필요한 것은… 주로 이러한 것들이었다"고 말했다. 제11경기병대의 어네스트 해밀턴 대위는 8월 29일 하루를 쉬고 나자 BEF는 "이제 언제든지 돌아서서 싸울 수 있는 완벽한 상태였다"고 말했다. BEF의 인사담당관이었던 맥크레디 장군은 독일군에게 자신들이 뭘 할 수 있는지 보여 주고 "싫어하도록 만들기 위해 그들에게 필요한 것은 휴식과 음식뿐이었다"고 말했다.

그럼에도 불구하고 죤 프렌치 경은 다음날 죠프르에게 영국군은 "향후 열흘간" 방어선에서 자신들의 위치를 담당할 상태가 못될 것 같다는 완고한 입장을 통보했던 것이다. 만일 그가 런던을 뒤에 두고 싸우면서 열흘간의 휴식시간을 요청했다면 더 이상 그는 지휘관의 자리를 유지하지 못했을 것이다. 그러나 죤 프렌치 경은 프랑스에 있었으므로 이후 일년 반 동안이나 총사령관으로 남아있을 수 있었다.

그날 오후 병사들을 이동시키며 적으로부터 멀어지려고 안절부절하던 그는 랑허작의 측면을 엄호하기보다는 자신의 측면을 보호하기 위해 랑허작이 전투를 중단하고 자신과 나란히 퇴각하기를 간절히 원했다. 제5군이 그렇게 하는 데 필요한 명령을 얻어내기 위해 헨리 윌슨은 GQG로 전화를 걸었으나, 아직 죠프르가 돌아오지 않았다는 말을 듣고 베테로 장군과 얘기했다. 그는 그러한 권한을 떠맡기를 거절했지만 그날 저녁 7시 30분 랭스의 호텔 리용 도르(Lion d'Or)에서 윌슨이 죠프르를 만날 수 있도록 수배해 주었다. 죠프르의 식사 장소는 항상 미리 정해져 있었다. 윌슨이 그를 만나 얘기해 봤지만 허사였다. 죠프르 얘기의 초점은 "랑허작은 끝을 봐야 한다"는 것이었는데 그 끝이 무엇인지는 분명하게 밝히지 않았다. 윌슨이 이 소식을 가지고 돌아오자 죤 경은 기다리지 않기로 결정하고 BEF에게 다음날 퇴각을 재개하도록 명령을 내렸다.

한편 쌩 컹탱을 향한 랑허작의 진격은 어려움을 겪고 있었다. 길 아래 마을을 점령하라는 명령을 받은 제18군단 소속의 한 연대는 우박처럼 쏟아지는 유산탄을 맞으며 진격했다. 포탄은 "도로를 파헤치고 나무를 찢어 커다란 가지들이 떨어져 나갔다"고 살아남은 상사가 기록을 남겼다.

"엎드리는 것은 바보짓이었으며, 계속 움직이는 것이 차라리 나았다… 여기저기 병사들이 배를 대고 엎드리거나 혹은 등을 대고 누운 채 꼼짝않고 있었다. 그들은 이미 죽었다. 그 중 한 명은 사과나무 아래 있었는데 얼굴이 모두 없어진 채, 머리는 핏속에 잠겨 있었다. 오른쪽에서 드럼소리가 울렸고 트럼펫소리에 이어 총검돌격을 감행했다. 진격하는 우리 대열을 따라 푸른 하늘을 배경으로 비스듬히 기운 총검들이 번쩍거렸다. 드럼의 박자가 빨라졌다. '돌격!' 모든 병사들이 '돌격!'이라고 외쳤다. 그것은 장엄한 순간이었다. 온몸에 전율을 느꼈고 머리카락이 곤두섰다. 드럼소리가 노도처럼 울리면서, 무더운 바람에 실려 트럼펫

소리가 들렸고, 병사들은 소리쳤으며, 모두들 제정신이 아니었다! … 갑자기 우리는 멈췄다. 견고한 방어벽을 마주한 채 900야드나 떨어진 마을을 향해 돌격하는 것은 어리석은 짓이었다. '몸을 낮추고, 포격을 피하라'는 명령이 내려왔다."

쌩 컹탱을 향한 공격은 저지되었고 랑허작의 예상대로 우측에 강력한 적의 압박이 가해지기 시작했다. 뷜로브는 프랑스군을 자기 쪽으로 다가오게 하여 클룩과 하우센 군이 배후에서 그들을 제압하도록 하는 대신 전 병력을 동원하여 공격을 가했다. 이 공세를 괴멸된 군대의 마지막 몸부림 정도로 생각했던 뷜로브는 "결과를 확신하고"있었다. 한쪽에서 프랑스군은 우아즈 강 건너편으로 밀려났으며 자신들 앞에 놓인 다리와 좁은 도로가 정체되기 시작하자 공포 분위기에 빠졌다. 그에게 별로 호의적이지 않았던 관찰자의 말을 빌리면 "놀라울 정도로 재빠르게 사태를 파악한" 랑허작은 서둘러 쌩 컹탱에서 작전을 중단시킨 다음 오른쪽 귀즈에서 상황을 반전시키기 위해 전력을 재배치하라고 명령했다.

통킨(Tonkin)과 모로코의 햇살에 검게 탄 열성적이고, 굳센 성격의 제1군단장 프랑세 데스퍼레이는 제3군단과 제10군단을 제1군단 좌우에 집결시키라는 명령을 받았다. 프앙카레는 이 자그마한 체격의 장군을 "의기소침이라는 단어가 어울리지 않는 사람"이라고 언급한 적이 있다. 말을 타고 전선을 오르내린 장교들과 다시 한번 경쾌한 음색으로 "상브르와 뫼즈"를 연주한 군악대의 도움으로 오후 5시 30분 그는 전열을 완전히 정비했다. 제대로 준비된 포격을 퍼부은 다음 프랑스군은 다시 한번 전진하며 공격을 펼쳤다. 귀즈의 다리에는 적군의 시체가 산처럼 쌓였다. 상대편의 저항은 종잡을 수 없었으나, 프랑스군은 점차 그것이 약해지는 것을 느낄 수 있었다. "독일군은 도망가기 시작했고" 프랑스군은 "그토록 열망하던 새로운 감동에 미친 듯이 열광하며 빛나는 승리의 물결 속에서 앞으로 나아갔다"고 어느 목격자가 적었다.

쌩 컹탱 공격에 참가했던 상사는 날이 저물 무렵 그날 아침 자신이 출발했던 마을로 돌아와 자세한 소식을 알고 있는 친구를 만났다. "그는 정말 굉장한 하루였다고 말했다. 우리가 저지당한 것은 별 문제가 아니었다. 적은 격퇴되었고 우리가 승리했다. 대령은 포탄에 맞았는데 후송하는 도중 사망했다. 지휘관인 테롱은 가슴에 상처를 입었다. 질베르티 대위는 부상을 당했는데 살기 어려울 것 같다. 많은 병사들이 죽거나 다쳤다. 그는 연대가 한 장소에서 두 밤을 자게 되었으니 오늘은 정말 좋은 날이라는 말을 반복했다."

뷜로브 군의 최정예인 경비군단이 후퇴함으로써 이웃 부대들도 뒤로 밀리게 되었으며, 랑허작은 쌩 컹탱은 아닐지라도 귀즈에서는 전술적인 승리를 거두었다. 그러나 그는 지금 자신의 양쪽을 맡고 있는 영국군과 제4군이 이미 만 하루의 행군거리를 앞섰는데도 불구하고 후퇴를 계속하면서 매 순간 측면을 더욱 무방비 상태로 만드는 바람에 홀로 외롭게 북쪽을 향한 채 노출되어 있었다. 제5군을 구하려면 지금 당장 전투를 중단하고 이웃의 아군들과 다시 보조를 맞춰야만 했다. 랑허작은 GQG로 전화를 걸었지만 죠프르가 자리에 없었기 때문에 아무런 지시도 들을 수 없었다.

"제5군은 적에게 붙잡힐 위험을 감수하면서까지 귀즈-쌩 컹탱 지역에 지체하고 있어야 합니까?"라고 랑허작은 죠프르의 보좌관인 베랭 장군에게 물었다.

"무슨 소립니까, 제5군이 사로잡히다니! 말도 안되는 소리!"

"장군은 이해를 못하는군요. 나는 총사령관의 긴급명령을 받고 여기에 있는 것이란 말이오… 내 마음대로 라옹으로 철수할 수는 없습니다. 총사령관이 나에게 철수명령을 내려줘야만 합니다." 랑허작도 이번에는 샤를루와에서처럼 비난을 감수하려 하지 않았다.

그러한 권한을 떠맡지 않으려는 베랭은 죠프르가 돌아오면 곧바로 그 요청을 보고하겠다고 말했다. 죠프르가 돌아왔을 때 그는 비록 여전히 자신에 차 있었고 침착해 보였지만, 자신의 희망이 또 한번 부서지며 국경의 전투에서 패했을 때보다 더 심한 타격을 받았다. 왜냐하면 이제 적군이 프랑스로 훨씬 깊숙이 침투해 있었기 때문이었다. 아직 전투 결과가 드러나지 않았기 때문에 그는 랑허작의 공격이 뷜로브 군에게 회심의 일격을 가했다는 사실을 알 수가 없었다. 그는 제5군이 실제로 위험한 위치에 남아 있다는 것, BEF가 뒤로 물러나고 있다는 것, 그리고 "더 이상 반격을 기대했던 저지선에 동맹군을 붙잡아 둘 희망을 가질 수 없게 되었다"는 사실만을 인식할 수 있었다. 아직도 여전히 집결 중인 제6군은 폰 클룩의 우측 2개 군단으로부터 치열한 공격을 받고 있었고, 그가 사수하려던 전선은 무참하게 무너져 버렸으며, 아마도 마른까지 어쩌면 심지어 세느까지 더 많은 국토를 내줄 수밖에 없을 것 같았다.

후일 조사위원회의 수석 조사관이 "프랑스 역사를 통틀어 가장 비극적"이었다고 언급하게 될 이 시기에 죠프르는 죤 프렌치 경처럼 겁에 질리거나 몰트케처럼 주저하거나 헤이그 또는 루덴도르프처럼 일시적으로 무기력해지거나 프리트비츠처럼 비관론에 굴복하지 않았다. 그는 자신의 속내를 절대로 드러내지 않았다. 만일 그의 이러한 침착함이 상상력의 부족에서 기인한 것이었다면, 이는 프랑스에게 큰 행운이었다. 평범한 사람은 위기감과 책임감을 느끼게 되면 의기소침해지는 법인데, 만일 이러한 상황이 오히려 "판단력을 강화시켰다면, 틀림없이 범상치 않은 위대한 정신이 존재하는 것"이라고 클라우제비츠는 기술했다. 어찌 되었든 위험이 죠프르의 판단력을 강화시킨 것은 아니었을지라도, 그의 정신이나 성격이 강했던 것은 분명하다. 자신의 주위가 온통 폐허로 변했을 때 그는 일관된 방침, 굳건한 통제, 그리고 8월 29일 그를 만났던 포쉬의 표현을 빌리면, "경이로운 냉정"을 유지하고 있었는데, 이것이야말로 그 어느 때보다도 확고부동한 자신감이 요구되던 시점에 프랑스군을 하나로 뭉치게 해 주었던 것이다. 이 기간 중 한번은 제5군에서 임무를 마치고 돌아온 알렉상드르 대령이 "어쩔 수 없이 나쁜 소식을 전하며" 우울한 보고에 대해 사과했다.

"뭐라고! 귀관은 더 이상 프랑스를 믿지 못하는가? 가서 좀 쉬게. 모든 것이 아무 문제 없이 잘 될 거야"라고 죠프르는 말했다.

8월 29일 밤 10시 그는 랑허작에게 우아즈의 교량을 폭파하고 퇴각하라는 명령을 내렸다. 다마드 장군은 아미앵에서 솜의 교량들을 폭파하고 모누리 군과 함께 후퇴하라는 명령을 받았다. 우측에서는 제4군이 랭스 방향으로 후퇴하도록 명령을 받았으며 군대가 쉴 틈을 달라고 요구했던 드 랑글 장군은 휴식여부는 적의 손에 달렸다는 대답을 들었다. 8월 29일 밤 죠프르는 "희망이 무너지고 환상이 사라져버린 사령부"를 비트리-르-프랑수와에서 옮길 준비를 하라는 마지막 고통스러운 명령을 내렸다. GQG는 세느의 동쪽지류 상에 위치한 바르-쉬르-오브(Bar-sur-Aube)로 이동할 예정이었다. 총참모부에 이 소식이 퍼지면서 죠프르가 불만스럽게 지적했듯이 "전체적으로 긴장과 불안"이 가중되었다.

제5군에게 보내는 죠프르의 명령이 참모부의 실수로 다음날 이른 아침 랑허작에게 도착하는 바람에 그는 불필요하게 고뇌의 긴 밤을 보내야 했다. 다행스럽게도 폰 뷜로브는 전투를 재개하거나 랑허작이 퇴각할 때 추격하지 않았다. 전투의 결과는 프랑스군과 마찬가지로 독일군에게도 애매했으며 뷜로브가 받은 느낌도 기묘하게 복합적이었던 것 같은데 왜냐하면 그는 OHL에 그것이 성공적이었다고 보고하는 동시에 참모부 대위를 폰 클룩에게 보내 제2군은 "귀즈의 전투로 탈진했으며 추격은 불가능하다"고 통보했기 때문이다. 이러한 것을 모르는 채 죠프르나 랑허작 모두 한 가지 목표에 매달렸다. 그것은 곧바로 전투를 중단하고 제5군을 위험으로부터 벗어나게 하여 독일군이 왼쪽에서 그들을 포위하기 전에 다른 프랑스군과 연결된 방어선으로 이동 시키는 것이었다.

한편 파리를 향해 밀려오는 독일군 우익의 위협은 이제 분명해졌다. 죠프르는 갈리에니에게 파리에 인접하여 서쪽으로는 세느, 그리고 동쪽으로는 마른의 교량에 폭약을 설치하고 폭파 명령이 차질 없이 이행되도록 각각 공병소대를 배치하라고 타전했다. 퇴각 중인 모누리 군이 파리를 엄호하게 될 것이며 자연스럽게 갈리에니가 요구하고 있는 3개 군단 규모의 파리군에 병력을 제공하게 될 것으로 기대되었다. 그러나 죠프르와 GQG에게 파리는 여전히 "지리적인 명칭"일 뿐이었다. 그 자체가 중요하여 이를 방어하고 그 때문에 모누리 군을 갈리에니의 처분에 맡겨 그의 지휘를 받게 하는 것은 죠프르가 원하는 것이 아니었다. 그가 보기에 파리는 자신의 지휘 하에 전 군을 동원하여 싸우려고 생각하는 전투의 결과에 따라 보존되거나 함락될 운명이었다. 그러나 파리 안에 있는 사람들에게는 수도의 운명이 보다 직접적인 관심사였다.

겉으로 드러난 쌩 컹탱과 귀즈 전투의 결과는 그들에게 드리워진 실망의 장막을 더욱 무겁게 하였다. 전투가 벌어지던 날 아침 상원의 부의장이자 북부지방의 산업계 거물인 투롱이 프앙카레의 사무실로 "회오리 바람처럼" 달려와 정부는 "GQG에게 기만당하고 있고" 우리 좌익은 "뒤로 밀렸으며 독일군은 지금 라 페르(La Fère)에 있다"고 주장했다. 프앙카레는 죠프르의 단호한 다짐 즉, 좌익은 현 위치를 사수할 것이며 제6군이 준비되는 대로 공격이 재개될 것이라는 주장을 그대로 옮기면서도 마음 한구석에는 투롱이 옳으면 어쩌나 하는 두려움이 있었다. 대규모 전투가 진행 중임을 암시하는 암호전문들이 이따금씩 전해졌다. 그는 매

시간마다 서로 상반되는 보고를 받았다. 오후 늦게 투롱은 전보다 더 흥분하여 다시 쳐들어왔다. 그는 조금 전까지 쌩 컹넹 인근에 있는 자기 집 지붕에서 처음부터 전투를 쭉 지켜본 에스느 출신 동료 상원의원인 세린과 전화 통화를 했다. 세린은 프랑스군이 진격하는 모습과 자욱한 포연 그리고 시커먼 폭발이 하늘을 가리는 것을 보았는데 바로 그때 회색 개미떼와 같은 독일군 지원병력이 투입되자 프랑스군이 뒤로 밀리는 것도 보았다. 공격은 성공하지 못했고 전투에 졌으며, 투롱은 울면서 떠났다.

귀즈에서 벌어진 전투의 후반부는 지붕 위에 있던 상원의원의 눈에는 보이지 않았으며 정부에게는 그 결과가 GQG보다도 더욱 불분명해 보였다. 분명한 것이라고는 독일군 우익을 저지하기 위한 죠프르의 기도는 실패했으며, 파리는 포위에 직면하게 되어 40년 전과 같이 또다시 쥐를 잡아먹게 될지도 모른다는 것 뿐이었다. 국경의 전투 이래 장관들의 마음속에 잠재되어 있던 수도 함락의 가능성, 정부를 옮겨야 하느냐에 관한 쟁점이 이제 공개적으로 긴급하게 거론되기 시작했다. GQG와 대통령 사이의 연락장교였던 페네롱 대령이 다음날 아침 일찍 도착했는데 평상시의 웃음 띤 얼굴은 간데없고 우울한 모습으로 사태가 "매우 심각하다"고 실토했다. 국방장관으로서 밀에랑은 곧바로 다른 지역과 단절되는 것을 피하기 위해 떠날 것을 조언했다. 의견을 듣기 위해 급히 소환된 갈리에니는 죠프르와 통화해 보라고 충고했다. 죠프르는 상황이 좋지 않음을 인정했는데, 제5군은 잘 싸웠지만 자신의 희망을 이뤄주지는 못하였으며, 영국군은 "태도를 바꾸지 않았고", 적의 진격을 늦출 수가 없었으며, 파리는 "심각한 위협에 직면해" 있었다. 그는 정부가 남아 있음으로써 적을 수도로 끌어들이는 결과를 초래하지 않도록 떠날 것을 조언했다. 죠프르는 독일군의 목표가 프랑스군이지 그 정부가 아님을 알고 있었지만 전장이 파리에 가까워지면서 행정부가 전방 지역 안에 남게 되면 지휘체계가 혼란스러워질 수 있다는 것도 충분히 인지하고 있었다. 정부가 철수하면 간섭의 여지가 없어질 것이며 GQG는 보다 강화된 권한을 가질 것이다. 갈리에니가 전화상으로 그에게 전쟁을 수행하는 물질적, 정신적 구심점으로서 파리 방어의 필요성을 역설하면서 다시 한번 도시가 포위당하기 전에 야전에서 적을 공격하기 위한 군대를 요구하자, 그는 비록 최대 전력이 아닌 대부분 예비사단으로 구성될지라도 어쨌든 3개 군단을 보내겠다고 다소 모호하게 약속했다. 갈리에니는 그가 파리를 소모품으로 생각하고 있으며 여전히 그런 목적으로 휘하 병력을 소모하는 것을 달가워하지 않는다는 인상을 받았다.

그러자 평소 늘 "냉정하고 말을 아끼던" 공화국 대통령도 이번에는 "뭔가에 정신이 팔린 심지어 의기소침한" 모습으로 갈리에니에게 파리는 얼마나 오래 버틸 수 있으며 정부는 떠나야 하느냐고 물었다. "파리는 버티지 못하며 가급적 빨리 떠날 준비를 해야 한다"고 갈리에니는 대답했다. 죠프르 못지않게 정부의 간섭에서 벗어나고 싶었던 그는 주저하지 않고 그렇게 조언했다. 프앙카레는 그에게 내각회의에서 그런 의견을 설명하러 나중에 다시 와 달라고 부탁했으며, 그 사이에 소집된 내각에서는 불과 열흘 전 프랑스군의 총공격이 시작될 때는 생각조차 할 수 없었을 문제에 대해 열띤 논쟁이 벌어졌다.

프앙카레, 리보 그리고 두 명의 사회주의자인 게스드와 상바는 남아 있거나 최소한 곧 있을 전투의 결과라도 기다려 보자는 입장이었다. 그들은 정부가 떠나는 데 따른 도덕적 파급효과로 인해 절망감이 확산되고 심지어 혁명이 일어날 수도 있다고 강력히 주장했다. 밀에랑은 계속해서 떠날 것을 주장했다. 그는 울란 중대가 파리 후방으로 침투하여 남쪽으로 가는 철도를 차단할지도 모르며, 1870년처럼 행정부가 수도 안에 갇히는 위험을 감수할 수는 없다고 말했다. 이번에 프랑스는 연합군의 일원으로 싸우고 있는 것이며 프랑스의 다른 지역뿐만 아니라 다른 연합국 및 외부세계와 접촉을 유지하는 것은 정부의 의무였다. 두메르 그는 "비겁하게 보이면서 여론의 비난을 감수하는 것은 죽음의 위험을 감수하는 것보다 더 큰 용기를 필요로 한다"고 말해 깊은 인상을 남겼다. 흥분한 상하 양원 의장들이 찾아와 의회소집을 요구하자 이 위기상황에서 과연 그것이 필요한가에 대해 또 다른 격렬한 논쟁이 벌어졌다.

할 일이 태산 같이 쌓여 초조했던 갈리에니는 장관들이 논쟁을 벌이고 있던 한 시간 동안 밖에서 기다리고 있었다. 마침내 안으로 불려 들어간 그는 그들을 향해 "더 이상 수도는 안전하지 않다"고 단호하게 말했다. 그의 엄하고 군인다운 모습과 태도 그리고 몸에 밴 "분명함과 힘"은 "깊은 영향"을 끼쳤다. 그는 시 외곽에서 싸울 군대도 없이 적의 공성포 공격을 피할 수는 없다고 설명하면서, 파리는 방어태세가 되어 있지 않으며 "며칠만에 그렇게 할 수도 없고… 만일 적군이 앞으로 수일 내에 시 외곽 요새 앞에 나타날 경우 참호를 파놓은 진지가 알아서 효과적으로 적을 막아줄 것으로 믿는다면 이는 환상"이라고 경고했다. 그의 지휘 하에 프랑스군 전열의 최좌익으로서 시 외곽에서 싸울 수 있는 4개 혹은 적어도 3개 군단 규모의 군을 별도로 편성하는 것이 "필수적"이었다. 그는 자기가 군정장관으로 임명되기 전까지, 방어준비가 지연된 것은 파리를 파괴로부터 구하기 위해 비무장 도시로 선포하려는 압력단체들의 탓이라고 비난했다. 그들은 GQG로부터 자극을 받았던 것이다.

"그것은 맞는 말"이라고 밀에랑이 끼어들었다. "파리를 방어하지 않겠다는 것이 GQG의 의견입니다."

평생을 야당으로 지내온 사회주의자 게스드가 흥분을 감추지 못하고 장관으로서는 처음으로 말문을 열었다. "여러분은 파리가 약탈당하지 않도록 적에게 성문을 열어 주기를 원합니다. 그러나 독일군이 시내로 행진해 들어오는 바로 그날 노동자들이 모여 사는 지역에서는 모든 창문으로부터 총격이 가해질 것입니다. 그러면 무슨 일이 일어날지 저는 알고 있습니다. 파리는 불바다가 될 것입니다!"

열띤 논쟁 끝에 파리는 사수되어야만 하며 죠프르도 이에 따라야 하는데 부득이하면 해임도 불사한다는데 합의했다. 갈리에니는 이 시점에서 어떤 식으로든 총사령관을 경솔하게 해임하는 것에 반대했다. 행정부의 이전 여부를 놓고 내각은 완전히 의견이 엇갈린 상태였다.

갈리에니는 자기가 보기에 "감정과 우유부단함에 압도당한 채 결단을 내릴 능력이 없는" 장관들과 헤어져 앵발리드로 돌아왔다. 문 앞에는 도시를 떠나거나, 차량을 되찾고, 생업을 그만두는 것 같은 수천 가지 이유로 허가를 얻기 위해 찾아온 한 무리의 불안한 시민들이 북적거리고 있었다. 불안한 웅성거림은 점차 평상시보다 커졌으며, 그날 오후 처음으로 독일군의 타우베(Taube)가 파리를 폭격했다. 타우베는 케 드 발미(Quai de Valmy)에서 두 사람을 죽이고 몇 사람을 부상시킨 3발의 폭탄 외에 파리 시민들에게 1870년처럼 독일군은 이미 성문 밖에 있으며 "여러분이 할 수 있는 일은 항복하는 것 뿐"이라고 선동하는 전단도 같이 떨어뜨렸다.

그날 이후 정기적으로 오후 6시만 되면 매일같이 한 대, 어떤 날은 여러 대의 적기가 날아와 두세 개의 폭탄을 투하하여 이따금씩 지나가던 행인을 살해했는데 아마도 주민들을 겁주기 위한 시도였을 것이다. 겁을 먹은 사람들은 남쪽으로 파난갔다. 다음날이면 뾰족한 군모를 쓴 군대가 시내로 행군해 올지도 몰랐다. 언제나 배가 고플 때쯤 행해지던 타우베의 공습은 이 시기에 파리에 남아 있었던 사람들에게 흥분을 돋구어 정부의 압생트(absinthe, 술 이름: 역주) 금주조치를 보상하는 효과가 있었다. 첫 번째 공습이 있던 날 파리는 처음으로 암흑천지가 되었다. 프앙카레는 자신의 일기에 이러한 어둠을 꿰뚫는 한가닥 "희미한 불빛"이 동쪽에서 비췄다고 적었는데, 프랑스 무관의 전문에 의하면 그곳에서 러시아군은 "베를린을 향한 공격을 펼치고" 있었다. 그러나 실제로 그들은 탄넨베르그에서 포위된 채 궤멸되고 있었으며 그날 밤 삼소노프 장군은 숲속에서 자살하였다.

러시아군 3개 군단을 궤멸시켰으며, 두 명의 군단장을 포함한 70,000명의 전쟁포로를 포획했다고 언급하면서 "러시아 제2군은 더 이상 존재하지 않는다"고 선언한 독일군의 무선전문을 벨포르에서 감청했을 때 죠프르는 보다 정확한 상황을 알 수 있었다. 프랑스의 희망이 이미 가라앉고 있을 때 전해진 이 무서운 소식은 곧이어 러시아군의 희생이 헛되지 않았음을 보여 주는 또 다른 소식이 없었다면 아무리 죠프르라 할지라도 의기소침하게 되었을 것이다. 최소한 독일군 2개 군단이 서부전선에서 동부로 이동한 것 같다는 정보 보고가 있었는데 다음날 32대의 군용열차가 베를린을 지나 동쪽으로 향했다는 보고를 통해 그 정보가 틀림없음이 확인되었다. 이것이 바로 죠프르가 본 희미한 불빛이었으며, 프랑스가 러시아에 가했던 모든 압력의 결실로 얻어낸 지원이었다. 그렇다고 하더라도 그것만으로는 사령관이 적과 대치하기를 거부하며 제5군을 포위 위험에 방치하고 있는 영국군의 예고된 이탈을 메우기 어려웠다. 제5군은 포쉬 분견대에 의해 엉성하게 채워진 우측 공간을 통한 포위에도 위험하게 노출되어 있었다.

어디든 취약한 구역은 병력보강이 필요했으며 그만큼 다른 구역은 방어벽이 얇아지는 위험을 감수할 수밖에 없었다. 8월 30일 죠프르는 포쉬에게 배속시킬 병력을 찾기 위해 제3군과 제4군이 맡고 있던 전선을 방문했다. 길에서 그는 아르덴느와 뫼즈 제방에서 벌어졌던 전투를 끝내고 퇴각 중인 대열을 지나쳤다. 붉은색 군복 바지는 희미한 벽돌 색으로 바뀌었고, 외투는 찢겨서 너덜너덜했고, 군화는 진흙 범벅이었으며, 피로에 지쳐 생기를 잃은 두 눈이 푹 꺼진 얼굴은 여러 날 동안 자란 수염으로 검게 뒤덮여 있었다. 20일간 계속된 교전으로 병사들은 나이가 몇 살이나 더 들어 보였다. 그들은 발을 디딜 때마다 주저앉을 듯 무겁게 걸었다. 포병들은 앙상하게 뼈가 툭 튀어나오고 마구에 쓸려 피를 흘리며 때때로 마차 축에 주저앉아 버리는 여윈 말들의 마구를 서둘러 벗겨내고 길을 막지 않도록 도로 한쪽으로 끌고 갔다. 회색 페인트를 깨끗하게 칠했던 대포는 진흙과 먼지에 덮여 원래의 색은 거의 보이지 않고 여기저기 기포가 생겨 낡아 보였다.

그와는 대조적으로 여전히 원기 왕성한 또 다른 부대들은 지난 20일 사이에 자신들의 전투력을 뽐내며 후퇴가 멈추기를 열망하는 자신만만한 전투병이 되었다. 최고의 찬사는 지연작전을 끝내고 성공적으로 전선을 빠져나와 군단장인 사라이 장군으로부터 "제군들은 대담함이 무엇인지를 보여주었다"는 칭찬을 받은 루페이군 소속 제42사단에게 돌아갔다. 죠프르가 이 사단을 포쉬에게 배속시키도록 명령하자 루페이 장군은 적의 공격이 예상된다며 거칠게 항의했다. 죠프르가 방금 전에 확인한 바와 같이 침착하고, 자신만만하며, "스스로를 완벽하게 통제하는" (죠프르에게는 이것이야말로 지휘관의 가장 중요한 의무였음) 제4군 사령관 드 랑글 장군과는 달리 루페이는 불안하고, 쉽게 흥분하며, "지나칠 정도로 상상력이 풍부해" 보였다. 제3군의 작전참모인 타낭 대령의 말처럼 그는 매우 영리하고 수천 가지 아이디어로 가득 차 있으며 그 중 하나는 뛰어난 것이었지만 과연 그것이 어느 것이냐 하는 것이 늘 문제였다. 파리의 의회 의원들처럼 죠프르도 공격 실패에 대한 희생양이 필요했으며 루페이의 행동으로 그 선택이 이루어졌는데, 그날로 그는 제3군 사령관에서 물러났으며 그 자리는 사라이 장군으로 대체되었다. 다음날 죠프르의 점심에 초대된 루페이는 아르덴느 패전을 죠프르가 마지막 순간에 로렌 군으로 전출시킨 2개 예비사단 탓으로 돌렸다. 투페이는 만일 자기가 그들 40,000명의 활기찬 병력과 제7기병사단을 가지고 있었다면 적의 좌측을 에워쌀 수 있었으며 "그토록 훌륭한 군대로 우리는 승리했을 것!"이라고 말했다. 예의 그 간결하고 이해하기 힘든 어법으로 죠프르는 "쉿, 그것을 말하면 안 됩니다.(Chut, il ne faut pas le dire)"라고 대답했다. 당시 그의 어조를 지금은 알 수 없기 때문에 그의 말이 "장군이 틀렸소, 그렇게 말하면 안됩니다"라는 의미였는지 또는 "장군이 옳소, 그러나 우리가 그것을 인정하면 안됩니다"라는 의미였는지 앞으로도 영원히 알 수 없을 것이다.

8월 30일 일요일, 탄넨베르그의 날, 프랑스정부가 파리를 떠나라는 경고를 받던 날, 영국은 후일 "아미앵 속보"로 알려지게 될 충격적인 소식을 들었다. 첫 글자를 대문자로 강조한 "역사상 가장 치열한 싸움(Fiercest Fight in History)"이라는 제목으로 게재된 그 기사는 『더 타임즈(The Times)』 일요일 특별판의 겉표지에 실려 무서운 충격을 주었는데, 보통 그 지면은 기사보다는 신중하게 기획된 광고들이 독자의 눈길을 끄는 곳이었다. "영국군부대의 막대한 손실, 몽과 캉브레, 무서운 적과의 싸움, 병력 증강의 필요성"이라는 부제들이 달려 있었다. 마지막 부제가 핵심이었다. 비록 관가에 일대 소요를 일으키고, 의회에서 격한 논쟁을 촉발시키며 전체 언론의 "애국적인 침묵"에 대한 "유감스러운 예외"라는 수상의 비난을 듣게 되지만, 사실 이 속보는 공적인 목적이 있어 의도적으로 발간된 기사였다. 모병 광고로서의 가치를 첫눈에 알아본 검열관이자 후에 버텐헤드 경이 되는 스미스(Frederick Edwin Smith,

1872-1930 영국의 정치가이자 법률가: 역주)는 그 기사를 검열한 다음 신문에 신도록 『더 타임즈』를 독려했으며, 신문사는 애국적 의무감에서 "우리 앞에 놓인 절체절명의 과제"라는 안내문과 함께 그 기사를 실었던 것이다. 기사는 아서 무어 특파원이 작성했는데, 그가 전선에 도착했을 때 영국군은 르 카토로부터 퇴각 중이었고 GHQ는 극도의 절망감에 빠져 있었다.

그는 "몽의 전투라고 이름 붙인" 교전, 측면에 있던 프랑스군의 후퇴, "즉각적이고, 무자비하며, 쉴 틈을 주지 않는" 독일군의 추격과 "저항할 수 없는 그들의 맹렬함", "군기가 엄정하고, 두려움을 모르며, 불굴의 투지를 가졌음에"도 "심각한 손실을 입은" 영국군 연대에 관한 일련의 전투 관련기사 말미에 "무너져 퇴각하는 군대"에 관해 썼다. 이 모든 것에도 불구하고 병사들은 여전히 "침착하고 활기찼지만 뒤로, 계속해서 뒤로 밀렸다." 그는 "매우 심각한 손실", "궤멸된 연대의 잔해" 그리고 "거의 모든 장교를 잃은" 몇몇 사단에 대해 언급했다. GHQ의 분위기에 영향을 받았음이 분명한 그는 독일군 우익의 "병력이 수적으로 엄청난 우위에 있어 바다의 파도와 같은 그들을 막을 수가 없었다"고 다소 거칠게 적었다. "개전 초기 독일군의 거대한 시도는 성공했으며" 또한 "파리에 대한 포위 가능성을 배제할 수 없다"는 사실을 영국은 직시해야 한다고 결론지었다.

그는 병력 증강의 필요성을 강조하면서 "타격의 무게를 떠맡고 있는" BEF라고 언급함으로써 전설 같은 얘기들의 근거를 제공하였다. 그것은 마치 프랑스군은 근처 어딘가에서 보조 역할이나 했다는 식의 주장이었다. 실제로 BEF는 처음 한 달 동안 단 한번도 총 30개 이상의 독일군 군단 중 3개 이상과 맞선 적이 없었는데도 자신들이 "타격의 무게를 떠맡고 있다"는 생각은 이후 몽 전투와 "영광스러운 퇴각"에 대한 영국 측의 모든 설명에 빠짐없이 등장하게 된다. 그것은 영국인들의 마음속에 개전 첫 달의 두려우면서도 씩씩했던 기간 중 BEF가 프랑스를 구하고, 유럽을 구하고, 서구 문명을 구했다거나 혹은 어느 낯두꺼운 영국작가가 적은 것처럼 "몽. 세계의 해방은 이 한 단어로 압축될 것"이라는 식의 확신을 심어주는 데 성공했다.

교전국 중 유일하게 영국만이 국가적인 사전준비나 범국민적인 동원령도 없이 참전했던 것이다. 정규군 외에는 모든 것이 즉흥적이었으며 아미앵 속보가 나오기 전 일주일간은 거의 휴가 분위기였다. 그때까지 독일군의 진격 사실은 아스퀴스 수상의 세련된 표현을 빌리자면 "애국적 침묵"에 의해 감춰져 왔다. 프랑스 국민과 마찬가지로 영국 국민들에게도 전황은 독일군의 연속적인 패배로 알려지고 있었지만, 수수께끼처럼 적은 벨기에에서 프랑스로 이동했으며 계속해서 지도상에서 조금씩 더 앞으로 나온 지점에 모습을 드러냈다. 8월 30일 국민들은 영국 전역의 일요일 아침 식탁에서 『더 타임즈』를 읽으며 경악했다. 브리틀링 (Britling, 웰즈의 작품에 나오는 인물: 역주)은 "다윗이 조약돌을 던진 다음 사라지기라도 했단 말인가!"라고 생각했다.

적이 전쟁에 이기고 있다는 갑작스럽고도 두려운 사실을 알게 되자 희망을 찾으려던 사람들은 최근 며칠 전에 갑자기 나타나 온 나라가 착각에 빠지게 된 이야기에 매달렸다. 8월 27일 리버풀-런던 간 열차운행이 17시간이나 지연되는 사고가 발생했는데, 이를 둘러싸고 서부전선을 지원하러 가기 위해 스코틀랜드에 상륙했다고 전해지는 러시아군을 수송하는 과정에서 그런 일이 생겼다는 소문이 퍼지게 된 것이었다. 그들은 아크찬겔로부터 북극해를 건너 노르웨이로 이동했고 그곳으로부터 애버딘까지는 정기적으로 운행되는 증기선을 타고 온 것으로 추정되며 현재는 그곳에서 특별 군용열차를 이용하여 해협의 항구로 수송 중이라는 것이었다. 그때 이후 자기가 탄 열차가 연착하면 누구나 이는 바로 "러시아 군" 때문이라고 아는 체했다. 독일군의 수를 "바다의 파도"와 같다고 말하며 "병력, 병력 그리고 더 많은 병력"이라고 외치던 아미앵 속보로 인한 우울함 속에서 사람들의 생각이 무의식적으로 러시아의 무궁무진한 인력을 향하게 되었고, 스코틀랜드에 나타난 유령이 육신을 갖게 되었으며 얘기가 퍼지면서 점차 구체적이고도 확실한 실체를 갖추게 되었다.

8월이었지만 그들은 열차 승강장에서 군화에 묻은 눈을 털었는데, 에딘버러 철도역의 짐꾼 한 사람이 그 눈을 치운 것으로 알려졌다. 지나가는 군용열차에서 "이상한 군복"이 흘끗 보였다. 그들은 하위치(Harwich)를 경유하여 앤트워프를 구하러 가거나 혹은 도버를 경유하여 파리를 구하러 갈 것이라는 다양한 의견이 제시되었다. 자정이 지난 시각 런던에서 만 명 규모의 러시아군이 빅토리아 정거장으로 가기 위해 템즈강의 강둑길(the Embankment)을 따라 행군하는 모습이 목격되었다. 헬리고랜드에서 벌어진 해전은 러시아군을 벨기에로 수송하는 것을 엄호하기 위한 유인작전이었다고 어느 똑똑한 사람이 설명했다. 가장 믿을 만한 사람들도 그들을 보았거나 이를 목격한 친구들을 알고 있었다. 옥스포드 대학의 교수는 이들을 위한 통역으로 차출된 동료를 알고 있었다. 에딘버러에 있던 어느 스코틀랜드 장교는 "약간 여위었지만 스코틀랜드 조랑말과 똑같이 생긴" 말에 탄 채 소총 대신 활과 화살을 들고 "화려한 빛깔의 긴 외투와 큰 가죽모자"를 쓴 그들을 봤다고 했는데 이러한 모습은 초기 빅토리아 시대의 판화에 그려진 100년 전의 코삭과 정확히 일치하는 것이었다. 애버딘에 거주하던 스튜어트 코츠 경은 미국에 있던 매형에게 보낸 편지에 125,000명의 코삭이 퍼트셔(Perthshire)에 있는 자신의 영지를 가로질러 행군했다고 적었다. 어느 영국군 장교는 친구들에게 70,000명의 러시아군이 "극비리"에 영국을 지나 서부전선으로 갔다고 확실하게 말했다. 처음에는 500,000명 다음에는 250,000명 그 다음에는 125,000명이다가 점차 BEF와 유사한 70,000 내지 80,000명으로 그 수가 조정되었다. 이 이야기는 전적으로 구전되었으며, 공식적인 검열 때문에 미국을 제외하고는 일체 신문에 보도되지 않았다. 여행에서 돌아온 미국인들이 전한 얘기가 미국 신문에 실렸는데 그들 중 대부분은 러시아군 때문에 열광하고 있던 리버풀에서 승선하여 귀국한 사람들이었으며 그 내용은 아이들에게 들려주는 옛날 얘기 같은 것들이었다.

다른 중립국들도 이 소식을 입수했다. 암스테르담 속보는 수도방위를 돕기 위해 파리로 쇄도하고 있는 대규모의 러시아군에 대해 보도했다. 파리에서 사람들은 코삭의 도착을 기대하며 기차역을 배회했다. 유럽대륙으로 건너가면서 도깨비들은 군사적인 요인으로 바뀌게 되는데, 왜냐하면 독일군도 그 소문을 들었기 때문이다. 자신들 배후에 나타날 수도 있는 70,000명의 러시아군에 대한 걱정은 이미 동부전선으로 가고 없는 70,000명의 병력처럼 후일 마른에서 현실적인 고려 요인으로 영향을 미치게 된다. 영국언론을 통해 이 소문에 대한 공식적인 부인이 보도된 것은 마른 전투가 끝난 9월 15일이었다.

아미앵 속보가 일반인들을 소름 끼치게 했던 바로 그 일요일 존 프렌치 경은 키치너 경에게 오히려 더 큰 충격을 주는 보고서를 작성했다. 이때 GHQ는 파리 북쪽 40마일 지점인 콩피엔에 있었으며 그 전날 추격에서 벗어난 영국군은 적군이 프랑스군과 싸우는 동안 휴식을 취했다. 그날 BEF에게 하달된 존 프렌치 경의 서명이 담긴 작전명령에는 적군의 압박은 "아군 우측에서 감행된 프랑스군의 필사적인 진격에 의해 완화되었으며, 이 작전은 커다란 성공을 거두어 바로 이웃인 귀즈에서 독일군 경비군단과 제10군단을 우아즈 너머로 격퇴시켰다"고 언급되어 있다. 죤 경이 그 당시 키치너에게 써 보낸 내용과 전혀 맞지 않는 사실을 이미 알고 있었다는 이 같은 모순은 그가 내용을 읽어 보지도 않고 서명했다고 밖에는 설명할 방법이 없다.

그는 키치너에게 죠프르가 적과 계속 접촉하면서 콩피엔 북쪽을 확실하게 막아 달라고 요청했다는 사실을 알려주었지만, 자신은 "절대로 전선을 지킬 수 없으며, 적과 상당한 거리"를 유지한 채 "세느 후방으로" 퇴각하겠다는 의견을 개진했다. 그의 퇴각에는 "군대를 지치지 않게"하면서 영국군 기지에 가까워지도록 파리의 서쪽을 지나가는 8일간의 행군이 포함될 예정이었다. "나는 죠프르 장군의 계획을 좋아하지 않으며 활발한 공격을 선호했었다"고 죤 경은 계속했는데, 말은 그렇게 했지만 방금 전 쌩 컹탱 전투에서 랑허작과 공조하려는 헤이그를 막음으로써 행동은 정반대로 했던 것이다.

다음 문장에서 갑자기 입장을 바꾼 죤 경은 열흘간의 교전이 끝난 지금 자신은 프랑스군이 패배한 것으로 체념하고 본국으로 돌아갈 준비가 되어 있음을 분명히 했다. "교전을 승리로 이끌 수 있는" 프랑스군의 능력에 대한 자신의 믿음이 "급속히 약해지고 있으며, 이것이야말로 영국군을 그렇게 멀리 이동시키는 진정한 이유"라고 적었다. 비록 "이토록 엉망인 상태에서도 전선을 고수하도록 강력한 압력을 받고 있지만" 그는 키치너 지침의 "내용과 취지"에 맞춰 "이를 단호히 거절"했으며 필요하다면 독자적으로 "영국군 기지로 후퇴"할 수도 있다는 점을 강조했다.

키치너는 8월 31일 접수한 이 보고서를 읽고 경악할 정도로 놀랐다. 그는 가장 절박한 순간에 동맹군을 저버리는 모습으로 공동전선에서 이탈하며 프랑스군으로부터 영국군을 분리시키겠다는 죤 경의 의도를 정치적인 관점 뿐만 아니라 군사적인 관점에서도 재앙으로 "간주"했다. 그것은 협약 정신을 위반하는 것이므로 정책적인 문제가 되며 키치너는 수상에게 즉각적인 내각 소집을 요구하였다. 내각회의가 열리기 전에 그는 세느 너머로 퇴각한다는 결정에 대한 "놀라움"을 나타내며 자신의 실망을 질문 형식으로 조심스럽게 표현한 절제된 전문을 존 경에게 발송했다. "이러한 조치가 사령관과 프랑스군 사이의 관계 및 군사적 상황 전반에 어떤 영향을 미치겠습니까? 사령관께서 퇴각하시면 프랑스군 방어선에 틈이 벌어지거나 혹은 그들의 사기를 떨어뜨림으로써 독일군에게 유리하게 작용하지는 않겠습니까?" 그는 베를린을 통과한 32대의 군용열차가 독일군이 서부전선에서 병력을 철수시키고 있음을 보여 준다는 것을 환기시키며 끝을 맺었다.

키치너가 존 경의 보고서를 내각에게 읽어준 뒤 세느 너머로 후퇴한다는 것은 패전을 의미할 수도 있다고 설명했을 때 아스퀴스 수상의 억제된 표현에 의하면 내각은 "당황하였다." 키치너는 정부를 대표해서 존 경에게 그가 제안한 퇴각에 대한 염려와 더불어 "사령관께서 전투수행에 관한 죠프르 장군의 계획을 가능한 따라 주실 것"을 기대한다고 통보하는 권한을 위임받았다. 그는 프렌치가 자존심에 상처 받지 않도록 정부는 "사령관과 그 휘하 부대를 전적으로 신임하고 있다"고 덧붙였다.

OHL이 비스툴라 너머로 후퇴하려는 폰 프리트비츠 장군의 의도를 알았을 때 그는 즉각 해임되었지만, 존 프렌치 경이 한 지역이 아닌 우방국 하나를 송두리째 포기하자고 제안하였음에도 이같은 조치는 취해지지 않았다. 그 이유는 아마도 얼스터 분쟁의 후유증으로 정부와 군이 합의할 수 있는 다른 인물이 없었기 때문이었을 것이다. 정부는 그러한 순간에 총사령관을 해임하면 국민들에게 너무 큰 충격을 줄 것으로 판단했을 것이다. 아무튼 존 경의 급한 성격을 겪어본 사람은 누구든지 영국인, 프랑스인을 막론하고 실제로는 그를 별로 신뢰하지 않으면서도 계속해서 극도로 조심스럽게 그를 다루었다. 일 년 후 영국군의 보급을 맡고 있던 윌리엄 로버트슨 장군은 국왕 비서에게 보낸 편지에서 "죠프르와 그는 이제껏 한번도 허심탄회하게 대한 적이 없다"고 적었다. "그는 한번도 제대로, 성실하게 그리고 정직하게 프랑스군과 협조한 적이 없었고 그들은 절대로 그를 유능한 사람 혹은 믿을 만한 친구라고 생각지 않았으며 따라서 그에게 속마음을 털어놓지 않았다." 이것은 연합군이 공동으로 전쟁을 수행하는 데 안성맞춤인 상황은 아니었다. 보어전쟁 이래 존 경과의 관계가 원만하지 못했던 키치너는 결국 8월 31일 이후 그에 대한 신뢰를 다시는 회복하지 못했지만, 버켄헤드 경이 "품위있거나, 세심하지도 않았고 충성스럽지도 못했다"고 언급하게 될 방법으로 추진된 키치너에 대한 존 경의 음모가 결국 영국정부를 자극하여 그를 해임하게 된 것은 1915년 12월이었다.

런던에서 키치너가 초조하게 존 경의 회신을 기다리는 동안 죠프르는 파리에서 영국군을 제일선에 묶어두기 위해 프랑스정부를 움직이고 있었다. 이때쯤 되자 죠프르는 최소한 랑허작의 전투 중 절반 즉, 귀즈의 전투는 성공적이었음을 알게 되었다. 독일군 경비군단과 제10군단이 "심하게 당했으며" 뷜로브 군이 추격하지 않는다는 보고는 독일군 부대들이 동쪽으로 이동했다는 소식과 더불어 그의 용기를 북돋워주었다. 그는 프앙카레에게 어쩌면 행정부를 옮기지 않아도 될지 모르겠다고 말했으며, 제5군과 제6군이 작전을 재개하면 독일군의 진격을 저지할 수도 있다고 생각했다. 그는 영국군 사령관에게 이제 제5군과 제6군은 적의 압박이 없는 한 물러서지 말라는 명령을 받았음을 알려주는 편지를 보냈다. 그들 중간에 틈이 생긴다면 현 위치를 사수할 수 없기 때문에, 죠프르는 "진심으로" 육군원수 프렌치에게 철수하지 말 것과 부득이한 경우라도 "최소한 적군이 영국군의 후퇴와 제5군과 제6군 사이의 간격을 확실하게 눈치채지 못하도록 후위 부대를 남겨줄 것"을 요청했다.

우호적인 대답을 얻기 위해 프랑스 대통령으로서 영향력을 행사해 달라는 죠프르의 요청에 프앙카레는 영국 대사를 불렀고 그는 다시 GHQ를 호출했지만 모든 호출과 연락장교의 방문도 소용이 없었다. 후일 죤 경이 명료하게 자신의 대답을 요약한 것처럼 "나는 거절했으며" 그로 인해 비록 착각이었을지라도 죠프르의 일시적인 기대는 종지부를 찍고 말았다.

키치너는 본국 정부에 대한 죤 경의 답신을 얼마나 애타게 기다렸던지 그날 밤늦게 전문이 도착하자 암호병들에게 한 단어씩 직접 자신에게 읽어주도록 하였다. "물론" 자신의 후퇴로 프랑스군 전열에 틈이 생기겠지만, "만일 프랑스군이 공격작전에 관한 모든 아이디어를 포기한 채 대개는 사전주의도 없이 사실상 영국군의 좌우에서 뒤로 물러나는 현재의 전술을 지속한다면… 그 결과는 그들의 책임이며… 본관이 또다시 그들을 구하기 위해 절대적인 재난의 위험을 감수해야만 할 이유를 모르겠다"고 언급했다. 이제 막 죠프르가 그에게 얘기한 것과는 정반대인, 진실에 대한 이 호전적인 허위증언이 그의 저서 『1914년』을 통해 세상에 알려지게 되자 영국인들은 쓸데없는 짓인줄 알면서도 "거짓말"의 점잖은 동의어를 찾기 위해 애를 썼으며 심지어 아스퀴스 수상조차도 "진실의 곡해"라는 표현을 쓰지 않을 수 없었다. 설사 죤 경의 성격적인 단점을 감안하더라도, 참모부에 프랑스어에 정통하고 죠프르를 포함한 프랑스군 고위장성들과 친분이 두터웠던 헨리 윌슨이 있었는데도 어떻게 영국군 총사령관이 프랑스군의 패배주의라는 그림까지 그리게 되었는지 여전히 의문이다.

오전 1시 전문을 다 읽자 곧바로 키치너는 자기가 해야 할 일이 한 가지 있으며 날이 밝을 때까지 기다릴 수 없다고 판단했다. 그 자신이 직접 프랑스로 가야만 했다. 선임 육군원수였던 그는 국방장관으로서 정책

문제에 대해서 뿐만 아니라 육군의 우두머리로서 군사문제에 대해서도 존 프렌치 경에게 명령을 내릴 권한이 있다고 생각했다. 서둘러 다우닝 가를 방문한 그는 아스퀴스 및 몇몇 장관들과 의논을 했는데 그 가운데는 처칠도 있었으며 그는 두 시간 내로 키치너가 타고 갈 고속 순양함을 도버에 준비하도록 명령을 내렸다. 그는 존 경에게 기다리라고 타전했으며 자신이 GHQ에 나타나 총사령관이 난처해지는 일이 없도록 그에게 만날 장소를 정하라고 했다. 오전 2시 에드워드 그레이 경은 프랑스로 간다는 인사를 하기 위해 침실로 찾아온 키치너 때문에 자다가 놀라서 일어났다. 새벽 2시 30분 그는 특별열차 편으로 챠링 크로스(Charing Cross)를 출발하여 9월 1일 아침 파리에 도착했다.

　"잔뜩 화가 나 부루퉁하게 상기된 얼굴에 짜증스럽고, 험상궂은"모습의 육군원수 프렌치가 아치발드 머레이 경을 대동하고 자신이 회의 장소로 선택한 영국 대사관에 도착했다. 그는 회담의 민간적인 성격을 강조하려는 의도에서 그곳을 택했는데 왜냐하면 그는 키치너를 다른 민간인 국방장관과 다름없이 오직 군의 정치적인 수뇌로만 대하겠다고 우겼기 때문이었다. 그는 군복차림의 키치너를 보자 화를 가라 앉히기가 힘들었는데, 존 경은 제복을 보자 곧바로 계급을 앞세워 자기를 누르려는 뜻으로 받아들였다. 실제로 국방부 근무 첫날 프록 코트와 실크 모자를 쓰고 출근한 이후 키치너는 민간인 복장을 벗어버리고 육군원수의 푸른색 근무복을 입었다. 존 경은 이를 자신에 대한 도발적인 행동으로 받아들였다. 복장은 그에게 가장 중요한 문제였으며 그는 자신의 위엄을 강조하기 위해 주위에서 보기에 파격적인 방식으로 제복을 착용하는 경향이 있었다. 그는 "카키색 군복에 별을 달고 외제 장신구로 치장하는" 습관 때문에 죠지 국왕의 비위를 건드렸으며, 헨리 윌슨은 종종 그를 가리켜 "목욕할 때는 작은 체구의 좋은 사람이지만 옷을 걸치고 나면 신뢰할 수가 없는데, 누구도 그가 무슨 옷을 입을지 절대로 알 수 없다"
고 말하곤 했다.

프란시스 버티 경, 비비아니, 밀에랑, 그리고 죠프르가 보낸 몇몇 장교들이 참석한 가운데 영국 대사관에서 진행된 회의가 점점 격렬해지자 키치너는 존 경에게 함께 밀실로 가자고 청했다. 그곳에서 무슨 말이 오갔는지에 대한 존 경의 설명은 키치너의 사후에 발간되어 신뢰하기가 어렵고 확실한 것은 오로지 대화의 결과뿐이었다. 그것은 키치너가 정부에 보낸 전문에 나와 있다. "프렌치의 군대는 이제 전투 방어선에 배치되어 있으며 그들은 앞으로 프랑스군의 이동에 맞춰가며 전선에 머물게 될 것"이라고 적혀 있었는데, 이것은 결국 파리의 서쪽이 아닌 동쪽으로 퇴각할 것이라는 의미였다. 존 경에게 전달된 사본에서 키치너는 이것이 자신들의 합의라 생각하지만 어쨌든 "부디 그것을 지침"으로 생각하라고 언급했다. "전투 방어선"이라는 말은 영국군을 프랑스군과 연결되도록 배치하라는 의미라고 그는 말했다. 그는 다시 결정적인 기지를 발휘하여 "물론 사령관께서도 그들의 위치를 이러한 관점에서 판단하셔야 될 것"이라고 덧붙였다. 기분이 별로 누그러지지 않은 총사령관은 이제 전보다도 더욱 심하게 뒤틀리고 부루퉁한 상태에서 임무에 복귀했다.

전날에 이어 이날도 프랑스군이 강력한 방어선을 구축하기 전에 그들을 서둘러 포위하기 위해 강행군으로 진격 중인 클룩 군은 자신들의 전면에서 퇴각 중인 연합군을 뒤로 밀어내면서 우아즈를 건너 콩피엔을 덮쳤으며 9월 1일에는 파리로부터 30마일 거리에 있던 프랑스 제6군 및 BEF의 후위부대를 상대로 전투를 벌였다. 그날 어느 독일군 장교의 시신이 프랑스군에게 한 가지 결정적인 정보를 넘겨주었다.

21. 폰 클룩의 선회

"자동차가 다가왔다"고 8월 30일 콩피엔에서 북쪽으로 12마일 떨어진 라씬니이(Lassigny)에 있는 별장을 독일군에게 징발당한 알베르 화브르가 말했다. "그 차에서 몸가짐이 거만하고 위압적인 한 장교가 내렸다. 별장 앞에 무리지어 서 있던 장교들이 길을 비키자 그는 혼자서 성큼성큼 앞으로 걸어갔다. 그는 키가 크고 흉터가 난 얼굴을 깨끗하게 면도한 모습이었으며 당당하면서도 다부진 체격에 눈매가 위협적이었다. 그는 오른손에 병사들이 쓰는 소총을 들고 왼손을 권총 손잡이에 올려놓고 있었다. 그는 소총 개머리판으로 땅을 두드리며 몇 바퀴를 돌다가 연기를 하는 듯한 자세로 멈춰 섰다. 아무도 감히 그에게 다가가지 못하는 것 같았고 실제로 그에게서는 살기가 느껴졌다." 무기를 든 채 갑자기 나타난 이 인물을 놀란 눈으로 바라보던 화브르는 아틸라를 떠올렸으며 이 방문자가 "이미 너무나 유명해진 폰 클룩"이라는 얘기를 들었다.

슐리펜 계획에서 "오른쪽 끝을 맡았던" 폰 클룩 장군은 이 순간 운명적인 결정을 내리기 위해 고심하고 있었다. 8월 30일 그는 절정의 순간에 다가가고 있음을 느꼈다. 최우측에 있던 부대는 클룩이 결정적이라고 생각할 정도로 모누리의 제6군을 성공적으로 격퇴했다. 중앙에서 전개된 추격전에서 영국군을 따라 잡지는 못했지만 영국군이 병사들을 퇴각시키려는 조급한 마음에서 길가에 내버린 외투, 군화 그리고 실탄 무더기들은 적이 궤멸되었다는 클룩의 생각을 확신시켜 주었다. 좌측에서 귀즈 전투를 지원하기 위해 뷜로브에게 보냈던 제1군 소속 사단으로부터 프랑스군이 그 전투에서 패해 달아나고 있다는 보고가 들어왔다. 클룩은 그들에게 회복할 틈을 주지 않도록 몰아붙이기로 결심하였다.

랑허작 군의 퇴각 방향에 대한 보고는 프랑스군의 방어선이 예상했던 것만큼 서쪽으로 먼 곳까지 전개되지 않았음을 보여주었다. 클룩은 멀리 파리의 서쪽과 남쪽까지 휩쓸며 몰아갈 필요 없이 도시 북쪽에서 그들을 에워쌀 수 있다고 판단했다. 이것은 남쪽을 향하던 제1군의 진격 방향을 남동쪽으로 선회시킨다는 의미가 되며 클룩 군과 뷜로브 군 사이의 간격을 메워주는 부수적인 이점도 가져다 줄 것으로 기대되었다. 다른 이들처럼 그도 좌익으로부터 증원군이 보강될 것으로 가정하고 교전에 임했었다. 그는 이제 전투에서 입은 손실은 차치하더라도 앤트워프 전선에 남겨둘 수밖에 없었던 군단, 브뤼셀에 주둔한 여단, 계속해서 길어지는 병참선을 경비하기 위해 남겨둔 여러 부대들을 대체하기 위해 증원군이 필요했다. 그러나 그들이 올 기미는 보이지 않았다. 몰트케는 아직 좌익에서 단 한 명도 차출하지 않았던 것이다.

몰트케는 걱정이 많았다. 타고난 기질대로 "우울한 쥴리우스"는 승승장구하는 군대의 진격이 즐겁기보다는 진격에 따른 갖가지 어려움 때문에 의기소침해 있었다. 지금은 개전 30일째이며 일정대로 되려면 개전 36일에서 40일 사이에 프랑스에 대한 승리가 이루어져야 했다. 비록 우익을 맡고 있는 사령관들이 프랑스군과 영국군은 "결정적으로 패배했으며” 그들의 퇴각은 “패주” 또는 “도주”라고 계속해서 보고했지만 몰트케는 편치 않았다. 그는 패주 혹은 무질서한 퇴각에 따른 통상적인 조짐이 별로 없는 것에 주목했다. 그렇다면 왜 포로가 그렇게 적은가? 과거 그의 상관이던 슐리펜은 항상 말하기를 “만일 돌파나 포위에 의한 것이 아니라면 전장에서 거둔 승리는 별 의미가 없다. 비록 뒤로 밀렸더라도 적군은 다른 지역에 다시 나타나 일시적으로 포기했던 저항을 재개할 것이다. 전투는 계속될 것이다…”라고 했다.

그러한 걱정에도 불구하고 몰트케는 그 자신이 직접 사태를 알아보기 위해 전방으로 가는 대신 자신이 보낸 부하들의 보고에 의존하며 사령부에서 애를 태우고 있었다. 그는 8월 29일자 아내에게 보낸 편지에서 “카이저가 사태의 심각성에 대해 얼마나 태평인지 가슴이 터질 것 같군요. 그는 이미 내가 그토록 싫어하는 축제 분위기에 빠져 있음이 분명하오”라고 적었다.

8월 30일 독일군의 전투가 절정에 이르게 되자 OHL도 코블렌쯔로부터 프랑스 국경 10마일 후방인 룩셈부르크의 수도로 전진했다. 그들은 이제 공식적으로는 아닐지라도 감정적으로는 적대적이며 주변 정서와 지리적인 이유로 인해 연합군에 관한 온갖 소문이 모이는 곳에 머물게 된 것이었다. 영국군과 프랑스군을 돕기 위해 이동 중인 80,000명의 러시아군에 대한 은밀한 소문들이 난무했다. OHL은 해협의 여러 장소와 상륙 징후들을 끼워 맞추기에 바빴다. 실제로 영국 해병 3,000명이 오스탕에 상륙한 사건은 룩셈부르크에 도착할 때쯤 심각하게 부풀려지고 심지어 소문에 떠돌던 러시아군 숫자만큼 과장되면서 독일군에게 분명한 현실적인 위협으로 비춰지게 되었다.

자신의 배후에 나타난 러시아군 유령 외에도 몰트케는 독일군 전선에 생긴, 특히 우익군 사이에 벌어진 간격 때문에 골치가 아팠다. 클룩과 뷜로브 간에 20마일, 빌로브와 하우센 간에 또 다른 20마일 그리고 하우센과 뷔르템베르그 공 사이에 비슷한 넓이의 세 번째 틈이 있었다. 몰트케는 자신이 이미 전 병력을 모젤 전투에 투입하도록 허락한 좌익으로부터 증원군을 차출하여 우익쪽에 얇아지고 있는 지역들을 채웠어야 했다는 생각때문에 불편했다. 좌익은 최소한의 병력으로 방어에 치중하도록 하고 동원할 수 있는 모든 사단은 제1군과 제2군으로 보내는 것이 올바른 방법이라는 슐리펜의 주장을 떠올리며 그는 죄책감을 느꼈다. 그러나 프랑스군 요새 방어선의 돌파 가능성은 여전히 OHL을 유혹했다. 불안해진 몰트케는 8월 30일 루프레흐트 전선에 대한 독자적인 조사를 위해 중화기 전문가인 바우에르 소령을 파견했다.

루프레흐트의 사령부에서 바우에르는 "종합적인 계획"을 전혀 찾아볼 수가 없었으며, 전선으로 나가자 지휘관들과 장교들은 서로 상충되는 의견을 제시했다. 어떤 이들은 자신들이 마주한 전선으로부터 적 사단들이 철수한 것은 틀림없는 사실이라고 지적하며 성공이 임박했음을 확신했다. 다른 이들은 툴 남쪽으로 모젤 강을 따라 펼쳐진 "숲이 무성한 어려운 산악지형"에 대해 불평했는데 그곳에서는 공격부대들이 곤경에 빠져 헤어나지 못하고 있었다. 설혹 작전이 성공하더라도 군대는 툴로부터 가해지는 공격에 측면이 노출될 것이며, 모든 도로와 철도가 이 요새 도시를 지나고 있기 때문에 보급선이 문제가 될 수도 있었다. 툴을 먼저 점령해야 할 상황이었다. 후방의 제6군사령부에서는 한때 뜨거웠던 루프레흐트 왕자의 공격에 대한 열정이 이미 "어렵고도 유쾌하지 못한 임무"에 휘말렸다는 생각으로 싸늘하게 식어버렸다.

최고사령부 소속인 바우에르에게 이쪽 전선으로부터 프랑스군이 철수했다는 보고는 나쁜 징후였는데, 왜냐하면 그것은 적군이 독일군 우익과 대치하고 있는 전선을 보강하기 위해 부대들을 철수시키고 있음을 의미하기 때문이었다. 그는 몰트케에게 보고한 것처럼 낭시-툴 그리고 모젤 방어선에 대한 공격이 "기회가 없는 것은 아닐지라도" 이를 성공시키려면 지금 시점에서는 "정당화되기 어려워" 보이는 추가적인 노력이 필요하다는 결론을 가지고 OHL로 귀환했다. 몰트케는 동의했으며 아무런 조치도 취하지 않았다. 그는 이미 너무 많은 비용을 지출한 공격을 중단시킬 만한 용기를 낼 수가 없었다. 게다가 카이저는 낭시를 지나 개선하기를 원했다. 제6군에게 하달된 새로운 명령은 아무것도 없었으며, 모젤 방어선을 돌파하기 위한 총력전은 계속되었다.

폰 클룩은 이처럼 결정적인 때에 공격을 이끌고 있는 우익에 대한 병력 증원이 이루어지지 않아 분개했다. 그러나 그가 안쪽으로 선회하기로 결정한 것은 부족한 병력 때문에 전선을 좁히기 위해서라기보다는 프랑스군은 이미 궤멸되었으며 에워싸기만 하면 끝난다고 믿었기 때문이었다. 안쪽으로 돌아 랑허작 군을 곧바로 추격하게 되면 그는 자신의 소매로 해협을 스치는 대신, 파리를 스치게 될 것이다. 그는 그 과정에서 자신의 측면이 파리 방어군이나 제1군에 의해 파리 쪽으로 밀려난 모누리 군에 의한 공격에 노출될 위험을 무시했던 것은 아니지만 그다지 대단할 것으로 생각하지도 않았다. 그는 모누리 휘하에 집결한 병력이 아직까지는 미미할 것으로 판단했다. 그들이 증원될 가능성 또한 미미하다고 판단했는데 왜냐하면 그러한 기동을 하기에는 패배와 재난의 극심한 고통 속에서 비틀거리며 물러나고 있는 프랑스군이 너무나 지리멸렬했음이 분명했기 때문이었다. 게다가 그는 그들이 동원할 수 있는 모든 병력은 베르덩 주위의 황태자 군과 모젤 전선의 루프레흐트 군의 강력한 압박을 받아 꼼짝 못하고 묶여 있을 것으로 추측했다. 제1군이 수도를 앞에 두고 동쪽으로 가로질러 나갈 때 그 측면을 엄호하기 위해서는 휘하 군단 중 기동력이 떨어지는 제4예비군단을 파리 전방에 남기는 것으로 충분할 것으로 생각했다. 어쨌든 참호로 에워싼 진지 안에 있는 수비대는 공격을 받지 않는 한 위험을 무릅쓰고 밖으로 나오지 않는다는 것이 독일군의 전쟁 게임을 통해 입증된 바 있으며, 그는 제4예비군단이 오합지졸들을 끌어 모은 모누리 군을 충분히 견제할 수 있을 것으로 판단했다. 적으로부터 포획한 문건을 통해 전선을 이탈하여 센느 너머로 퇴각하려는 존 프렌치 경의 의도를 알게 된 그는 이제껏 자신의 주적이었던 BEF에 대해 더 이상 고려할 가치가 없다고 생각했다.

프랑스군과는 대조적으로 독일군 체제에서 클룩은 야전 지휘관으로서 독자적인 의사결정을 할 수 있는 최대한의 재량권을 가지고 있었다. 강의와 도상 연습 그리고 전쟁 게임을 통해 주어진 군사적 문제에 대한 정확한 해법을 찾도록 훈련된 독일군 장군은 필요하면 언제든 자동적으로 그러한 임무를 달성할 것으로 기대되었다. 비록 최초 전략으로부터 일탈되었지만 파리를 무시하고 퇴각하는 군대를 곧바로 뒤쫓는다는 클룩의 계획은 이제 파리를 포위하지 않고도 전장에서 프랑스군을 섬멸하는 것이 가능할 것으로 보였기 때문에 "정확한" 해법이었다. 독일군의 군사이론에 의하면 적의 기동전력을 제압한 후에 요새화된 진지를 공격하는 것이 정석이었다. 일단 기동전력이 파괴되면 승리의 나머지 모든 과실이 뒤따르게 된다. 비록 파리의 유혹은 강력했지만, 클룩은 적절한 군사적 수순에서 벗어나지 않기로 결심했다.

8월 30일 저녁 6시 30분 그의 결심을 굳히는 전문이 폰 뷜로브로부터 전달되었다. 전문에서 뷜로브는 클룩에게 자신을 도와 프랑스 제5군에 대한 "승리로부터 최대한의 이점을 거둘" 수 있도록 안쪽으로 선회할 것을 요청했다. 그가 사용한 단어가 무엇이든 간에 뷜로브가 사실상 쌩컹탱에서 거둔 승리의 결과를 극대화하도록 도와 달라는 것이었는지 아니면 귀즈에서 당한 패배를 보상하도록 도와 달라는 것이었는지는 확실치가 않다. 아무튼 그의 요청은 클룩이 원했던 것과 일치했으며 클룩은 결정을 내렸다. 그가 하달한 다음날의 행군 목표는 이제 더 이상 정남향이 아니라 프랑스 제5군의 퇴로를 차단하기 위해 남동쪽으로 누와이용 및 콩피엔을 향하고 있었다. 16일 전 리에쥬에서 진격을 시작한 이래 하루도 쉬어 본 적이 없어 이미 발의 살갗이 벗겨지고 원성이 자자한 군대를 향해 8월 31일 그가 내린 명령은 "그러므로 또다시 우리는 전 부대에 강행군을 요구해야 한다"는 것이었다.

다음날 아침 제1군이 안쪽으로 선회를 시작하겠다는 보고를 받은 OHL은 서둘러 이를 승인했다. 벌어진 틈새를 불안해 하던 몰트케는 우익의 3개군이 최후의 타격을 가하면서 서로 협조하지 못하게 될까봐 우려하고 있었다. 이미 병력 수가 공격에 필요한 규정밀도 이하로 내려간 상태에서 만일 클룩이 파리를 에워싸며 진격하는 원래의 계획에 집착한다면 전선은 추가로 50마일 또는 그 이상 길어질 것이다. 클룩의 이동을 다행스러운 대안이라고 판단한 몰트케는 그날 밤 곧바로 이를 승인한다는 전문을 발송했다.

끝이 보이는 상황이었다. 러시아를 상대하기로 되어 있는 시간에 맞춰 개전 39일째로 예정된 프랑스의 패배가 임박했고, 독일군의 훈련, 기획 및 조직의 우수성이 입증되었으며, 전쟁의 승리와 유럽제패를 향한 여정의 절반에 다가가고 있었다. 프랑스군이 다시 결집하여 저항을 재개할 수 있게 되기 전에 퇴각하는 그들을 일망타진하는 일만 남아있었다. 그 무엇도, 어떤 틈새도, 귀즈에서 빌로브 군이 저지된 것도, 병사들의 피로도, 마지막 순간의 그 어떤 망설임이나 실수도, 승리를 향한 마지막 돌격을 방해하도록 내버려둘 수 없었다. 클룩은 가차없이 서둘러 군대를 앞으로 내몰았다. 장교들의 차량이 도로를 오르내리고 하사관들이 거친 목소리로 명령을 전하자, 8월 31일 아침 전쟁에 찌든 군대는 천근 같은 발로 또 하루의 끝없는 고된 행군을 시작하기 위하여 마지못해 대열을 갖추었다. 지도나 지명에 대해 아는 것이 없었던 그들은 진로가 바뀐 것을 알지 못했다. 파리라는 마술 같은 단어가 그들을 유혹하고 있었다. 그들은 더 이상 그곳이 목적지가 아니라는 말을 듣지 못했다.

배고픔이 그들을 더욱 비참하게 만들었다. 그들은 벨기에의 교량과 철도 터널이 파괴되는 바람에 기능이 원활하지 못한 자신들의 보급선을 이미 앞질러 버렸다. 보수 작업은 철도 보급종점(railhead)을 군대의 진격 속도에 맞출 만큼 성공적이지 못했는데, 예를 들면 철도노선이 집중되어 있던 나무르의 교량은 9월 30일까지도 수리가 끝나지 않았던 것이다. 기나긴 하루의 행군을 끝낸 지친 보병들은 종종 자신들이 야영할 예정이던 마을을 먼저 차지한 아군 기병대와 마주치곤 하였다. 기병대 출신인 황태자에 의하면 들에서 야영할 예정이던 기병대는 항상 보급 열차와 군마용 마초가 걱정스러운 나머지 이를 확보하기 위해 "툭하면" 보병들에게 배정된 장소를 "자신들이 차지했다." 그는 이처럼 예상 밖의 증언을 하면서 "기병들은 눈앞에 보이는 것들이 볼썽사나워지기 시작하면 어김없이 멈춰서 보병이 가는 길에 끼어들었다"고 덧붙였다.

9월 1일 영국군의 후미로 뛰어들었을 때 클룩의 군대도 볼썽사나운 꼴을 당하고 말았는데 왜냐하면 클룩의 성명에 의하면 "완전히 무너진 채" 퇴각 중이라던 그들이 뜻밖에도 독일군을 향해 돌아서서 날카로운 보복공격을 가했기 때문이었다. 영국군 후위 부대는 하루 종일 콩피엔과 비이에-코트레(Villers-Cotterets) 숲 근방에서 치열한 교전을 벌이며 본대가 클룩의 속을 뒤집어 놓은 채 또다시 빠져나갈 동안 적군을 가로막고 있었다. 병사들에게 "절실한" 휴식도 뒤로 미룬 채 클룩은 다음날 영국군을 포위하려는 생각에서 약간 서쪽으로 방향을 되돌리며 더욱 먼 거리를 행군하도록 명령했다. 또 한번 BEF는 "아슬아슬하게" 그의 손아귀를 벗어나, 9월 3일 마른을 건넜다. 이제 그들을 끝장낼 기회는 날아가 버렸고, 결과적으로 시간과 병력만 낭비한 채, 행군거리마저 길어진 클룩은 좋지 않은 기분으로 프랑스군을 추격하기 위한 선회를 재개했다.

클룩 군 소속의 한 독일군 장교가 9월 2일 일기에 "우리 병사들은 녹초가 되었다"고 적었다. "그들은 비틀거리며 걸었고, 얼굴은 먼지로 뒤범벅이었으며, 군복은 누더기였다. 그들은 살아 있는 허수아비 같았다." 포격으로 구멍이 뚫리고 쓰러진 나무로 가로막힌 길을 하루 평균 24마일씩 4일간이나 행군한 뒤라 "그들은 잠들지 않도록 군가를 합창하며 눈을 감고 걸었다… 오로지 승리가 임박했다는 확신과 파리로 개선할 것이라는 기대 때문에 그들은 계속 걷고 있는 것이다… 이것이 없었다면 그들은 지쳐 쓰러져 그곳에서 그냥 잠들었을 것이다." 이 일기는 독일군이 진격을 계속하면서 점점 심각해지고 있는 문제에 대해 증언하고 있는데, 보다 동쪽에 위치한 뷜로브와 하우센 군대가 샹파뉴(Champagne)를 지나 진입하고 있는 곳에서는 문제가 더욱 심각했다. "그들은 과음을 했지만 그 때문에 쉬지 않고 가는 것이다. 오늘 검열을 끝낸 장군이 화를 냈다. 그는 이렇게 무절제한 음주를 금지하려 했지만 우리는 그가 가혹한 명령을 내리지 못하도록 가까스로 설득했다. 만일 우리가 군율을 너무 엄격하게 적용하면 군대는 행군하지 않을 것이다. 비정상적인 피로와 싸우려면 비정상적인 자극이 필요하다. … 파리에 가면 모든 것이 바로잡힐 것"이라고 그 장교는 기대에 차서 끝맺었는데, 그 자신도 행군방향이 바뀐 것을 모르고 있었음이 분명하다.

벨기에에서처럼 프랑스를 지나면서도 독일군은 자신들이 지나간 자리에 검고 더러운 흔적을 남겼다. 마을이 불타고, 시민들이 사살되고, 가옥들이 약탈 파괴되었으며, 말들이 방안까지 난입하는가 하면, 대포를 실은 마차가 정원을 짓밟았으며, 누베꾸르(Nubécourt)의 프앙카레 가족

묘지를 파서 화장실로 사용했다. 9월 2일 파리에서 25마일 떨어진 상리스(Senlis)를 지나던 클룩의 제2군단은 시장과 다른 6명의 민간인 인질들을 사살했다. 도시외곽 그들이 매장된 묘지 모퉁이에 세워진 묘비에는 희생자들의 이름이 새겨져 있다.

외겐느 오덴느	시장
에밀 오베르	무두장이
쟝 바르비에르	마부
루시엥 코뜨로	카페 웨이터
피에르 드웨르	운전사
J-B, 엘리제 뽐미에르	제빵 조수
아뚜르 레강	석수장이

에스느 연안의 투그니(Thugny)에서 샤브리옹 백작 저택에 머물게 된 9월 2일은 폰 하우센 장군에게 즐거운 날이었다. 백작 부인의 침실을 차지한 장군은 그녀의 명함첩을 뒤지다가 그녀가 귀족이며 결혼 전 이름이 레비-미르뿌와 백작부인이라는 것을 발견하고 너무나 기뻤는데, 이처럼 고귀한 부인의 침대에서 잔다는 것은 예상하지 못했던 즐거움이었다. 저택의 장원에서 사격시합을 벌인 보급장교들이 잡은 꿩으로 식사를 마친 하우센은 백작부인의 은 식기를 징발하고 그 목록을 마을의 한 노인에게 맡겼다.

그날 밤 클룩의 선회를 다시 한번 검토한 다음 파리쪽으로 노출된 측면이 불안해진 몰트케는 새로운 일반명령을 내렸다. 좌익에 대한 문제처럼 그것은 확신이 없었던 그의 입장을 보여주었다. 그것은 제1군과 제2군에게 "프랑스군을 파리로부터 멀리 남동쪽으로 밀어붙이라"고 명령함으로써 클룩의 선회를 재가했다. 그와 동시에 클룩 군에게 "제2군의 후방에서 제형(echelon, 梯形)으로" 뒤따르며 "군의 측면을 엄호하는 책임"을 맡으라고 명령함으로써 있을지도 모를 위험에 대비하려 하였다.

제형으로! 클룩에게 그것은 일전에 OHL이 자신을 뷜로브의 지휘 하에 두었던 것보다 더 심한 모욕이었다. 한 손에는 소총, 다른 손에는 권총을 들고 우익을 이끌고 있던 사나운 모습의 아틸라는 그 누구에게도 뒤처지려 하지 않았다. 그는 제1군에게 "프랑스군을 남동쪽으로 몰기 위해 내일도[9월 3일] 마른을 넘어 진격을 계속하라"는 독자적인 명령을 하달했다. 그는 파리쪽으로 노출되는 측면에 대한 방어는 가장 약한 두 부대 즉, 브뤼셀에 1개 여단을 남기고 온 제4예비군단과 9월 1일 영국군과 벌인 전투에서 심하게 피해를 입은 제4기병사단을 후방에 남기는 것으로 충분하다고 생각했다.

소르데 기병군단 소속인 르픽 대위는 클룩이 선회를 시작한 첫날인 8월 31일 아침 콩피엔 북서쪽을 정찰 중이었다. 이때 그는 조금 떨어진 거리에서 9개 대대 규모의 적 기병종대가 지나가는 것을 목격했으며 15분 후 포병대, 탄약 수송차 그리고 자전거 중대와 더불어 보병종대가 그 뒤를 이었다. 그는 독일군들이 파리로 가는 정남향 길이 아닌 콩피엔으로 가는 길을 택한 것을 주목했다. 자기가 역사적인 행로 변경의 첫 번째 목격자임을 몰랐던 르픽 대위는 울란들이 특유의 군모를 벗고 천으로 된 모자를 쓰고 있던 것과 "서툰 프랑스어로 '영국군, 영국군'이라고 말하며 시골 주민들에게 방향을 물었다"는 것을 보고하는 데 더 큰 관심을 가졌다. 아직은 그들의 행군방향에 대한 그의 정보가 GQG에 어떤 중요한 의미를 전달한 것은 아니었다. 추측하건대 독일군들은 그저 콩피엔의 마을과 저택들에 마음이 끌린 것일 수도 있으며 그들은 콩피엔에서도 얼마든지 파리로 가는 길을 택할 수도 있었다. 르픽 대위가 본 두 개의 종대가 반드시 클룩 군 전체를 나타내는 지표가 되는 것도 아니었다.

8월 31일 프랑스군 역시 전투가 절정을 향해 다가가고 있음을 알았다. 그들의 두 번째 계획 즉, 독일군 우익을 저지하기 위해 전력의 중심을 왼쪽으로 옮긴다는 8월 25일자 계획은 실패했다. 영국군 및 제5군과 함께 솜을 사수하려던 제6군의 임무는 실패했다. 죠프르는 이제 제6군의 임무가 "파리를 엄호하는 것"이 될 것이라는 것에 동의했다. 그가 비공식적으로 말했듯이 영국군은 "전선을 지키려 하지 않았으며(ne veulent pas marcher)" 클룩이 그 측면을 쫓고 있는 제5군은 여전히 포위될 위험에 처해 있었다. 실제로 클룩 기병대의 선두가 이미 영국군의 퇴각으로 비어 있는 제5군과 파리 사이의 공간으로 침입했다는 놀라운 소식이 전해졌다. 죠프르의 작전과장인 퐁 대령의 보고처럼 "우익의 포위기동을 저지하기에 충분한 병력을 가지고 그들과 맞서는 것은 더 이상 가능해 보이지 않았다."

새로운 계획이 필요했다. 살아남는 것이 당면과제였다. GQG에서 죠프르는 두 명의 보좌관인 베랭과 베테로 그리고 작전국의 고위 장교들과 함께 무엇을 해야 하는지 논의했다. 폭풍우 같은 일련의 사태는 공격지상주의를 신봉하는 "교회"를 향해 프랑스군이 방어선을 안정시켜 공격을 재개할 수 있을 때까지 전선을 "사수해야 한다"는 새로운 생각을 강요하고 있었다. 한편 독일군은 베르덩에서 파리까지 이어지는 거대한 원호를 따라 병력을 전개시키며 진격하고 있음을 알게 되었다. 이번의 계획은 밀려오는 독일군 우익에 맞서는 것이 아니라 플랜17로 돌아가 독일군 중앙에 공격을 가해 그것을 잘라내는 형태가 될 예정이었다. 그렇지만 이제 전장은 바로 프랑스의 중심부였다. 이번에 프랑스군이 패배하면 국경의 전투처럼 사태가 역전되는 것이 아니라 곧바로 마지막이 될 수도 있었다.

문제는 얼마나 일찍 "전방기동(forward movement)"을 재개해야 하는가 였다. 최대한 이른 시점에, 파리와 같은 위도 상에 있는 마른 계곡에서? 아니면 세느를 지나 40마일 후방의 방어선까지 계속해서 퇴각해야 하는가? 퇴각을 계속하는 것은 그만큼 많은 영토를 독일군에게 내준다는 것을 의미하지만 세느라는 장애물은 군대가 적의 직접적인 압력을 벗어난 채 한숨 돌리면서 전력을 강화할 수 있는 여유를 주게 될 것이다. 독일군의 주된 목표는 프랑스군의 궤멸이므로 "우리의 주된 목표는 살아남는 것"이 되어야 한다고 베랭이 역설했다. "신중한" 자세를 유지하면서 세느 너머에서 군을 재정비 하는 것은 이제 국가적인 의무이자 적의 의도를 좌절시키기 위한 최상의 방법이었다. 베랭이 이렇게 주장하자, 베테로는 유창한 언변으로 이를 지지했다. 죠프르는 듣고만 있었으며 다음날 일반명령 제4호를 발령했다.

이날은 스당 기념일 전야인 9월 1일이었고 프랑스의 전도는 그 당시와 마찬가지로 비참했다. 러시아군의 탄넨베르그 참패에 대한 공식확인이 프랑스 무관으로부터 전달되었다. 일반명령 제4호는 국경의 전투에서 패한 직후 하달된 일반명령의 단호했던 어조와는 대조적으로 일주일 간 계속된 광범위한 침공 끝에 GQG의 흔들리는 낙관론을 반영하고 있었다. 그것은 제3,4,5군에게 "앞으로 한동안" 계속해서 퇴각할 것을 지시하며 세느와 오브(Aube)를 한계선으로 설정하였으나 "반드시 그 한계선까지 간다는 의미는 아니라고" 단서를 달았다. "제5군이 포위의 위협에서 벗어나게 되면 곧바로" 군은 "공격을 재개할" 것이나, 이전의 명령과 달리 특정한 시간이나 장소를 언급하지는 않았다. 하지만 그것은 앞으로 있을 전투에 대한 구상을 담고 있었는데, 이를테면 재개될 공격에 참가시키기 위한 지원병력을 낭시와 에피날의 군대로부터 차출할 것이며 "파리 요새의 기동부대 또한 총공격에 참여하게 될 것"이라고 언급하였다.

후일 마른 전투의 기원에 대해 길고도 지루한 논쟁을 벌였던 죠프르의 지지자들과 갈리에니의 지지자들은 이후 4일간의 다른 모든 작전이나 명령과 마찬가지로 이 일반명령에 대해서도 다각적인 언쟁을 벌였다. 죠프르가 시간과 장소를 특정한 구체적인 전투는 아닐지라도 여하튼 어떤 전투를 염두에 두고 있었음은 의심의 여지가 없다. 그가 예상했던 전투는 진격 중인 5개 독일군이 "파리와 베르덩 사이"로 들어오고 프랑스군이 프랑스의 중심부를 가로지르며 펼쳐진 그물 또는 완만한 곡선 형태의 전선에 정렬했을 때 벌어졌을 것이다. 죠프르는 그러한 준비를 하는 데 일주일이 걸릴 것으로 생각했던 것 같다. 왜냐하면 그가 9월 1일 작별인사 차 찾아온 메시미에게 9월 8일 공격이 재개될 것으로 기대하며 아마도 그것은 "브리엔느-르-샤또(Brienne-le-Château) 전투"로 불리게 될 것으로 예상한다고 말했기 때문이다. 마른 후방 25마일 즉 마른과 세느의 중간쯤에 위치한 작은 도시인 브리엔느는 나폴레옹이 블뤼처에게 승리를 거둔 곳이다. 그런 것이 아마 죠프르에게 길조로 보였을 것이다. 다가오는 적의 무시무시한 그림자 아래 계속되는 어쩔 수 없는 퇴각의 총체적인 절망 속에서도 흔들리지 않는 그의 냉정함과 확신에 찬 침착한 모습은 또 한번 메시미를 감동시켰다.

군대가 세느로 퇴각하면 무방비 상태가 될 파리는 편안할 수가 없었다. 죠프르는 밀에랑을 불러 군사적 상황을 있는 그대로 요약해 주었다. 영국군의 "독단적인" 퇴각으로 랑허작 군의 좌측이 무방비 상태로 노출되었기 때문에 랑허작이 빠져나올 때까지 계속해서 퇴각할 수밖에 없었다. 모누리는 파리를 향해 퇴각하여 갈리에니와 "연결하라"는 명령을 받앉지만, 죠프르는 제6군을 갈리에니의 지휘 하에 두는 것에 대해 아무 언급도 하지 않았다. 적의 대열이 파리로부터 약간 떨어진 진로를 따라 움직이고 있었으므로 결정을 "잠시 보류"할 수도 있었겠지만, 그럼에도 불구하고 그는 정부가 오늘 저녁이나 늦어도 내일 중으로 "지체 없이" 파리를 떠나는 것이 "시급하고도 필수적"이라고 판단했다.

갈리에니는 제정신이 아닌 정부로부터 그러한 사태의 진전을 통보 받고 죠프르에게 전화를 걸었는데, 죠프르는 그와 직접 통화하는 것은 기를 쓰고 피했지만 그의 전문은 받았다. "우리는 저항할 수 있는 상태가 아니며… 모누리가 버틸 수 없다면 파리는 적을 막을 수 없음을 죠프르 장군은 이해해야 합니다. 3개 정규군단이 요새 방어군에 추가되어야만 합니다." 그날 오후 늦게 죠프르는 회신전화를 걸어 갈리에니에게 모누리 군을 그의 휘하에 배속시킬 것이라고 알려주었다. 그들은 이제 파리 요새의 기동부대가 될 것이다. 그러한 부대는 전통적으로 야전군과는 별도로 독자적인 지휘를 받으며 요새사령관의 의지에 따라 통상적인 전투에 동원되지 않을 수도 있었다. 죠프르는 그들을 포기할 생각이 조금도 없었다. 같은 날 그는 교묘한 술책을 부려 국방장관에게 파리 요새와 그 안의 모든 병력을 총사령관인 자신의 권한에 맡겨, "필요한 경우 본인이 요새의 기동부대를 전장에서 활용할 수 있게 해 달라"고 요청했다. 메시미 못지않게 죠프르의 마력에 빠져 있던 밀에랑은 9월 2일 그렇게 지시했다.

한편 마침내 갈리에니는 군대를 확보했다. 이제 그가 활용할 수 있게 된 모누리 군은 제7군단 소속의 1개 정규사단, 1개 모로코 여단, 그리고 4개 예비사단으로 구성되어 있었는데 그들은 원래 파리에서 차출되었던 에베네 장군 휘하의 제61, 제62사단과 로렌에서 용맹을 떨친 제55, 제56예비사단이었다. 죠프르는 어차피 자신의 지휘권에서 벗어나 있었

기 때문에 이제 막 파리에 도착하여 하차중인 알제리의 제45쥬아브 경
보병사단(Zouaves, 알제리인으로 구성된 프랑스 보병부대로 아라비아 옷을
입었음: 역주)을 추가하는 데 동의했으며 야전군으로부터 1개 정규군단
을 보내주기로 하였다. 클룩처럼 그도 피해가 큰 제3군 소속 제4군단을
골랐는데 그들은 이미 아르덴느 전투에서 재난에 가까운 피해를 입은
바 있다. 그러나 그들은 병력을 보충 받았으며 그들을 제3군의 베르덩
전선에서 파리 전선으로 이동시키는 것은 프랑스군이 할 수 없을 것으
로 클룩이 판단했던 병력증원 조치였다. 갈리에니는 제4군단 부대들이
기차 편으로 9월 3일과 4일 파리에 도착할 것이라는 통보를 받았다.

제6군을 자신에게 배정한다는 죠프르의 구두약속을 받은 즉시 갈리
에니는 자기 휘하의 새로운 지휘부와 만나기 위해 북쪽으로 차를 몰았
다. 그가 밀려오는 독일군을 피해 "공포와 절망"이 가득찬 얼굴로 파리
를 향해 몰려드는 피난민들을 지나갈 때 이미 때가 너무 늦었다는 것을
분명히 볼 수 있었다. 북서쪽으로 파리 바로 외곽인 퐁뚜와즈로 제61 및
제62사단이 들어오고 있었는데 모두들 지리멸렬 낙담하고 있었다. 퇴각
하면서도 혹독한 전투를 치른 부대들은 탈진한 채 유혈이 낭자했으며,
지방 주민들은 대포소리와 더불어 울란이 가까이 있다는 소식을 접하자
겁에 질려 어쩔 줄을 몰랐다. 에베네 장군과 얘기를 나눈 후 갈리에니는
계속해서 파리 북쪽 30마일 지점인 우아즈 연안의 크레이로 모누리를
만나러 갔다. 그는 모누리에게 우아즈의 교량들을 폭파하고 파리로 퇴
각하면서 적의 진격을 지연시키되 어떠한 경우에도 독일군이 모누리와
수도 사이로 파고들지 못하도록 하라는 명령을 내렸다.

서둘러 파리로 돌아오던 그는 피난민 행렬보다는 보기 좋은 장면과
마주쳤는데, 제45알제리 사단의 늠름한 쥬아브병들이 요새에 포진하기
위해 대로를 따라 행진하고 있었다. 밝은색 상의와 부풀어 오른 바지 차

림의 그들은 떠들썩한 분위기를 자아내며 모처럼 파리 시민들의 환호성을 불러일으켰다.

그러나 행정부 내의 분위기는 어두웠다. 밀에랑은 "가슴이 무너지는" 사실들을 프앙카레에게 그대로 보고했다. "우리의 모든 희망은 무너졌고, 아군은 모든 전선에서 전면 퇴각 중이며, 모누리 군은 파리를 향해 후퇴하고 있습니다…" 국방장관으로서 밀에랑은 정부가 다음날인 9월 2일 저녁 이후 단 한 시간이라도 남아 있게 된다면 아무런 책임도 질 수 없다고 했다. 프앙카레는 "내 생애 가장 슬픈 일"을 당했다. 모든 행정기관은 국민들이 장관들을 비교하여 특정인에 대해 분개하는 일이 없도록 한 사람도 파리에 남기지 말고 한꺼번에 보르도로 이동하기로 결정했다.

그날 저녁 도시로 돌아오자마자 갈리에니는 밀에랑으로부터 유럽 최고의 도시가 포위공격을 받게 됨에 따라 수도에 관한 모든 민사적, 군사적 권한은 자신에게 위임될 것이라는 말을 들었다. 세느 지사와 경찰청장이 돕지 않는다면 "나는 혼자가 될 것이다." 그는 자기가 신세를 지게 될 경찰청장이 겨우 한 시간 정도 그 자리에 남아 있었다는 것을 알게 되었다. 전임청장인 엔니옹은 정부가 떠난다는 소식을 듣자 뒤에 남아 있기를 단호히 거절했으며 그 자리에 남아 있으라는 명령을 받자 "건강상의 이유"로 사임해 버렸던 것이다. 갈리에니에게 정부의 퇴장은 최소한 비무장 도시 주창자들을 침묵하게 하는 이점이 있었다. 그들의 법적인 명분은 사라졌으며 이제 그가 요새진지로서 파리를 방어하는 데 아무런 제약도 없었다. 비록 그는 "장관들과 떨어져 있기를 원했지만, 체면상 한두 명 정도는 남지 않을까"라고 기대했었다. 이것은 진심으로 남아 있기를 원했던 이들에게는 다소 억울한 얘기였겠지만 정치인들에 대한 갈리에니의 경멸은 특정인을 가리지 않을 정도로 포괄적인 것이었다.

이틀이면 독일군이 문턱에 이를 것으로 예상한 그는 "도시 북쪽 퐁뚜

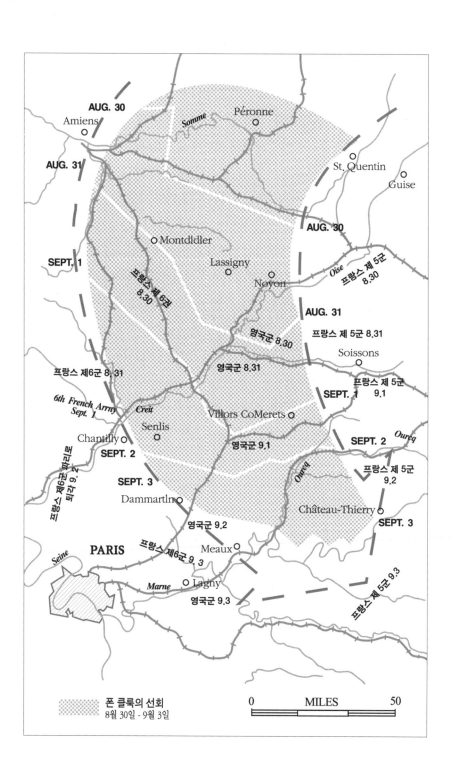

AUG. 30

Amiens ○

Somme

Péronne ○

AUG. 31

St. Quentin ○

○ Guise

Montdldler ○

Lassigny ○

SEPT. 1

Oise 프랑스 제 5군 8.30

Noyon ○

프랑스 제 6군 8.30

AUG. 30

AUG. 31

프랑스 제 5군 8.31

영국군 8.30

Soissons ○

프랑스 제6군 8. 31

영국군 8.31

프랑스 제 5군 9.1

6th French Army Sept. 1

Creit

Villors CoMerets ○

SEPT. 1

Senlis ○

SEPT. 2

Oureq

Chantilly ○

영국군 9.1

SEPT. 2

프랑스 제6군 파리로 퇴각 9. 2

SEPT. 3

Oureq

프랑스 제 5군 9.2

Dammartln ○

Château-Thierry ○

SEPT. 3

PARIS

영국군 9.2

Seine

프랑스 제6군 9. 3

Meaux ○

Marne Lagny ○

프랑스 제 5군 9.3

영국군 9.3

폰 클룩의 선회
8월 30일 - 9월 3일

0   **MILES**   50

와즈에서 우르 사이" 즉, 폭이 45마일인 지역에서 "전투를 벌일 작정으로 만반의 준비를" 하며 참모들과 밤을 새웠다. 우르는 파리 동쪽에서 마른에 합류하는 작은 강이다.

그날 밤늦게 정부는 이제 도망갈 필요가 없어졌다고 해석할 수도 있는 정보가 GQG에 도착했다. 그날 낮 제5군 소속 정보장교인 파갈드 대위에게 어떤 가방이 전달되었다. 그것은 차를 타고 가던 중 프랑스군 정찰병에게 사살된 클룩 군 소속 독일군 기병장교의 시신 곁에서 발견된 것이었다. 가방 속에는 여러 가지 서류들과 피로 얼룩진 지도가 들어 있었는데 그곳에는 클룩 휘하 개별군단들의 진격로와 그날의 도착 예정지가 표시되어 있었다. 전체 군의 진로는 우아즈에서 우르를 향해 남동쪽을 향하고 있었다.

GQG는 파갈드 대위가 발견한 정보를 분석하여 프랑스군 주 방어선의 왼쪽을 에워싸기 위해 제6군과 제5군 사이에서 파리를 옆에 두고 미끄러지듯 지나가려는 클룩의 의도를 정확하게 파악하였다. 이것이 파리를 공격하지 않는다는 의미라는 것을 그들도 인지했겠지만, 정부에 대해 그러한 견해를 납득시키기 위해 별다른 노력을 하지는 않았다. 다음날 아침 GQG와 대통령 간의 연락장교인 페네롱 대령이 프앙카레에게 클룩의 진로변경에 대한 소식을 전할 때, 죠프르로부터 정부가 떠날 필요가 없다는 제안은 한마디도 없었다. 오히려 죠프르는 정부는 반드시 떠나야 하고, 클룩의 의도를 확인할 수가 없을 뿐 아니라, 그의 선두 대열이 이미 20마일 밖의 상리스와 샹틸리(Chantilly)까지 들어왔으며, 파리는 머지않아 포격을 받을 것 같다는 말을 전했다. 클룩의 선회가 갖는 의미를 프앙카레나 밀에랑이 얼마나 깊이 이해했는가는 말하기 어려운데, 전쟁과 같은 위기의 와중에는 무엇이든 나중에 알게 되는 것만큼 분명하거나 확실하지가 않은 법이다. 조급함 그리고 심지어 공포감이 퍼졌다. 일단 고통스러운 과정을 거쳐 결정을 내린 이상 정부가 그것을 바꾸기는 어려웠다. 밀에랑은 어쨌든 정부가 떠나야 한다는 주장을 굽히지 않았다.

9월 2일, 스당 기념일이 되었으며 "혐오스러운 순간이 왔다." 사람들이 볼 수 있는 낮을 피해 한밤중에 정부가 수도를 떠나도록 준비했다는 사실을 알았을 때 프앙카레의 "비탄과 굴욕감"은 더욱 커졌다. 내각은 법이 정한대로 정부가 있는 곳에 그가 있어야 한다고 주장했으며, 시민들을 위해 파리에 남아 구호활동을 계속하게 해 달라는 영부인의 간청마저도 허락되지 않았다. 미국 대사 마이런 헤릭은 미간을 "잔뜩 찌푸린 채" 눈물이 글썽글썽한 모습으로 작별인사를 하러 왔다.

이 시기 프랑스 수도에 있었던 다른 이들처럼 헤릭에게도 "독일군의 무서운 공격은", 그가 자기 아들에게 썼듯이 "거의 불가항력인 것처럼 보였다." 그는 파리의 "모든 거리"가 파괴될지도 모르니 지방으로 떠나라고 조언하는 독일인들로부터 이미 경고를 받은 바 있다. 그러나 그는 머물기로 결심했으며 파리의 박물관과 기념물들을 "전 인류의 재산으로서" 미국의 깃발 아래 보호하겠다고 프앙카레와 약속했다. 그는 이미 당시의 필사적이면서도 격앙된 분위기에 어울리게, "만약 독일군이 도시 외곽에 당도하여 항복을 요구하면, 밖으로 나가 군사령관 또는 가능하면 카이저와 대화한다"는 계획을 세워 놓고 있었다. 독일 측 요구에 의해 독일 대사관의 관리인 역할을 맡고 있던 그는 그러한 면담을 요구할 수 있었다. 세월이 흐른 뒤 파리에서 9월의 첫째 주를 같이 지냈던 친구들이 그 당시 몇 명이나 남아 있었는지 손꼽아 볼 때 갈리에니는 "그곳에 헤릭도 있었다는 것을 잊지 말라"고 말했을 것이다.

7시에 갈리에니는 작별 인사차 밀에랑을 방문했다. 쌩 도미니크 거리의 국방부는 "슬프고, 어둡고, 황량"했으며 건물 안뜰은 보르도로 보내기 위한 공문서를 싣고 있는 대형차들로 가득했다. 나머지는 소각되었다. 이삿짐을 꾸리는 모습은 "애처로운" 분위기를 자아내게 하였다. 불이 꺼진 계단을 걸어 올라간 갈리에니는 빈 방에 혼자 있는 장관을 발견했다. 이제 정부가 떠나게 되자, 밀에랑은 망설이지 않고 파리와 그 안에 있는 모든 사람들을 포화 속으로 내몰았다. 별다른 지시가 필요 없었던 갈리에니에게 그가 내린 명령은 파리를 "끝까지(à outrance)" 지키라는 것이었다.

"장관께서는 끝까지라는 단어의 심각함을 이해하십니까?" 갈리에니가 말했다. "그것은 파괴, 폐허, 도시 한복판에 있는 다리를 폭파하는 것을 의미합니다."

"끝까지"라고 밀에랑은 다시 한번 강조했다. 잘 있으라고 말하면서 그는 다시 만나기 힘든 사람을 대하듯 갈리에니를 바라보았으며, 갈리에니는 "살해당하기 위해 남는다는 사실을 나 스스로 별다른 거부감 없이 받아들였다는" 느낌을 받았다.

몇 시간 후 장관들과 국회의원들은 그들 중 상당 수가 수치심에 괴로워하며 남의 눈에 띄지 않게 어둠 속에서 몰래 보르도행 열차에 몸을 실었으며, 다음날 아침 발표된 고상한 대국민 담화로 불명예스러웠던 그 순간을 덮었다. "굴복하지 않고 싸우는 것"은 이제 시대적 사명이 되어야 한다고 그 담화는 언급했다. 프랑스가 굴하지 않고 싸우는 동안 영국은 바다에서 외부 세계로부터 적을 차단할 것이며 러시아군은 "진격을 계속하여 독일 제국의 심장부에 최후의 일격을 가할 것이다!"(정부는 러시아군의 패전 소식이 전해질 시각을 미처 고려하지 못했다.) 프랑스군의 항전에 최대한의 "활력과 효율성"을 주기 위하여 정부는 군의 요구에 따라 다른 지역과 차단되지 않고 확실한 접촉을 유지할 수 있는 장소로 "잠시" 이동하기로 하였다. "프랑스 국민 여러분, 이러한 비극적인 사태가 불가피했음을 양해하시기 바랍니다. 우리는 흔들리지 않는 의지, 인내심, 강인함으로 무장하고 파멸을 기부함으로써 궁극적인 승리를 쟁취할 것입니다."

갈리에니는 파리가 비무장도시로 선포되었다는 소문을 일축하고 시민들에게 무엇이 기다리는지를 알려 주기 위해 심사 숙고하여 작성한 짧고 분명한 포고문을 발표하는 것으로 만족했다. 아침에 그의 포고문이 파리 시내 게시판에 나붙었다.

"파리 방위군. 파리 시민 여러분.

공화국 정부의 요인들은 국가방위에 새로운 추진력을 주기 위해 파리를 떠났습니다. 본인은 침략자로부터 파리를 지키라는 명령을 받았습니다. 이 명령을 본인은 끝까지 수행할 것입니다.

파리, 9월 3일 1914년
파리 군정장관, 파리 방위군 사령관
갈리에니"

너무나 불명확한 성명만을 발표하는 GQG의 정책으로 일반인들은 전황의 심각함을 모르고 있었기 때문에 이때 국민들이 받은 충격은 매우 컸다. 정부는 납득할 만한 이유도 없이 진지를 이탈해 버린 꼴이었다. 그들의 야반도주가 보르도를 향한 오래되고도 끈질긴 애정행각으로 밝혀진 후에도 지워지지 않는 뼈아픈 상처를 남겼다. 정부를 "보르도 여자에게 바친 투르너도(tournedos, 쇠고기 요리: 역주)"라고 부르며 조롱하는 빈정거림이 나돌고 그들을 뒤쫓아 정거장에 운집한 군중들은 "라 마르세예즈"를 풍자한 노래를 따라 불렀다.

"정거장으로, 시민 여러분(Aux gares, citoyens)!
기차를 타십시오(Montez dans les wagons)!"

파리 군정장관에게 이때는 "고통의 나날들"이었다. 각급 부대들이 도시의 북쪽과 동쪽을 향해 후퇴하고 있는 와중에 이 지역에 산재한 80개의 교량을 언제 폭파해야 하는가 라는 문제는 긴장과 불안을 점증시켰다. 매 구역마다 지휘관들은 자기 부대의 퇴로를 확보하자마자 적군의 추격을 차단하기 위해 다리를 폭파하고 싶어 안절부절이었다. GQG의 명령은 "어떤 교량도 원상 그대로 적의 수중에 떨어지지 않게 하라"는 것이었지만, 한편으로 이 교량들은 공격으로 전환할 때 다시 필요한 것들이었다. 이 지역은 세 사람의 지휘를 받고 있었는데, 그들은 갈리에니, 죠프르 그리고 지리적으로 그들 사이에 있던 죤 프렌치 경이었으며 키치너의 방문 이후 프렌치의 주요 관심사는 모든 이들에게 자신의 자주성을 보여주는 것이었다. 교량들을 지키는 파리 기지의 공병들은 서로 다른 명령들 속에서 혼란스러웠다. "재난이 우려된다"고 한 공병장교가 이르쇼에르 장군에게 보고했다.

9월 2일 밤이 되자 영국군은 마른에 도착했으며 다음날 강을 건넜다. 콩피엔 후방에 이르자 병사들은 자신들이 지도를 벗어나 행군하고 있음을 알게 되었고 그때쯤 되자 이것이 장교들이 말하던 "전략적 후퇴"가 아님을 마침내 눈치채기 시작했다. 불로뉴와 아브르에 있던 그들의 기지들은 이때 이미 소개된 뒤였으며 모든 비축물자와 기지 인원들은 루와르(Loire) 입구에 있는 쌩-나제르로 후송되었다.

그들 뒤로 약 하루 행군 거리에 있던 제5군은 아직도 여전히 포위의 위험으로부터 벗어나지 못하고 있었다. 계속되는 무더운 날씨 속에 후퇴와 추격이 계속되자, 먹이도 추격자 못지않게 지쳤다. 귀즈 전투 이래 제5군은 하루에 18 내지 20마일을 계속해서 행군했다. 그 퇴로를 따라 일단의 탈주병들이 농장과 집을 약탈하였고 주민들에게 독일군의 테러 소식을 전하면서 공포심을 퍼뜨렸다. 사형이 집행되었다. 랑허작은 제5군 만큼 모진 고난을 겪은 군대는 여태껏 없었을 것이라고 생각했다. 같은 시기에 한 영국군 장교는 BEF에 대해 "병사들이 그토록 지치고 배고프면서도 여전히 살아 있을 수 있다고는 한번도 생각해 본 적이 없었다"고 술회했다. 이 시기에 뭔가 격려가 될 만한 것을 찾던 헨리 윌슨은 위게 대령에게 "독일군은 너무 성급합니다. 그들은 너무 급하게 추격을 독려하고 있어요. 모든 것이 무리입니다. 그들은 반드시 큰 실수를 저지르게 되어 있고 그때는 대령의 시간이 올 것입니다"라고 말했다.

클룩이 안쪽으로 선회한 것을 알아챘음에도 죠프르와 GQG에 있는 그 참모들은 이때까지 적의 측면을 공격할 수 있는 예상치 않았던 절호의 기회를 보지 못했다. 9월 2일 클룩이 영국군을 추격하기 위해 방향을 틀자 그들은 혹시 그가 다시 파리를 향해 방향을 돌리는 것은 아닐까 의심했다. 어쨌든 그들의 마음은 파리가 아니라 세느를 따라 펼쳐질 전면전에 고정되어 있었는데, 확고한 전선이 재구축되기 전에 이 전투를 감행할 수는 없었다. GQG에서 계속된 속타는 협의 끝에 죠프르는 군대가 멈추게 될 지점까지 "후방으로 며칠간 더" 퇴각을 계속한다는 결정을 내렸으며, 이 기간 동안 우익으로부터 증원군을 데려올 수 있을 것으로 기대했다. 가까스로 버티고 있는 모젤 방어선이 약해지는 위험에도 불구하고 그는 제1군과 2군으로부터 각각 1개 군단씩 차출하기로 결정했다.

그의 결정은 9월 2일 각군 사령관들에게 하달된 비밀지령에 포함되어 있었는데, 그 지령에는 세느와 오브가 퇴각한계선으로 확정되어 있었다. 목표는 "군대를 적의 압박으로부터 벗어나게 하여 재정비할 수 있게 해 주는 것"과 이것이 완료되고 동부로부터 증원군이 도착하면 바로 "그 순간 공격으로 전환하는 것"이라고 죠프르는 설명했다. 영국군에게 "이 기동에 참여하도록 요구할" 것이며 파리 방위군은 "모(Meaux) 방향" 즉, 클룩의 측면을 향한 "공격을 감행할" 예정이었다. 여전히 날짜를 생략한 채 죠프르는 "수일 내로" 자신이 신호를 보낼 것이라고 했다. 지휘관들은 질서정연한 퇴각을 위해 탈주병들에 대해 "가장 엄격한 조치"를 취하라는 명령을 받았다. 각자에게 상황을 이해하고 최선의 노력을 경주할 것을 요구하면서 죠프르는 이것이야말로 "국가의 안위가 걸린" 전투가 될 것임을 분명히 했다.

파리에서 명령을 전달 받은 갈리에니는 죠프르의 계획을 비난했다. 왜냐하면 그것은 파리를 희생하겠다는 내용일 뿐만 아니라 "현실과도 거리가 멀었기" 때문이었다. 그는 독일군의 추격 속도로 보아 프랑스군은 세느에 도달하거나 그곳에서 군대를 재편할 시간이 없을 것으로 판단했다. 남동쪽을 향한 클룩의 행군에 대한 산발적인 보고가 들어오고 있었지만 그는 아직 파갈드 대위가 입수한 결정적인 정보를 모르고 있었다. 9월 2일 밤, 다음날 공격이 있을 것으로 예상했던 그는 앵발리드 길 건너편 리쎄 빅또르-뒤루이(Lycée Victor-Duruy)라는 여학교에 설치된 자신의 사령부에서 잤다. 가로수 뒤에 위치한 큰 건물인 그곳은 일반인들로부터 격리되어 있었으며 앵발리드에 비해 입구와 출구가 적어 경비하기가 수월했다. 문마다 보초를 세웠고, 야전용 전화가 요새 기지의 모든 사단 사령부들과 연결되어 있었으며, 작전참모부와 정보참모부를 위한 별도의 사무실이 구분되어 있었고, 식당과 숙소가 마련되어 있어 갈리에니는 크게 안심하고 "전방에서 하듯이 이곳 정식 야전사령부"로 옮겨 올 수 있었다.

다음날인 9월 3일 아침 그는 파리로부터 멀어지며 마른으로 향하는 클룩의 이동을 확실히 알게 되었다. 파리 방위군 소속 비행사 와토 중위는 공중정찰 중 우르의 계곡을 향해 "서쪽에서 동쪽으로 미끄러져 가는" 적군의 대열을 보았다. 나중에 파리 요새에서 이륙한 두 번째 비행기가 이 보고를 확인시켜 주었다.

갈리에니의 제2국(정보)참모실에서는 장교들 사이에 소리 없는 흥분이 일고 있었다. 전방에서 부상을 당했지만 "참모 일을 잘 할 수 있다고 생각한" 지로동 대령이 긴 의자에 누운 채 벽에 걸린 지도에 눈을 고정시키고 있었는데, 지도 위에서는 색칠된 핀들이 독일군의 진격 방향을 따라가고 있었다. 영국군 비행사의 또 다른 공중정찰 보고서가 막 도착했을 때 갈리에니의 참모장인 클레제리 장군이 방에 들어왔다. 다시 한 번 몇 개의 핀들이 움직이면서 클룩의 선회를 나타내는 궤적이 지도상에 분명하게 표시되자 클레제리와 지로동은 동시에 소리쳤다. "그들이 우리에게 측면을 드러냈다! 그들이 우리에게 측면을 드러냈다!"

22. 여러분, 우리는 마른에서 싸울 것입니다

갈리에니는 즉시 파리 방위군에게 주어진 기회를 보았다. 망설이지 않고 그는 최대한 빠른 시기에 독일군 우익의 측면을 공격하기로 하는 한편 세느로 후퇴를 계속하는 대신 전 전선에서 일시에 공격을 재개함으로써 이 작전을 지원하도록 죠프르를 설득하기로 결심하였다. 비록 모누리의 제6군을 핵심으로 하는 파리 방위군은 갈리에니의 지휘 하에 있었지만 그 안의 모든 병력과 함께 파리 요새는 그 전날부터 죠프르의 지휘 하에 있었다. 제6군이 공격을 시작하려면 두 가지 조건이 필요한데, 그것은 바로 죠프르의 승인과 제6군의 가장 가까운 이웃인 BEF의 지원이었다. 제6군과 BEF는 둘 다 파리와 클룩의 측면 사이에 있었는데 모누리는 마른의 북쪽에 그리고 영국군은 그 남쪽에 있었다.

갈리에니는 참모장인 클레제리 장군을 "중요한 사안에 대해 자신이 직접 주재하는 장시간의 회의"에 참석하라고 불렀는데, 클레제리에 의하면 "그러한 회의는 보통 2분 내지 5분간 계속되었다." 이제 시간은 9월 3일 오후 8시 30분이었다. 그들은 만일 다음날 아침에도 클룩의 행군 방향이 그대로 유지된다면 즉각 합동공격을 가하도록 죠프르에게 모든 압력을 행사하기로 의견을 모았다. 파리 요새의 비행사들은 "중대한 결정이 달려 있는" 공중 정찰을 이른 시각에 실시하여 오전 10시 이전에 그 결과를 보고하라는 명령을 받았다.

이르쇼에르 장군이 지적했듯이 측면공격의 성패는 "돌파해 들어가는 선봉부대"에 달려 있는데, 제6군은 갈리에니가 가지고 싶어했던 강하고 날카로운 무기가 아니었다. 그들은 전반적으로 지친 상태에서 각자 지정된 위치에 도착했다. 어떤 부대는 9월 2일 낮부터 밤까지 37마일을 행군했다. 누적된 피로는 사기를 저하시켰다. 갈리에니도 다른 이들처럼 예비사단을 "그저 그렇다"고 평가했는데, 모누리 군은 대부분 이들로 구성되어 있었다. 퇴각하면서 하루도 쉬지 못했을 뿐만 아니라 교전이 없던 날이 하루도 없었던 제62예비사단은 소속장교의 3분의 2를 잃었으며 이들을 보충할 만한 것이라야 고작 예비역 중위들뿐이었다. 제4군단은 아직 도착하지 않았다. 남쪽으로 도망가지 않고 남아 있던 파리 시민들의 "침착함과 단호함"만이 그나마 믿음직한 요소였다.

폰 클룩은 9월 3일 저녁에 마른에 도착했는데, 이때는 이미 자신이 추격하던 랑허작 군과 그 외곽 측면에 있던 영국군이 그날 일찍 강을 건넌 뒤였다. 그들은 극도의 피로와 성급한 퇴각의 혼란 속에서 폭파와 관련하여 홍수처럼 쏟아지는 전문에도 불구하고 또는 그에 따른 혼선으로 말미암아 교량들을 원상 그대로 또는 부분적으로만 파괴한 상태로 남겨놓고 말았다. 클룩은 교두보를 확보하였으며 뷜로브와 보조를 맞추도록 대기하라는 명령을 무시한 채 다음날 아침 강을 건너 제5군을 잡기 위한 선회를 계속할 생각이었다. 그는 마른을 건너려는 자신의 의도를 알리는 3통의 전문을 OHL로 발송했지만 룩셈부르크와의 무선 상태는 오히려 코블렌쯔보다도 나쁘다 보니 그들 전문은 다음날까지 전달되지 못하였다. 이틀간 제1군과 연락이 두절된 OHL은 클룩이 9월 2일의 명령을 따르지 않았다는 것을 몰랐으며, 그들이 그 사실을 알았을 때는 이미 그 선두 대열은 마른을 건넌 후였다.

그들은 9월 3일 하루 동안 25 내지 28마일을 행군했다. 병사들은 자신들의 야영지에 들어서자 "그대로 탈진하여 쓰러지면서 '40킬로미터! 40킬로미터!'라고 멍한 상태에서 중얼거렸는데 그들이 할 수 있었던 말은 그것이 전부였다"고 한 프랑스인 목격자가 말했다. 다가올 전투에서 수많은 독일군 포로들이 한발짝도 움직이지 못하고 잠든 채 사로잡혔다. 대낮의 열기는 살인적이었다. 오로지 "내일 또는 모레쯤" 파리에 도착한다는 기대가 가까스로 그들을 행군하게 만들었던 것이며 장교들은 감히 그들에게 사실을 알릴 수가 없었다. 프랑스군을 끝장내려는 열의에 차 있던 클룩은 부하들을 탈진시킨 것 외에 자신의 보급 열차뿐만 아니라 중화기도 앞지르고 말았다. 동프러시아 전선의 폰 프랑수와 장군은 자신의 대포와 탄약 차량을 완전하게 확보하기 전까지는 한발짝도 움직이려 하지 않았었다. 그러나 프랑수와는 전투를 마주하고 있었던 반면, 자기가 마주하고 있는 것은 단순히 쫓아가서 패잔병들을 소탕하는 일이라고 생각했던 클룩은 사전준비를 소홀히 했다. 그는 열흘간이나 퇴각을 계속했던 프랑스군이 나팔소리를 듣고 뒤로 돌아 다시 싸우는 데 필요한 사기와 활력을 가질 수는 없다고 판단했다. 또한 그는 측면에 대해서도 염려하지 않았다. "장군은 파리 쪽에 대해 아무것도 걱정하지 않았다"고 한 장교가 9월 4일 기록했다. "우리가 영불 연합군 잔당들을 쳐부수고 나면 장군은 파리로 돌아가 제4예비군단에게 프랑스 수도로 입성하는 개선행렬을 선도하는 영광을 줄 것이다."

9월 4일 계속해서 앞으로 밀고 나가면서 클룩은 뒤로 처져 독일군 선봉대의 측면을 엄호하라는 명령을 수행할 수 없다고 거침없이 퉁명스럽게 OHL에 통보했다. 뷜로브가 따라오도록 이틀간 정지할 경우 전체 독일군의 공세는 약화되고 직은 행동의 자유를 되찾을 시간을 가지게 될 것이다. 사실상 이웃의 다른 군대에게 마른의 건널목을 확보해 주게 된 것은 오로지 자신의 제1군이 "대담하게 행동"했기 때문이며 "이제 이러한 성공으로부터 온갖 이점을 취하게 될 것으로 기대된다." 이를 구술하며 더욱 화가 치민 클룩은 "다른" 군대 즉, 뷜로브 군은 왜 항상 "결정적인 승리"를 거둔 다음에도 "지원을 요청" 하는 것인지 알아야겠다고 주장했다.

뷜로브는 자신의 이웃이 "OHL의 지시에 따르지 않고 제2군의 후미에 선 제형에서 선두에 선 제형으로" 진형을 바꾸자 격노했다. 그의 군대도 대부분의 독일군 부대와 마찬가지로 마른에 도착하자 탈진했다. "우리는 더 이상 아무것도 할 수 없다"고 제10예비군단의 한 장교가 적었다. "병사들은 도랑에 쓰러져 누운 채 숨만 쉬고 있었다… 말에 타라는 명령이 떨어졌다. 나는 말에 타 몸을 구부려 말갈기에 내 머리를 얹었다. 우리는 목마르고 배고프다. 무관심이 우리를 엄습했다. 이런 삶은 가치가 없다. 그것을 잃어 봐야 별로 손해 볼 것도 없다." 하우센 군의 부대원들은 "계속해서 5일간이나 익힌 음식을 먹어보지 못했다"고 불평했다. 그 옆에 있던 제4군 소속의 한 장교가 적었다. "우리는 찜통 더위 속에 하루 종일 행군했다. 얼굴은 수염이 더부룩하고 먼지를 뒤집어 쓴 병사들은 마치 걸어가는 밀가루 포대 같았다." 독일군의 진격이 군대의 탈진과 무관심을 대가로 얻어진 것이라는 사실은 야전 지휘관들에게 별 문제가 아니었다. 클룩처럼 그들도 이제 프랑스군은 회복할 수 없다고 확신하고 있었다. 뷜로브는 9월 3일 프랑스 제5군은 "결정적으로 패배" 하였으며(이미 세 번째 내지 네 번째지만), "완전히 지리멸렬한 상태로 마른 남쪽을 향해" 달아났다고 보고했다.

설사 "완전히 지리멸렬된" 것은 아닐지라도 제5군은 확실히 좋은 상태가 아니었다. 랑허작이 더 이상 죠프르를 신뢰하지 않는다는 사실 (그는 굳이 이를 감추려고 하지도 않았음), GQG에서 파견된 연락장교들과 벌인 언쟁, 그리고 주어진 명령에 대한 비난은 자신의 참모들에게도 영향을 미쳐 그들 중 절반은 나머지 절반과 사이가 좋지 않았다. 모두들 퇴각하는 프랑스군의 후미를 맡아 장시간 사투를 벌이면서 쌓인 신경과민으로 인해 짜증나고 초조한 상태였다. 적과 가장 가까이 있던 제18군단의 마 드 라트리 장군은 자기 부대의 상태에 대한 "고뇌"를 털어놓았다. 그러나 아무리 난타를 당했더라도 제5군은 적으로부터 벗어났다고 판단해도 좋을 정도로 충분한 거리를 두고 마른을 건넜으며 따라서 공격 재개를 위한 죠프르의 조건은 충족되었다.

비록 죠프르는 정부에 통보했듯이 "수일 내에" 공격을 시도할 생각이었지만 구체적이지도 않았으며 GQG도 상당히 낙담하는 분위기였다. 매일 연락장교들은 그 가운데 누군가 말했듯이 "패전의 분위기가 감도는" 야전군 방문을 마치고 풀이 죽어 돌아왔다. GQG를 다시 30마일 후방의 샤띠옹-쉬르-세느(Chatillon-sur-Seine)로 옮기기 위한 준비가 진행 중이었으며 이틀 뒤인 9월 5일 그곳으로 이동을 완료했다. 열흘 만에 프랑스는 석탄과 철광산들, 밀과 사탕무 산지 그리고 전체 인구의 6분의 1을 잃었을 뿐만 아니라 릴, 발렌씨엔느, 캉브레, 아라(Arras), 아미앵, 모뵈즈, 메지에르(Mézieres), 쌩 컹탱, 라옹 그리고 수와쏭 같은 주요도시들도 빼앗겼다. 9월 3일, 클로비스(Clovis)에서 루이 16세에 이르기까지 프랑스 모든 왕들이 그곳의 대성당에서 대관식을 거행했던 랭스가 비무장도시로서 뷜로브 군에게 항복하자 모두에게 장막이 드리워졌다. 2주일도 지나기 전에 마른 전투에 대한 보복으로 전 세계가 랭스의 대성당을 루뱅의 도서관과 같은 상징물로 기억하게 되는 포격이 자행되었다.

여전히 조금도 불안한 기색없이 하루 세 끼 식사를 거르는 법도, 밤 10시 취침을 이겨 본 직도 없었던 죠프르는 9월 3일 이 기간 중 유일하게 자신의 불편함을 드러냈던 한 가지 어려운 과제와 마주쳤다. 그는 랑허작을 해임할 수밖에 없다고 마음을 정했다. 그가 겉으로 표명했던 이유는 랑허작의 "육체적 정신적 침체"와 이제 모두가 알게 된 그와 존 프렌치 경의 "원만하지 못한 인간관계"였다. 제5군의 역할이 결정적이고 영국군의 참여가 없어서는 안될 이번 공격을 위해 그는 교체되어야만 했다. 랑허작이 귀즈 전투를 단호하게 지휘했음에도 불구하고 죠프르는 그때 이후 랑허작은 "정신적으로 완전히 무너졌다"고 확신했다. 게다가 그는 주어진 명령에 대한 비판과 거부를 멈추는 법이 없었다. 그것이 반드시 정신적 침체의 증거는 아니겠지만 자꾸만 원수를 성가시게 했다.

자신의 개인적인 아이디어가 별로 없었던 죠프르는 조언을 듣는 것에 익숙했으며 작전국을 주도하는 이론가들에게 어느 정도 의식적으로 순응하는 편이었다. 그들은 어느 프랑스 군사비평가의 말처럼 "소위 교회를 구성했는데 그 교회 밖에서 구원이란 없었으며 그 교리의 결점을 폭로하는 자들은 결코 용서 받을 수 없었다." 랑허작의 죄는 그가 계속해서 옳았으며 이를 너무 내놓고 떠들었다는 데 있었다. 독일군 우익을 치명적으로 과소평가한 것에 대해 처음부터 그가 옳았으며 그 결과 지금 프랑스의 상당 부분이 독일군의 군화에 짓밟히게 된 것이다. 샤를루와에서 뷜로브 군과 하우센 군에 의한 이중포위의 위협을 받았을 때 전투를 멈춘 그의 결정이 프랑스군 좌익을 구했던 것이다. 전쟁 후 폰 하우센 장군이 인정했듯이 이것이 프랑스군 좌측을 포위하는 것에 초점을 맞추었던 독일군의 계획 전체를 뒤엎어 버렸으며 결국 제5군을 에워싸기 위해 클룩을 안쪽으로 선회하게 만들었던 것이다. 랑허작의 후퇴가 두려움에 기인한 것인지 혹은 현명함에서 비롯된 것인지는 중요하지 않은 데 왜냐하면 종종 두려움이 바로 현명함이며 이 경우 지금 죠프르가 준비하고 있는 새로운 시도를 가능케 했기 때문이다. 이 모든 것은 먼 훗날 프랑스 정부가 잘못을 바로 잡으려는 때늦은 몸짓으로 랑허작에게 레지옹 도뇌르(Legion of Honor) 최고훈장을 수여할 때 비로소 제대로 인정을 받을 수 있었던 내용들이다. 그러나 개전 첫 달의 쓰라린 실패 속에서 GQG는 랑허작의 불경죄를 참을 수가 없었다. 자신의 군대를 이끌고 마른을 건너던 날 그는 타르페이아 바위에(Tarpeian Rock, 로마시대 범죄자들을 이 바위에서 떨어뜨려 처형했음: 역주) 서도록 결정되었다.

이전에는 어쨌든 간에 실제로 이때 랑허작의 기분은 썩 믿음직한 상태가 아니었으며, 그와 GQG 그리고 그와 죤 프렌치 경 간의 상호불신을 감안하면 (비록 그에 대한 GQG의 불신은 늘 실수였지만) 위기의 순간을 책임져야 할 지휘관으로서 그에게 문제가 있었다는 데에는 의문의 여지가 없다. 죠프르는 곧 벌어질 이번 공격에서 실패를 피하기 위해서라면 가능한 모든 수단을 강구해야 한다고 생각했다. 이후 이틀간의 해임을 포함하면 죠프르는 첫 5주 동안 프랑스군 가운데 두 명의 군사령관, 열 명의 군단장 그리고 서른여덟 명 또는 전체의 절반에 해당하는 사단장들의 옷을 벗겼다. 후일 육군원수가 될 세 사람 즉, 포쉬, 페탱, 그리고 프랑세 데스퍼레이를 포함하여 대부분 새롭고 유능한 인물들이 그 자리를 채워다. 어쩌면 일부 불공정한 처사가 있었겠지만 전반적으로 군대는 개선되었다.

죠프르는 차를 타고 그날 제5군 사령부가 있던 세잔느(Sézanne)로 출발했다. 미리 정해 두었던 회담 장소에서 그는 제1군단장인 프랑세 데스퍼레이와 만났는데 그는 더위 때문에 머리에 목욕 수건을 걸친 모습으로 나타났다.

"장군은 군을 지휘할 능력이 있다고 생각합니까?" 죠프르가 물었다.

"남이 하는 만큼은"이라고 프랑세 데스퍼레이가 대답했다. 죠프르가 별말 없이 쳐다보자 그는 어깨를 으쓱하며 부연설명을 했다. "지위가 올라가면 갈수록 그만큼 쉬워집니다. 더 많은 참모들을 갖게 되고, 도와 줄 사람이 더 많아집니다." 그것으로 얘기는 마무리 되었고 죠프르는 계속해서 차를 몰았다.

세잔느에서 그는 랑허작과 단둘이 따로 만나 그에게 말했다. "이봐요, 친구. 장군은 지금 지쳐있고 우유부단합니다. 제5군 사령관직을 물러나야겠어요. 이 말을 하기는 싫지만 어쩔 수 없군요." 죠프르에 의하면, 랑허작은 잠시 생각하더니 "예, 총사령관님. 그 말이 맞습니다"라고 대답했으며 아주 무거운 짐을 벗어버린 것 같은 모습이었다. 랑허작 본인의 설명에 의하면, 자신은 거세게 항의했으며 죠프르에게 증거를 대라고 요구했지만 죠프르는 그저 "우유부단하다"는 말만 되풀이하면서 랑허작이 언제나 주어진 명령에 대해 "비평"을 제기했다고 불평했다. 랑허작은 이제껏 지난 일들은 모두 자신의 비평이 옳았음을 증명하기 때문에 이것을 가지고 자기를 비난할 수는 없다고 말했는데, 말할 것도 없이 바로 그것이 문제였던 것이다. 그러나 죠프르는 분명히 한마디도 듣지 않고 있었다. 죠프르는 "나때문에 인내심의 한계에 다다랐다는 표정"을 지으며 "나와 눈을 맞추지 않으려고 했다." 랑허작은 항변을 포기했다. 부관에 의하면 면담을 끝내고 나온 죠프르는 전례 없이 "매우 신경질적인" 모습이었다.

이제 프랑세 데스퍼레이가 부름을 받았다. 저녁 식탁에서 막 수프를 한 숟가락 먹던 차에 연락을 받은 그는 일어나서 포도주 잔을 비운 다음 외투를 걸치고 세잔느를 향해 출발했다. 교차로에서 꾸물거리며 진행되는 군수품 수송 때문에 길이 막히자 그는 차에서 뛰어내렸다. 곡사포 포탄 같은 모습의 짧게 자른 머리, 쏘아보는 검은 눈 그리고 날카롭고 권위적인 목소리와 더불어 그의 작고 단단한 외모는 군대 내에서 너무도 잘 알려져 있어 병사들과 말 그리고 차량들이 마술에 걸린 듯이 길 양옆으로 갈라졌다. 그 이후에도 긴장되어 화가 치민 채 군단에서 군단으로 정신없이 질주하다가 길이 막히면 그는 서슴없이 차 밖으로 권총을 쏘아대곤 하였다. 그는 결국 영국군 병사들에게 "미친 프랭키(Desperate Frankey)"로 알려지게 되었다. 그와 가까운 장교들은 그가 자신들이 알고 있던 엄격하긴 했지만 쾌활하고 친근한 지휘관에서 전제 군주로 변한 것을 알게 되었다. 그는 사납고, 독단적이고 냉혹해졌으며 휘하 부대뿐만 아니라 참모들도 위협적으로 통솔하였다. 세잔느에서 랑허작이 그에게 비밀문건을 건네주고 지휘권을 양도하자마자 전화가 울렸고 그것을 받은 엘리 드와셀이 점점 짜증을 내며 "예, 장군. 아니오, 장군"이라고 반복해서 말하는 소리가 들렸다.

"그거 누구요?"라고 프랑세 데스퍼레이가 짧게 내뱉었고 상대는 제18군단장 마 드 라트리 장군으로 휘하 부대의 극심한 피로 때문에 다음 날 명령을 수행할 수가 없다고 고집을 부린다는 말을 들었다.

"내가 받지"라고 신임사령관이 말했다. "이봐요, 나 데스퍼레이 장군이요. 내가 제5군의 지휘권을 인계 받았소. 이제 더 이상의 토론은 없소. 행군해야 합니다. 행군하던지 아니면 차라리 그 자리에서 전사하시오." 그리고 그는 전화를 끊었다.

9월 4일은 서로 멀리 떨어진 여러 지역에서 감지된 절정에 다다른 느낌과 더불어 시작되었는데, 이것은 때때로 역사적인 사건들이 사전에 보내는 일종의 초감각적인 자극이었다. 파리에서는 갈리에니가 이날이 "결정적인" 날이라고 느꼈다. 베를린에서는 블뤼쳐 공주가 "예정된 파리 입성 외에 다른 얘기는 일체 없었다"고 일기에 적었다. 브뤼셀에서는 낙엽이 지기 시작했고 갑작스러운 바람이 이들을 흩날리며 거리에 회오리를 일으켰다. 사람들은 대기 중에 숨어 있는 가을의 서늘함을 느꼈고 만약 전쟁이 겨울까지 지속되면 무슨 일이 생길지 의아해했다. 미국 공사관에서는 휴 깁슨이 이미 나흘간이나 아무런 승전 발표도 없는 독일군 사령부에서 "점증하고 있는 불안"에 주목했다. "오늘 뭔가 대단한 일이 일어날 것이 확실하다."

룩셈부르크의 OHL에서는 독일 역사에 남을 승리의 순간이 다가오면서 긴장이 극에 달했다. 통제불능 상태에 빠지기 직전인 군대는 이제 막 사도와(Sadowa, 프러시아 주도로 독일을 통일하는 과정에서 비스마르크는 오스트리아를 독일연방에서 몰아내기 위해 보오전쟁을 일으켰고 1866년 7월 3일 프러시아 군이 동 보헤미아 사도와에서 오스트리아 군을 격파함: 역주)와 스당에서 시작한 일을 마른에서 마무리하려는 참이었다. "개전 35일째"라고 카이저는 베를린에서 찾아온 장관에게 승리에 들뜬 목소리로 말했다. "우리는 랭스를 포위했고, 파리까지는 30마일 남았어…"

전방의 독일군들은 마지막 전투를 본격적인 교전이라기보다는 잔당을 소탕하는 작업 정도로 생각하고 있었다. 제5군 소속의 한 장교는 "엄청난 소식, 프랑스군이 우리에게 휴전을 제안했으며 170억의 배상금을 지불할 준비가 되어 있다"고 일기에 적었다. "당분간 휴전제의는 거부될 것"이라고 그는 냉정하게 덧붙였다.

적은 이미 궤멸되었다고 생각했으며 이에 반하는 어떤 증거도 환영받지 못했다. 샤또-티에리 근처에서 프랑스군이 퇴각하면서 군가를 불렀다는 보고를 받자 클룩의 참모장인 폰 쿨 장군은 꺼림칙한 의심이 들었다. 그는 "이미 새로운 부대 이동에 대한 모든 명령이 내려진 터라" 스스로 그 의심을 억눌러 버렸다. 몇 안되는 그러한 예는 별 문제로 하고 적이 반격을 준비하고 있다는 의심은 없었으며 설사 몇 가지 사례가 있었더라도 그 어떤 것도 지휘부의 의사결정에 반영되지 않았다. 비록 조짐들이 눈에 띄었지만 적지에서 활동 중인 독일군 정보부는 그것들을 수집하는 데 실패했다. OHL 소속의 정보장교가 9월 4일 황태자의 사령부를 방문하여 전 전선에 걸쳐 상황은 유리하고 "우리는 모든 곳에서 승승장구하며 진격 중"이라고 말했다.

오직 한 사람만은 그렇게 생각하지 않았다. 죠프르와 달리 몰트케는 자신의 운세에 대해 확신을 갖지도 못했지만 그렇다고 자신감이 지나치다 보면 간혹 자신의 눈을 가리게 되는 베일을 쓰지도 않았기 때문에 환상을 배제하고 사물을 정확하게 볼 수 있었다. 이점에서 그는 랑허작을 닮았다. 9월 4일 그는 "심각하고 의기소침했으며" 얼마 전 카이저와 대화를 나누었던 바로 그 헬페리히 장관에게 "우리 군대는 너무 지쳐서 더 이상 나아가기 어렵다"고 말했다. 잠시 생각에 잠겼던 그는 계속해서 말했다. "우리는 스스로를 기만하면 안됩니다. 우리는 승리가 아닌 성공을 거두었습니다. 승리란 적의 저항력을 섬멸하는 것을 의미합니다. 각각 백만 명의 병사가 전장에서 맞붙었을 때 승자에게는 포로가 있게 마련입니다. 우리 포로들은 어디에 있습니까? 로렌에서 이만 명 그리고 다른 곳을 모두 합해 봐야 추가로 만 내지 이만 명 정도 될 겁니다. 게다가 그나마 포획한 대포도 몇 문 안되는 것을 미루어 볼 때 프랑스군은 계획적이고도 조직적인 퇴각을 하고 있는 것으로 추측됩니다." 용납될 수 없는 생각이 발설되고 말았다.

그날 이제 곧 마른을 건너려 한다는 클룩의 전문이 마침내 OHL에 도착했지만 그 이동을 막기에는 너무 늦은 시점이었다. 이제 파리 쪽으로 노출된 클룩의 측면이 몰트케를 괴롭혔다. 파리 방향으로 "군대를 이동시키는 것"이 "틀림없는" 빈번한 철도 운행에 관한 보고가 계속해서 들어왔다. 바로 그날 루프레흐트는 자신과 마주한 전선으로부터 프랑스군 2개 군단이 철수했다고 보고했다. 이제 적의 저항력이 소멸되지 않았다는 증거를 더 이상 외면하는 것은 불가능했다.

타펜 대령이 지적했듯이 프랑스군의 이동은 "파리 쪽에서 아군의 오른쪽 측면을 공격한다"는 의미일 수도 있는데 "우리는 이에 대비한 예비전력이 없다." 이것이 바로 야전지휘관들뿐만 아니라 몰트케가 괴롭게 의식하고 있던 문제였다. 퇴각기간 중 프랑스군 후위부대와 벌인 교전에서 입은 병력 손실을 프랑스군처럼 예비군으로 보충할 수가 없었다. 독일군 전선에는 구멍이 남아 있었고 동프러시아로 보낸 2개 군단은 빠져 버렸다. 루프레흐트가 9월 3일 모젤에서 공격을 막 재개하였음에도 불구하고 이제 몰트케는 좌익으로부터 증원군을 차출할 각오가 되어 있었다. 몰트케의 제안이 도착했을 때 공교롭게도 카이저가 루프레흐트의 사령부에 있었다. 이번에야말로 마침내 낭시의 방어벽이 무너질 것으로 확신했던 카이저는 자신들 전력에 대한 어떠한 감축에도 반대하는 루프레흐트와 폰 크라프트를 단호하게 지지했다. 몰트케가 아닌 다른 사람이었다면 끝까지 주장했을지도 모르겠지만 몰트케는 그러지 않았다. 8월 초하루의 무기력했던 그 밤 이후 계속된 교전의 불확실성과 압박은 그의 의지를 강화시키기보다는 약화시키고 말았다. 우익에 대한 병력증원에 실패한 그는 우익을 멈추기로 결정했다.

그날 밤 입안되고 다음날 이른 아침 발령되어 전 군에 하달된 새로운 명령은 우익의 실패, 벨기에의 중립마저 희생시켰던 승리를 위한 독일의 기도가 실패했음을 공개적으로 인정하는 내용이었다. 벨기에 침략만 한 달째인 9월 4일자로 된 그 명령은 상황에 대한 정확한 평가를 담고 있었다. "적은 제1군과 제2군의 포위공격을 빠져나갔으며 그 병력의 일부는 파리 방위군과 합류했다"고 언급했다. 적 부대는 모젤 전선으로부터 철수하여 "십중팔구 파리 지역에 우세한 전력을 집결시켜 독일군의 우측을 위협할 목적으로" 서쪽으로 이동 중에 있다. 따라서 "제1군과 제2군은 파리의 동쪽 전선을 마주한 채… 그 지역으로부터 가해진 적의 어떠한 작전에도 대항할 수 있도록 대기해야만 한다." 제3군은 세느를 향해 계속해서 남쪽으로 진격하고 나머지 군들은 이미 하달된 9월 2일자 명령에 따르도록 하였다.

승리의 마지막 문턱에서 진군하는 우익을 멈추게 한 것은 국방장관인 폰 팔켄하인 장군이 보기에 완전히 미친 짓이었는데, 그는 2주일 후 몰트케의 뒤를 이어 신임총사령관이 될 인물이었다. "오직 한 가지는 분명하다"고 그는 9월 5일 일기에 적었다. "우리 총참모부는 완전히 겁을 먹었다. 슐리펜의 지침은 더 이상 도움이 되지 못하며, 몰트케의 기지는 바닥났다." 바닥난 것은 몰트케의 기지가 아니라 독일군의 시간이었다. 프랑스군의 이동을 보고 몰트케는 자신의 외곽 측면을 향해 커져가는 위험을 정확하게 알아챘으며 그것에 대한 적절하고도 현명한 조치를 취했다. 그의 명령에는 오직 한 가지 결점이 있었는데, 그것은 바로 너무 늦었다는 것이었다. 혹시 그 당시 제때 조치를 취했더라도 급하게 서둘고 있던 한 사람 즉, 갈리에니에게 맞추기는 어려웠을 것이다.

9월 4일 동틀 무렵 파리 비행사들의 보고는 갈리에니에게 "신속하게 행동하지 않으면 안된다는 것"을 보여 주었다. 만약 제시간에 합동공격이 시작될 수만 있다면 남동쪽을 향한 클룩의 구부러진 행군대열의 후미는 모누리 군과 영국군의 좋은 목표가 될 것이다. 오전 9시 죠프르의 승인을 얻기도 전에 그는 모누리에게 예비명령을 전달했다. "본관의 의도는 독일군 측면과 맞서도록 영국군과 연계하여 장군의 군대를 전진시키는 것입니다. 즉시 필요한 조치를 취하여 오늘 오후 장군의 부대가 파리 방위군의 동쪽을 향한 총 진군의 선봉을 맡아 출진할 수 있도록 준비하기 바랍니다." 구체적인 협의를 위해 가능한 빨리 모누리에게 직접 파리로 오라고 하였다.

그런 다음 갈리에니는 직접 죠프르로부터 "즉각적이고도 적극적인" 결정을 얻어내는 일에 착수했다. 그들 사이에는 예전의 상관과 부하라는 인간관계의 잔재가 남아 있었다. 그들은 둘 다 죠프르에게 무슨 일이 생길 경우 갈리에니가 공식적으로 총사령관에 지명된다는 것을 알고 있었다. 죠프르가 자신의 영향력에 저항하며 화를 낸다는 것을 알고 있던 갈리에니는 그를 설득하기보다는 억지로 밀어붙이는 방법에 의존하기로 했다. 그래서 그는 일찌감치 보르도의 프앙카레에게 전화를 걸어 일시에 공격을 재개할 수 있는 "좋은 기회"가 왔다고 말했던 것이다.

오전 9시 45분 그는 GQG와 전화통화를 시도 했는데, 이것이 후일 그가 "마른의 실제 전투는 전화상에서 시작되었다"고 언급하게 되는 일련의 통화 중 첫 번째 것이었다. 갈리에니는 죠프르 이외의 다른 사람과는 말하지 않으려 했고 죠프르는 전화를 받지 않으려고 했기 때문에 클레제리 장군과 작전과장인 퐁 대령이 가운데서 얘기를 전하는 형태로 통화가 이루어졌다. 죠프르는 수화기를 아주 싫어했으며 종종 "그 사용법을 모르는" 척했다. 그의 진짜 이유는 높은 지위에 있는 다른 이들처럼 그도 역사를 의식했으며 자신이 통제할 수 없는 상태에서 전화를 통해 말하는 내용은 가감없이 기록되는 것을 염려했기 때문이었다.

클레제리는 제6군 및 파리 요새의 동원 가능한 모든 병력을 클룩의 측면을 향한 공격에 투입한다는 계획을 설명하면서, 기왕이면 마른의 북쪽을 치는 것이 바람직한데 이 경우 9월 6일이면 적과 조우할 수 있으며, 또 다른 대안은 남쪽 제방을 공격하는 것인데 이 경우는 모누리가 도강하는 데 하루가 더 걸릴 것이라고 말했다. 클레제리는 어떤 경우가 되더라도 그날 저녁 제6군을 출진시키도록 명령을 내려 달라고 요구했다.

그는 전 군이 퇴각을 끝내고 파리 방위군의 기동에 맞추어 공격으로 전환할 시점이 왔다는 갈리에니의 판단을 역설했다. 이제 GQG가 결정할 차례였다.

기꺼이 수도를 희생시키려는 GQG와는 달리 갈리에니는 처음부터 파리는 온전하게 보존되어야 한다는 신념에서 움직이고 있었다. 그는 야전군 전체의 상황을 직접적으로 알지 못한 채 파리의 관점에서 전선을 고찰하였다. 그는 클룩의 선회가 제공한 기회를 붙잡기로 결심하면서 자신의 움직임이 거의 틀림없이 아군의 총공격을 촉발할 것이라고 판단했다. 그것은 대담하기 짝이 없는, 심지어 다소 경솔한 구상이었는데 왜냐하면 그가 다른 야전군의 상황을 완전하게 파악하지 못한 상태에서 작전의 성공여부를 제대로 판단할 수 없었기 때문이었다. 갈리에니는 또 다른 기회가 있을 것으로 생각하지 않았다. 그는 자신의 때를 아는 위대한 지휘관의 본능적 감각을 가지고 있었기 때문에 프랑스에게 또 다른 기회는 없을 것이라는 것을 누구보다 확실하게 느꼈던 것 같다.

오전 11시 모누리가 작전지시를 받기 위해 도착했으나, 죠프르로부터 아직 아무런 대답도 없었다. 정오에 클레제리가 다시 전화를 걸었다.

한편 GQG가 있던 바르-쉬르-오브의 학교에서는 작전참모부의 장교들이 벽에 걸린 지도 앞에 모여 합동공격을 위한 갈리에니의 제안을 놓고 활발한 토론을 벌이고 있었다. 지난 한 달 동안 프랑스군의 군사적 희망이 비참하게 짓밟히면서 그들 중 어떤 이들의 마음에는 어느덧 경각심이 생겼다. 다른 이들은 변함없이 열렬한 공격지상주의자들이었으며 경각심에서 나온 모든 지적에 대한 해답을 가지고 있었다. 죠프르는 그 모임에 참석하여 부관인 물레 대위가 기록하는 그들의 토론내용을 들었다. "부대에 활력이 없다고? 천만에, 우리 프랑스군 병사들은 퇴각에 지친 겁니다. 진격하라는 명령을 듣는 순간 그들은 피곤함을 잊어버릴 겁니다. 포쉬 군과 드 랑글 군 사이의 틈? 그것은 듀바이 군에서 차출된 제 21군단이 메우면 됩니다. 공격할 준비가 안되어 있다? 야전사령관들에게 물어보세요, 그들이 어떻게 대답하는지 알게 될 겁니다. 영국군의 협조? 아, 그것은 좀 심각하군. 누구도 그들 사령관에게 명령을 내릴 수는 없고, 협상을 해야만 하는데, 시간이 없군요. 그러나 중요한 것은 기회를 잡아야 한다는 겁니다, 왜냐하면 그것은 금방 도망가거든요. 클룩은 아직 자신의 실수를 만회할 수 있으며, 제6군이 움직이면 틀림없이 그는 자기가 노출시킨 위험을 눈치챌 것입니다."

이 토론에는 한마디도 참여하지 않은 채 죠프르는 베테로와 의논하기 위해 그의 사무실로 갔는데 그는 계획을 반대하는 입장이었다. 군이 갑자기 뒤로 돌 수는 없다고 그는 주장했다. 아군은 강력한 저지선까지 예정된 후퇴를 계속하면서 독일군이 그물 안으로 더욱 깊숙이 들어오게 놔둬야 한다고 했다. 무엇보다 로렌 전선에서 차출한 2개 군단이 배치될 때까지 모두가 원하는 수적 우위는 이루어질 수 없었다.

아무 말없이 베테로 사무실의 벽 지도를 향해 놓여있는 밀짚 의자에 걸터앉은 채 죠프르는 문제를 따져 보았다. 마지막에 공격으로 전환한다는 그의 계획에는 처음부터 제6군을 동원하여 적의 오른쪽 측면을 공격하는 작전이 포함되어 있었다. 그러나 갈리에니는 이런 것들을 앞질러 서두르고 있었던 것이다. 죠프르는 증원군이 도착하고, 제5군이 준비를 갖추며, 영국군의 협조를 보다 확실히 하기 위해 추가로 하루를 더 가졌으면 했다. 두 번째 전화를 걸었을 때 클레제리는 총사령관이 마른 남쪽에 대한 공격을 선호한다는 말을 들었으며, 클레제리가 이에 따른 시간지연에 대해 이의를 제기하자 "하루가 지연된다는 것은 더 많은 병력을 쓸 수 있다는 것을 의미한다"는 대답을 들었다.

이제 죠프르는 중차대한 결정 즉, 세느까지 예정된 퇴각을 단행할 것인가 아니면 위험과 함께 기회를 잡아 지금 적과 마주칠 것인가를 선택해야 할 입장에 섰다. 더위가 기승을 부렸다. 죠프르는 밖으로 나가 학교 운동장에 가지를 늘어뜨리고 있는 물푸레나무의 그늘 아래 앉았다. 타고난 중재자였던 그는 다른 이들의 의견을 모으고, 그것을 분류하고, 제안자들의 개인적인 차이를 반영하여 편차를 조정한 다음, 마지막에 자신의 결정을 공표했다. 결정은 언제나 그의 몫이었다. 만약 그것이 성공하면 그는 영광을 얻을 것이고, 실패하면 모든 책임을 져야 했다. 이제 그의 앞에 놓인 문제에 프랑스의 운명이 걸려 있었다. 지난 30일 동안 프랑스군은 지난 30년간 준비해 온 위대한 과업을 수행하는 데 실패했다. 프랑스를 구할, 다시 한번 1792년(프랑스가 시민혁명을 성공시켜 왕정을 끝냄: 역주)의 프랑스임을 입증할 마지막 기회가 지금 왔다. 침략자는 죠프르가 앉아 있는 곳에서 40마일 그리고 가장 가까이에 있는 프랑스군과는 불과 20마일 거리에 있었다. 상리스와 크레이는 클룩 군이 지나간 후 화염에 휩싸였으며 상리스의 시장은 죽었다. 만약 지금 군대가 준비되기도 전에 프랑스군이 돌아서는 것이라면, 그리고 만일 실패한다면?

지금 당장 필요한 것은 그들이 준비할 수 있는지 확인하는 것이었다. 제5군이 결정적인 위치에 있었으므로 죠프르는 프랑세 데스퍼레이에게 전문을 보냈다. "내일이나 모레쯤 영국군 및 파리 요새의 기동부대와 협력하면서 제5군의 전 병력을 동원하여 독일 제1군과 제2군을 상대로 전투를 벌이는 것이 유리할 것으로 판단됨. 장군의 군대가 이 작전을 성공적으로 수행할 수 있는 상태인지 조언해 주기 바람. 즉시 회신할 것." 비슷한 질문이 프랑세 데스퍼레이의 옆에서 빌로브와 마주하고 있는 포쉬에게도 전달되었다.

죠프르는 계속해서 나무 아래 앉아 생각했다. 검은 상의, 헐렁한 붉은 바지, 그리고 부관의 강력한 반대에도 불구하고 멋진 장식용 박차를 떼

버린 군화 차림의 이 육중한 인물은 오후 내내 아무 말없이 움직이지 않고 있었다.

한편 갈리에니는 모누리를 대동하고 1시에 파리를 출발하여 남쪽으로 25마일 떨어진 세느 연안의 멜룽에 있는 영국군 사령부를 향해 차를 몰았다. 갈리에니는 위게로부터 자신이 요청했던 영국군의 지원에 대해 부정적인 대답을 들었다. 위게는 죤 프렌치 경이 "참모장인" 아치발드 머레이 경의 "신중한 조언을 받아들였으며" 프랑스군이 영국군과 바다 사이의 세느 하류에 대한 방어를 보장하지 않는 한 공격에 참여하지 않을 것이라고 보고했던 것이다. 파리를 떠나 남쪽으로 향하는 차량 행렬을 추월하며 달린 갈리에니 일행은 3시에 영국군 사령부에 도착했다. 킬트(Kilt, 스코틀랜드 군인이 입는 체크 무늬에 세로 주름 잡은 치마: 역주) 복장의 보초가 멋진 자세로 받들어 총을 했고, 안에서는 병사들이 분주하게 타자를 치고 있었지만, 육군원수도 그의 주요 참모들도 찾을 수가 없었으며 참모부는 그러한 상황에 "당황한" 것처럼 보였다. 한참을 헤맨 끝에 머레이를 찾아냈다. 그는 죤 프렌치 경이 부대를 시찰하러 외출했다고 말하면서 언제쯤 돌아올지 전혀 알 수가 없다고 했다.

갈리에니는 자신의 공격계획과 왜 영국군의 참여가 "필수적"인지 설명하려고 애썼지만, 얘기하는 내내 영국인이 "우리 의견에 공감하기를 극도로 거부하고 있음"을 느낄 수 있었다. 머레이는 BEF는 쉬면서, 부대를 재편하고, 증원군을 기다리라는 총사령관의 공식적인 명령을 받은 상태며 그가 돌아오기 전까지 자기는 아무것도 할 수 없다는 말만 계속해서 되풀이했다. 두 시간이 넘도록 의논이 계속되는 동안 죤 프렌치 경은 여전히 나타나지 않았으며 갈리에니는 공격계획의 개요와 영국군과 합동작전을 위한 제안을 받아 적도록 머레이를 설득하는 데 성공했지만 "그가 제대로 이해한 것 같아 보이지는 않았다." 떠나기 전에 갈리에니는 총사령관이 돌아오면 곧바로 알려 주겠다는 머레이의 약속을 받아냈다.

같은 시각 또 다른 영불 협의가 세느 상류 쪽 35마일 지점인 브레이(Bray)에서 역시 존 프렌치 경이 불참한 채 열리고 있었다. 랑허작이 남긴 뒤틀린 관계가 정상화되기를 간절히 원했던 프랑세 데스퍼레이는 3시에 브레이에서 육군원수와 만나기로 일정을 잡았던 것이다. 그는 이 만남을 위해 특별히 빅토리아 훈장의 중급 훈작사(KCVO, Knight Commander of the Victorian Order, 이것은 3가지 빅토리아 훈장 중 GCVO에 이어 가운데 급임: 역주) 기장을 착용했다. 브레이에 도착하자마자 프랑스군 보초가 그의 차를 세우고 전신국에 장군을 기다리는 긴급전문이 있다고 보고했다. 그것은 임박한 전투에 대한 죠프르의 질문이었다. 그것을 검토하면서 프랑세 데스퍼레이는 거리를 서성거리며 초조하게 영국군을 기다렸다. 15분 후에 롤스-로이스가 운전수 옆자리에 "거구의 하이랜더"를 태운 채 도착했지만, 뒷자리에는 혈색이 좋은 작은 체구의 육군원수 대신 "지적이고 표정이 풍부한 얼굴을 한 못 생긴 키 큰 악마"가 타고 있었다. 그는 영국군 정보과장인 맥도너 대령을 대동한 윌슨이었다. 그들은 오는 도중 길가에서 곤란에 빠진 파리 숙녀를 본 윌슨이 친절하게도 그녀의 차에 연료를 채워주고 운전사에게 지도를 주느라고 시간을 끄는 바람에 지체되었던 것이다.

일행은 밖에다 하이랜더를 보초로 세운 채 카페 메리(Mairie)의 2층 방으로 올라갔다. 맥도너는 두꺼운 테이블 보를 들춰 그 아래를 살펴보고, 옆에 붙어있는 침실로 통하는 문을 열어보는가 하면, 침대 밑을 살피고, 침대 덮개를 눌러본 다음, 옷장 안을 살폈으며, 주먹으로 벽을 두드려 보았다. 그리고 나서 영국군의 근황을 묻는 프랑세 데스퍼레이의 질문을 받자, 그는 영국군과 마주하고 있는 적군의 정확한 위치를 푸른색 화살로 표시한 지도를 펼치고 독일 제1군과 제2군의 동향에 대한 대가

다운 분석을 제시했다. 프랑세 데스퍼레이는 감동을 받았다.

프랑세 데스퍼레이는 "여러분은 우리의 동맹군이며, 나는 여러분께 어떤 비밀도 감추지 않겠다"고 말하며 죠프르의 제안을 소리 내어 읽어 주었다. "나는 공격할 준비가 되었다고 대답할 것"이라며 그는 단호한 눈초리를 방문객들에게 고정시킨 채 말했다. "나는 여러분이 우리끼리 만 그 일을 떠맡도록 방치하지 않을 것으로 기대합니다. 영국군이 제5군과 제6군 사이의 공간을 맡아주는 것이 핵심입니다." 그런 다음 그는 전문을 받은 후 겨우 15분 동안 머릿속으로 구상한 구체적인 작전계획의 윤곽을 설명했다. 그것은 9월 6일 모누리 군이 마른 북쪽을 공격한다는 가정을 전제로 한 것이었는데, 그는 이 내용을 별도로 통보 받아 이미 알고 있었다. 한때 포쉬에게 그랬던 것처럼 또 한번 투지가 불타는 프랑스 장군과 의기투합한 윌슨은 기꺼이 동의하였다. 9월 6일 아침까지 각자 지정된 전선에 도착하기로 하고, 양쪽 군대의 배치 및 공격방향을 결정하였다. 윌슨은 죤 프렌치로부터 그리고 특히 머레이로부터 승인을 얻는 데 어려움이 있을지도 모른다고 경고했지만 자신은 최선을 다하겠다고 약속했다. 프랑세 데스퍼레이가 죠프르에게 상호합의에 대한 보고를 발송하는 사이 그는 멜룽으로 출발했다.

바르-쉬르-오브에서는 죠프르가 나무 그늘 아래서 몸을 일으켰다. 프랑세 데스퍼레이와 포쉬의 대답을 받아 보기도 전에 그는 결심을 했다. 그는 작전국으로 걸어 들어가 "파리 요새가 도모하려는 국지작전을 연합군을 포함한 좌측의 모든 병력으로 확장시키도록 하는" 지침을 기안하라고 명령했다. 작전은 9월 7일 개시될 예정이었다. 일순간에 열띤 논의가 멈추고 위대한 정적이 뒤따랐다. 후퇴는 끝났다. 반전의 때가 왔던 것이다. 모든 이가 세부적인 명령을 준비하는 작업에 뛰어들었다. 적에게 누설될 위험을 줄이기 위해 명령은 가능한 마지막 순간까지 발령하지 않기로 했다.

그때가 6시였으며 6시 30분에 죠프르는 두 명의 일본군 장교를 초대한 만찬에 참석했다. 프랑세 데스퍼레이가 영국군을 공격에 동참하도록 설득했다는 얘기가 식탁에서 그에게 귓속말로 조용히 전달되는 동안 제5군으로부터 중요한 서류가 도착했다. 식사 시간은 절대로 침해할 수 없으며 국제적인 의전도 결코 소홀히 할 수 없었는데, 특히 당시는 연합국들이 유럽에서 일본의 군사적 지원을 얻기 위해 우호적인 협상을 벌이고 있던 시기라 더욱 그러하였다. 죠프르는 만찬을 중단할 수는 없었지만 식사를 "서둘러 끝내는" 결례를 범했다. 그가 프랑세 데스퍼레이의 명쾌한 대답을 읽고 있으니 마치 물가로 떠밀려가 수영을 강요당하는 것 같았다. "전진하든지 쓰러져 죽으라"던 자신의 말과 별반 다르지 않은 단호한 문구로 데스퍼레이는 3개 군 즉, 제5군, 제6군, 그리고 영국군이 참가할 전투의 상세한 시간, 장소 그리고 조건들을 설정하였다. 전투는 9월 6일 시작 가능하고, 영국군은 자신들의 좌측을 제6군이 지원한다면 "방향을 바꿀 것이고", 제6군은 특정 시간에 우르를 따라 특정 지점까지 도착해야만 하는데 "만일 이것이 지켜지지 않으면 영국군은 진군하지 않을 것이며", 제5군은 다음날 그랑 모랭의 남쪽까지 후퇴를 계속할 것이며 그 다음날이면 영국군과 모누리 군이 클룩 군의 측면을 공격하는 동안 그들의 정면을 공격할 수 있는 위치에 있게 될 것이다. 독일 제2군에 대한 포쉬 군의 "강력한 공격"이 필요조건이었다.

"제5군은 9월 6일 싸울 수 있다"고 프랑세 데스퍼레이는 마무리하면서 "그러나 썩 좋은 상태는 아니라"고 덧붙였다. 이것은 사실을 있는 그대로 얘기한 것이었다. 나중에 프랑세 데스퍼레이가 제3군단장 아쉬 장군에게 다음날 아침 공격을 시작한다고 말했을 때 아쉬는 "마치 머리를 곤봉으로 맞은 것처럼 보였다."

"그건 미친 짓!"이라고 그가 항의했다. "부대원들은 탈진했습니다. 그들은 자지도 먹지도 못했으며, 2주 동안 쉬지 않고 행군하며 싸웠습니다! 우리는 무기, 실탄, 장비가 필요합니다. 모든 것이 끔찍한 형국이고 사기도 엉망입니다. 저는 이미 사단장을 두 명이나 갈아 치워야 했습니다. 참모부는 무용지물로 전혀 도움이 안됩니다. 혹시 우리가 센느 너머에서 보충할 시간을 가진다면…."

갈리에니처럼 데스퍼레이도 선택의 여지가 없다고 판단했다. 그는 갈리에니가 그랬듯이 즉각적이고도 대담하게 대응했는데, 아마도 그의 전임자에게 이러한 결단력을 기대하기는 어려웠을 것이다. 신뢰가 가지 않는 다른 지휘관들도 제거되었다. 마 드 라트리 장군도 그날 해임되었으며 카스텔노 군에서 차출된 돌격형 드 모드위 장군으로 교체되었다. 이제 제5군은 5명의 군단장 가운데 3명, 13명의 사단장 가운데 7명 그리고 같은 비율의 여단장들이 교체되었다.

"총명하면서도 대담한" 데스퍼레이의 대답에 고무된 죠프르는 작전참모부에 비록 공격일자는 9월 7일로 유지하되, 장소에 대해서는 그가 제시한 조건에 맞게 작전명령을 작성하라고 지시했다. 그는 포쉬로부터도 마찬가지 긍정적인 답변을 들었는데, 그는 간단하게 "공격할 준비가 되어 있다"고 말했다.

헨리 윌슨은 영국군 사령부에 도착하자마자 실망스러운 대답을 들었다. 머레이는 존 프렌치 경이 돌아오는 것을 기다리지도 않고 그날 밤 출발하여 남서쪽 방향으로 10 내지 15마일 퇴각하라는 명령을 이미 내린 뒤였고, 윌슨은 "그야말로 가슴이 찢어지는 것 같았다." 윌슨은 갈리에니의 계획에 대한 머레이의 메모도 보았다. 그는 즉시 파리로 "원수는 아직 돌아오지 않았다"고 타전하며 이미 퇴각명령이 하달되었음을 알렸다. 그는 어쩌면 그것을 취소하도록 존 프렌치 경을 설득할 수 있을지도 모른

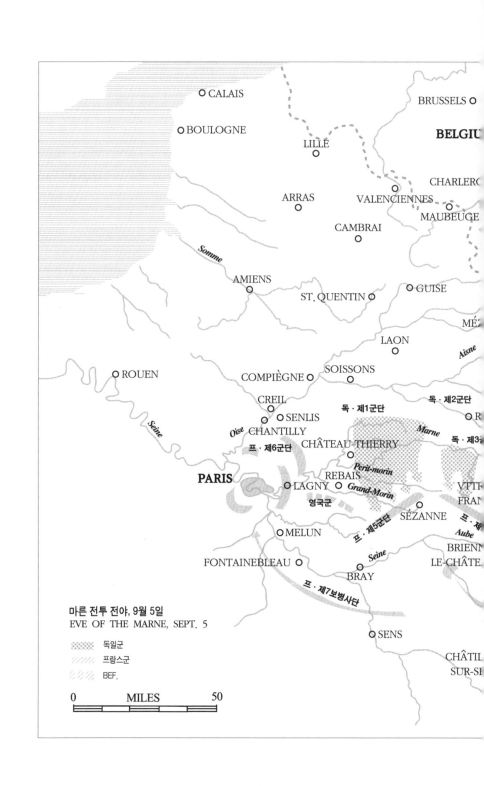

CALAIS

BRUSSELS

BOULOGNE

BELGIU

LILLE

CHARLER

ARRAS

VALENCIENNES

CAMBRAI

MAUBEUGE

Somme

AMIENS

ST. QUENTIN

GUISE

MÉ

LAON

Aisne

ROUEN

COMPIÈGNE

SOISSONS

CREIL

독 · 제1군단

독 · 제2군단

SENLIS

R

Oise CHANTILLY

Marne

독 · 제3

프 · 제6군단

CHÂTEAU-THIERRY

Perit-morin

REBAIS

PARIS

LAGNY

Grand-Morin

VTTE

영국군

FRAN

SÉZANNE

프 · 제

프 · 제5군단

MELUN

Aube

Seine

BRIENN

FONTAINEBLEAU

Seine

LE-CHÂTE

BRAY

프 · 제7보병사단

마른 전투 전야, 9월 5일
EVE OF THE MARNE, SEPT. 5

SENS

독일군

CHÂTIL

프랑스군

SUR-SI

BEF.

0   MILES   50

다는 기대에서 데스퍼레이에게는 그 사실을 알리지 않았던 것 같다.

사령부로 돌아온 존 경은 각종 계획과 제안들로 혼란스러운 상황 속으로 무기력하게 빠져들었다. 우선 그날 일들이 벌어지기 전에 쓰여진 죠프르의 편지가 있었는데 그 내용은 영국군에게 세느 방향으로 이동할 것을 제안하는 것이었다. 머레이에게 건넨 갈리에니의 제안이 있었고, 윌슨과 프랑세 데스퍼레이 간의 합의가 있었으며, 또한 퇴각하자고 진지하게 속삭이는 머레이가 있었다. 너무나 많은 요청에 당황하여 무엇부터 처리해야 할지 결정할 수 없었던 존 경은 결국 뒤로 물러나 아무 것도 하지 않았다. 그는 머레이의 명령을 유지하도록 하고, "상황이 계속해서 변하고 있기 때문에" 모든 프랑스 청원자들의 이익을 위해 자신은 "행동방침을 결정하기 전에 상황을 재검토"하고 싶다고 위게에게 통보했다.

비슷한 시각 갈리에니는 멜룅에서 파리로 돌아왔다. 그는 윌슨의 전문 외에 오후 12시 20분에 발송한 죠프르의 전문도 받았는데, 그 내용은 정오의 전화 통화에서 언급한 대로 모누리의 공격은 9월 7일 마른 남쪽에서 실행되어야 한다는 의견을 재확인하는 것이었다. 이것은 새로운 것은 아니지만 윌슨의 전문과 더불어 갈리에니에게 치명적인 영향을 주었던 것 같다. 시간은 도망가고 있었고 클룩은 나아가고 있었다. 갈리에니는 자신의 기회가 빠져나가는 것을 보면서 문제를 강압적으로 해결하기로 결심했다. 이번에는 그가 직접 GQG로 전화를 걸었다. 죠프르는 베랭을 내세워 그를 피하려고 했지만 갈리에니는 원수에게 개인적으로 얘기하겠다고 강력하게 요구했다. 죠프르의 부관이 작성한 통화기록에 따르면 갈리에니는 "제6군은 마른의 북쪽을 공격하기 위한 준비가 벌써 끝났고, 내가 보기에 이미 군대가 실행에 들어간 상태에서 전체적인 진격 방향을 수정하는 것은 불가능하므로, 공격은 이미 정해진 시간과 장소에 대한 어떠한 수정도 없이 시작되어야 한다"고 말했다.

자신의 전임 상관과 직접 대화를 하며 마주친 쇼프르는 아마도 갈리에니 같은 사람의 위엄있는 인품에서 발산되는 도덕적 권위를 또 다시 느꼈던 것 같다. 아니면 나중에 그가 주장했듯이 비록 썩 "내키지는 않았지만" 갈리에니에 의해 촉발된 모누리의 이동으로 전체 프랑스군의 기동이 적에게 노출될 수도 있다는 두려움에서 하루 일찍 총공세를 취할 수밖에 없다고 판단했을 것이다. 그는 포쉬와 프랑세 데스페레이 모두로부터 싸울 준비가 되었다는 확답을 받았을 뿐만 아니라 데스페레이가 마술과도 같은 넘치는 활력으로 영국군을 매료시켜 그들로부터도 비슷한 다짐을 받았다고 생각했다. 그는 그러한 다짐이 흔들렸다는 것을 아직 모르고 있었다. 어쨌든 그는 제6군의 마른 북쪽 공격을 승인 내지 묵인했으며 "갈리에니가 원했던 대로" 9월 6일 총공격을 시작한다는 데 동의했다. 갈리에니는 곧바로 오후 8시 30분 모누리에게 행군명령을 확인해 주었는데 이때 그는 이미 움직이고 있었다. GQG에서는 참모들이 당겨진 일자에 맞춰 공격지점을 수정했다. 몰트케가 독일군 우익을 멈추게 하는 명령에 서명한 지 두 시간 뒤인 오후 10시에 죠프르는 일반명령 제6호에 서명했다.

역사적인 순간이 다가왔음을 확실하게 인식한 듯 명령서는 "독일 제1군의 위험한 위치를 아군에 유리하게 활용하고, 그들을 상대로 좌측의 연합군이 모든 노력을 집중할 때가 왔다"는 말로 시작했다. 제6군, 제5군 그리고 영국군에게 주어진 이동계획은 프랑세 데스페레이의 답변서에 제시된 그대로였다. 공격에 참여하라는 별도의 명령이 제3군과 제4군에게 하달되었다.

아직 밤이 끝나지 않았다. 명령서에 서명을 하자마자 위게로부터 존 프렌치 경이 합동작전을 위한 어떠한 계획도 재가하기를 거부하며 상황을 "재검토"하기를 원한다는 보고가 들어왔다. 죠프르는 기절초풍했다. 중대한 결정이 이미 내려졌고, 명령은 전달 중에 있었으며, 36시간 후면 프랑스를 구하기 위한 전투가 시작될 예정이었다. 언젠가 포쉬가 말했듯이 원래는 단 한 명의 영국군 전사자를 위해 참전이 계획되었으나 지금은 운명의 장난으로 전선의 핵심적인 위치를 맡고 있는 동맹군이 이제 또 다시 뒤로 물러나고 있었다. 암호화작업과 발송에 필요한 시간 때문에 명령은 아침 전에 각군에 도착하기는 어려웠다. 그 시간에 동맹군을 설득하기 위해 죠프르가 할 수 있었던 유일한 방법은 전령 편에 일반명령 제6호의 특별사본을 직접 영국군 사령부로 보내는 것뿐이었다. 오전 3시 연락 장교가 멜롱에 도착했을 때, BEF의 3개 군단은 전날 오후 머레이가 명령한 대로 이미 퇴각을 위한 야간행군을 시작한 상태였다.

9월 5일 새벽, 적군도 너무 일찍 행군을 시작했다. 프랑스군의 측면을 에워싸려고 앞으로 밀고 나가던 클룩은 돌아서서 측면에 대한 위험에 대처하라는 몰트케의 명령이 오전 7시 무선으로 전달되기 전에 이미 자신의 군대를 움직였던 것이다. 30마일이 넘는 지역에 산개되어 있던 4개 군단은 그랑 모랭을 향하고 있었다. 클룩은 그들을 멈추지 않았다. 그는 자신의 측면으로 프랑스군이 집결하고 있다는 경고를 믿지도 않았고 주의를 기울이지도 않았다. 독일군대는 "모든 전선에서 승승장구하며 진격하고 있다"고 생각했던 (그들 자신의 성명을 믿는 것은 독일군의 버릇이었음) 그는 적이 자신의 측면을 위협하는 데 동원할 병력을 가지고 있을 것으로 생각하지 않았다. 그 또한 프랑스군의 퇴각이 어쩌면 완전히 지리멸렬한 상태로 이루어지는 것은 아니라는 조짐들을 주목하기 시작했으며 바로 그렇기 때문에 적이 퇴각을 멈춘 다음, "전의를 되살릴 뿐만 아니라 행동의 자유까지 회복할" 수 있는 시간을 주지 않도록 잠시도 압박을 멈추지 않는 것이 한층 더 시급하다고 생각했던 것이다. 몰트케의 지시를 무시한 클룩은 군대를 이끌고 진격을 계속하며 자신의 사령부를 두 모랭 사이에 있는 허배(Rebais)로 25마일 전진 배치시켰다. 저녁이 되자 독일 제1군 및 소속부대들은 BEF 및 프랑세 데스퍼레이 군과 10 내지 15마일 거리까지 접근했으며 전초 기지간의 거리는 5마일도 채 안되었다. 그것이 그들의 마지막 진격이었다.

전권을 가진 OHL의 대표가 그날 저녁 클룩의 사령부를 찾아왔다. 상태가 좋지 않은 무선통신과 클룩의 격한 성격 때문에 어려움을 겪고 있던 몰트케는 자신의 정보과장인 헨취 대령을 룩셈부르크로부터 175마일이나 떨어진 그곳까지 보내 새로운 작전명령의 이유를 직접 설명하고 그 명령의 이행여부를 확인하게 했던 것이다. 클룩과 그 참모부는 루프레흐트 군이 베르덩 전선의 황태자 군과 마찬가지로 프랑스군 요새 방어선 앞에 꼼짝 못하고 묶여 있다는 얘기를 듣고 "대경실색"하였다. 헨취 대령은 프랑스군의 부대 이동에 관한 증거들을 설명했는데, OHL은 이것들을 통해 "매우 강력한 적 병력"이 독일군 측면을 위협하기 위해 서쪽으로 이동 중인 것으로 분석했던 것이다. OHL이 어쩔 수 없이 퇴각을 명했던 것은 바로 이러한 상황때문이었다. 제1군은 마른 북쪽으로 돌아가야만 했다. 비록 별 위안이 되지는 않겠지만 헨취는 "천천히 이동해도 무방하며 특별히 서둘 필요는 없다"고 말했다.

측면엄호를 위해 마른 북쪽에 남겨 놓았던 제4예비군단으로부터 우려를 확인시켜주는 심란한 소식이 전해졌다. 중화기의 지원을 받는 최소 2.5개 사단 규모의 적군과 마주쳐 교전을 벌였다는 보고가 들어왔던 것이다. 물론 이들은 우르를 향해 전진하던 모누리 군의 일부 병력이었다. 비록 프랑스군의 공격은 "성공적으로 격퇴"되었지만 제4예비군단장은 날이 저물자마자 곧바로 퇴각명령을 내렸다.

클룩은 뜻을 꺾었다. 마른을 건넌 후 지난 이틀간 지친 군대를 이끌고 힘들게 지나온 거리를 이제 되돌아가야만 했다. 다음날인 9월 6일 아침 우선 2개 군단이 퇴각을 시작하고 나머지는 나중에 뒤따르게 한다는 명령서 초안이 만들어졌다. 리에쥬로부터 남쪽으로 파리와 같은 위도상에 있는 지점까지 감행된 행군 후에 맞게 된 쓰라린 순간이었다. 만일 그가 지시받은 대로 뷜로브의 후미에 서는 제형을 유지했다면, 만일 그가 그날 아침 7시에 부대를 멈추기만 했더라도 그는 자신의 전 병력을 동원해 측면에 가해지는 위협에 맞설 수 있는 위치에 있었을 것이다. 그의 참모장인 쿨 장군에 의하면 "OHL도 제1군 참모부도 프랑스군이 총동원되는 즉각적인 공격이 임박했다고는 추호도 생각하지 못했다… 이를 경고하는 단 하나의 징후나 포로들의 증언, 혹은 단 한 줄의 신문기사도 없었다." 클룩은 앞으로 무슨 일이 생길지 몰랐지만 한 가지 분명한 것이 있었는데, 그것은 바로 독일군의 일정상 4일을 남겨 놓은 시점에서 추격을 중단하고 뒤로 물러나는 것이 승리의 전주곡은 아니라는 것이었다.

9월 5일은 연합군에게 더욱 암울한 날이었을 것이다. 그때까지 오로지 패배만 거듭하던 각국의 대표들은 그날 아침 "지금의 전쟁이 계속되는 동안 어떠한 개별적인 강화조약도 맺지 않기로" 상호 속박하는 조약에 서명하기 위해 런던에 모였다.

파리에서 모누리는 "만약 우리가 패퇴할 경우 퇴각선은 어디…?"라고 갈리에니에게 물었다. 눈빛을 흐리며 갈리에니는 "아무 데도 없다"고 대답했다. 있을지도 모를 재난에 대비하여 그는 파리 요새의 지역별 지휘관들에게 각자 관할 구역 안에서 적의 수중에 넘기느니 파괴시켜야만 할 주요 자산들을 모두 보고하라는 비밀명령을 내렸다. 퐁 뇌프와 퐁 알렉상드르 같은 도심 한복판의 다리까지도 파괴될 예정이었다. 그는 만일 적에게 돌파당할 경우 "아무것도" 넘겨줘서는 "안된다"고 이르쇼에르 장군에게 말했다.

GQG에 카스텔노의 보고서가 접수되었는데 그 내용은 공격이 시작되기도 전에 방어선이 붕괴될지도 모르겠다는 것이었다. 그는 압박이 너무 심해서 잘못하면 어쩔 수 없이 낭시를 소개해야 될 수도 있다고 생각했다. 죠프르는 결정을 내리기 전에 추가로 24시간만 버티라고 그에게 명령했지만 만일 어쩔 수 없는 경우라면 카스텔노가 보고서에 언급한 제2방어선을 승인한다고 통보했다.

제3군에서 1개 군단 그리고 모젤 전선에서 2개 군단을 차출하여 이동 배치하면서 죠프르는 이번에야말로 이제껏 공격을 시작할 때 한번도 가져 보지 못했던 수적 우위를 확보하기 위해 이미 막대한 위험부담을 택했던 것이다. 증원군은 아직 전선에 도착하지 못했다. 공격하기로 결정했음을 정부에 알릴 때가 되자 죠프르는 실패했을 경우를 대비하여 조심스럽게 자신의 알리바이를 포함시켰다. 그는 대통령과 수상에게 보낸 전보에서 "갈리에니 장군이 너무 성급하게 공격을 시작하였기 때문에, 본인이 퇴각을 멈추도록 한 다음, 직접 공격을 재개하라는 명령을 내린 것입니다"라고 언급했다. 후일 죠프르가 계획적으로 마른에서 갈리에니의 역할을 최소화하고 심지어 기록에서 특정 사실을 지우려는 시도를 하고 있을 때 브리앙이 이 전보를 발견하여 갈리에니에게 보여줬다. 그는 "이 '너무 성급하게'는 정말 천만금짜리"라고 말했다.

9월 5일 아침이 되자 영국군의 의도에 대한 죠프르의 불안은 "확실한 걱정"으로 바뀌었다. 그는 밀에랑에게 전보를 보내 정부의 영향력을 행사해 달라고 부탁했다. 임박한 전투는 "결정적인 결과를 얻을 수도 있지만 반대로 될 경우에 나라 전체에 최악의 상황을 초래할 수도 있습니다… 본인은 장관께서 숨김없이 있는 그대로 이번 공격의 결정적인 중요성에 대해 영국군원수의 주의를 환기시켜 주실 것을 기대합니다. 만일 본인이 프랑스군에게 할 수 있는 것처럼 영국군에게 명령을 내릴 수만 있다면, 즉각 공격에 임하도록 했을 것입니다."

그날 새벽 3시 헨리 윌슨은 위게를 통해 일반명령 제6호를 전달 받았다. 그러나 위게는 연락장교인 드 갈베르 대위가 영국군 수뇌부와 만나는 것을 허락하지 않았다. 이 기간 동안 벌어진 모든 불협화음의 중심에는 이상한 악연으로 계속해서 위게라는 인물이 등장한다. 누군가 보다 높은 계급의 사람이 필요한 상황이라고 판단한 드 갈베르 대위는 그 즉시 다시 GQG로 출발했다. 오전 7시 윌슨은 일반명령을 죤 프렌치 경에게 전하고 오전 내내 이에 협력하도록 그를 설득했다. 한편 드 갈베르는 9시 30분 GQG로 귀환했지만 영국군의 분위기가 공격에 대해 "미온적"인 것 같다는 보고 외에 확실한 소식은 아무것도 없었다. 멜룅의 시장은 그에게 죤 프렌치 경의 짐이 이미 퐁텐블로(Fontainebleau)로 후송 중이라고 귀띔해 주었다.

죠프르는 "어떤 대가를 치르더라도", 심지어 멜룅까지 115마일을 차로 달려가는 한이 있더라도 영국군을 반드시 공격 일선에 세워야 한다고 판단했다. 자신을 기다리라는 전화 통지를 보낸 다음 그는 부관 및 2명의 참모장교와 함께 출발했다. 길이 막히고 점심을 위해 불가피하게 멈췄음에도 불구하고 선수출신 운전병은 오후 2시에 죤 프렌치 경이 머물고 있던 저택까지 그를 태워다 주었다.

영국군원수는 머레이, 윌슨, "여느 때처럼 마지막 친구를 잃은 것 같은 모습을 한" 위게 그리고 몇 사람의 참모장교들과 함께 그를 기다리며 탁자 앞에 서 있었다. 죠프르는 거침없이 걸어 들어가 이번에는 먼저 발언을 시작했다. 평상시의 간결한 문장이 아니라, 청산유수 같은 열변을 "마치 심장을 탁자에 쏟아내는 듯한" 손동작과 함께 토해냈다. 그는 "결전의 순간"이 왔고, 이미 자신의 명령은 내려졌으며 무슨 일이 생기든간에 프랑스군은 마지막 남은 중대까지 프랑스를 구하기 위한 전투에 투입될 것이라고 말했다. "모든 프랑스 국민의 목숨, 프랑스의 영토, 유럽의 미래"가 이번 공격에 달려 있었다. "본인은 영국군이 이 절체절명의 위기에서 자신들의 역할을 거부할 것이라고는 믿을 수 없습니다… 역사는 영국군의 이탈을 준엄하게 심판할 것입니다."

죠프르의 주먹이 탁자를 내리쳤다. "원수 각하, 영국의 명예가 걸려 있습니다!(Monsieur le Marechal)"

이 말을 듣자 "격앙된 분위기에서 관심을 가지고" 듣고 있던 죤 프렌치 경의 얼굴이 갑자기 붉어졌다. 그 자리에 있던 일행에게 침묵이 덮였다. 천천히 영국군 총사령관의 눈에 눈물이 고이더니 뺨을 타고 흘렀다. 그는 프랑스어로 뭔가를 말하려고 애썼지만 그만두었다. "젠장, 설명할 수가 없군. 사령관께 우리가 할 수 있는 것이라면 뭐든지 하겠다고 전해주게."

죠프르는 궁금한 눈으로 윌슨을 바라보았고 그는 "원수께서 '좋다'고 하셨다"고 통역했다. 통역은 거의 필요가 없었는데 왜냐하면 눈물과 목소리로 이미 확실한 의미가 전달되었기 때문이었다. 머레이가 허겁지겁 영국군은 이미 일반명령이 요구하는 위치보다 10마일이나 뒤로 물러나 있으며 죠프르가 요청하는 6시가 아니라 9시나 되어야 작전을 시작할 수 있다고 끼어들었다. 그것은 이후에도 계속해서 영향을 미치게 될 경계의 목소리였다. 죠프르는 어깨를 으쓱했다. "소용없습니다. 본인은 영국군원수의 약속을 받았으며, 그것으로 충분합니다." 그때 홍차가 제공되었다.

그가 없는 동안 GQG는 예정대로 공격 개시 전에 샤띠옹-쉬르-세느로 자리를 옮겼다. 죠프르는 저녁 무렵 헨취 대령이 폰 클룩에게 주의를 촉구하고 있던 때와 비슷한 시각에 그곳으로 돌아왔다. 이미 정해진 결정을 재확인하기 위해 작전실로 들어선 죠프르는 그곳에 모여 있던 장교들에게 "여러분, 우리는 마른에서 싸울 것입니다"라고 말했다.

그는 다음날 아침 진격나팔이 울려 퍼질 때 전 장병들에게 낭독될 명령에 서명했다. 대개 프랑스어는 특히 대중에게 공표될 경우 그것이 화려하게 들리도록 정성을 들이게 마련인데, 이번에는 거의 진부할 정도로 평범한 단어를 사용했지만, 그 요지는 강하고 단호했다. "이제 전투가 국가의 안위와 직결된 단계에 이르렀으므로 우리 모두는 더 이상 과거를 되돌아볼 때가 아님을 명심해야 합니다. 모든 노력은 적을 공격하여 물리치는 데 기울여져야 합니다. 진격하는 것이 불가능한 부대는 어떤 희생을 치르더라도 그 자리를 사수해야 하며 뒤로 밀리기보다는 차라리 그 자리에서 전사해야 합니다. 현재의 상황에서는 어떠한 실패도 용납되지 않을 것입니다."

그것이 전부였으며, 화려함을 찾던 시절은 지나갔다. 그것은 "돌격!" 이라고 외치거나 또는 병사들에게 명예로운 행동을 요구하지도 않았다. 1914년 개전 30일이 지나자 앞으로 더 이상 명예로운 것은 거의 없을 것 같은 예감이 들었다.

후기

　마른 전투는 세상이 다 아는 대로 독일군의 후퇴로 끝났다. 우르와 그랑 모랭 사이에서 자신들의 일정표 상 사흘을 남긴 채 "결정적인 승리"를 거두기 위한 독일군의 노력은 무산되었으며 그로 인해 결국 전쟁에 승리할 기회도 잃고 말았다. 프랑스와 연합국 그리고 긴 안목으로 보면 전 세계의 입장에서, 확실하게 거둘 수도 있었던 승리를 그르친 것은 마른의 비극이었다.

　모누리가 독일군 측면을 공격하고 그에 맞서기 위해 폰 클룩이 선회하면서 독일 제1군과 제2군 사이가 벌어졌다. 전투의 승패는 프랑세 데스페레이와 영국군이 이 틈새를 파고들어 독일군 중앙을 돌파하기 전에 독일군이 양쪽 날개 즉, 모누리 군과 포쉬 군을 궤멸시킬 수 있을 것인가에 달려 있었다. 클룩에 의해 패색이 짙어질 무렵 모누리는 제4군단으로부터 병력지원을 받음으로써 (이때 갈리에니는 파리에서 하차 중이던 제4군단 병력 6,000명을 택시에 태워 전선으로 긴급하게 투입하였음) 가까스로 버틸 수 있었다. 쌩 공의 늪지대에서 하우센 군 및 뷜로브 군 일부로부터 거센 압박을 받던 포쉬는 우익이 뒤로 밀리고 좌익이 무너지던 절박한 순간 "공격하라, 무슨 일이 있든지! 독일군은 그 한계에 이르렀다… 승리는 상대보다 오래 견디는 쪽이 차지하는 것!"이라는 유명한 명령을 내렸다. 프랑세 데스페레이는 뷜로브의 우측을 밀어붙였고, 영국군은 너무 천천히 꾸물거리며 그 틈으로 들어왔고, 헨취 대령은 퇴각을 권유하기 위해 또 한번 역사적인 순간에 모습을 나타냈으며, 독일군은 시간에 맞춰 퇴각함으로써 전선이 뚫리는 것을 피할 수 있었다.

독일군은 너무나도 가까이 승리에 다가갔고, 프랑스군은 거의 궤멸 직전이었으며, 그때까지 파리를 향한 독일군의 무자비한 진격과 연합군의 퇴각을 바라보던 세계의 실망이 너무도 컸기 때문에 그 흐름을 바꿔버린 이 전투는 마른의 기적으로 알려지게 되었다. 한때 프랑스를 위해 "의지"의 신비한 힘을 창안했던 앙리 베르그송은 그 속에서 과거에 일어났던 기적 같은 무엇인가를 보았다. "쟌 다르크가 마른의 전투를 승리로 이끌었다"는 것이 그의 결론이었다. 마치 간밤에 불쑥 돌담장이라도 솟아오른 듯 갑자기 앞이 막혀버린 적군도 그것을 느꼈다. "프랑스군의 활력(élan)은 막 꺼져 가던 바로 그 순간에 다시 힘차게 타올랐다"고 몰트케는 전투가 벌어지는 동안 비탄에 잠겨 아내에게 보낸 편지에 적었다. 후일 클룩은 마른에서 독일군이 실패한 근본적인 이유, "다른 모든 것을 초월하는 이유"는 "신속하게 회복하는 프랑스군 병사의 비범하고도 기묘한 능력이었다"고 말했다. "병사들이 자기가 지키던 자리에서 죽을 때까지 싸운다는 것은 익히 알고 있는 것이고 모든 전투계획은 이것을 감안한다. 그러나 열흘간이나 계속해서 퇴각하면서 맨땅에서 자며 탈진하여 거의 빈사상태인 병사들이 공격 나팔을 불자 총을 들고 일어나 공격할 수 있었다는 것은 우리가 한번도 고려한 적이 없던 상황이다. 그것은 우리 전쟁학회에서 한번도 연구된 적이 없었던 가능성이었다."

베르그송의 주장에도 불구하고, 마른에서 문제를 결정지은 것은 기적이 아니라 원래부터 존재하던 가정, 실수 그리고 공약들이었다. 클룩의 설명에도 불구하고 프랑스군 병사들의 활력 못지않게 독일군 지휘부의 결함도 그러한 결과에 기여했다. 만약 독일군이 러시아군과 맞서기 위해 2개 군단을 차출하지 않았다면, 그 중 하나는 뷜로브의 우측에 포진하여 그와 클룩 간의 틈을 메웠을 것이고, 다른 하나는 하우센에 배속되어 추가적인 병력을 제공함으로써 포쉬를 압도했을 것이다. 러시아군이 준비도 안된 공격을 충직하게 시작하는 바람에 그들 부대가 빠져나가게 되었으며 프랑스군 정보과장인 뒤퐁 대령으로부터 찬사를 받았던 것이다. 그는 "우리는 당연히 연합군에게 경의를 표해야 하는데 왜냐하면 우리가 승리할수 있었던 요인 중 하나는 바로 그들의 패배였기 때문"이라고 말했다.

다른 "가정들"도 축적되었다. 만약 독일군이 좌익에 의한 이중포위를 시도하는 데 지나치게 집착하지 않았다면, 만약 우익이 그 보급선보다 앞서나가 병사들을 지치게 하지 않았다면, 만약 클룩이 뷜로브와 보조를 맞춰 머물렀다면, 만약 그가 마지막 날 그랑 모랭으로 나아가는 대신 마른을 건너 회군했다면, 마른의 결과는 아마도 달라졌을 것이고 최초의 결정적인 "가정"이 실현되었다면 프랑스를 이기기 위한 6주간의 계획은 이루어졌을지 모른다. 이 가정이란 바로 만약 6주간의 계획 자체가 벨기에를 지나 행군하는 것을 전제로 하지 않은 경우를 말한다. 이로 인해 영국의 개입이라는 전쟁 전반에 대한 효과와 세계여론에 미친 궁극적인 영향은 별개로 하더라도 벨기에를 적으로 돌림으로써 마른까지 진군한 독일군 사단 수는 줄어든 반면 영국군 5개 사단이 연합군 방어선에 추가되었던 것이다.

연합군은 마른에서 국경의 전투에서는 어느 곳에서도 가질 수 없었던 수적 우위를 확보했다. 양쪽의 수적 균형이 무너진 데는 사라진 독일군 사단들도 일부 책임이 있겠지만 추가된 프랑스군 사단들이 결정적이었는데, 이들은 제3군 및 불굴의 투지로 요새 방어선을 지키고 있던 카스텔노와 듀바이 군으로부터 차출된 병력이었다. 퇴각기간 내내 다른 군은 계속해서 영토를 내주었지만, 이들 둘은 프랑스의 동쪽 관문을 굳게 지켰다. 그들은 마침내 뒤늦게나마 실패를 인정한 몰트케가 9월 8일 프랑스군 요새 방어선에 대한 공격을 중지할 때까지 18일 동안 거의 쉬지 않고 전투를 치렀다. 만약 어느 한순간이라도 프랑스 제1군과 제2군이 무너졌었다면, 만약 그들이 9월 3일 루프레흐트의 마지막 맹공격에 굴복했다면 독일군은 칸네를 이뤘을 것이며 마른, 세느 혹은 그 어디에서 든 프랑스군의 반격 기회는 없었을 것이다. 마른의 기적은 모젤이 있었기에 가능했던 것이다.

죠프르가 없었다면 독일군의 진격을 가로막는 연합군의 방어선은 존재하지 않았을 것이다. 너무나도 비참했던 퇴각의 12일 동안 프랑스군이 지리멸렬 오합지졸로 붕괴되는 것을 막은 것은 그의 흔들리지 않는 자신감이었다. 자기 아이디어가 있는 보다 영리하고, 두뇌회전이 빠른 지휘관이었다면 근본적인 초기의 실수를 피할 수 있었을지는 모르겠지만, 죠프르는 일련의 패배 이후 프랑스가 필요로 했던 한 가지를 가지고 있었다. 누군가 다른 사람이 프랑스 군을 후퇴로부터 구해내 다시 싸울수 있는 상태로 돌려놓을 수 있었다고 상상하기는 어렵다. 반전의 순간이 왔을 때 그 혼자만으로는 충분치 못했을 것이다. 그가 저지선으로 예정하고 있던 세느까지 갔었다면 아마 너무 늦었을지도 모른다. 기회를 발견하고 프랑세 데스퍼레이의 강력한 지원과 함께 신속한 반격을 촉발시킨 사람은 갈리에니였다. 플랜17의 원천적인 잘못으로부터 프랑스를 구해 회복을 가능케 했던 사람은 바로 마른에 참여할 수 없었던 일그러진 모습의 랑허작이었다. 얄궂게도 샤를루와에서 그가 결단을 내렸던 것과 마지막 순간 그가 프랑세 데스퍼레이로 교체된 것, 이 두 가지 모두 반격에 필요한 조치였다. 그러나 그 무엇도 그를 두려워하게 할 수 없으며, 싸울 수 있는 군대를 마련해 준 사람은 바로 죠프르였다. 그의 마지막 계승자였던 포쉬는 "만약 1914년 우리에게 그가 없었다면, 과연 우리가 어떻게 되었을지 모르겠다"고 말했다.

세계는 그때 이후 마른 전투를 택시로 기억하고 있다. 그 당시 파리에서는 100대의 택시가 이미 군사정부를 위해 일하고 있었다. 클레제리 장군은 여기에 500대를 추가하여 각각 다섯 명의 병사를 태우고 우르까지 60킬로의 거리를 두 번 왕복하면 6,000명의 병력을 상황이 급박한 전선으로 수송할 수 있다고 계산했다. 오후 1시 명령이 발령되었으며, 출발 예정시간은 오후 6시였다. 경찰이 거리에서 택시들에게 명령을 전했다. 운전사들은 기꺼이 자신들은 "전쟁터로 가야 한다"고 자랑스럽게 양해를 구한 다음 승객들을 모두 내리게 했다. 급유를 위해 차고로 돌아갔던 그들은 지시받은 대로 600대 모두 정해진 시간에 맞춰 집결지로 모여 질서 정연하게 정렬했다. 그들을 사열하던 갈리에니는 평소 감정을 잘 드러내지 않았지만 그만 마음을 빼앗기고 말았다. 그는 "오, 마침내 여기 뭔가 볼 만한 게 나타났군!(Eh bien, voilà au moins qui n'est pas banal)"이라며 탄성을 질렀다. 저녁이 되자 이 택시들은 각각 할당된 병사들을 태우고 트럭, 버스 그리고 기차에 실려온 각종 차량들과 함께 질주하기 시작했는데, 이는 1914년의 마지막 영웅적 행동이자 구세계의 마지막 십자군이었다.

마른의 불완전한 승리 후 독일군은 에스느까지 후퇴했고, 해협의 항구를 확보하기 위해 바다를 향한 각축전이 있었고, 앤트워프가 함락되었으며, 이프레스(Ypres) 전투가 벌어졌는데, BEF의 장교와 병사들은 이 전투에서 문자 그대로 죽을 때까지 싸우면서 자신들의 위치를 사수하여 플랑드르에서 독일군을 막아냈다. 몽이나 마른이 아니라 최초 BEF의 5분의 4가 전사한 이프레스 전투야말로 진정으로 영국군의 용맹을 떨친 역사적인 사건이었다. 그 이후 겨울이 다가오면서 전쟁은 치명적인 참호전을 향한 막다른 길로 서서히 가라앉게 되었다. 스위스에서 해협까지 괴저병의 상처처럼 프랑스와 벨기에 영토를 가로지른 참호가 전쟁을 진지전과 소모전으로 고착시켰는데, 서부전선으로 알려진 진흙탕 속의 이 야만적인 살육의 미친 짓은 이후 4년간이나 계속되었다.

비록 실패했지만 슐리펜의 계획은 독일군이 벨기에 전역과 에스느까지 북부 프랑스 전체를 점령하기에 충분할 정도로 성공적이었다. 달이 가고 해가 가도 클레망소의 신문이 지치지 않고 계속해서 그 독자들을 일깨웠듯이, "독일군은 계속해서 누와이용에 머물러(Messieurs les Allemands sont toujours a Noyon)" 있었다. 그들이 프랑스 깊숙한 그곳까지 점령하게 된 것은 플랜17의 오류에 그 책임이 있다. 그 오류는 프랑스군이 마른에서 전력을 재정비할 즈음에는 이미 격퇴하기 어려울 정도로 너무 멀리까지 적의 침투를 허용하였던 것이다. 프랑스는 그 오류로 인해 적의 돌파를 허용하였으며 이를 저지한 다음 가까스로 그 상태를 유지하기 위해 1914-1918년의 전쟁이 1940년을 낳게 될 정도로 프랑스 성인 남자들을 끔찍하게 고갈시키는 대가를 치렀던 것이다.* 그

---

* 원주 : 쌩 시르의 예배당(이 건물은 제2차 세계대전 중에 파괴되었음)에 있던 제1차 세계대전 전사자를 추모하는 위패에는 "1914년 졸업생" 명단만 유일하게 따로 마련되어 있었다. 당시의 사망률은 내각장관 마르셀 상바의 조카인 앙드레 바한냑의 경험이 잘 보여주고 있는데, 그는 1914년에 징집 연령이 되었지만 병 때문에 8월에는 동원되지 않았으며 그해 크리스마스가 되자 고등학교 동급생 27명 중 자기가 유일한 생존자임을 알 수 있었다. 아르메 프랑세즈에 의하면 8월 한달 동안의 프랑스군 사상자는 야전에 실제로 동원되었던 총 1,600,000의 병력 가운데 전사자, 부상자 그리고 실종자를 포함하여 206,515에 달했다. 이 숫자는 장교와 요새 수비대 그리고 향토사단은 포함하지 않은 것이므로 실제 사상자 숫자는 거의 300,000에 이를 것으로 추정된다. 이들 대부분은 4일간 치러진 국경의 전투에서 입은 손실이었다. 마른 전투에 대한 별도의 숫자는 발표된 것이 없지만 만약 9월 11일까지 발생한 추정 손실을 8월 수치에 추가한다면 초기 30일간의 총 손실은 매일 수와쏭이나 콩피엔만한 도시의 전체 인구가 손실된 것과 같은 수준이었다. 적에게 이용될 수 있는 어떠한 정보도 공개할 수 없다는 GQG의 엄격한 정책으로 인해 정확한 수치는 얻을 수가 없었으며 사상자 명단은 공표되지 않았다. 또한 다른 교전국들과 비교할 만한 수치를 제시하는 것도 불가능한데 왜냐하면 각각 나름대로 사상자를 집계한 기간과 기준이 달랐기 때문이다. 전쟁이 끝나고 밝혀진 전사자 1인당 인구 비율은 프랑스가 1대 28, 독일이 1 대 32, 영국이 1대 57, 그리고 러시아가 1대 107이었다.

것은 결코 치유될 수 없었던 오류였다. 슐리펜 계획의 실패만큼이나 플랜17의 실패도 치명적이었으며, 이 두 가지가 합쳐서 서부전선의 교착상태를 만들어냈다. 하루에 5,000명 때로는 50,000명 꼴로 인명을 빼앗고, 무기, 에너지, 돈, 고급 두뇌, 훈련된 인력을 고갈시킨 서부전선은 연합국의 전쟁자원을 소진시켰으며 다른 경우였으면 전쟁을 단축시킬 수도 있었던 다다넬스 작전과 같은 이면작전을 무용지물로 만들어버렸다. 개전 첫 달의 실패로 인해 군어진 교착상태는 전쟁의 향후 진로와 결과적으로 강화조약의 조건, 양 대전 사이의 사회상, 그리고 제2차 대전의 조건들을 결정짓는 데 영향을 끼쳤다.

인간들은 그러한 대규모의 고통스러운 전쟁을 희망도 없이 견딜 수는 없었는데, 그것은 다름 아닌 바로 그러한 극악함이야말로 이런 전쟁이 다시는 일어날 수 없도록 보장할 것이라는 희망, 어쨌든 전쟁이 확실한 결말을 보게 되면 보다 질서 있는 세상의 기초가 만들어질 것이라는 희망이었다. 클룩의 병사들을 계속해서 걷게 했던 눈앞에 어른거리는 파리의 환영처럼 보다 좋은 세상을 보여주는 신기루가 한때는 푸른 초원과 물결치던 포플러 나무였으나 지금은 포탄에 패여 황량해진 벌판과 밑동만 남은 폐허 너머로 어렴풋이 보였다. 그 무엇도 10야드를 전진하여 축축한 참호 하나를 주고받기 위해 수천 명 혹은 수십만 명이 살해되는 터무니없는 끔찍한 싸움에 위엄이나 의의를 부여할 수는 없었다. 매 가을마다 사람들은 이번 겨울까지는 갈 수 없다고 말했고, 매 봄마다 여전히 끝이 보이지 않았으며, 오로지 전쟁이 끝나면 인류에게 뭔가 좋은 것이 생길 것이라는 희망 때문에 병사들과 교전국들은 계속해서 싸웠다.

마침내 전쟁이 끝나자 여러 가지 다양한 결과와 더불어 다른 모든 것을 초월하는 한 가지 압도적인 결과가 초래되었는데, 그것은 바로 환멸이었다. 로렌스(D. H. Lawrence)는 자기와 동시대인들을 간단히 요약하며 "그 세대에게는 모든 위대한 말들이 삭제되어 버렸다"고 기록했다. 만약 그들 중 누구라도 에밀 베르에렝처럼 "이전의 나였던 사람"을 생각하며 양심의 가책을 느꼈다면, 그것은 그가 1914년 이전의 위대한 말이나 믿음같은 것들이 다시는 회복될 수 없음을 알았기 때문이었다.

마른 전투 이후 전쟁은 다른 국가들을 끌어들여 그들을 어떠한 평화조약으로도 해결할 수 없는 국제분쟁에 빠뜨리게 될 때까지 계속해서 확산되었다. 마른 전투는 역사를 결정지은 전투 중 하나였는데, 그 이유는 그것을 계기로 독일이 결국 패하게 되었다든지 혹은 연합국이 궁극적으로 전쟁에 승리하게 되었기 때문이 아니라 그것을 계기로 전쟁이 멈추지 않고 계속되었기 때문이었다. 그 전투가 벌어지기 전날 저녁 죠프르는 병사들에게 뒤돌아볼 것은 없다고 말했다. 그날 이후 되돌아가는 일은 없었다. 교전국들은 처음 30일 동안 전세를 결정짓는데 실패한 전투로부터 만들어진 덫, 그때도 또 그 이후로도 출구가 없는 그러한 덫에 걸려들었던 것이다.

역자 후기

'팔월의 포성'은 제1차 세계대전이 발발했던 1914년 8월부터 약 한 달 동안 벌어진 사건들을 기록한 역사서다. 제1장에는 세계대전에 이르게 된 배경 즉, 영국의 패권에 대한 독일제국의 도전으로 요약될 수 있는 당시 유럽의 정치 상황이 기술되어 있고 이어서 제2장부터 제5장까지 주요 교전국이었던 독일, 프랑스, 영국, 러시아의 군사전략과 자세한 작전계획이 소개된다. 제6장부터 제9장까지는 페르디난드 대공의 암살로 촉발된 위기 상황 속에서 영국의 참전 여부와 이의 시금석이 될 벨기에 중립 문제를 중심으로 각국 정부 수뇌부와 외교관들이 다가올 전쟁을 자국에 유리한 방향으로 이끌기 위해 벌이는 활동이 숨막히게 전개된다. 제10장부터는 전쟁 발발 후 연이어 터진 일련의 주요 전투 즉, 지중해에서 벌어진 영국과 독일 해군의 각축, 벨기에의 항전, 국경의 전투, 탄넨베르그 전투 등이 시간대 순으로 전개되다가 전쟁의 양상이 교전국들의 기대와 달리 참호전이라는 수렁으로 빠져드는 계기가 된 마른 전투에서 끝을 맺고 있다.

이 작품은 세계대전이라는 거대 사건을 갖가지 사료를 통해 고증하였으면서도 산만하거나 지루하지 않고 오히려 정교하게 기획된 픽션과 같은 느낌을 준다. 이는 터크만 여사 특유의 박진감 넘치는 문체에서도 그 이유를 찾을 수 있겠지만 대상 기간을 한 달로 제한했기 때문이라고 생각한다. 주요 교전국들은 전쟁을 시작하면서 한결같이 수년간 지속되는 장기전이 아니라 수개월 내에 끝나는 단기전을 예상했다. 이러한 단기전은 그 결과를 예측할 수 있으며 따라서 각국의 군사 지도자들은 이를 수행하기 위한 작전계획을 과학적, 논리적으로 기획할 수 있는 것으로 인식하고 있었다. 교전국들은 개전과 동시에 망설임 없이 예정된 수순으로 공격을 감행하며 격렬한 전투를 벌였다. 그러다 보니 마치 정해진 각본에 의해 연출된 듯한 인상을 받게 되는 것 같다.

이 책은 웅대한 스케일의 역사서가 갖는 특징도 모두 갖추고 있다. 이와 관련하여 역자는 개인적으로 누구보다도 존경하는 원로께서 후진들에게 삼국지를 권하며 하셨던 말씀을 떠올린다. "우선 재미가 무궁무진하다. 둘째 좋은 역사책에는 각각 개성이 다른 수많은 사람들이 등장하는데 이 사람들 가운데서 자기 개성에 맞는 사람을 찾을 수 있다. 그리고 셋째 그 이야기 속에 올바른 길과 그릇된 길, 온갖 책동과 갈등이 교차하며 삶의 교훈을 얻을 수 있다."

우리는 역사서나 위인전이 실화나 인물들을 이분법적으로만 묘사하는 것에 익숙해져 있는 것 같다. 많은 경우 주인공인 우리 편은 절대 선이고 상대방은 악의 화신이라든가 위업을 이룬 역사적인 인물은 능력이 탁월한 것은 말할 것도 없고 도덕적으로도 완벽한 반면 그와 맞서던 경쟁자는 능력도 모자랄 뿐만 아니라 인간적으로도 아주 치사하거나 사악한 인물로 매도되는 단순 명료한 관점이 주류를 이룬다. 그런데 반해 터크만 여사는 너무도 냉정하게 객관적인 자료에 의해 사실을 복원하고 있다. 전쟁 도발국인 독일의 장군들도 유능한 군사지도자로서 그에 합당한 대우를 받고 있으며 당시 연합군의 최고 지휘관이었던 영국의 프렌치 경이나 프랑스의 죠프르 장군 같은 이들에 대해서도 본인들은 분명히 감추고 싶어 했을 만한 장면들이 여과 없이 소개되어 있다. 그럼에도 불구하고 침략자인 독일군의 만행이 정당화되거나 연합군의 역사적인 공헌이 훼손되었다는 느낌은 전혀 없다. 오히려 독자들에게 마치 그들과 같은 공간에 있는 듯 그들이 이룬 업적을 생생하게 느끼게 해 줌으로써 그들에 대한 평가에 확신을 가지게 해주고 따라서 그 감동이 더욱 커지는 것을 느낄 수 있다. 오로지 객관적인 사실만을 토대로 업적을 평가했기 때문일 것이다. 역사를 연구하는 이러한 자세는 역사가뿐만이 아니라 뭔가를 분석, 평가하는 이들이라면 다 같이 공유해야 할 덕목이라고 생각한다. 특히 유교적인 가치관에 익숙한 우리 사회가 보다 성숙한 민주주의 사회로 가기 위해 노력해야 할 부분이 아닐까 한다.

'8월의 포성'처럼 화려한 작품을 번역하는 일은 무척 어려웠다. 이성준 작가가 아니었다면 이 번역서는 존재하지 않았을 것이다. 그는 1983년 이 책을 나에게 소개 했었고, 우리는 종종 이 책의 내용을 소재로 역사와 문학에 대해 재미있는 토론을 나누곤 하였다. 그러던 중 아예 이 책을 번역해보자는 얘기가 나왔고, 그 후로 거의 5년의 세월이 흘러 초고가 완성되었다. 교정과 윤문을 여섯 차례나 반복하며 애를 썼지만 도저히 원문의 의미를 이해할 수 없는 부분이 너무나 많았다. 그러한 부분들을 모두 생략하다 보면 원문이 너무 심하게 훼손될 것 같아 고민하던 중 컬럼비아 대학의 테드 휴즈 교수를 만나게 되었다. 그것은 정말 커다란 행운이었다. 그동안 보류되었던 많은 문장들이 한꺼번에 그 베일을 벗게 되면서 번역작업은 마무리 단계로 넘어갈 수 있었다. 그렇다고 번역의 오류가 아주 없을 수는 없겠지만 원문을 현저하게 훼손하지는 않았다고 자부하고 싶다. 이 책의 표지를 디자인해준 이승령 화백에게 고마움을 표한다. 오랜 시간 번역 작업을 하다 보니 마치 과년한 딸을 시집보내는 것처럼 책의 표지를 멋지게 꾸미고 싶어 무리한 부탁이라는 것을 알면서도 어려운 청을 하였던 것이다. 너무나 오랜 시간을 기다려 준 평민사 이정옥 사장이 아니었다면 이 책이 나오지 않았거나 출판되었더라도 역자가 바뀌었을 것이다.

이 책은 이렇게 여러 사람의 헌신적인 노력이 모여 만들어졌다. 터크만 여사뿐만 아니라 이들도 남들이 알아주든 말든 흔들림 없이 자기의 길을 가는 진정한 프로이자 창조적 소수라는 생각이 든다. 이들과 어울려 작업할 수 있었던 것은 진정한 행운이었으며 참으로 보람된 일이었다.

이제 '팔월의 포성'으로 번역된 'The Guns of August'는 1962년 미국에서 출간되자마자 베스트셀러가 되었으며 퓰리처 상을 수상함으로써 당시 무명에 가깝던 터크먼 여사를 유명하게 만들어준 작품이다. 역자는 이 책이 아주 좋은 책이라는 평가를 받을 뿐만 아니라, 많은 사람들이 선택하여 즐겨 읽는 역사서가 되기를 기대해 본다.

2007년 5월
이원근

참고문헌

〈Official Government Publications〉

· Carnegie Endowment for International Peace, *Diplomatic Documents Relating to the Outbreak of the European War*, 2 vols., ed. James Brown Scott, New York, Oxford, 1916.
· France, Assemblée Nationale, Chambre des Deputés, Session de 1919.
· France, Ministère de la Guerre; Etat-major de l'Armeé, Service Historique, *Les Armées Francaises dans la grande guerre*, Tome Ⅰ, Vols. 1 and 2 and Annexes. Paris, Imprimerie National 1922-1925.
· Germany, Foreign Office, *Outbreak of the World War*; German documents collected by Karl Kautsky and edited by Max Montgelas and Walther Schucking, translated by Carnegie Endowment, New York, Oxford, 1924.
· Germany, Generalstaab, *Kriegsbrauch im Landkrige* (Usages of War on Land), translated as *The German War Book* by J. H. Morgan, London, Murray, 1915.
· Germany, Marine-Archiv, *Der Krieg zur See*, 1914-18, No. 5, Band 1, *Der Krieg in dem Turkische Gewassen: Die Mittelmeer Division*, Berlin, Mittler, 1928.
· Germany, Reichsarchiv, *Der Weltkrieg* 1914-18, Band 1, *Die Militärische Operationen zu Lande: Die Grenzschlachten im Western, Band 3, Von der Sambre bis zur Marne*, Berlin, Mittler, 1924.
· Great Britain, Committee of Imperial Defence, Historical Section, Corbett, Sir Julian, *Naval Operations: History of the Great War Based on Official Documents*, Vol. Ⅰ, New York, Longmans, 1920.
· ____, Edmonds, Brigadier-General James E., *Military Operations: France and Belgium*, 1914, Vol. Ⅰ and volume of maps, 3rd ed., London, Macmillan, 1933.
· ____, Fayle, C. Ernest, *Seaborns Trade*, Vol. Ⅰ. London, Murray, 1920.
· Great Britain, Foreign Office. *British Documents on the Origins of the War*, 1898-1914, 11 vols., eds. G. P. Gooch and H. W. V. Temperley, London, 1927-38.
· United States, Department of State. *Papers Relating to the Foreign Relations of the U. S. Supplements*, World War, 1914. Washington, G.P.O., 1928.

⟨Non-Official Sources⟩

On Belgium

· Bassompierre, Baron Alfred de, *The Night of August 2-3, 1914. at the Belgian Foreign Office*, tr. London, Hodder & Stoughton, 1916.
· Beyens, Baron, *Deux Années à Berlin*, 1912-14, 2 vols., Paris, Plon, 1931.
· Cammaerts, Emile, *Albert of Belgium*, tr. New York, Macmilland, 1935.
· Carton de Wiart, Henry (Belgian Minister of Justice in 1914) *Spuvenirs politiques*, Brussels, Brouwer, 1948.
· Cobb, Irwin S., *Paths of Glory-Impressions of War Written at and near the Front*, New York, Dutton, 1914.
· Davis, Richard Harding, *With the Allies*, New York, Scribner's. 1914.
· Demblon, Celestin (deputy of Liege), *La Guerre à Liège: Pages d'un témoin*, Paris, Lib. Anglo-Française, 1915.
· D'Ydewalle, Charles, *Albert and the Belgians*, tr. New York, Morrow, 1935.
· Essen, Léon van der, *The Invasion and the War in Belgium from Liège to the Yser*, tr. London, Unwin, 1917.
· Galet, General Emile Joseph, *Albert, King of the Belgians, in the Great War*, tr. Boston, Houghton Mifflin, 1931.
· Gibson, Hugh (First Secretary of the American Legation), *A Journal from Our Legation in Belgium*, New York, Doubleday, 1917.
· Klobukowski, A. (French Minister in Brussels), "Souvenirs de Belgique," *Revue de Paris*, Sept. Oct., 1927.
· ____, "Le Résistance belge à l'invasion allemande," *Revue d'Histoire de la Guerre*, July 1932.
· Malcolm, Ian, ed., *Scraps of Paper: German Proclamations in Belgium and France*, New York, Doran, 1916.
· Millard, Oscar E., *Burgomaster Max*, London, Hutchinson, 1936.
· Powell, E. Alexander, *Fighting in Flanders*, New York, Scribner's, 1914.
· Schryver, Col. A. de, *La Bataille de Liège*, Liège, Vaillant-Carmanne, 1922.
· Sutherland, Millicent, Duchess of, *Six Weeks at the War*, Chicago, McCluny, 1915.
· Verhaeren, Emile, *La Belgique sanglante*, Paris, Nouvelle Revue Française, 1915.
· Whilock, Brand, *Belgium: A Personal Narrative*, Vol. I , New York, Appleton, 1910.

On England and the BEF

· Addison, Christopher, *Four and a Half Years: A Personal Diary from June 1914 to January 1919*, London, Hutchinson, 1934.
· Angell, Norman, *The Great Illusion: A Study of the Relation of Military Power to National Advantage*, 4th ed., New York, Putnam's 1913.
· Arthur, Sir George, *Life of Lord Kitchener*, Vol. III, New York, Macmillan, 1920.
· ____, *George V*, New York, Cape, 1930.
· Asquith, Earl of Oxford and, *Memories and Reflections*, 2 vols., Longon, Cassell, 1928.
· Aston, Major-General Sir George, *Biography of the Late Marshal Foch*, London, Hutchinson, 1930.
· Bacon, Admiral Sir Reginald, *Life of Lord Fisher*, London, Hodder & Stoughton, 1929.

· Beaverbrook, Lord, *Politicians and the War, 1914-16*, New York, Doubleday, Doran, 1928.
· Bertie, Lord, *Diary of Lord Bertie of Thame*, Vol. I, London, Hodder & Stoughton, 1924.
· Birkenhead, Viscount, *Points of View*, Vol. I, London, Eyre & Spottiswoode, 1952.
· Bridges, Lieut-General Sir Tom, *Alarms and Excursions*, London, Longmans, 1938.
· Callwell, Major-General Sir Charles E. *Experiences of a Dug-Out, 1914-18*, London, Constable, 1920.
· ____, *Field Marshal Sir Henry Wilson: His Life and Diaries*, Vol. I, New York, Scribner's 1927.
· Chamberlain, Sir Austen, *Down the Years*, London, Cassell, 1935.
· Charteris, Brigadier-General, John, *At GHQ*, London, Cassell, 1931.
· Childs, Major-General Sir Wyndham, *Episodes and Reflections*, London, Cassell, 1930.
· Chruchill, Sir Winston, *The World Crisis*, Vol. I, 1911-14, New York, Scribner's, 1928.
· ____, *The Aftermath*, Vol. 4 of The World Crisis, New York, Scribner's 1929.
· ____, *Great Contemporaires*, New York, Putnam's 1937.
· Corbett-Smith, Major A. *The Retreat from Mons*, London, Cassell, 1917.
· Cust, Sir Lionel, *King Edward and His Court: Some Reminiscences*, London, Murray, 1930.
· Custance, Admiral Sir Reginald, *A Study of War*, London, Constable, 1924.
· Dugdale, Blanche E. C., *Arthur James Balfour*, 2 vols., New York, Putnam, 1937.
· Esher, Reginald, Viscount, *The Influence of King Edward and Other Essays*, London, Murray, 1915.
· ____, *The Tragedy of Lord Kitchener*, New York, Dutton, 1921.
· ____, *Journals and Letters*, Vol.3, 1910-15, London, Nicolson & Watson, 1938.
· Fisher, Admiral of the Fleet, Lord, *Memories*, London, Hodder and Stoughton, 1919.
· ____, *Fear God and Dread Nought: Correspondence of Admiral of the Fleet Lord Fisher of Kilverstone*, 3 vols., ed. Arthur J. Marder, London, Cape, 1952-56-59.
· French, Field Marshal Viscount, of Ypres, 1914, Boston, Houghton Mifflin, 1919.
· Gardiner, A. G., *The War Lords*, London, Dent, 1915.
· Grey, Viscount of Fallodon, *Twenty-Five Years*, 2 vols., London, Hodder & Stoughton, 1925.
· Haldane, Richard Burdon, Viscount, *An Autobiography*, New York, Doubleday, Doran, 1929.
· Hamilton, Captain Ernest W. *The First Seven Division*, New York, Dutton, 1916.
· Hurd, Sir Archibald, *The German Fleet*, London, Hodder & Stoughton, 1915.
· ____, *The British Fleet in the Great War*, London, Constable, 1919.
· Jellicoe, Admiral Viscount, *The Grand Fleet*, 1914-16, New York Doran, 1919.
· Kenworthy, J. M. *Soldiers, Statesmen and Others*, London, Rich & Cowen, 1933.
· Lee, Sir Sidney, *King Edward VII*, 2 vols., New York, Macmillan, 1925-27.
· Lloyd George, David, *War Memoirs*, Vol. I, Boston, Little, Brown, 1933.
· Macready, General Sir Nevil, *Annals of an Active Life*, Vol. I., London, Hutchinson, n.d.
· Macdonagh, Michael, *In London During the Great War: Diary of a Journalist*, London,, Eyre & Spottiswoode, 1935.
· Magnus, Sir Philip, *Kitchener*, New York, Dutton, 1959.
· Maurice, Major-General Sir Frederick, *Forty Days in 1914*, New York, Doran, 1919.
· Mckenna, Stephen, *While I Remember*, New York, Doran, 1921.

· Milne, Admiral sir Archibald Berkeley, *The Flight of the Goeben and the Breslau*, London, Eveleigh Nash, 1921.
· Morley, John, Viscount, *Memorandum on Rrsignation*, New York, Macmillan, 1928.
· Newton, Thomas, *Lord, Lord Lansdowne*, London, Macmillan, 1929.
· Nicloson, Harold, *King George the Fifth*, London, Constable, 1952.
· ____, *Portrait of a Diplomatist: Being the Life of Sir Arthur Nicolson, First Lord Carnock*, Boston, Houghton Mifflin, 1930.
· Peel, Mrs. C. S., *How We Lived Then, 1914-18*, Longon, John Land, 1929.
· Repington, Lt, Col. Charles à Court, *The First World War*, 1914-18. Vol. Ⅰ, Boston, Houghton Mifflin, 1920.
· Robertson, Field Marshcl Sir William, *From Private to Field Marshal*, Boston, Houghton Mifflin, 1921.
· ____, *Soldiers and Statesment*, 1914-18, Vol, Ⅰ, New York, Scribner's, 1926.
· Shaw, George Bernard, *What I really Wrote About the War*, New York, Brentano's, 1932.
· Smith-Dorrien, General Sir Horace, *Memoires of 48 Years' Service*, London, Murray, 1925.
· Spears, Brig-Gen. Edward L., *Liaision, 1914: A Narrative of the Great Retreat*, New York, Doubleday, Doran, 1931.
· Steed, Wickham H. *Through Thirty Years*, New York, Doubleday, Doran, 1929.
· Trevelyan, George Macaulay, *Grey of Falldown*, Boston, Houghton Mifflin, 1937.
· Wilson, General Sir Henry, see Callwell.

On France

· Adam, H. Pearl, *Paris Sees It Through: A Diary, 1914-19*, London, Hodder & Stoughton, 1919.
· Allard, Paul, *Les Généraux Limogés pendant la guerre*, Paris, Editions de France, 1933.
· Bienaimé, Admiral Amadee, *La Guerre navale: fautes et responsabilitiés*, Paris, Talliander, 1920.
· Bruun, Geoffrey, *Clemenceau*, Cambridge, Harvard, 1943.
· Charbonneay, Col. Jean, *La Bataille des frontières*, Paris, Lavanzelle, 1932.
· Chevalier, Jacques, *Entretiens avec Bergson*, Paris, Plon, 1959.
· Clergerie, General, *Le Rôle du Gouvernement Militaire de Paris, du 1er au 12 Septembre, 1914*, Paris, Berger-Levrault, 1920.
· Corday, Michel, *The Paris Front*, tr., New York, Dutton, 1934.
· Demazes, Général, Joffre, *la victoire du caractère*, Paris, Nouvelles Editions Latines, 1955.
· Dubail, General Augustin, *Quatres années de commandement, 1914-18: Journal de Campagne*, Tome Ⅰ, 1ere Armée, Paris, Fourniwe, 1920.
· Dupont, Général Charles (Chief of Deuxieme Bureau in 1914), *Le Haut Commandement allemand en 1914*: du point de vue allemand, Pais, Chapelot, 1922.
· Engerand, Fernand (deputy from Calvados and rapporteur of the Briey Commission of Inquiry), *Le Bataille de la frontière, Aôut*, 1914: Briey, Paris, Brossard, 1920.
· ____, *Le Secret de la frontière, 1815-1914: Charleroi*, Paris, Brossard, 1918.
· ____, *Lanrezac*, Paris, Brossard, 1926.
· Foch, Marshal Ferdinand, Memoirs, tr. Col. T. Bentley Mott, New York, Doubleday, Doran, 1931.

· Gallieni, *Général, Mémoires: défense du Paris, 25 Août-11 Septembre, 1914*, Paris, Payot, 1920.
· ____, *Les Carnets de Gellieni*, eds. Gaetan Gallieni & P. B. Gheusi, Paris, Michel, 1932.
· ____, *Gellieni Parle*, eds. Marius-Ary et Lebolnd, Paris, Michel, 1920.
· Gaulle, Général Charles de, *La France et son armée*, Paris, Plon, 1938.
· Gibbons, Herbert Adams, *Paris Reborn*, New York, Century, 1915.
· Giraud, Victor, *Le Général de Castelnau*, Paris, Cres, 1921.
· Grasset, Colonel A., *La Bataille des deux Morins: Franchet d'Esperey à la Marne, 6-9 Septembre, 1914*, Paris, Payot, 1934.
· Grouard, Lt. Col. Auguste, *La Guerre éventuelle: France et Allemagne*, Paris, Chapelot, 1913.
· ____, *La Conduite de la guerre jusqu'à la bataille de la Marne*, Paris, Chapelot, 1922.
· Guard, William J., *The Soul of Paris-Two Months in 1914 by an American Newspaperman*, New York, Sun Publishing Co., 1914.
· Hanotaux, Gabriel, *Histoire illustrée de la guerre de 1914*, 17 vols., Paris, 1916.
· Hirschauer, Général, and Kléin, Général (Chief and Deputy Chief of Engineers of Military Government of Paris in 1914), *Paris en état dé defense*, Paris, Payot, 1927.
· Huddleston, Sisley, *Poincaré. A boigraphical Portrait*, Boston, Little, Brown, 1924.
· Huguet, General A., *Britain and the War: a French Indictment*, London, Cassell, 1928.
· Isaac, Jules, *Joffre et Lanrezac*, Paris, Chiron, 1922.
· ____, "L'Utilisation des reserves en 1914," *Revue d'Histoire de la Guerre*, 1924, pp. 316-337.
· Joffre, Marshal Joseph J. C., *Memoirs*, Vol. I, tr. Col. T. Bentley Mott, New York, Harper's 1932.
· Langle de Cary, Général de, *Souvenirs de commandement, 1914-16*, Paris, Payot, 1935.
· Lanrezac, General Charles, *Le Plan de campagne français et le premier mois de la guerre*, Paris, Payot, 1920.
· Libermann, Henri, *Ce qu'a vu en officier de chasseurs à pied, Ardennes belges-Marne-St. Gond, 2 Août-28 Septembre, 1914*, Paris, Plon, 1916.
· Marcellin, Leopold, *Politique et policiens pendant la auerre*, Vol. I, Paris, Renaissance, 1923.
· Mayer, Lt-Col. Emile, *Nos chefs de 1914*, Paris, Stock, 1930.
· Messimy, Général Adolphe, *Mes Souvenirs*, Paris, Plon, 1937.
· Mott, Col., T. Bentley, *Myron T. Herrick, Friend of France*, New York, Doubleday, Doran, 1929.
· Muller, Commandant Virgile (aide-de-camp to Joffre), *Joffre et la Marne*, Paris, Cres, 1031.
· Palat, Général Barthélmy, *La Grande Guerre sur le front occidental*, Vols, I-IV, Paris, Chapelot, 1920-27.
· Paléologue, Maurice, *Un Grand Tournant de la politique mondiale, 1904-06*, Paris, Plon, 1934.
· ____, "Un Prélude à l'invasion de Belgique," *Revue de Deux Mondes*, October, 1932.
· Percin, Général Alexandre (Member of Supreme War Council in 1911 and Governor of Lille in 1914), 1914, *Les erreurs du haut commandement*, Paris, Michel, 1920.
· Pierrefeu, Jean de, *GQG. Secteur I*, Paris, Edition francaise Illustree, 1920.
· ____, *Plutarque a menti*, Paris, Grasset, 1923.
· Poincare, Raymond, *Mémoirs*, 4 vols., tr. Sir George Authur, New York, Doubleday,

1926-29.
- Tanant, Général, *La Troisième Armée dans la bataille*, Paris, Renaissance, 1923.
- Viviani, René, *As We See It*, tr. New York, Harper's, 1923.
- Wharton, Edity, *Fighting France*, New York, Scribner's, 1915.

On Germany

- Bauer, Colonel M. *Der Gresse Krieg in Feld und Heimat*, Tüblingen, Osiander, 1921.
- Bernhardi, General Friendrich von, *Germany and the Next War*, tr. Allen H. Powles, London, E. Arnold, 1914.
- Bethmann-Hollweg, Theodor von, *Reflections on the World War*, tr. London, Butterworth, 1920.
- Bloem, Walter, *The Advance from Mons*, 191, tr. G. C. Wynne, London, Davies, 1930.
- Blucher, Evelyn, Princess, *An English Wife in Berlin*, London, Constable, 1920.
- Bullow, Bernhard, Prince von, *Memoirs*, 4 vols., tr. Boston, Little, Brown, 1931-32.
- Bulow, General Karl vol, *Mon Rapport sur la Bataille de la Marne*, tr. J. Netter, Paris, Payot, 1920.
- Clausewitz, General Carl von, *On War*, tr. Col. J. J. Grahan, 3 vols., London, Kegan Paul, 1911.
- Conrad von Hötzendorff, Felmarschall Franz, *Aus Meiner Dienstzeit, 1906-18*, 5 vols., Vienna, 1921-25.
- Eckhardstein, Baron H. von, *Ten Years at the Court of St. James*, 1895-1905, tr., London, Butterworth, 1921.
- Erzberger, Matthias, *Souvenirs de guerre*, tr., Paris, Payot, 1921.
- Foerster, Wolfgang, *Le Comte Schlieffen et la Grande Guerre Mondiale*, tr. Paris, Payot, 1929.
- Francois, General Hermann von, *Marneschlacht und Tannenberg*, Berlin, Scherl, 1920.
- Freytag-Loringhoven, Freiherr von, *Menschen und Dinge wie ich sie in meinem Leben sah*, Berlin, Mittler, 1923.
- Geraurd, James W., *My Four Years in Germany*, New York, Doran, 1917.
- Grelling, Richard, *J'Accuse*, tr., A. Grey, New York, Doran, 1915.
- Hallays, André, *L'Opinion allemande pendant la guerre, 1914-18*, Paris, Perrin, 1919.
- Hanssen, Hans Peter, *Diary of a Dying Empire*, tr. O. O. Winter, Indiana University Press, 1955.
- Hausen, General Freiherr Max von, *Souvenirs de campagne de la Marne en 1914*, tr., Paris, Payot, 1922.
- Haussman, Conrad, *Journal d'un deputé au Reichstag*, tr., Paris, Payot, 1928.
- Hindenburg, Field Marshal Paul von, *Out of My life*, Vol. I, tr. New York, Harper's, 1921.
- Hoffmann, General Max, *The War of Lost Opportunities*, tr., New York, International, 1925.
- ____, The Truth About Tannenberg, included in Vol. II of his *War Diaries and Other Papers*, tr., Eric Sutton; Intro. by K. F. Nowak, London, Secher, 1929.
- Kluck, General Alexander von, *The March on Paris and Battle of the Marne, 1914*, tr., New York, Longmans, 1920.
- Kopp, Georg, *Das Teufelschiff and seind kleine Schwester*, tr. as *Two Lone Ships, Goeben and Breslau*, by Arthur Chambers, London, Hutchinson, 1931.

· Krafft von Dellmensingen, General, *Die Führung des Kronprinzen Rupprecht von Bayern auf dem linken Deutshen Heeresflügel bis zur Schlact im Lothringen im August, 1914*, Wissen und Wehr, Sonderheft, Berlin, Mittler, 1925.
· Kuhl, General Hermann von, *Le grand état-major allemand avant et pendant la guerre mondiale*, tr. & ed. by General Douchy, Paris, Payot, 1922.
· Kurenberg, Joachim von, *The Kaiser*, tr. Russell and Hagen, New York, Simon & Schuster, 1955.
· Lichnowsky, Prince Karl, *Memornadum* with Introduction by Viscount Bryce, New York, Putnam's, 1918.
· Ludendoref, General Erich, *Ludendorff's Own Story, August 1914-November 1918*, Vol. I , tr., New York, Harper's, 1919.
· Ludwig, Emil, *Wilhelm Hohenzollern*, New York, Putnam's, 1926.
· Motlke, Generaloberst Helmuth von, *Erinnerungen-Briefe-Dokumente*, 1877-1916, Stuttgrat, Der Kommendetag, 1922.
· Mühlon, Wilhelm, *L'Europe devastée: notes prises dans les premiers mois de la guerre*, tr. Paris, Payot, 1918.
· Ritter, Gerard, *The Schlieffen Plan, Critique of a Myth*, tr., 1958.
· Rupprecht, Crown Prince of Bavaris, *Mein Kriegstagebuch*, Vol. I , Munich, Deutscher National Verlag, 1929.
· Santayana, George, *Egotism in German Philosophy*, 2nd ed., New York, Scribner's 1940.
· Schindler, Oberleutant D., *Eine 42 cm, Mörser-Batterie im Weltkieg*, Breslau, Hoffmann, 1934.
· Schlieffen, Alfred, Feldmarshall Graf von, *Cannae*, tr. Fort Leavenworth, Command and General Staff School Press, 1936.
· Schoen, Freiherr Wilhelm von, *Memoirs of an Ambassador*, tr., New York, Brentano's 1923.
· Souchon, Admiral Wilhelm, *La Percée de SMS Goeben et Breslau de Messine aux Dardanelles in Les marins allemands au combat*, ed. Vice-Admiral Eberhard von Mantey, Reichs Marine-Archiv, tr. Capitain R. Jouan, Paris, Payot, 1930.
· Stürgkh, General Graf Josef, *Im Deutschen Grossen Hauptiquatier*, Leipzig, List, 1921.
· Tappen, General Gerhard, *Jusqu'a à la Marne en 1914 in Documents allemands sur la bataille de la Marne*, tr. and ed. by Lt-Col. L. Koeltz of the French General Staff, Paris, Payot, 1930.
· Tirpitz, Grand Admiral Alfred von, *My Memoirs*, 2 vols., tr., New York, Dodd, Mead, 1919.
· Topham, Anne, *Memoires of the Kaiser's Court*, New York, Dodd, Mead, 1914.
· Wetterlé, Abbé E., *Behind the Scenes in the Reichstag*, tr., New York, Doran, 1918.
· Wile, Frederic William, *Men Around the Kaiser*, Philadelphia, Lippincott, 1913.
· ____, The Assault: *Germany Before-and England After-the Outbreak*, Indianapolis, Bobbs-Merrill, 1916.
· Wilhelm, Crown Prince of Germany, *My War Experiences*, tr., London, Hurst, 1922.
· ____, *Memoirs*, tr., New York, Scribner's, 1922.
· Wilhelm II , The Kaiser's Memoirs, New York, tr., Harper's 1922.
· ____, *Letters from the Kaiser to the Czar*, ed. Isaac Don Levine, New York, Doubleday Page, 1920.
· Wolff, Theodor, *Eve of 1914*, tr. E. W. Dickes, New York, Knopf, 1936.

· Zedlitz-Trutzschler, Robert, Graf von, *Twelve Years at the Imperial German Court*, tr., New York, Doran, 1924.

On Russia

· Agourtine, Léon, *Le Général Soukhomlinov*, Clichy, l'Auteur, 1951.
· Alexandra, Empress of Russia, *Letters of the Tsaritsa to the Tsar, 1914-16*, ed. and intro. by Sir Bernard Pares, London, Duckworth, 1923.
· Botkin, Gleb, *The Real Romanovs*, New York, Revell, 1931.
· Buchanan, Sir George, *My Mission to Russia*, Boston, Little, Brown, 1923.
· Brusilov, General A. A., *A Soldier's Notebook*, tr., London, Macmillan, 1930.
· Danilov, General Youri, *La Russie dans la guerre mondiale*, tr., Col. A. Kaznakov, Paris, Payot, 1927.
· ____, *Le Premier Généralissime des armées russes: Le grand-duc Nicolas*, tr., Paris, Berger-Levrault, 1932.
· Dobrorolsky, General Serge, "La Mobilisation de l'armee russe en 1914," *Revue d'Histoire de la Guerre, 1923*, pp. 53-69 and 144-165.
· Gilliard, Pierre, *Thirteen Years at the Russian Court*, tr., New York, Doran, 1922.
· Golovin, Lieut-General Nicholas N., *The Russian Army in the World War*, tr., New Haven, Yale, 1931.
· ____, *The Russian Campaign of 1914*, tr., Captain Muntz, A.G.S. Command and General Staff School Press, Fort Leavenworth, Kansas, 1933.
· Gourko, General Vasilii, *War and Revolution in Russia, 1914-17*, tr., New York, Macmillan, 1919.
· Gourko, Vladimier, *Features and Figures of the Past: Government and Opinion in the Reign of Nicholas II* , tr., Stanford University Press, 1939.
· Ironside, Major-General Sir Alfred, *With the Russian Army*, London, Hutchinson, 1921.
· Kokovsov, Count V. N., *Out of the My Past*, tr., Stanford Univ, Press, 1935.
· Nikolaieff, Col. A. M., "Russian Plan of Campaign in the World War, 1914," tr., *Infantry Journal*, September-October, 1932.
· Paléologue, Maurice, *An Ambassador's Memoirs*, tr., F. A. Holt, Vol. I , London, Hutchinson, 1923.
· Radziwill, Princess Catherine, *Nicholas II, Last of the Czars*, London, Cassell, 1931.
· ____, *Sovereigns and Statesmen of Europe*, New York, Funk & Wagnalls, 1916.
· Rodizianko, M. V., *Memoirs: Reign of Rasputin*, tr., London, Philpot, 1927.
· Sazonov, Sergei, *Fateful Years, 1909-16.*, New York, Stokes, 1928.
· Sukhomlinov, Vladimir, *Erinnerungen*, Berlin, Hobbing, 1924.
· Witte, Count Sergius, *Memoirs*, tr., New York, Doubleday, Page, 1921.
· Wrangel, Baron Nicholas, *Memoirs, 1847-1920*, tr., Philadelphia, Lippincott, 1927.

On Turkey

· Djemal Pasha, *Memoirs of a Turkish Statesman*, 1913-1919., tr., New York, Doran, 1922.
· Emin, Ahmed, *Turkey in the World War*, New Haven, Yale, 1930.
· Kannengisser, General Hans, *The Campaign in Gallipoli*, tr., London, Hutchinson, 1928.
· Morgenthau, Henry, *Ambassador Morgenthau's Story*, New York, Doubleday, Page,

1918.
· Nogales, General Rafael de, *Four Years Beneath the Crescent*, New York, Scribner's, 1926.

〈Secondary Works〉

· Benson, E. F., *The Kaiser and English Relations*, London, Longmans, 1936.
· Buchan, John, *A History of the Great War*, Vol. Ⅰ, London, Nelson, 1922.
· Craig, Gordon, A., *The Politics of the Prussian Army*, 1640-1945, New York, Oxford, 1956.
· Cruttwell, C. R. M., *A History of the Great War, 1914-18*, Oxford Univ. Press, 1936.
· De Weerd, H. A., *Great Soldiers of Two World Wars*, New York, Norton, 1941.
· Earle, Edward Meade, ed., et al., *Makers of Modern Stategy*, Princeton Univ. Press, 1943.
· ____, *Modern France*, Princeton Univ. Press, 1951.
· Florinsky, Michael T., *The End of the Russian Empire*, New Haven, Yele, 1931.
· Frothingham, Capt, Thomas G., *The Naval History of the World War*, Vol. Ⅰ, *Offensive Operations*, 1914-15, Cambridge, Harvard, 1925.
· Goerlitz, Walter, *History of the German General Staff*, tr. Brion Battershaw, New york, Praeger, 1955.
· Halevy, Elie, *A History of the English People, Epilogue*, Vol. Ⅱ, 1905-1915, London, Benn, 1934.
· Maurois, André, *Edwardian Era*, tr., New York, Appleton-Century, 1933.
· McEntee, Col, Girard L., *Military History of the World War*, New York, Scribner's, 1937.
· Monteil, Vincent, *Les Officiers*, Paris, Editions du Seuil, 1958.
· Neame, Lt-Col. Philip, *German Strategy in the Great War*, London, Arnold, 1923.
· Ponsonby, Arthur, *Falsehood in Wartime*, New York, Dutton, 1928.
· Renouvin, Pierre, *The Forms of War Government in France*, New Haven, Yale, 1927.
· Rosinski, Herbert, *The German Army*, London, Hogarth, 1939.

Notes

1. 장례식

· 장례식에 관한 설명은 그 당시의 일간신문과 회고록 외에 1910년 5월 21일자 *The Queen, The Sphere, The Graphic*을 참조했다; "The Meeting of Nine Kings" by William Bayard Hale in *World's Work for July*, 1910; "An Impression of the King's Funeral" by Mary King Waddington in Scribner's for October, 1910; Theodore Roosevelt to David Grey, October 5, 1911, Letters, ed. E. E. Morison (Harvard U P., 1951-54), VII, 409-13.

50 "지나칠 정도로 엄숙한": *The Times*, May 21, 1910.

50 "이곳을 나의 고향이라 부르고": to Bülow, qtd. Ludwig, 427.

50 "그는 사탄입니다.": Zediltz-Trutschler, 177-8. 독일 언론은 에드워드의 여행을 "반독일 연합 구성에 주목적이 있는 것"으로 묘사했다. Lascelles to Grey, April 19, 1907, BD, VI, No. 15.

51 "아주 착한 소년": Roosevelt to Trevelyan, October 1, 1911, *Letters*, VII, 397.

51 "나의 때를 기다린다": Lee, I, 477-8.

51 불가리아의 페르디난드 국왕이 주위에 있던 여러 국왕들을 난처하게 만들었다: Roosevelt to Grey, *op. cit.*, 409-10. 비잔틴 황제의 문양: Sazonov, 230.

52 다닐로 왕자와 그의 친구: Cust, 111, 249.

54 "폐하께서는 멋진 나라를 가지고 계시군요": qtd. Maurois, 44.

54-55 에드워드의 파리 방문 및 벨기에와 독일 외교 사절의 보고: Lee, II, 241-2.

55 "쥐새끼 한 마리도 마음대로 돌아다닐 수 없다": Lee, II, 11.

56 뷜로브와 비교하면 뱀장어도 거머리라고 할 정도: qtd. Maurois, 177.

56 명백한 경고마저 홀스타인은 그저 "순진한" 생각으로 치부했다: Eckhardstein, 249.

56 엑카르스타인이 엿듣다: *ibid.*, 230.

57 카이저는 파리에 가고 싶었다: Paleelogue, *Un Prélude*, 494-5

57 카이저가 루스벨트에게 불평함: Roosevelt to Trevelyan, *Letters*, VII, 396.

57 카이저가 이태리 왕에게 언급한 내용: Bülow, II, 355; Benson, 248.

58 베른하르디, "우리는 해야만 한다": Bernhardi, 81.

58 아틸라의 훈족: Bülow, I, 418.

58 "합법적인 목표": Hans Delbruck, professor of history at University of Berlin and Germany's leading military historian, qtd. Wile, *Men Around the Kaiser*, 119-22.

58 독일에 대한 포위 압박: *Neue Freie Prresse*, April 15, 1907. qtd. Lee, II, 542.

59 클레망소, "권력을 향한" 독일의 "열망": qtd. Bruun, 116.

59 클레망소와 에드워드의 대화: Goschen to Grey, August 29, 1908. BD, VI, No. 100; Steed, I, 287.

59 짜르 "평범한 살인자": Lee, II, 587.

59 "영국인은 유태인": Witte, 189.
59 에드워드는 짜리나와 왈츠를 춤: Fisher, *Memories*, 234
60 짜르는 "무나 기르면 어울릴 사람": 카이저는 빅토리아 여왕의 장례식에서 영국 외무장관인 Lansdowne 경에게 이렇게 말했음, qtd. Newton, 199.
60 "버릇없는 꼬마": Benson, 45.
60 "니키, 제 말을 잘 들으세요.": October 25, 1895, *Willy - Nicky Letters*, 23.
61 "단순한 말 이상의 것, 퍼레이드 이상의 것": Botkin, 103.
62 "황제 폐하께서" 이런 구체적인 문제는 "간과하신 것이다": qtd. Ludwig, 263.
62 "거짓말, 에드워드는 전쟁을 원한다": qtd. Maurois, 256.
62 카이저가 몸져 누웠고: Crown Prince, 98-100.
62 『위대한 환상』에 관한 에셔의 강의: "Modern War and Peace" and "La guerre et la paix" in Esher, *Essays*, 211-28 and 229-61.
63 독일도 『위대한 환상』을 수용할 것: ibid., 224. 에셔가 카이저에게 그 책을 전달하도록 부탁했음r, *ibid.*, 55.
64 1870년 파리 입성 때 제일 선두에 섰던 베른하르디: Hindenburg, 59. Quotations for Bernhardi's book are from Chapters, Ⅰ, Ⅱ, Ⅳ, Ⅴ, Ⅸ, and Ⅹ.
65 에드워드 국왕의 죽음: quotations from Isvolsky and *Le Figaro* and details of mourning in Paris, Tokyo, and Berlin are from *The Times*, May 8, 1910.
66 빅토리아 역에 카이저 도착: The Times, May 20, 1910.
67 장례식에 감명을 받은 카이저: Kaiser's *Memoirs*, 129.
67 피숑에 대한 카이저의 제안: Arthur, *George Ⅴ*, 125.
67 "다른 군주들은 저렇게 조용하신데": Trevelyan, 172.
67 카이저, 피숑에게 한 제안을 부인함: Kaiser's *Memoirs*, 131.
68 "사교적이고 평화적": *The Times*, May 20, 1910.
68 코난 도일이 보기에: *ibid.*
68 알렉산드라 왕비는 카이저를 아주 지긋지긋하게 싫어했다r: George Ⅴ, 126. 죠지에게 보낸 왕비의 편지: Nicolson, *George Ⅴ*, 40.
70 "이러한 붕괴는 전례가 없다": Esher, *Journals*, Ⅲ, 4.

2. "최우측 병사의 소매가 해협을 스치도록 하라"

73 "프랑스의 심장": qtd. Buchan, Ⅰ, 118.
73 "하찮은 장애물": Goeriltz, 129.
75 "독일은 총력을 경주해야 한다": Schlieffen's Memorandum of 1912, Ritter, 172.
75 슐리펜 계획: Schlieffen's Memoranda for 1892 and 1912 in Ritter; Schlieffen's *Cannae*, Kuhl's *Generalstab*, Förster.
76 "영토를 조금 잃는 것이 더 낫다": qtd. by Schlieffen, Ritter, 172.
77 "전략의 원칙은 바뀌지 않았다": Schlieffen, *Cannae*, 4.
79 "절대의지라는 지독한 망상": Santayana, 69.
80 구 몰트케는 장기전을 예언했음: Foerster, 21.
80 몰트케, "앞으로 국가 간의 전면전은…": *Erinnerungen*.
81 "벨기에의 중립은 깨질 수밖에 없다": General von Hahnke's notes on Schlieffen's Memorandum of 1912, Ritter, 186.
81 "여러 번의 위대한 승리를 쟁취하면서": Clausewitz, Ⅲ, 209-10.
82 "다른 한쪽보다 더 전쟁을 원하는 쪽": General Percin in article in *Ere Nouvelle*, January, 1925, qtd. Ponsonby, 55-6.
82 빌로브와 슐리펜의 대화: Bülow, Ⅱ, 88.

82 레오폴드 2세는 "철저하게 나쁜 놈": Roosevelt to Trevelyan, October 1, 1911, *Letters*, Ⅶ, 369.

82-83 카이저의 제안과 레오폴드 2세의 반응: Bülow, Ⅱ, 82-85; Cammaerts, 108-9.

84 2백만 파운드의 흥정: J. V. Bredt, *Die Belgische Neutralitat und der Schlieffensche Feldzugsplan*, qtd. AQ, July, 1929, 289.

84 "프랑스군은 그 돈을 낼 수밖에 없었을 것": Dupont, 23.

84 "길을 따라 그들의 군대를 줄 세우는 정도일 것": 이 말을 한 외교관은 런던주재 독일대사관 고문이며 1917년 외무장관을 역임한 리하르트 폰 쿨만(Richard von Kuhlmann)임, qtd. Cammaerts, 134.

84 "모든 요새, 철도와 군대": Memorandum of 1912, Ritter, 175.

84 "릴은 아주 훌륭한 포격 대상": *ibid.*

84 "최우측 병사": qtd. Rosinsky, 137.

85 슐리펜은 영국의 참전을 고려하고 있었음: Ritter, 161-4.

85 예비군을 전선에 투입: Issac, *Reserves*, 335; Foerster, 71.

85 "오로지 우익을 강하게 만들라": Foerster, 70.

86 "적의 영토에서 적과 싸울": *Erinnerungen*.

86 "전적으로 정당하며 꼭 필요하다": Tappen, 92.

86 "우리는 모든 진부한 얘기 따위에 개의치 말아야 한다": Cambon (French ambassador in Berlin) to Foreign Minister Pichon, May 6, 1913, *French Yellow Book* No. 3.

87 러시아에 대한 독일 첩자들의 보고: Tirpitz, Ⅰ, 343.

87 몰트케가 콘라드에게, "어떠한 이유에서든 계획이 연기된다면": Conrad, Ⅲ, 670.

87 "우리는 준비가 끝났으며, 빠르면 빠를수록 유리하다": Eckhardstein, *Lebenserinnerungen*, Vol. Ⅲ, *Die Isolierung Deutschlands*, Leipzig, 1921, 184.

3. 스당의 그림자

· 플랜 17과 그 선행계획의 공식 출처는 *AF*, Tome Ⅰ, Vol. Ⅰ, Chaps. 1과 2 그리고 Joffre, 45-112 이다. 일반명령 및 병력배치명령의 원본은 AF, Ⅰ, Ⅰ 부록 8번이다. 플랜 17에 대한 대표적인 비판론자들은 Engerand, Grouard 장군, Percin 장군이다.

88 르바 장군의 카스텔노 면담: Briey, session of May 23, 르바와 동행했던 릴의 하원의 원 Vendame의 증언; session of July 4, 르바 장군의 증언.

88 공격에 필요한 미터 당 병력 밀도: 그랑메종 대령은 이것을 1개 군단이 6내지 8킬로미터를 담당하는 것으로 계산했음. Engerand, 431.

89 "우리는 알자스-로렌 주민들이 앞으로도 영원히 프랑스 국민으로 존속할 권리를 선언한다": Alexandre Zevaes, *Histoire de la Troisième République*, Paris, 1926, 41.

90 감베타, "절대 그것을 말하지 말라": Huddleston, 36.

90 빅토르 위고, "프랑스는 오직 한 가지 생각만 가질 것이다": Zevaes, op. cit., 41.

91 비밀 정찰조가 콜마르를 내려다 보다: Monteil, 38.

92 43년간 42명의 국방장관: qtd. Craig, in Earle's *Modern Stretegy*, 276.

93 "아, 저 용감한 사람들!": Pierre de la Gorce, *Histoire du Second Empire*, Ⅶ, 343.

94 포쉬와 공격 지상주의: the quotations and episode of Clemenceau and Foch are from "Du Picq and Foch" by Stefan T. Possony and Etienne Manteux, Chap. 9 in Earle's *Modern Strategy*.

95 그랑메종의 강의: Lanrezac, 138, n. 1; Messimy, 72; John Bowditch, "생의 약진이라는 개념" in Earle's *Modern France*, 39-43.

96 파이예, "오직 공격": Joffre, 30.

96 1913년의 야전교범: 포 장군이 위원장으로 있었던 위원회에서 입안되었으며 제5군의 참모장을 역임하게 되는 엘리 드와셸과 GQG에서 죠프르의 부참모장을 역임하게되는 베테로도 참여했음. 1913년 10월 28일 프앙카레가 서명한 법령으로 간행됨. Text in Engerand, 445-7.

97 외제니 황후에게 빌헬름 1세가 설명한 것: Engerand, 592.

97-98 1911년 미셸 장군의 계획: AF, Ⅰ,Ⅰ, 13-14; 그의 보고서 전문은 이 책 부록 3번 7-11 참조. 전방에서 예비군을 활용하는 것에 대한 최고 국방위원회(1911년 7월 19일)의 논의 내용은 부록 4번 12-17 참조.

98 "예비군은 무용지물!": Spears, 218.

99 "아버지는 전방으로 보내지 말라"는 카이저의 칙령 : Joffre, 61.

100 미셸의 제안과 최고 국방위원회의 반응: Briey, May 13, 23, and 30, 미셸, Percin, 메시미의 증언; Messimy, *Souvenirs*, 76-8; AF, Ⅰ,Ⅰ, 13-14.

100 "미친 짓": Percin, 206.

100 "군대와 국가를 화해시킨다": Messimy, 15. "자기 군대를 통솔하기는커녕": *ibid.*, 93. "우유부단": *ibid.*, 75.

101 "우아한 멋": 아래 가사의 행진곡은 1870년에 샤를르 부르바키 장군 휘하의 알제리 경보병 연대를 소재로 한 것임:
　　　우아한 멋
　　　거기에 온 마음 빼앗기네
　　　그건 누구 때문이지?
　　　바로 샤를르 부르바키.qtd. De gaulle, 162.

101 "미셸 장군은 머리가 돈 것 같다": Briey, May 13, evidence of General Michel.

102 붉은 군복 바지 에 대한『에코 드 파리』와 에티엔느의 성명: qtd. Missimy, 118-20.

103 "장식용 단추의 문제": Percin, 208.

103 "냉정하고 꼼꼼한 일꾼": Messimy, 77.

105 "그 제안을 받으세요, 친구": Briey, May 23, Percin의 증언.

105 죠프르는 포쉬를 선호했겠지만: Joffre, 12.

105 "장군은 커다란 반발을 불러일으키고" 그러나 대통령과 수상이 "싫은 표정을 지으면서도": Messimy, 78.

105 "나를 쫓아내시오!": Briey, May 23, Percin의 증언.

106 죠프르와 알렉상드르의 대화: Demazes, 65.

106 "칼로 벤 상처와 같이": Foch, *Memoirs*, lxii.

107 "마인쯔를 지나 베를린으로": qtd. Grouard, 5, n.2.

107 "시간적으로 뒤에 정해지며 기회주의적": Joffre, 69.

108 "바보 같은 짓": Joffre, 17.

108 1904년 독일 장교가 조국을 배신하고 슐리펜 계획의 초안을 넘겨줌: Paléologue, *Un Prélude*, 486-88.

109 빵데작 장군: *ibid.*, 514.

109 "전혀" 그럴 것 같지 않고: Joffre, 63.

109 독일군의 주 공격로로 가능성이 가장 높을 곳에 대한 죠프르와 카스텔노의 생각: Giraud, 25-29.

109 카스텔노, "불가능하다" 죠프르, "나도 같은 의견": Joffre, 64.

110 프랑스군 정보국은 독일이 예비군을 활용하려 한다는 것을 알았다: "독일군의 병력 동원 계획에 '예비군의 실전 배치'가 포함되었다는 사실은 이미 알려져 있었다" AF, Ⅰ,Ⅰ, 39. 몰트케의 평론은 Issac, *Reserves*, 335 참조. 아이작은 1914년 5월 작성된 독일군 병력동원 계획에 대한 프랑스군의 분석보고서도 예비군과 현역부대의 역할을 동일하게 인식하고 있다고 언급했다. 이 보고서는 죠프르도 확인한 바 있다. 145-

7. 멜로트 소령의 보고는 Galet, 22 참조. 독일군이 예비군을 후방 부대로만 사용할 것이라는 것은 죠프르(61)의 판단이었다.

111 "내 소매에는 별이 두개이고": Briey, May 23, Vendame의 증언.

4. "단 한 명의 영국 병사 … "

113 페귀, "다른 사람들처럼": from his Cahiers de la quinzaine, October 22, 1905, reprinted in his Notre *Patrie*, Paris, 1915. 117-18.

113 총참모부의 1905년 전쟁 게임: Robertson, Private to Field Marshal, 140; Soldiers and *Statesmen*, I, 24.

114 위게-레펑턴 비망록: Reprington, 6-10.

115 "헤겔의 철학을 가진 군대": Haldane, 198.

115 1906년 위기를 맞은 그레이와 할데인의 : Grey, I, 72-88; Haldane, 203-04; Before the War, 186; BD, III, 212.

115 캠벨-배너맨, 칼레에서의 점심: Maurois, 129.

116 "명예로운 이해"에 대한 캠벨-배너맨: Grey, I, 85.

116 할데인이 협상을 승인하다: Grey, I, 76.

116 "국방부의 업무": Campbell-Bannerman's phrase, qtd. Repington, 10.

116 그리어슨과 로버트슨의 계획: Tyler, John E., *The British Army and the Continent*, 1904-14, London, 1938, 46.

116 에셔 경이 표방한 영국측의 지배적인 의견은, 벨기에에서 독자적으로 행동하고 싶다는 것이다: Esher, *Journals*, I, 375-6.

117 피셔, 프러시아 해안 상륙: Letters, III, 47; 육군 전략에 관한 의견: Bacon, II, 182-3.

118 윌슨, 하이드 공원에서: Wilson, 51; spoke French: ibid., 2.

118 윌슨의 코멘트, "매우 흥미있음": qtd. AQ, July, 1929, 287.

118 윌슨의 포쉬 방문: Wilson, 78.

118 "내가 프랑스 장군을 모시고 왔네": *ibid.,* 79-80.

119 "끝없는 잡담": Aston, *Foch*, 129.

119 윌슨의 "알레(allez) 작전": Wilson, 79.

120 "중요하고도 필수적인 문제입니다!": Huguet, 21.

120 "포쉬의 판단은 내 생각과 정확히 일치하며": Liddell Hart, Foch, 51: 영국 무관 페어홀름 대령에게 보낸 편지에서 포쉬는 주 전선이 에피날에서 나무르까지가 될 것이라는 믿음을 피력했다, BD, VI, No. 460.

121 윌슨의 일기에 기록된 언급들: Wilson, 97-8.

122 듀바이-윌슨 합의: *AF*, I, I, 17-18; BD, VII, No. 640.

122 "제2의 작전 무대 … 주 무대": Huguet, 8.

122 윌슨과 그레이, 할데인의 대화: Wilson, 99.

122 1911년 8월 제국 방어위원회 비밀회의: Wilson, 99-102; Churchill, 55-9; Haldane, 226.

124 피셔, "압도적인 우위": letter of April 28, 1912, *Letters*, II, 456.

124 "나의 목을 자르라고": Wilson, 106.

124 "자연스럽고도 비공식적인 결과": Haldane, *Before the War*, 183.

124 "확실하게 약속한 것입니다": Esher, *Journals*, III, 61.

125 베를린을 방문한 할데인의 임무: 254-262, 292; *Before the War*, 72-86.

125 프랑스와 맺은 해군 조약: Churchill, 115-16.

125 캉봉에게 보낸 그레이의 공문: Grey, I, 97-8.

126 "내각은 해산되었을 것": Wilson, 113.

126-128 죠프르와 카스텔노에 대한 윌슨의 생각: *ibid.,* 105; 윌슨이 지도의 작은 조각을

놓았다: *ibid.*

127 죠프르는 영국군 6개 사단을 기대했나: Joffre, 50, 할데인은 총인원을 160,000으로 산정했다: *Before the War*, 189.

127 영국과 벨기에 사이의 군사 대화: BD, Ⅲ, No. 217 ff.; Bridges (당시 브뤼셀 주재 무관), 62-63.

128 에셔의 경고: Huguet, 18; Joffre, 54. 캉봉의 조건: Dupont, 25.

128 플랜 W은 극도의 보안 속에서 작성되었다: Wilson, 149.

5. 러시아 증기 롤러

129 독일군의 슬라브족에 대한 공포: 1914년 한 독일군 연대가 동부전선이 아니라 서부전선으로 간다는 것을 알았을 때 "모두들 환호했다. 명확하게 설명하기는 어렵지만 러시아라는 생각만으로도 이미 몸서리를 치게 된다." Bloem, 20. 같은 생각을 가진 한 독일군의관은 서더랜드의 공작부인(49)에게 영국이 독일에 맞서 연합군 쪽으로 붙고 우리를 "악마 같은 러시아군 앞에 버려두다니" 그 얼마나 사특하냐고 불평했다.

130 러시아군대의 병력 수: 제5장에 등장하는 병력과 장비에 대한 각종 통계는 별다른 언급이 없는 한 *Golovin's Army*를 참조했다.

130 러시아의 국력에 대한 그레이: grey to Sir F. Bertie, May 1, 1914, BD, X, Part 2, No. 541.

131 불러간 총참모부 협의와 러시아군 병력동원에 관한 사항: Messimy, 179-81; Kokovtsov, 370-72; Joffre, 55-60; Golovin, *Campaign* Chaper Ⅲ, 45-73.

131 짜르, "독일의 심장부": Joffre, 23.

131 러시아에서 폭넓은 지지를 얻은 그랑메종: Golovin, *Campaign*, 61.

132 1912-13 기간 중 질린스키의 약속: Agourtine, 25.

132 이안 해밀턴의 보고: Hamilton, General Sir Ian, *A Staff Officer's Scrap Book*, London, 1907, Ⅱ, 381.

133 "단 하나의 테니스 코트도 없는 것": Knox, xxvii.

133 "이 미친 정권 … 비겁함의 뒤범벅": Witte, 270, 247.

134 교육 받지 못한 니콜라스 2세: 1890년 4월 28일 스물두번째 생일 며칠 전 니콜라스는 일기에 "오늘 난 내 공부를 완전히 영원히 끝냈다"고 적었다 qtd. Radziwill, *Nicholas Ⅱ*, 210.

134 코코브쵸브와 짜르의 면담: Kokovtsov, 456.

134 경찰 앞잡이들에 의한 스톨리핀 암살: Wrangel, 208.

135 "모두들 건강이 안 좋았다": Witte, 190.

136 영국 외교관: Sir Arthur Nicolson, 1906-10 기간 중 러시아 주재 영국대사. Nicolson, Diplomatist, 180.

136 "그가 일을 하도록 하는 것도 매우 어렵지만": Sazonov, 286.

137 "사악한 기술혁신"에 대한 수콤리노프: Golovin, *Campaign*, 31, 34.

137 "첫눈에 미덥지 못하다": Paléologue, 83; 프왕카레도 같은 느낌을 받았다. Poincaré (Ⅲ, 163)

138 수콤리노프의 아내, 지출, 교제: Agourtine, 18-22; Vladmir Gurko, 552-3; Knox, 222; Sir Bernard Pares, *A History of Russia*, New York, 1953, 472-77.

138-139 수콤리노프의 재판: Agourtine, 56-9.

139 "끔찍한 결과": qtd. Agourtine, 59.

139 수콤리노프에게 바치는 카이저의 헌정사: 카이저 전기에 수록된 사본을 루드비히에서 출간함 Ludwig, 508.

140 포탄 부족에 대한 수콤리노프의 책임: Knox, obituary of Sukhomlinov in Slavonic

Review, 1926, Vol. 5, 148; also Golovin, Army, 12, 32, 43.

141 수콤리노프는 대공을 증오했다: Danilov, 150; Golovin, *Campaign*, 35.

141 대공, 왕실 안의 유일한 "남자": Pares, Introduction to *Letters of Tsaritsa*, xxi.

141 "나는 N을 신뢰하지 못한다": *Letters to Tsar*, June 16, 1915, 97.

142 대공에 대한 포쉬의 영향: Esher, *Tragedy*, 19.

142 코체부 왕자의 발언: Danilov, 43.

142 "몬테니그로의 나이팅게일들": Paléologue, 22-23.

143 러시아의 두 가지 작전계획: Ironside, 31-6.

143 베를린을 향한 진군: 부참모장인 다닐로프(130)에 따르면, 이것이 전쟁 "초기" 러시아군 최고사령부의 기본 생각이며 목표였다.

144 융커들은 여우를 그냥 총으로 쐈다: Ellen M. Pain, *My Impressions of East Prussia*, London, 1915.

145 독일은 일본이 중립을 유지하기를 기대했다: Hoffmann, *War of Lost Opportunities*, 5.

145 호프만의 습관: K. F. Nowak, Introduction to Hoffmann's *War Diaries*, I, 10, 18.

146 "당신은 황인종이다": 미국 기자인 프레데릭 팔머의 기록, qtd. De Weerd, 71.

146 러시아군 대령이 작전계획 초안을 팔았다: Hoffmann, *War of Lost Opportunities*, 4.

146 "모든 병력을 총동원하여": qtd. Hoffmann, *Diaries*, II, 241.

전쟁 발발 Outbreak

148 "저주받은 바보 짓": 1914년 7월 카이저는 알버트 발린에게 영국이 중립을 지키도록 설득하라고 지시했는데, 이 때 처칠(207)에게 이 말을 인용함.

148 카이저의 "번쩍거리는 갑옷": in the Vienna Town Hall, September 21, 1910. qtd. Stanley Shaw, *William of Germany*, New York, Macmillan, 1913, 329.

148 독일의 "믿음직한 지원": Bethmann-Hollweg to von Tschirchky (비엔나 주재 독일 대사), Kautsky, No. 15; Kaiser to Emperor Franz Joseph, Kautsky, No. 26.

148 "전쟁의 모든 이유가 사라졌다": 세르비아에 대한 오스트리아의 최후통첩 사본 여백에 남긴 카이저의 메모, Kautsky, No. 271.

148 "우리에게 별도의 성명을 발표하라": Bethmann-Hollweg to Pourtales, Kautsky, No. 490.

6. 8월 1일: 베를린

· 이장의 중심 사건 즉, 8월 1일 밤 카이저와 마주한 몰트케 장군의 쓰라린 경험은 몰트케의 비망록, 19-23을 근거로 한 것이다. 이 사건과 관련된 카이저와 몰트케 자신의 언급은 이 자료에서 인용하였다. 영문판은 Living Age, January 20, 1923, 131-34 참조.

149 러시아에 대한 선전포고를 지시 받은 대사: Kautsky, No. 542.

149 5시 30분의 베트만과 홀베그: 미국 특파원 프레데릭 윌리엄 와일은 외무부로 가는 길에 두 각료가 나오는 것을 보았다; Assault, 82.

150 "나는 슬라브족을 증오한다": Sturgkh, 232.

150 포우탈레스와 에겔링의 보고: Kautsky, Nos. 474 and 521. 끝까지 포와 수송 수단 부족 때문에 러시아는 싸울 수 없을 것이라고 한 에겔링의 주장이 쿨에 의해 보고됨 Kuhl, 31.

150 "병든 수고양이 분위기": Kautsky, No. 474.

151 군중 속의 기자: Wile, *Assault*, 81-2; 벨기에 대사도 이 장면을 묘사함: Beyens, II, 266.

151 "만일 전쟁의 주사위가 구르게 된다면": Kautsky, No. 553.

151 손수건을 흔드는 장교들: Wolff, 504.

151 러시아 간첩으로 의심받고 있는 사람들이 짓밟혔다: Hanssen, 22-23.

151 육군군단 하나를 수송하는데 필요한 열차: Reichsarchiv, Das *Deutsche Feldeisen-bahnwesen*, Band Ⅰ, Die Eisenbahnen zu Knegsbegiɪɪɪ, qtd. ΛQ, April, 1928, 96-101.

152 소파에 누워있던 구 몰트케: Fisher, *Memories*, 230.

152 여백에 씌어진 카이저의 주석: Kautsky, Nos. 368 and 596.

153 "죽은 에드워드": 7월 30일 오전 7시 러시아의 병력 동원이 취소될 수 없음을 보고하는 포우탈레스의 긴급전문 여백에 씌여짐, Kautsky, No. 401, 영문판, Ludwig, 448.

153 알자스의 자치: 베트만과 "가까운 익명의 동료"에 의해 주장된 제안으로 라지월에 의해 보고됨, *Sovereigns*, 70, 별로 신빙성은 없는 자료임.

154 프랑스에 대한 독일의 최후통첩: Schoen, 192, 197; Messimy, 149.

154 프랑스 측은 그것을 해독했다: Poincaré, Ⅲ, 251.

154 "몰트케가 알고 싶어한다": Wolff, 504.

155 리크노브스키의 전보: Kautsky, No. 562.

155 1911년 베를린에서 베풀어진 만찬: Given by Sir E. Goschen, the British ambassador, in honor of Major-General Wilson, Wilson, 94.

155 리크노브스키에게 전달한 그레이의 제안: Lichnowsky, 73-74; Grey to Goschen, *British Blue Book*, No. 123; Grey, Ⅱ, appendix F, "The Suggestions of August 1, 1914."

157 "슬픈 쥴리우스": Sturgkh, 24.

157 몰트케의 성격과 습관: Freytag-Loringhoven, 135-7; Bauer, 33; Goerlitz, 143; General Sir Edmund Ironside, "Two Chiefs of General Staff," *Nineteenth Century and After*, February 1926; Wile, NYT, October 6, 1914, 2:6.

157 "제 자신에 대해 매우 비판적": *Erinnerungen*, 307; "우리들 자신은 일본의 보호를 받자고": qtd. Ironside, op. cit., 229; "매우 거칠게": *Erinnerungen*, 308; "두 번 당첨되기": *ibid*.

159 "철도를 건설하라": Neame 2. Elder Moltke's use of railroads, Rosinski, 129.

159 최고 두뇌들은 정신 병원에서 끝난다: AQ, April, 1928, 96.

159 폰 스타브 장군: His book, *Aufmarsch nach zwei Fronten*, is analyzed by Commandant Koeltz, "La concentration allemande et l'incident du premier Aout, 1914," *Revue d'Histoire de la Guerre*, 1926, 117-130.

160 에르쯔베르거의 증언: Erzberger's *Erkebnisse*, qtd. AQ, April, 1922, 80.

160 영국으로 보낸 전보: Kautsky, Nos. 578 and 579; 파리로 보낸 전보: No. 587; 죠지 왕에게 보낸 전보: No. 575.

162 리크노브스키의 두 번째 전보: Kautsky, No. 603. "실수가 있음에 틀림없다"는 내용으로 카이저에게 보낸 죠지 왕의 답변, No. 612.

163 트루와 비에르즈 침범: Luxembourg Minister of State Eyschen to Jagow, Kautsky, No. 602; Buch, German minister to Luxembourg, to Foreign Office, No. 619; Bethmann-Hollweg to Government of Luxembourg, No. 640.

163-164 포우탈레스와 사조노프와의 면담: Sazonov, 213; Paléologue, 48; Pourtales's report, Kautsky, No. 588.

164 선전포고에 대한 티르피츠의 의견: Tripitz, I, 363-5. 현장에 있던 알버트 발린으로부터 얘기를 전해들은 빌로브도 이 장면에 관한 기록을 남겼다. 외무부의 꼼꼼한 법률가인 전쟁추밀고문관이 관련된 모든 법률 서적을 뒤적이는 동안 배트만은 방안을 이리저리 서성거렸다. "안달이 난 베트만이 수시로 '러시아에 대한 선전포고는 아직 준비되지 않았나요? 난 지금 당장 포고문이 필요한데' 라고 하자 발린이 물었다. '왜 그렇게 러시아에 대한 서전포고를 서두르십니까, 각하?' 그러자 베트만이 대답했다. '그것이 없으면 우린 사회주의자들을 참전시킬 수가 없지.'"

165 "러시아 탓으로 돌리기": Bethmann to Tschirschky, marked "Urgent," Kautsky, No. 441.

7. 8월 1일 파리와 런던

166 침략에 따른 오명을 독일에게 넘기기: Joffre, 133.
166 10킬로미터 후퇴: 국방부의 후퇴명령은 AF, Ⅰ, Ⅰ의 부록 22, 25, 26, 27 참조.
167 비비아니, "걱정으로 괴로웠다": Viviani, 194-5.
167 "협력을 확실히 하기 위한 것": Annexe No. 25.
168 행정부를 물고 늘어진 죠프르: Joffre, 123-5; Messimy, 139-50.
168 "두려운 긴장 상태": Viviani, 195.
168 "내내 바뀌지 않는 긴장 상태": Messimy, 183. 버티도 수상의 긴장에 대해 언급하였음 Bertie, 5.
168 고티에르 박사가 "잊어버리는" 바람에: Messimy, 156.
168 프앙카레는 소년이었을 때 광경을 기억하고 있었다: Poincaré, Ⅲ, 1.
169 "프랑스 만세!"라는 함성: Messimy, 138.
169 "총 한 방 쏘지 않고": ibid., 140.
170 "위장된 동원령": Messimy, 144.
170 캉봉, 영국은 "미온적": Poincaré, Ⅱ, 242. "대영제국의 이해와 아무 관련이 없다": ibid., 264.
171 까르네 베: Messimy, 147-8; de Gaulle, 237; Renouvin, 13, 27-8.
171 이스볼스키 "깊은 걱정으로": Poincaré, Ⅱ, 272.
172 불-러 동맹의 세부조항: text in Livre Jaune, l'Alliance Franco-Russe, Ministere des Affaires Estrangeres, Paris, 1918, 92; also in Joffre, 102. 1892년부터 1914년 내내 동맹은 당사국 간에 계속해서 논의된 주제였고, 특히 개전 요건에 대한 정확한 해석에 관한 논의가 진행되면서 외교 문서철은 점점 두꺼워졌다. 여러 영어 번역에 따르면 프랑스는 독일에 대해 "공격"하거나, "대항"하거나, "싸워야"만 했다. 프랑스 텍스트에서 이 단어는 "아따께(attaquer)"다. 프앙카레의 해석은 Ⅱ, 289 참조.
172 "침착하게, 침착하게": Messimy, 183-4.
173 "애처로운 목소리"의 죠프르: ibid., 149.
173 쇼엔-비비아니 대화: Poincaré, Ⅱ, 265; 비비아니의 답변에 대한 쇼엔의 보고, Kautsky, No. 571.
174 10킬로미터 후퇴를 다시 확인: AF, Annexe No. 26.
174 포쉬의 군단, "얼굴을 맞대고": Joffre, 129, n.3.
174 에베네 장군이 동원명령서를 수령하기 위해 오다: Joffre, 128; Messimy, 150.
174-175 동원령 이후 파리의 모습: Adam, 20; Gibbons, 73; Guard, 9; Wharton, 14.
175 "헝가리 사람들이 연주": Wharton, 10.
175 "가슴이 아프고": Bertie, I, 6-7.
175 캉봉-그레이 면담: Poincaré, Ⅱ, 264.
176 사임을 준비한 그레이: "이번 주 내내 나는 예상치 못한 사건이 일어나 결정적인 순간에 프랑스를 돕지 못하게 되면 어쩌나 걱정하고 있었다. 그 경우 나는 사임해야 할 것이다." Grey, Ⅱ, 312.
176 "차가운" 그레이의 매너: Lichnowsky to Jagow, April 13. 1913, qtd. Halévy, 627.
177 "만일 독일이 석권한다면": Grey, I, 299.
177 내각 분열에 대한 몰리 경의 판단: Morley, 4, 5, 10.
178 자유당 의원의 임시 간부회의: addison, 32.
178 『펀치』에 실린 시: by Owen Seaman, Punch, August 5, 122.

179 로이드 죠지 "가장 중대한 문제": qtd. Halévy, 547.
179 얼스터로 보낸 독일 무기: ibid., 548.
179 처칠과 함대: Corbett, 25-30; Churchill, 230 ff. 위기의 와중에 함대를 동원한 처칠의 역할에 대한 자료: "The Crisis," and Chapter X, "Mobilization of the Navy."
181 "천재가 발명한": L. J. Maxse, "Retrospect and Reminiscence," *National Review*, Vol, LXXI, 746.
182 "훌륭한 용병 대장"과 "평화 카드를 쓰는 것": Morley, 24.
182 "들어가느냐": Asquith, Ⅱ, 7.
182 7월 31일 내각회의에서의 그레이: Morley, 2.
182 "내각은 한숨만 쉬는 꼴": ibid., 3.
182-183 은행가들은 "경악", 런던시티 "절대로 반대": Morley, 5; Lloyd George, 61.
183 토리당의 지도자들: Chamberlain, 9-101; Wilson, 154.
184 캉봉, "그리고 명예?": Chamberlain, 101.
184 벨기에의 중립에 관한 그레이의 전보와 프랑스의 회신: *British Blue Book*, Nos. 114, 124, 125.
184 로이드 죠지, "아주 약간의 침범": Beaverbrook, 15-16.
185 그레이는 캉봉을 만나 "프랑스는 … 스스로 결정해야만 한다": Nicolson, Diplomatist, 304.
185 "그들이 우리를 버리려 하고 있다": ibid., 304-5.
186 만찬 중의 처칠: Beaverbrook, 22-3.

8. 브뤼셀에 대한 최후통첩

187 벨로브-살레스케가 받은 지시: Jagow to Below, July 29, and August 2, "긴급, 비밀"이라고 표시된: Kautsky, Nos. 375 and 648.
188 "나는 불길한 징조를 가지고 다니는 흉조입니다": Whitlock, 3.
188 벨로브와 바솜피에르의 면담: Bassompierre, 15-16.
188 "이웃집 지붕": ibid.
190 왕비가 카이저에게 보내는 청원을 번역함: Cammaerts, 405; 편지 전문: Galet, 31.
190 최후통첩의 전달: Bassompierre, 17; 이 문단의 남은 부분과 최후통첩에 관한 정부의 논의는 별도의 언급이 없는 한 Bassompierre를 참조하였음.
191 벨로브가 돌아가는 모습 : Gibson, 9-10.
191 다비뇽의 낙관론과 독일에 우호적이던 반 데어 엘스트: Klobukowski, 34-5.
191 몰트케가 최후통첩의 초안을 작성했음: Kausky, No, 376, n. 1.
192 최후통첩의 내용: Belgian *Grey book*, No. 20.
194 "밀봉된 봉투": Cammaerts, 39.
195 "뭔가를 이루고 싶어하는 것처럼": ibid., 67.
195 갈레의 교육, 경력, 기질: D'Ydewalle, 94.
196 카이저가 반 데어 엘스트에게 확약한 내용: Cammaerts, 108-9, 115.
197 "무시당하지 않으려면": Galet, 8.
198 1913년 알버트 국왕의 베를린 방문: Beyens, Ⅱ, 38-43; Jules Cambon to Pichon, November 22, 1913, *French Yellow Book*, No. 6; Poincaré, Ⅱ, 86; Galet 23.
200 몰트케와 멜로트의 대화: Beyens, Ⅱ, 47-53.
201 갈레의 비망록: Galet, 23.
202 8월 2일 국무회의: Carton de Wiart, 207-9: Galet, 46-50.
202 "만일 독일이 승리한다면, 벨기에는 흡수될 것": qtd. Poincaré, Ⅱ, 281.
203 벨기에의 저항에 대한 독일의 불안: see notes on Moltke and Jagow for Chapter 9, p.

124.

203 반 데어 엘스트와 벨로브의 면담: *Belgian Grey Book*, No. 21; Cammaerts, 13.

204 창문을 내다보고 있던 왕: Carton de Wiart, 210.

204 베트만-홀베그의 집에서 열린 회의: Tirpitz, Ⅰ, 366-70.

205 불안하게 하늘을 쳐다보는 베를린 시민들: Hanssen, 14. 좀 더 지적인 독일 사람들은 이 보도에 회의적이었다. 정확한 세부 사항이 없는 것에 주목한 콘라드 하우스만 (10)은 이런 보도들이 "신빙성이 없다"는 것을 알았다.

205 드 게피어가 벨기에의 답변서를 전달하다: bassompierre, 31, 37; 답변서 전문, *Belgian Grey Book*, No. 22.

206 카이저가 알버트 국왕에게 보낸 답신: Galet, 58-9.

206 "그는 나에게서 무엇을 빼앗으려는 것인가?": Cammaerts, 19.

9. "낙엽이 지기 전에 집으로"

207 8월 2일 내각에서의 그레이: Grey, Ⅱ, 12.

207 프랑스에서의 "국가에 대한 헌신": 덩케르크 주재 영국 영사의 보고, BD. Ⅺ, 508.

208 전쟁교본: Corbett, 20-21.

208 그레이의 해군 지원 약속: Grey, Ⅱ, Appendix D, 301.

209 캉봉-그레이 대화: Grey to Bertie, BD, Ⅺ, 487.

209 캉봉의 "극비" 전문: Poincaré, Ⅱ, 278.

209 "절반만" 전쟁하는 나라는 없다: article by Cambon, *Revue de France*, July 1, 1921.

209 내각의 해체: Marley, 4, 17; Asquith, Ⅱ, 8.

209 처칠이 서둘러 벨포아를 만나러 감: Dugdale, Ⅱ, 78.

210 할데인과 그레이가 벨기에로부터 전보를 받고 아스퀴스에게 군사 동원에 대한 권한을 요구함: Haldane, 294-5.

211 보수당 지도자들이 프랑스와 러시아에 대한 지원을 주장하다: Dugdale, Ⅱ, 79-80; Chamberlain, 99-100.

211 동맹국이라고 말하기 어려운 러시아: Morley, 6.

212 그레이와 리크노브스키의 마지막 면담: Grey, Ⅱ, 13.

213 그레이를 기다리는 하원: MacDonagh, 3; *Punch*, August 12, 153.

213 "창백하고, 수척하고, 지쳐": Grenfell, Field Marshall Lord, *Memoirs*, London, 1925, 204.

214 그레이의 연설: full text, Grey, Ⅱ, Appendix D.

214 더비 경의 수군거림: Grenfell, *op. cit.*, 204.

216 램제이 맥도날드, 케어 하디, 확신이 서지 않은 몇몇 자유당원들: NYT, August 4.

216 "이제 뭘 하지요?": Churchill, 235.

216 "만일 그들이 거절하면 전쟁이 일어날 것": Poincaré, Ⅳ, 519 (French ed.).

217 "여러분은 낙엽이 지기 전에 집으로 돌아갈 것": Blücher, 137.

217 독일 왕실 사관: *ibid.*, 12, 16.

217 스당 기념일에 파리에서 아침을 먹을 것: Count Haseler, qtd. Grelling, 30.

217 초전 승리에 대한 러시아의 기대: Vladmir Gurko, 542; Bltkin, 112.

217 전쟁 예상 기간에 대한 질문을 받은 영국 장교: Bridges, 74.

218 "바실리 페도로비치": Vladimir Gurke, 542.

218 독일의 질산염 재고: *Erzberger*, 15.

218 죠프르는 장기전을 예견함: Joffre, 53.

218-219 키치너의 전망: Birkenhead, 22.

219 "누군가 한 사람이라도 말해주었다면!": qtd. Bernhard Huldermann, *Albert Ballin*,

London, 1922, 212.

219 헨리 왕자와 죠지 왕: King George to Grey, December 8, 1912, BD, X, part 2, No. 452. 1914년 7월 26일 다시 영국에 간 헨리 왕자는 죠시 왕으로부디 "니는 우리가 중립을 지키길 바라지만 … 만일 독일이 러시아에게 전쟁을 선포하고 프랑스가 러시아와 연합한다면 그때는 유감스럽게도 우리는 전쟁에 끌려들어갈 것"이라는 말을 들었다. Nicolson, *George V*, 245-6.

220 카이저가 영국은 중립을 지킬 것으로 "확신하고" 있었다: Freytag-Loringhoven, qtd. AQ, April, 1924, 153.

220 형제회: Wile, 212.

220 "영국군이 많으면 많을수록 좋다": Kuhl, 34.

220 몰트케의 1913년 비망록: Ritter, 68-9. 슐리펜은 1906년에 이미 영국을 벨기에에 10만 명 규모의 원정군을 보낼 적으로 간주하고 있었다. *ibid.*, 161-4.

220 "우리는 의심한 적이 없었다": qtd. Frothingham, 60. 육군과 마찬가지로 독일 해군도 영국을 적으로 예상했다: "프랑스가 우리 때문에 군사적 열세에 빠지는 것을 영국이 결코 가만두지 않을 것임은 거의 의심의 여지가 없었다." Tirpitz, , 334.

221 황태자, "군사적 해결책": *My War Experiences*, 5.

221 "무기의 은총": *Alldeutscher Blätter*, August 3, qtd. Hallays, 27.

221 "침체"된 제국의회 의원들: Hanssen, 13. 19.

221-222 헤릭이 비비아니에게 전화를 걸다: Poincaré, Ⅱ, 284.

222 쇼엔이 선전포고문을 가지고 오다: *ibid.*, 285-8.

223 "모든 유럽의 등불이 꺼지고 있군": Grey, Ⅱ, 20.

223 벨로브의 노트, "만일 필요하다면": Bassompierre, 37.

223 휘트록이 벨로브를 방문함: Whitlock, 64; Gibson, 22.

224 "우리의 가장 큰 재난": Czemin, In the World War, New York, 1920, 16.

224 "우리들 독일인들이 첫 번째 큰 전투에서 진": Crown Prince, *Memoirs*, 180.

224 많은 이들이 속임수를 의심하다: Galet, 51; Joffre, 135.

224 메시미의 명령: Messimy, 289.

224 알버트 국왕의 군사행동 요청: Galet, 63.

225 몰트케는 "알아듣도록" 설득할 수 있을지도 모른다고 희망하다: Moltke to Jagow, Kautsky, No. 788.

225 야고브와 베이엥의 면담: Beyens, Ⅱ, 269-72.

226 "사랑과 미움의 공감대": Millard, 35.

226 오스트리아 공사의 눈물: Bassompierre, 41.

226 의회에서의 알버트 국왕: Galet 62; Gibson, 13-19; Whitlock, 60.

227 군중들의 열광: Bassompierre, 40; Millard, 35-7.

227 파리를 행진하는 한 무리의 시위 군중들: Gibson, 27.

228 비비아니와 프앙카레의 연설: *French Yellow Book*, Nos., 158 and 159; Poincaré, Ⅱ, 296-7.

228 죠프르, "전혀 동요됨이 없이": Poincaré, *ibid.*

229 베를린에서의 장면들: Hanssen, 25.

229 스당의 전쟁터에서 도약하는 빌헬름 1세의 그림: Wetterlé, 29.

229 베트만과 에르쯔베르거가 의원들을 만나다: Haussmann, 16-20.

229 접견실에서 행한 카이저의 연설: ibid., 21; Hanssen, 25; text of speech is in Ralph H. Lutz, *Fall of the German Empire*, Documents, 1914-8, Stanford, 1932, Vol. Ⅰ.

230 사회민주당원들이 "만세!"에 대해 논의함: Haussmann, 23.

230 야고브와 폰 헤링겐의 약속: Erzberger, 231.

230 베트만의 연설: NYT, August 5; 2: 6; full text in Lutz, op, cit.

230 영국의 최후 통첩: British Blue Book, Nos. 153 and 159.
232 고센-베트만 면담: Bethmann, 159, note; Goschen to Grey, *British Blue Book*, No. 160.
233 영국 대사관에 돌을 던짐: Gerard, 137; Beyens, I, 273.
233 "죠지와 니키가 나를 속였다고 생각해보라!": qtd. Blücher, 14.
234 "마치 포르투갈처럼 다룰 수 있다": Tirpitz, I, 307.
234 "별로 사랑 받지 못하며": Crown Prince, *Memoirs*, 81-2.
234 실의에 빠진 의원들의 탄식: Haussmann, 25, 27; Hanssen, 32.
235 일본에 관한 소문: Hanssen, 14.
235 "샴은 우호적": Blücher, 6.
236 캉봉이 그레이를 찾아감: Poincaré, II, 293.
237 동원명령서에 잔뜩 화가 난 윌슨: Wilson, 147, 156; Chamberlain, 103-4.
237 할데인에게 보낸 벨포아의 편지: Dugdale, II, 81.
237 아스퀴스가 하원에서 최후통첩을 낭독함: August 12, 154; MacDonagh, 78. 그곳에 있던 『펀치』의 기자는 아스퀴스의 성명이 "우뢰와 같은 열렬한 환호"를 받았다고 말한다. 역시 그 자리에 있던 『타임즈』의 맥도너 기자는 "아주 조용"했다고 한다. 이것은 역사를 서술할 때 생기는 위험의 좋은 예다.
237 내각은 자정까지 기다리기로 함: Lloyd George, 69-71.
238 몰트케, "향후 100년": Conrad, IV, 194.

10. "달아나버린 적함 … 궤벤"

· 별도의 언급이 없는 한 궤벤과 브레슬라우의 작전과 함상에서 벌어진 사건들의 출처는 수숀, 콥 그리고 독일해군의 공식역사인 Krieg zur See 이다. 마찬가지로 영국군함들이 전개했던 작전의 출처는 공식역사, 코벳(Corbett), 56-73 (유감스럽게도 너무 커서 이 책에 게재할 수 없었던 두 장의 거대한 지도를 포함), 밀네, 처칠 236-43 및 265-75 이다. 코벳의 이야기가 먼저 출간되었다. 밀네의 책은 자신을 부당하게 비난한 코벳을 반박하기위해 쓰여졌으며, 처칠의 책은 해군 지휘관들을 드러내 놓고 비난하지는 않았지만 해군성은 잘못이 없다는 내용을 담고 있으면서도 여전히 변명이 아닌 공식 역사라고 주장한다. 그는 교묘한 글 솜씨를 발휘하여 궤벤을 나포하지 못한 것은 "끔찍한 가정들"때문이었다며 운명의 장난으로 치부했다. 이러한 설명은 감탄할 만하지만 읽을 때 매우 조심해야 한다.
241 수숀에게 보낸 해군사령부의 무선 메시지: *Krieg zur See*, 2. 티르피츠의 생각은 수숀이 터키 정부가 "터키 함대에게 명령을 내리도록" 압력을 가할 수 있는 위치에 가있어야 한다는 것이었다. Tirpitz to Jagow, Kautsky, No. 775.
243 독일과의 동맹을 주창한 엔버: Emin, 68-69; Nogales, 26, Morgenthau, 30-34.
243 탈랏의 식욕과 견해: Steed, I, 377; Morgenthau, 20-24, Nogales, 26-28.
244 터키에 관한 처칠의 인식: *Aftermath*, 374.
244 터키 동맹을 거절한 처칠의 서면: Churchill, 524.
245 카이저의 지시: 이 지시는 콘스탄티노플 주재 독일 대사 반겐하임이 보낸 전보의 여백에 각주처럼 적혀 있었음, Kausky, Nos. 141 and 140. 7월 중순 경인 이때 요트에 타고 있던 카이저는 이 전보에 적은대로 외무부에 지시를 내렸던 것이다.
245 조약을 위한 터키와 독일 간의 협상: Emin, 66-8; Djemal, 107-14; 반겐하임과 야고브 간의 합의 내용: Kautsky Nos. 45, 71, 117, 141, 144, 183, 285. 베트만-홀베그가 서명한 조약 초안: No. 320; 최종안: No. 733; 세부조항과 이행에 관한 추가협의: Nos. 398, 411, 508, 517, 726, 836.
245 영국의 터키 전함 압류: Churchill, Aftermath, 377-8; Djemal, 96, 104, 116; Grey, II,

165-66; 그레이, "심히 유감스러운": *British Blue Book*, Ⅱ, Nos. 1, 2, 3 and 4.

246 터키 전함의 가격은 삼천만 달러: Allen, Whitehead and Chadwick, The Great War, Philadelphia, 1916, Ⅱ, 374.

247 터키 장관들의 또 다른 생각: 8월 3일 반겐하임은 엔버는 "즉시 선전 포고를 하고" 싶어하지만 다른 장관들이 이에 반대한다고 보고했다; Kautsky, No. 795.

249 "수프에 침을 뱉기 위해": Souchon, 33.

252 "얼마나 많은 보일러가 새고 있나?": Souchon gives the conversation verbatim, 37.

253 영국 영사의 타전: BD, XI, 480.

253 처칠이 밀네에게 내린 7월 31일 지시: Churchill, 237-8.

253 "거부하라"는 의미는 아니었다고: ibid., 272.

254 "해군의 배신": Fisher, Letters, Ⅱ, 451, April 22, 1912.

254 피셔의 분노: ibid.; "왕실의 영향력에 굴복한 것" 458; "전혀 쓸모없는" ibid.; "터무니 없는" 451; "음험한 부랑자" 360; "뱀" 418; "치사한 인간" 447.

255 8월 2일 처칠의 두 번째 명령: Churchill, 239; 밀네에 내린 세 번째 명령, ibid.

257 메시미에 대한 고티에르의 결투 신청: Poincaré, Ⅱ, 279-80.

257 라뻬이레르에게 내려진 명령과 그가 취한 일련의 행동: Capt. Voitoix, "l'Evation du Goeben et Breslau", *Revue Politique et Parlementaire*, March and May, 1919. 영국해군과 마찬가지로 궤벤 나포에 실패한 프랑스해군도 프랑스 정부를 아주 곤혹스럽게 하였으며 결국 1916년 아망데 비엥에므 제독을 위원장으로 국회 조사위원회에서 조사가 이루어졌다. 보고서엔 라뻬이레르 제독을 비난하는 내용이 포함되어 있었지만, 제독은 이에 대응하지 않았다. 이 조사 보고서는 발간되지 않았지만, 비엥에므 제독의 책에 분석되어 있는 내용을 보면, 해군에 일반적으로 퍼졌던 불만을 해결하기 위해 라뻬이레르 제독을 희생양으로 만들었다는 인상을 준다. 조사 위원회가 수집한 자료는 1919년 해양부로 이관되었다.

258 "포격의 순간" 그리고 "죽음과 공포의 씨를 뿌렸다": Souchon, 40.

258 러시아 국기를 단 궤벤과 "우리의 계책이 훌륭하게 성공했다": Kopp, 23-4.

260 밀네가 해군성에 위치를 알림: Churchill, 239.

260 "매우 양호. 적함을 놓치지 말 것": ibid.

260 "가장 급박한" 순간에 수상과 그레이에게 달려갔다: ibid., 240.

260 "얼굴에 칠을 하고 싸움터로 나가는 윈스턴": Asquith, Ⅱ, 21.

261 급탄병들의 사망: Kopp, 28-31, 53; Souchon, 42.

261 "탄탈루스의 형벌": Churchill, 242.

262 이태리의 중립 준수 명령과 "사소한 사건": ibid., 241.

263 티르피츠로부터 온 두 개의 전문: *Krieg zur See*, 13; Souchon, 47. 반겐하임은 이러한 취소의 원인이 된 터키 지도층의 망설임을 보고한 바 있다, Kautsky, Nos. 852 and 854.

264 "터키인들의 의지에 반하는": Souchon, 47.

264 시칠리 호외 제목: Souchon, 45.

265 "오스트리아 전함이 나오는 것을 저지하라": Corbett, 62.

266 트루브릿지, "가장 잘 생긴 장교" 그리고 "선박 조종술에 일가견": Kenworthy, 32.

267 "나포되지 않도록" 명령받은 글로스터: Milne, 104.

269 오스트리아에 관한 해군성 직원의 착오: Churchill, 275.

271 "불가피한 군사적 필요": *Krieg zur See*, 20.

271 "진입. 항복을 요구": ibid.

272 반겐하임의 "굉장한 흥미": Morgenthau, 70-71.

272 크레스 중령과 엔버의 면담: Kannengiesser, 25-26.

273 "더 큰 살육과 불행": Churchill, 271.

273 다다넬스를 봉쇄하라는 해군성 지시: Corbett, 73.

274 아스퀴스, "우리가 주장할 것이므로": Asquith, Ⅱ, 26.

274 궤벤의 "판매": Djemal, 119-20; Morgenthau, 76-78. 독일 전함의 입항이 초래한 외교적 격정과 군함의 "판매"는 콘스탄티노플에 있는 여러 대사들이 자국 정부에 통보한 보고서에 기록되어있다. 특히 러시아 외무부에 보낸 기어스와 영국에 보낸 루이스 말레 경의 보고서는 각각 다음 자료에 포함되어있다. *Russian Orange Book Ⅱ, British Blue Book Ⅱ*.

275 사조노프, "심지어 우리가 이기더라도": Paléologue, 84-85.

275 "터키에 대한 반감이 치밀어 극도로 호전적": Asquith, Ⅱ, 26, 28.

275 갈리에니 장군의 말: *Gallieni parle*, 78.

275 키치너, "선제공격을 하도록": *ibid.*, 26.

276 흑해에서 감행된 수숑의 공격 Souchon's attack in Black Sea: Emin, 75-75; Giers to Foreign Office, *Russian Orange Book*, Ⅱ, No. 98; Roberts to Grey, *British Blue Book*, Ⅱ, No. 178; Memorandum by Sir Louis Mallet, November 20, ibid.

277 "그는 추격하는 데 몸을 사렸다": article on Troubridge, DNB. 하원은 재판기록을 열람할 권리가 있다는 이유로 하원의원이자 군사 재판소 지휘관인 빌레어스는 해군성이 재판기록을 공개하도록 여러 차례 시도했지만 실패했다. 판결이 면제된 사건인 만큼 그는 "전쟁 초기에 해군성이 내린 부적절한 조치을 국민이 알지 못하게 하는 것 말고는" 해군성이 이 보고서를 기밀에 붙여둘 이유가 없다고 주장했다. April 15, 1919, *Parliamentary Debates*, 5th series, Vol. 114, 2863-71.

277 "심판관들은 승인했다": article on Milne, DNB.

11. 리에쥬와 알자스

· 별도의 언급이 없는 한 벨기에군 작전의 출처는 주로 Galet, van der Essen, 및 Cammaerts이며; 독일군 작전의 출처는 Ludendorff's chapter "Liege," 28-46, 그리고 on Reichsarchiv, Weltkrieg, Vol. I, 108-20 인데, 후자의 경우 보병부대의 강습 부분은 12쪽인데 반해 공성포 부분은 겨우 1쪽으로 설명이 너무 한쪽으로 편향되어 있다. 공성포의 조립, 운반 및 운용은 주로 Schindler를 참조했다. 알자스군 작전의 출처는 Dubail와 *AF*, I, I, 4장과 5장, 90-154이다.

278 알자스의 봉기를 촉진: Joffre, 136; Engerand, *Bataille*, 193.

281 "나는 벨기에를 지날 것": qtd. J. M. Kennedy, *The Campaign Round Liège*, London, 1915.

281 "꿈꾸는 양의 분노": remark applied by Baron von Stein to the Tugenbund, qtd. Buchan, 129.

283 39일째에 대한 몰트케의 예상: 1909년 특파원 콘라드에 의하면, 처음에 몰트케는 동원 후 36일과 40일 사이에 프랑스를 패퇴시킨 다음 오스트리아를 돕기 위해 군대를 이동시킬 수 있을 것으로 기대한다고 말했다고 한다. Conrad, I, 369. 나중에 그는 만일 프랑스가 공세로 나온다면 21일째에, 프랑스가 국경을 넘지 않고 방어전으로 대응한다면 28일째에 그들을 패퇴시킬 수 있다고 생각했다. *ibid.*, 374. 5년 뒤인 1914년 5월 12일 콘라드가 칼바드로 몰트케를 취재하러 갔을 때, 몰트케는 "우리는 작전 개시 후 6주 안에 프랑스와 끝내거나 적어도 그 즈음, 우리의 주력을 동쪽으로 돌릴 수 있을 것으로 희망한다"고 말했다. *ibid.*, Ⅲ, 669. 이 경우 그는 서부전선의 승패는 "동원 후 39일 또는 40일"에 판가름 날 것으로 명시했다. Karl Friedrich Nowak, *Les Dessous de la défait*, Paris, Payot, 1925, 53.

284 공성용 포: 대부분 포의 실전 운용과 수송에 관한 설명을 담고 있는 쉰들러 외에 기술적 사실에 대해서는 육군 대학의 다음 자료를 참조했다; *Study on Development*

of Large Calibre Mobile Artillery in the European War, Washington, GPO, 1916, p. 8; *U.S. field Artillery Journal*, October 1914, p. 591 and January 1915, p.35; "Austria's Famous "Skoda' Mortars," *Scientific American*, July 3, 1915.

285 에머슨, 야수의 징표: qtd. Whitlock, 126.
285 "가장 위대한 군인 중에 하나": Ludendorff, 28.
285 "그 누구도 벨기에 중립의 가치를 믿지 않았기 때문": *ibid.*, 29.
287 "끝까지 사수하라": Galet, 56.
289 플레세, 와사즈의 시장: Hanotaux, Ⅲ, 84.
289 독일군의 포고문: van der Essen, 52.
291 "초콜릿 병사": Schryver, qtd. AQ, October, 1922, 157.
292 벨기에 정부의 포고문: Gibson, 31; Cobb, 90.
292 "벨기에 사제에 대한 즉결 처형": Bülow, Ⅲ, 160. 폰 빌로브 장군은 같은 날 살해됐다. 당시 소문에 따르면 그가 자살했다고 했지만, 빌로브 왕자가 조사한 바에 따르면 그는 비정규군에 의해 사살되었다.
292 와사즈의 인질 6명을 사살: Hanotaux, Ⅲ, 125.
292 "속속들이 완전히 타버린" 바티스: Bloem, 27, 29.
293 "벨기에에서 우리의 진격은 분명히 무자비했지만": Conrad, Ⅳ, 193.
293-294 벨기에군 장교의 술회: qtd. *Times History of the War*, I, 336.
295 "요새 사령관을 위협함": Ludendorff, 41.
296 르망에게 항복하라는 최후통첩: Schryver, 103.
296 제플린 공격: *Weltkrieg*, I, 115.
296 르망을 납치하려는 시도: van der Essen, 62.
296 "생포하는 대신 살해한": Martin H. Donohue in NYT, August 10.
298 "무모한 계획을 놓고 웅성거리고": Cammaerts, 147.
298 벨기에 여인이 실수로 독일군에게 꽃다발을 주다: Bloem, 48.
298 벨기에로 부대 배치를 바꿀 수 없다는 죠프르의 반대: Poincaré, Ⅲ, 7.
299 알버트 국왕에게 보낸 죠프르의 편지와 국왕의 답: Galet, 83-4.
300 "유럽의 독립을 지킨" 벨기에: M. Deschanel, qtd. Times, August 7. 벨기에 저항의 도덕적 효과는 지대해서 아일랜드 민족주의의 지도자인 존 레드몬드조차 벨기에를 위해서라면 어떤 희생이라도 치루겠다고 말했다. *Times History of the War*, I, 357.
301 "만세, 리에쥬에서!": Gerard, 198, 206.
303 8월 9일 독일의 통첩: Gibson, 44.
303 "우리에게는 달리 대안이 없었습니다": Cammaerts, 20.
303 베테로의 임무와 국왕의 답: Galet, 93-5.
305 랑허작 "진정한 사자": Spears, 345. 죠프르 선택한 후보 중 하나: Joffre, 12, 236.
306 죠프르는 그것에 대해 답변하지 않았다: Joffre, 130-31.
307 루페이에 대한 죠프르의 대답: Briey, April 15, 1919, evidence of Ruffey.
307 "그것은 아마도 장군의 계획이겠지": *ibid.*, also Dubail, 12, and Lanrezac, 60-61.
308 운전병, 조르쥬 부이오: NYT, September 20, Ⅳ, 3.
308-309 죠프르의 습관과 성격: Mayer, 40; Pierrefeu, GQG, 96-99.
310 "그는 언제나 나를 진땀나게 했다": *Gallieni Parle*, 69.
311 봉노의 걱정: Dubail, 14-20.
312 알트키르흐 점령과 물루즈에서의 행진: Hanotaux, Ⅲ, 179, 185-92.
314 "부적절한 지휘": qtd. Mayer, 35; Joffre, 152, 156.
314 황새가 알자스를 떠나다: Poincaré, Ⅲ, 51.
314 "조용하게 익명으로" 그리고 장군들에게 군사 작전에 대해 언급하지 말라는 죠프르의 지시: Gallieni, Mémoires, 172; Corday, 138; Poincaré, Ⅲ, 92. 메시미(243-52)는 전

방상황에 대해 계속 GQG로부터 아무런 정보도 얻을 수 없는 것에 대한 정부의 "분노"와 죠프르의 "완고한 침묵"을 깨도록 그에게 계속 압력을 넣으려고 애썼던 사실을 비통한 심정으로 설명하고 있다. 메시미는 GQG 연락장교에게 "이런 참을 수 없고 우스꽝스럽기조차 한 상황"은 계속 될 수 없다고 말하며 앙드레 타르디외를 자신의 GQG 대표로 지명할 정도로 격분했지만, 죠프르는 계속해서 조용히 정부를 "조직적으로 무시"하며 어떻게 해서든 타르디외를 자기편으로 "끌어들이려고" 했다.

315 "역사는 바로 저렇게 기록되는 법": Gallieni, Cornets, 33, n. 1.
315 갈리에니는 걱정하다: ibid., 32, n. 2.
316 프랑스군 기병대의 파견: Maurice, 30; Spears, 100. 영국군 기병대는 프랑스군 기병대의 습관을 비난하였다. "그들은 안장을 풀지 않는다" Major Bridges, 81.
317 이안 해밀턴, 호프만과 몰트케가 말한 "미친 방식": qtd. De Weerd, 72.
317 푸르니에의 보고와 직위해제: Poincaré, III, 19; Engerand, 422.
318 랑허작의 "너무 성급한" 걱정: Joffre, 159.
318 독일군 위협의 처리에 관한 GQG의 주장: Joffre, 14; 147-8, 150.
318 아델베르 대령의 임무: Galet, 96.
319 베를린에 입성한 자신들의 모습이 보일 정도였고, 독일군은 "완전히" 퇴각: ibid., 100.
320 공성용 대포가 포격을 시작하다: Schindler, 119; Muhlon, 92; Essen, 77-79; Southerland, 34, 83, 에센은 열흘 후에 동일한 대포가 그 요새들을 포격할 때 나무르에 있었다.
320-321 뎀블롱이 대로를 따라 끌려가는 대포를 묘사하다: Demblon, 110-11.
322 포로로 잡힌 르망 장군: Hanotaux, III, 151.

12. 영국 원정군(BEF)의 대륙 출병

· 별도의 언급이 없는 한 BEF 관련 사실들의 출처는 Edmonds이며 헨리 윌슨 경과 헤이그의 언급은 각각 Callwell과 Blake가 편찬한 그들의 일기에서 인용하였다.
324 "새대가리": Philip Gibbs, Now It Can Be Told.
324 "프록 코트"와 "돌대가리": Childs, 134.
324 BEF를 "붙들어 맨" 계획에 대해 키치너가 비난을 퍼붓다: qtd. F. Maurice, Life of General Rawlinson, 95.
325 "우리는 준비해야 한다": qtd. Magnus, 284. 키치너의 견해에 대해서는 Esher, Tragedy, 31, 38-9 참조.
326 웰링턴 공: qtd. Hurd, British Fleet, 29.
326 "파리를 잡듯이 간단하게": qtd. Magnus, 279.
327 "절대 사절할 것": Esher, Journals, III, 58.
327 "국민의 정서를 안정시키는 데": Arthur, 13.
328 "한번도 밝혀지지 않았다 … 본능적인 직관에 의해": Grey, II, 69.
329 "결국은 불가피할 것"으로 예상되는 독일과의 전쟁: Wilson, 112.
329 "국지적 전술의 실용적 이해": article on French, DNB.
330 "프렌치는 믿음직한 사람": qtd. Trevelyan, 198.
330 "나는 그가 현명하다고 생각하지 않는다": to the Duke of Connaught, May 23, 1915. qtd. Nicolson, George V, 266.
330 "변덕스러운 기질": qtd. Cruttwell, 23.
331 "낭만적인 어린아이의 마음": Esher, Tragedy, 43.
332 8월 5일 전쟁위원회의 의사록: Churchill, 248-55; Haldane, 296; Wilson, 158-9; Blake, 68-9; Esher, Tragedy, 24.
333 "몰트케만큼이나 영국에 해로운 적": qtd. Magnus, 302.

334 날을 세운 장교들의 군도: *Memoirs of Field Marshal Montgomery of Alamein*, New York, 1958, 30.

334 "가장 잘 훈련되고, 가장 잘 조직되었으며 가장 잘 무장 된": Edmonds, 11.

334 한 장교는 클룩도 그 소리를 들을 것이라고 생각할 정도였다: Childs, 115.

334 르왕의 어느 프랑스 목격자: qtd. Poincaré, Ⅲ, 31.

335 천둥소리와 핏빛 일몰: Childs, 117.

335 헤이그가 자기와 가까운 장교에게 말했다: Charteris, 11.

336 존 프렌치 경과 콜웰이 정보부대를 방문하다: Callwell, Dug-out, 17.

336 8월 12일 전쟁위원회의 의사록: Huguet, 41-2; Wilson, 162-3; *Arthur, Kitchener*, 22.

337 키치너의 지침: Edmonds, Appendix 8.

339 "술과 여자의 유혹": text in Spears, Appendix XIII.

339 길을 따라 벌어진 프랑스 군중의 환영: Corbett-Smith, 32.

339 "길을 덮은 장미": Brides, 75.

13. 상브르와 뫼즈

· 4장부터 8장까지 인용된 스피어스의 증언은 랑허작에 대한 그의 뿌리 깊은 반감과 편견을 배제한다면 상브르와 뫼즈 전선을 생생하게 묘사한 매우 값진 영문 자료이다. 또한 사실을 보다 객관적으로 판단하려면 랑허작, 앙게랑, 그 밖의 프랑스 측 자료를 참조하여야 할 것이다. 인용된 모든 프랑스군 명령은 참조문헌 AF, I, I.의 부록에서 발췌하였다.

341 "우리가 그런 것을 갖고 있지 않는 것에 대해 주님께 감사한다": qtd. Monteil, 34; also on the artillery, Dubai, 44; Messimy, 86-87.

341 루프레흐트 군의 "자루" 전략: Rupprecht, 12, 15.

342 찰스 왕을 위한 흰색 장미: NYT, Obituary of Rupprecht, August 9, 1955.

343 "야만인": Dubail, 39.

344 랑허작의 불안과 제5군을 좌측으로 이동시키려는 노력: Lanrezac, 67-77.

344 "어쩌면 이백만": Pecin, 105.

344 "뭐, 또 그 애기군요!": Lanrezac, 73.

345 "책임은 장군이 지는 것이 아니요": Pierrefeu, *Plutarque*, 69.

346 "독일군이 그곳에서 아무런 준비도 되어있지 않다": Lanrezac, 78.

346 "생각이 멈춘 상태": *ibid.*

346 죠프르에게 보낸 랑허작의 편지: *ibid.*, 79; Annexe No. 283; Joffre, 159

347 갈리에니의 비트리 방문: Joffre, 158; Messimy, "내가 어떻게 갈리에니를 보내게 되었나" *Revue de Paris*, September 15, 1921, 247-61.

347 죠프르가 "사전준비"에 동의함: Annexe No. 270.

348 특별 명령 제10호: Annexe No. 307.

348 복잡한 부대교환: Joffre, 164; Engerand, 523-4.

349 랑허작이 영국의 잔꾀를 의심함: Spears, 89.

351 "현대판 알렉산더": Schlieffen's *Cannae*, qtd. Earle, Modern Strategy; 194.

352 독일군의 무선전문들이 훼손되고 수신국이 적체됨: Bauer, 47; Kuhl, qtd. AQ, January, 1921, 346.

352 폰 슈타인, 무례하고, 요령부득이고, 베를린 경비대 말투: Strugkh, 24.

352 타펜의 "밉살스러운 태도": Bauer, 34.

352 몰트케의 샴페인 금지와 카이저의 빈약한 식탁: *ibid*, 46.

353 OHL이 병력의 중심을 왼쪽으로 옮기는 전략을 검토함: Tappen, 103-4.

354-356 공격을 선호하는 루프레흐트와 크라프트의 주장: Repprecht, 13-21; 이것과

제6군 사령부에서 벌어진 일, 그리고 졸너와 도메스의 협의방문 및 OHL과의 대화: Kraft, 12-22.

357 존 프렌치 경의 방문과 프앙카레의 반응: Guard, 23; Poincaré, III. 51.

358 "머뭇거리는 태도": French, 39.

358 "전투할 시간을 자기가 마음대로 택함": Poincaré, III, 25.

359 클라우제비츠, "매우 모험적": qtd. Poincaré, III, 169.

359 존 경의 죠프르 방문: Joffre, 161; French, 34-5.

359 "근본적으로 그들은 신분이 낮으며": qtd. Magnus, 302.

359 존 경 "깊은 인상을 받았는데": to Kitchner, August 17, French, 39-40.

360 "마침내 오셨군요.": Huguet, 51.

360-361 존 프렌치 경과 랑허작의 만남 그리고 호이(우이)에 관한 대화: 당사자인 두 지휘관의 설명 외에 네 사람의 증언이 있음: Wilson's in Callwell, 164; Spears, 72-82; Huguet, 51, and a postwar speech by Captain Fagalde, Intelligence officer of Lanrezac's staff, to the Forum club, London, qtd. AQ, April 1925, 35.

361 기병대와 작전 일자에 관한 오해 그리고 죠프르에게 보낸 랑허작의 보고서: Spears, 80-81; Annexe No. 430.

362 "이 문제에 관한 한 제발 소장의 뜻대로 해 달라": French, 40.

362 프렌치와 스미스-도리언의 불화: Bridges, 80.

363 "가장 불행한 책 가운데 하나": J. W. Fortescue, *Quarterly Review*, October 1919, 36.

363 알버트 국왕과 드 브로케빌의 대화: Galet, 103, 116-19.

363 뫼즈 서쪽의 독일군은 "눈가림": Galet, 106.

364 "믿을 수 없는 실망": Galet, 122.

364 아델베르 대령의 절규: Klobukowski, *Résistance belge*; D'Ydyewalle, 109; Galet, 122.

365 특별명령 13호: Annexe No. 430.

366 "그들을 상브르로 밀어 넣을 수 있을 것": Spears, 91.

366 베테로가 메시미에게, "그럴수록 더 유리합니다": Briey, March 28, evidence of Messimy.

367 요새 지휘관 뒤루이: Spears, 87-8, 94.

367 "그들은 언제나 아슬아슬하게 우리의 손아귀를 벗어났다": Kluck, 32.

368 클룩 기병대의 영국군 오스탕 상륙 보고: Kluck, 18.

368 클룩이 극도로 언짢아함: Kluck, 22; Bülow, 37.

368 독일군의 병력밀도: Edmonds, 44.

369 클룩이 뷜로브의 명령에 반발함: Kluck, 29-30.

369 "철저하고도 무자비한 보복": *ibid.*, 25-6.

369 아에쇼, 150명이 사살됨: Whitlock, 299; Dinant: Gibson, 326-29. 학살방법: Gibson, 151; Whitlock, Cobb, *et al*, see Notes to Chap. 16.

370 하우센의 언급: Hausen, 25, 135, 141, 152-3.

371 독일군의 포고문: Whitlock, 70-71, 162.

372 "악행을 바로 잡는데 별로 효과적이지 못했다": Kluck, 26.

372 봉제인형이 벨기에의 운명을 상징함: cobb, 79.

373 독일군의 브뤼셀 입성: Gibson, 115; Whitlock, 113, 124-6, 138.

374 베를린의 "엄청난 환희": Blücher, 20.

375 포 장군의 마지막 포고문: *La France héroïque et ses alliés*, Paris, Larousse, 1916, I, 44. 탕에서 행한 죠프르의 연설: Hinzelen, Emile, Notre Joffre, Paris, Delagrave, 1919, 39.

376 베테로, "걱정할 이유가 없습니다": Annexe No. 587.

376 "장군의 초조함을 이해합니다": Annexe No. 589.

376 "확신을 가지고 기다릴 만한 이유가 있다": Annexe No. 585.

14. 패전: 로렌, 아르덴느, 샤를르와, 몽

377 "영광스럽고도 두렵다": Wilson, 165.
378 야전교범과 "그토록 힘들게 훈련한 이 돌격요령": qtd. Lt.-Col. Fliecx, *Les Quatre Batailles de la France*, Paris, 1958, 12-13.
379 플랜17을 가장 격렬하게 비판했던 이: Engerand, 473.
379 듀비아의 "반발": Dubail, 57. Battles of Morhange-Sarrebourg" *AF*, I,I, 176-265, *passim*.
379 시신 외에 아무것도 볼 수 없었던 전장 그리고 "신이 국왕들에게 율법을 가르치는" 사건: Engerand, 473.
379 "준비가 되는대로 공격하는 것": qtd. Edmonds, 507.
380 "여러분, 우리는 계속할 것입니다": Giraud, 535.
380 "나는 21일 낭시로 갔다": Aston, Foch, 115.
381 OHL, 좌익에 의한 포위 전략에 유혹 당함: Tappen, 15 (German ed.)
381 케이스3 그리고 크라프트와 타펜의 통화: Rupprecht, 37, n.; Krafft, 47.
382 죠프르의 아르덴느 공격명령: Annexes Nos. 592 and 593. 아르덴느 전투: AF, I, I, 351-432, *passim*.
383 "야포의 지원을 기다릴 것": Annexe No. 352.
386 아르덴느는 중화기가 열세인 쪽에 유리함: Joffre, 66.
386 죠프르의 회고록: Messimy (88)는 이 회고록이 "헌신적이면서도 충직한 장교 집단"에 의해 작성되었다고 증언함.
386 "정신적 도량은 그저 보통 수준": Wile, *Men Around the Kaiser*, 69.
387 "오로지 검에 의존함으로써": Grelling, 46.
387 "나에게 이론적 기반을 주었다": Crown Prince, *War Experiences*, 12.
387 "무모할 정도로 최고의 명예만을 좇아": qtd. Goerlitz, 158.
388 "근엄하고 어두운 표정": Crown Prince, *War Experiences*, 12.
388 대포의 시인 그리고 "상상력이 지나친": Engerand, 483, 488-9.
388 "그건 전부 스포츠": qtd. Monteil, 34.
389 제4군 소속 참모장교의 정찰보고는 "비관적"으로 평가됨: Engerand, 491.
389 "놀란 것은 우리": Langle, 137.
389 GQG가 루페이의 보고를 무시함: Briey, April 15, evidence of Ruffey.
390 "그렇지 않아도 눈으로 확인하기가 쉽지 않은": Commandant A. Grasset, *Un Combat de rencontre*, Neufcâteau, 22 Août, 1914, qtd. AQ, January, 1924, 390.
390 "믿을 수 없는 광경이 펼쳐진 전장": qtd. Engerand, 499, 504.
390-391 프랑스군 하사관의 일기: qtd. W. E. Grey, *With the French Eastern Army*, London, 1915, 49.
391 독일군 장교의 일기: Charbonneau, 54.
391 "불세출의 용기" 그리고 문단의 나머지 부분: Crown Prince, War Experiences, 26, 29-37.
392 루페이, 3개 사단을 차출당함: Joffre, 166; Briey, April 15, evidence of Ruffey.
392 "당신네 GQG 사람들은 … 굴을 닮아 어리석기 짝이 없군": Briey, *ibid*.
393 랑글의 "괴로움": Langle, 137. "심각한 타격을 받아 탱틴니에서 저지되었고": Annexe No. 1098.
393 "수적 우세": Annexe No. 1044.
394 브리에이의 철광이 없었다면 독일은 견디기 어려웠을 것: 철강협회의 라이하르트 박사는 1917년 12월 독일군 최고 사령부에 제출한 비망록에서 브리에이 합병을 지지하면서 이 지역의 철광석이 없었다면 "전쟁을 계속하는 것은 불가능 했을 것이

며 우리는 진작 패했을 것"이라고 주장했다. *Wirtschaftzeitung der Zentralmaechte,*
December 17, 1917, qtd. Engerand, 486. 이 문제에 관한 상세한 논의는 Engerand's
Rapport on Briey, première partie 참조.

394 "공격을 재개하기 위한 모든 노력을 다할 것": qtd. Isaac, *Joffre at Lanrezac,* 87.

394 "그가 시키는 대로 하라": qtd. AQ, April, 1923, 37.

394 아버지 빌헬름의 전보: Crown Prince, *War Experiences,* 37.

394 "눈부신 흰색 상의": Sven Hedin, qtd. Gardiner, 223.

395 철십자 훈장은 자살하지 않은 사람이라면 누구나 받을 수 있었다: Sturgkh.

395 죠프르는 랑허작에게 공격 명령을 하면서 BEF에게 "협력"을 요구함: Annexe No.
695. Battle of Charleroi: AF, I, I, 433-480, *passim.*

397 키치너의 8월 19일자 전보: Arthur, 29.

398 "혼자 노출된 상태에서 싸우게 될 것": Spears, 127. "전적으로 장군의 판단에 맡긴
다": Annexe No. 705.

399 참호나 방어를 위한 사전조치도 없이: Spears, 105; Engerand, 530-31

399 "돌격 나팔을 불고": Spears, 132.

399 "아주 긴 비명소리": Sutherland, 36-9.

399 "군악대가 반드시 있어야 합니다": Spears, 128..

400 "본관은 상황을 철저하게 알고 있다": Arthur, 30.

400 "정보는 … 과장된 것": Spears, 137, n.

401 수와인니에서 기병대끼리 마주침: Bridges, 77.

402 스미스-도리언에게 하달된 명령: Edmonds, preface to Bloem, viii.

403 클룩은 "공격하여 섬멸하려고" 했음: Kluck, 33.

403 클룩은 응하지 않았고 뷜로브도 굽히지 않았음: Kluck 37-8, 41-2.

403 "위협적인 규모의 상륙은 없었다": Bülow, 50.

404 뷜로브과 하우센의 불평: Bülow, 58; Hausen, 165-6, 191-3.

404 부에 장군: Spears, 144.

404 제3군단의 "심각한" 손실: Annexe No. 894.

405 분당 2.25발: Lanrezac, 135.

405 "심각한 손실을 입은 … 어쩔 수 없이 퇴각했고" et seq.: Annexe No. 876.

405 존 프렌치 경에 대한 랑허작의 요청과 그의 반응: Spears, 149-50; Edmonds, 92, n. 2.

406 "마르미트가 비처럼 쏟아졌다": Engerand, 537.

407 "극도의 불안에 짓눌린" 그리고 나머지 인용된 부분들: Lanrezac, 181, 183-4, 196.
스피어스 장군은 제4군의 후퇴가 랑허작이 퇴각결정을 내리게 된 "원인이 아니다"
라고 언급한 바 있다.(173) 스피어스에 의하면 랑허작은 제4군의 후퇴를 다음날 아
침까지 몰랐다는 것인데, 이는 자신이 결정을 내리기 전에 "그 사실을 통보받았다"
는 랑허작의 주장과 정면으로 상충된다. 랑허작 사후에 책을 집필한 스피어스는 "그
러한 연락이 있었다는 어떠한 단서도 없다"고 주장했다. (173n.) 메시미가 브리에이
청문회에서 증언했듯이 각각 500 내지 1,000장으로 이루어진 45,000 내지 50,000 건
즉, 2천5백만 내지 3천만 장 분량의 관련 자료가 있었다는 사실을 감안할 때 스피어
스의 주장은 입증하기가 어렵다. 그의 주장은 증거에 의한 것이라기보다 랑허작이
"영국군을 위험에 방치한 채" (176) 퇴각했다는 그의 감정 때문인 것으로 판단된다.

410 "스스로 우측에 위험"이라고 생각하여": Lanrezac, 185; Pierrefeu, *Plutarque,* 74.

411 "제5군이 후퇴했기 때문에": Edmonds, 68, 72. 몽의 전투, Maurice, 58-76 참조.

412 스미스-도리언의 교량 폭파명령: Edmonds, 72, n. 1.

413 "아주 완벽한 목표": Smith-Dorrien, 386.

413 "완강한 저항": Edmonds, 77.

414 교량을 폭파하려는 노력: Hamilton, 28; Edmonds, 86.

414 "귀관이 나의 유일한 부하" et seq.: Bloem, 72-73.

415 윌슨은 "꼼꼼하게 계산"을 했으며 지휘부를 "설득했다": Wilson, 165.

415 죠프르가 보낸 전문: French, 64; Wilson, 167.

416 찾기 어려운 샤르-라-브뤼에르: Smith-Dorrien, 388; 그리고 1959년 저자의 실제 경험.

417 윌슨, 6개 사단이 아닌 4개 사단만 보낸 것을 비난: Wilson, 167.

417 "아브르 방어": Arthur, 36.

419 "그리고 무엇보다도 … 며칠씩 남아있던 냄새": qtd. Mark Sullivan, *Our Times*, V, 26.

419 [죠프르는] 집행자들에게 비난을 퍼붓고, 이하 3개 문단에 언급된 인용문: Joffre, 178, 181, 183-5, 187.

421 제2국이 확인한 예비군단에 대한 정보: Joffre, 187.

422 죠프르의 전후 증언: Briey, July 4, evidence of Joffre.

422 익명의 영국군 대변인: editor of *Army Quarterly*, April, 1925, 35.

422 나무르의 함락은 "매우 드물게 불운했던 경우": NYT from London, August 26, 1:3.

423 "우리는 인정할 수밖에 없다": Poincaré, III, 88.

15. "코삭이 밀려온다!"

· 이장에 서술한 군사작전에 관한 주요 출처는 골로빈 (모든 인용문은 Golovin의 Campaign of 1914에서 발췌했음), 렌넨캄프 군의 고르코, 삼소노프 군에 배속된 녹스, 독일 제8군의 호프만과 프랑수와, 각각 러시아군 사령부 및 독일군 사령부 소속인 다 닐로프와 바우에르, 그리고 마지막으로 양쪽의 자료를 취합한 아이언사이드(Ironside) 이다. (호프만의 저서 2종은 WLO와 TaT로 표기했다.)

424 "윌리엄을 세인트 헬레나로!": Paléologue, 65.

424 짜르, "우리의 진정한 목표": Golovin, 89.

425 "폐하께 간청합니다": Paléologue, 61.

425 죠프르에게 보내는 대공의 전문: Joffre, 140.

426 대공의 눈물: 이 사실을 전해준 인물은 1915-16 기간 중 국방장관을 지낸 팔리바노 프 장군임 qtd. Florinsky, *Russia*, New York, 1958, II, 1320.

426 메시미와 처칠의 눈물: Poincaré, III, 3 and Wilson, 163.

427 러시아군의 동원령: Ironside, 39-50.

428 레인보트 장군: Gardiner, 132.

428 "귀관들, 도둑질 하지 말라": *ibid.*, 133.

429 "유사이래 … 없었다": qtd. Florinsky, End of the Empire, 38.

429 30,000명의 피난민이 프랑크푸르트로 온다는 소문: Bloem, 13.

432 전쟁 게임의 잘못된 일정이 전쟁에서 그대로 반복됨: Golovin, 38-9.

433 러시아군은 평문을 무선으로 교신함: Danilov, 203; Hoffmann, *TaT*, 165.

433 말 냄새: Julius West, *Soldiers of the Tsar*, London, 1915. 8.

433 독일군 2개 사단이 러시아군 3개 사단과 대등한 수준: McEntee, 90.

434 "포 1문 당 겨우 25발": Golovin, *Army*, 144.

434 "코삭이 밀려온다!": Gourko, 33.

434 "심리적인 위험": Hoffmann, WLO, 17.

434 "카이저의 주의를 끄는 방법": Lt.-Gen. Kabisch, *Streitfragen des Weltkrieges*, qtd. AQ, July, 1925. 414.

435 "일본은 이번 전쟁을 이용하여": qtd. Stephen King-Hall, *Western Civilization and the Far East*, London, 1924, 160.

436 프리트비츠의 명령과 프랑수와의 반발: François, 156; Hoffmann, WLO, 17.

437 교회 첨탑 위의 광경: François, 170-76.

438 렌넨캄프의 정지명령과 그 이유: Danilov, 192-3; Golovin, 155.

440 독일인 수학교수: François, 276.

443 몰트케가 프리트비츠에게 내린 마지막 지시: François, *Tannerberg, Das Cannae des Weltkrieges*, qtd. AQ, January, 1927, 411-13.

443 프리트비츠가 프랑수와에게 비스툴라로 후퇴하라고 명령함: François, 190.

443 "이제 옷을 벗고 편히 자게": Knox, 88.

444 "모두가 느끼는 극도의 중압감": Clausewitz, I, 224.

445 "잔뜩 겁을 먹고 있는": Hoffmann, WLO, 20-22.

445 비스툴라 후방으로 퇴각하는 것에 대한 프리트비츠와 호프만의 논쟁: Hoffman, *TaT*, 248.

448 프리트비츠가 OHL로 전화함: from Prittwitz's papers, found after his death and published in *Miltär Wochenblatt*, April 22 and May 7, 1921, qtd. AQ, October, 1921, 88-92.

448 몰트케의 경악과 지시: Bauer, 45.

449 호프만이 삼소노프와 맞서기 위한 병력이동 방안을 제시함: Hoffmann, *WLO*, 23.

451 "그들은 전혀 우리를 추격하지 않고 있었다": Hoffmann, *TaT*, 250.

451 "불가능하며 너무 위험하다": Lt.-Gen. Kabisch, qtd. AQ, July, 1925, 416.

451 루덴도르프의 발탁 배경: Ludendorff, 49-55.

453 힌덴부르크의 발탁 배경: Hindenburg, 100-03, John Wheeler-Bernett, *Wooden Titan*, New York, 1936, 14-16; Ludwig, Hindenburg, Philadelphia, 1935, 83.

454 프레데릭 대제를 위해 일한 적이 있는 정원사: Hindenburg, 8.

455 힌덴부르크와 루덴도르프의 만남: Ludendorff, 55;Hindenburg, 103.

455 뭐라고 말할까 원수: Capt. Henri Carre, *The Real Master of Germany*, qtd. NYT, May 19, 1918.

455 "매우 놀란 표정": Hoffmann, TaT, 253.

457 프랑스정부가 베를린을 향한 공격을 강력히 "주장": Paléologue, 102.

457 "단순하고 친절한 사람": Knox, 60.

458 마차 하나에 말 두 마리를 묶어 전진함: Golovin, 183.

458 질린스키의 명령과 삼소노프의 보고: Ironside, 126-9.

459 "작은 체격에 머리가 희끗희끗한," Knox, 62.

459 마르토스 장군은 시장을 위해 준비했던 저녁을 먹었다: Martos Ms. qtd. Golovin, 188.

459 삼소노프를 향한 질린스키의 계속된 명령: Ironside, 134-5.

460-461 제6군단과 제13군단은 같은 암호 키를 가지고 있지 않았다: Golovin,171.

461 숄츠는 "심각했지만 확신에 차" 있었다: *TaT*, 261.

461 삼소노프의 명령을 감청: *ibid.*, 265; Ludendorff, 59.

16. 탄넨베르그

462 프랑수와는 중화기 없다는 이유로 공격명령을 거절함: Hoffmann, 273-5; (이장에 인용된 호프만은 전부 *Truth About Tannenberg*에서 발췌했음).

463 "만약 명령이 주어진다면": François, 228.

464 러시아군의 무선교신 감청 내용 두 건: Ludendorff, 59; Hoffmann, 265-68. "그는 몇 번이나 불안해서 나에게 … 물었다": qtd. Nowak, Introduction to Hoffmann's *Diaries*, I, 18. 렌넨캄프와 삼소노프의 개인적인 불화에 대한 호프만의 설명, 314; 차가 달리는 상태에서 전문을 넘겨줌, 268.

465 루덴도르프의 정신적 충격: Ludendorff, 58; Hindenburg, 115, 118; Hoffmann, 282.

466 OHL 타펜 대령의 전화: Hoffmann, 315-16. OHL의 판단 근거: Tappen, 16-19, 110-

111. 프러시아 연방 정부 대통령: Ludwig, 456. 쿠롭의 임원: Muhlon, 113. 카이저의 깊은 충격: François, 51. 몰트케의 언급: Memorandum of 1913, Ritter, 68-9.

466 벨기에에서 차출한 3개 군단: Bülow, 64-5; Hansen, 179.

468 "독일의 심장부로 진격하는 것": Ironside, 133.

468 "저는 병사들이 더 이상 어떻게 버틸지 모르겠습니다.": ibid., 130.

468 "렌넨캄프 장군의 전면에서 퇴각 중인 적을 찾아": ibid., 134.

469 "적이 존재하지 않는 곳에서 적을 본다는 것": Golovin, 205; Poddavki: ibid., 217.

470 제6군단에게 하달한 삼소노프의 명령: Ironside, 155-7.

470 "제발 소총을 모으기 위한 명령을 발령하십시오.": Agourtine, 34.

470 사조노프가 인용한 군수뇌부의 침체된 분위기: Paléologue, 104.

471 스타브카에 관한 설명: Danilov, 44-46.

471 렌넨캄프의 참모장교가 남긴 기록: Ironside, 198.

472 "아마도 비스툴라로 퇴각 중인 것으로 추정되는": ibid., 200.

473 "목이 잘린" 블라고베스첸스키: ibid., 157.

476 삼소노프와 포토브스키는 한눈에 부대상황을 알 수 있었다: Knox, 68-9; "극도로 탈진한": Ironside, 176.

476 우스다우 전투: Ludendorff, 62-3; Hoffmann, 285-89.

478 프랑수와 군단이 패했다는 보고: Ludendorff, 62.

478 "장군의 좌익을 … 이동시키라"는 질린스키의 명령: Ironside, 207.

479 "이 지시를 수행함으로써 아군에 가장 큰 공헌을 하게 될 것": Hoffmann, 305.

479 루덴도르프는 "매우 불만스러웠다": Ludendorff, 64.

479 막켄센의 연락장교는 "전혀 우호적이지 못한 대접"을 받았는데: Hoffmann, 310.

481 "그가 죽기로 작정했기": Golovin, 254.

481 삼소노프와 녹스의 작별: Knox, 73-4.

481 "장군이야말로 우리를 구할 것": Martos Ms., qtd. Golovin, 263.

482 마르토스와 클리우브 군단의 굶주림: Kliouev, 245; Knox, 80.

482 마르토스의 생포 그리고 힌덴부르크, 루덴도르프와의 면담: Martos Ms., qtd. Golovin, 294, 327.

484 "짜르께서는 나를 믿어주셨다" 그리고 삼소노프의 죽음: Potovsky Ms., qtd. Golovin, 301; Knox, 82, 88.

485 포로와 사상자들: François, 243-45.

485 나이덴부르크의 폰 모르겐 장군: François, 240.

486 "나는 죽는 날까지 그들의 비명을 듣게 될 것": Blücher, 37.

486 늪지에 관한 전설: Ludendorff, 68; 프랑수와(245)도 그것은 "전설"이라고 말했음.

486 "역사상 가장 위대한 승리 가운데 하나": Hoffmann, Diaries, I, 41. 탄넨베르그 전투로 명명: Hoffman, 312; Ludendorff, 68. "내게 가해진 긴장감": ibid.

487 루덴도르프가 직접 암호 해독실에 나타나 어찌된 일이냐고 물었을 것이다: Dupont, 9.

487 "우리에겐 우군이 있었는데": Hoffmann, Diaries, I, 41. 타펜(108)도 감청을 통해 획득한 러시아군 이동에 관한 상세한 정보는 동 프러시아 독일군 지휘부의 의사결정을 "매우 용이하게 해주었다"고 인정하였다.

487 "이곳이 원수께서 주무신 곳이다": qtd. De Weerd, 80. 호프만은 전쟁 기간 내내 동부전선에 머무르다가 나중에 루덴도르프에 이어 참모장이 되었으며 브레스트-리토브스크 협상의 독일측 대표로 활약한다. 그는 아놀드 즈비그(Zwig)의 소설 대관식(The Crowning of King, N.Y., 1938)에 주인공인 빌헬름 클라우스 장군으로 등장한다.

488 렌넨캄프와 질린스키의 불명예: Gurko, 83; Golovin, 386.

488 "전쟁에 졌다는 것을 분명히 알게 되었다": Golovin, Army, 24.

488 화친을 촉구하는 장관들의 비망록: Richard Charques, The Twilight of Imperial

Russia, New York, 1959, 216.
489 "우리는 우방을 위해 그런 희생을 한 것에 대해 만족한다": Knox, 90: Paléologue, 106.

17. 루뱅의 불길

490-494 이곳에 인용된 증언들은 세 가지 경우를 제외하면 해당 증인들의 저서에서 발췌한 것으로 그 목록은 아래와 같다: Verhaeren, Dedicate, unpaged; Cobb, 176-7; Bethmann-Hollweg, 95; Shaw, 37; Bridges, 73; Bergson (Chevalier), 24; McKenna, 158; Clausewits, Ⅰ, 5. 토마스 만의 주장 "Reflections of a Nonpolitical Man," 1917, qtd. Hans Kohn, The Mind of Germany, New York 1960, 253-5. H. G. Wells is quoted from NYT, August 5, 3:1. "나는 피로 얼룩진 벨기에와 싸우러 간다" Peel, 21.
496 뷜로브 장군이 서명한 게시문: facsimile in Gibson, 324.
496 앙텐느, 세이으, 타민의 민간인 학살: 벨기에 자료를 제외하면, 이들 사건에 대한 가장 생생하고도 완벽한 자료는 미국 공사 휘트록의 기록이다. his chapters xxx, "Dinant"; xxxi, "Namur, Andenne and Elsewhere"; xxxii, "Tamines"; and xxxiii, "Man hat Gechossen." 8월에 사살된 전체 민간인 희생자는 Encye, Brit., 14th ed., article "Belgium" 참조.
497 나무르의 모든 거리마다 10명씩 인질을 체포할 것이며: Sutherland, 45.
497 인질에 대한 블로엠의 증언: 34.
498 어윈 콥은 창문을 통해 두 명의 민간인이 … 걸어가는 것을 보았다: 104.
498 비제: NYT from Maestricht, August 25, 2:2, Whitlock, 198.
498 디낭의 하우셴: 167-70. 612구의 시신: Gibson, 329. 파괴된 디낭에 대한 서술, Cobb, 409-10.
500-502 이곳에 인용된 증언들은 아래 열거한 증인들의 저서에서 발췌하였다: Wetterle, 231; Kluck, 29; Ludendorff, 37; Crown Prince, War *Experiences*, 41-2, 50; Bloem, 28, 32, 20; Blücher, 16, 26.
501 괴테: qtd. Arnold Zweig, *Crowning of King*, N.Y., 1938, 306.
502 "저것이 프랑스식이로군": Cobb, 269.
503 주인 잃은 말이 루뱅 사태를 촉발함: Whitlock, 152.
504 루트비치, "루뱅에서 무서운 일이 벌어졌습니다": *ibid.*
504 리차드 하딩 데이비스: qtd. Mark Sullivan, *Our Times*, V, 29; Amo Dosch in World's Work, Oct. and Nov., 1914.
505 루뱅의 집슨: 154-172.
506 몽세인뇌 드 벡커: Whitlock, 160.
507 로테르담 쿠랑, 그 밖의 신문: NYT, August 30.
507 독일 외무부의 공식성명: *ibid.*, August 31.
507 알버트 국왕의 언급: Poincaré, Ⅲ, 166.
507 전쟁지침: 52.
508 벨기에, "최대 쟁점": Wile, Assault, 115. "침전제": Mark Sullivan, *loc. cit.*
508 에르쯔베르거: 23.
508 카이저의 전문; NYT, Sept, 11.
508 지식인 93명의 성명서: text in *Literary Digest*, Oct. 24, 1914.
509 윌슨의 중재안에 대한 베트만의 답신: NYT, September 18 1:4.
509 "신념은 없이 오직 탐욕만" 가지고 있는 인물: Wetterlé, 144.
509 베트만은 에르쯔베르거가 그 모든 뛰어난 아이디어를 … 늘 의아스러웠다: Bülow, Ⅲ, 235.
510 에르쯔베르거의 비망록: 에르쯔베르거가 비망록을 전달한 인물 가운데 폰 티르피츠

제독이 있었는데 그는 전후 자신의 *Politische Dokuments*에서 이 비망록을 발간했다. Hamburg, 1926, Ⅲ, 68-73. See also Karl Epstein, *Mathias Erzberger*, Princeton, 1959, chap. v.

511 "프랑스 혁명 이래 최대의 사건": Frank H. Simonds in "1914-the End of an Era," *New Republikc*, Jan. 2, 1915.

18. 푸른바다, 해안봉쇄 그리고 거대한 중립국!

· 이장에 관련된 참조문헌은 아래와 같다:

· Baker, Ray Stannard, Woodrow Wilson, *Life and Letters*, Vol. V. N.Y., Doubleday, Doran, 1935.
· Consett, Rear-Admiral Montagu, *The Triumph of the Unarmed Forces*, 1914-18, London, Williams and Norgate, 1923.
· Guichard, Lieut, Louis, *The Naval Blockade*, 1914-18, tr. N.Y., Appleton, 1930.
· Hoise, Edward M., *The Intimate Papers* ed. Charles Seymour, Vol. I, Boston, Houghton Mifflin, 1926.
· Page, Waler Hines, *Life and Letters*, Vol, I, ed. Burton J. Hendrick, London, Hienemann, 1923.
· Parmelee, Maurice, *Blockade and Sea Power*, N.Y., Crowell, 1924.
· Puleston, Captain William (USN), *High Command in the World War*, N.Y., Scribner's 1934.
· Salter, J. A., *Allied Shipping Control*, Oxford U.P., 1921.
· Siney, Marion C., *The Allies Blockade of Germany*, 1914-16, Univ. of Michigan Press, 1957.
· Spring-Rice, Sir Cecil, *Letter and Friendships*, ed. Stephen Gwynn, Boston, Houghton Mifflin, 1929.

512 "사치스러운 함대": Churchill, 102.
512 본토침공은 "실행불가": Fisher, Letters, Ⅱ, 504. Report of the "Invasion Committee" of the CID in 1912: Churchill, 158.
512 "무역이 단절되고": qtd. Custance, 104. 무역과 선박 톤 수에 관한 수치: Fayle, 6, 15.
513 "해전의 통칙": Fisher, *Memories*, 197.
513 "독일의 미래는 바다에 있다": Kurenberg, 129.
513 해군협회의 구호: Wile, *Men Around the Kaiser*, 145-6.
515 "심리적으로 극도로 긴장된" et seq.: Churchill, 276.
515 "비밀"이라는 표지가 붙은 전문을 열어본 젤리코: *DNB*, Jellicoe.
515 "나를 향해 엄청난 우려가 끝없이 밀려오는": Jellicoe, 92. His chaps. Ⅳ and V; "Declaration of War" and "Submarine and Mine Menace in the North Sea" describe this anxiety feelingly on every page.
516 "오염지역": Corbett, 79.
516 "바다표범이었을 수도 있었다": *ibid.*, 67.
516 "월등히 우세하다": Churchill, 261.
516-517 "작전을 벌일 가장 강한 동기": *ibid.*, 276.
517 "뜻밖에도 적이 조용히 … 있는 것은": *ibid.*, 278.
518 "나마저도 보지 못하게 … 비밀로 보관되어": Tirpitz, Ⅱ, 87.
518 카이저의 요트 침대 옆에 놓여있던 골든 에이지: Peter Green, *Kenneth Grahame*, N.Y., 1959, 291.

518 카이저가 마한의 책을 읽음: Kurenberg, 126.
519 "영국인들을 놀라게 하여 정신 차리게 할 것" *et seq.*: Ludwig, 423.
519 1900년 독일 해군법: Hurd, *German Fleet*, 183-4.
520 카이저의 "연인": Bülow, I, 198.
520 티르피츠의 날카로운 목소리: Wetterlé, 218. 뮐러의 성품: Ludwig, 465.
520 잉게놀은 "방어작전을 고수하는"장교: Tirpitz, Ⅱ, 91. "참모는 필요 없으며": Ludwig, 466.
521 "방어적인 입장을 지키도록 명령한다": Ludwig, 465.
522 티르피츠의 해군에 대한 통제요청, 사임을 자제한 이유 그리고 "내 처지는 아주 비참 했다": Tirpitz, Ⅱ, 118-20, 219-20, 223.
523 "대서양 횡단항로는 안전하다": Corbett, 54.
524 런던 협의회, 마한, 런던 선언: Halévy, 223; Puleston, 130; Siney, 11; Salter, 98-99.
525 미국의 런던 선언 준수 요구와 영국의 답변: Secretary Bryan to Ambassador Page, *U.S. For. Rel.,1914*, 215-16, 218-20.
526 위원회는 연속항해 원칙이 "적극적으로 적용"되어야 한다: Siney, 12.
526 8월 20일자 긴급칙령: *ibid.*, ff.; Parmelee, 37; Guichard, 17.
527 스프링-라이스 경의 언급: U.S. For. Real., 1914, 234.
527 "모든 종류의 자질구레한 사항들": Asquith, Ⅱ, 33.
527 "경제 문제로 성가시게 하지 마십시오": qtd. L. Farage, ed. *Axis Grand Strategy*, N.Y., 1942, 499.
528 "최대한의 해상봉쇄를 확보하는 것": Grey, Ⅱ, 103.
530 미국은 "도울 준비가 되어있다" 그리고 "영원한 영광": Baker, 2-3.
530 "명실상부하게 중립을 지키고": *ibid.*, 18, 24-5, 73.
531 미국의 교역규모: Arthur S. Link, American Epoch, N.Y., 1955, 177. Footnote on hidden trade: Consett, *passim*, and figures in *Encyc. Brit.*, 14th ed., article "Blockade."
532 "정부는 중립적일 수 있으나": Page, 361.
532 윌슨이 그레이에게: Baker, 55-6.
533 "신랄한 비난": *ibid.*, 62; "루뱅의 파괴로 깊은 충격을 받았고": House, 293; "결단코 맹세하건대": Spring-Rice, 223.
534 "이 비인도적인 만행": *Lansing Papers*, I, 29-30.
534 "공해상에서 어떤 일이 터져": Baker, 74.
535 "첫 전투에 대한 열의": Tirpitz, Ⅱ, 91. "보기 거북한 상황": Churchill, 331-35.
535 전투 후 하달된 카이저의 명령: Tirpitz, Ⅱ, 93. 전투 후 티르피츠가 남긴 기록: to Admiral von Pohl, Sept. 16 and Oct. 1, Tirpitz, Ⅱ, 95-7.

19. 퇴각

538 일반명령 제2호: *AF*, I, Ⅱ, 21; Joffre, 189-90.
539 "분노와 전율"의 밤: Libermann, 37-50.
541 "우리는 … 블롱바이를 떠났다" 그리고 일기에서 인용한 그 밖의 사건들: Hanotaux, qtd. Arnold Zweig, Crowning of King, N.Y., 1938, 306., 221-22; Ⅶ, 212, 268; Ⅷ, 76-8.
543 "지휘관이 아닌 하사관의 역할": Tanant.
543 "싸워보지도 못하고 가다니 유감이다": Ⅷ, 76.
544-555 장관들의 "경악"과 "극도의 공포": Poincaré, Ⅲ, 92; Messimy, 364. 8월 25 일-27일 기간 중 파리에서 벌어진 사건과 논란 그리고 인용문은 별도로 언급한 것을 제외하면 모두 아래 자료에서 발췌한 것이다: Poincaré, Ⅲ, 89-99 and 118; Gallieni's *Memoires*, 20-21, supplemented by his *Carnets*, 17-22, 39-46, Hischauer, 59-63,

and above all from Messimy's helpfully outspoken if confusingly arranged *Souvenirs*, part Three, Chap. IV, "Nomination de Gallieni comme Gouverneur, Militaire de Paris," 206-228; Chap. V, "Le Gouvernement et le G.Q.G.," 229-265, and the last part of Chap. VII, "Le Ministere de la Guerre en Aout 1914," the paragraphs entitled, "La panique parlementaire," "la journee du 25 Août" and "la journée du 26 Août," pp. 364-375.

547 "군사력이 커지고 있던": Hanotaux, IX, 41. "Le tourisme": Monteil, 37.

550 "사령관께서 지도자이시고": qtd. Renouvin, 83.

554 죠프르는 "정부의 간섭의지"를 곧바로 감지했다; Joffre, 193.

557 "싸움의 온갖 술수" *et seq.*: qtd. Edmonsa, 115.

558 로버트슨의 식량 보급과 이에 대한 독일군의 반응: Spears, 221.

558 "혼비백산하여" 퇴각한 랑허작과 키치너에게 보낸 보고서: French, 84; Arthus, 38.

559 랑드러씨에서 벌어진 사건: Maurice, 101-02; Hamilton, 52-3; "아무런 경고도 없이": Edmonds, 134.

559 "지원군을 보내라 … 매우 심각하다": Edmonds, 135.

559 머레이의 실신: Childs, 124; MacReady, 206; Wilson, 169.

559 헤이그가 2,000파운드를 꿔준 일: Blake, 37.

560 알렌비의 경고와 르 카토에서 싸우기로 결정함: Smith-Dorrien, 400-01.

561 윌슨과 스미스-도리언의 전화통화: *ibid.*, 405; Wilson, 168-9.

562 클룩은 … "패배한 적을" 추격하라는 명령: qtd. Edmonds, 169-70.

562 "강력한 프랑스군 부대": *ibid.*, 211.

562 "이들 향토사단이 보여 준 용감한 지원": Smith-Dorrien, 409.

562-563 르 카토 전투: 총 60쪽 3개장으로 구성된 Edmonds(152-211)의 기록은 관련된 정보를 모두 담고 있으나 너무나 구체적이라 명확한 상황을 알기가 어렵고 Smith-Dorrien(400-410), Hamilton(59-79), 및 Maurice(113-14)를 추천함; 사상자: Edmonds, 238.

564 "프렌치 경과 그 참모들이 완전히 겁을 먹었던": J. W. Fortescue, *Quaterly Review*, Oct. 1919, 356.

564 헤이그가 제1군단에 대한 지원방안을 모색함: Edmonds, 291, n. 2.

564 위게의 전문: Joffre, 197.

564 잠옷차림으로 나타난 죤 프렌치 경: Smith-Dorrien, 411.

565 "좌익을 구할 수": *ibid.*, 412.

565 쌩 컹탱 회의: Joffre, 195-97; Lanrezac, 209; Huguet, 67; spears, 233-37.

566 적이 궤멸되었다는 클룩과 빌로브의 보고: Bülow, 64.

566 OHL의 공식성명: qtd. Edmonds, 204.

566 독일군 지휘관들 사이의 갈등: Bülow, 68-9, 78; Kluck, 51, 63.

568-569 하우센의 숙식과 불평: 182, 197-99, 204-5, 215.

568 클룩 군의 도로변 숙영: Briey, evidence of Messimy, March 28.

568 카이저의 전보: Kluck, 75.

569 "스당 기념일을 경축할 것": qtd. Maurice, 126-7.

569 클룩은 "안쪽으로 선회"해야 한다고 제안: Kluck, 76.

569 "승리에 대한 전반적인 공감대": Crown Prince, *War Experiences*, 59. 8월 28일자 OHL의 일반명령: qtd. Edmonds, 235.

571 OHL의 검토 그리고 "전쟁의 종지부": Tappen, 105.

574 모르탄느 전투: Giraud, 538; AF, Ⅰ, Ⅱ, 305 ff.

574 모드위 장군: Hanotaux, Ⅵ, 274.

575 "용기와 끈기": Joffre, 203.

575 드 랑글의 뫼즈 전투: De Langle, 20-21, 139; AF, Ⅰ, Ⅱ, 184-201.
575 포쉬 분견대의 편성: Foch, 41-47.
576 "내 여행가방 속에 장군 세 명의 머리가 들어있다": Percin, 131.
576 제61 및 제62 예비사단이 사라짐: Joffre, 209, 212; Spears, 270, n.
577 "거의 미친 짓": Spears, 256.
577 슈나이더와 알렉상드르: Lanrezac, 218-19; Spears, 256-7.
578 랑허작이 죠프르를 공병이라 부름: Mayer, 176.
579 "내가 느끼는 불안이 너무 커": Lanrezac, 282.
579 말르에서 폭발한 죠프르의 분노: Lanrezac, 225-6; Joffre, 207.
579 페탱에게 내린 베르덩 사수 명령: qtd. Pierrefeu. GQG, 132.
580 "탄약을 차 밖으로 버려라"는 명령: text, Edmonds, Appendix 17; 윌슨의 설명: Spears, 254; 고어는 그것을 찢어버림: Charteris, 21; 스미스-도리언의 취소명령: Smith-Dorrien, 416-17; "매우 부정적인 영향": *ibid.*
581 장난감 호루라기와 드럼: Bridges, 87-8.
582 카이저에 대한 죤 프렌치 경의 생각: Arthur, 37, 43. 키치너의 거절에 대해: ibid., 39.
582 오스탕 상륙작전: Corbett, 99-100, Churchill, 334-35. 아스퀴스는 8월 26일자 (Ⅱ, 28-9) 자신의 일기에 3,000 명의 해병대를 오스탕에 상륙시키자는 "행키의 아이디어"를 (Sir Maurice Hankey, 제국방어위원회 간사) 놓고 키치너, 처칠, 그레이와 나눈 얘기를 기록했는데, 행키는 이 작전이 "벨기에 친구들을 기쁘게 할 뿐만 아니라 독일군을 괴롭히게 될 것이라며 그들은 십중팔구 이를 본격적인 대규모 상륙의 선봉으로 인식할 것"라고 했다. 윈스톤은 "열정적으로" 이 작전을 지지했다. 이는 몽 전투 소식과 처칠이 8월 34일 오전 7:00에 알게 된 연합군의 패전 충격에 대한 반작용으로 보인다. 처칠은 이 시각에 침실에서 마치 "주먹으로 얻어맞은 듯 창백하게 일그러진" 모습의 키치너를 만났다. 쉰 목소리로 "나쁜 소식"이라고 말하며 그는 처칠에게 패전을 알리며 불길하게 아브르 방어를 제안하는 내용으로 끝나는 죤 프렌치 경의 전문을 건네주었다. 오스탕 작전을 통해 클룩 군의 일부를 해안으로 유인할 생각이었지만 실제로 그 효과는 크지 않았다. 그러나 이 위협에 대한 독일군의 불안이 러시아군의 상륙 소문과 맞물리면서 마른에서 독일군이 후퇴 결정을 하는데 일정부분 기여하게 된다.
583 "바다로, 바다로": MacReady, 206.

20. 전방에 파리가 있다

584 한 무리의 양들이 콩코드 광장을 가로질러: Guard, 17.
585 갈리에니의 파리 방어계획: *Carnets, 46; Gallieni parle*, 36-42; Hirschauer, 59-63, 93-4, 101, 129. "미로처럼 복잡한" 논란: *ibid.*, 176.
586 파리가 전방지역에 포함됨: *AF*, Ⅰ, Ⅱ, 585.
586 갈리에니가 소집한 15분짜리 수도방위위원회: Hirschauer, 98-99.
587 방어를 위한 주민동원, 교량 폭파 준비, 방책 설치, 택시 징발 등: Gallieni, Memoires, 33-36 and Gallieni parle, 52; Hirschauer, passim.
587 드레퓌스의 복귀: Paléologue, *Intimate Journal of the Dreyfus Case*, 309.
588 "노메니는 파괴될 것이다": qtd. Poincaré, Ⅲ, 108.
588-589 랑허작을 돕기 위한 헤이그의 제안과 죤 프렌치 경의 거부: Lanrezac, 229-31; Spears, 264-67. "끔찍하고도 용서할 수 없는" 표현: *ibid.*, 266. "이것은 배신이야": qtd. Lyon, Laurence, The Pomp of Power, N.Y., 1922, 37, n. 22.
589 랑허작을 독려하기 위해 라옹에 온 죠프르: Joffre, 212; Lanrezac, 239. Battle of St. Quentin-Guise: AG, Ⅰ, Ⅱ, 67-81.

590 존 경이 "이탈하고 있는 것은 아닐까"라고 의심함: Joffre, 213. 죠프르와 존 경의 콩 피엔 협의. ibid., 214; Edmonds, 241.

591 "계속해서 퇴각하기 위한 확실한 계획": Edmonds, 241. Maurice quoted, 129; Hamilton quoted, 82-3; MacReady quoted, 105. "향후 열흘간": Edmonds, 245, Joffre, 217.

593 윌슨과 죠프르가 랭스에서 만남: Huguet, 75; Wilson, 172.

593-594　쌩 컹탱 전투; 프랑스군 상사의 설명: Sergeant André Vienot, qtd. Hanotaux, VIII, 111-12; Bülow "결과를 확신하고": Bülow, 85; 프랑스군의 공격명령을 입수함: McEntee, 65. "놀라울 정도로 재빠르게 사태를 파악한"랑허작: Spears, 276; 독일 군은 "도망가기 시작했고": ibid., 279; 랑허작과 베랭의 대화: Lanrezac, 241; Spears, 281-2.

596 "더 이상 … 희망을 가질 수 없게 되었다": Joffre, 217.

596 "프랑스 역사를 통틀어 가장 비극적": Engerand, Briey, Rapport, Clausewitz quoted: III, 89. "경이로운 냉정": Foch, 42. 죠프르가 알렉상드르에게 건넨 말: Demazes, 65.

597 비트리-르-프랑수와에서 옮길 준비: Joffre, 217. "희망이 무너지고": Muller, 27.

597 뷜로브의 상반된 보고: qtd. Edmonds, 251, n. 4; Kühl, qtd. AQ, April, 1927, 157.

598 파리 방어는 죠프르의 의도가 아님: 죠프르의 참모이자 전기 작가인 Demazes가 1927년 소르본느에서 행한 강연 qtd. Messimy, 264.

598 상원 부의장 투롱: Poincaré, III, 111-12.

598-600　수도이전에 관한 내각의 논의, 페네롱 대령의 방문, 죠프르의 조언, 죠프르 와 갈리에니의 전화통화, 갈리에니와 프앙카레의 대화, 내각에 대한 밀에랑, 두메르 그, 갈리에니의 조언: Poincaré, III, 115-122; Joffre, 122; Gallieni, Mémoires, 37-39; Carnets, 48-49.

601 게스드의 열변: 브리앙과의 인터뷰, Revue de Paris, Oct. 1, 1930, qtd. Carnets, 128, n.1.

602 죠프르 해임안: ibid. 브리앙이 사용했던 표현은 "그를 해임하도록"(de lui fendre l'oreille)이었다.

602 "결단을 내릴 능력이 없는" 장관들: Gallieni, Carnets, 49.

602 타우베의 공습: Poincaré, III, 120; Gallieni, Mémoires, 40, and Carnets, 50; Gibbons, 159. Text of the German proclamation: AF, I , II , Annexe No. 1634.

603 탄넨베르그에 관한 독일군의 무선전문과 32대의 군용열차에 대한 보고: Joffre, 222.

604 "제군들은 대담함이 무엇인지를 보여주었다": Hanotaux, VII, 250.

604-605　드 랑글은 침착한 반면, 루페이는 불안하다고 죠프르가 판단함: Joffre, 216, 221. Col. 타낭의 언급: 22; 루페이와 죠프르의 대화: Engerand, Bataille, xv.

605 아미엥 속보: The History of the Times, New York, Macmillan, 1952, IV, Part 1, 222-27. "애국적인 침묵": in Parliament, August 31, qtd. Times, Sept. 1, p. 10. "세계의 해 방": Corbett-Smith, 237.

607-609　러시아군 도깨비: D. C. Somervell, Reign of George V, London, 1935, 106, 117-18, and R. H. Gretton, A Modern History of the English People(1880-1922, New York, 1930, 924-25)은 당시 떠돌던 많은 얘기들을 담고 있다. 그 밖의 자료 MacDonagh, 24, Gardiner, 99, Carton de Wiart, 226. 귀국하는 미국인들이 전한 이야기: NYT, Sept. 4, (front page), 5 and 6. 스튜어트 코츠 경의 편지: NYT, Sept. 20, II , 6:3.

609 BEF에게 하달된 작전명령: Edmonds, Appendix 20.

609 존 프렌치 경이 키치너에게 보낸 편지: Arthur, 46-7.

610 키치너의 경악과 프렌치에게 보낸 전문: ibid., 50; edmonds, 249.

611 내각은 "당황하였다": Asquith, II , 30. "사령관께서 … 가능한 따라 주실 것": Arthur, 51-52. 로버트슨이 Stamfordham에게 보낸 편지: June 23, 1915, Nicloson, George V, 266. 이 서신은 존 프렌치 경이 탄약 부족에 대해 키치너를 비난하기 위해 노드클리

프에게 교전에 관한 정보를 제공할 무렵 작성된 것이다. 죠지 국왕이 프랑스로 건너가 군 수뇌부와 면담을 했는데 국왕이 1915년 10월 25일자 Stamfordham에게 보낸 편지에 나와 있듯이, 그들은 존 프렌치 경을 "전혀 신뢰하지 못하고 있었을" 뿐만 아니라 "그를 사임시켜야 한다"는 확신을 갖게 해 주었다. *ibid.*, 267.

612 키치너는 그에 대한 신뢰를 다시는 회복하지 못했지만: Magnus, 292. Birkenhead quoted: 29.

612 죠프르는 프앙카레에게 "진심으로" BEF가 철수하지 않기를 바라며 이를 위해 영향력을 행사해 달라고 요청하였으나, 존 프렌치 경은 "거절하였음": Joffre, 223; Poincaré, Ⅲ, 121-22; Edmonds, 249; French, 97.

613 키치너에게 보낸 존 프렌치의 답신: Arthur, 52-4. "진실의 곡해": Asquith qtd. in *Living Age*, July 12, 1919, 67.

614 키치너는 프렌치에게 명령을 내릴 권한이 있다고 생각함: Blake, 34.

614 키치너가 다우닝가에서 의논을 하고 그레이를 찾아감: Arthur, 54; Asquith, Ⅱ, 30.

614 "잔뜩 화가 나 부루퉁하게 상기된": Huguet, 84.

614 존 프렌치는 키치너의 군복을 보고 화를 냄: French, 101. 키치너는 습관적으로 제복을 입었음: Esher, *Tragedy*, 66; Magnus, 281-2.

614 "카키색 군복에 별을 달고", "목욕할 때는 작은 체구의 좋은 사람": Sir Frederick Ponsonby, *Recollections of Three Reigns, New York*, 1952, 443-4.

614-615 대사관 회의: Huguet, 84; French, 101-02.

615 키치너가 정부에 보낸 전문과 프렌치에게 보낸 그 사본: Edmonds, 264.

21. 폰 클룩의 선회

616 폰 클룩에 대한 화브르의 언급: Hanotaux, Ⅷ, 158.

617 폰 클룩이 남동쪽으로 선회한 이유: Kluck, 77, 82-84.

617-618 몰트케의 걱정: Bauer, 52.

618 슐리펜, "전장에서 거둔 승리": qtd. Hanotaux, Ⅶ, 197.

618 "축제 분위기에 빠져 있음이 분명하오": Moltke, *Erinnerungen*, 382.

618 룩셈부르크에 퍼진 오스탕 상륙과 러시아군에 관한 소문: Tappen, 115.

618 몰트케는 우익군 사이에 벌어진 간격을 우려함: Tappen, 106.

619 바우에르의 루프레흐트 전선 방문: Bauer, 53 ff.; Rupprecht, 77-79.

620 적 전력에 대한 클룩의 판단: Kluck, 91; 영국군으로부터 포획한 문건: Edmonds, 244.

621 뷜로브의 요청: Kluck, 83; 강행군을 지시한 클룩의 8월 31일자 명령: Bloem, 112; 제1군의 선회를 몰트케가 승인함: Kluck, 83-4; Hausen, 195.

623 기병대는 "어김없이 멈춰서": Crown Prince, *War Experiences*, 64.

623-624 "절실한" 휴식과 "아슬아슬하게" 빠져 나간 영국군: Kluck, 90.

624 "우리 병사들은 녹초가 되었다": qtd. Maurice, 150-51. 모리스 장군은 마른 전투가 끝나고 독일군이 에스느로 후퇴할 때, "일단의 장교들이 술에 만취되어 포로로 잡혔다"고 증언함. (152)

625 프앙카레 가족 묘지를 파서 화장실로 사용: Poincaré, Ⅲ, 204.

625 상리스의 시장과 다른 6명의 민간인 인질들을 사살: *ibid.*; Gallieni, *Mémoires*, 120. 묘비에 새겨진 이름들은 저자가 현장에서 확인한 것임.

625 하우센의 행복한 밤: Hausen, 208-10.

625 9월 2일자 몰트케의 일반명령: Kluck, 94.

626 클룩은 마른을 넘어 진격하라고 명령함: Kluck, 100.

626 르픽 대위의 보고: *AF*, Ⅰ, Ⅱ, Annexe No. 1772.

627 제6군의 임무가 "파리를 엄호하는 것": *ibid.*, Annexe No. 1783; Joffre, 225.

627 영국군은 "전선을 지키려 하지 않았으며": Gallieni, *Mémories*, 52.

627 퐁 대령, "더 이상 가능해 보이지 않았다": Joffre, 218-19.

627 GQG에서 베랭, 베테로와 함께 새로운 작전계획을 의논함; ibid., 230-33.

628 일반명령 제4호: *AF*, I, II, Annexe No. 1792.

629 "브리엔느-르-샤또 전투": Messimy, 379.

630 죠프르는 밀에랑에게 파리를 떠나는 것이 "시급하고도 필수적"이라고 통보함: Poincareé, III, 126; Joffre, 232.

630 갈리에니가 죠프르에게 전화함: Gallieni, *Carnets*, 53.

630-631 모누리는 갈리에니 휘하로 그리고 파리군은 죠프르의 휘하로 배속됨: 이러한 조치는 긴장이 극에 달한 상태에서 이루어졌으며 또한 후일 마른 전투의 주도권을 둘러싼 논쟁을 벌이며 의도적으로 누가 누구의 지시를 받았는지 모호하게 하려다 보니 이 문제는 아직 불분명한 부분이 많다. 관련 자료는 다음과 같다: Joffre, 226, 234-5, 239-42; Gallieni, *Mémoires*, 43, and *Carnets*, 53; 파리군을 자신의 휘하로 해달라는 죠프르의 요청 Annexe No. 1785; 모누리를 갈리에니 휘하로 배속시킨다는 명령 Annexe No. 1806; 죠프르의 요청을 수락한다는 밀에랑의 지시 Annexe No. 1958.

631 파리군의 구성: AF, I, II, 772-4. 수도 방위에 동원된 제55, 56예비사단은 8월 25일 로렌에서 철수하였는데, 브리에이 분지에서 전개된 반격작전에서 루페이 장군의 측면을 맡고 있던 이들이 빠짐으로서 루페이는 작전을 중단할 수 밖에 없었다. 루페이가 전후에 증언했듯이 이처럼 브리에이는 "파리를 구하기 위한 희생양"이 되었던 것이다. 제55예비사단에서 예비역 장교로 싸우던 샤를 페귀는 9월 7일 전사했다.

631 갈리에니의 에베네와 모누리 방문: *Mémoires*, 42, 48-9.

632 밀에랑은 "가슴이 무너지는" 사실들을 … 보고했다. 정부의 피난결정: Poincaré, III, 125-27.

632 갈리에니와 경찰청장: *Mémories*, 51-52; "장관들과 떨어져 있기를 원했지만": Parle, 38; "만반의 준비를" 하며: *Mémoires*, 57.

634 파갈드 대위가 발견한 정보: Spears, 331-32; his report: AF, I, II, Annexe No. 1848.

634 죠프르는 여전히 정부가 떠날 것을 촉구함: Poincaré, III, 131.

635 "혐오스러운 순간이 왔다": *ibid.*, 134.

635 헤릭의 방문과 그의 계획: *ibid.*, 131; Mott, 155-7, 160-63; *Carnets*, 61.

636 갈리에니와 밀에랑의 작별: *Mémoires*, 59-64; Parle, 49.

637 정부와 갈리에니의 대국민 담화문: Hanotaux, IX, 39; *Carnets*, 55.

638 빈정거림과 "마르세예즈"를 풍자한 노래: Marcellin, 41.

638 "고통의 나날들": Hirschauer, 142.

638-639 제5군의 퇴각과 사형집행: Lanrezac, 254-56.

639 "한번도 생각해 본 적이 없었다": qtd. Edmonds, 283; "독일군은 너무 성급합니다": Huguet, 70.

639 9월 2일자 죠프르의 비밀지령: *AF*, I, II, 829 and Annexes Nos. 1967 and 1993. 제1군과 제2군으로부터 지원 병력 차출 Annexe No. 1975.

640 갈리에니는 그것이 "현실과도 거리가 멀다"고 판단함: *Mémoires*, 79; Parle, 50.

640 리쎄 빅또르-뒤루로 이동: Pierrefeu, Plutarque, 102-3.

641 "그들이 우리에게 측면을 드러냈다!": Hirschauer, 180.

22. "여러분, 우리는 마른에서 싸울 것입니다"

642 갈리에니는 즉각 공격하기로 함: *Mémoires*, 95-96; Clergerie, 6-7.

642 "자신이 직접 주재하는 장시간의 회의": Clergerie, 127.

643 예비사단을 "그저 그렇다"고 평가; 파리 시민들의 "침착함과 단호함": Memoires,

75, 76.

644 "40킬로미터!": qtd. Hanotaux, VIII, 222; 잠든 채 사로 잡힌 독일군 포로: Briey, March 28, evidence of Messimy; "내일 또는 모레쯤": qtd. Maurice, 152.

644 "파리 쪽에 대해 아무것도 걱정하지 않았다": ibid., 153.

645 클룩이 OHL로 보낸 9월 4일자 불복 서한: Kluck, 102.

645 뷜로브는 … "선두에 선 제형으로" 진형을 바꾸자 격노했다: Bülow, 103.

645 "우리는 더 이상 아무것도 할 수 없다": qtd. Hanotaux, VIII, 223; "익힌 음식을 먹어보지 못했다": ibid., 276; "찜통 더위": ibid., 279.

645 "결정적으로 패배"하였으며 "완전히 지리멸렬한": Kuhl, 29; Kluck, 102.

646 죠프르는 … "수일 내에" 공격을 시도할 생각: Annexe No. 2152.

646 "패전의 분위기가 감도는": Muller, 80.

647 랑허작의 "육체적 정신적 침체"와 그 밖의 평가: Joffre, 236-7.

647 "그 교회 밖에서": Grouard, 114. 전쟁 후 폰 하우쎈 장군이 인정했듯이: in Revue Militaire Suisse, Nov. 11, 1919, qtd. Engerand, Bataille, xxi.

648 죠프르가 첫 5주 동안 해임한 고위 장성들: Allard, 15.

648 프랑세 데스퍼레이와의 면담: Grasset, 44; Joffre, 237.

649 세잔느에서 이루어진 랑허작과의 면담: Lanrezac, 276-7; Joffre, 237-8; Muller, 104-5; Spears, 377-78. 특유의 생동감 넘치는 보고에서 스피어스는 이들 두 사람이 "자기가 흥미롭게 보고 있는 상태에서 안뜰을 오르내리며" 대화를 나누었다고 주장한다. 물론 스피어스는 이렇게 설정함으로써 직접 눈으로 본 듯이 기술하고 있지만 실제로 그랬을 가능성은 별로 없다. 왜냐하면 그 당시 죠프르가 그 무엇보다도 부담스러워 하던 일을 여러 사람이 보는 곳에서 했을 리가 없기 때문이다. 실제로 그는 그렇게 하지 않았다. "랑허작은 자기 사무실에 있었다. 나는 그곳으로 가 그와 단둘이 있었다"고 죠프르가 상세하게 언급한 바 있다.

649 프랑세 데스퍼레이: Grasset, Passim; Spears, 398.

650 "행군하든지 아니면 차라리 그 자리에서 전사하시오": Grasset, 45. 그가 사용한 표현은 "행군하든지 죽으시오"(Marcher ou crever)였다.

650 9월 4일, 절정에 다다른 느낌: Gallieni Parle, 53; Blücher, 23; 브뤼셀에서 사람들은 … 서늘함을 느꼈고: Gibson, 191.

651 카이저, "개전 35일째": Helfferich, Der Weltkrieg, Berlin, 1919, Vol. II, 279.

651 "프랑스군이 우리에게 휴전을 제안했으며": qtd. Hanotaux, VIII, 279.

651 쿨 장군의 꺼림칙한 의심: Kuhl, 19.

652 "우리는 모든 곳에서 승승장구하며 진격 중": Crown Prince, War Experience, 69.

652 몰트케가 헬페리히에게 하는 말: Helfferich, op, cit., 17-18.

652 OHL에 접수된 프랑스군 이동에 관한 각종 보고: Tappen, 115.

653 "파리 쪽에서 아군의 오른쪽 측면을 공격한다": ibid.

653 9월 4일자 몰트케의 명령: 전문, Edmonds, 290-91.

654 팔켄하인의 언급: from Zwehl's life of Falkenhayn, qtd. AQ, April, 1926, 148.

654 9월 4일 갈리에니가 모누리에게 내린 명령: Mémoires, 112.

655 "즉각적이고도 적극적인" 결정: ibid., 107.

655 갈리에니가 프앙카레에게 "좋은 기회"가 왔다고 말함: 이러한 통화 사실은 전쟁 후인 1920년 9월 6일 Le Matin과 회견하는 자리에서 프앙카레에 의해 밝혀졌다. The fact of this call was disclosed by Poincaré after the war in an interview with Le Matin, Sept. 6, 1920.

655 "마른의 실제 전투는 전화상에서 시작되었다": Gallieni Parle, 53.

655 죠프르는 수화기를 아주 싫어했으며: Muller. "나는 언제나 전화로 통화하는 것을 싫어했다," Joffre, 250.

655 클레제리와 퐁 대령의 통화: *Mémoires*, 119; Joffre, 245.

656 GQG에서 벌어진 토론: Muller, 85-6; Joffre, 243-4; Mayer, 41.

657 물푸레나무 아래 앉은 죠프르: Muller, 87.

658 프랑세 데스퍼레이와 포쉬에게 보낸 죠프르의 전문: *ibid.*, 91-2; *AF*, Ⅰ, Ⅱ, Annexe No. 2327.

659 갈리에니의 영국군 사령부 방문: *Mémoires*, 121-4; Parle, 55; Clergerie, 16.

659 프랑세 데스퍼레이와 윌슨의 협의: Grasset, 51-53; Spears, 400-01; Wilson, 174.

662 죠프르와 일본군 장교의 만찬: Joffre, 249.

662 프랑세 데스퍼레이의 회신: 전문 Edmonds, 279.

663 아쉬 장군의 반발: Grasset, 74.

663 "총명하면서도 대담한" 그리고 포쉬의 답변: Joffre, 250.

663 머레이의 명령을 듣고 "그야말로 가슴이 찢어지는 것 같았다": Wilson, 174.

663 "원수는 아직 돌아오지 않았다": Gallieni, *Mémoires*, 128.

666 존 프렌치 경은 "상황을 재검토"하기로 결정함: Joffre, 252.

666 갈리에니와 죠프르의 통화: *Mémoires*, 130; 죠프르는 "내키지는 않았지만" … "갈리에니가 원하던 대로" 동의했다: Joffre, 251.

667 일반명령 제6호: *AF*, Ⅰ, Ⅱ, Annexe No. 2332.

667 죠프르가 위게의 전문을 받음: Joffre, 252.

668 클룩은 독일군이 "모든 전선에서 승승장구하며 진격하고 있다"고 생각함: Kluck, 106. "행동의 자유까지 회복": *ibid.*

669 헨취 대령의 클룩 사령부 방문: Kluck, 107; 제4예비군단장의 보고: *ibid.*, 108; Kuhl, "OHL도 제1군 참모부도 … 생각하지 못했다": qtd. Edmonds, 292, n. 2.

670 갈리에니는 "아무데도 없다"고 대답했다: *Gallieni Parle*, 57, n. 1. 그의 폭파명령: AF, Ⅰ, Ⅱ, Annexe No. 2494; "아무것도" 넘겨줘서는 "안된다": Hirschauer, 228.

671 "갈리에니 장군이 너무 성급하게 공격을 시작하였기 때문에": *Gallieni Parle*, 64; "천만금짜리": *Carnets*, 78, n. 3. (오늘날 저자가 보기에는 Liddell-Hart 대위가 십년 후의 명성(Reputations Ten Years After)에서 주장하듯이 죠프르를 바보로 취급하며 갈리에니에게 마른 전투의 모든 공훈을 돌리는 것이나 혹은 스피어스 장군처럼 갈리에니를 거짓말쟁이로 몰고 이를 모두 죠프르에게 돌리는 것은 부적절해 보인다. 오래 전에 프왕카레가 말했듯이 이들 두 사람 모두 나름대로 기여한 바가 크다.)

671 죠프르의 불안은 "확실한 걱정"으로 바뀌었다: Joffre, 252; 밀에랑에게 보낸 전보: *AF*, Ⅰ, Ⅱ, Annexe No. 2468.

672 윌슨이 일반명령 제6호를 존 프렌치에게 전달함: Wilson, 174. Huguet, 드 갈베르와 "미온적인" 영국군: Joffre, 253; 멜룅의 시장: Hirschauer, 179.

672 "어떤 대가를 치르더라도": Joffre, 252.

672 멜룅의 회동: Joffre, 254; Muller, 106; Wilson, 174; spears, 415-18. "심장을 탁자에 쏟아내는 듯한"이라는 표현은 뮐러의 것으로 위게의 묘사와 같은데 불어 원문은 "qui semble, à son habitude, porter le diable en terre"다. (통상 프랑스 친구들에게 질문했을 때와는 달리 이 문장은 위게가 사탄처럼 보인다거나, 지루해 보인다거나, 혹은 우울해 보인다는 여러 의미로 해석되었다. 나는 확신이 있어 보이는 사람이 제안한 마지막 것을 채택했다.) 이 회동에 관한 특유의 생생하면서도 극적인 설명에서 스피어스는 또 한번 놀라운 글 솜씨를 발휘한다. 독자들에게 영국군이 전투에 소극적이었다는 인상을 주기 싫었던 그는 죠프르가 왕복 6, 7시간 거리인 멜룅을 전투가 벌어지기 직전에 방문하여 존 프렌치 경의 협조에 "사의"를 표했다고 주장한다. 이해하기는 어렵지만 곧 이어 스피어스는 죠프르가 "감정을 억제할 수 없을 정도로 간청하며 '원수 각하 당신에게 애원하는 것은 프랑스입니다'"라고 말했다는 것인데, 이러한 표현은 고맙다는 의미와는 거리가 멀다.

674 "여러분, 우리는 마른에서 싸울 것입니다": Poincaré, Ⅲ, 136.
674 9월 6일 전 장병들에게 낭독될 명령: *AF*, Ⅰ, Ⅱ, Annexe No. 2641.

후기

675 포쉬의 명령: Aston, *Foch*, 124.
676 "쟌 다르크가 마른의 전투를 승리로 이끌었다": 베르그송은 이러한 말을 여러 번 하
     였음; Chevalier, 25, 135, 191, 249.
676 몰트케가 아내에게 보낸 편지: *Erinnerungen*, 385-6.
676 클룩의 설명: 1918년 스웨덴 기자와 인터뷰에서 언급한 내용, qtd. Hanotaux, Ⅸ, 103.
677 러시아군에 대한 뒤퐁 대령의 찬사: Danilov, *Grand Duke*, 57; Dupont, 2.
677-678 수적우위: 마른 전투에 투입된 독일군은 44개 보병사단 및 7개 기병사단으로
     구성된 5개 군 총 900,000명 규모였다. 한편 연합군은 56개 보병사단 및 7개 기병사
     단으로 구성된 6개 군 총 1,082,000명 규모였다. *AF*, Ⅰ, Ⅲ, 17-19.
678 "만약 1914년 우리에게 그가 없었다면": Aston, *Foch*, 125.
679 택시: Clergerie, 134-45; *Gallieni parle*, 56.
680 원주: 앙드레 바한냑의 사례는 비공식적인 자료를 근거로 하였음: 사상자 숫자 *AF*,
     Ⅰ, Ⅱ, 825; AQ, October 1927, 58-63; Samuel Dumas and K. D. Vedel-Petersen,
     Losses of Life Caused by War, Oxford, 1923, Chap. 1.
682 "모든 위대한 말들이 삭제되어 버렸다": in *Lady Chatterley*.

색인

Dubail-Wilson agreement 듀바이-윌슨 합의: 120

Dublin 더블린, 순양함, 지중해: 261

Duke of Edinburgh 듀크 오브 에딘버러, 순양함: 266

Dupont (프 인명) 뒤퐁 대령, 러시아에 대한 찬사: 677

Duruy (프 인명) 뒤루이 지휘관: 367, 399

E

East Prussia 동 프러시아: 429

Ebener (프 인명) 에베네 장군: 174

Echo de Paris 에코 드 파리, 프랑스 군복에 대해: 102

Eckhardstein 엑카르트스타인 남작: 56, 87

Edward VII 에드워드 7세(1841-1910): 49, 53, 65, 153

Eggeling 에겔링, 대위 폰, 주 러시아 독일 무관: 150

Eiffel Tower 에펠 탑, 전파 방해: 352

Elan (불어) 엘랑 (약진): 99, 131

Elizabeth 엘리자베스, 벨기에 왕비: 190, 195

Elst, Baron van der (벨 인명) 엘스트, 남작 반 데어: 191, 196, 203

Emden (독) 엠덴, 순양함: 517, 523

Emmich 엠미히, 장군 오토 폰: 224, 281, 296, 321

Ena 에나, 스페인 왕비: 53

Envelopment 포위, 슐리펜과 독일군 총참모부의 정책: 77

Enver Bey (터 인명) 엔버 베이: 243, 263, 273

Epinal (프 지명) 에피날: 569

Erzberger, Matthias (독 인명) 에르쯔베르거, 마티아스: 160, 229

Esher, Lord 에셔 경(1852-1930): 63, 124

Esher Committee 에셔 위원회: 112

Essen 에센, 공성용 박격포: 302

Etienne, M. (프 인명) 에티엔느, 전임 국방부 장관, 군복 바지에 대해: 102

Eugénie (독 인명) 외제니 황후: 97

Evegnee (벨 지명) 에벤네, 리에쥬 요새: 295

Eyschen 아이셴, 룩셈부르크의 국무장관: 163

Eysden (네덜란드 지명) 에이스더, 난민들의 피난처: 498

F

Fabre, M. Albert (프 인명) 화브르, 알베르: 616

Fagalde (프 인명) 파갈드 대령: 634

Falkenhayn, 팔켄하인 장군 에리히 폰(1861-1922): 198

Fallieres, Armand 파이예, 알망 프랑스 대통령: 96

Feldman 펠트만 중위: 162, 185

Ferdinand I 페르디난드 1세, 불가리아 국왕: 51

Fichte, Johann Gottlieb (독 인명) 피히테, 요한 고트리프: 79

Figaro Le (프 신문) 피가로 르, 에드워드 7세의 서거: 65

Fisher, Sir John (1841-1920) 피셔 존경: 69, 116, 255

Flanders (벨 지명) 플랑드르, 독일군의 침공 계획: 108

Flechet (벨 인명) 플레셰, 와사즈 시장: 289

Fleron (벨 지명) 플레홍, 리에쥬 요새: 295

Foch (프 인명) 포쉬 페르디난드: 94, 106, 308

Foch, 중위 Germain 제르맹 포쉬 중위, 뫼즈에서 전사: 574

Fournier(프 인명) 푸르니에 장군, 모뵈즈의 군정장관: 317

Franchet d'Esperey, General Louis (프 인명) 프랑셰 데스퍼레이, 장군 루이(1856-1942): 406, 594, 648

François, General Hermann von 프랑수와, 장군 헤르만 폰 (1856-1933): 437

Franco-Prussian War 보불전쟁: 75

Franco-Russian alliance 불러 동맹: 74

Frankenau (독 지명) 프랑케나우, 전투: 460

Franz Ferdinand 프란츠 페르디난드(1863-1914), 오스트리아의 대공: 3; 암살 148

Franz Josef 프란츠 죠세프, 황제(1852-1925): 52; 레오폴드 2세의 의견 82

Frederick 프레데릭, 덴마크 왕: 51

French, Sir John 프렌치 존 경(1852-1925): 63, 116, 123, 329, 659

French Army 프랑스 군: 89, 98

Frögenau (독 지명) 프뢰겐나우, 숄츠의 야전 사령부: 479

Furor Gallicae (불어) 퓨로 갈리세, 프랑스의 열정: 94

Furor Teutonicus 퓨로 퇴토니쿠스, 게르만 민족의 열정: 199

Fushimi, 후시미 왕자: 52

G

Gaiffier (벨 인명) 게피어남작 드, 벨기에 외무부의 정무차관: 191, 194

Galbert (프 인명) 갈베르, 대위, 일반명령 제6

483

8월의 포성 | The Guns of August

초 판 1쇄 발행일   2008년 8월 30일
개정판 1쇄 발행일   2023년 6월 20일

지 은 이   바바라 터크먼
옮 긴 이   이원근
만 든 이   이정옥
만 든 곳   평민사
　　　　　서울시 은평구 수색로 340 〈202호〉
　　　　　전화 : 02) 375-8571
　　　　　팩스 : 02) 375-8573
　　　　　http://blog.naver.com/pyung1976
　　　　　이메일 pyung1976@naver.com
등록번호   25100-2015-000102호
　ISBN   978-89-7115-828-9 03900
정　　가   35,000원